Die Manóbos von Mindanáo

Memoiren der National Academy of Sciences,
Band XXIII, Erste Memoiren

John M. Garvan

Writat

Diese Ausgabe erschien im Jahr 2023

ISBN: 9789359254432

Herausgegeben von
Writat
E-Mail: info@writat.com

Inhalt

TEIL I. BESCHREIBEND

KAPITEL I

KLASSIFIZIERUNG UND GEOGRAPHISCHE VERTEILUNG DER MANÓBOS UND ANDERER VÖLKER IM ÖSTLICHEN MINDANÁO

BEGRIFFSERKLÄRUNG

„ÖSTLICHES MINDANÁO"

In dieser Monographie habe ich den Begriff „östliches Mindanáo" verwendet, um den Teil von Mindanáo einzuschließen, der östlich der zentralen Kordilleren bis zum Quellgebiet des Flusses Libagánon, östlich des Flusses Tágum und seines Zuflusses Libagánon sowie östlich von liegt der Golf von Davao.

DER BEGRIFF „STAMM"

Das Wort „Stamm" wird in dem Sinne verwendet, in dem Dean C. Worcester es in seinem Artikel über die nichtchristlichen Stämme von Nord-Luzon definiert und verwendet: [1]

> Eine Abteilung einer Rasse, die aus einer Ansammlung von Individuen gleicher Art und gemeinsamen Ursprungs besteht, die untereinander übereinstimmen und sich von ihren Artgenossen durch körperliche Merkmale, Kleidung und Schmuck unterscheiden; die Art der Gemeinschaften, die sie bilden; Besonderheiten der Hausarchitektur; Methoden der Jagd, des Fischfangs und der Landwirtschaft; Charakter und Bedeutung der Herstellung; Praktiken im Zusammenhang mit Krieg und der Ergreifung von Köpfen von Feinden; Waffen, die in der Kriegsführung verwendet werden; Musik und Tanz sowie Hochzeits- und Bestattungsbräuche; Sie stellen jedoch keine politische Einheit dar, die der Kontrolle eines einzelnen Individuums unterliegt, und sprechen auch nicht notwendigerweise denselben Dialekt.

[1] Philipp. Reise. Sci., 1: 803, 1906.

Heutige Verwendung des Wortes „ManÓbo"

Das Wort „Manóbo" scheint ein allgemeiner Name für Menschen mit sehr unterschiedlicher Kultur, Körperbau und Sprache zu sein. Daher wird es sowohl auf die Menschen angewendet, die in den Bergen der unteren Hälfte von Point San Agustin leben, als auch auf die Menschen, deren Lebensraum im südlichen Teil der Sarangani-Halbinsel liegt. Diejenigen wiederum, die sich im *Hinterland* von Tuna Bay [2] befinden, tragen die gleiche Bezeichnung. Es könnte also den Anschein haben, dass das Wort ursprünglich zur Bezeichnung der Heiden im Unterschied zum mohammedanisierten Volk von Mindanáo verwendet wurde, ähnlich wie der Name *Harafóras* oder *Alfúros* von den frühen Autoren auf die Heiden angewendet wurde, um sie von den Moros zu unterscheiden.

[2] Tuna Bay liegt an der Südküste von Mindanáo, etwa auf halber Strecke zwischen Sarangani Bay und Parang Bay.

Im Agúsan-Tal wird der Begriff *Manóbo* sehr häufig von Christen und christianisierten Völkern und manchmal auch von Heiden selbst verwendet, um zu bezeichnen, dass die betreffende Person noch *ungetauft ist*, unabhängig davon, ob es sich um einen Mandáya, einen Mañgguáñgan oder eine andere Gruppe handelt . Mir wurde von Mandáyas mehrfach gesagt, dass sie immer noch *manóbo seien* , das heißt, immer noch ungetauft.

Andererseits wird das Wort häufig von denen, die wirklich Manóbos sind, als Ausdruck der Verachtung für ihre Stammesgenossen verwendet, die in entlegenen Regionen leben und denen es weltlich oder kulturell nicht so gut geht wie ihnen. So habe ich gehört, wie Manóbos vom oberen Agúsan ihre Stammesgenossen von Libagánon mit offensichtlicher Verachtung in der Stimme *Manóbos nannten. Ich fragte sie, was sie selbst seien, und als Antwort wurde mir mitgeteilt, dass es sich um Agusánon* handelte – das heißt um das obere Agúsan-Volk – und nicht um *Manóbos* .

Die Ableitung und ursprüngliche Anwendung des Wortes „ManÓbo"

Einer der frühesten Hinweise, die ich auf die Manóbos des Agúsan-Tals finde, findet sich in der Allgemeinen Geschichte der unbeschuhten Augustinerpatres (1661-1699) von Pater Pedro de San Francisco de Assis. [3] Der Autor sagt, dass „die Berge dieses Territoriums [4] von einer Nation von Indianern bewohnt werden, größtenteils Heiden, namens Manóbos, ein Wort, das in dieser Sprache, als ob wir es hier sagen sollten, *robustes oder sehr zahlreiches Volk bedeutet.* " Bisher habe ich im Manóbo-Dialekt kein Wort gefunden, das die Richtigkeit der obigen Aussage bestätigt. Für diese Ableitung kann jedoch gesagt werden, dass *manúsia* das Wort für „Mensch" oder „Menschheit" in den Sprachen Malaiisch, Moro (Magindanáo) und Tirurái ist. In Bagóbo, einem Dialekt, der sehr große Ähnlichkeit mit Manóbo aufweist, bedeutet das Wort *Manóbo* „Mensch", und in Magindanáo Moro bedeutet es „Bergvolk" [5] und wird von den Moros auf alle Bergbewohner von Mindanáo angewendet. Man könnte daher mit einiger Vernunft behaupten, dass das Wort *Manóbo* einfach „Menschen" bedeutet. Einige der frühen Historiker verwenden die Wörter *Manóbo* , *Mansúba* , *Manúbo* . Diese drei Formen weisen darauf hin, dass sie sich von der Vorsilbe *man* ableiten , die „Volk" oder „Bewohner" bedeutet, und *súba* , einem Fluss. Aus der Form *Manúbo* könnten wir jedoch schließen, dass das Wort aus *man* („Menschen") und *húbo („nackt")* besteht und daher „nacktes Volk" bedeutet. Die erstere Ableitung scheint jedoch eher mit den Prinzipien übereinzustimmen, nach denen sowohl allgemeine als auch lokale Stammesnamen der Mindanáo gebildet werden. So leiten sich *Mansáka* , *Mandáya* und *Mañgguáñgan jeweils im ersten Teil von man* („Menschen" oder „Bewohner") ab und die restlichen Wörter von *sáka* („inneres") und *dáya* („flussaufwärts") "), *guáñgan* ("Wald"). Diese Namen bedeuten dann „Menschen des Landesinneren", „Menschen, die am Oberlauf des Flusses wohnen" und „Menschen, die im Wald wohnen". Andere Stammesbezeichnungen von Mindanáo-Rassen und -Stämmen leiten sich fast ausnahmslos von Wörtern ab, die die relative geografische Position des betreffenden Stammes angeben. Die *Banuáon* und *Mamánua* leiten sich von *banuá* , dem „Land", ab und unterscheiden sich von Siedlungen in der Nähe des Haupt- oder Siedlungsteils des Flusses. Die Bukídnon sind das Bergvolk (*bukid* , Berg); *Súbanun* , das Flussvolk (*súba* , Fluss); *Tirurái* , das Bergvolk (*túduk* , Berg, *etéu* , Mann); [6] *Tagakaólo* , die Menschen an der Quelle eines Flusses (*tága* , Einwohner, *ólo* , Quellgebiet oder Quelle).

[3] Blair und Robertson, 41: 153, 1906.

[4] Der Autor bezieht sich auf die Berge in der Nähe von Líano, einer Stadt, die flussabwärts vom heutigen Veruéla lag und verlassen wurde, als die Region absank.

[5] Fr. Jacinto Juanmartis Diccionario Moro Magindanáo-Español (Manila, 1892), 125.

[6] Meine Autorität für diese Ableitung ist eine Arbeit von Dr. TH Pardo de Tavera über den Ursprung philippinischer Stammesnamen.

Die Ableitung der oben genannten Stammesbezeichnungen führt uns zu der Meinung, dass das Wort *Manóbo* in seiner Ableitung einen „Flussmenschen" und nicht einen „nackten Mann" bedeutet.

Eine weitere alternative Ableitung wurde von Dr. NM Saleeby [7] vom Wort *tubo* , „wachsen" vorgeschlagen; Das Wort *Manóbo* würde dieser Ableitung zufolge das Volk bezeichnen, das auf der Insel aufgewachsen ist, also die ursprünglichen Siedler oder Autochthonen. Das Wort *tubo* , „wachsen", ist jedoch kein Manóbo-Wort und kommt nur in einigen Mindanáo-Dialekten vor.

[7] Origin of Malayan Filipinos, ein Vortrag vor der Philippine Academy, Manila, 1. November 1911.

Pater F. Combes, SJ, [8] sagt, dass die Besitzer, also die autochthonen Eingeborenen von Mindanáo, Manóbos und Mananápes genannt wurden. [9] In einer Fußnote, die sich auf Mananápes bezieht, heißt es und erscheint sehr vernünftig und wahrscheinlich, dass es sich bei dem oben genannten Begriff nicht um eine Stammesbezeichnung, sondern lediglich um eine verächtliche Bezeichnung handelt, die aufgrund der niedrigen Kultur der Autochthonen zu dieser Zeit verwendet wurde .

[8] Historia de Mindanáo y Jolo (Madrid, 1664). Ed. Retana (Madrid, 1897).

[9] Das Wort *mananáp* ist das Wort für *Tier* , *Biest* in den Sprachen Cebu Bisáya, Bagóbo, Tirurái und Magindanáo Moro. Bei einigen Stämmen im östlichen Mindanáo wird das Wort auf eine Klasse böser Waldgeister scheinbar unbestimmten Charakters angewendet. Es ist bemerkenswert, dass diese Geister den *Manubu-* Geistern der Súbanuns zu entsprechen scheinen, wie sie von Herrn Emerson B. Christie in seinen Súbanuns of Sindangan Bay (Pub. Bur. Sci., Div. Eth., 88, 1909) beschrieben wurden .

Daher scheint es wenig Grund zu der Annahme zu geben, dass das Wort *Manóbo* ursprünglich für alle Menschen verwendet wurde, die früher die Küste bewohnten und später ins Landesinnere flohen, sich entlang der Flüsse niederließen und die Küste den zivilisierteren Eindringlingen überließen.

Der folgende Auszug aus Dr. NM Saleeby [10] bestätigt die obige Meinung:

[10] „The Origin of the Malayan Filipinos", ein Artikel, der am 1. November 1911 vor der Philippine Academy gelesen wurde.

> Die Traditionen und Legenden der primitiven Stämme des philippinischen Archipels zeigen sehr deutlich, dass sie glauben, dass ihre Vorfahren in diesem Land entstanden sind und dass sie seit ihrer Erschaffung hier waren. Sie sagen weiter, dass die Küstenstämme und Ausländer später kamen und sie bekämpften und das Land in Besitz nahmen, das diese heute bewohnen. Als Masha'ika, der früheste dokumentierte Einwanderer, die Insel Súlu erreichte, hatten die Ureinwohner bereits ein solches Kulturniveau erreicht, dass sie große Siedlungen und Rajas oder *Datus gründeten* .

Diese Ureinwohner werden in Súlu und Mindanáo oft als Manubus bezeichnet, die Ureinwohner der Súlu-Inseln, die Budanuns, wurden ebenfalls Manubus genannt. Das galt auch für die Vorfahren der Magindanáo Moros. Die eingeborenen Bergstämme von Mindanáo, die etwa 60.000 oder mehr Seelen zählen, werden Manubus genannt.

[Anmerkung des Übersetzers: Beide obigen Absätze umfassen das Zitat.]

Die Idee, dass die ursprünglichen Besitzer Manóbos hießen, ist auch die Meinung von San Antonio, wie sie in seinen Cronicas zum Ausdruck kommt. [11] Eine solche Annahme könnte auch dazu dienen, die weite Verbreitung der verschiedenen Manóbo-Völker auf Mindanáo zu erklären, denn sie leben nicht nur in den oben genannten Regionen, sondern auch an den Hauptzuflüssen des Rio Grande de Kotabáto − dem Batañgan und dem Biktósa , dem Luan, dem Narkanitan usw. und insbesondere am Fluss Pulañgi − an fast allen Zuflüssen des letztgenannten Stroms und am Fluss Hiñgoog in der Provinz Misamis. Wie wir später sehen werden, wurden die Manóbos auch im Agúsan-Tal nach und nach auf der Westseite des Flusses durch das Eindringen der Banuáons, wie durch einen riesigen Keil, gespalten. Beim Überqueren der östlichen Kordilleren, einer gewaltigen Masse hoch aufragender Felsnadeln − der Heimat der Mamánuas − finden wir Manóbos, die den Oberlauf der Flüsse Hubo, Marihátag, Kagwáit, Tágo, Tándag und Kantílan an der Pazifikküste besetzen. Ich befragte die Manóbos der Flüsse Tágo und Hubo nach ihrer Abstammung und ihrem früheren Lebensraum und stellte fest, dass ihre Eltern und sogar einige von ihnen selbst am Fluss Kasilaían gelebt hatten, aber aufgrund der Feindseligkeit der Banuáons geflohen waren zum Fluss Wá-Wa. Zur Zeit der Ankunft der katholischen Missionare im Jahr 1875 machten sich diese Manóbos auf den Weg über die hohe Ostkordillere, um den Missionsaktivitäten zu entkommen. Diese beiden Migrationen sind ein eindrucksvolles Beispiel dafür, was im Rest von Mindanáo stattgefunden haben könnte, um eine so weite Verbreitung dessen herbeizuführen, was ursprünglich vielleicht ein einziges Volk war. Jede Wanderung führte zur Bildung einer neuen Gruppe, aus der sich im Laufe der Zeit wie aus einem neuen Kern ein neuer Stamm entwickelt haben könnte.

[11] Blair und Robertson, 40: 315, 1906.

GEOGRAPHISCHE VERTEILUNG DER MANÓBOS IM ÖSTLICHEN MINDANÁO [12]

[12] Siehe Stammeskarte.

IM AGÚSAN-TAL

Die Manóbos bewohnen das gesamte Agúsan-Tal bis zur Stadt Buai am oberen Agúsan *mit folgenden Ausnahmen* :

1. Die oberen Teile der Flüsse Lamiñga, Kandiisan, Hawilian und Óhut und der gesamte Fluss Maásam, zusammen mit der Bergregion jenseits der Quellflüsse dieser Flüsse und wahrscheinlich das Gebiet dahinter im Distrikt Misamis, soweit als Lebensraum des Bukídnon-Stammes. [13]

[13] Der Grund für die Einfügung dieses letzten Satzes liegt darin, dass die Menschen, die in den Bergen am Quellgebiet der oben genannten Flüsse leben, den gleichen Körperbau, die gleiche Kleidung und die gleichen Waffen haben wie die Bukídnons, wenn ich anhand meiner geringen Bekanntschaft mit letzteren urteilen darf.

2. Die Städte Butuán, Talakógon, Bunáwan, Veruéla und Prosperidad.

3. Die Stadt Tagusab und die Quellgebiete der Flüsse Tutui und Binuñgñgaan.

Auf der Ostseite der Pazifischen Kordillere

Zu dieser Region zähle ich die Oberwasser der Flüsse Liañga, Hubo, Oteiza, Marihátag, Kagwáit, Tágo, Tándag und Kantílan.

AUF DER HALBINSEL SAN AGUSTIN

Ich möchte den Leser darauf aufmerksam machen, dass *sich diese Monographie weder auf die Manóbos von Port San Agustin noch auf die Manóbos des Libagánon-Flusses und seiner Nebenflüsse bezieht, noch auf die Manóbos, die das Hinterland oberhalb von Nasipit bis zum Bugábus bewohnen Fluss* . Ich habe mich nur flüchtig mit den Bewohnern der letztgenannten Region befasst, aber sowohl aufgrund meiner eigenen spärlichen Beobachtungen als auch aufgrund der Berichte anderer, die mit ihnen besser vertraut sind, bin ich geneigt zu glauben, dass es Unterschiede geben könnte, die groß genug sind, um sie von den anderen zu unterscheiden Völker des Agúsan-Tals als eigenständigen Stamm.

Was die Manóbos von Libagánon betrifft, so ist es wahrscheinlich, dass sie mehr oder weniger die gleichen kulturellen und sprachlichen Merkmale aufweisen wie die Manóbos, die Gegenstand dieser Arbeit sind, aber da ich sie weder besucht noch zufriedenstellende Informationen über sie erhalten habe, habe ich Lassen Sie sie lieber bis zur weiteren Untersuchung unberührt.

Von den Manóbos der unteren Hälfte der Halbinsel San Agustin weiß ich absolut nichts, außer dass sie als Manóbos bekannt sind. Bei der Lektüre der

Jesuitenbriefe [14 bemerkte ich jedoch], dass es im Jahr 1891 nicht nur Manóbos, sondern auch Moros, Biláns und Tagakaólos in dieser Region gab.

[14] Cartas de los PP. de la Compañía de Jesús, 9: 335, *ff*., 1892.

DIE MAMÁNUAS ODER NEGRITOS UND NEGRITO-MANÓBO-MISCHBLUMEN

Die Mamánuas oder Negritos und Negrito-Manóbo-Mischlinge von Mindanáo bewohnen die Berge von Anao-aon in der Nähe von Surigao bis zum Bruch in der östlichen Kordillere, nordwestlich von Liañga. Sie bewohnen auch ein kleines Verbreitungsgebiet, das sich in nordöstlicher Richtung von der Cordillera bis Point Kawit an der Ostküste erstreckt.

Ich habe drei vertrauenswürdige Berichte über die Existenz von Negritos im Osten von Mindanáo gehört. Der erste Bericht, den ich über den Umaíam-Fluss hörte (Walo, August 1909). Es wurde mir von einem Manóbo-Häuptling vom Fluss Ihawán geschenkt. Er versicherte und beruhigte mich, dass am Lañgilañg-Fluss, in der Nähe des Libagánon-Flusses, eine Gruppe von Manóbos existierte, die er Manóbos nannte, die aber sehr klein, schwarz *wie ein irdener Topf*, kraushaarig, ohne Kleidung außer Rindentuch, sehr friedlich und harmlos waren, aber sehr schüchtern. Ich befragte ihn immer wieder nach dem Rindentuch, das diese Leute seiner Meinung nach trugen. Als Antwort sagte er, dass es *Agahan* hieß und aus der Rinde eines Baumes hergestellt wurde, an dessen Namen ich mich nicht erinnern kann. Er beschrieb den Vorgang des Ausschlagens der Rinde und versprach, mir 60 Tage nach dem Datum unserer Konferenz einen Lendenschurz von einem dieser Menschen zu bringen. Ich erkundigte mich nach ihrer Lebensweise und mir wurde versichert, dass sie *Tau-batañg seien*; das heißt, Menschen, die unter Baumstämmen oder auf Bäumen schliefen. Er sagte, dass er und seine Leute viele von ihnen getötet hätten, dass er aber mit einigen von ihnen immer noch befreundet sei.

Den zweiten Bericht über die Existenz von Negritos hörte ich am Fluss Baglásan, einem Nebenfluss des Flusses Sálug. Die Häuptlinge, die ich befragte, hatten die Negritos nie besucht, sondern von den Tugawanons [15] viele Negrito-Sklaven gekauft, die sie an die Mandáyas der Flüsse Kati'il und Karága verkauft hatten. Diese Aussage stimmte wahrscheinlich, denn während meiner letzten Reise sah ich eine Sklavin, ein vollblütiges Negrito-Mädchen, am oberen Karága und erhielt von ihr meinen dritten und überzeugendsten Bericht über die Existenz von Negritos außer den Mamánuas der östlichen Kordilleren. Sie sei von den Manóbos von Libagánon gefangen genommen und an die Debabáons (oberes Sálug-Volk) verkauft worden, sagte sie. Sie konnte den Ort, an dem ihre Leute leben, nicht beschreiben, gab mir aber die folgenden Informationen über sie. Sie sind alle wie sie selbst, und sie haben weder Häuser noch Getreide, weil sie

Angst vor den Manóbos haben, die sie umgeben. Ihre Nahrung besteht aus dem Kern [16] des grünen Rattans und der Fischschwanzpalme, [17] dem Fleisch von Wildschweinen, Hirschen und Pythons sowie solchen Fischen und Maden usw., die sie auf ihren Wanderungen finden. Sie schlafen überall; manchmal sogar in Bäumen, wenn sie seltsame Fußabdrücke gesehen haben.

[15] Die Tugawanonen wurden von meinen Sálug-Behörden als ein Volk beschrieben, das am Quellgebiet des Flusses Libagánon an einem Nebenfluss namens Tugawan lebte. Sie wurden als ein Volk mittlerer Statur beschrieben, so schön wie die Mansákas, sehr kriegerisch, Feinde der angeblichen Negritos, sehr zahlreich und einen Atás-Dialekt sprechend. Vielleicht ist der Begriff Tugawanon nur ein lokaler Name für einen Zweig des Atás-Stammes.

[16] *O-Knospe* .

[17] *Ba-hi* (*Caryota* sp.).

Ihre Waffen sind Pfeil und Bogen, Lanzen, Dolche und Bolos. Ihrer Beschreibung zufolge sind die Bolos lang und dünn, auf einer Seite gerade und auf der anderen gebogen. Die Männer kaufen sie von den Atás im Tausch gegen Bienenwachs. Die Menschen sind zahlreich, aber sie leben weit voneinander entfernt, ziehen durch die Wälder und Berge und treffen sich nur gelegentlich.

Die Aussagen dieser Sklavin stimmen in allen Einzelheiten mit dem Bericht überein, den ich am oberen Sálug erhalten habe, mit der Ausnahme, dass das Volk der Sálug diese Negritos Tugmaya nannte und sagte, dass sie jenseits eines Berges leben, der am Quellgebiet des Flusses Libagánon liegt.

Nimmt man diese drei Berichte zusammen und geht davon aus, dass sie der Wahrheit entsprechen, muss der Lebensraum dieser Negritos die Hänge des Mount Panombaian sein, der zwischen den Flüssen Tigwa (einem wichtigen Nebenfluss des Rio Grande de Kotabáto) liegt und wahrscheinlich deren Quelle ist), Sábud (der wichtigste westliche Nebenfluss des Flusses Ihawán) und Libagánon (der große westliche Nebenfluss des Flusses Tágum).

Montano gibt an, dass es während seines Besuchs auf den Philippinen (1880-81) auf der Insel Samal eine Klasse von Halbblut- *Ata'* mit deutlich negroiden körperlichen Merkmalen gab. In Bezug auf *Ata'* sagt er, dass es sich um einen Begriff handelt, der im Süden von Mindanáo von Bisáyas für Negritos verwendet wird, „die im Landesinneren im Nordwesten des Golfs von Davao existieren (oder vor nicht allzu langer Zeit existierten).‟ [18] Es muss sorgfältig zwischen dem Begriff Atás [19] und der Rassenbezeichnung *Ata'* unterschieden werden , denn erstere sind laut Doktor Montano ein Stamm von überlegenem Typ, von fortgeschrittener Kultur und von großem Ruf als Krieger. Sie leben am nordwestlichen Hang des Berges Apo, daher ihr Name Atás, *hatáas* oder *atáas* , ein in Mindanáo sehr gebräuchliches Wort für „hoch“. Sie sind daher die

Menschen, die auf den Höhen wohnen. Ich habe von einem Zweig gehört, der Tugawanons heißt, aber das ist wahrscheinlich nur ein lokaler Name wie Agúsanons usw.

[18] Une Mission aux Philippines, 346, 1887.

[19] Wird auch Itás genannt.

Ich habe Berichte über die frühere Existenz von Negritos im Karága-Flusstal an einem Ort namens Sukipin gefunden, wo sich der Fluss seinen Weg durch die Kordilleren gebahnt hat. Ein alter Mann dort erzählte mir, dass sein Großvater früher die Negritos gejagt habe. Die Mandáyas sowohl dieser Region als auch von Tagdauñg-duñg, einem Bezirk am Karága-Fluss, fünf Tagesmärsche von der Mündung entfernt, auf der Westseite der Kordilleren, zeigen hier und da physische und kulturelle Merkmale, die sie haben könnten nur von Negrito-Vorfahren geerbt. Ein interessantes Merkmal dieser besonderen Gruppe ist die Verwendung von Blasrohren zum Töten kleiner Vögel. Auch im Umgang mit Pfeil und Bogen sind sie durchaus geübt. Diese Menschen werden *taga-butái – das heißt Bergbewohner –* genannt und leben an schwer zugänglichen Orten an den Hängen hoher Berge, wobei ihre Wasserstelle häufig ein kleines Loch am Berghang ist.

DIE BANUÁONS

Die Banuáons, [20] wahrscheinlich eine Erweiterung der Bukídnons der Unterprovinz Bukídnon. Sie besetzen die oberen Teile der Flüsse Lamiñga, Kandiisan, Hawilian und Óhut sowie den gesamten Fluss Maásam sowie die Bergregion jenseits der Quellflüsse dieser Flüsse und erstrecken sich wahrscheinlich bis zu den Bukídnons.

[20] Auch Higaunon oder Higagaun genannt, wahrscheinlich „die Hadgaguaner – ein ungezähmtes und wildes Volk" – denen die Jesuiten kurz nach dem Jahr 1596 predigten. (Jesuit Mission, Blair und Robertson, 44:60, 1906.) Dies könnten sein die Menschen, die Pigaffetta in seiner ersten Reise um die Welt (1519-1522) Benaian (Banuáon?) nennt und die er als „zottelig und an einem Kap in der Nähe eines Flusses auf den Inseln Butuán und Karága lebend" beschreibt – große Kämpfer und Bogenschützen – sie essen nur rohe Menschenherzen mit dem Saft von Orangen oder Zitronen" (Blair und Robertson, 30:243, 1906).

DIE MAÑGGUÁÑGANS

Dieser Stamm bewohnt die Städte Tagusab und Pilar am oberen Agúsan, die Bergkette zwischen Sálug und Agúsan, das Quellgebiet des Mánat-Flusses und die Wasserscheide zwischen Mánat und Mawab. Der Körperbau vieler von ihnen lässt auf eine Beimischung von Negrito-Blut schließen, und ihre Schüchternheit und gelegentlich auch ihr völliger Mangel an

Urteilsvermögen brandmarken sie als das niedrigste Volk nach den Mamánuas im Osten Mindanáos. Eine Autorität, ein jesuitischer Missionar, glaube ich, schätzte ihre Zahl auf 30.000. Eine Schätzung, die auf den Berichten der Bevölkerung von Compostela basiert, geht davon aus, dass ihre Zahl kurz vor meiner Abreise aus dem Agúsan-Tal im Jahr 1910 bei 10.000 lag. Wenn die beiden Schätzungen korrekt sind, ist der Rückgang wahrscheinlich auf Kriege zwischen Stämmen und Clans zurückzuführen.

DIE MANSÁKAS

Die Mansákas scheinen mir stammesmäßig nicht so unterschiedlich zu sein wie die Manóbos und Mandáyas. Aufgrund ihres Aussehens und anderer Merkmale scheint es, dass sie als Mandáyas oder als eine Untergruppe der Mandáyas klassifiziert werden sollten, mit denen sie eine Dialektgruppe bilden. Ich halte sie für das Ergebnis einer Mischehe zwischen den Mañgguáñgans und den Mandáyas. Sie bewohnen das Mawab-Flusstal und die Region zwischen den Flüssen Hijo, Mawab und Madawan. Es handelt sich wahrscheinlich um die Menschen, die Montano Tagabawas nannte, aber ich denke, dass diese Bezeichnung möglicherweise eine falsche Form von *Tagabaas war* , einer Bezeichnung für Mañgguáñgans, die im *Bá-as* oder stacheligen Sumpfgras leben, das an den Quellflüssen des Flusses reichlich vorhanden ist Fluss Mánat.

DIE DEBABÁONS

Die Debabáons sind wahrscheinlich eine Hybridgruppe, die mit den Manóbos der Ihawán und Baóbo eine Dialektgruppe und mit den Mandáyas eine Kulturgruppe in Kleidung und anderen Merkmalen bildet. Sie behaupten, mit Manóbos verwandt zu sein und folgen weitgehend den religiösen Überzeugungen und Praktiken der Manóbos. Aus diesem Grund habe ich den Namen beibehalten, den sie für sich selbst verwenden, bis ihre Stammeszugehörigkeit eindeutig bestimmt werden kann. Sie bewohnen die obere Hälfte des Sálug-Flusstals und das westlich davon liegende Land bis zum Baóbo-Fluss.

DIE MANDÁYAS

Diese bilden den größten und besten Stamm im Osten von Mindanáo. [21] Wer die Mandáyas des mittleren Kati'il besucht, kann nicht umhin, von der hellen Gesichtsfarbe, dem braunen Haar, den winzigen Händen und Füßen und den großen Augen mit langen Wimpern beeindruckt zu sein, die für viele charakteristisch sind dieser Leute. Hier und da findet man auch einen deutlich kaukasischen Typus. In ihren psychologischen Merkmalen heben sie sich noch deutlicher von allen Stämmen oder Menschengruppen ab, die ich im Osten von Mindanáo kenne. Einerseits klug und diplomatisch, sind sie ein liebevolles, gutmütiges und direktes Volk, das wenig von der

Schüchternheit und Vorsicht der Manóbo hat. Ihre religiösen Instinkte sind so hoch entwickelt, dass sie manchmal zu Fanatismus neigen.

[21] Es ist sehr interessant festzustellen, dass die Menschen, die *Taga-baloóyes genannt werden* und auf die sich so viele Schriftsteller auf Mindanáo beziehen, niemand anderes als die Mandáyas sein können. So stellt San Antonio (Blair und Robertson, 40: 407, 1906) fest, dass „die Taga-baloóyes ihren Namen von einigen Bergen haben, die im Inneren der Gerichtsbarkeit von Caraga liegen. Sie sind nicht sehr weit von ihnen entfernt und betreiben Handel mit ihnen." Dörfer von (Karága) und tatsächlich leben dort einige, die Christen geworden sind. * * * Diese Menschen sind, wie oben erwähnt, die Nachkommen kürzlich angekommener Japaner. Dies ist die Meinung aller Ordensleute, die dort gelebt haben und hatten Verkehr mit ihnen, und das ist eine Tradition unter ihnen, und sie wollten so angesehen werden. Und es scheint, dass man davon überzeugt ist, wenn man sie sieht: denn sie sind hellhäutig, gut gebaut, kräftig und sehr zuverlässig im Umgang respektvoll und sehr tapfer, aber nicht unruhig. So habe ich von jemandem erfahren, der viel mit ihnen zu tun hatte: und vor allem das sind die Eigenschaften, die wir bei den Japanern finden."

Als weiteren Beweis sagt Pater Pedro de San Francisco de Assis (ebd. 41: 138, *ff*.): „Die unserem Dorf [Bislig] am nächsten gelegene Nation ist die der Taga-baloóyes, die nach bestimmten Bergen so benannt sind, dass sie Rufen Sie Balooy. * * * Sie sind eine korpulente Rasse, gut gebaut, von großem Mut und Stärke, und sie sind gleichzeitig von gutem Verständnis und mehr als halbwegs fleißig. Ihre Nation ist treu in ihren Verträgen und beständig in ihren Versprechen Da sie Nachkommen sind, sind sie stolz auf die Japaner, denen sie in Hautfarbe, Gesichtsausdruck und Manieren ähneln. Der Autor beschreibt kurz ihre Häuser und ihre Lebensweise und erwähnt insbesondere die Vorrichtung, die sie beim Bau ihrer Leitern verwenden. Es ist interessant festzustellen, dass das gleiche Gerät immer noch von den wohlhabenderen Mandáyas an den Flüssen Karága, Manorigao und Kati'il genutzt wird. In anderer Hinsicht ist ihr Charakter, wie beschrieben, dem der heutigen Mandáyas des Kati'il-Flusses sehr ähnlich, die in ihrem physischen Typ Merkmale aufweisen, die sie als ein Volk einer überlegenen Rasse kennzeichnen.

In Medinas Historia (Blair und Roberston, 24:175, 1906) finden wir einen Bericht darüber, dass Kapitän Juan Niño de Tabora den Häuptling der Taga-baloóyes in Karága misshandelte und dass daraufhin der Kapitän, Pater Jacinto Cor, und zwölf Soldaten misshandelt wurden wurden getötet. Anschließend wurden vier weitere Männer des Ordens von den *Taga-baloóyes getötet und zwei weitere verwundet und gefangen genommen* .

Zuñiga in Estadismo (ebd. 2:71, *ff* .) weist auf die schöne Hautfarbe der Taga-baloóyes hin, eines Stammes, der in den Bergen von Balooy in Karága lebt.

Pater Manual Buzeta macht in Diccionario geográfico-estadístico-histórico de las Islas Filipinas (1: 506, 1905) die gleiche Beobachtung, aber M. Felix Renouard de Sainte Croix in Voyage Commercial et Politique aux Indes Orientales (1803-1809) geht noch weiter indem man die Aufmerksamkeit auf diese Menschen lenkt, die eine Auszeichnung für ihre überlegene Mentalität verdienen.

Der jesuitische Missionar Pastells aus dem Jahr 1883 (Cartas de los PP. de la Compañía de Jesús, 4:212, 1884) schreibt, dass die Menschen oberhalb von Manresa (südöstliches Mindanáo) möglicherweise Moro-Ursprung sind, aber durch eine Linie edlen Blutes übertroffen werden, die ihre Schon das Aussehen scheint ihm darauf hinzuweisen. Zur Unterstützung dieser Ansicht beruft er sich auf die Autorität von Santayana, der für sie japanische Abstammung behauptet und die Meinung derjenigen zurückweist, die holländische Abstammung zuschreiben. In einer Fußnote fügt der oben erwähnte berühmte Missionar und Gelehrte hinzu, dass die Stadt Kinablangan (eine Stadt an der Ostküste von Mindanáo) ihren Ursprung einer Gruppe von Europäern verdankt, die am Point Bagoso Schiffbruch erlitten und sich dort niederließen und untereinander heirateten mit den Einheimischen. Ein Bisáya-Händler, der einzige, der jemals die Berg-Mandáyas bereist hatte, teilte mir mit, dass er in einer Siedlung am mittleren Kati'il einen runden, uhrähnlichen Gegenstand mit seltsamen Buchstaben darauf gesehen habe . Im folgenden Jahr unternahm ich alle Anstrengungen, es zu sehen, konnte aber die Besitzer nicht dazu bewegen, es mir zu zeigen. Sie behaupteten, sie hätten es verloren. Es ist wahrscheinlich, dass es sich bei diesem Objekt um einen Schiffskompass handelte.

[Anmerkung des Übersetzers: Die vorangehenden sechs Absätze sind alle Teil der Fußnote 21.]

Im Großen und Ganzen war der Eindruck, den ich in meinen langen und innigen Auseinandersetzungen mit den Mandáyas der Flüsse Kati'il, Manorigao und Karága hatte, dass sie ein mutiges, intelligentes, sauberes und offenes Volk sind, zu dem man bei richtiger Behandlung gelangen kann ein hoher Zivilisationsstand. Sie werden von Manóbos, Mañgguáñgans, Mansákas und Debabáons als eine überlegene und ältere Rasse angesehen und von den Bisáyas des Agúsan-Tals als ein Volk angesehen, das viel intelligenter und fairer ist als jeder andere Stamm. Die Mandáyas bestehen aus vier Zweigen:

DIE TÁGUM-ZWEIG

Sie bewohnen das Land von der Mündung des Tágum bis zum Zusammenfluss der Flüsse Sálug und Libagánon oder vielleicht etwas weiter oben bei den beiden letztgenannten Flüssen. Es ist wahrscheinlich, dass die Debabáons weiter oben die Abstammung von Manóbos und Tágum Mandáyas sind.

DER ZWEIG DES AGÚSAN-TALS

Es ist üblich, dass sich die Menschen im oberen Agúsan von Gerona bis Compostela Mandáyas nennen, aber dies scheint auf den Wunsch zurückzuführen zu sein, für Mandáyas gehalten zu werden. Sie haben sicherlich viel von der Mandáya-Kultur und -Sprache übernommen, aber mit Ausnahme von Pilar und Tagusab sind sie heterogener Abstammung: Mandáya, Manóbo, Mañgguáñgan, Debabáon und Mansáka.

Am Quellgebiet des Agúsan und in den Bergen, die diese Region umgeben, leben die Mandáyas, die den Schrecken des Mandáya-Landes darstellen. Sie werden vom oberen Agúsan-Volk *Kau-ó genannt* , was dasselbe bedeutet wie *Tagakaólo* , sind aber in jeder Hinsicht Mandáyas, physisch, kulturell und sprachlich.

Der Zweig der Pazifischen Küste

Sie besetzen die folgenden Flüsse mit ihren Nebenflüssen: den Kati'il, den Baganga, den Mano-rigao, den Karága, den Manai, den Kasaúman und den Oberlauf des Mati. Zwischen dem Kasaúman und dem Mati gibt es mehrere kleine Flüsse, deren obere Teile, glaube ich, von Mandáyas bewohnt werden.

DER GOLF VON DAVAO-ZWEIG

Diese besetzen den Oberlauf aller Flüsse auf der Ostseite des Golfs von Davao, von Sumlug bis zur Mündung des Hijo-Flusses, dessen Quelle in der Nähe der des Agúsan liegt und dessen Mandáyas im Mandáyaland berühmt sind.

DIE MOROS

Moros oder Menschen mit einem überwiegenden Anteil an Moro-Blut und -Kultur bewohnen die Küstenstädte an der Ost- und Nordseite des Golfs von Sumlug bis zur Mündung des Tágum. Natürlich gibt es auch andere Siedlungen an der Nord- und Westseite des Golfs.

Ich glaube, dass es in Mati und Umgebung vergleichsweise viele Moros oder mohammedanisierte Mandáyas gibt.

DIE BILÁNS [22]

[22] Wird, glaube ich, auch *Bi-la-an genannt* .

Biláns wurden nach Aussage der Jesuitenmissionare [23] in Sigaboi, Tikbakawan und Baksal auf der Halbinsel San Agustin gefunden.

[23] Cartas de los PP. de la Compañía de Jesús, 9: 331, *ff* ., 1889-1891.

DIE TAGAKAÓLOS

Den soeben zitierten Behörden zufolge gab es zwischen 1889 und 1891 Tagakaólos in Sigaboi, Uañgen, Kabuaya und Makambal. Es ist wahrscheinlich, dass diese Menschen über das gesamte Hinterland westlich der Pujada-Bucht verstreut sind und dass dies auch der Fall ist nur Mandáyas, die den Belastungen des Krieges nicht standhalten konnten und aus den Bergen am Quellgebiet des Agúsan-Flusses flohen. Ich stütze diesen Vorschlag auf die Tatsache, dass die Mandáyas am Quellgebiet des Agúsan als Kau-ó [24] bekannt sind und sich selbst nennen und dass sie der Schrecken des Mandáyalandes waren und wahrscheinlich auch zum Zeitpunkt des Verfassens dieses Textes immer noch sind. Wenn die Tagakaólos von Point San Agustin flüchtige *Kau-ó wären* , hätten sie nach dem vorherrschenden Brauch ihren früheren Namen behalten; dieser Name wäre, wenn *Kau-ó* , *von Bisáyas und von spanischen Missionaren in Tagakaólo* geändert worden .

[24] *Kau-ó* wäre *Ka-ólo* in Bisáya, aus dem Präfix *ka* und *ólo* , Kopf oder Quelle.

DIE LÓAKS ODER LÓAGS

Nach Angaben von Pater Llopart [25] leben die Lóaks in den Bergen südwestlich der Pujada-Bucht. Er sagt, dass sie sich in den Bräuchen von anderen Stämmen unterscheiden. Sie kleiden sich schwarz und verstecken sich, wenn sie jemanden sehen, der hell gekleidet ist. Kein Fremder darf ihre Wohnungen betreten. Derselbe Autor führt weiter aus, dass ihre Nahrung ausschließlich pflanzlich sei, mit Ausnahme von Knollen, Wurzeln und allem, was unter der Erde wächst. Ihr Anführer wird *Posáka* genannt , [26] „ein Ältester, der mit seinen geheimnisvollen Worten und vorgetäuschten Offenbarungen sein Volk in Täuschung und Unterwerfung hält." Nach Ansicht von Pater Llopart handelt es sich bei diesen Menschen nur um Flüchtlinge, wie er aus der Ableitung ihres Namens zu Recht schließt. [27]

[25] Cartas de los PP. de la Compañía de Jesús, 9: 337-338, 1891.

[26] *Posáka* bedeutet auf Malaiisch und in fast allen bekannten Mindanáo-Dialekten „Erbe", so dass es in der diesen Lóaks zugeschriebenen Verwendung den Anschein erweckt, als gäbe es eine Vorstellung von einer erblichen Häuptlingswürde. Das Wort in Bagóbo bedeutet jedoch etwas Geliebtes usw., so dass der berichtete Lóak *posáka* oder Häuptling so genannt werden könnte, weil er von seinem Volk geliebt wurde.

[27] Er gibt an, dass *lóak* wahrscheinlich von *lóog kommt* , „fliehen", „in die Berge bringen". In mehreren Dialekten des östlichen Mindanáo bedeutet „ *laag* " „sich verlaufen", während „ *lágui* " ein sehr gebräuchliches Wort für „rennen" oder „weglaufen" ist .

Ein anderer Autor, Pater Pablo Pastells [28] , erwähnt diese Lóak als wilde Tagakaólos, die erniedrigter seien als die Mamánuas. Als Lebensraum bezeichnet er die Berge von Hagimitan auf der Halbinsel San Agustin. Ich neige zu der Annahme, dass die Autorität für diese Aussage ebenfalls ein Jesuitenmissionar war.

[28] Ebd., 8: 343, 1887.

DIE CONQUISTAS ODER KÜRZLICH CHRISTILISIERTE VÖLKER

Das Werk der Christianisierung der Heiden im Osten Mindanáos wurde 1877 von jesuitischen Missionaren ernsthaft in Angriff genommen und bis zur Zeit der Revolution im Jahr 1898 weitergeführt. In dieser Zeit wurden etwa 50.000 Seelen dazu gebracht, das Christentum anzunehmen. Dazu gehörten Mandáyas, Manóbos, Debabáons, Mansákas, Mañgguáñgans und Mamánuas sowie Mitglieder der anderen Stämme, die im Osten von Mindanáo leben.

Vorerst beziehen wir uns jedoch auf die *Eroberungen* der Stämme Manóbo, Mandáya, Mamánua, Mañgguáñgan, Mansáka und Debabáon.

DIE MANÓBO CONQUISTAS

Die Bewohner aller Siedlungen im Agúsan-Tal mit Ausnahme von Novela, Rosario, den Städten südlich von Buai, den Städten innerhalb des Banuáon-Habitats und einigen Siedlungen heidnischer Manóbos am oberen Umaíam, Argáwan sowie Ihawán, Wá-wa und Maitum sind Manobó- *Conquistas* .

Am Osthang der Pazifischen Kordilleren in der Nähe von San Miguel (Fluss Tágo), an den Flüssen Marihátag und Oteiza gibt es mehrere hundert Manóbo- *Conquistas* . Die Städte oberhalb der Flüsse Hinatuán und Bislig bestehen aus den *Eroberungsgebieten Manóbo und Mandáya* .

DIE MANDÁYA-KONQUISTAS

Im Agúsan-Tal bestehen die Städte am Sulibáo-Fluss und möglicherweise am Adlaian-Fluss größtenteils aus Mandáya *-Eroberern* . Diese Mandáyas arbeiteten offenbar aus dem einen oder anderen Grund vom Hinatuán-Fluss aus, vielleicht um Missionstätigkeiten an der Ostküste zu entgehen oder um Moro-Überfällen zu entkommen.

An der Pazifikküste finden wir Mandáya- *Conquistas* in mehr oder weniger großem Ausmaß in fast allen Gemeinden und *Barrios* von Tándag bis Mati, mit Ausnahme solcher Städte, die durch Einwanderung von Bisáyas aus Bohol und anderen Orten entstanden sind. Es besteht kein Zweifel, dass die Mandáyas in früheren Jahren den gesamten Pazifikhang von Tándag bis Mati bedeckten, denn wir finden noch immer kürzlich christianisierte Mandáyas in Kolon und Alba am Tágo-Fluss sowie in Kagwáit und Bakolod am Kagwáit-Fluss. Die Einwohner dieser östlichen Städte werden nicht als *Conquistas bezeichnet* , sondern nehmen den Namen und Status von Bisáyas an und sind nicht so stark von den älteren Christen abhängig wie die *Conquistas* des Agúsan-Tals, die *Conquistas genannt* und von ihnen als Untergebene behandelt werden ältere Christen.

Ich denke, dass von Liñgig bis Mati alle Barrios, sowohl an der Küste als auch im Hinterland, aus Mandáyas bestehen, die seit 1877 christianisiert wurden.

DIE MAMÁNUA-ERoberungen

Diese Mamánua- *Conquistas* leben in der Nähe von Anao-aon und Malimono' an der Nordostküste; in San Roque und San Pablo, ebenfalls am Lake Mainit; am Fluss Asiga, einem Nebenfluss des Flusses Jabonga; und irgendwo den Lanusa River hinauf an der Ostküste.

DIE MAÑGGUÁÑGAN-ERoberungen

Während meines Aufenthalts am oberen Agúsan gab es nur zwei Städte der Mañgguáñgan- *Eroberung* – Tagusab und Pilar – und selbst diese waren lediglich Andeutungen von Städten. Es kann jedoch sein, dass seit der Ernennung eines stellvertretenden Gouverneurs die große Zahl christianisierter Mañgguáñgans, die vor dem Zorn ihrer Feinde in die Sumpfregion am Quellgebiet des Mánat-Flusses geflohen waren, zurückgekehrt ist und dass es jetzt Mañgguáñgan-Städte gibt.

DIE MANSÁKA-ERoberungen

In Compostela, Gandia und Tagaunud gibt es einige Mansáka- *Eroberer* . Die Bewohner dieser Städte sind jedoch so heterogen, dass es schwierig ist, ihnen einen Stammesplatz zuzuordnen. Generell lässt sich sagen, dass sich diese Städte noch in einer Gründungsphase befinden, deren Ergebnis wahrscheinlich die vollständige Übernahme der Mandáya-Kultur und - Sprache sein wird, wenn ihnen die Freiheit gegeben wird, ihren eigenen Neigungen zu folgen.

DIE DEBABÁON CONQUISTAS

Die Debabáon- *Conquistas* sind in der Stadt Moncayo zu finden und auch im oberen Sálug verstreut. Die Missionare empfanden das Volk der Debabáon als sehr widerspenstig; Die vergleichsweise wenigen Konvertiten zeigten einerseits die ganze Wankelmütigkeit und Instabilität der Manóbo und andererseits die Aggressivität der Mandáya.

DIE BISÁYAS ODER CHRISTLICHE FILIPINOS

Die Bisáyas oder christlichen Filipinos im Agúsan-Tal besetzen die Städte Butuán, Talakógon, Veruéla, Bunáwan und Prosperidad, von denen sie bei meinem letzten Besuch im Agúsan-Tal die Mehrheit bildeten. Außerhalb des Agúsan-Tals besetzen sie alle Städte an der Nordküste mit Ausnahme der Städte Tortosa, Maasao, Tamolayag und Malimono. Am und in der Nähe des Lake Mainit besetzen sie die Städte Sison, Timamana, Mainit, Jabonga, Santiago, Santa Ana und mehrere andere kleine Städte. An der Ostküste besetzen sie alle Küstenstädte von Surigao bis Bislig. Südlich von Bislig können nur die Städte Kati'il, Baganga, Karága, Santiago und Mati als Bisáya bezeichnet werden, obwohl die christianisierten Mandáyas der dazwischen liegenden Städte sich selbst Bisáyas nennen. Aber selbst die oben genannten Städte, mit Ausnahme von Santiago, haben kaum Anspruch darauf, als Bisáya in dem Sinne betrachtet zu werden, in dem dieses Wort auf die Bisáyas der Stadt Surigao angewendet wird. Dasselbe gilt für einen großen Teil der

Einwohner von Tándag, Tágo, La Paz und Kagwáit, wo das Mandáya-Element in der Sprache und im abergläubischen Glauben noch immer in erheblichem Maße in der unteren Schicht der Einwohner vorherrscht.

Im Agúsan-Tal kann ein großer Teil der Bisáyas von Talakógon nicht als Bisáyas im wahrsten Sinne des Wortes betrachtet werden. Viele von ihnen, Sulibáonon genannt, haben keine höhere Kultur als die *Eroberer* des Flusses Sulibáo, aus dem sie stammen. Sie sind in ihrem Körperbau und ihrer Lebensweise eindeutig Mandáya, mit der Ausnahme, dass sie den alten religiösen Glauben der Mandáya aufgegeben und den Glauben des Christentums übernommen haben. Sie sind wahrscheinlich die erste Gruppe von Mandáya- *Eroberern*, die dazu veranlasst wurden, die Sulibáo zu verlassen und ihren Wohnsitz in Talakógon zu beziehen.

KAPITEL II

PHYSIKALISCHE EIGENSCHAFTEN UND ALLGEMEINES ERSCHEINUNGSBILD DER MANÓBOS DES ÖSTLICHEN MINDANÁO

KÖRPERLICHER TYP

Divergenz der Typen

Es scheint Unterschiede im physischen Typ zwischen den Manóbos im unteren Teil des Agúsan bis zum Fluss Bugábus und denen des Ihawán und des oberen Agúsan-Flusses zu geben. Auf dem oberen Agúsan werden die Unterschiede deutlicher, je näher wir den Grenzen der Mandáyas und Debabáons kommen, die sich beide in ihren physikalischen Eigenschaften in einem solchen Ausmaß von den Manóbos unterscheiden, dass selbst ein gewöhnlicher Beobachter es nicht übersehen kann. Auch am oberen Agúsan, in der Nähe von Tagusab, finden wir Typen, die uns mit seinen offensichtlich negroiden Merkmalen an den Mañgguáñgan erinnern. Auch drüben am Tágo-Fluss und am äußersten oberen Wa-wa gibt es Gruppen sogenannter Manóbos, die eindeutig Nachkommen von Mamánuas sind. Mit diesen Ausnahmen gilt meines Erachtens die folgende Beschreibung für die große Masse der Manóbos, mit denen man im gesamten östlichen Mindanáo in Kontakt kommt.

ALLGEMEINER PHYSIKALISCHER TYP

Im Allgemeinen ist der Manóbo-Mann von athletischem Körperbau und kräftiger Konstitution, obwohl er oft von kleiner Statur ist. Seine Muskelentwicklung deutet eher auf Aktivität, Schnelligkeit und Ausdauer als auf große Kraft hin. Korpulenz und Vorwölbung des Bauches sind, soweit ich beobachtet habe, nie vorhanden. Seine Haut hat in der Regel eine rötlich-braune Farbe, die bei längerer Sonneneinstrahlung, wie bei denen, die in der Seenregion angeln, in ein etwas dunkles Braun übergeht.

Das Haar ist reichlich, lang, schwarz, glatt und grob. Als wir uns den Domänen der Mañgguáñgans und der Mamánuas nähern, ist das Haar etwas weniger üppig und weist Spuren von Locken auf. Gelegentliche Welligkeit kann auch bei den Manóbos beobachtet werden, die in der Nähe des Territoriums der Mandáyas, Debabáons und Mansákas leben.

Bart- und Körperbehaarung sind nicht reichlich vorhanden. In dieser Hinsicht unterscheiden sich die Manóbo von den Mandáya und den

Banuáon, die beide einen üppigeren Wuchs haben (wobei ich bei letzterem Volk keine eindeutige Aussage treffen kann) und in manchen Fällen Bärte haben, die reichlich genug sind, um auf eine Beimischung schließen zu lassen mit Weißen.

Der Kopf scheint gut entwickelt zu sein, da er im Vergleich zu dem eines durchschnittlichen Bisáya eher hoch und gewölbt ist. [1] Es kommt zu keiner Abflachung des Hinterhaupts. Diese Rundung des hinteren Teils des Schädels, die, wie Montano [2] angibt, auf die Hervorhebung der Scheitelhöcker zurückzuführen ist, wird sehr deutlich, wenn man sie mit den Köpfen von Bisáyas auf anderen Inseln vergleicht. Der Hinterhauptbogen des letzteren ist stets abgeflacht.

[1] Bei physischen Vergleichen zwischen Manóbos und Bisáyas wird kein Bezug auf die Bisáyas im östlichen Mindanáo genommen, von denen die große Mehrheit zweifellos Manóbos oder anderen heidnischen Ursprungs ist.

[2] Une Mission aux Philippines, 349,1906.

Aufgrund der Hervorhebung der Kieferknochen und der oben erwähnten Höhe des Schädels ist das Gesicht deutlich rautenförmig, ein Merkmal, das es einerseits vom langen Gesicht des Mandáya und des Banuáon unterscheidet und andererseits andererseits vom kurzen, runden Gesicht des Mamánua und des Mañgguáñgan. Montano [3] sagt, dass diese eigentümliche Form auf die Entwicklung der Jochbögen oder Wangenknochen und auf die Verkleinerung der minimalen Frontallinie, also des kürzesten Quermaßes der Stirn, zurückzuführen ist.

[3] Ort. cit.

Laut der Aussage von Montano, der die anthropometrischen Messungen vieler Schädel vornahm, die er aus Höhlen im Nordosten von Mindanáo erhielt, ist der Prognathismus ausgeprägt, aber variabel.

Die Stirn ist etwas hoch und hervorstehend, und die Augenbrauenwülste sind hervorstehend. Die Augen sind braun gefärbt. Die Lidöffnung ist im Vergleich zu der des Mandáya, dessen Auge rund ist, verlängert. Von der mongolischen Falciformfalte ist keine Spur, und die Querachse ist vollkommen horizontal.

Die Nase ist hervorstehend und gut entwickelt, aber kurz und in der Regel gerade. An den Grenzen der Banuáons bemerken wir manchmal eine leichte Kurve nach oben an der Spitze. Die Nasenlöcher sind etwas schmal, ansonsten aber gut entwickelt. Sie sind etwas größer als die von Bisáyas. Der Grat ist breiter als der von Bisáyas und die Wurzel liegt tiefer.

Die Lippen ähneln denen der Bisáyas, mit der Ausnahme, dass die Oberlippe des Manóbo ausgeprägter und ausgeprägter ist, was vermutlich auf die allgemeine, unaufhörliche Praxis zurückzuführen ist, ein Stück Tabak teils darunter und teils dazwischen hervorzuragen es und die Unterlippe.

Das Kinn ist rund und gut entwickelt, steht aber nicht hervor.

Die obigen Aussagen gelten für die Frauen in allen Einzelheiten, mit Ausnahme der Statur. Der Unterschied zwischen der Statur männlicher und weiblicher Manóbo ist viel größer als der zwischen den Geschlechtern bei Bisáyas und anderen zivilisierten Völkern der Philippinen. Dieser Unterschied in der Statur der Geschlechter ist bei allen Stämmen im östlichen Mindanáo mit Ausnahme bestimmter Mandáya-Gruppen offensichtlich und kann einerseits auf die übermäßige Belastung und die beschwerliche Arbeit der Frauen zurückgeführt werden bei der Erfüllung ihrer Haushalts- und anderen Pflichten, und andererseits auf das unbelastete Leben im Freien, das die Männer auf ihren Jagd-, Fischerei- und Handelsausflügen verfolgten.

Die übrigen Körperteile beider Geschlechter sind in guten Proportionen. Der Brustkorb ist besonders gut entwickelt und die Füße sind möglicherweise übermäßig groß.

Das allgemeine Erscheinungsbild der Männer ist etwas unangenehm und könnte bei den Manóbos abgelegener Regionen vielleicht als grob bezeichnet werden. Dies fällt vor allem bei Letzteren auf, da ihre Augen meist hervortreten und ihnen ein etwas wildes und sogar rachsüchtiges Aussehen verleihen. Die Schwärzung der Zähne und Lippen, der schwarze Tabak zwischen den Lippen, der alarmierte und misstrauische Blick und verschiedene andere Merkmale verstärken diesen Ausdruck tendenziell.

Die Frauen haben einen angenehmeren Gesichtsausdruck, aber der schüchterne, verstohlene Blick, der unbeholfene Gang und die unanmutige Kontur ihrer *Abaká* -Röcke beeinträchtigen die gemäßigte Schönheit, die sie in ihrer Jugend besaßen. Nach der Heirat lässt ihre Schönheit unglaublich schnell nach.

Wenn wir das physische und allgemeine Erscheinungsbild des Manóbo mit dem der Nachbarvölker vergleichen, können wir sagen, dass er an fünfter Stelle steht, wobei die Mandáya, Mansáka, Debabáon und Banuáon an der Spitze stehen, während unter ihm ohne Frage die Mañgguáñgan und die Mamánua stehen. Er hat nicht die Größe, die Proportionen, die Fairness oder die Vornehmheit der ersten drei. Ihm mangelt es an Adel, Mut und Intelligenz des Vierten, [4] aber er behauptet seine Überlegenheit gegenüber den Mañgguáñgan, deren abstoßende Gesichtszüge, spärliches Haar, spärliche Kleidung und geringe Intelligenz ihn nur wenig über die Mamánuas stellen. Letztere sind nur arme, obdachlose Waldbewohner wie die Negritos von Luzon und stehen körperlich, geistig und kulturell auf der Zivilisationsebene aller Menschen im östlichen Mindanáo an der untersten Stelle.

4 Meine Bekanntschaft mit Banuáons ist so gering, dass ich keinen eindeutigen physischen Vergleich anstellen kann.

Aufgrund unseres derzeitigen Mangels an Wissen über die große Anzahl von Stämmen, die nicht nur auf der Insel Mindanáo, sondern auch auf Borneo, Sumatra und anderen Inseln Indiens leben, ist es unmöglich, eine eindeutige Aussage über die Rassen- und Stammesverwandtschaft dieser zu treffen Manóbo-Leute.

MONTANOS INDONESISCHE THEORIE

Montano schlug die indonesische Theorie vor, um den Ursprung der Samals, Bagóbos, Giangas, Atás, Tagakaólos, Manóbos und Mandáyas zu erklären. Er behauptet, dass diese Völker reine Indonesier seien, deren Herkunft nicht anders erklärt werden könne, als durch die Annahme, sie seien die Ureinwohner aller unter dem Begriff Indonesien zusammengefassten Inseln. Daher nennt er die oben genannten Stämme Indonesier von Mindanáo.

Er behauptet, dass diese Indonesier das Ergebnis einer Verschmelzung von drei Elementen sind: (1) dem Polynesier, (2) dem Malaiisch-Bisáya und (3) dem Negrito.

Das Bisáya-Element, sagt er, sei beträchtlich und mache sich in der Vergrößerung des Querdurchmessers des Schädels bemerkbar. Das Negrito-Element zeigt sich nur in der Welligkeit der Haare, der Höhe und Hervorhebung der Stirn und der dunkleren Hautfarbe.

Er stellt weiter fest, dass die anatomischen Merkmale dieser Stämme ihre überlegene Statur, ihre Muskelentwicklung und die Hervorhebung der Hinterhauptregion sind, im Gegensatz zu der Abflachung, die bei Malaysiern im Allgemeinen und insbesondere bei denen der Philippinen erkennbar ist.

KEANES ANSICHT

Keane stellt in seiner Ethnologie [5] fest, dass--

> Der von Logan eingeführte Begriff „Indonesier" zur Bezeichnung der hellen nichtmalaiischen Bewohner des östlichen Archipels wird heute als passende Sammelbezeichnung für alle Völker Malaysias und Polynesiens verwendet, die weder Malaien noch Papua, sondern kaukasischen Typs sind . * * * Doktor Hamy, der als Erster diese Erweiterung dem Begriff „Indonesisch" gab, weist darauf hin, dass die Battak und andere vormalaiische Völker Malaysias den Ostpolynesiern so sehr ähneln, dass die beiden Gruppen als zwei Zweige eines ursprünglichen Non betrachtet werden sollten -Malaiische

Aktie. Obwohl alle Dialekte einer gemeinsamen malaiisch-polynesischen Sprache sprechen, ist der physische Typ recht unterschiedlich und eher kaukasisch als mongolisch, obwohl er vor allem in Neuseeland und Mikronesien einen erkennbaren papuanischen (oder negritoischen) Stil aufweist . Die echten Indonesier sind von großer Statur (5 Fuß 10 Zoll), muskulöser Statur, eher ovalen Gesichtszügen, hoher, offener Stirn, großer, gerader oder gebogener Nase, großen, vollen Augen, immer horizontal und ohne jede Spur des dritten Lids, hellbrauner Gesichtsfarbe (zimt- oder rötlichbraun), langes schwarzes Haar, nicht strähnig, sondern leicht gekräuselt oder gewellt, Schädel im Allgemeinen brachyzephalos wie der des melanochroischen Europäers.

[5] Ethnology, 326 *ff*., 1901.

Über die Indonesier der Philippinen sagt er: [6]

Abgesehen von den echten Negrito-Ureinwohnern unterscheidet Blumentritt zwei separate „malaiische" Invasionen, beide prähistorisch. Auch Montano erkennt diese beiden Elemente, die er jedoch korrekter als Indonesisch und Malaiisch bezeichnet. Die Indonesier, die er der „polynesischen Familie" zuordnet, waren die ersten, die ankamen, gefolgt von den Malaysiern und dann, im 16. Jahrhundert, von den Spaniern, denen wiederum Chinesen und andere folgten, vielleicht auch ihnen vorausgingen. Somit sind Blumentritts Malaysier der ersten Invasion, die er aus Borneo mitbringt, Montanos Indonesier, die während ihrer Ostwanderung von Borneo und anderen Teilen Malaysias über die Philippinen kamen. Das Ergebnis dieser aufeinanderfolgenden Bewegungen war, dass die Negritoes zunächst von den Indonesiern in die Nischen des Landesinneren getrieben wurden, mit denen sie sich später in unterschiedlichem Maße vermischten. Dann wurden die Indonesier ihrerseits von den Malaien aus den Küstengebieten und offenen Ebenen vertrieben, die heute hauptsächlich von Völkern echter malaiischer Abstammung bewohnt sind. Dann kam es in friedlichen Zeiten zu neuen Vermischungen, und zu früheren Kreuzungen kommen nun Spanier und Chinesen mit Malaien, dort „Quadroons" und „Octoroons" mit Indonesiern und hier und da sogar mit Negritos hinzu. Es ist daher überall schwierig geworden, zwischen den echten Malaysiern und den

Indonesiern zu unterscheiden, die ebenfalls weniger
bekannt sind, in den entlegeneren Hochlandbezirken leben,
oft in Verbindung mit den Negritos und nicht immer auf
einem viel höheren Kulturniveau stehen.

[6] Op. O., 332.

DIE INDONESISCHE THEORIE, WIE SIE AUF MANÓBOS ANGEWENDET WIRD

Wenn ich die physischen Merkmale der Manóbos mit denen vergleiche, die
von diesen und anderen Autoren über die Indonesier vorhergesagt werden,
stelle ich fest, dass im Fall der Manóbos des Agúsan-Tals Statur, Welligkeit
der Haare, Fülle des Bartes usw Aufgrund der Helligkeit der Hautfarbe
scheint es eine Abweichung von Keanes indonesischem Standard zu geben.
Keane verlangt für die Statur des Indonesiers eine Durchschnittsgröße von
1,795 Metern, während die Durchschnittsgröße des Manóbo, wie ich durch
oberflächliche Messungen ermittelt habe, bei etwa nur 1,60 Metern liegt und
Doktor Montano nur 1,4667 Meter ermittelt hat. Was die Welligkeit der
Haare betrifft, habe ich sie bei den Manóbos, auf die sich dieser Artikel
bezieht, selten beobachtet. Auch der Bart ist nicht üppig, und was die
Fairness der Hautfarbe betrifft, so wird man bei einem flüchtigen Blick auf
die große Masse der Manóbos, die den Agúsan und seine Nebenflüsse
bewohnen, davon überzeugt, dass ihre Farbe eindeutig rötlichbraun und
nicht hell ist. Es stimmt zwar, dass man in den Bergen Kinder und sogar
junge Frauen mit heller Hautfarbe antrifft, aber das ist wahrscheinlich auf die
Gefangenschaft im Haus oder den Schutz vor der Sonne im Freien
zurückzuführen.

PHYSIKALISCHE ART KONTINUIERLICHER VÖLKER

Im ersten Teil dieses Kapitels wurde ein umfassender Vergleich zwischen
den Manóbos und den angrenzenden Stämmen im östlichen Mindanáo
angestellt, aber um die physischen Eigenschaften der Manóbo stärker
hervorzuheben, wird es als zweckmäßig erachtet, eine kurze Beschreibung
zu geben die angrenzenden Stämme.

DIE MAÑGGUÁÑGANS

Von der Statur her ist der Mañgguáñgan kleiner als der Manóbo. Seine
körperliche Verfassung erweckt den Eindruck, dass er unterdimensioniert ist.
Sein Schädel ist von vorne nach hinten entlang der antero-posterioren Kurve
verlängert, wodurch sich entsprechend eine Vergrößerung im oberen Teil
des Hinterhaupts bildet. Von dieser Vergrößerung nach unten kommt es zu
einer Abflachung der Kurve. Die Stirn ist groß, hoch und sehr hervorstehend

und weicht in einem erkennbaren Winkel von der Gesichtsebene nach hinten ab. Das Gesicht ist schmal und flach. Die Schmalheit ist auf die Hervorhebung des Unterkiefers und auf eine Vertiefung zurückzuführen, die sich an der Seite des Gesichts zwischen Kiefer und Wangenknochen bildet. Das Haar ist dünn, grob und bei Männern spärlich. Der Bart ist außer bei älteren Männern sehr spärlich, und selbst dann ist er bei weitem nicht so üppig wie der der Manóbos und insbesondere der Mandáyas. Die Nase ist breit und auffällig eingedrückt, während die Nasenöffnungen ziemlich groß sind. Im Großen und Ganzen ist der Prognathismus beträchtlich, aber nicht so variabel wie der von Manóbos und Mandáyas.

Es kann kein Zweifel am negritischen Charakter des Mañgguáñgan bestehen. Aufgrund der besonderen Umstände, die sich nach meiner Ankunft am oberen Agúsan im Jahr 1909 ergaben, war es mir unmöglich, mit irgendjemandem außer den eher domestizierten Mañgguáñgan in der Umgebung von Compostela in Kontakt zu treten, ohne ihre körperlichen und geistigen Eigenschaften zu beobachten Aufgrund meines geringen Bildungsniveaus kam ich zu der festen Überzeugung, dass die Herkunft der Negrito nicht allzu weit entfernt liegt.

DIE MANDÁYAS

Die Mandáya hingegen sind, mit Ausnahme der Gruppen am oberen Karága- und vielleicht am oberen Kasaúman-Fluss, von überlegener Statur. Montano ermittelte eine Körpergröße von nur 1,578 Metern, die Zahl der von ihm gemessenen Männer war jedoch so gering, dass wir aus seinen Zahlen keine Rückschlüsse ziehen können. Ich habe keine Messungen an Mandáyas vorgenommen, aber ich habe den Eindruck, dass die männlichen Mandáyas der Flüsse Kati'il, Karága und Manorigao deutlich größer sind als Manóbos. Tatsächlich trifft man auf eine große Anzahl, die dem indonesischen Standard von Keane gleichzukommen scheint.

Montano zufolge unterscheidet sich die Schädelform des Mandáya von der des Manóbo nur in einer Besonderheit, nämlich in der Geradheit des mittleren Teils der antero-posterioren Krümmung des Schädels. Ansonsten ähnelt sein Schädel dem des Manóbo. Das Gesicht ist eher oval als rautenförmig und hat ein angenehmes, sympathisches Aussehen, was zweifellos auf die größere Breite der Lidöffnung, die Größe des Auges und die Länge, Dunkelheit und Hervorhebung der Wimpern zurückzuführen ist.

Die Nase ist gerade und hervorstehend, gelegentlich recht europäisch, und die Nasenlöcher sind weder eingedrückt noch abgeflacht. Ihre Unterkanten sind nicht horizontal, sondern von der Spitze aus leicht nach oben geneigt. Die Nasenöffnungen sind mittelgroß.

Die Augenbrauenkämme sind hervorstehend, aber da die Haare der Augenbrauen ständig rasiert bleiben, entsteht kein so ausgeprägter Eindruck wie bei den christianisierten Mandáyas an der südöstlichen Küste von Mindanáo.

Über die Fülle des Bartes kann man sich nur schwer ein Urteil bilden, da er von Jugend an ständig und gewissenhaft entfernt wird. Das Kopfhaar ist lang, schwarz und reichlich, oft etwas gewellt und meiner Meinung nach nicht so grob wie das von Manóbos.

Das auffälligste Merkmal des Mandáya ist seine helle Farbe. Es ist nicht meine Absicht, den Eindruck zu erwecken, dass er einem „verlorenen weißen Stamm" angehört oder dass er berechtigt ist, in dem Sinne, in dem wir den Begriff verwenden, wenn wir von Europäern sprechen, als „weiß" bezeichnet zu werden. Aber für einen Eingeborenen der Philippinen kann er sicherlich als Weiß bezeichnet werden, obwohl seine Haut nicht gelbbraun ist wie die der Japaner oder Chinesen, sondern einen eigentümlichen ascheigen Farbton aufweist. Ich habe ein paar Individuen gesehen, die fast so weiß waren wie der durchschnittliche Amerikaner, die aber ansonsten nicht dem ausgeprägten kaukasischen Typus angehörten.

Es ist sehr schwierig, die vorherrschende Gerechtigkeit dieses Stammes zu erklären, außer durch die Annahme einer Beimischung von anderem Blut. Die Manóbo leben in ebenso dunklen Wäldern und auf ebenso hohen Bergen wie denen der Mandáyas. Seine Lebensweise ist praktisch die gleiche, und doch ist die durchschnittliche Tönung seiner Haut viel dunkler, so sehr, dass der Mandáya, wenn er nicht nur von ihm, sondern auch von Mañgguáñgan und sogar von Bisáya spricht, sie alle als „schwarz" verschmäht. "

DIE DEBABÁONS

Was die Debabáons betrifft, so habe ich nicht genügend Kontakt zu ihnen gehabt, um allgemeine Aussagen treffen zu können. Die Gruppen, die ich in Moncayo, am Sálug, wo der Baglásan-Fluss in ihn mündet, und in dem Land, das sich etwa 10 Kilometer westlich davon erstreckt, traf, ähneln den Mandáyas in ihren physischen Charakteren sehr, und doch in der Sprache, der allgemeinen Kultur und anderen Sie sind religiöser Überzeugung und gehören genealogisch zum Stamm der Manóbo. Es ist wahrscheinlich, dass sie das Ergebnis einer Mischehe von Manóbo-Männern aus Baóbo und Ihawán mit Mandáya-Frauen aus den unteren Flüssen Sálug und Tágum sind.

DIE MAMÁNUAS

Die Mamánuas brauchen kaum einen Kommentar. Sie sind in jeder Hinsicht, sowohl körperlich als auch kulturell, Vollblut-Negritos, wie die Negritos von Mariveles, wie Montano sehr ausdrücklich feststellt. Die Manóbos am oberen Tágo-Fluss verheiraten sich ständig mit Mamánua-Frauen, wie ich bei mehreren Besuchen in dieser Region beobachten konnte. Es ist wahrscheinlich, dass dasselbe an den Flüssen Húbo, Marihátag, Lanusa und Kantílan geschieht. In der Nähe des Mainit-Sees sollen sehr viele Mamánuas Mischlinge sein.

DIE BANUÁONS

Ich besuchte nur eine Siedlung in Banuáons, nahe der Mündung des Flusses Maásam. Ich traf hier und da Mitglieder des Stammes entlang des Agúsan zwischen San Luis und Las Nieves, aber meine Beobachtungen von ihnen waren beiläufig und oberflächlich, so dass ich nicht bereit bin, irgendwelche Aussagen über ihre physischen Eigenschaften zu machen. Alle Berichte, sowohl über Manóbos als auch Bisáyas und die Aussagen der jesuitischen Missionare, besagen, dass sie ein überlegenes Volk sind. Es ist wahrscheinlich, dass diese Gruppe von Menschen, die im Agúsan-Tal als Banuáon bekannt ist, ein Zweig der Bukídnons ist, die der berühmte Missionar Urios und andere so lobend erwähnen,7 wobei Ersterer an einer Stelle sogar so weit geht, diese Aussage zu machen dass die Bukídnons geeignet sind, Könige der Manóbos zu sein.

7 Cartas de los PP. de la Compañía de Jesús, passim.

KÖRPERLICHES ERSCHEINUNGSBILD, DAS DURCH KLEIDUNG UND VERZIERUNG VERÄNDERT WIRD

Das Obergewand beider Geschlechter bei den Manóbos ist ein geschlossenes, quadratisch geschnittenes Kleidungsstück mit Ärmeln und einer ausreichenden Öffnung oben, um den Kopf hineinzulassen. Es liegt entweder eng oder eher locker am Körper an. Wenn kein importierter Stoff verfügbar ist, wird es aus *Abaká- Faser* hergestellt . Es ist immer mit Stickereien aus importierter roter, weißer, blauer und gelber Baumwolle an den Manschetten, an den Nähten der Schultern und an der Seite sowie am Hals und an den unteren Kanten verziert. Das Kleidungsstück des Mannes unterscheidet sich von dem der Frau dadurch, dass es ausschließlich einfarbig ist, mit der Ausnahme, dass auf dem Rücken, über den Schultern und bis zu den Brüsten horizontale, parallele, gleichmäßig beabstandete Linien aus eingewebtem blauem Baumwollgarn eingewebt sind.

Der Körper und die Ärmel des Damenbekleidungsstücks sind in verschiedenen Farben gehalten. Wenn also die Ärmel schwarz sind, ist der

Körper rot und umgekehrt. Ein weiteres Unterscheidungsmerkmal ist die üppige Baumwollstickerei auf der Vorderseite des Kleidungsstücks.

Das untere Kleidungsstück des Mannes ist eine Hose, meist aus einheimischer Baumwolle und *Abaká-* Faser, die etwas bis unter die Knie reicht und an den Seiten und unten mit Baumwollstickereien in den oben genannten Farben versehen ist. Die Enden des Kordelzugs, der die Hose an Ort und Stelle hält, hängen vorne herab und sind mit gleichfarbigen Quasten verziert.

Das Untergewand der Frauen ist ein doppelter, sackartiger Rock aus *Abaká-*Faser, fast immer von rötlicher Farbe, mit schönen Mustern in horizontalen Bahnen oder mit einer Reihe horizontaler, gleichabständiger schwarzer Streifen. Ein Gürtel aus Menschenhaar oder geflochtener Pflanzenfaser, der mit einem Muschelknopf oder einer geflochtenen Kordel befestigt wird, hält dieses Kleidungsstück an Ort und Stelle. Die daraus resultierende Raffung der weiten Öffnung des Rocks in der Taille und der Wölbung am unteren Ende (die knapp unter den Knien liegt) beeinträchtigt die Anmut der Figur der Manóbo-Frau nicht wenig. An dem Gürtel hängen in unterschiedlicher Anzahl und Qualität Perlen, Habichtsglocken, duftende, medizinische und magische Samen, Muscheln und duftende Kräuter.

Das Haar wird von beiden Geschlechtern lang getragen. Es ist ähnlich wie das einer Chinesin gekleidet, außer dass es gedreht und zu einem Chignon auf dem Scheitel zusammengebunden ist.

Der Mann trägt einen langen, schmalen Bambushut, der nur die Oberseite des Kopfes schützt und der von zwei Schnüren auf dem Kopf gehalten wird, die von Ende zu Ende hinter den Ohren verlaufen. Es hat normalerweise einen Federbusch, der im rechten Winkel zum hinteren Teil absteht. Die Frau trägt in der Regel keinen Hut, sondern schmückt stattdessen ihren Kopf mit einem Bambuskamm, der manchmal mit Perlmutt eingelegt ist, manchmal mit einer Schicht aus geschlagenem Silber bedeckt, aber fast immer mit dekorativen Einschnitten verziert ist. In die vergrößerten Ohrläppchen wird ein Paar Ohrstöpsel mit ornamentalen Metallplättchen eingesetzt.

Ich habe Männer gesehen, bei denen jedes Ohrläppchen an einer oder zwei Stellen durchbohrt war und kleine Knöpfe über den Öffnungen befestigt waren, aber ich habe nie einen Fall einer Manóbo-Frau gesehen, die eine andere Perforation in den Ohren hatte als die große Öffnung in jedem Ohrläppchen Festplatten.

Um den Hals trägt die Frau je nach ihren Mitteln und Erwerbsmöglichkeiten mehr oder weniger reichlich Halsketten aus Perlen und Halsketten aus Samen, Perlen, Muscheln und Krokodilzähnen.

An ihren Unterarmen trägt sie ein oder mehrere Muschelarmbänder, Reifringe aus schwarzer Koralle oder aus Kupferdraht und einen eng anliegenden Ring aus geflochtenem *Nito* . Letzteres Schmuckstück wird auch von Männern getragen, die auf den Einsatz anderer Armspangen verzichten, den Oberarm jedoch meist mit einem fein geflochtenen Band aus dunkler Faserranke schmücken. Sowohl Männer als auch Frauen tragen häufig ähnliche Ligaturen knapp unter einem oder beiden Knien. Bei feierlichen und festlichen Anlässen schmückt die Frau ihre Knöchel mit losen Spulen aus schwerem Draht.

Ein quadratischer Rucksack aus Hanf, häufig mit Baumwollgarn in vielen Farben gesäumt und am Rücken an Schnüren aufgehängt, die über die Schultern und unter die Arme verlaufen, dient dem Mann als Behältnis für seine Kauutensilien. Bei Perlenarbeiten und Stickereien mag es mehr oder weniger aufwändig sein, in der Regel gibt es jedoch keine Verzierungen dieser Art.

Mau-Mau- Saft , verwenden und das Ganze zwischen den Lippen tragen. Diese Mischung dient nicht nur als unverzichtbares und angenehmes Narkotikum, sondern auch als Hauptfaktor für die vollständige und dauerhafte Verfärbung der Zähne.

Damit „sie nicht wie Hunde aussehen", werden bei beiden Geschlechtern schon in jungen Jahren die oberen und unteren Schneidezähne beschliffen. Sie beginnen sofort mit der Verfärbung dessen, was bei häufiger Anwendung der oben genannten Kaumittel übrig bleibt.

So wie weiße und scharfe Zähne hundeartig sind, so weisen Bart und Körperbehaarung auf den Affen hin. Daher werden alle streunenden Haare gewissenhaft und kontinuierlich ausgerottet.

Tätowierungen bei beiden Geschlechtern sind universell. Dabei wird die Haut durchstochen und ein Ruß aus einer sehr verbreiteten Harzart eingerieben. Die oft kunstvoll tätowierten Figuren sind Darstellungen von Sternen, Blättern, Krokodilen usw.

Beide Geschlechter sind auf Brust, Armen und Fingern tätowiert, bei Frauen ist es jedoch üblich, ein zusätzliches Motiv auf den Waden der Beine und manchmal auch auf dem ganzen Bein zu haben.

Was die christianisierten Manóbos betrifft, so ist es offensichtlich, dass die große Mehrheit die Kleidung ihrer Bisáya-Brüder übernommen und auf die Verwendung von Ornamenten und Verstümmelungen verzichtet hat, die für ihre heidnischen Artgenossen charakteristisch sind. Die Änderung wurde von spanischen Missionaren aus religiösen Gründen angeordnet und, im Fall der Kleidung, von Bisáya-Händlern aus kommerziellen Gründen gefördert, kam den neuen Christen jedoch meiner Beobachtung nach weder religiös, finanziell noch ästhetisch zugute.

KAPITEL III

EIN ÜBERBLICK ÜBER DIE MATERIALIEN UND SOZIOLOGISCHE KULTUR DER MANÓBOS IM ÖSTLICHEN MINDANÁO

ALLGEMEINE MATERIALKULTUR

WOHNUNGEN

Für ein Zuhause wählt der Manóbo einen Standort, der eindeutig von übernatürlichen Kräften genehmigt wurde und der aufgrund seiner Fruchtbarkeit besonders für landwirtschaftliche Zwecke und aufgrund seiner strategischen Lage für Verteidigungszwecke geeignet ist. Darauf baut er ein schlichtes, quadratisches, einräumiges Gebäude in einer Höhe von 1,50 Meter bis 8 Meter über dem Boden. Das Haus misst normalerweise etwa 3 mal 5 Meter. Meist leichte Pfosten, deren Anzahl zwischen 4 und 16 variiert, stützen den Boden, das Dach und die dazwischen liegenden Teile. Die Materialien bestehen alle aus Rattangeflecht und bestehen selten aus etwas anderem als leichten Materialien aus der unmittelbaren Umgebung. Der Boden besteht aus Latten aus Palmen oder Bambus, das Dach ist mit Palmblättern gedeckt und die Wände bestehen aus leichten, horizontalen, übereinander liegenden Stangen, die etwa auf Schulterhöhe einer auf dem Boden sitzenden Person angebracht sind. Der Raum zwischen der Oberseite der Wände und dem Dach bildet ein durchgehendes Fenster. Dieser offene Raum über der niedrigen Hausmauer ermöglicht es den Insassen, während eines Kampfes ihre Pfeile in jede Richtung auf den Feind zu schießen.

Der eine Raum ohne Decke dient als Küche, Schlafzimmer und Empfangsraum. Es gibt weder Dekoration noch Möbel. Verstreut oder aufgehängt, vor allem in der Nähe der Feuerstelle, liegen die einfachen Haushaltsutensilien und die Gegenstände, die Eigentum des Besitzers sind – Waffen, Körbe und Schlafmatten. Auf dem Boden, am weitesten von der Tür entfernt, befinden sich ein oder mehrere Herdrahmen und die Steine, die als Träger für die Kochtöpfe dienen. Ein runder Baumstamm mit mehr oder weniger gleichmäßigen Kerben, der vom Boden bis zur schmalen Tür führt, gewährt dem Besucher Zugang zum Haus.

Unter dem Haus befindet sich der Schweinestall. Hier leben die Schweine und Hühner der Familie von den Abfällen und Resten, die von oben fallen. Der hygienische Zustand dieses Teils der Einrichtung ist in keiner Weise lobenswert. Der einzige Vorteil besteht darin, dass die schlechten Gerüche nicht ins Haus gelangen, sondern von der Luftströmung, die fast immer vorbeiströmt, weggetragen werden.

Das Haus selbst ist alles andere als perfekt sauber. Das niedrige, von Kakerlaken befallene Strohdach, die rauchverkrusteten Sparren, der ungekehrte, schmutzige Boden, die von Insekten befallenen Lattenroste, die rauchgeschwängerte Atmosphäre, die mit Betelnüssen übersäten Wände und der Boden, diese und andere Merkmale eines Kleine, überbevölkerte Häuser machen Sauberkeit fast unmöglich. Die Ordnung und Ruhe im Haus ist nicht mehr zufriedenstellend. Das Weinen der Babys, das Toben und Geschrei der Jungen, das laute Reden der Ältesten, das Grunzen der Schweine unten, das Winseln und Knurren der Hunde oben und der Lärm der verschiedenen Hausarbeiten erzeugen in einem durchschnittlichen Haus Ein paar Familien enthalten einen Lärm, der die Beschreibung verblüfft. Dies stört jedoch nicht die Gelassenheit der primitiven Insassen, die lachen, kauen, reden und arbeiten und sich umso mehr amüsieren, weil sie einen großen Teil der Animation ausmachen.

ERNÄHRUNG

Wenn es keinen Luxus wie Streichhölzer gibt, greift man auf die Feuersäge- oder Reibungsmethode zurück, um Feuer zu erzeugen, obwohl manchmal auch die alte Stahl- und Feuersteinmethode angewendet wird.

Die Kochausrüstung besteht aus ein paar selbstgemachten Tontöpfen, ergänzt durch grüne Bambuspfannen, Bambuskellen, Reispaddeln aus Holz und fast immer einer Kokosnussschale zur Wasseraufnahme aus dem langen Bambusrohr.

Die verschiedenen Nahrungsmittel lassen sich in zwei Klassen einteilen, von denen wir die eine als Grundnahrungsmittel und die andere als Beilage bezeichnen. Es muss daran erinnert werden, dass für die Manóbo, wie auch für so viele andere Völker der Philippinen, Reis oder *Camotes* oder andere umfangreiche Nahrungsmittel der wesentliche Teil der Mahlzeit sind, während Fisch, Fleisch und andere Dinge lediglich Ergänzungen dazu sind Hilfe beim Verzehr des Hauptnahrungsmittels. Unter der Überschrift Grundnahrungsmittel können wir also in der Reihenfolge ihrer Bedeutung oder Häufigkeit Folgendes einordnen: *Camotes* , Reis, Taro, Sago, Kerne wilder Palmen, Mais, Knollen und Wurzeln (häufig giftig). Zu den Begleit- oder Ergänzungsnahrungsmitteln gehören die folgenden, wobei ihre Reihenfolge auf die durchschnittliche Wertschätzung schließen lässt: Fisch (besonders wenn er gesalzen ist), Hausschweinefleisch, Wildschweinfleisch (auch wenn es verfault ist), Wildbret, Leguan, Larven aus verfaulten Tieren Palmen, Python, Affe, Haushuhn, Wildhuhn, Vögel, Frösche, Krokodil, essbare Pilze, essbarer Farn und Bambussprossen. Als Gewürze werden immer Salz (*falls vorhanden*) und roter Pfeffer verwendet, aber es ist keine Ausnahme, dass letzterer allein verfügbar ist.

Süßkartoffeln, Taro, Knollen und Reis werden durch Dämpfen gegart. Mais und Palmenkerne werden über dem Feuer geröstet.

Es gibt nur zwei orthodoxe Methoden zum Garen von Fisch, Schweinefleisch, Wildbret, Leguan und Huhn: (1) in Wasser ohne Schmalz; (2) durch Grillen. Python, Affe, Krokodil, Wildhuhn und Vögel müssen nach der letzteren Methode zubereitet werden.

Wenn die Mahlzeit zubereitet ist, wird sie auf Tellern, Bananenblättern oder Rindenplatten angerichtet, mit dem Wasser in Gläsern oder im Kokosnussschalen-Schöpflöffel. Bei gewöhnlichen Anlässen essen Ehemann, Ehefrau, Kinder und weibliche Verwandte einer Familie gemeinsam, wobei die unverheirateten Männer, Witwer und Besucher ihre Mahlzeiten allein einnehmen. Bei festlichen Anlässen versammeln sich jedoch alle männlichen Mitglieder, einschließlich der Besucher, in der Mitte der Boden.

Vor und nach dem Essen werden Hände und Mund gewaschen. Alle beginnen gemeinsam auf dem Boden zu essen. Die Männer essen mit der linken Hand und behalten bei Gelegenheiten, wenn auch nur der geringste Verdacht auf Ärger besteht, ihre rechte Hand an ihren allgegenwärtigen Waffen. Es ist Brauch, den Platz nach dem Essen nicht ohne Vorankündigung zu verlassen.

Betäubender und anregender Genuss

Die häufigste und unentbehrlichste Quelle alltäglichen Genusses ist die Betelnuss als Quid. Es wäre ein unentschuldbarer Verstoß gegen die Sitten, es zu versäumen, einem Stammesangehörigen Betelnüsse anzubieten. Es nicht zu nehmen, wenn es angeboten wird, würde als Abbruch der Freundschaft angesehen werden. Die wesentlichen Bestandteile des Quids sind Betelblatt, Betelnüsse und Limette, es ist jedoch üblich, Tabak, Zimt, Zitronenschale und mehrere andere aromatische Elemente hinzuzufügen. Manchmal kann auch ein Ersatz für das Betelblatt und die Betelnüsse verwendet werden, wenn beides fehlt.

Ein weiteres wichtiges Kaumittel ist der Tabakquid mit seinen Zutaten Limetten- und *Mau-Mau* -Saft. Dieses wird ständig zwischen den Lippen getragen. Hin und wieder rauchen die Männer aber auch gerne ein wenig gemischten Tabak in kleinen Pfeifen oder in kleinen Blättchenkegeln.

Der größte und am meisten geschätzte Genuss überhaupt ist das Trinken: Männer, Frauen und Kinder genießen es, die letzten beiden sparsam. In

Manóboland steht der Ruhm eines Banketts in direktem Verhältnis zur Anzahl der Betrunkenen, wobei Nüchternheit als verweichlicht gilt und die Weigerung, Alkohol zu trinken, eine Beleidigung für den Gastgeber darstellt.

Es gibt vier Hauptgetränke: *Cabo negro* toddy, Sugarcane brew, *Bahi* toddy und Met. Die erste und die dritte sind nichts anderes als der Saft der Palmen, die ihren jeweiligen Namen tragen, wobei der Saft auf die gleiche Weise wie die gewöhnliche Kokosnuss- *Tuba gesammelt wird* . Das zweite oder Zuckerrohrgebräu ist ein fermentiertes Getränk, das aus dem Saft des Zuckerrohrs hergestellt wird, der mit einer Sorte Ingwerpflanze gekocht wird. Es ist das erlesene Getränk der Manóbo-Gottheiten. Das vierte oben erwähnte Getränk ist Met. Es ähnelt dem zuletzt genannten, außer dass bei seiner Zubereitung anstelle von Zuckerrohrsaft Honig verwendet wird.

Ein Merkmal des Getränks ist, dass es selten ohne Fleisch oder Fisch serviert wird. Deshalb gibt es bei jeder Gelegenheit, bei der man einen Vorrat davon bekommen kann, einen Trinkgelage. Auch religiöse Opfer bieten reichlich Gelegenheit zum Genuss.

Manchmal kommt es wegen der fließenden Schüssel zu Streitigkeiten und es werden Kriegsexpeditionen vorgeschlagen, aber im Großen und Ganzen kann man sagen, dass der Manóbo ein friedlicher und fröhlicher Trinker ist.

Mittel zum Lebensunterhalt

Der Manóbo verdient seinen Lebensunterhalt mit Landwirtschaft, Fischerei, Jagd und Fallenstellen. Er rodet ein Stück Urwald, und seine Frauen säubern das Gestrüpp, säen etwas Reis, pflanzen *Camotes* , etwas Taro, Mais und Zuckerrohr. Da die Reisernte selten für den Lebensunterhalt seines Haushalts ausreicht, ist der Manóbo für seinen Unterhalt auch auf den *Camote angewiesen*.

Den Fischvorrat bezieht er aus den Bächen und Flüssen. Wenn das Wasser tief ist und die Strömung nicht stark ist, schießt er mit einem speziellen Pfeil und Bogen auf die Fische. Wenn das Wasser flach und schnell ist, nutzt er Bambusfallen und vergiftet manchmal den gesamten Bach.

Um sich mit Fleisch zu versorgen, macht er sich gelegentlich mit Hunden auf den Weg in den Wald und kehrt selten ohne ein Reh oder ein Wildschwein zurück. Irgendwo im Wald stellt er mehrere Springfallen auf, aber nur während der Regenzeit kann man sagen, dass er damit Erfolg hat. Er hat eine Falle für Affen, eine Schlinge für Vögel, einen Lockvogel für wilde Hühner und setzt Pfeil und Bogen gegen Affen und Vögel ein.

Mit dem Fleisch, das er aus den oben genannten Quellen bezieht, zusammen mit Eidechsen und Pythons, die er manchmal fängt, sowie Pilzen, Larven und Palmen, die er im Wald findet, gelingt es ihm, die Lücken zwischen Zeremoniell und Weltlichem zu füllen Feierlichkeiten zu feiern, die im Laufe des Jahres so oft wiederkehren, und sich einigermaßen gut zu versorgen.

WAFFEN UND GERÄTE

Der Bolo und in manchen Gegenden auch der Dolch ist der unzertrennliche Begleiter des Manóbo. Auf den Wegen trägt er immer eine Lanze und häufig einen Schild. Für den Krieg trägt er ein *Abaká-* Kettenhemd sowie Pfeil und Bogen. Im Alarmzustand stellt er Bambusfußfüße auf, baut Abatis aus umgestürzten Bäumen und stellt menschliche Sprungfallen rund um sein hohes Haus auf.

Für die Arbeit hat er einen Bolo und eine primitive Dechsel. Diese, zusammen mit einem Reisstiel, einem kleinen Messer, einem Jagdspeer, einem speziellen Pfeil für die Jagd, einem Fischspeer und vielleicht ein paar Angelhaken, erfüllen alle Zwecke seines primitiven Lebens. Mit dem einen oder anderen fällt er die mächtigen Bäume des Urwaldes, führt alle Arbeiten der Landwirtschaft, der Jagd und des Fischfangs durch, baut sich ein Haus, haut in bestimmten Gegenden formschöne Kanus aus, schnitzt hübsche Boloscheiden und fertigt eine Vielzahl anderer notwendiger und oft künstlerischer Artikel. Sie sind die Summe seiner Werkzeuge und dienen ihm anstelle aller Geräte der modernen Zivilisation.

INDUSTRIELLE AKTIVITÄTEN

Die Last der Arbeit liegt bei der Frau. Der Mann fällt einmal im Jahr das schwere Holz, baut das Haus, jagt, fischt, stellt Fallen und kämpft. Der Rest der täglichen Arbeit entfällt praktisch auf den Anteil der Frau. Der Mann ist der Herr und kümmert sich als solcher um alle Angelegenheiten, die zwischen seiner Familie und denen anderer entstehen können.

Neben den oben genannten Berufen kann sich der Mann, meist unter dem Druck eines Vertrags oder einer Schuld, auch mit dem Kanubau, dem Bergbau und dem Korbflechten beschäftigen.

Die Frauen weben alle Kleidungsstücke der Familie, es sei denn, sie beziehen importierte Stoffe. Die meisten Kleidungsstücke der Manóbos, sowohl für Männer als auch für Frauen, bestehen aus einheimischen Stoffen. Die Frau näht alles. Eine Nadel aus Messingdraht, in Ermangelung einer importierten Nadel, und ein Faden aus *Abaká* -Faser bilden ihr Nähzeug.

Fast das gesamte beim Weben verwendete Material ist *Abaká-* Faser. Die Farbstoffe sind pflanzlicher Natur und ihre Echtheit hängt von der Dauer des Kochens ab. Die Manóbo-Frau hat im Gegensatz zu den Mandáya-

Frauen und den Frauen der meisten anderen Stämme auf Mindanáo nie die Kunst des Einflechtens von Zierfiguren entwickelt. Das Beste, was sie kann, ist, Kett- und Schussstreifen herzustellen.

Auch die Herstellung einfacher Tontöpfe gehört zu den Erwerbszweigen der Frau. Allerdings werden Töpfe nicht in großen Mengen hergestellt, da die Nachfrage meiner Meinung nach etwas größer ist als das Angebot.

Bettvorleger und Reisbeutel werden im gewöhnlichen philippinischen Stil aus verschiedenen Materialien wie *Pandanus* und *Buri hergestellt*. Die Arbeit wird hauptsächlich von der Frau erledigt und die Versorgung entspricht in der Regel nicht den Bedürfnissen der Familie.

ALLGEMEINE SOZIOLOGISCHE KULTUR

DAS LEBEN ZU HAUSE

Eheliche Beziehungen : Bei der Wahl einer Frau lässt sich der Mann weitgehend von den Wünschen seiner Verwandten leiten, der Frau wird jedoch keine Wahl gelassen. Es bestehen keine vorehelichen Beziehungen zwischen dem Paar, der Ehevertrag und alle Vereinbarungen werden von ihren jeweiligen Verwandten getroffen. Die Transaktionen erstrecken sich in der Regel über Jahre. Die Verwandten der Frau verlangen für sie eine Menge weltlicher Güter – Sklaven, Schweine, Bolos und Speere –, die kaum zu bezahlen sind. Die Angehörigen des Mannes hingegen sind bestrebt, dem nachzukommen, setzen aber alle Mittel ein, um die Freundschaft der Gegenseite zu gewinnen und dadurch eine rücksichtsvollere Forderung herbeizuführen.

Wenn, vielleicht nach jahrelangen Bemühungen, eine Einigung erzielt wird, bereiten die beiden Parteien ein großes Fest vor. Die letzte Zahlung wird von den Verwandten des Mannes geleistet, und am nächsten Tag wird von den Verwandten des Mädchens ein gegenseitiges Bankett gegeben, bei dem die Hälfte des Wertes der von den Verwandten des Mannes geleisteten Zahlung von den Verwandten des Mädchens zurückerstattet wird ein Hinweis darauf, dass „sie nicht wie eine Sklavin verkauft wurde".

Die Trauung besteht im Reisaustausch zwischen Braut und Bräutigam. Darauf folgt ein religiöser Ritus, der hauptsächlich darin besteht, das Schicksal des Paares durch Weissagung zu bestimmen.

Eine Heirat wird manchmal durch Gefangennahme vollzogen, meist, glaube ich, mit Duldung der Frau. Das Verfahren erfordert jedoch eine höhere Zahlung an die Schar bewaffneter Verwandter, die sich ausnahmslos auf die Suche nach den Entführern machen.

Vorgeburtliche Eheverträge sind selten, doch wird in gewissem Umfang Kinderehe ohne eheähnliche Gemeinschaft praktiziert, vor allem unter den einflussreicheren Stammesmitgliedern.

Das Heiratsalter liegt bei Frauen etwa im Alter der Pubertät, bei Männern bei etwa 18 Jahren. Polygamie ist eine anerkannte Institution, kommt aber vergleichsweise selten vor, außer bei denen, die über die Mittel verfügen, sich den Luxus einer zweiten, dritten oder vierten Frau zu leisten. Es setzt die Zustimmung der ersten Frau voraus, die stets ihre Position behält und aufrechterhält, da es meiner Beobachtung nach keine Eifersüchteleien und nur wenige häusliche Streitereien gibt. Polyandrie gilt als schweinisch, Konkubinat ist unbekannt. Eine Scheidung steht nicht im Einklang mit den Stammesbräuchen. Das Gleiche gilt auch für die Prostitution.

Es gibt keine Beweise für die Praxis der Endogamie, die bei den ozeanischen Völkern so weit verbreitet ist. In der Regel heiratet der Manóbo jedoch innerhalb seines eigenen Stammes. Das liegt an seiner Umgebung, an den feindseligen Beziehungen, die er zu umliegenden Stämmen unterhält, und an unterschiedlichen religiösen Überzeugungen. Das einzige Hindernis für die Ehe ist die Blutsverwandtschaft, aber selbst dieses Hindernis kann im Falle von Cousins und Cousinen durch entsprechende religiöse Zeremonien beseitigt werden. Blutsverwandte Ehen sind selten.

Nach dem Tod des Ehemannes gehört die Ehefrau zu seinen Verwandten. Auf Vorlage eines zweiten Bewerbers wird sie auf die gleiche Weise wie bei ihrer ersten Ehe erneut geheiratet, die geforderten Zahlungen sind jedoch nicht so hoch.

Ehen scheinen zu gegenseitigem Verständnis und Glück zu führen. Die Frau geht Tag für Tag ohne Murren ihren vielfältigen Pflichten nach, während ihr Herr seine Waffen in gutem Zustand hält, gelegentlich fischt und jagt, ab und zu auf Handelsreise geht, an gesellschaftlichen Zusammenkünften teilnimmt und in schwierigen Zeiten seine Stimme verleiht und zieht los, um zu kämpfen, wenn es dazu Anlass geben sollte.

Die Treue zum Ehebund ist eines der auffälligsten Merkmale von Manóboland. Ehebruch ist äußerst selten. Der Ehemann lebt zumindest im ersten Teil seines Ehelebens bei seinem Schwiegervater und zeigt gegenüber seinen Schwiegereltern die gleichen Gefühle, die er gegenüber seinen eigenen Eltern hegt. Seine Frau steht ständig unter den Augen ihrer eigenen Eltern, so dass er von ehelichen Streitereien abgehalten wird.

Schwangerschaft, Geburt und Kindheit . – Der Wunsch nach Kindern ist groß. Daher sind freiwillige Abtreibung und Kindsmord unbekannt. Im Falle einer unfreiwilligen Abtreibung, die vergleichsweise häufig vorkommt, wird der Fötus aufgehängt oder unter dem Haus begraben. Wenn das Kind im

Mutterleib schneller zu wachsen beginnt, unterzieht sich die Mutter zu Beginn jedes Mondmonats einer Massage.

Die Geburt verläuft fast immer ohne Schwierigkeiten, die Nabelschnur wird meist mit einem Bambussplitter durchtrennt, die Mutter setzt sich auf, um einen Rückfluss der Nachgeburt in die Gebärmutter zu verhindern, das Kind wird gewaschen und die Operation ist beendet. Wenn die Mutter ihr Kind nicht stillen kann, wird es mit Reiswasser, Zuckerrohrsaft und anderen leichten Nahrungsmitteln ernährt, aber nicht einem anderen Kind zum Stillen gegeben. Wenige Tage nach der Entbindung ist die Mutter wieder auf den Beinen und geht ihrer Arbeit nach. Kurz nach der Geburt findet eine kleine Geburtsparty statt, bei der die Hebamme eine kleine Belohnung für ihre Dienste erhält.

Das Kind wird ohne jede Zeremonie nach einem Vorfahren oder berühmten Manóbo benannt oder erhält gelegentlich einen Namen, der auf etwas hinweist, das zum Zeitpunkt der Geburt passiert ist. Er wird mit größter Zärtlichkeit und ohne Zurückhaltung behandelt. Als er heranwächst, lernt er die Bräuche des Waldes kennen und ist etwa im Alter von 14 Jahren ein vollwertiger kleiner Mann. Wenn das Kind ein Mädchen ist, hilft es seiner Mutter vom ersten Moment an, in dem es ihr behilflich sein kann.

Geburtsanomalien sind selten. Ich habe mehrere Albinos und mehrere Menschen gesehen, die man im weitesten Sinne Hermaphroditen nennen könnte.

Medizin, Krankheit und Tod . – Der Manóbo führt etwa zwölf körperliche Beschwerden auf natürliche Ursachen zurück, und um diese zu heilen, glaubt er an die Wirksamkeit von etwa ebenso vielen Kräutern und Wurzeln. Bei Wunden gelten Tabaksaft und die schwarzen Rückstände der Pfeife als gutes Heilmittel. Betelnuss und Betelblatt sind ein weit verbreitetes Heilmittel gegen Magenschmerzen. Die Galle der Schlangen hat eine ganz eigene Kraft, um das gleiche Problem zu lösen.

In der Regel werden alle Naturheilmittel äußerlich angewendet, bis sie wirkungslos bleiben und die Symptome einen ernsteren Aspekt annehmen.

Wenn ein Leiden anhaltenden Charakter hat, insbesondere wenn es mit zunehmender Abmagerung einhergeht und nicht zu den bekannten Krankheiten gezählt werden kann, wird es auf magische Ursachen zurückgeführt. Bestimmte Personen mögen den Ruf haben, in der Lage zu sein, verschiedene schädliche Substanzen zusammenzusetzen, deren Einnahme vermutlich anhaltende Beschwerden hervorrufen kann. Beispiele für solche Verbindungen sind der pulverisierte Knochen einer Leiche oder das Blut einer Frau, das in der Sonne getrocknet und dem Mondlicht ausgesetzt und dann mit fein geschnittenem Menschenhaar vermischt wird.

Es gibt auch andere magische Arzneimittel wie Aphrodisiaka und Bezoarsteine. Wenn entschieden wird, dass die Krankheit auf eine dieser magischen Ursachen zurückzuführen ist, muss auf neutralisierende Methoden zurückgegriffen werden, deren Art und Anwendung streng geheim sind.

Epidemien werden auf die Bösartigkeit von Seedämonen zurückgeführt, und um diese Plagegeister zu versöhnen und zu veranlassen, ihre Epidemie schnell zu vertreiben, werden Opfergaben auf Flößen in den nächstgelegenen Flüssen ausgesetzt.

Sobald man erkennt, dass die Krankheit außerhalb der Macht natürlicher oder magischer Ressourcen liegt, wird Zuflucht zu den Gottheiten oder guten Geistern genommen, wie im Abschnitt „Religion" erläutert wird. Bei einem Todesfall kommt es häufig zu wilden Szenen, bei denen die Angehörigen ihre Trauer nicht zurückhalten können. Signale aus Bambushörnern werden oft an benachbarte Siedlungen gesendet, um sie zur Vorsicht zu warnen. Bei diesen Gelegenheiten werden manchmal Kriegsüberfälle zur Beilegung alter Fehden beschlossen, sodass alle Wege, die zum Haus führen, gesperrt sind.

Der Leichnam wird gewaschen und in bester Kleidung auf den Rücken gelegt. Der Sarg ist ein sechseckiges Stück Holz aus einem Baumstamm mit einem dreiseitigen Deckel, der ebenfalls aus einem Baumstamm gehauen ist. Der Körper wird oft in eine Grasmatte gewickelt, bevor er in den Sarg gelegt wird.

Bevor der Verfall einsetzt, wird der Sarg unter großer Trauer und lautem Geschrei von Männern weggetragen. Für die letzte Ruhestätte des Verstorbenen wird ein hoch gelegenes Stück Land in einem abgelegenen Teil des Waldes ausgewählt. Ein flaches Grab wird ausgehoben, ein Strohdach wird errichtet, als letzte Kollekte für den Verstorbenen wird ein Topf mit gekochtem Reis über das Grab gestellt, und die Beerdigungsgesellschaft eilt voller Angst zur Siedlung zurück. Sobald sie sich mit provisorischen Hütten versorgen können, verlassen sie die Siedlung fast immer.

Gesellschaftliche und familiäre Freuden – Musik, Instrumental- und Gesangsmusik sowie Tanz sind die beiden großen Quellen häuslichen Vergnügens. Es gibt verschiedene Arten von Instrumenten, die ich in der Reihenfolge ihrer Bedeutung und Häufigkeit ihrer Verwendung erwähnen werde. Die Trommel, der Gong, vier Flötenarten, vier Gitarrenarten, eine Geige und eine Maultrommel. Mit Ausnahme der ersten beiden bestehen die Instrumente aus Bambus und sind im wahrsten Sinne des Wortes von der primitivsten Art. Die Saiten bestehen aus Weinrebe, Bambus oder *Abaká* - Faser.

Die Trommel ist das am häufigsten verwendete Instrument. Es wird bei allen Tänzen und zu anderen Zeiten gespielt, wenn ein Stammesangehöriger Lust dazu hat. Es wird als Signal zur Alarmierung oder zum Anrufen einer abwesenden Person verwendet. Während des Tanzes, ob religiös oder weltlich, wird er fast immer vom Gong begleitet. Die Verwendung der anderen Instrumente scheint von der Launenhaftigkeit der einzelnen Personen abzuhängen, obwohl zwei von ihnen offenbar religiösen Charakter haben.

Mit Ausnahme des Gongs und der Maultrommel können alle diese Instrumente je nach Wissen und Können des Interpreten so gestaltet werden, dass sie abwechslungsreiche und angenehme Rhythmen oder Musik erzeugen. Jede Sorte hat ihren passenden Namen, der häufig vom Namen des Tieres abgeleitet ist, das sie imitieren soll.

Instrumentalmusik ist im Allgemeinen von Moll-Tonalität, melancholisch, seltsam und in gewisser Weise an die chinesische Musik erinnernd.

Manchmal werden Bambusstempel verwendet, um einer Tanzfeier mehr Lebendigkeit zu verleihen, und Bambusschallgeber werden an Webstühlen angebracht, um die Aufmerksamkeit auf die Tätigkeit des Webers zu lenken.

Lieder werden immer solistisch gesungen. Sie sind alle improvisiert und größtenteils legendär. Die Sprache ist archaisch und für Außenstehende schwer zu verstehen. Der Gesang ist eine Art Deklamation mit langen Bindebögen, häufigen Staccatos und abrupten Enden. Natürlich gibt es Kriegslieder, die Lautstärke und Schnelligkeit erfordern, aber im Großen und Ganzen ist die Liedmusik ebenso schräg und melancholisch wie das Instrumental. Zeremonielle Gesänge unterscheiden sich nicht von weltlichen Liedern, außer dass sie von den Taten einer übernatürlichen Welt handeln und das Medium sind, durch das Bitten an übernatürliche Wesen gerichtet werden.

Das vielleicht größte aller gesellschaftlichen Vergnügen, sowohl für Menschen als auch für Gottheiten, ist der Tanz. Es wird jeweils von einer Person durchgeführt. Es nehmen Männer, Frauen und Kinder teil. In einen Frauenrock gekleidet und mit allen erdenklichen Prachtstücken ausgestattet, hält die Tänzerin den perfekten Takt im Rhythmus der Trommel und dem Klang des Gongs.

POLITISCHE ORGANISATION

System der Regierung und sozialen Kontrolle . — Manóboland ist in mehr oder weniger ausgedehnte Bezirke unterteilt, die Eigentum der verschiedenen Clans sind. Jeder Bezirk steht nominell unter der Führung der Kriegerhäuptlinge und der einflussreicheren Männer. In Friedenszeiten sind diese Bezirke für jedermann zugänglich, aber in Kriegszeiten – und Kriege waren früher sehr häufig – ist der Zutritt nur Personen gestattet, die bewährte Freundschaften pflegen.

Ein Clan besteht aus einem Häuptling, dessen Autorität nur nominell ist, und einer Anzahl seiner Verwandten, die zwischen 20 und vielleicht 200 Seelen beträgt. Das gesamte System ist patriarchalisch, es wird kein Zwang angewendet, es sei denn, er wird von den einflussreicheren Mitgliedern genehmigt, vom Meinungskonsens des Volkes gebilligt und steht im Einklang mit der traditionellen Sitte.

Die Autorität älterer Menschen wird respektiert, solange sie körperlich und geistig in der Lage sind, an öffentlichen Versammlungen teilzunehmen. Diejenigen, die sich durch persönliche Tapferkeit hervorgetan haben, verfügen immer über eine Anhängerschaft, aber in schwierigen Zeiten haben sie einen größeren Einfluss als in Friedenszeiten.

Unter den Mitgliedern des Clans herrscht vollkommene Gleichheit, mit Ausnahme der einen Hinsicht, dass die anerkannten Krieger Anspruch auf die Verwendung eines roten Kopftuchs, einer Jacke und einer Hose haben, wobei jeder dieser Artikel, beginnend mit dem ersten, als Anzahl hinzugefügt wird Anzahl der Menschen, die der Krieger getötet hat, wird erhöht.

Das Amt des Häuptlings fällt natürlich demjenigen zu, der den Rang eines *Bagáni erreicht hat* – also jemandem, der eine bestimmte Anzahl von Personen getötet hat – vorausgesetzt, er verfügt ansonsten über genügend Einfluss, um eine Anhängerschaft anzuziehen. Seine Aufgabe besteht darin, seinen Einfluss zur Beilegung von Streitigkeiten auszuüben und das Unrecht derjenigen wiedergutzumachen, die sich an ihn wenden möchten. Man geht davon aus, dass er als Priester unter dem Schutz eines Kriegsgottes steht, dessen Verlangen nach Blut er stillen muss.

Der *Bagáni* fungiert auch als Medizinmann, da ihm bestimmte magische Kräfte sowohl zum Guten als auch zum Bösen zugeschrieben werden. Die natürliche Geheimniskrämerei des *Bagáni* machte es mir schwer, viele Informationen zu diesem Punkt zu erhalten, aber seine Fähigkeit, aus der Ferne Schaden anzurichten und sich unsichtbar zu machen, ist allgemeiner Glaube. In seiner Eigenschaft als Priester führt er Zeremonien zur Heilung von Krankheiten durch, bei denen es zu Blutflüssen kommt.

Methoden der Kriegsführung : In Manóboland gibt es keine militärische Organisation. Der größte Teil derjenigen, die eine Kriegspartei bilden, sind Verwandte des Geschädigten, obwohl es üblich ist, einige andere mit anerkannten Fähigkeiten zur Teilnahme zu bewegen. Gegenüber bezahlten Kriegern hegt die Gegenpartei keinen Groll.

Rache und Schulden sind die häufigsten Kriegsursachen und nicht, wie berichtet wurde, Ruhm und die Gefangennahme von Sklaven. An einem vernünftigen Motiv mangelt es denjenigen, die den Krieg auslösten, nie. Das Rachesystem wird nicht nur anerkannt, sondern es wird auch davon ausgegangen, dass die Rache den Angehörigen eines Getöteten obliegt, und als Erinnerung wird manchmal ein Stück grünes Rattan im Haus aufgehängt. Das Rattan deutet darauf hin, dass das Falsche nicht vergessen wird, bis es verrottet. Wenn der Vater nicht in der Lage ist, das Unrecht zu rächen, vermacht er die Rache seinem Sohn als heiliges Erbe. Manchmal wird eine andere Person damit beauftragt, Rache zu üben. In diesem Fall wird ihr keine Schuld zugeschrieben.

Es herrscht der eigentümliche Brauch vor, einen Dritten zu töten, der vielleicht neutral ist, oder sein Eigentum zu beschlagnahmen, aber ich habe erlebt, dass eine solche Tat übel genommen wurde. Aufgrund dieses Brauchs ist eine Kriegspartei, die von einem erfolglosen Überfall zurückkehrt, gefährlich.

Eine formelle Kriegserklärung gibt es in der Regel nicht. Tatsächlich wird im Allgemeinen größte Geheimhaltung gewahrt, und in dringenden Fällen macht sich eine Gruppe von Hinterhaltenden sofort daran, den ersten Feind zu töten, der zufällig an ihrem Versteck vorbeikommt. In der Regel wird das Haus des Feindes und sein Vorgehen wochen-, vielleicht sogar jahrelang beobachtet, bis sich eine günstige Gelegenheit zum Angriff bietet.

Die üblichen Zeitpunkte für eine Expedition sind die Reisernte und nach einem Todesfall. Die Vorbereitung besteht darin, sich gründliche Kenntnisse über das Haus des Feindes und seine Umgebung anzueignen. Nachdem alles bereit ist, versammeln sich die Krieger, es wird ein Opfer dargebracht, Vorzeichen angenommen, und die Truppe bricht zu einer solchen Stunde auf, dass sie bei Einbruch der Dunkelheit in die Nähe des Feindes gelangen kann. Vom letzten Haltepunkt aus machen einige Krieger in der Dunkelheit der Nacht eine letzte Erkundungstour, lösen die Fallen des Feindes und kehren zurück. Die ganze Truppe, deren Zahl zwischen 10 und 100 liegt, rückt vor und umringt das Haus und wartet auf die Morgendämmerung, denn beim ersten Erröten des Morgens soll der Schlaf am tiefsten sein. Außerdem ist dann ausreichend Licht vorhanden, um der Partei den Angriff zu ermöglichen. Daher ist der Anbruch der Morgendämmerung fast immer die Stunde des Angriffs.

Wenn das Haus des Feindes in Speerreichweite liegt, ist es normalerweise leicht, die Bewohner zu töten, aber wenn es ein hohes Haus ist und insbesondere wenn die Bewohner gut vorbereitet sind, klettert ein Krieger lautlos unter das Haus und spießt einen von ihnen auf. Dies, gefolgt vom Töten von Schweinen und dem Schlachtruf, löst meist Bestürzung aus. Dann kommt es zu einer Pfeilschlacht; Es gibt heftige Drohungen, Verspottungen und Herausforderungen, und die angreifende Partei versucht, das Dach mit brennenden Pfeilen in Brand zu setzen. Gelingt ihnen dies, fliehen die Insassen vor den Flammen, aber in der Regel entkommen nur die Kinder dem Bolo und dem Speer.

Es kommt selten vor, dass der Angriff länger als ein paar Stunden dauert, und es kommt selten vor, dass der Angriff erfolglos bleibt, denn wenn andere Mittel versagen, treiben Hunger und Durst die Belagerten in die Flucht, und in diesem Fall werden sie Opfer des Angriffs belagernde Krieger. Wird einer der letzteren verwundet oder getötet, wird der Angriff sofort abgebrochen, da ein solcher Vorfall als äußerst ungünstig gilt.

Jeder Krieger erhält Anerkennung für die Anzahl der Menschen, die er tötet, und hat Anspruch auf die Sklaven, die er gefangen nehmen darf. Die Kriegerhäuptlinge öffnen die Brüste eines oder mehrerer Häuptlinge der Erschlagenen, stecken einen Teil ihres Amulettkragens in die Öffnungen und verzehren Herz und Leber zu Ehren ihrer Kriegsgeister.

Bei der Rückkehr nach Hause lassen die erfolgreichen Krieger den Wald mit dem unheimlichen Heulen des Schlachtrufs erklingen und schmücken ihre Lanzen mit Palmwedeln. Bei ihrer Ankunft in ihrer Siedlung werden sie mit Trommeln, Liedern und lautem Beifall begrüßt. Auf ein reinigendes Bad folgt ein Festmahl, bei dem jeder die kleinsten Einzelheiten des Angriffs erzählt. Nach dem Fest können einige der Gefangenen Kriegern übergeben werden, die Pech hatten oder Rache üben wollen. Die Gefangenen werden in den nahe gelegenen Wald geschickt.

Hinterhalt ist auch eine ganz gewöhnliche Methode der Kriegsführung. Mehrere Krieger postieren sich an einer ausgewählten Position in der Nähe des Pfades und warten auf ihren Feind.

Wann immer es zu einem offenen Bruch zwischen zwei Parteien kommt, ist es üblich, dass jeder von ihnen an einem abgelegenen und schwer zugänglichen Ort ein hohes Haus errichtet und es mit solchen Hindernissen umgibt, die es gefährlicher machen. In diesen Häusern verweilen sie zusammen mit ihren unmittelbaren Verwandten und solchen Kriegern, die bereit sind, sich für sie einzusetzen, in einem Zustand ständiger Wache und Beschützung.

Wenn beide Parteien einer Fehde es leid sind, ständig zu kämpfen oder in der Flucht Zuflucht zu suchen, kann durch die guten Dienste befreundeter und einflussreicher Stammesangehöriger eine Friedensstiftung herbeigeführt werden. Am vereinbarten Tag treffen sich die Parteien, begleichen ihre Blutschulden und sonstigen Verpflichtungen und beschließen eine Zahlungsfrist. Als Beweis ihres aufrichtigen Wunsches, den Frieden zu bewahren und gegenseitige Wiedergutmachung zu leisten, schneiden die Anführer ein Stück grünes Rattan ab und verbrennen ein wenig Bienenwachs. Beide Vorgänge sind ein Symbol für das Schicksal, das demjenigen widerfahren wird, der seine Lage bricht Wort.

Intertribale und analoge Beziehungen . – Die intertribalen Beziehungen zwischen heidnischen Manóbos und christianisierten[sic] Manóbos sowie zwischen ersteren und Bisáyas waren während meines Aufenthalts im Agúsan-Tal vergleichsweise friedlich. Zwischen Manóbos und anderen Bergstämmen, mit Ausnahme der Mañgguáñgans, waren die Beziehungen, von gelegentlichen Ausnahmen abgesehen, eher freundschaftlich, was zweifellos auf die Lehren zurückzuführen war, die die Manóbos in ihren langen Kämpfen mit Mandáyas, Banuáons und Debabáons bis zum Aufkommen der Manóbos gelernt hatten Missionare um 1877. Die Manóbos sind den genannten Stämmen im Stammeszusammenhalt und im Intellekt unterlegen. Ihr Umgang mit Mañgguáñgans, die ihnen zweifellos körperlich und geistig unterlegen sind, weist jedoch einen anderen Aspekt auf. Zusammen mit den Mandáyas und Debabáons haben sie dazu beigetragen, den einst ausgedehnten Mañgguáñgan-Stamm auf den Rest zu reduzieren, der er heute ist.

Manóbos und andere Bergstämme haben wenig miteinander zu tun. Nur bestimmte Individuen der verschiedenen Stämme, die die glückliche Fähigkeit besitzen, Ärger zu vermeiden, reisen zwischen anderen Stämmen. Im Allgemeinen haben Manóbos Angst vor der Aggressivität ihrer Nachbarn (mit Ausnahme der Mañgguáñgans), und ihre Nachbarn fürchten die Instabilität und Hitzköpfigkeit der Manóbo. Daher verfolgen beide Seiten die umsichtige Vermeidungspolitik.

Die Beziehungen zwischen den Clans waren seit der Gründung der Sonderregierung im Agúsan-Tal vergleichsweise friedlich. Gelegentliche Tötungen fanden früher statt und finden wahrscheinlich auch heute noch in abgelegenen Regionen statt, insbesondere am oberen Baóbo. Es ist wahrscheinlich, dass diese Morde seit meiner Abreise aus Agúsan im Jahr 1910 viel seltener vorkommen, da die 1907 gegründete Sonderregierung große Fortschritte bei der Kontaktaufnahme mit den kriegerischeren Menschen im Landesinneren gemacht hat.

Bis zu meiner Abreise waren die Geschäfte zwischen den verschiedenen Clans rein kommerzieller Natur und sporadischer Natur. Alte Feindschaften gerieten nicht in Vergessenheit, und man hielt es für klüger, so wenig wie möglich miteinander zu tun zu haben.

Bei allen Gelegenheiten, bei denen eine Gefahr zu befürchten ist, werden Waffen getragen. Bei den Mahlzeiten, auch bei festlichen Anlässen, isst der Manóbo mit der linken Hand und hält die rechte in Bereitschaft für einen

Angriff. Die Gäste eines Festes sitzen so, dass ein Angriff leicht abgewehrt werden kann. Verschiedene andere Gesetze des Geschlechtsverkehrs, wie zum Beispiel das Vorgehen einer Person hinter einer anderen und die Art und Weise, wie ein Bolo aus der Scheide gezogen wird, regeln den Umgang von Mann zu Mann und von Clan zu Clan.

Die Handelsbeziehungen zwischen Bisáyas und Manóbos, sowohl heidnischen als auch christianisierten, stellen seitens der erstgenannten ein System der vorsätzlichen und schändlichen Plünderung dar, das seit der Zeit der ersten Missionare angeprangert wurde und durch die Errichtung von Handelsposten durch die Regierung, wird schließlich unterdrückt. Absolut unzureichende Werte sowohl beim Kauf als auch beim Verkauf von Waren, Verwendung falscher Gewichte und Maße, Betrug bei Konten, Forderungen von unaussprechlich hohem Wucher, Beschwichtigung durch das *Puának*- oder Freundschaftssystem, Vormarsch von Waren zu exorbitanten Raten, insbesondere kurz vor der Reisernte, und das Tauschsystem, bei dem ein nicht vertraglich vereinbarter Artikel in Zahlung genommen wurde, wenn auch zu einem dürftigen Preis – das waren die Hauptmerkmale des Systems. Man kann sagen, dass der resultierende und endgültige Gewinn zwischen 500 und 1.000 Prozent betrug.

Der Tauschhandel wurde im Geiste der Verstellung betrieben, wobei den Manóbo die Vorstellung vermittelt wurde, der Verkauf sei ein Akt der Freundschaft und mit einem vergleichsweisen Verlust für die Bisáya verbunden. Es wurde ihm eine mehr oder weniger verlängerte Frist eingeräumt, um die Zahlung abzuschließen, mit der Zusage weiterer großzügiger Vorschüsse.

Da der Manóbo sich des enormen Gewinns der Bisáya bewusst geworden ist, ist er bei seinen Zahlungen nicht mehr so pünktlich und behindert seinen Gläubiger tatsächlich oft durch absichtliche Verzögerungen. Daher kommt es häufig zu Streitereien, Streitereien und bösen Absichten, die stets eine Folge dieser Handelsbeziehungen sind.

Es versteht sich von selbst, dass es im gesamten Tal zu äußerst starken Preisschwankungen kam. Darüber hinaus verkaufte der Manóbo in der Erntezeit einen Teil seines Reises für 50 Centavos pro Sack und kaufte ihn in Zeiten der Knappheit für bis zu 5 Pesos zurück.

Der Binnenhandel der Manóbos bietet im Großen und Ganzen ein ganz anderes Schauspiel. Es besteht aus einfachen Austauschen. Es gibt kein zirkulierendes Medium. Die Tauscheinheiten sind Sklaven (im Wert von jeweils 15 bis 30 Pesos), Schweine und Teller, aber mit Ausnahme der ersten Einheit haben diese Einheiten keinen konstanten Wert.

Die verwendeten Maße sind der *Gántang* , ein zylindrisches Holzgefäß mit einem Fassungsvermögen von 10 bis 15 Litern; der *Kabán* , [1] , der 25 Gántang enthält; der Yard, gemessen vom Ende des Daumens bis zur Mitte des Brustbeins; die Spannweite, der Klafter, der Finger und das Fingergelenk.

[1] Wird auch *bákid* und *anéga genannt* . Ein *Kabán* wird durch Abzählen von 25 *Gántang gemessen* .

Die Sklaverei ist eine anerkannte Institution, aber seit dem Rückgang der Kriege zwischen Stämmen und Clans ist die Zahl der Sklaven zurückgegangen. Sklaven wurden ursprünglich durch Gefangennahme erworben und dann von Hand zu Hand weitergereicht, um Heiratszahlungen zu leisten. Es kommt manchmal vor, dass ein Mann in einer Notlage ein Kind, sogar sein eigenes, in die Gefangenschaft bringt.

Der Sklave wird im Allgemeinen nicht misshandelt, sondern muss alle ihm übertragenen Arbeiten verrichten. Er hat keinerlei Rechte, besitzt außer einem abgenutzten Anzug kein Eigentum und darf normalerweise nicht heiraten. Er erhält jedoch ausreichend Nahrung und scheint mit seinem Schicksal zufrieden zu sein.

RECHTSPFLEGE

Allgemeine Grundsätze und verschiedene Gesetze . – Bisáyas und andere behaupten häufig, dass die Manóbo-Gerechtigkeit in der Unterdrückung der Schwachen durch die Starken bestehe, aber ich habe festgestellt, dass dies nicht wahr ist. Der Manóbo ist zu unabhängig und zu sehr rachsüchtig, um Zwang zu dulden. Er erkennt eine Reihe von Gewohnheitsregeln an, und jede Abweichung davon wird ihm und seinen Verwandten übel genommen.

Nahezu alle Rechtsverletzungen gelten als zivilrechtliche und nicht als strafrechtliche Vergehen und werden bei angemessener Entschädigung geduldet. Das Versäumnis des Täters, diese Entschädigung zu leisten, führt dazu, dass der Geschädigte und seine Angehörigen die Gerechtigkeit selbst in die Hand nehmen.

Dem Schuldigen wird in fast allen Fällen eine faire und unparteiische Anhörung im Beisein seiner eigenen Angehörigen gewährt. Der Fall wird geklärt, Zeugen werden geladen, und die eigenen Angehörigen des Täters üben in der Regel ihren Einfluss aus, um ihn mit gutem Willen zum Nachgeben zu bewegen. Daher das Fest, das fast jedem erfolgreichen Schiedsverfahren folgt.

Zu den grundlegenden Bräuchen der Manóbos gehört es, die Begleichung der eigenen Schulden als Pflicht zu betrachten, und diese Pflicht wird heilig und oft mit einem Opfer erfüllt. Ein weiterer grundlegender Brauch ist das

Recht auf Rache. Rache ist eine heilige Pflicht, die von Generation zu Generation weitergegeben wird, und daraus resultieren die langen und schrecklichen Fehden, die Manóboland verwüstet haben.

Das Gewohnheitsrecht basiert auf der intensiven Erhaltung der Manóbo, die von den Priestern gefördert und durch ein System religiöser Gebote und Verbote gestärkt wird. Wer gegen diese Tabus oder Verbote verstößt, macht sich für alle daraus resultierenden bösen Folgen haftbar.

Eigentumsrechte werden so verstanden und strikt gewahrt, dass es scheinbar keine Vorstellung von einer Schenkung als solcher gibt. Große Landstriche gelten als Eigentum eines Clans, aber jeder, der mit dem Clan gute Beziehungen hat, kann sich auf dem Land niederlassen und alle Rechte eines Clansmitglieds haben, außer denen des Fischfangs. Jeder Einzelne wird zum vorübergehenden Eigentümer des Landes, das er auswählt, und der Pflanzen, die er darauf anbaut. Sobald er das Land verlässt, wird es zum kollektiven Eigentum des Clans. Landstreitigkeiten sind unbekannt.

Eigentum, das das Ergebnis der eigenen Arbeit oder des Erwerbs ist, gehört dem Einzelnen, außer im Fall von Frauen, Kindern und Sklaven. Verlust und Beschädigung fremden Eigentums müssen ersetzt werden, eine Entschuldigung ist ausgeschlossen.

Das Vertragsrecht ist streng, jedoch wird im Falle einer nicht rechtzeitigen Vertragserfüllung eine gewisse Gegenleistung erbracht, es sei denn, es wurde zuvor eine eindeutige gegenteilige Regelung getroffen. Alle Verträge werden in Anwesenheit von Zeugen abgeschlossen, und häufig wird von demjenigen, der den Vertrag abschließt, ein geknoteter Rattanzettel ausgehändigt, der die Anzahl der Artikel oder die Anzahl der Tage bis zur Zahlung angibt.

Da fast alle Transaktionen auf Kreditbasis abgewickelt werden, kommt es häufig zu Streitigkeiten, weil die eine oder andere Partei die Vertragsbedingungen nicht erfüllt. Die Misserfolge sind manchmal darauf zurückzuführen, dass ein einzelner Mann auf die Zahlung eines anderen angewiesen ist, um seine Schulden gegenüber einem Dritten zu begleichen. Eine ungerechtfertigte Verzögerung seitens des Schuldners gibt dem Gläubiger schließlich das Recht, das Eigentum des Schuldners oder sogar das Eigentum eines Dritten zu pfänden. Eine solche Maßnahme ist nicht üblich und wird immer unter dem Druck der Verzweiflung ergriffen, nachdem sich wiederholte Eintreibungsbemühungen als erfolglos erwiesen haben. In der Regel ziehen es die Angehörigen des Schuldners vor, die Schuld zu begleichen, anstatt zuzulassen, dass die Sache allzu ernst wird, aber manchmal sind auch sie hartnäckig und lassen den Dingen ihren Lauf.

Für Kredite werden keine Zinsen erhoben, außer im Fall von Paddy. Es werden nur wenige Kredite vergeben und es gibt keine Leasingverträge oder

Verpfändungen. Letzteres impliziert ein Misstrauen, das den Manóbo nicht gefällt.

Das Haftungsrecht ist sehr streng. Wenn zum Beispiel jemand einen anderen bittet, ihn auf einer Reise zu begleiten, und dieser krank wird oder stirbt, haftet ersterer für seinen Tod. Sollte jemand im Haus sterben und es dadurch verlassen werden, müssten die Angehörigen des Verstorbenen den Wert des Hauses bezahlen. Ähnliche Fälle kommen häufig vor und sind leicht zu verstehen. Dieses Haftungsgesetz erstreckt sich auf Übel, die auf der Verletzung von Tabus und dem Besitz magischer Kräfte beruhen.

Es gibt ein Bußgeldsystem, das, so hart es auch erscheinen mag, dazu dient, die gebührende Achtung vor der Person und dem Eigentum eines anderen zu wahren. Zu den vielen Fällen, die angeführt werden könnten, gehören beispielsweise das Anspucken eines anderen, das grobe Ergreifen der Person eines anderen, das Betreten des Bezirks eines anderen ohne entsprechende Erlaubnis oder das Baden im Fluss ohne Erlaubnis des Eigentümers. Das Bußgeld richtet sich nach dem Schaden und dem Ausmaß der Arglist, die im anschließenden Schiedsverfahren nachgewiesen werden kann.

Regelungen zur Regelung der häuslichen Beziehungen und des Eigentums; übliches Verfahren zur Beilegung von Streitigkeiten. --Das Haus gehört gemeinsam den Bauherren. Das Eigentum darin gehört den männlichen Insassen, die es erworben haben.

Der ältere Bruder übernimmt das Eigentum seines verstorbenen Bruders, es sei denn, der älteste Sohn des Verstorbenen ist in einem solchen Alter, dass er in der Lage ist, den Haushalt zu führen. Falls der Verstorbene keinen Bruder hatte, wird ein Schwager oder Schwiegersohn zum Vertreter des Haushalts. Der älteste Sohn erbt die Schulden seines Vaters und muss diese bezahlen.

Im gewöhnlichen Manóbo-Haus gibt es so wenig Eigentum, dass es keine Streitigkeiten über die Erbschaft gibt. Nach einem Todesfall wird das Haus verlassen und die trauernden Angehörigen huschen mit ihren Körben, Matten und einfachen Utensilien davon, um in einem einsamen Teil des Waldes ein neues Zuhause zu schaffen.

Die Beziehungen zwischen den Geschlechtern sind sowohl vor als auch nach der Ehe strengster Art. Jedes böse Verhalten, vom Ehebruch bis hin zum unzüchtigen Blick, wird mit angemessenen Geldstrafen und sogar mit dem Tod bestraft. Die Geldstrafen reichen vom Gegenwert von drei Sklaven bis hin zum Gegenwert von einigen Pesos.

Der Ehevertrag ist sehr starr. Mir sind wenige Fälle bekannt, in denen der vereinbarte Preis vor der Übergabe des Verlobten nicht bezahlt wurde. Im Falle des Todes einer der Vertragsparteien sind die geleisteten Zahlungen zurückzuerstatten. Weigert sich der Bräutigam, seine Klage fortzusetzen, obwohl kein Verschulden seitens der Braut oder ihrer Verwandten vorliegt, verliert er jegliches Recht auf Wiedergutmachung. Sollten die Leute der Braut jedoch beschließen, das Verfahren einzustellen, müssen sie die vorherigen Zahlungen zurückerstatten und meiner Meinung nach eine Entschädigung für die Mühen und Kosten leisten, die bei den vorherigen Transaktionen entstanden sind. Unter meiner Beobachtung kam es nie zu einem Fall einer Einstellung des Eheverfahrens.

Der Vater hat theoretisch die volle Gewalt über seine Frau und seine Kinder, in der Praxis ist seine häusliche Gerichtsbarkeit jedoch von der mildesten Art. Im Haushalt herrschen eheliche Zuneigung und kindliche Hingabe.

Der Ehemann darf zu Lebzeiten der ersten Frau keine zweite Frau ohne deren Zustimmung heiraten. Diese Regel sowie der Mangel an ausreichenden weltlichen Besitztümern, um einen anderen Gehilfen zu kaufen, führen dazu, dass Polygamie vergleichsweise selten vorkommt.

Der Bräutigam soll bei seinem Schwiegervater oder beim Vorbesitzer seiner Frau, sehr oft beim Bruder seiner Frau, wohnen, gründet jedoch fast immer einige Jahre nach der Heirat eine eigene Niederlassung.

Mit Ausnahme von Ehebruch, Unzucht, Vergewaltigung und vorsätzlicher Tötung setzen alle Verbrechen die Berufung auf ein Schiedsverfahren voraus. Derjenige, der den Tod eines anderen verursacht hat, ist derjenige, an dem Rache genommen werden muss, wenn es möglich ist.

Wenn es einer empörten Partei nicht gelingt, durch ein Schiedsverfahren oder durch direkte Vergeltung Wiedergutmachung zu erlangen, rächt sie sich an einem Dritten, vorzugsweise einem Verwandten ihres Feindes, indem sie ihn tötet oder sein Eigentum beschlagnahmt. Damit bringt er die Sache auf den Punkt. Es ist üblich, sich mit den Angehörigen dieses Dritten zu verbünden, sei es wegen des Todes oder wegen der Beschlagnahme, unter der Bedingung, dass sie sich mit demjenigen verbünden, der Rache sucht, im Gegensatz zum ursprünglichen Übeltäter, oder dass sie selbst unternehmen, als seine bezahlten Agenten, um Rache an seinem Feind zu üben.

Geringfügige Verstöße werden mit Geldstrafen geahndet, die durch ein Schiedsverfahren festgesetzt werden. Die Höhe dieser Geldstrafen ist unterschiedlich, beinhaltet aber fast immer ein mehr oder weniger aufwändiges Festessen, dessen Kosten von der Partei getragen werden, die den Prozess verloren hat.

Die Schlichtung einer Frage kann unmittelbar nach ihrer Entstehung erfolgen oder erst nach Wochen oder Monaten erfolgen. Wenn die Diskussion begonnen hat, gilt es nicht als politisch, dass eine Seite sofort nachgibt. Drohungen werden zwischen den Anführern geäußert, bis sie durch den Einfluss freundlich gesinnter Häuptlinge zusammengebracht werden. Dann diskutieren die Angehörigen über die Angelegenheit, wobei jede Seite ihre eigene Sicht auf die Frage übertreibt. Erst nach langen Diskussionen und der Verwendung von Gleichnissen und Allegorien, lautem Geschrei und Verstellung sowie durch den Scharfsinn und den Einfluss der führenden Männer werden die Meinungen der Parteien so geformt, dass eine Einigung erzielt werden kann.

Es kann erforderlich sein, die Straftat festzustellen. Dies geschieht durch Zeugen, die, soweit ich das beurteilen konnte, wahrheitsgemäße Aussagen machen. Wenn die Wahrhaftigkeit eines Zeugen angezweifelt wird, kann er gezwungen werden, eine Art Eid zu leisten, der in der Verbrennung von Bienenwachs besteht. Ein wenig Bienenwachs wird geschmolzen, indem man einen Feuerbrand darüber hält. Während dies geschieht, äußert derjenige, dessen Wahrhaftigkeit geprüft werden soll, den Wunsch, dass sein Körper im Falle einer Unwahrheit wie das Wachs geschmolzen werden möge. Bei Verdächtigen kommen Gerichtsverfahren zum Einsatz. Sie bestehen darin, dass die verdächtigen Parteien entweder ihre Hände in kochendes Wasser tauchen, sich dem Tauchtest unterziehen oder sich der Kerzenprobe unterziehen.

Indizienbeweise sind zulässig. Dadurch werden die Urheber versteckter Verbrechen oft nach jahrelangem geduldigen Warten zur Strafe gebracht.

Es ist üblich, dass der Schuldige unmittelbar nach dem Schlichtungsverfahren zumindest einen Teilbetrag leistet und der Versammlung ein Bankett veranstaltet, bei dem es zum guten Ton gehört, dass die beiden Kontrahenten die Freundschaftsbrüche durch großzügige Quaffs für die Gesundheit des anderen schließen .

KAPITEL IV

RELIGIÖSE IDEEN UND GEISTIGE EIGENSCHAFTEN IM ALLGEMEINEN

EIN KURZER ÜBERBLICK ÜBER RELIGION

Ein Studium der Manóbo-Religion ist schwierig wegen der natürlichen Geheimniskrämerei und des Misstrauens dieses primitiven Menschen, wegen seiner Abhängigkeit seiner religiösen Ideen von seinen Priestern, wegen der Variationen und scheinbaren Widersprüche, die bei jedem Schritt auftreten, und schließlich wegen seine Unfähigkeit, die Überzeugungen seines religiösen Systems zufriedenstellend darzulegen.

DIE GRUNDLAGE, DER EINFLUSS UND DIE MASCHINEN DER RELIGION

Der religiöse Glaube der Manóbo ist ein wesentlicher Bestandteil seines Lebens. Er trägt oft religiöse Gegenstände bei sich. Der Standort für sein Zuhause wird erst ausgewählt, wenn Vorzeichen und Orakel zu Rate gezogen werden. In seiner Kochmethode gibt es religiöse Regeln. Er kann sein Fleisch nicht aus dem Wald und seinen Fisch nicht aus den Bächen beziehen, ohne ein entsprechendes Opfer darzubringen. Er sät und erntet seinen Reis unter der Schirmherrschaft bestimmter Gottheiten. Seine Jagdhunde stehen unter dem Schutz einer besonderen Gottheit. Sein Bolo und sein Speer müssen eine besondere magische Prüfung bestehen. Er kann nicht in den Kampf ziehen, bis Wahrsagerei und Opfer ihm den Erfolg gesichert haben. Alle großen Ereignisse seines Lebens – seine Hochzeit, die Schwangerschaft und Geburt seiner Frau, Tod, Beerdigung, Krieg – werden alle durch formelle und oft öffentliche religiöse Riten geweiht.

Soweit ich es beurteilen konnte, ist die Angst vor den Gottheiten böser Geister, vor den Toten – vor allem Unverständlichen, Ungewöhnlichen, Düsteren – die Triebfeder der religiösen Bräuche und Überzeugungen der Manóbos.

Um die natürlichen und übernatürlichen Übel, denen er ausgesetzt sein könnte, aufzuspüren, greift er auf Träume, Wahrsagerei, Weissagungen und Vorzeichen zurück, und in ernsteren Fällen ruft er seine Priester auf, dies durch Anrufung, Opfergabe usw. festzustellen Opfer, die Quelle des Bösen, das ihm widerfahren ist, oder der Gefahr, die er fürchtet.

Die Hierarchie der ManÓbo-Gottheiten, wohltätig und bösartig

Im Manóbo-Pantheon gibt es kein höchstes Wesen, obwohl es zwei Hauptklassen wohltätiger Gottheiten gibt. Über eine dieser Klassen ist über ihre angebliche Existenz hinaus wenig bekannt. Die andere Klasse besteht aus menschenähnlichen Gottheiten namens *Diwáta* , die eine Vorliebe für diese Welt und ihre guten Dinge hegen. Sie wählen Sterbliche als ihre Favoriten aus und versorgen sich durch sie mit den irdischen Köstlichkeiten, die sie sich wünschen, auch wenn sie ihre sterblichen Anhänger möglicherweise quälen müssen, um sich diese zu sichern.

Es gibt eine andere Kategorie von Geistern mit etwas anderem Charakter, deren Verlangen Blut ist. Dabei handelt es sich um die Kriegsgötter, die bestimmte Personen zu ihren Helden auswählen und sie zu Heldentaten anspornen, in der Hoffnung, Blut zu beschaffen.

Im Gegensatz zu den oben genannten Gottheiten gibt es andere, die einen bösartigen oder gefährlichen Charakter haben. Unter ihnen sind vor allem die *Búsau* zu nennen, schwarze, abscheuliche Geister, die an dunklen, trostlosen Orten hausen und größtenteils unversöhnliche Feinde des Menschen sind. Um den Machenschaften dieser Geister entgegenzuwirken, werden die wohltätigen Götter von Manóbo-Priestern gerufen und mit Liedern, Tänzen und Opfern gefeiert. Zufrieden mit diesen Freundschaftsbeweisen verfolgen die guten Geister die bösen Geister und liefern sich sogar einen Kampf mit ihnen.

Die *Tagbánua* sind eine Klasse lokaler Geister, die über die Waldgebiete und Berge herrschen. Sie sind nicht unfreundlich, solange ihnen ein gewisses Maß an Respekt entgegengebracht wird. Daher die Praxis, Opfergaben bei der Jagd und anderen Waldbeschäftigungen darzubringen.

Zu den anderen feindlichen Geistern gehören: Der Reisdieb *Dágau* ; *Anit* , der Blitzgeist; zahlreiche epidemische Dämonen; die Göttin der blutsverwandtschaftlichen Liebe und Ehe; der Geist des sexuellen Exzesses; der Träger des Blitzes und der Manipulator der Winde und Stürme; der Wolkengeist; und verschiedene andere.

Landwirtschaftliche und jagdliche Tätigkeiten werden alle unter der Schirmherrschaft von Göttern und Göttinnen durchgeführt. So kümmern sich *Hakiádan* und *Taphágan* jeweils während der Aussaat- und Erntezeit um den Reis; *Tagamáling* kümmert sich um andere Feldfrüchte; *Libtákan* ist der Gott des Sonnenscheins und des guten Wetters; und *Sugújun* ist der Gott der Jagd.

Es gibt noch andere Götter: *Mandáit* , die Geburtsgottheit; *Ibú* , die Göttin des Jenseits; *Makalídung* , der Gründer der Welt; *Manduyápit* , der Fährmann; und *Yúmud* , der Wassergeist.

PRIESTER – IHRE FUNKTIONEN, EIGENSCHAFTEN UND AUSRÜSTUNG

Die Durchführung fast aller größeren religiösen Riten wird den Priestern überlassen, die zwei Klassen angehören: *Bailán* oder gewöhnliche Priester und *Bagáni* oder Kriegspriester. Es ist das Vorrecht dieser Priester, mit ihren vertrauten Geistern in Kontakt zu bleiben; um von ihnen ihre Wünsche herauszufinden; um die Taten der unfreundlichen Geister und die Mittel zu erfahren, die zur Linderung des betreffenden Übels ergriffen werden können.

Die gewöhnlichen Priester sind einfache Vermittler, die keine wundersamen Kräfte beanspruchen, sich meiner Beobachtung nach weder betrügerischer noch egoistischer Methoden bedienen, keine besondere Kleidung und wenig Utensilien haben, keinen politischen Einfluss haben, aber in allem, was die Religion betrifft, höchste Autorität. Ihr Titel zum Priestertum beruht auf gewalttätigen Manifestationen wie Zittern, Schwitzen, Aufstoßen und Halbbewusstlosigkeit, die vermutlich auf die Kommunikation mit ihren Vertrauten zurückzuführen sind.

Die Kriegspriester haben Blutgeister als Günstlinge und führen ihre Rituale dementsprechend nur in Angelegenheiten durch, die Krieg und Verwundungen betreffen.

Zu den zeremoniellen Accessoires gehören einige Erbstücke, ein kleines Altarhaus, ein hölzernes Opfertablett, ein einbeiniger Ständer, ein Opfertisch, zeremonielle Dekorationen, heilige Bilder und Opfergaben.

Zu den religiösen Riten, die den einfachen Priestern eigen sind, gehören Opfergaben von Betelnüssen, das Verbrennen von Weihrauch, Anrufungen, vorbeugendes Geflügelschwingen, Omennehmen, Blutsalbung, die Kinderzeremonie, das Sterbefest, die Reispflanzzeremonie und der Jagdritus und das Opfern von Schweinen oder Geflügel.

Zu den besonderen Zeremonien der Kriegerpriester gehören neben der Betelnuss-Hommage an die Kriegsgeister und der ihnen angebotenen Anrufung: Anrufung und Opfergaben an die Geistergefährten oder „Seelen“ des lebenden Feindes, besondere Formen der Wahrsagerei im Zusammenhang mit dem Krieg, eine besondere Anrufung des Omenvogels zur Vorbereitung des Kriegsangriffs, Besänftigung und Versöhnung der schützenden Kriegsgottheiten durch Anrufung, Opfer und zeremoniellen Kannibalismus; und wahrscheinlich in den abgelegenen Bezirken durch Menschenopfer.

DIE HAUPTMERKMALE DER MANÓBO-RELIGION

Die Hauptmerkmale des Manóbo-Religionssystems sind also:

(1) Ein fester traditioneller Glaube an die Existenz anthropomorpher, wohltätiger Gottheiten, die dem Manóbo helfen, wenn er ihnen die von ihnen gewünschten Opfergaben liefert, aber wenn nicht, wird dies zulassen und sogar dazu führen, dass ihm Böses widerfährt.

(2) Der Glaube an die Existenz von Waldgeistern und Himmelsgeistern, die gelegentlich feindselig werden und besänftigt werden müssen.

(3) Ein absolutes Vertrauen auf Priester, die die Günstlinge einer oder mehrerer freundlicher Gottheiten sind und durch deren Vermittlung er ihren guten Willen und ihre Unterstützung sichert.

(4) Die Angst vor den Toten, von denen angenommen wird, dass sie ein neidisches Gefühl gegenüber den Lebenden hegen.

(5) Die häufige Konsultation oder Interpretation von Vorzeichen, Vorzeichen und Orakeln zur Feststellung zukünftiger Ereignisse.

(6) Ein striktes Festhalten an zahlreichen Tabus, von denen einige auf religiösen Vorstellungen basieren, andere auf sympathischer Magie.

(7) Eine häufige Anwendung des Prinzips der sympathischen Magie, bei dem angenommen wird, dass eine Handlung ein entsprechendes Ergebnis hervorbringt.

(8) Eine gewissenhafte Vermeidung von allem, was in Wort und Tat respektlos gegenüber einem der rohen Geschöpfe ist.

(9) Der Glaube an zwei spirituelle Begleiter, die jeden Sterblichen von der Geburt bis zum Tod begleiten.

(10) Der Glaube an die Möglichkeit der Gefangennahme eines dieser Geistergefährten durch bösartige Geister.

(11) Ein universeller und beständiger Glaube an die Existenz einer Nachwelt und an das ewige Überleben mindestens eines geistigen Begleiters darin.

(12) Der Glaube, dass Träume oft ein Hinweis auf zukünftiges Böses sind.

(13) Der Glaube an geheime Methoden, die anderen Schaden zufügen können.

(14) Der Rückgriff auf Eide und Prüfungen zur Durchsetzung von Versprechen und zur Feststellung der Wahrheit.

(15) Die unverkennbare Apotheose der Tapferkeit, veranschaulicht durch den kriegerischen Charakter einer Klasse von Gottheiten.

Das sind die Hauptmerkmale dieser Form der Urreligion. Die eigentümliche Angst, die sein bescheidener Anhänger hegt, vor einsamen Bergen, seltsam geformten Felsen, düsteren Höhlen und Löchern, heißen Quellen und ähnlichen Naturformationen; sein Glaube, dass gepflanzte Dinge „Seelen" haben, und sein besonderer Respekt vor Tieren und Insekten – diese und kleinere Manifestationen deuten möglicherweise auf eine frühere Natur- und Tierverehrung hin, aber derzeit gibt es keine Hinweise darauf. Das Verhalten des Manóbo in der Gegenwart solcher Objekte und Phänomene ist geprägt von Angst und Besänftigung gegenüber den Kräften, von denen er glaubt, dass sie die Phänomene hervorrufen, oder gegenüber den geistigen Besitzern der Objekte, die ihm in den Weg kommen. Nur ihnen zollt er seinen Respekt und nicht dem materiellen Objekt oder der Manifestation, die zum Objekt seiner Wahrnehmung geworden ist.

Obwohl eines der Merkmale der Manóbo-Religion die Apotheose der Tapferkeit ist, wie aus dem kriegerischen Charakter der Gottheiten und dem allgemeinen Wunsch hervorgeht, den Tod der Erschlagenen zu sterben, finde ich kaum Spuren von Ahnenverehrung. Die Toten werden gefürchtet, ihre Grabstätte wird gemieden, ihr Charakter gilt als perfide, und die Beziehungen zu ihnen werden durch ein Abschieds-Leichenfest beendet, nach dem erwartet wird, dass sie gehen, um die Lebenden nicht mehr zu belästigen.

GEISTIGE UND ANDERE ERFOLGE UND EIGENSCHAFTEN

Die intellektuellen Fähigkeiten der Manóbo sind sehr begrenzt. Er zählt an seinen Fingern und Zehen oder anhand materieller Gegenstände wie Maiskörner. Er hatte nie ein Schreibsystem und kann nicht lesen. Seine „Briefe" und seine „Verträge" sind materielle Objekte in Form von Bolos und anderen Dingen, die mit einer verbalen Botschaft von einer Person zur anderen geschickt werden, oder Rattanstreifen mit Knoten. Seine Zählmethode ist dezimal und umfasst alle Zahlen bis hundert, obwohl ich geneigt bin zu glauben, dass diese letzte Zahl für ihn die Unendlichkeit darstellt.

Ebenso einfach ist die Zeitrechnung. Der Tag wird in Tag und Nacht unterteilt, wobei die Stunde angezeigt wird, indem man den Arm und die offene Hand in Richtung des Teils des Himmels ausstreckt, in dem sich die Sonne oder der Mond zu der gewünschten Zeit befinden würde.

Der Monat ist nicht in Wochen unterteilt, sondern der Mondmonat selbst wird sorgfältig befolgt, wobei jede Mondphase ihren eigenen Namen hat, obwohl man sich nur im Fall des Extrems jeder Phase auf den Namen einigt.

Die Jahre werden nach der Wiederholung der Reiserntezeit berechnet, die je nach Klima und geografischer Lage der verschiedenen Regionen variiert. Es kommt selten vor, dass jemand mehr als vier oder fünf Jahre zurückzählen kann, es sei denn, er kann sein Gedächtnis durch ein Ereignis wie ein Erdbeben oder eine besonders schwere Überschwemmung, die Ankunft der spanischen Missionare, den Aufstand auf den Philippinen oder das Wachstum von Bäumen verbessern. aber in der Regel wird kein Versuch unternommen, die Anzahl der Jahre zu bestimmen, die seit einem Ereignis vergangen sind. Ich habe selten einen Manóbo getroffen, der eine Vorstellung von seinem Alter hatte oder die Fähigkeit hatte, das Alter eines anderen ungefähr einzuschätzen.

Historisches Wissen beschränkt sich fast ausschließlich auf Ereignisse, die sich zu Lebzeiten ereignet haben. Es gibt nur wenige Traditionen, die irgendeinen historischen Wert haben, und selbst in diesen steckt ein Element des Wunderbaren, das sie als Führer unzuverlässig macht.

Es ist offensichtlich, dass der heidnische Manóbo in akademischer Hinsicht keine Fortschritte gemacht hat, was darauf hindeutet, dass ihm nie eine Gelegenheit geboten wurde, aber wenn man seine intellektuellen Fähigkeiten mit denen der christianisierten Manóbos vergleicht, stehen sie denen des christianisierten Manóbo in nichts nach Bisaya. Ich hatte Erfahrung in der Organisation und Leitung von Schulen unter den *Conquistas* , und ich habe die Erfahrung gemacht, dass sie *ceteris paribus* genauso schnell Fortschritte machen wie die Bisáyas. Wenn die *Conquistas* intellektuell nicht so weit fortgeschritten sind, liegt das an mangelnden Möglichkeiten und nicht an einer inhärenten Lernunfähigkeit.

Das Wissen über Astronomie beschränkt sich bei den Manóbos auf die Namen einiger Hauptsterne und Sternbilder. Die Natur der Sterne, des Mondes, der Sonne, der Finsternisse und ähnlicher Phänomene wird allesamt in mythologischen Erzählungen erklärt, ausgehend von einem Glauben, an dem keine noch so große Argumentation sie ändern kann. Die alte Geschichte, dass der Komet der Vorbote oder Überträger einer Krankheit sei, liegt im Trend.

Ästhetische Künste wie Malerei und Architektur sind unbekannt, obwohl Manóbos grobe und oft fantastische Holzbilder schnitzen und grobe Nachzeichnungen und Einschnitte auf Kalkröhren und -körben anbringen kann.

Trotz ihres Mangels an wissenschaftlichen und ästhetischen Kenntnissen ist ihre Beobachtung der Natur wunderbar. Dies ist offensichtlich auf die lange Vertrautheit mit dem Wald, dem Bach und den Bergen zurückzuführen. Seit seiner Kindheit lebt der Manóbo das Leben im Wald. Er hat die Bäume nach Vögeln und Affen abgesucht, die Bäche nach Fischen. Er lebt, wie er es normalerweise tut, innerhalb eines bestimmten Bezirks und streift dort auf der Suche nach Wild und anderen Esswaren umher, wobei er gleichzeitig genau nach Abweichungen Ausschau hält, die auf die Anwesenheit eines Außenstehenden hinweisen könnten besitzen jene wunderbaren Seh- und Beobachtungsgaben, die den durchschnittlichen weißen Mann in Erstaunen versetzen würden. Innerhalb seines eigenen Bezirks ist die Position jedes Baumes bekannt. Jeder Bach und jeder Teil davon, jeder Berg, jeder Teil des Waldes ist bekannt und hat seinen passenden Namen. Die Lage eines Ortes wird einem Stammesgenossen in wenigen Worten erklärt und von diesem verstanden.

Bäume und Pflanzen sind anerkannt, und in vielen Fällen ist ihre Anpassung an bestimmte wirtschaftliche Zwecke bekannt, obwohl ich denke, dass der Manóbo nach seinem Wissen über letzteren sowohl dem Bisáya als auch dem Mandáya unterlegen ist, wovon er zweifellos überzeugt ist eine konservativere und weniger unternehmungslustige Einstellung.

Der Manóbo-Charakter wurde von Missionaren und allen Bisáyas, die mit ihnen zu tun haben, so verleumdet, dass er eine Freilassung von den Verleumdungen verdient, die auf ihn geworfen wurden. Im Umgang mit den Manóbo, wie mit allen Naturvölkern, bringt die persönliche Gleichung mehr als alles andere die guten Eigenschaften zum Vorschein, die seinem Charakter zugrunde liegen. Einige der Missionare scheinen nicht zwischen Heiden und Männern unterschieden zu haben. Für sie war der Heide die Inkarnation von allem Abscheulichen, ein Geschöpf, dessen jede Tat vom Teufel diktiert wurde. Der Bisáya betrachtete ihn einigermaßen im gleichen Licht, ging aber noch weiter. Er betrachtete ihn als seinen Feind wegen der vielen Vergeltungstaten, die der Manóbo oder seine Vorfahren begangen hatten, auch wenn Vergeltung verdient war. Er hegte ein Gefühl des Kummers und der Enttäuschung darüber, dass dieser primitive Mann nicht bereit war, sich in seine Hände zu einem uneingeschränkten Werkzeug für gründliche Ausbeutung zu verwandeln. Daher war kein Name, wie abscheulich er auch sein mochte, für den armen Waldbewohner zu schade, der sich weigerte, sich in der Nähe seiner Plantage niederzulassen und für einen völlig unzureichenden Lohn zu arbeiten – Mann, Frau und Kind. Seine Einstellung gegenüber den *Conquistas* ist kaum oder gar nicht besser.

Beim ersten Kennenlernen ist der Manóbo schüchtern und misstrauisch. Dies liegt an der äußersten Vorsicht, die ihn lehrt, ein Leben zu schützen, das unter seinem eigenen Volk nur einen nominellen Wert hat. Als er zum ersten Mal in der Gegenwart von Fremden ist, erinnert er sich daran, dass es seit jeher Repressalien zwischen seinem Volk einerseits und Bisáyas andererseits gibt, und er erkennt, dass ohne angemessene Fürsorge Repressalien gegen ihn verübt werden könnten . Auch wenn der Besucher in seinen Bezirk eingedrungen ist, kann sein Verdacht durch verleumderische Berichte oder Gerüchte, die der Ankunft des Besuchers vorausgegangen sein könnten, mit voller Wucht geweckt werden. Meine eigenen Besuche gingen häufig mit Gerüchten einher, dass ich die magische Kraft hätte, zu vergiften oder andere ebenso wunderbare Dinge zu tun, dass ich ein getarnter Soldat sei, oder ähnliche Berichte. Aber in diesen und in allen anderen Fällen kann man die Ängstlichkeit und das Misstrauen dieser Naturvölker weitestgehend zerstreuen, indem man seinen Besuch und seine Absichten vorher ankündigt und bei der Ankunft in der Siedlung jede Handlung oder jedes Wort unterlässt, das die eigenen Absichten verraten könnte Neugier. Überraschung darf über nichts, was geschieht, zum Ausdruck gebracht werden. Die bloße Frage, was sich zum Beispiel jenseits dieses oder jenes Berges verbirgt oder wo das Quellgebiet dieses oder jenes Baches ist, kann die volle Flamme des Misstrauens entfachen. Daher sind Besonnenheit, ein freundliches, ruhiges, aber wachsames Auftreten, ein guter Ruf aus dem zuletzt besuchten Ort und die Verteilung unbedeutender Geschenke immer wirksam, um das Gefühl des Misstrauens zu beseitigen, das diese Naturvölker einem Fremden gegenüber hegen.

Ein weiterer Vorwurf ist, dass sie rachsüchtig seien. Sie glauben zweifellos an „Auge um Auge, Zahn um Zahn". Rache für ein ungesühntes Unrecht ist ein strenges, grundlegendes, ewiges Gesetz, das von Manóbo-Institutionen, sozialen, politischen und religiösen Institutionen, sanktioniert wird; eine, die durch den Atem des Sterbenden geweiht und von Generation zu Generation weitergegeben wird, um erfüllt zu werden; Aber es gibt eine rettende Klausel: *das Schiedsverfahren* . Daher muss sich ein Fremder über vergangene Ereignisse informieren, die ihn gefährden könnten. Der Manóbo hat eine sehr begrenzte Vorstellung vom Ausmaß der Außenwelt und von der Zahl ihrer Bewohner und neigt zu der Annahme, dass beispielsweise ein Amerikaner jeden anderen kennt und mit jedem anderen blutsverwandt sein kann . Daher kann jede unvorsichtige Handlung seitens einer Person Rache auf den Kopf eines anderen [1] , Verwandten oder Nicht-Verwandten, ziehen, denn selbst unschuldige Dritte können nach Manóbo-Gewohnheit dem unbefriedigten Geist der Rache geopfert werden. Die Gefahr jedoch, in die ein Fremder aus dieser Sache geraten könnte, lässt sich leicht beseitigen, indem man die Menschen befragt, wer ihnen bei früheren Gelegenheiten Unrecht getan hat; und sollte er erfahren, dass er aufgrund seiner Bluts- oder Rassengleichheit mit dem Schuldigen als Partei des Unrechts angesehen wird, muss er zu einem späteren Zeitpunkt behutsam einen Plan für ein Schlichtungsverfahren vorschlagen und auf andere friedliche Weise die Rache von sich abwenden.

[1] Es ist nicht unwahrscheinlich, dass der Tod von Herrn HM Ickis, Geologe des Bureau of Science in Manila, teilweise auf die Gefangennahme und Verbannung eines Gubat aus dem oberen Umaíam vor etwa 15 oder 20 Jahren zurückzuführen ist.

Darüber hinaus wird bestätigt, dass Manóbos verräterisch sind. Wenn mit Verrat eine Verletzung des Glaubens und der Zuversicht gemeint ist, kann man nicht sagen, dass es sich dabei um Verrat handelt. Sie töten, wenn sie das Gefühl haben, dass ihnen Unrecht getan wird. Ich kenne wenige Fälle, in denen sie ihre Gefühle nicht offen gestanden und Wiedergutmachung gefordert haben. Die Weigerung, die geforderte Wiedergutmachung zu leisten, kommt einer Kriegserklärung gleich, und im Krieg ist alles fair. Es ist die Pflicht eines jeden Menschen, sich so gut wie möglich zu schützen. Die Manóbo-, Mandáya-, Mañgguáñgan- und Debabáon-Häuser, die an strategischen Positionen im Inneren von Ost-Mindanáo errichtet wurden, zeugen davon, dass diese Menschen den Grundsatz anerkennen, dass im Krieg alles fair ist. Die Tatsache, dass sie häufig ihre Speere und Schilde tragen, wenn sie unterwegs sind, und in schwierigen Zeiten ihre Frauen zu den Bauernhöfen begleiten und sie dort bewachen, ist ein ausreichender Beweis dafür, dass alle Mittel ergriffen werden müssen, um sich selbst und seine Interessen davor zu schützen ein Feind. Aber wenn ein Fall einmal geschlichtet wird und Bienenwachs verbrannt wird oder eine andere feierliche Manifestation der Vereinbarung erfolgt, bin ich der Meinung, dass das Versprechen in der Regel nicht gebrochen wird.

Feigheit ist eine Eigenschaft, die Manóbos und anderen Menschen auf Mindanáo zugeschrieben wird. Es stimmt, dass sie keine übermäßigen Risiken eingehen. Die beliebteste Stunde für einen Angriff auf das Haus eines Feindes ist die Morgendämmerung. Sie stoßen lieber einen Speer durch den Boden, als den Feind zu einem Nahkampf aufzurufen. In anderen Fällen überfallen sie ihn lieber auf der Spur, 5 oder 10 Männer gegen einen. Auch hier kann es bequemer sein, eine einsame Frau in einem *Tarnflecken zu erwischen* . Dies sind anerkannte Methoden der Kriegsführung. Sobald der Manóbo jedoch erregt ist, wird er kämpfen, und zwar bis zum Ende. In den Briefen der Jesuiten finden sich immer wieder Hinweise auf wirklich mutige Taten von Manóbos. In einigen Fällen tötete der Ehemann seine Familie und dann sich selbst, anstatt in die Hände der spanischen Truppen zu fallen. Mir sind Hunderte Fälle bekannt, in denen die männlichen Mitglieder der angegriffenen Gruppe sich gegen Übermacht wehrten, um ihre Frauen zu entkommen. Nahkampfbegegnungen sind keine Seltenheit, wenn ich den endlosen Geschichten glauben darf, die mir von Kriegern im gesamten östlichen Mindanáo erzählt wurden.

Den Manóbo-Männern kann man zwar Faulheit und Nachlässigkeit zuschreiben, diese Eigenschaften sind jedoch auf mangelnden Anreiz zur Arbeit und zur Eile zurückzuführen. Alle Haushaltspflichten liegen traditionell auf den Schultern der Frauen, so dass dem Mann außer Fischen, Jagen, Fallenstellen, Handel und Kämpfen nichts anderes übrig bleibt. Wenn sich die Männer jedoch mit der Rodung des Waldes oder anderen manuellen Arbeiten befassen, ist es überraschend, mit welcher Beweglichkeit, Geschicklichkeit und Ausdauer sie arbeiten, obwohl solche Arbeitsphasen nur von kurzer Dauer sind.

Niemand hat jemals ein Wort gegen die Sexualmoral der Manóbo geäußert oder geschrieben. Sexuelle Angelegenheiten werden zwar mit größter Freiheit besprochen, aber die lächerlichsten Verstöße gegen die Moral werden bestraft. Bei der Freilegung der Intimbereiche wird größte Bescheidenheit gewahrt. Das Anstarren einer unbekleideten Frau, beispielsweise an der Badestelle, wird mit einer Geldstrafe geahndet. Unziemliche Andeutungen gegenüber einer Frau werden mit einer ähnlichen Strafe geahndet, sollten solche Annäherungsversuche jedoch weitergehen, kann sogar die Todesstrafe drohen.

In Bezug auf Mäßigkeit und Nüchternheit gilt die Regel, so viel zu essen und zu trinken, wie man kann, daher hängt die Menge der konsumierten Speisen und Getränke vom Vorrat ab. Nüchternheit ist keine Tugend. Das Gleichgewicht und die Besinnung zu verlieren bedeutet, dem Gastgeber Ehre zu erweisen und seiner Großzügigkeit gerecht zu werden.

Ehrlichkeit ist sicherlich eine Eigenschaft des Manóbo-Charakters. Ich möchte nicht behaupten, dass es nicht gelegentlich zu Diebstählen kommt, insbesondere bei kleinen Dingen, die ihrer Natur nach mehr oder weniger gemeinschaftlich sind, wie zum Beispiel Palmwein, während er noch vom Baum fließt, aber andere Arten von Eigentum sind vollkommen sicher. Die seltenen Verstöße gegen das Gebot der Ehrlichkeit werden je nach Höhe des gestohlenen Eigentums und anderen Gesichtspunkten mehr oder weniger streng geahndet.

Auch wenn der Respekt vor fremdem Eigentum eindeutig die Regel ist, ist es dennoch überraschend zu sehen, mit welcher Sorgfalt alles gezählt, festgebunden oder weggeräumt wird und wie bei allen Gelegenheiten Eigentumszeichen angebracht werden. Ich denke jedoch, dass diese Vorsichtsmaßnahmen nicht so sehr auf der Angst vor Dieben beruhen, sondern vielmehr auf dem Gefühl der Instabilität der Verhältnisse in einem Land, das schon immer von Unruhen heimgesucht wurde.

Ehrlichkeit bei der Begleichung von Schulden ist eines der hervorstechendsten Merkmale dieser Menschen. Ich habe Waren auf Kredit an Leute ausgezahlt, die ich noch nie zuvor getroffen hatte und deren Häuser ich nur aufgrund ihrer eigenen Informationen kannte, und doch hatte ich sechs Monate oder ein Jahr später, als ich ihre Region betrat, keine Schwierigkeiten damit weder beim Auffinden noch beim Sammeln von ihnen. Ihr Gefühl der Verpflichtung, eine Schuld zu begleichen, ist so groß, dass sogar Kinder bei der Begleichung mitunter abgewiesen werden, was jedoch nur in extremen Fällen der Fall ist. Auch wenn Schulden gewissenhaft beglichen werden, wird – außer in einigen sehr dringenden Fällen – ein gewisses Maß an Rücksichtnahme auf den Zeitpunkt und andere Einzelheiten der Zahlung erwartet.

Ehrlichkeit ist auch in anderen Angelegenheiten spürbar, beispielsweise bei der Erfüllung formeller Vereinbarungen, obwohl ich sagen muss, dass die Leistung möglicherweise nicht so pünktlich erfolgt, wie wir es erwarten würden. Im Zusammenhang mit diesem letzten Punkt muss jedoch daran erinnert werden, dass davon ausgegangen wird, dass man beim Abschluss einer Vereinbarung eine Vielzahl von Hindernissen berücksichtigt, beispielsweise böse Vorzeichen, die in unserem Vertragssystem keine Rolle spielen. Ein weiterer Unterschied, der auch in der Schuldenfrage gilt, besteht darin, dass der Schuldner an seine Verpflichtung erinnert und auf sanfte Weise zur Erfüllung dieser Verpflichtung aufgefordert werden muss. In einigen seltenen Fällen kommt es vor, dass ein Schuldner einen festen Vertrag über den genauen Zeitpunkt für die Erfüllung seiner Verpflichtung hat. In diesen Fällen kann es sein, dass der Gläubiger stärker auf die Zahlung drängt. Es ist ein Verdienst des Manóbo, dass er niemals eine Schuld ablehnt oder wegläuft, um deren Begleichung zu entgehen.

Es wurde gesagt, dass der Manóbo undankbar ist, aber ich glaube nicht, dass seine Dankbarkeit eine so seltene oder so vergängliche Tugend ist, wie diejenigen behaupten, die ihn zu kennen behaupten. Es ist wahr, dass er kein Wort hat, um seinen Dank auszudrücken, aber er erwartet, dass der Geber seine Wünsche kundtut und um das bittet, was er will. Aus diesem Grund ist er selbst ein so eingefleischter Bettler. Er empfängt Sie in seinem Haus, füttert Sie, betrachtet Sie als seinen Freund und fordert Sie dazu auf, sich zu revanchieren, indem er Sie um alles bittet, was er sieht. Wenn er Ihnen gegenüber eine Verpflichtung hat, erwartet er von Ihnen, dass Sie ihn auf ähnliche Weise fragen. Wenn Sie es nicht tun, hält er Sie entweder für apathisch oder für reich, und daher erfolgt keine Gegenleistung. Den Manóbos werden keine Geschenke gemacht, außer solchen Kleinigkeiten, die keinen Wert haben.

Der Manóbo hat das Gefühl, dass es ihm völlig freisteht, seine wahren Gedanken zu verbergen und solche Verzerrungen der Wahrheit zum Ausdruck zu bringen, die ihn nicht mit anderen in Konflikt bringen. Die Strafe für Verleumdung ist so hoch, dass es sich hierbei um einen Fehler handelt, der selten begangen wird. Um also die Wahrheit von einem Manóbo zu erfahren, ist es in der Regel sinnlos, ihn einzeln oder auch nur in Gegenwart seiner Freunde zu befragen. Er muss mit denen konfrontiert werden, die eine negative Meinung vertreten oder einer gegnerischen Fraktion angehören. Wenn dies auf formellere Weise geschehen kann, beispielsweise durch die Anwesenheit mehrerer leitender Männer, wird es umso einfacher sein, die gewünschten Informationen zu erhalten.

Anfragen nach Wanderwegen oder den Wohnorten der benachbarten Manóbos werden kaum wahrheitsgemäß beantwortet und schaden mehr als sie nützen, weil sie eher Verdacht über die Beweggründe des Fragestellers erwecken. Solche Informationen erhält man leichter, wenn man die Freundschaft von Jungen pflegt, als wenn man die älteren Leute konsultiert. Diese Tendenz, die Wahrheit zu verschleiern oder zu verdrehen, obwohl sie ihre natürliche Grundlage in dem Wunsch nach Selbstschutz hat, verleiht den Manóbos den Ruf, dass ihnen die Geradlinigkeit und Offenheit fehlt, die bei den Mandáyas selbst nach sehr kurzer Bekanntschaft so auffällig ist . Dieser Mangel an Offenheit, gepaart mit einem gewissen Maß an natürlicher Klugheit, macht es schwierig, die Wahrheit herauszufinden, es sei denn, der zuvor gemachte Vorschlag wird umgesetzt oder man ist bereit zu warten, bis die Wahrheit in privaten Gesprächen unter den Manóbos selbst ans Licht kommt.

Eine Eigenschaft des Manóbo, die schwer zu verstehen scheint, ist seine Vorliebe für lange Diskussionen. So unbedeutend die Angelegenheit auch sein mag, sie wird immer Gegenstand einer übermäßig langen Konferenz, auch wenn es keine Gegenparteien gibt. Selbst bei Kleinigkeiten wie der Suche nach einem Führer, der mich auf bekannten Wegen zu Siedlungen von Menschen führte, die ich gut kannte, kam es immer zu einer unvermeidlichen Diskussion. Eine große Menschenmenge würde sich versammeln. Die Angelegenheit würde von allen Anwesenden ohne eine einzige Unterbrechung ausführlich besprochen, mit Ausnahme der Zustimmungsausrufe, die ständig geäußert werden, unabhängig davon, ob die Ansichten des Redners akzeptabel sind oder nicht. Es scheint, dass diese und feierlichere Diskussionen den Rednern Gelegenheit bieten, sich hervorzuheben oder ihr Urteil zu zeigen. Ich kann mir keinen anderen Grund für diese Konferenzen vorstellen, da in vielen Fällen, die ich kenne, das Ergebnis der Diskussion von Anfang an feststand. Vielleicht dienen solche Diskussionen dem Zweck, „keine Zugeständnisse zu machen" oder, wenn sie gemacht werden müssen, sie widerwillig zu machen.

Diese Konferenzen sind in der Regel ziemlich laut, denn obwohl jeweils ein Redner „das Wort hat", gibt es immer eine Reihe begleitender Diskussionen, die zusammen mit den unveränderlichen Haushaltsgeräuschen einen gewissen Lärm erzeugen. Lärm ist in der Tat ein allgemeines Merkmal des Manóbo-Lebens, und zwar so sehr, dass man manchmal geneigt ist, angesichts des lauten Geschreis und anderer Demonstrationen scheinbarer Aufregung beunruhigt zu sein, auch wenn der Anlass dafür möglicherweise nichts anderes als die Ankunft ist in der Siedlung eines Besuchers mit einem toten Affen.

Harmonie und häusliches Glück sind charakteristisch für die Familie Manóbo. Der Manóbo ist seiner Frau ergeben, liebt seine Kinder und hängt an seinen Verwandten, mehr als der Mañgguáñgan, aber viel weniger als der Bisáya oder der Mandáya. Er hat eine große Vorliebe für gesellige Zusammenkünfte, denn neben den irdischen Annehmlichkeiten, die er daraus zieht, bieten sie ihm auch die Gelegenheit, den Reichtum, den Rang und die Besitztümer zur Schau zu stellen, die er möglicherweise besitzt. Seine Einladungen an die Nachbarn dienen dazu, sein Ansehen bei ihnen hoch zu halten und dadurch eine Reihe von Freunden um ihn zu scharen, die ihm in der Stunde der Not von Nutzen sein werden. Über die Gastfreundschaft der Manóbo und der anderen Menschen auf Mindanáo kann man nicht viel sagen. Wenn er einmal seinen Verdacht über die Motive eines Fremden überwunden hat, nimmt er ihn in sein Haus auf und gibt sich unendliche Mühe, ihn so gut er kann zu bewirten. Wer im Manóboland reist, hat keinen Proviant dabei. Er geht ins erste Haus, und wenn die Essenszeit gekommen ist, setzt er sich auf den Boden und bedient sich ohne Aufforderung. Es ist praktisch sein eigenes Haus, denn vorerst wird er Teil der Familie. Wenn gerade ein Fest stattfindet, nimmt er ohne besondere Einladung daran teil, und wenn er bereit ist zu gehen, setzt er seine Reise fort, nur um den Vorgang im nächsten Haus zu wiederholen, denn es ist üblich, immer mindestens einen kleinen Teil zu bezahlen Besuch jedes freundlichen Hauses auf oder in der Nähe des Weges.

Eine der geistigen Eigenschaften, die vielleicht mehr als alles andere dazu beigetragen hat, den Manóbo auf seinem Weg zu einer höheren Ebene der Zivilisation zu behindern, ist sein festes Festhalten an traditionellen Bräuchen. Alles muss so gemacht werden, wie es seine Vorfahren getan haben. Innovationen jeglicher Art können den Gottheiten missfallen, den gegenwärtigen Lauf der Dinge stören und zukünftige Störungen hervorrufen. „Lass den Fluss so fließen, wie er jemals geflossen ist – zum Meer", ist ein Refrain, den ich zu diesem Thema von Manóbos zitiert habe. „Fische, die im Meer leben, leben nicht in den Bergen", ist ein anderes, und es gibt viele andere, die alle den Konservatismus veranschaulichen, der dazu neigt, den Manóbo als Manóbo und nichts anderes zu halten. Er ist christianisiert, aber nachdem er das christliche Ritual durchlaufen hat, wird er wahrscheinlich seine heidnischen Gottheiten anrufen. Er nimmt etwas Neues auf, gibt aber das Alte nicht auf. Daher die Schwierigkeit, den Manóbo dazu zu bewegen, den Bezirk seiner Vorfahren zu verlassen und an einem neuen Ort inmitten unbekannter Geister seinen Wohnsitz aufzuschlagen.

Dieser Charakterzug erklärt die Unbeständigkeit und Wankelmütigkeit, die die christianisierten Manóbos zu Beginn ihrer Bekehrung an den Tag legten. Dies war auf den Ruf des Waldes zurückzuführen, der sie zu ihren alten Lieblingsplätzen zurückrief. Diese Eigenschaften erklären auch eine Vielzahl von Anomalien, die im Laufe des Lebens des Manóbo auffallen.

Der erste Besuch eines Fremden in einer primitiven Siedlung kann auf ihn einen sehr ungünstigen Eindruck hinterlassen. Möglicherweise stellt er fest, dass die Frauen und Kinder geflohen sind, sodass er von Männern umgeben ist, die alle bewaffnet sind. Dies sollte ihn jedoch nicht entmutigen, denn in vielen Fällen gelang es den Männern nicht, die Frauen von der Flucht abzuhalten. Das Tragen von Waffen ist bei Manóbos ebenso Brauch wie bei uns das Tragen einer Uhr. Der Bolo ist sein Leben und sein Lebensunterhalt. Würde er sie nicht tragen, würde er als verrückt gebrandmarkt werden, und er betrachtet einen wehrlosen Menschen, egal ob Fremder oder nicht, im Großen und Ganzen im gleichen Licht, es sei denn, er führt das Fehlen einer Waffe auf den Besitz geheimer Schutzkräfte zurück, in dem In diesem Fall neigt er dazu, dem Beispiel der flüchtigen Frauen zu folgen und sich vor Gefahren zu schützen.

Beim ersten Kennenlernen wird der Manóbo eine Menge Fragen stellen, die die Geduld des Besuchers auf die Probe stellen, wenn er es wagt, sie persönlich zu beantworten. Diese Fragen entspringen dem Wunsch, die Beweggründe des Besuchs zu erfahren. Leute aus den benachbarten Häusern kommen in regelmäßigen Abständen vorbei, sobald sie von dem Neuankömmling erfahren, und können dies auch bis zur Abreise des Besuchers tun, wodurch das Haus überfüllt bleibt. Die Zusammenkunft dieser Menschen entspringt dem Wunsch, den Besucher zu sehen und den Zweck seines Besuchs herauszufinden. Daher werden die Neuankömmlinge ihm jede erdenkliche Frage stellen, die sich ihnen in den Weg stellt, und wenn eine Antwort Informationen vermittelt, die für sie etwas Wunderbares an sich haben, wirft das tausend und eine weitere Frage auf, deren Antworten oft eine Herausforderung darstellen Geduld des Besuchers.

Ein weiterer Teil des Besuchs ist die offene Forderung der Naturvölker nach jedem Gegenstand des Besuchers, an dem sie Gefallen finden könnten. Sie verstehen jedoch immer eine stille Ablehnung, wenn diese mit einem entsprechenden Grund verbunden ist.

Es kommt manchmal vor, dass der Anführer der Siedlung eine Gebühr für Verstöße gegen sein Territorium verlangt, aber normalerweise nimmt er stattdessen ein kleines Geschenk an oder verzichtet auf ein Geschenk, wenn die Angelegenheit still und diplomatisch gestritten wird. Der Manóbo verabscheut harte Worte, besonders wenn sie ihm gegenüber in Gegenwart derjenigen verwendet werden, die seine nominellen Untertanen sind. Persönlichkeiten oder Drohungen erweisen sich in einem solchen Fall oft als tödlich.

Es entspricht nicht der guten Etikette, einen Manóbo nach seinem Namen zu fragen, insbesondere wenn er ein Häuptling ist, bis man ihn einigermaßen kennengelernt hat. Die Informationen müssen vor Dritten geschützt und auf vertrauliche Weise gespeichert werden. Darüber hinaus ist es üblich, Häuptlinge und andere angesehene Personen mit den Namen ihrer entsprechenden Titel anzusprechen. Daher wird ein Kriegerhäuptling *bagáni angesprochen* und nicht mit seinem richtigen Namen.

Es versteht sich von selbst, dass keine Vertrautheit mit der Person eines anderen entstehen sollte, bis die Vertrautheit weit genug entwickelt wurde, um dies zu ermöglichen. Wenn man also den Arm eines anderen berührt, um ihn auf etwas aufmerksam zu machen, kann dies zu Verärgerung führen und zu einem Versuch führen, eine Geldstrafe zu kassieren.

Der Umgang mit Waffen erfordert ein Wort. Die Lanze muss mit dem Kopf nach oben am Fuß der Hausleiter in den Boden gesteckt werden; oder wenn es nachts ins Haus gebracht werden muss, muss der Eigentümer darauf achten, dass es beim Umgang mit niemandem auf jemanden zeigt. Wenn man ein Bolo aus seiner Scheide ziehen möchte, muss man es langsam ziehen, und wenn man es einem anderen präsentieren will, muss man die Klinge zum Körper des Besitzers zeigen und den Griff dem anderen Mann zeigen. Die gleiche Regel gilt für den Dolch.

Es ist zu beachten, dass die Männer in einer Manóbo-Siedlung in der Regel bewaffnet sind und ihre Waffen in der Hand behalten, insbesondere während der Mahlzeiten. Zu dieser Zeit ist es üblich, mit der linken Hand zu essen, während die rechte Hand für den Gebrauch reserviert ist der Waffe im Notfall.

Es gibt eine Reihe weiterer Verkehrsregeln, die dem Schutz des Lebens und der Wahrung der gebührenden Achtung jedes Einzelnen vor der Person seines Nächsten dienen. Diese sind in diesem Dokument verstreut zu finden.

TEIL II.
ALLGEMEINE MATERIALKULTUR

KAPITEL V

DAS MANÓBO-HAUS

ALLGEMEIN

Der Manóbo baut in der Regel ein Haus ohne große Ansprüche, weil er immer daran denkt, dass eine böse Kombination von Vorzeichen oder ein Todesfall im Haus oder ein Angriff seiner Feinde ihn in naher Zukunft seines Zuhauses berauben könnten. Seine beste Struktur ist besser als das niedrige, mauerlose Mañgguáñgan-Haus, kann aber nicht mit der vergleichsweise soliden Struktur der Mandáyas von Kati'il und der Debabáons des Sálug-Landes verglichen werden.

Er hat keine Stammeshallen, keine Versammlungshäuser. Tatsächlich baut er, mit Ausnahme einer einfachen Hütte [1] auf seiner Farm, die gebaut wurde, um diejenigen zu beherbergen, die die Ernte vor Plünderern (Affen und Vögeln) schützen, nur ein Haus, in dem er und normalerweise mehrere seiner Verwandten bis dahin wohnen (normalerweise nach einem Jahr), wenn er es bequem oder notwendig findet, es aufzugeben.

[1] *Pin-ái-ag* .

MOTIVE, DIE DIE AUSWAHL DER WEBSITE BESTIMMEN

Die Motive, die die Auswahl des Standorts bestimmen, sind zweierlei.

RELIGIÖSE MOTIVE

Es ist offensichtlich, dass sich der Manóbo bei einem so wichtigen Unterfangen von den Vorzeichen und Orakeln leiten lassen muss, die ihm den Willen der übernatürlichen Mächte offenbaren. Während er sich auf die Suche nach der Stätte macht, hält er sein Ohr wachsam für den prophetischen Schrei der Turteltaube. Ist dies ungünstig, kehrt er nach Hause zurück und setzt seine Suche am nächsten Tag fort. Es kommt häufig vor, dass dieses Omen für zwei oder drei aufeinanderfolgende Tage ungünstig ist, aber wie dringend der Fall auch sein mag, darf die heilige Warnung dieses Vogels auf keinen Fall außer Acht gelassen werden, denn sie würde als Manóbo Misserfolg, Katastrophe oder Tod bedeuten kann es Ihnen durch eine Vielzahl von Ereignissen beweisen, die sich in seiner Erinnerung oder der seiner Verwandten ereignet haben. Sobald er jedoch mit diesem ersten Omen zufrieden ist, setzt er seine Reise fort und wählt aus materiellen Motiven, die später erwähnt werden, einen Standort für das neue Haus aus und kehrt zu seinem Volk zurück, um es über den Ausgang seiner Reise zu informieren.

2 *Li-mo-kon* .

Nun ist die Wahl des Ortes für den Manóbo von so großer Bedeutung, dass er sich mit allen ihm zur Verfügung stehenden Mitteln vergewissern muss, dass er von den unsichtbaren Mächten genehmigt wird, und zu diesem Zweck greift er auf das Ei-Omen und das zurück Suspensionsorakel. Ersteres habe ich mehrmals miterlebt, und in jedem Fall erwies es sich als glücksverheißend. Bei der Auswahl eines Hausstandorts wird manchmal das *Bu-dá-kan oder Weinreben-Omen herangezogen, und die Bedeutung der verschiedenen Konfigurationen ist dieselbe wie die unter „Wahrsagerei oder Omen" beschriebene. Mir wurde gesagt, dass dieses letzte Omen auch im Wald* wahrgenommen wird, bevor die endgültige Entscheidung über die Auswahl des Standorts getroffen wird.

Das Auftreten bedrohlicher Träume zu diesem Zeitpunkt sowie das Vorübergehen einer Schlange über den Weg gelten als böse, doch das Böse wird durch die Zeremonie des Geflügelwinkens, die später beschrieben wird, neutralisiert.

Materielle Motive

Wenn die „Mächte oben" keine weiteren Einwände gegen die Auswahl des Heimatstandorts erheben, lässt sich der Manóbo von Motiven wie der Fruchtbarkeit des Bodens, der Nähe von Gewässern und Fischereimöglichkeiten leiten und ist in einem Zustand der Wachsamkeit gegen seine Feinde, wie er es in abgelegenen Regionen fast immer tut, durch die Attraktivität des Ortes für die Verteidigung. Im letzteren Fall wählt er einen schwer zugänglichen hohen Ort, häufig einen hohen Berg, und wählt den strategischsten Punkt darauf.

RELIGIÖSE ZEREMONIEN IM ZUSAMMENHANG MIT DER ERRICHTUNG EINES HAUSES

Ein Priester, meist ein Verwandter, ruft die besonderen Gottheiten der Familie an. Nachdem den lokalen Gottheiten dieses besonderen Teils des Waldes eine Betelnuß geopfert wurde, macht sich das Familienoberhaupt mit der Unterstützung seiner zahlreichen Verwandten, die ihm helfen können, daran, den Boden für den Neuen freizumachen Gebäude. Wenn ein einflussreicherer Manóbo damit beginnt, ein geräumiges Haus zu errichten, strömen normalerweise alle in der Nähe – Männer, Frauen und Kinder – angezogen von der voraussichtlichen Geselligkeit, die die Arbeit begleiten wird, herbei, um mitzuhelfen, damit … In wenigen Tagen wird die Lichtung gemacht, gereinigt und bepflanzt und der Rahmen des Hauses mit dem Dach fertiggestellt.

Menschen, die der weniger einflussreichen Schicht angehören, können Monate brauchen, um das Haus fertigzustellen, abhängig von der Anzahl der Verwandten, die ihnen helfen, und von der Freizeit, die sie haben. Dabei ist zu beachten, dass das Haus nicht sofort fertiggestellt werden darf. [3]

[3] Es wird davon ausgegangen, dass das Strohdach vor der Fertigstellung des Hauses gelb werden muss.

Wenn der erste Pfosten in die Erde gesteckt wird, wird häufig ein Opfer dargebracht und ein Teil des Blutes des Opfers auf die Basis des Pfostens gegossen. Sobald das Dach und der Boden errichtet sind, wird den besonderen Gottheiten, unter deren Schutz die Familie angeblich steht, ein formelles Huhn geopfert. Das Huhn muss die Farbe haben, die diesen Gottheiten gefällt. Ein interessantes Merkmal dieser Zeremonie besteht darin, dass die Mitte des Bodens, die für die Tür vorgesehene Stelle und einer oder mehrere der Pfosten mit dem Blut des Opfers glitzern.

STRUKTUR DES HAUSES

DIE MATERIALIEN

Die Materialien für das Haus stammen aus dem umliegenden Wald und sind im Allgemeinen von leichtem Charakter. Lediglich bei der Errichtung eines Verteidigungshauses [4] werden umfangreichere Materialien eingesetzt.

[4] *I-li-hán* .

DIE ABMESSUNGEN UND DER BAUPLAN

Die Höhe des Hauses vom Boden bis zum Boden kann zwischen 1,50 und 8 Metern variieren, obwohl ein Bauwerk mit letzterer Höhe selten vorkommt. Die Größe kann zwischen 2 mal 3 Meter und 5 mal 8 Meter betragen, in der Regel liegt sie jedoch näher an ersteren als an letzteren. Es hat eine rechteckige Form und ist auf vier bis 16 Lichtmasten aufgebaut, wobei die vier Eckpfosten größer sind und nach oben reichen, um das Dach zu stützen. Vier horizontale Stücke, die an diesen Eckpfosten befestigt sind und, getragen von mehreren der kleinen Pfosten, zusammen mit einigen Gelenken die Stütze für den Boden bilden. Um dem Gebäude mehr Steifigkeit zu verleihen und den Boden stabiler zu machen, werden die Gelenke durch mehrere Pfosten gestützt, wobei diese letzteren durch Streben gestützt werden, die in einem Winkel von etwa 45° angebracht sind. Bei einem zur Verteidigung errichteten Haus ist die Anzahl der Stützen und Querstreben so groß, dass es für den Feind unmöglich wäre, es abzureißen.

Auf Bäumen gebaute Häuser waren zur Zeit meines Aufenthalts bei den Manóbos des Agúsan-Tals selten. In den wenigen Fällen, die ich gesehen habe, wurde der Baum an einer Stelle etwa 2 Meter oberhalb der Abweichung der Hauptäste vom Stamm abgeschnitten. Dann wurde das Haus auf übliche Weise gebaut, indem lange Hilfspfosten errichtet wurden, wobei der Stamm des Baumes und seine Hauptäste die Hauptstütze bildeten. In Baglásan, am Oberlauf des Sálug-Flusses, sah ich ein Debabáon-Haus, das Bagáni pinamalan Lantayúna gehörte und auf einem Baum gebaut war, aber ohne Hilfspfosten.

Zur Befestigung der verschiedenen Teile der Struktur werden keine Nägel und nur sehr selten Pflöcke verwendet. Zur Befestigung der Balken und Querträger an den Pfosten werden entweder Rattanstreifen oder Stücke einer besonderen Ranke [5] verwendet, während für die anderen Befestigungen allgemein Rattanstreifen verwendet werden.

[5] Hag-nái-a (*Stenochlena* spp.).

DER BODEN

Der Boden besteht aus Latten aus Bambus oder einer Vielzahl von Palmen, die parallel verlegt sind und mit mehr oder weniger regelmäßigen Zwischenräumen über die gesamte Länge des Hauses verlaufen. Fast immer werden eine oder beide Seiten des Bodens bei einer Breite von 50 Zentimetern bis 1,5 Metern auf eine Höhe zwischen 10 und 50 Zentimetern über dem Hauptboden angehoben. Dieser erhöhte Teil dient als Schlafplatz, aber in den ärmeren Häuserklassen ist die Höhe dieser Plattform so gering, dass ich denke, dass damit ein abergläubischer Glaube verbunden ist oder bestanden hat, obwohl ich keine positiven Informationen herausbekommen konnte auf den Punkt. In Häusern der besseren Klasse findet man gelegentlich grob behauene Bretter, die sowohl für den Boden dieser Plattformen als auch für die Wände verwendet werden.

[6] A-ná-nau. Palma Brava. (*Livistonia* sp.).

Das Dach und das Stroh

Das Dach ist giebelförmig, aber vierseitig mit zwei Rauchabzügen, wie auf den Tafeln 4b und 6a zu sehen ist. Die vier Balken, die die Hauptstütze für die Sparren bilden, werden in einer Höhe zwischen 1,5 und 2 Metern über dem Boden an den Pfosten des Hauses festgezurrt. Vier kräftige Sparren, die auf den oben erwähnten vier Balken ruhen, verlaufen in einem Winkel von 45° von den Eckpfosten nach oben. Auf diesen Sparren ruht der Firstpfahl. Von der Firststange erstrecken sich zahlreiche leichte Sparren aus Holz oder Bambus in parallelen Reihen im Abstand von 30 bis 40 Zentimetern. Sie ragen etwa 50 Zentimeter über die Seitenträger hinaus, auf denen sie aufliegen, und dienen als Träger für die Dacheindeckung.

Das Strohdach besteht fast immer aus Rattanwedeln, die im angrenzenden Wald gesammelt wurden. Dieses Strohdach wird durch Zurückbiegen der Mittelrippe bei jeder zweiten Spitze hergestellt, bis alle Spitzen parallel liegen. Eine andere Möglichkeit besteht darin, die Mittelrippe am kleinen Ende in der Mitte einzuschneiden und den Wedel in zwei Teile zu zerreißen. Diese Halbwedel sind weder so langlebig noch so brauchbar, als wenn die Mittelrippe ganz gelassen würde. Zwei, drei oder vier dieser Wedel oder die doppelte Anzahl halber Wedel werden dann übereinander gelegt und mit Rattan schindelartig an den Sparren befestigt.

An Orten, an denen es Sagopalmen gibt, wird ein ausgezeichnetes Strohdach auf die übliche philippinische Art und Weise hergestellt, indem die Spitzen des Wedels an eine Bambuslatte genäht werden . Es wird behauptet, dass dieses Strohdach nicht viel länger als ein Jahr halten wird, da es ein Brutplatz für eine Vielzahl kleiner Kakerlaken ist, die darauf zu gedeihen scheinen.

In den Berggebieten, in denen es bis vor wenigen Jahren zu Fehden kam, war es nicht ungewöhnlich, Häuser zu finden, die mit großen Rindenstreifen oder Schindeln aus abgeflachtem Bambus gedeckt waren. Diese Art der Überdachung wurde als Vorsichtsmaßnahme gegen die brennenden Pfeile des Feindes bei einem Angriff eingesetzt.

Zum Schutz vor Regen liegt über dem Firstpfahl immer eine zusätzliche Laubschicht. Gelegentlich werden ein oder zwei lange Streifen Rinde als Haube auf den Firstpfahl gelegt, um das Eindringen des Regens während des Nordwestmonsuns zu verhindern, wenn dieser in unbeschreiblichen Sturzbächen niedergeht.

Ein Blick auf die Abbildungen verdeutlicht die eigentümlichen Rauchabzüge, die in Manóbo-Häusern immer zu finden sind, besser als Worte sie beschreiben können. Sie bieten nicht nur einen Abzug für den Rauch und lassen Licht herein, sondern ermöglichen auch bei Stürmen den Eintritt einer Regenmenge, die nicht der Behaglichkeit dient.

DIE WÄNDE

Die Wände bestehen bei höherklassigen Häusern fast immer aus leichten Holz- oder Bambusstangen, die horizontal übereinander gelegt und zu ihrer Unterstützung an in Abständen angebrachten aufrechten Stücken befestigt sind. In ärmeren Häusern werden Palmwedel lose an ein paar aufrecht stehenden Stücken festgebunden. Die Traufe reicht fast bis zur Maueroberkante herunter. Letztere reichen nie bis zum Dach, sondern sind meist so hoch, dass eine auf dem Boden sitzende Person zwischen den

Wänden und der Traufe den das Haus umgebenden Raum überblicken kann. Es kommt selten vor, dass Bretter für die Wände verwendet werden, aber wenn sie verwendet werden, sind sie grob behauen und werden horizontal und hochkant übereinander gelegt. Sie werden mit Rattanstreifen befestigt.

Der Raum zwischen der Oberseite der Wände und dem Dach ist dann rund um das Haus offen und dient als ein durchgehendes Fenster, das mehr Belüftung als Licht bietet. Der Zweck dieser besonderen Anordnung scheint der Verteidigung zu dienen, denn niemand kann sich dem Haus von irgendeiner Seite unbemerkt nähern, und im Falle eines Angriffs bietet es den Bewohnern des Hauses einen bewundernswerten Aussichtspunkt, von dem aus sie ihre Pfeile abfeuern können .

DIE TÜR UND DIE LEITER

In einem Manóbo-Haus gibt es keine Tür. In der Mitte eines Endes des Hauses ist eine kleine Öffnung freigelassen, die kaum breit genug ist, dass zwei Personen gleichzeitig hineingehen könnten. Zu dieser Öffnung führt eine eingekerbte Stange. Wenn das Haus hoch ist, kann es von jemandem, der nicht daran gewöhnt ist, ein gewisses Maß an Manövern erfordern, um auf die Stange zu klettern, denn es gibt selten eine Schiene, die einem hilft, und die Kerben sind nicht die tiefsten . Dies ist ein weiteres Mittel des Manóbo gegen Feinde, denn bei Gelegenheiten eines Angriffs können die Bewohner eines Hauses durch eine leichte Bewegung dieser zylindrischen Leiter jeden tollkühnen Feind vertreiben, der unter dem Schutz seines Schildes während eines Kampfes versuchen könnte, aufzusteigen .

Im Haus eines Häuptlings oder wohlhabenden Manóbo findet man häufig eine einfache Leiter für die Bequemlichkeit der Familienhunde.

INTERNE ANORDNUNGEN

Die Innenausstattung des Hauses ist sehr einfach. Der eine deckenfreie quadratische Bereich zwischen Dach und Boden bildet das Haus. Es gibt kein Esszimmer, keine Küche, kein Schlafzimmer, keine Toilette. Sogar die kleinen Stände, die Mandáyas für die verheirateten Paare errichtet hat, sind sehr selten zu finden. Der Hausbesitzer wohnt in dem Teil, der am weitesten von der Tür entfernt und dem Feuer am nächsten liegt, während Besucher in den Teil in der Nähe der Tür verbannt werden.

DEKORATIONEN

Auf das Haus wird keine Farbe aufgetragen, und mit Ausnahme einer groben Schnitzerei des Firstpfahls, die an einen menschlichen Kopf mit einem rudimentären Körper erinnert, gibt es im Inneren keine Verzierungen. Auf der Außenseite sieht man häufig an den Enden des Firstpfahls, im rechten Winkel zueinander aufrecht aufgestellt, zwei schmale, dünne Holzstücke von etwa 1 Meter Länge. An den Seiten befinden sich Einschnitte, die den Haubenkopf eines Geflügels darstellen sollen, wie der Name schon sagt. [7]

[7] *Min-an-úk* von *mán-uk* , ein Geflügel.

DIE MÖBEL UND AUSSTATTUNG DES HAUSES

Die Ausstattung des Manóbo-Hauses ist von der spärlichsten und notwendigsten Art. Die Nutzungsdauer des Hauses kann von kurzer Dauer sein, je nach Verdacht auf Gefahr oder sogar einem Traum. Der Manóbo gönnt sich also nicht den Luxus von Stühlen, Tischen oder ähnlichen Gegenständen. Der erhöhte Teil des Bodens oder der Boden selbst dient ihm als Stuhl und Bank. Als Tisch verwendet er ein kleines Brett, wie es in ganz Mindanáo von den ärmeren Klassen so allgemein verwendet wird. Dennoch gibt es viele Häuser, die nicht einmal mit dieser einfachen Ausstattung aufwarten können. Er hat keine Bettgestelle, denn der Bambusboden mit einer darübergelegten Grasmatte bietet ihm einen kühlen und bequemen Ruheplatz. Er hat ziemlich viele Matten, aber sie sind normalerweise kurz und werden entsprechend der Länge des Grases hergestellt, das er zufällig findet. Tagsüber werden diese Matten aufgerollt und auf den Boden oder auf die Balken des Hauses gelegt. Wenn sie auf dem Boden liegen bleiben, bieten sie den Familienhunden, die sich darin niederlassen, einen bequemen Zufluchtsort vor Fliegen.

Er verzichtet auf die Verwendung von Kissen, es sei denn, das handlichste Stück Holz oder Bambus kann als Kissen bezeichnet werden. Da ihm das fehlt, legt er seinen Kopf auf die Matte und genießt vielleicht einen ebenso guten Schlaf wie seine zivilisierteren Mitmenschen.

Es kommt tatsächlich selten vor, dass er eine Mückenstange benutzt, obwohl es wildes *Abaká* in Hülle und Fülle gibt und seine Frau eine Weberin ist. Die verwendeten Moskitonetze bestehen aus *Abaká*- Faser. Da der auf dem gewöhnlichen Webstuhl hergestellte Stoff weniger als einen Meter breit und bis zu 24 Meter lang ist, muss er in fast zwei Meter lange Streifen geschnitten und zu einem Moskitonetz zusammengenäht werden. Es muss aus einer ungeraden Anzahl von Stoffstücken bestehen, denn eine gerade Anzahl bringt Unglück. Als besonders glücklich gilt ein Netz aus 11 oder 13 Teilen. Die Verwendung des Moskitonetzes ist bei den *Eroberern* der Seenregion weit verbreitet.

Bilder und ähnliche Ornamente sind unbekannt, aber stattdessen können Trophäen der Jagd gesehen werden, wie Kieferknochen von Wildschweinen, Hirschgeweihe sowie Schädel und Schnäbel von Nashornvögeln. Es kommt nicht selten vor, dass man den Schwanz einiger großer Fische sieht, die an einem der größeren Balken unter dem Dach befestigt sind. Der Erhaltung dieser Trophäe kommt eine besondere Bedeutung zu.

Es gibt jedoch einen Gegenstand, den die Manóbo als Zeichen des Reichtums und als ehrwürdige Reliquie schätzen. Es ist das heilige Gefäß. [8] Über die Herkunft dieser Gefäße konnte ich keine Informationen erhalten, außer dass sie üblicherweise als Heiratsguthaben bezogen und von den Banuáons gekauft wurden. Wie dem auch sei, sie sind in Manóboland ein Grund zum Stolz, und zu jedem Anlass, ob festlich oder religiös, werden sie voller Bier serviert. Nicht jeder Manóbo ist stolzer Besitzer eines davon, aber wer eines hat, möchte sich nur ungern davon trennen. Ein Blick auf Tafel 14 *k* , *l* gibt einen Eindruck davon, wie diese Gläser aussehen. Sie sind in der Regel im Altrelief mit Figuren von Vögeln, Schlangen usw. verziert und ihrem Aussehen nach zu urteilen, handelt es sich um chinesische Arbeit. Wenn sie als Hochzeitsgeld oder für andere Zwecke ausgezahlt werden, beträgt der Wert etwa 4 Pesos, wenn sie keine Ohren haben. Wenn sie jedoch Ohren haben, sind sie genauso viele Pesos minus 1 wert, wie sie Ohren haben.

[8] *Ba-hán-di* .

Neben Gläsern schätzt der Manóbo auch Teller und Schüsseln der billigsten Art, und mit einem strahlenden Gesichtsausdruck stellt der Gastgeber eine Reihe altmodischer Teller für seine Gäste bereit. Der Manóbo des mittleren Agúsan ist im Gegensatz zu seinem Mandáya-Nachbarn besonders arm an Geschirr. Ich habe Häuser gefunden, die sich nicht mit einem einzigen Teller rühmen konnten, aber in der Regel hat jedes Haus etwa vier Teller, eine Schüssel und ein Glas.

Vom Dach hängend sind Körbe in verschiedenen Formen zu sehen, die für verschiedene Zwecke bestimmt sind, Fischkörbe, Reiskörbe verschiedener Art, Aufbewahrungskörbe, Betelnußkörbe, Packkörbe, teils aus Korbgeflecht, teils aus geflochtenem Rattan. Außerdem hängen an den Sparren Fischreusen, Wildhuhnfallen, religiöse Gegenstände wie Opfergabenschalen, eine Gitarre oder eine Bambusharfe und, wenn es sich um ein Priesterhaus handelt, eine Trommel und ein Gong.

Fast immer sieht man ein oder zwei Nester in einer Ecke unter dem Dach. Sie sind für Haushühner und sind unansehnliche Dinger, die normalerweise aus einem Stück alter Matte bestehen. In diesen legen die Hühner ihre Eier, nachdem sie um die Dachsparren herumgewandert sind und die Bewohner des Hauses mit ihrem Gackern gestört haben. Nach der Eiablage ist es häufig notwendig, die Hennen aus dem Stall zu vertreiben.

Der Kamin ist ein weiterer sehr wichtiger Gegenstand im Haus. Es befindet sich normalerweise an der von der Tür abgewandten Seite des Hauses und in der Nähe der Wand. Es besteht aus vier grob behauenen Holzstücken von etwa 1 Meter Länge und etwa 10 Zentimeter Höhe, die auf dem Boden zusammengelegt und in Form eines Rechtecks festgezurrt sind. Innerhalb dieses Rechtecks wird ein Stück Rinde auf den Boden gelegt und der umschlossene Raum mit Erde gefüllt. Ein halbes Dutzend Steine bilden die Stützen für die Tonkrüge. Über dem Kamin befindet sich ein grober Rahmen für Brennholz, von dem normalerweise reichlich vorhanden ist. Hier wird das Holz vor der Verwendung gründlich getrocknet.

In unmittelbarer Nähe des Herdes und ohne Rücksicht auf Ordnung überall verstreut, kann man das Reissieb, die Wasserröhre aus Bambus, den Wasserbecher aus Kokosnussschalen, die Reisschaufeln und -kellen, Blätter von Bananen und anderen Pflanzen sowie den Wetzstein sehen Auf dem Kamin sind verschiedene Tontöpfe mit ihren Deckeln und häufig eine importierte Eisenpfanne zum Kochen zu sehen.

Unter dem Dach festgebunden, aber in Reichweite, sind Pfeil und Bogen zu sehen, wahrscheinlich ein Fischspeer, vielleicht auch eine Angelrute. Speere und andere Verteidigungswaffen, die, wenn sie nicht verwendet werden, aus der Scheide gezogen und in ein für diesen Zweck angefertigtes, schlichtes Holzgestell gesteckt werden, während die Scheiden in der Nähe aufgehängt werden.

[9] oder einer Sittichart [10] darin zu finden . Der Käfig wird normalerweise vom Dach unter der Traufe außerhalb der Wand aufgehängt. Die Turteltaube wird aus religiösen Gründen gehalten, während der Sittich gehalten wird, wie andere Menschen einen Ziervogel halten, obwohl er gelegentlich von jungen Leuten als Köder eingesetzt wird, um seine wilden Artgenossen an die Vogellinie zu locken.

[9] *Li-mó-kon* . (*Phabitreron brevirostris* Tweedale). Im Allgemeinen Fruchttaube genannt.

[10] *ku-li-li-si* .

DER UNTERTEIL UND DIE UMGEBUNG DES HAUSES

Der Raum unter dem Kamin ist normalerweise nicht belegt, da Wasser und Abfälle aus der Küche fallen, aber auf einer Seite davon befindet sich der unvermeidliche Schweinestall, in dem sich ein oder zwei Schweine befinden. Nur die wohlhabenderen Manóbos können sich mit mehr als wenigen rühmen, denn der Unterhalt vieler würde ihre begrenzten Nahrungsmittelvorräte stark belasten. Diese wenigen Schweine ernähren sich von Resten und Schnitzeln, die ihnen zugeworfen werden oder auf sie herunterfallen.

An einer Seite des Schweinestalls wird, sofern Platz vorhanden ist, der Reismörser platziert, ein in jedem Haushalt unentbehrlicher Gegenstand. Darin wird mit Holzstößeln und häufig in abgemessener Zeit der tägliche Reisvorrat geschält.

Wenn das Haus gebaut wird, wird der angrenzende Wald gerodet und *Camotes* , [11] etwas Zuckerrohr und einige andere Dinge gepflanzt. Das Haus blickt normalerweise zumindest auf einer Seite auf diese Lichtung. Auf der anderen Seite liegt meist der düstere, stille Wald. Wenn das Haus zur Verteidigung gebaut wird, werden rundherum Bäume so gefällt, dass ein regelmäßiger Abatis entsteht. Normalerweise gibt es mindestens zwei Wege, einen, einen Hauptweg, der in der Regel so kurvenreich und schwierig ist, dass man annehmen könnte, der Eigentümer des Hauses hätte ihn absichtlich wegen seiner Schwierigkeiten ausgewählt, und den anderen, a Weg, der zur Wasserstelle führt. Um sich dem Haus zu nähern, muss der Besucher über umgestürzte Baumstämme klettern, was für einen Anfänger nicht wenig Manöver erfordert. Ohne einen Führer wäre es oft schwierig, wenn nicht unmöglich, die Häuser zu lokalisieren, selbst wenn einem der Standort aus der Ferne gezeigt worden wäre.

[11] *Ipomoea batatas* .

Ordnung und Sauberkeit im Haus

Da ein bis vier Familien in einem einzigen Haus leben können, ist es unnötig zu erwähnen, dass im Allgemeinen ein deutlicher Anschein von Unordnung sowie ein Aufruhr herrscht, der sich jeder Beschreibung entzieht. Im einzigen Raum des Hauses sind die verheirateten Paare versammelt, in der Regel einige weitere Verwandte, ihre Kinder und ihre Hunde. Die Manóbos sind von Natur aus sehr laute Redner, ihre Kinder, besonders die Kleinkinder, sind so laut wie Kinder auf der ganzen Welt, und ihre Hunde, deren Zahl zwischen 3 und 15 betragen kann, sind so beschaffen, dass sie, wenn sie nicht miteinander kämpfen, Sie können jederzeit, ohne ersichtlichen Grund oder Anlass, ein großes, düsteres Geheul anstimmen, das in Verbindung mit dem Weinen der Babys und den lauten Tönen der Älteren ein Chaos auslöst. Zu den Essenszeiten wird das Chaos am lautesten, denn zu dieser Zeit provozieren die halbverhungerten Hunde in ihrem Bemühen, ein Bissen zu essen zu bekommen, die Insassen zu lauten „Sida, sida"-Rufen 12 und zu anderen, gewalttätigeren Rufen Aktionen.

12 Ein Ausruf, um einen Hund zu vertreiben.

In einem großen Haus mit einer solchen Ansammlung von Menschen ist es offensichtlich, dass beim Besucher ein Eindruck der Verwirrung entsteht. Die Ausführung der verschiedenen kulinarischen Arbeiten durch die Frauen, die verschiedenen Beschäftigungen der Männer, die Herstellung von Pfeilen, Fischreusen usw., das Herumtollen der Kinder, all dies trägt dazu bei, den Eindruck zu verstärken. Aber der Manóbo setzt seine Arbeit fort, ruhig inmitten all dessen, und genießt seine Unterhaltung mit unaufhörlichem Betelnuß- oder Tabakkonsum.

Der Manóbo ist sich der verschiedenen Mikroben und Parasiten, die die Grundlagen der Gesundheit untergraben können, noch nicht bewusst, so dass der hygienische Zustand seines Hauses einer modernen Inspektion nicht standhalten würde. Sowohl Männer als auch Frauen kauen leidenschaftlich Betelnüsse und Tabak, und anstatt einen Spucknapf zu benutzen, spucken sie den Speichel durch die Zwischenräume des Bodens oder irgendwo anders aus, wo sie es bequem finden, wodurch sie den Boden und die Wände leuchtend rot färben. Da es sich bei dem Manóbo-Besen um ein sehr grobes Gebilde handelt, das aus wenigen Zweigen besteht, entfernt er nicht alle Essensreste, die auf dem Boden ausgebreitet sind. Die Schalen von Zuckerrohr, die Schalen von Bananen und anderen Früchten, die Reste von Rattan und andere Abfälle, die das Ergebnis der verschiedenen Arbeiten im Haus sein können, sind alle auf dem Boden verstreut und werden oft nicht entfernt eine beträchtliche Zeitspanne.

Beim Zubereiten und Kochen von Speisen fällt zwangsläufig eine beträchtliche Menge Wasser unter das Haus, was zusammen mit den Ausscheidungen der Insassen und den anderen tierischen und pflanzlichen Abfällen ein etwas ungünstiges Aussehen und manchmal einen unangenehmen Geruch erzeugt.

Es gibt keine Entwässerung, weder künstlich noch natürlich, und es sind keine Mittel zur Beseitigung des Kots vorgesehen, es sei denn, es handelt sich um die Dienste der Aasfresser, die sich sofort anstrengen, sobald sie das Vorhandensein von Unrat bemerken. Allerdings erreicht das Effluvium die Bewohner meist nicht, es sei denn, das Haus liegt sehr niedrig.

Da die Rauchabzüge verhältnismäßig weit vom Kamin entfernt sind, ist es offensichtlich, dass der Rauch nicht schnell austritt, sondern sich zwischen den Balken und Sparren verschlingt, wodurch diese nicht mehr wie Holz aussehen. Die Unterseite des Strohdachs, insbesondere die Teile oberhalb des Feuers, erhält eine schöne Rußschicht, die, vermischt mit den fettigen Ausdünstungen der Töpfe, eine glänzende schwarze Farbe annimmt.

Eine weitere Sache, die dazu neigt, dem Haus ein Gefühl von Unreinheit zu verleihen, ist die Schar kleiner Insekten, vermutlich einer Kakerlakenart, die das Dach befallen und trotz der Rauchmenge, die die Bewohner manchmal fast erstickt, hineinschwärmen die Körbe, die für Proviant und andere Dinge verwendet wurden. Diese zahlreichen Insekten scheinen besonders auf der Rattanrebe zu gedeihen, und es sind keine Mittel bekannt, sie auszurotten. Ameisen, vor allem die weiße Ameise, besuchen das Haus häufig, aber die schlimmste Geißel von allen ist die gefräßige Bettwanze. Dieses unangenehme Insekt kommt unter den Balken direkt unter den Bodenlatten vor, am häufigsten jedoch unter den Teilen des Bodens, die ständig als Schlafplätze genutzt werden, und in den Hängematten. Gelegentlich wird versucht, sie auszurotten, aber sie verstecken sich so geschickt und vermehren sich so schnell, dass alle Versuche, sie loszuwerden, erfolglos bleiben.

Die Anwesenheit von Ungeziefer auf den Körpern der Manóbos ist auf den Mangel an Seife und Waschgelegenheiten zurückzuführen. Aber wenn Sie befragt werden, werden Ihnen diese Naturvölker mitteilen, dass es sich bei den Schädlingen um natürliche Wucherungen oder Ausscheidungen handelt, die von innen kommen. [13] Aus diesem Grund ist es keine Schande, die Schädlinge öffentlich aus der Kleidung oder aus den Haaren zu entfernen. Aufgrund der Gewohnheit der Menschen, sich nachts zusammenzudrängen, vermehren sich diese Insekten von einem Individuum zum anderen, so dass es selten vorkommt, dass der Manóbo frei von ihnen ist.

[13] Ich fand, dass dieser Glaube im Osten von Mindanáo nahezu universell verbreitet ist.

KAPITEL VI

KLEID

ALLGEMEINE BEMERKUNGEN.

Zartheit bei der Darstellung der Person

Wie alle Stämme im östlichen Mindanáo tragen sowohl Männer als auch
Frauen der Manóbos ausreichend Kleidung, um die intimen Körperteile zu
bedecken. Kinder bis zum Alter von 5 oder 6 Jahren dürfen ohne Kleidung
auskommen, weibliche Kinder tragen jedoch üblicherweise einen dreieckigen
Schamschild [1] aus Kokosnussschalen, der an einer Taillenschnur aufgehängt
ist. Auch wenn Männer sich beim Baden völlig entblößen, verbergen sie ihre
Scham immer vor den Blicken der anderen.

[1] *Pú-ki* .

Verheiratete und ältere Frauen entblößen gelegentlich den oberen Teil ihres
Körpers, unverheiratete Mädchen tun dies jedoch selten. Es ist keine
Zartheit, beim Stillen eines Säuglings die Brüste freizulegen.

VIELFALT IN MENGE UND QUALITÄT DER KLEIDUNG

Die Menge und Qualität der getragenen Kleidung variiert je nach Ort leicht.
Je weiter die Menschen von den Siedlungen entfernt leben, desto ärmer und
weniger aufwändig ist die Kleidung, da sie nicht in der Lage sind, die
importierten Stoffe und Baumwollgarne zu beschaffen, für die sie eine große
Vorliebe hegen. Am oberen Agúsan, wo die Manóbos einen gewissen Teil
der Mandáya-Kultur übernommen haben, weist ihre Kleidung den
prächtigeren Charakter der Mandáya-Kultur auf. An Orten, an denen sie
Mañgguáñgan-Abstammung sind, wie es oft am oberen Agúsan, am Mánat,
am oberen Ihawán und seinen Nebenflüssen sowie am oberen Sálug der Fall
ist, ähnelt ihre Kleidung der ihrer armen Vorfahren. Im mittleren Agúsan
(einschließlich der Flüsse Wá-wa, Kasilaían, unterer Argáwan, unterer
Umaíam, unterer Ihawán, Híbung und Simúlau) kann das Kleid typisch
Manóbo genannt werden.

DIE VERWENDUNG VON RINDENTUCH

Mir wurde über die Verwendung von Rindentuch [2] in einer Region berichtet, die irgendwo
zwischen dem Quellgebiet des Libagánon und dem Sábud, einem westlichen Nebenfluss des Ihawán, liegt. Meine
Informanten sowohl am Sálug-Fluss als auch am Umaíam-Fluss sprachen

von den Menschen dieser Gegend als *echten Manóbos*, sehr dunkel gefärbt und in Rindenkleidung gekleidet. Wenn dieser Bericht korrekt ist und ich geneigt bin, ihm Glauben zu schenken, handelt es sich derzeit wahrscheinlich um den einzigen Fall, in dem in Mindanáo Rindenstoff verwendet wird, außer vielleicht bei den Manánuas[sic].

[2] *A-ga-hán* .

KLEIDUNG ALS ANGSTANZEIGE

Es gibt keine charakteristischen Kleider, die den Rang oder Beruf des Trägers anzeigen, außer dem des Kriegerhäuptlings. Priesterinnen zeichnen sich häufig durch eine Fülle von Talismanen, Talismanen und Gürtelanhängern sowie durch eine Fülle von Stickereien auf der Jacke aus, aber eine solche Verschwendung ist nicht unbedingt ein untrügliches Zeichen ihres Ranges als Priesterinnen, sondern vielmehr ihres Reichtums. Es ist auch kein Zeichen ihres unverheirateten Zustands, denn in Manóboland wie in anderen Teilen der Welt liebt es die Jungfrau, ihre Person vorteilhaft zur Schau zu stellen, und schmückt sich aus diesem Grund mit all dem Prunk, den sie möglicherweise besitzt.

Sklaven kann man an der schäbigen Kleidung erkennen.

Kleiden Sie sich im Allgemeinen

Die Kleidung des Mannes besteht stets aus einer langen, weiten Hose oder einer enganliegenden Kniebundhose und einer mäßig eng anliegenden, knopflosen Jacke. Diese beiden Kleidungsstücke werden durch einen Bambushut, einen Betelnuss-Rucksack und durch Schmuck in Form von Perlen und anderen Dingen ergänzt, die der Mann möglicherweise erwerben konnte.

Das Kleid der Frau besteht fast immer aus einer eng anliegenden, knopflosen Jacke mit rotem Rumpf und schwarzen Ärmeln. Ihr Rock ist ein doppeltes, sackartiges Kleidungsstück aus *Abaká* -Faser. Ein Gürtel aus geflochtenem Echthaar oder aus geflochtener Pflanzenfaser hält dieses grobe Kleid an Ort und Stelle. An diesem Gürtel hängen auf der rechten Seite eine Auswahl an Perlen, Muscheln und Kräutern. Ein Kamm im Haar, ein Paar Ohrscheiben in den Ohren, ein paar Halsketten und häufig auch Beinstulpen runden die Bekleidung ab. Die Kleidung der Kinder ist eine Kopie der Kleidung ihrer jeweiligen Eltern, jedoch in kleinerem und weniger aufwändigem Maßstab.

BEVORZUGTE FARBEN IM KLEID

Bei der Farbgebung werden Rot, Gelb, Weiß und Dunkelblau deutlich bevorzugt. Bei Perlen, die wahllos eingekauft werden, ist das nicht so anspruchsvoll, aber auch hier bin ich der Meinung, dass bei einer Auswahl im Angebot die oben genannten Farben vorzuziehen wären.

Der Manóbo ist also nicht mit dem ganzen Gewicht und der Vielfalt moderner Moden und Moden belastet. Schuhe, Hausschuhe und Strumpfhosen gehören nicht zu seiner Kleidung. Decken und andere Kälteschutzartikel sind in seiner Garderobe nicht zu finden. Im Haus und außer Haus, bei Nacht und bei Tag, im Frieden und im Krieg ist seine Kleidung die gleiche, ein Anzug für den täglichen Gebrauch und einer für festliche Anlässe und für Besuche.

Das Kleid des Mannes

HÜTE UND KOPFTÜCHER

Der Hut, der auf dem Ihawán, dem oberen Agúsan und dem oberen Simúlau getragen wird, ähnelt dem, den die Mandáyas tragen. Es besteht aus zwei Bambusstücken, die über dem Feuer in der gewünschten Form ^{getrocknet} werden, und wird von zwei dünnen Rattanstreifen zusammengehalten, die umlaufen und an den Kanten des eigentlichen Kopfstücks festgenäht sind. Diese Teile ragen nach hinten und überlappen sich, um den Schwanz des Hutes zu bilden. Anschließend wird die Oberseite des gesamten Hutes mit Bienenwachs bemalt. Die tragenden Rattanstücke rund um den Rand und die Unterseite des Rückenteils erhalten eine dicke Beschichtung aus demselben Material, gemischt mit Topfschwarz. Seltsame Spuren und Tupfen aus Bienenwachs und Ruß oder dem Saft eines bestimmten Baumes [4] schmücken die gesamte Oberfläche; Kleine Rocaillesperlen, meist weiß, werden oft in einer einzigen Reihe und in geringen Abständen um den Rand genäht, oder sie werden oben aufgenäht, insbesondere um die konische Spitze herum. Über der Oberseite sind manchmal kleine Baumwollbüschel verstreut, und gelegentlich findet man die smaragdgrünen Flügel eines Käfers [5] in den Nähten der Oberseite. Alle diese Vorrichtungen dienen dazu, die Schönheit des Kopfschmucks hervorzuheben.

[3] *Caña bojo* .

[4] *Ka-yú-ti* .

[5] Genannt *dú-yau* .

Ein bemerkenswertes Merkmal des Hutes sind die fünf oder sechs Schwanzfedern eines Haushahns. Diese sind aufrecht in kleinen Löchern im hinteren Teil des Hutes angebracht und werden durch Bienenwachsklumpen an den Enden der Federkiele, die durch den Bambus ragen, an Ort und Stelle gehalten. Es versteht sich von selbst, dass zu diesem Zweck die farbenprächtigsten Federn ausgewählt werden. Sie unterstreichen in nicht geringem Maße das elegante Erscheinungsbild des Hutes. Diese Federn krümmen sich wirklich sehr anmutig und nicken im Einklang mit jeder Bewegung des Trägers.

Der Hut wird von zwei Schnüren auf dem Kopf gehalten, die entweder aus geflochtener importierter Baumwolle in den typischen Farben, aus *Abaká*-Faser in den gleichen Farben, aus Pflanzenfasern oder aus dünnen Rattanstreifen bestehen. Diese beiden Schnüre, oft mit Perlen besetzt, sind an beiden Enden des Hutes befestigt und so locker, dass der Kopf des Trägers dazwischen gesteckt werden kann. Eine weitere Verzierung kann aus zwei oder mehr Perlenanhängern bestehen, die mit Quasten aus importierter Baumwolle in den bevorzugten Farben versehen sein können.

Der Hut ist im Großen und Ganzen praktisch, sparsam und kühl und dient dazu, seinen Träger gut zur Geltung zu bringen und sein Haar vor dem Regen zu schützen. Soweit ich feststellen konnte, haben die Zierzeichnungen und Apanages auf dem Hut keine andere Bedeutung als die der persönlichen Zierde.

Eine zweite Form der Kopfbedeckung, die in den oben nicht erwähnten Teilen des Agúsan-Flusstals sowie auch bei den Manóbos an der Pazifikküste verwendet wird, ist kreisförmig · Es besteht aus Sagopalme oder Bambus. Der Durchmesser variiert zwischen 25 und 35 Zentimetern und die Form eines niedrigen, breiten Kegels. Die Kanten sind wie die des bereits beschriebenen Hutes mit Rattan verstärkt, das mit einer Mischung aus Bienenwachs und Topfschwarz bemalt ist, um das Rattan vor Witterungseinflüssen zu schützen. Auf die Sagoscheide wird keine Farbe aufgetragen, sondern Bienenwachs wird als Konservierungsmittel gegen Rissbildung auf den Bambus aufgetragen. Bei dieser Hutform werden auch keine dekorativen Einschnitte oder Spuren verwendet, da sie in erster Linie und im Wesentlichen dem Schutz vor Sonne und Regen dienen. Zwei parallele Rattanstreifen, die an den Enden diagonal befestigt sind, dienen dazu, den Hut auf dem Kopf in Position zu halten.

[6] Die Manóbos der Pazifikküste bewohnen die oberen Gewässer der Flüsse Kantílan, Tándag, Tágo, Marihátag, Húbo, Bislig und Liñgig.

Bemerkenswert an diesem Hut ist, dass er in dem oben genannten Bereich häufig von Frauen getragen wird. Ich kenne keinen anderen Kopfschmuck, den die weiblichen Mitglieder der Manóbo-, Mandáya- und Debabáon-Stämme tragen. [7]

[7] Die Manóbos des unteren Agúsan, die die Städte San Vicente, Amparo, San Mateo, Las Nieves und die umliegenden Regionen bewohnen, werden hier

nicht erwähnt. Bis zu weiteren Untersuchungen wird davon ausgegangen, dass die Debabáons einen eigenen Stamm bilden.

Neben dem Kopftuch [8] , das allgemein von Kriegerhäuptlingen [9] und anerkannten Kriegern [10] aller Stämme im östlichen Mindanáo getragen wird, wird von Manóbos der Flüsse Argáwan und Umaíam sehr oft ein um den Kopf gebundenes Kopftuch [11] getragen.

[8] *Tá-bang* .

[9] *Ba-gá-ni* .

[10] *Man-ík-i-ad* .

[11] *Pó-dung* .

DIE JACKE

Generell ist die Jacke enganliegend, quadratisch geschnitten und geschlossen. Es hat lange Ärmel und vorne eine zungenförmige Öffnung für den Kopf, die vom Hals nach unten reicht. Normalerweise ist die Jacke kaum lang genug, um bis zum Hosenbund zu reichen. Es kommt nicht selten vor, dass ein schmaler Stoffstreifen in einer anderen Farbe als der Rest der Jacke zwischen den Ärmeln und dem Hauptteil des Kleidungsstücks eingefügt wird oder zwischen den beiden Teilen, die den Hauptteil bilden, entlang der Taille verläuft. Dieses Seitenstück in der Jacke von Männern und Frauen dient dazu, dem Kleidungsstück die gewünschte Weite zu verleihen, und die dadurch gewährleistete Farbvariation wird als Ergänzung zum allgemeinen Ziereffekt angesehen. Die Stickerei der Jacke erfolgt mehr oder weniger aufwändig, je nach Können des Stickers und der Menge des verfügbaren importierten Baumwollgarns. Diese Stickerei erfolgt auf der Rückseite von Schulter zu Schulter in einem 4 bis 6 Zentimeter breiten Band und in durchgehenden schmalen Linien um die Halsöffnung, entlang der Nähte zwischen den Ärmeln und dem Körper des Kleidungsstücks, an den unteren Teilen der Ärmel , um die Taille am unteren Ende des Kleidungsstücks und am Arm entlang an der Verbindungsstelle der Ärmel; mit einem Wort, aus allen Nähten.

Im zentralen Teil des Agúsan-Tals und an der Pazifikküste besteht die häufigste Jackenform aus ungefärbter *Abaká-* Faser, die wie die gerade beschriebene geschnitten ist. Allerdings sind auf der Rückseite und im oberen Teil der Vorderseite horizontale, parallele Linien aus dunkelblauem Garn in den Stoff eingewebt. Diese dunkelblauen Bänder sind in Abständen voneinander angeordnet und betragen normalerweise sechs bis neun Linien. Baumwollbüschel in einer kontinuierlichen Wiederkehr von Rot, Gelb und Dunkelblau, ohne Zwischenräume, bedecken alle Nähte. Wenn Stickereien vorhanden sind, befinden sie sich auf dem unteren Teil der Ärmel, auf dem Teil der Jacke, der den Nacken bedeckt, und entlang der Nähte zwischen den Ärmeln und dem Jackenkörper. Die Verbreitung dieses Kleidungsstils ist sehr breit. Ich habe es am Fluss Tágo (Pazifikküste), an den oberen Flüssen Umaíam, Argáwan, Kasilaían und Simúlau gesehen.

Am oberen Agúsan, einschließlich der oberen Flüsse Bahaí-an, Ihawán und Baóbo, ist ein Stil, der dem Mandáya ähnelt, am häufigsten zu sehen. Die Jacke besteht aus einem gazeartigen, schwarz gefärbten *Abaká-* Stoff oder vorzugsweise aus schwarzem oder blauem importiertem Stoff. Zu Zierzwecken findet man häufig dünne weiße Stoffstreifen direkt über den Handgelenken oder zwischen den Ärmeln und dem Jackenkörper oder entlang der Taille zwischen den Hauptteilen des Kleidungsstücks eingefügt. Normalerweise gibt es keine eigentliche Stickerei, sondern die zuvor beschriebenen abwechselnden Baumwollgarnbüschel, die alle oder fast alle Nähte bedecken. Wenn es jedoch gewünscht und möglich ist, das Kleidungsstück mit Stickereien zu verzieren, werden zu diesem Zweck die Rückseite der Jacke von Schulter zu Schulter, der Raum entlang der Schulternähte sowie die Vorder- und Rückseite der Ärmel ausgewählt]. Mit viel Geduld und viel Geschick werden an diesen Stellen 5 bis 7 Zentimeter breite Bänder mit mehr oder weniger komplizierten Mustern gestickt. Es versteht sich von selbst, dass die üblichen Farben mit einem überwiegenden Anteil an Rot verwendet werden.

DAS UNTERKLEID

Es gibt zwei Arten von Untergewändern: ein kurzes, eng anliegendes Kleidungsstück, das entweder aus ungefärbter *Abaká-* Faser mit einem Schuss einheimischer Baumwolle oder aus importiertem blauem Stoff besteht. Dieses Kleidungsstück ähnelt stark den gewöhnlichen Badestrumpfhosen. Es handelt sich um die Arbeitshose des Manóbo und erhebt nicht den Anspruch, dekorativ zu sein. Die weiße oder ungefärbte Form ist die häufigere.

Die andere Art von Unterkleidung, die die Männer tragen, kann als Hose bezeichnet werden, obwohl sie nur etwa bis zur Hälfte zwischen den Knien und den Knöcheln reicht. Sie haben quadratische Beine und sind ausgebeult und bestehen aus ungefärbter *Abaká-* Faser oder aus *Abaká-* Faser mit einem Schuss Baumwolle, beide ungefärbt. Wann immer verfügbar, wird importiertes blaues Tuch verwendet. Die beiden Hosenbeine sind jeweils etwa 65 Zentimeter lang und 24 Zentimeter breit und werden durch ein dreieckiges Stück Stoff miteinander verbunden. Diese Hose wird zu festlichen und anderen Anlässen getragen, bei denen es auf die Zurschaustellung persönlicher Würde ankommt.

Die Verzierung der Hosen besteht normalerweise aus Fransen aus importierter Baumwolle, die an allen Nähten außer denen um die Taille befestigt sind. Wenn es wünschenswert erscheint, ein auffälligeres Kleidungsstück herzustellen, werden die Enden der Beine und der Teil, der die Seiten der Waden bedeckt, mit Baumwollgarn bestickt. Die verwendeten Designs hängen davon ab, ob der Träger der mittleren oder der oberen Agúsan-Gruppe angehört.

DER GÜRTEL

Um die Taille des Kleidungsstücks verläuft ein Saum, durch den eine Kordel oder ein Gürtel verläuft, meist aus geflochtener *Abaká-* Faser, gefärbt in den üblichen Farben, mit herabhängenden Enden und Quasten aus importierter Baumwolle, ebenfalls in den bevorzugten Farben. Auf dem oberen Agúsan findet man zeitweise Perlen und sogar kleine Glöckchen an den Quasten. Diese dürfen vorne herunterhängen.

Die Methode zum Befestigen des Gürtels ist die gewöhnliche Methode des Bindens oder eine andere einfache Methode, die darin besteht, in der Nähe eines Endes der Kordel den Deckel einer Muschel zu befestigen, die man angeblich in den Wäldern findet. Am anderen Ende des Gürtels befindet sich eine Schlaufe, die groß genug ist, um den Deckel aufzunehmen, der beim Einführen in diese Schlaufe das Kleidungsstück in Position hält.

DER BETEL-NUSS-RUCKSACK [12]

[12] *Pú-yó* .

Der Rucksack ist ein so allgegenwärtiger und unverzichtbarer Gegenstand, dass man ihn als Teil der Manóbo-Kleidung betrachten kann. Es handelt sich um eine rechteckige Tasche, durchschnittlich etwa 30 mal 25 Zentimeter groß, mit einem Kordelzug zum Verschließen. Diese Schnur besteht fast immer aus mehrfarbig geflochtener *Abaká-* Faser und ist eine Fortsetzung der Schnüre, mit denen der Rucksack auf dem Rücken an den Schultern hängt, sodass die Öffnung immer geschlossen ist, wenn er in dieser Position getragen wird. Der Stoff, aus dem es hergestellt ist, ist der übliche ungefärbte *Abaká-* Stoff, obwohl man in der oberen Agúsan-Gruppe auch blau importierten Stoff oder, vielleicht häufiger, Mandáya-Stoff findet, der speziell für Rucksäcke importiert wurde.

[13] Genannt *gú-au* .

Die Verzierung besteht aus mehr oder weniger umfangreichen Stickereien, die für die Gruppe des Trägers charakteristisch sind und denen seines Kleides entsprechen, sofern das Kleid verziert ist. Quasten aus importierter Baumwolle an den Enden der Kordeln und vielleicht Anhänger aus kleinen Samen oder Perlen, meist weiß, unterstreichen zusammen mit Baumwollfransen in den richtigen Farben die Schönheit des Rucksacks. In der Regel findet man jedoch bei den Manóbos aus Regionen, die von christlichen Siedlungen entfernt liegen, kaum Versuche einer Verzierung, weder an der Kleidung noch am Rucksack. Ein paar Fransen aus Baumwollgarn und ein paar Zierstiche sind so ziemlich der einzige Versuch, ihn zur Schau zu stellen. Dieser Mangel an Verzierungen ist nicht nur darauf zurückzuführen, dass sie nur wenig Baumwollgarn haben, sondern auch auf mangelndes Können der Frauen. Die letztgenannte Tatsache könnte den Beobachter zu dem Schluss verleiten, dass die Kunst des Stickens und der Stoffverzierung ihren Ursprung außerhalb des Stammes hatte.

DAS KLEID DER FRAU

DIE JACKE

Das große Unterscheidungsmerkmal eines Damenkleides ist der Farbunterschied zwischen dem Hauptteil des Oberteils, das fast immer rot ist, und den Ärmeln, die immer eine andere Farbe haben müssen. Sollte der Körper aus schwarzem Stoff sein, sind die Ärmel immer aus rotem Stoff. Und wenn die Ärmel schwarz, blau oder weiß sind, muss der Körper rot sein.

Ein weiteres Unterscheidungsmerkmal der Damenjacke besteht darin, dass die Manschetten, wenn man sie so nennen darf, im Allgemeinen die Farbe des Körpers des Kleidungsstücks haben und dass die Teile oft zwischen den Hauptkörperteilen eingesetzt werden und sich vertikal an den Seiten nach unten erstrecken ab den Achselhöhlen haben die gleiche Farbe und, wenn möglich, das gleiche Material wie die oberen Teile der Ärmel. Diese beiden Punkte dienen zusammen mit der umfangreicheren und aufwändigeren Stickerei dazu, das Oberteil der Frau vom Oberteil des Mannes zu unterscheiden.

In den Regionen, die ich besucht habe, können die Jackenstile auf zwei reduziert werden, wobei die aufwändigeren Arten wie folgt sind:

Der obere Agúsan-Stil .--Am oberen Agúsan, am Ihawán (mit Ausnahme seiner westlichen Nebenflüsse) und am Baháian weist die Damenjacke den Stil und die Merkmale des Mandáya auf. In der Form unterscheidet es sich nicht von der des Mannes, ist aber enger anliegend, insbesondere die Ärmel, die mit einem langen Zylinder verglichen werden können. Linien aus Baumwollgarn in wechselnden Farben bedecken und zieren die Nähte und die ovale Öffnung für den Hals, sind aber nicht auf der Unterseite der Jacke zu finden. Stickereien mit kunstvollem und aufwendigem Muster in Streifen von etwa 5 bis 6 Zentimetern Breite zieren das Kleidungsstück auf der Rückseite von Schulter zu Schulter und rund um die Naht, an der die Ärmel mit dem Jackenkörper verbunden sind.

Dieses Kleidungsstück besteht entweder aus gazeartigem *Abaká-* Stoff einheimischer Weberei, der entweder rot oder schwarz gefärbt ist, oder aus importiertem europäischem Stoff, der durch Tausch erworben wurde. Manchmal ist es eine Kombination aus beidem, wenn nicht genügend importierte Stoffe beschafft wurden.

Der Stil der Mittelgruppe .--Die Hauptunterschiede zwischen diesem Stil und dem gerade beschriebenen bestehen darin, dass letzterer am Körper und an den Ärmeln lockerer geschnitten ist, üppiger bestickt ist und in den Manschetten einen Längsschnitt für den Einlass aufweist die Hände. Man findet auch, aber nur sehr selten, einen Jackentyp, bei dem die Ärmel weiß und der Körper schwarz ist.

Die Stickerei kann so üppig sein, dass sie nicht nur die unteren Hälften der Ärmel und den Nacken, sondern die gesamte Vorderseite des Kleidungsstücks bedeckt.

DER GÜRTEL UND SEINE ANHÄNGER

Der Gürtel kann eine bloße geflochtene Kordel aus *Abaká -Faser sein* , die oft mit Strängen aus Baumwollgarn vermischt ist, aber häufiger handelt es sich um eine Reihe geflochtener Kordeln aus *Nito* [14] oder Menschenhaar. Der Gürtel wird hergestellt, indem das *Nito oder das Haar zu kreisförmigen Schnüren* geflochten wird , die jeweils etwa 45 Zentimeter lang und etwa 2 Millimeter breit sind. Etwa 10 bis 20 dieser Zöpfe werden zusammengehalten, indem die Enden in kleine Stoffstücke gewickelt werden, die mit Baumwollgarn in den bevorzugten Farben umwickelt sind.

[14] *Lygodium circinnatum* sp.

An einem Ende dieses Gürtels sind zahlreiche Perlen, Muscheln und Anhänger befestigt. An der anderen ist eine geflochtene *Abaká-* Kordel befestigt, die ebenfalls in den richtigen Farben bunt ist und es dem Träger ermöglicht, den Gürtel zu befestigen und festzuziehen. Auf jeder Kordel dieses Gürteltyps sieht man häufig weiße Rocaillesperlen in mehr oder weniger großer Menge aufgereiht.

Die Anhänger sind ein sehr auffälliges Merkmal des Gürtels. Von rechts aufgehängt wirken sie für das Auge alles andere als erfreulich. Büschel weißen, duftenden Grases, etwa 5 Zentimeter lang und 1 Zentimeter im Durchmesser, die zu einer Art Heu getrocknet sind, beeinträchtigen das Erscheinungsbild des Trägers am meisten. Die gesamte Masse der Anhänger ist ein Gewirr verschiedener Objekte, deren Menge vom Glück des Trägers abhängt. Die folgenden Gegenstände können unter diesen Anhängern gefunden werden: Große Falkenglocken, selten mehr als sechs und normalerweise nicht mehr als drei; Büschel duftenden Grases, manchmal bis zu acht; der rote Samen des *Ma-gu-bai-* Baums; kleine Muscheln, insbesondere Kaurimuscheln, die angeblich im Wald gesammelt wurden; die Schoten des *Ta-bí-gi* -Baums, eine oder mehrere, die zum Tragen von Weihrauch [15] für religiöse Zwecke verwendet werden; Duftende Samen und Wurzeln [16,] klein geschnitten und an *Abaká-* Fäden mit solchen Perlen aufgereiht, die der Träger aufgrund ihrer Farbe oder Form möglicherweise nicht zur Verzierung anderer Körperteile verwenden möchte.

[15] Wird *pa-lí-na* genannt . Es wird durch Anzapfen des *Ma-gu-baí-* Baums gewonnen.

[16] Das Folgende sind die einheimischen Namen der Wurzeln und Pflanzen, die der Autor gesehen hat: *ta-bó* , der Samen einer Pflanze, die wie eine Süßkartoffel aussieht; *sá-i* , ein helmförmiger Samen eines gleichnamigen Baumes; *kú-su* , die Wurzel einer Hülsenfruchtpflanze; *ma-gu-baí* , der leuchtend rote Samen eines gleichnamigen Baumes. Es ist interessant festzustellen, dass derselbe Samen für die Augen heiliger Bilder verwendet wird. *Ka-bis-da'* und *ko-múd-la* werden ebenfalls verwendet.

Der Zweck dieser verschiedenen Gegenstände besteht allem Anschein nach darin, die Person zu schmücken und dem Träger einen Duft zu verleihen. In dieser letzten Hinsicht erfüllen die wohlriechenden Kräuter und Samen ihren Zweck vortrefflich. Viele dieser Gegenstände dienen jedoch anderen

Zwecken, medizinischen und religiösen. Ich habe mir nicht wenig Mühe gegeben, diesen Punkt zu untersuchen, aber die Antworten auf meine Anfragen waren manchmal so unbestimmt, manchmal so unterschiedlich und so widersprüchlich, dass ich keine eindeutige Aussage treffen kann; Ich neige jedoch aus verschiedenen Gründen stark zu der Annahme, dass vielen der unschuldig aussehenden Gegenstände, aus denen die Gürtelanhänger bestehen, sowohl medizinische als auch magische Kräfte zugeschrieben werden.

DER ROCK

Die Manóbo-Frau ist nicht mit der ganzen Kleidung kultivierterer Stämme belastet. Sie bekleidet sich mit dem einfachen, sackartigen Rock aus gutem, starkem *Abaká-* Stoff, der haltbar ist und wunderbar zu ihrer Lebensweise passt.

Da der Stoff vom Webstuhl kommt, besteht er aus einem langen rechteckigen Stück (ungefähr 3,6 Meter mal 90 Zentimeter). Es wird in zwei Teile geschnitten und die Enden der beiden Teile werden zusammengenäht, sodass zwei Säcke ohne Boden entstehen. Diese beiden Säcke werden dann zusammengefügt und bilden so ein langes, rechteckiges Kleidungsstück, das nachts als Decke, Laken und häufig als Moskitonetz und tagsüber als Rock dient. Als Rock wird er so gefaltet, dass er wie zwei ineinander liegende Säcke aussieht. Da es wesentlich größer als der Körper der Trägerin ist, muss es immer zur Seite gezogen und in die Hose gesteckt werden. Der untere Teil des Kleidungsstücks auf der linken Seite wölbt sich so weit, dass die Figur der Frau dadurch unanmutig aussieht .

Aus den oben angegebenen Maßen geht hervor, dass das Kleid nicht weit unter die Knie reicht, was in der Tat eine heilsame Lösung für jemanden ist, dessen Beruf sie durch den Matsch der Waldwege und den Schmutz des Bauernlebens führt.

Es gibt zwei Arten von Röcken, die häufig verwendet werden; Erstens der Typ, der ausschließlich aus Manóbo-Herstellung stammt, und zweitens der Typ, der aus den Mandáyas im Südosten von Mindanáo importiert wird.

Der reine Manóbo-Typ zeichnet sich durch seine Einfachheit und den Verzicht auf aufwändige Gestaltung aus. Abwechselnde Streifen aus Rot und Schwarz mit Trennlinien aus Weiß, die alle in Längsrichtung entlang der Kette verlaufen und eingewebt sind, sind der einzige Versuch, das Design zu verschönern.

Die zweite Rockform wird von den Mandáyas importiert oder, wann immer erhältlich, von Bisáya-Händlern oder, am oberen Agúsan, von Zwischenhändlern gekauft. Es ist auffallend, mit welcher Wertschätzung der

Manóbo diesen Artikel betrachtet. Ein Manóbo aus den Argáwan und Umaíam wird drei oder vier Tage lang nach Hinatuán reisen, um ein Stück Mandáya-Rockstoff zu besorgen. Er schätzt es höher als die teuersten europäischen Stoffstücke, die er je gesehen hat. Als die Manóbo-Frau ein schönes Exemplar sieht, tanzt sie vor Freude und lobt es lange und laut. Für ein solches Exemplar ist kein Wert zu hoch und kein Opfer zu groß, um es zu kaufen.

Die Erklärung für diese hohe Wertschätzung, die dem Mandáya-Stoff entgegengebracht wird, ist einfach. Der Stoff wird, wie Manóbos mir immer versicherte , *durch Zauberei* unter der Leitung der Priesterinnen in den hohen Bergfestungen von Mandáyaland hergestellt. [17] Keine andere Erklärung wird den leichtgläubigen Manóbo befriedigen. Er kann unmöglich verstehen, wie die fantasievollen und eleganten Muster auf Mandáya-Stoffen auf andere als übernatürliche Weise hergestellt werden können.

[17] Ich habe fast das gesamte Mandáya-Land bereist und kann die zahlreichen religiösen Praktiken und Einschränkungen bezeugen, die mit der Herstellung des Stoffes verbunden sind.

Der Stoff, der vom Webstuhl kommt, hat praktisch die gleiche Größe wie Manóbo-Stoff und wird auf die gleiche Weise zu einem Rock verarbeitet. Der einzige Unterschied besteht darin, dass der Mandáya-Stoff schwerer ist und ein wunderschönes eingewebtes Muster aufweist.

Eine detaillierte Beschreibung der Muster wäre unnötig langwierig und zwangsläufig mangelhaft. Im Allgemeinen lässt sich sagen, dass die Muster in Längsplatten ausgeführt sind, von denen es mehrere seitliche und eine zentrale gibt, die alle parallel und kettenförmig verlaufen. Die Hauptfiguren sind vier, zwei, die grotesk an ein Krokodil erinnern, aber eher eine Schildkröte darstellen, und zwei, die die fantasievolle Figur einer Frau darstellen. Die Zwischenteile der Bahnen bestehen aus Netzen, deren allgemeine Gestaltung von den Fähigkeiten und Launen des Webers abhängt. [18]

[18] Der Stoff wird (1) entsprechend der Farbe der Schussfäden (*pu-gáu-a*) in *kan-aí-yum* (schwarz) und *lin-í-ba* (rot) eingeteilt; (2) entsprechend dem Design auf der Mitteltafel – *ím-pis no laí-ag*, wenn sie 25 Zentimeter breit ist, *bin-a-ga-kís,* wenn die Mitteltafel nicht breiter als die seitlichen ist; (3) je nach Verwendung schmaler (*sin-ák-lit*) oder breiter (*pin-al-áw-an*) weißer Streifen; (4) Je nach Ort, an dem das Tuch hergestellt wird, heißt das berühmteste und wertvollste Tuch *Ban-a-háw-an* und stammt aus dem Bezirk Banaháwan im Kasaúman-Flusstal im südöstlichen Teil von Mindanáo. Der Mañg-á-gan-Typ wird sehr geschätzt, da er in Design und Farbeffekten dem Banaháwan sehr ähnlich ist. Es wird von der *Tagabuztai-* Gruppe der Mandáyas im Karága-Flusstal hergestellt.

Kapitel VII

PERSÖNLICHER SCHMUCK

ALLGEMEINE BEMERKUNGEN

Die Verzierung der Person ist fast ausschließlich den Frauen vorbehalten, so dass die folgenden Ausführungen in erster Linie auf sie zutreffen. Bei der Erörterung körperlicher Verstümmelungen wird auf dauerhafte Verzierungen wie Tätowierungen, Perforationen und Verlängerungen der Ohrläppchen, Enthaarung der Augenbrauen und Achselhöhlen, Zähneknirschen und Schwärzen von Zähnen und Lippen verwiesen – allesamt mit Mit Ausnahme der Verlängerung der Ohrläppchen kommen sie sowohl bei Männern als auch bei Frauen vor.

Die Fingernägel beider Geschlechter werden sorgfältig geschnitten, nicht einmal die Daumennägel dürfen lang werden. Dies mag daran liegen, dass letztere weder zum Gitarrenspielen noch zum Kartenspielen benötigt werden, wobei sie sich in diesen Berufen als wertvolle Hilfe für die Bisáya des Agúsan-Tals erweisen.

HAAR- UND KOPFSCHMUCK

PFLEGE UND VERZIERUNG DES KOPFES

Mit Ausnahme der Manóbos am äußersten Oberlauf der Flüsse Argáwan, Umaíam und Sábud, die ich nicht besucht habe, und der Manóbos, die in Siedlungen leben und möglicherweise die Friseurmethoden der Bisáyas übernommen haben, einer Art, ihre Haare zu frisieren wird fast ausnahmslos sowohl von Männern als auch von Frauen verwendet. Das Haar wird über dem Schädel von Ohr zu Ohr in einer geraden Linie gescheitelt. Der vordere Teil wird dann nach vorne über die Stirn gekämmt, wo er von Ohr zu Ohr in der Ebene und parallel zu den Augenbrauenwülsten geschlagen wird. Der Rückenteil wird nach hinten gekämmt und, nachdem er zu einer kompakten Masse gedreht wurde, zu einem Dutt auf dem Scheitel des Kopfes gebunden. Der Knoten ist eine einzelne Schleife, was aus unserer Sicht nicht sehr ansprechend ist.

Bei Männern ist der Chignon normalerweise niedriger und liegt etwa in der Mitte zwischen Scheitel und Nacken.

Gelegentlich sieht man zwei Haarsträhnen, die vor den Ohren bis auf Kieferhöhe herabhängen. Diese Mode ist selbst im oberen Agúsan nicht sehr verbreitet und wurde wahrscheinlich von den Mandáyas übernommen.

Auf den Haaren werden niemals Filets, Blumen, Girlanden oder andere Verzierungen verwendet. Sofern erhältlich, wird Kokosnussöl verwendet, vorzugsweise wird jedoch das geraspelte oder in kleine Stücke gehackte Fruchtfleisch der Kokosnuss verwendet, sofern dieses verfügbar ist. Als Haarwaschmittel werden gelegentlich wilde Zitronen, der Samen eines ungewöhnlichen Baumes, dessen Name mir entfallen ist, und die Rinde eines Baumes verwendet . Ich kann den Zustand der Haare nicht loben. Auch wenn ein grober Bambuskamm mit eng anliegenden Zähnen verwendet wird, werden die Schädlinge nie beseitigt.

Gelegentlich werden die Haare von Kindern geschnitten, um ihr Wachstum zu fördern, und die Haare von Sklavinnen werden oft als Strafe geschnitten. Mit diesen Ausnahmen wird das Haar nie geschnitten und es bleibt die Fülle erhalten, die die Natur ihm schenkt.

KÄMME

Ein Zierkamm wird immer von Frauen getragen. Es besteht aus einem 7 oder 8 Zentimeter langen und 5 Zentimeter hohen Bambusstück, das im noch grünen Zustand gebogen ist und durch einen Bambusstreifen, der in zwei Löchern auf der konkaven Seite befestigt ist, seine Form behält. Die Zähne werden herausgeschnitzt und der obere Teil und die Seiten werden in die charakteristische Form geschnitten, die auf Tafel 9 zu sehen ist. Auf der Vorderseite oder konvexen Seite des Kamms befinden sich ornamentale Einschnitte, deren Stil und Vielfalt von der Launenhaftigkeit und Geschicklichkeit des Modeschöpfers abhängt. Skeat und Blagden [1] zitieren eine Autorität, die behauptet, dass die Stämme der Malaiischen Halbinsel den dekorativen Einschnitten auf ihren Kämmen magische Eigenschaften zuschreiben. Dieser Idee folgend, stellte der Autor im Agúsan-Tal zahlreiche Nachforschungen an, ob es eine ähnliche oder analoge Zuschreibung gebe, fand jedoch keine. Allen Berichten zufolge haben diese Muster einen rein ästhetischen Charakter, ohne Magie oder andere Eigenschaften. Die Tatsache, dass man bei den Manóbos des oberen Agúsan in der Nähe von Veruéla Kämme ohne eingeschnittene Arbeit findet und bei den Manóbos von Argáwan, Umaíam und Kasilaían gelegentlich Kämme mit runden, quadratischen und dreieckigen Stücken von Perlmutt sieht, mit eingelegten Perlen ist ein Hinweis auf das Fehlen des besagten Glaubens. Tatsächlich scheinen Kämme des letztgenannten Typs höher geschätzt zu werden als die einfachen Bambuskämme, was wahrscheinlich auf die Knappheit von Perlmutt zurückzuführen ist. Ein weiterer Punkt, der die obige Aussage untermauert, ist die Tatsache, dass es keine Abneigung zeigt, sich von einem Kamm zu trennen, egal wie kompliziert oder ungewöhnlich seine Schnitte sein mögen.

[1] Heidnische Rassen der malaiischen Halbinsel.

Auf dem oberen Agúsan findet man nicht selten Kämme, deren konvexer Teil über den Zähnen mit einem Band aus geschlagenem Silber mit einem Lochmustermuster versehen ist. Diese Kämme werden jedoch von den Debabáons von Moncáyo oder von der weiter flussaufwärts lebenden Mischlingsgruppe importiert. Der Autor kennt keinen Manóbo-Silberschmied.

Es werden weder Haarnadeln noch andere Befestigungsmittel für das Haar verwendet, noch werden Farbstoffe oder andere Materialien verwendet, um die Haarfarbe zu verändern.

OHRSCHEIBEN

Ein weiteres Schmuckstück auf dem Kopf der Manóbo-Frau ist die Ohrscheibe. Dabei handelt es sich um eine Holzscheibe mit einem Durchmesser von etwa 3 Zentimetern und einer Breite von 6 Millimetern, mit einer kleinen Rille am Rand, in der der Rand der Ohrlochperforation ruht. Wenn der Träger das Glück hatte, ein dünnes Plättchen aus Silber oder Gold zu ergattern3, wird es mit ein paar Strängen importiertem Baumwollgarn, das fast immer rot ist, an der Außenseite der Holzscheibe befestigt. Das Garn läuft durch ein Loch in der Lamelle und in der Scheibe, wobei ein kleines Büschel über dem Loch verbleibt. Diese Metallplatten haben meist sternförmige Kanten und sind oft mit einem einfachen gemeißelten Muster verziert. Sie sind selten, außer im oberen Agúsan, wo es Debabáon- und Mandáya-Schmiede gibt. Anstelle von Gold und Silber erfüllt ein Plättchen aus geschlagenem Messingdraht diesen Zweck.

[2] Normalerweise von *ku-li-pá-pa* .

[3] Goldblättchen sind sehr selten und werden selten getrennt. Es handelt sich um hochgeschätzte Erbstücke. Aus einem Stück Silbergeld wird das Silberplättchen geschlagen.

Am oberen Agúsan hängen sowohl Männer als auch Frauen vier Perlenketten an jedem Ohr, wenn die Würde des Anlasses dies erfordert. Diese Schnüre sind etwa 30 Zentimeter lang und haben an den Enden farbige Baumwollquasten. Sowohl diese Quasten als auch die Perlenketten haben die bevorzugten Farben Rot, Weiß, Schwarz und Gelb. Ich neige zu der Annahme, dass dieser Brauch ebenfalls Mandáya-Ursprung ist. Gelegentlich werden bei Männern am oberen Agúsan ein oder zwei Knöpfe [4] in den Ohrläppchen getragen. Diese Praxis scheint von den Mandáyas übernommen worden zu sein.

[4] normale Unterhemdknöpfe.

HALS- UND BRUSTVERZIERUNG

Die Anzahl der getragenen Halsketten und Halsketten hängt vom Vermögen der Trägerin oder von ihrem Glück ab, sich einen Vorrat an Perlen sichern zu können. Die Bestandteile der Halskette sind hauptsächlich Perlen mit abwechselnd duftenden Samen oder Samenstücken. Hier und da kann eine kleine Muschel hinzugefügt werden, oder eine größere Perle, oder ein Krokodilzahn. Der Autor hat abgenutzte Perlenrollen mit kleinen Muscheln, Samen und Krokodilzähnen gesehen, die mindestens 2 Kilogramm gewogen haben müssen. Eine solche Tracht wird nicht jeden Tag getragen, sondern ist religiösen oder weltlichen Festlichkeiten vorbehalten und für Zeiten, in denen der Träger sich zu einer außergewöhnlichen Zurschaustellung verpflichtet fühlt. Die getragenen Samen sind die gleichen wie diejenigen, die Teil der oben beschriebenen Gürtel-Anhänger sind.

An dieser Stelle ist es vielleicht nicht unangebracht, auf die Vorliebe des weiblichen Teils des Stammes für Parfüme hinzuweisen. Dies ist charakteristisch für alle Völker im östlichen Mindanáo, mit denen ich Kontakt hatte. Obwohl diesen wohlriechenden Samen möglicherweise medizinische und magische Kräfte zugeschrieben werden, ist ihr Duft zweifellos auch ein entscheidender Faktor bei der Wahl dieser Samen.

Bei der Farbe der verwendeten Perlen ist der Manóbo durch die Beschaffenheit des Angebots eingeschränkt, aber man kann sagen, dass er, wenn er die Wahl hat, Rot, Gelb, Schwarz und Weiß wählt. Er bevorzugt die kleine Rocaillesperle, möchte aber in wiederkehrenden Abständen auch ein paar große Perlen platzieren.

Gelegentlich werden Halsketten getragen. Sie bestehen aus Perlenbändern, die symmetrisch nach Farbe in geometrischen Figuren angeordnet sind – ein Dreieck aus gelben Perlen, ein Rechteck aus schwarzen Perlen oder andere Muster. Diese Halskette ist normalerweise etwa 2 Zentimeter breit und lang genug, dass sie eng am Hals anliegt. Es wird auf der Rückseite mit einem Knopf befestigt und hat normalerweise eine einzelne Perlenkette, die von ihm herabhängt und auf der Rückseite liegt. Männer können diese Halskette tragen, sie verwenden sie jedoch nur sehr selten. Gelegentlich tragen sie jedoch eine Halskette, an der sie den Haarschneider aufhängen können. Ich habe dies nur am oberen Agúsan beobachtet, und da es sich um eine gewöhnliche Mandáya-Praxis handelt, nehme ich an, dass der Brauch entlehnt ist – ein weiterer Hinweis auf den Einfluss der Mandáya-Kultur auf die Manóbos des oberen Agúsan. Der Eradikator ist eine kleine Pinzette, die normalerweise aus einem Stück geschlagenem Messingdraht besteht, der doppelt gebogen ist und nach innen gebogene Kanten hat.

Der einzige Brustschmuck ist neben Tätowierungen auf der Haut und Stickereien auf der Jacke die silberne Plakette oder Scheibe, die fast immer von unverheirateten Frauen und häufig auch von anderen getragen wird. Das Tragen dieser Scheiben ist ein Brauch, der nur an den oberen Flüssen Agúsan, Ihawán und Simúlau praktiziert wird und zweifellos Mandáya-Ursprung ist. Die Plakette ist ein großes, dünnes Blatt aus geschlagenem Silber mit einem Durchmesser von 7 bis 10 Zentimetern. Es ist eine Debabáon- oder Mandáya-Arbeit. Es ist mit einem Muster aus konzentrischen Kreisen und anderen symmetrischen Figuren sowie einem Netz aus kleinen dreieckigen Löchern versehen. Die aufwändigeren Exemplare zeigen ein Maß an künstlerischem Können, das dem Mandáya [5] den hohen Ruf verleiht, den er im Osten von Mindanáo als Mann mit herausragenden Leistungen genießt.

[5] Mandáyaland produziert fast alle Lanzen, Speere, Bolos, Dolche und kunstvollen Stoffe, die von den Manóbos im gesamten östlichen Mindanáo verwendet werden. Abgesehen von einigen Silberschmieden unter den Debabáons und einigen wenigen unter der Hybridgruppe, die das obere Agúsan von Gerona bis Tagaúnud bewohnt, sind die Mandáya-Schmiede die einzigen, die sich mit Silberarbeiten auskennen.

ARM- UND HANDVERZIERUNG

Männer tragen an einem oder beiden Oberarmen schwarze Bänder aus geflochtenem *Nito* . Diese sind etwa 1,5 Zentimeter breit und zu einem durchgehenden Stück geflochten, das so groß ist, dass es eng am Arm anliegt. Der Autor hat viele gesehen, die so eng passten, dass sie Wunden verursachten. Sie sind nicht nur ausgesprochen dekorativ, sondern dienen auch einem anderen Zweck: Sie sollen den Muskeln Kraft verleihen.

Männer tragen oft an einem oder beiden Handgelenken eine oder mehrere in einem durchgehenden Stück geflochtene pflanzliche Ligaturen. Diese haben eine tiefschwarze, glänzende Farbe, wenn sie aus der Rebe *ág-sam* [6] hergestellt werden . Sie haben einen rechteckigen Querschnitt und sind etwa 6 mal 6 Millimeter groß. Sie müssen angefeuchtet werden, damit sich die Filamente ausdehnen, damit der Träger sie über seine Hände am Handgelenk führen kann. Beim Trocknen ziehen sie sich auf die Größe des Handgelenks zusammen. Frauen tragen einige davon oft zusammen mit ihren Unterarmornamenten.

[6] Sowohl *Pug-Nút* als auch *Ag-Sam* sind Arten von *Nito* (*Lygodium* sp.).

Rohe Ringe, rund oder flach, häufiger aus Messingdraht oder Kupfergeld geschlagen, gelegentlich aber auch aus Silbergeld und noch seltener aus Carabao-Horn, zieren in mehr oder weniger großer Zahl die Finger von Männern und Frauen.

Der Unterarmschmuck von Frauen ist zahlreicher und aufwändiger als der von Männern. Neben den oben beschriebenen pflanzlichen Haarreifen werden auch Segmente der schwarzen Korallenpflanze, die in Handflächenlängen ^{geschnitten} und durch Erhitzen zu Ringen gebogen werden, an einem oder beiden Armen getragen. Bei unzureichendem Vorrat wird jedoch vorzugsweise der linke Arm geschmückt Nach rechts. Diese Meereslocken dienen nicht nur der Verzierung, denn zumindest von den Manóbos des oberen Agúsan wird ihnen ein magischer Einfluss zugeschrieben. Man geht davon aus, dass sie sich bei Annäherung und bei Gefahr sozusagen zusammenziehen und den Arm des Trägers festhalten. Daher sind sie sehr geschätzt, aber vergleichsweise selten. Dies ist auf die Schwierigkeit zurückzuführen, die Pflanze zu beschaffen, da sie in tiefem Wasser wächst, wo die Gefahr durch Haie die einheimischen Taucher abschreckt.

7 Wird in Manóbo *sag-ai-ság-ai* und in Bisáya *baná-ug* genannt (*Antipatharia* sp.).

Der Wirbel einer Muschel, [8] zu weißen schweren Ringen geschliffen und poliert, deren Querschnitt ein gleichschenkliges Dreieck ist, bilden einen sehr häufigen Unterarmschmuck für Frauen am oberen Agúsan. Manchmal werden bis zu fünf davon getragen, normalerweise am linken Arm. Das Gewicht einer kompletten Ausrüstung an Muschelarmbändern kann mindestens ein Kilo betragen. Die Verwendung solch aufwendiger Verzierungen ist auf festliche Anlässe beschränkt, außer bei unverheirateten Mädchen, die sie fast immer tragen. Diese Muschelarmbänder mit den schwarzen Wechselringen aus Meereskorallen sehen wirklich sehr gut aus, da sie durch den Kontrast von Tiefschwarz und Marmorweiß dazu neigen, die Hautfarbe optimal zur Geltung zu bringen.

8 Tak-lo-bo (*Tridacna gigas*).

Es fällt auf, dass je näher man dem Mandáya-Land kommt, desto deutlicher wird die Ähnlichkeit in Kleidung und persönlichem Schmuck mit der der Mandáyas . Dies gilt für die oberen Simúlau, Agúsan und Ihawán, ein weiterer Hinweis auf den Einfluss der Mandáya-Kultur auf die Manóbo. Daher findet man in diesen Regionen Formen von Armbändern, die typisch für den Mandáya-Schmuck sind. So sieht man gelegentlich Bänder aus geschlagenem Messingdraht, etwa 1 Zentimeter breit. Manchmal werden auch flache geflochtene Bänder aus Dschungelfasern verwendet, die mit weißen Perlen bedeckt sind. Einmal sah der Autor einen hohlen, runden Armreif aus Messing, in den ein Stück Blei gesteckt war und der bei jeder Bewegung des Arms ein klingelndes Geräusch erzeugte.

In der zentralen Agúsan-Region und bei den Manóbos der Pazifikküste findet man die Verwendung eines kleinen Wirbels einer Muschel [9] als Armband, ihre Verwendung ist jedoch ungewöhnlich, insbesondere auf der Pazifikseite. Dies liegt daran, dass nur vereinzelt eine Granate ins Land

gelangt ist. In diesen Regionen ist der Manóbo besonders arm an
Armschmuck.

[9] Genannt *lá-gang* .

KNIE- UND KNÖCHELVERZIERUNGEN

Männer, besonders unverheiratete, tragen oft an einem oder beiden Beinen
knapp unterhalb des Knies eine Ligatur, die in jeder Hinsicht der Ligatur an
den Oberarmen ähnelt. Auch sein Zweck besteht darin, die Beine zu stärken
und gleichzeitig zu schmücken. Auf dem oberen Agúsan sieht man auf diesen
Bändern aufgenähte Perlen.

Frauen haben ähnliche Ligaturen an einem oder beiden Beinen direkt über
den Knöcheln. Sie werden zu dekorativen Zwecken getragen, aber einige
sagen, dass sie ein Zeichen der Jungfräulichkeit seien und dass es den
Ehemann bei der Heirat den Wert eines Sklaven kosten würde, sie zu
entfernen. Doch die Tatsache, dass verheiratete Frauen sie gelegentlich
tragen, scheint dieser Aussage zu widersprechen.

Frauen tragen zu Festen und besonders bei Tänzen einige Ringe [aus] kräftigem
Messingdraht mit einem Durchmesser von etwa 6 Millimetern. Die Ringe
sind groß genug, um den Fuß hindurchzuführen, sodass sie locker an den
Knöcheln hängen. Ihre Zahl überschreitet selten zwei pro Bein. Während
eines Tanzes singen sie zum Klingeln der Habichtsglocken, die vom Gürtel
herabhängen und als äußerst dekorativ gelten.

[10] Dú-tus.

KÖRPERVERSTÜMMELUNGEN

ALLGEMEINE BEMERKUNGEN

Der Zweck der meisten Körperverstümmelungen bei den Manóbos ist die Verzierung. Die einzige Ausnahme ist die Beschneidung, die später besprochen wird.

Nirgendwo im Osten von Mindanáo wird die Skarifizierung praktiziert, außer bei den Mamánuas. Im Jahr 1905 kam ich mit mehreren Mamánuas am Oberlauf des Tágo (im Zuständigkeitsbereich von Tándag, Provinz Surigáo) in Kontakt und bemerkte, dass sie Narben an Brust und Armen hatten. Ich kam zu dem Schluss, dass die Narben auf die Praxis der Skarifizierung zurückzuführen waren. Seitdem durchgeführte Untersuchungen sowohl bei Manóbos als auch bei Bisáyas haben diese Schlussfolgerungen bestätigt. Im Osten von Mindanáo wird keine Kopfverformung praktiziert.

Zu keiner anderen Bemalung des Körpers als der Schwärzung der Lippen mit Ruß wird gegriffen. Um dies zu bewerkstelligen, wird ein Topf vom Kamin genommen und der Boden geschickt über die Lippen geführt, wobei ein schwarzer Belag zurückbleibt, der zusammen mit der Flüssigkeit aus dem Kauquid, bestehend aus Tabak, Limette und Máu-Mau, häufig *dauerhaft* bleibt durch Trinken angefeuchtet. Es ist ein seltsamer Anblick, eine hübsche Manóbo-Schönheit, geschmückt mit Perlen und Glöckchen, oder einen eleganten Manóbo-Dandy zu sehen, der die *Olla nimmt* und die Lippen verdunkelt.

Den folgenden Verstümmelungen wird keine religiöse oder magische Bedeutung zugeschrieben, noch werden in diesem Zusammenhang religiöse oder andere Feierlichkeiten abgehalten.

VERSTÜMMELUNG DER ZÄHNE [11]

[11] *Há-sa-to-únto* .

Wenn das Alter der Pubertät näher rückt, werden sowohl Jungen als auch Mädchen die Zähne abgeschliffen. Der Vorgang ist sehr einfach, aber äußerst schmerzhaft, sodass die Operation nicht in einer Sitzung abgeschlossen werden kann. Ich denke jedoch, dass die Schmerzhaftigkeit des Prozesses von der Qualität des verwendeten Steins abhängt, denn die Mandáyas am oberen Karága-Fluss behaupten, dass es eine Steinart gibt, die keine großen Schmerzen verursacht.

Um die Zähne auseinander zu halten, wird ein Stück Holz zwischen die Zähne gesteckt. Der Bediener, in der Regel der Vater, führt dann ein kleines flaches Stück Sandstein, wie er zum Schärfen von Bolos verwendet wird, in den Mund ein und schleift mit einer mäßigen Bewegung die oberen und unteren Schneidezähne bis zum Zahnfleisch. Nur die Schwierigkeit, die Backenzähne zu erreichen, rettet sie, wie dem Autor mitgeteilt wurde. Insgesamt verschwinden 10 Vorderzähne und ein Teil von 4 weiteren. Nach dem Feilen erscheinen die Zähne des Oberkiefers konvex und die des Unterkiefers konkav.

Ich schätze die minimale Zeit, die zum Zähneknirschen nötig ist, auf 3 bis 6 Stunden, verteilt auf einen Zeitraum von 3 bis 10 Tagen.

Der Patient zeigt je nach seiner Ausdauer mehr oder weniger deutliche Schmerzen, wird aber ständig zur Geduld ermahnt, damit sein Maul nicht wie das eines Hundes aussieht. Dies ist der allgemein anerkannte Grund für ihren Einwand gegen weiße, scharfe Zähne: „Sie sehen aus wie die eines Hundes.“

Nach jedem Mahlen verspürt die Person eine Empfindlichkeit des Zahnfleisches und kann harte Nahrung nicht mehr kauen. Wenn diese Empfindlichkeit nicht mehr spürbar ist, normalerweise am nächsten Tag, wird das Knirschen wieder aufgenommen.

Die Schwärzung der Zähne erfolgt hauptsächlich durch die Verwendung einer Pflanze namens *Máu-Mau* , die nicht nur als Narkotikum verwendet wird, sondern auch die Eigenschaft hat, den Zähnen ein eher schwarzes Aussehen zu verleihen. Nach dem Kauen wird es über die Zähne gerieben. Der Saft der Haut wird in einem Pfund Tabak ausgedrückt, gemischt mit Limette und Schwarz, das Ganze bildet den untrennbaren Begleiter des Manóbo-Mannes, der Manóbo-Frau und sogar des Kindes. Es ist eine Verbindung von der Größe einer kleinen Murmel und wird, bis sie ihre Stärke und ihren Geschmack verliert, zwischen der Oberlippe und dem oberen Zahnfleisch getragen, ragt aber zwischen den Lippen nach vorne.

Hierbei ist zu beachten, dass das primäre Ziel bei der Anwendung dieser Kombination nicht die Verfärbung der Zähne ist. Die Verbindung wird hauptsächlich wegen der stimulierenden Wirkung verwendet, wobei das Pot-Black als Zutat hinzugefügt wird, um die Lippen zu schwärzen und so das persönliche Erscheinungsbild des Benutzers zu verbessern. Das Pfund wird häufig hinter dem Ohr getragen, wenn die Umstände die Verwendung des Mundes für andere Zwecke erfordern.

Ein weiteres Mittel, das hilft, die Zähne zu verfärben, ist die ständige Verwendung von Betelnüssen und Betelblättern gemischt mit Limette und, an bestimmten Orten, mit Tabak.

Verstümmelung der Ohrläppchen

Die Praxis der Verstümmelung der Ohrläppchen [12] ist universell und nicht auf beide Geschlechter beschränkt. Dabei werden die Ohrläppchen an einer, zwei oder drei Stellen durchstochen. Dies geschieht meist schon in jungen Jahren mit einer Nadel. Anschließend wird ein Faden aus *Abaká-* Fasern eingeführt und durch Anbringen eines winzigen Bienenwachskügelchens an jedem Ende daran gehindert, herauszufallen. Sobald die Wunde verheilt ist, wird die Perforation bei einer Frau auf folgende Weise vergrößert: Im Abstand von einigen Tagen werden kleine Stücke der Rippe des Rattanblattes eingeführt, bis das Loch weit genug geöffnet ist, um größere Stücke aufzunehmen . Wenn es sich ausreichend ausgedehnt hat, wird eine kleine Grasspirale, meist aus *Pandanus* [13] , eingefügt. Aufgrund seiner natürlichen Ausdehnungstendenz vergrößert sich dadurch die Öffnung, bis eine größere Spirale eingeführt werden kann.

[12] *Ti-dáng* .

[13] *Bá-ui* (Bisáya, *ba-ló-oi*).

Als ausreichend groß und schön gilt die Öffnung, wenn sie einen Durchmesser von etwa 2,5 Zentimetern hat. Zusätzlich zu dieser großen Öffnung, die sich im unteren Teil des Lobulus befindet, können sich etwa 1,5 Zentimeter weiter oben zwei weitere kleine Perforationen befinden. Letztere dienen sowohl bei Männern als auch bei Frauen zur Anbringung von kleinen Knöpfen, während erstere ausschließlich Frauen vorbehalten ist und zum Einsetzen von Schmuckohrscheiben dient.

Enthaarung

Ein bartloses Gesicht gilt als etwas Schönes, weshalb der Manóbo vom ersten Moment an, in dem Haare auf seinem Gesicht erscheinen, eine systematische und ständige Beseitigung der Gesichtsbehaarung durchführt. Zu diesem Zweck verfügt er oft über eine Pinzette, die normalerweise aus gehämmertem Messingdraht besteht, mit der er systematisch die vereinzelten Haare, die er auf seiner Oberlippe und am Kinn findet, sowie die Achselhaare auszupft. Die Schamhaare werden nicht immer entfernt. Ein kleines Messer [15] wird häufig als Rasiermesser eingesetzt, nicht nur am Kinn und an der Oberlippe, sondern auch zum Rasieren der Augenbrauen. Die Entfernung der letztgenannten ist eine gängige Praxis, da Haare auf den Augenbrauen als sehr unschön gelten. Daher rasieren sich beide Geschlechter die Augenbrauen und hinterlassen nur einen Bleistiftstrich oder in manchen Gegenden nicht einmal eine Spur von Haaren.

[14] *Pan-úm-pa'* .

[15] Wird *ba-di'* oder *kám-pit* genannt .

Die Haare an anderen Körperstellen sind nicht reichlich vorhanden und es
ist nicht üblich, sie zu entfernen.

TÄTOWIEREN [16]

[16] *Pang-o-túb* .

Nachdem ich unzählige Nachforschungen angestellt hatte, erfuhr ich, dass
das Tätowieren lediglich der Verzierung dient. Einige gaben mir zu
verstehen, dass das Tätowieren unter dem spanischen Regime, als Töten und
Gefangennahmen an der Tagesordnung waren, der Identifizierung eines
Gefangenen diente. Es war üblich, den Namen eines Gefangenen zu ändern,
und da er immer wieder verkauft wurde, konnte man ihn nur anhand seiner
Tätowierungen identifizieren.

Wie dem auch sei, die Praxis scheint derzeit keine weitere Bedeutung zu
haben als die der Verzierung. Damit sind keine therapeutischen, magischen
oder zeremoniellen Wirkungen verbunden. Es ist weder ein Symbol für
Tapferkeit noch ein Merkmal der Familie, des Ortes oder der Person, denn
zwei Personen aus unterschiedlichen Orten und Gruppen können die
gleichen Absichten haben.

Für den Beginn des Prozesses ist kein bestimmtes Alter erforderlich, aber
aufgrund meiner Beobachtung, die durch allgemeine Aussagen bestätigt
wird, glaube ich, dass er normalerweise ab dem Alter der Pubertät
durchgeführt wird.

Die Bedienerin ist fast immer eine Frau oder ein sogenannter
Hermaphrodit17, der sich eine gewisse Fähigkeit im Sticken angeeignet hat.
Diese Fachkräfte sind nicht zahlreich, was möglicherweise auf die natürliche
Abneigung der Frauen gegenüber dem Anblick von Blut zurückzuführen ist,
aber auch auf die Tatsache, dass ihre Dienste nicht vergütet werden, obwohl
dieser letzte Grund allein den Mangel nicht erklären würde.

[17] Gelegentlich trifft man unter den Völkern Ost-Mindanáos auf bestimmte
Personen, die unter einem besonderen Namen bekannt sind und von denen
man annimmt, dass sie zum Geschlechtsverkehr unfähig seien. Die
Personen, die ich sah, waren in ihrer Art sehr weiblich und zogen es vor, die
Gesellschaft von Frauen zu pflegen und weiblicher Arbeit nachzugehen,
anstatt mit Männern Umgang zu haben.

Der Vorgang ist sehr einfach. Ein Pigment wird hergestellt, indem man einen
Teller oder eine *Olla* über eine brennende Fackel [18] aus Harz hält, bis sich
genügend Ruß angesammelt hat. Anschließend sticht der Operateur ohne
vorherige Zeichnung bis zu einer Tiefe von ca. 2 Millimetern in die zu
tätowierende Körperstelle ein. Das Blut, das aus diesen Einstichen fließt,

wird normalerweise mit einem Bündel Blätter abgewischt und ein Teil des Rußes aus dem Harz wird mit der Hand des Bedieners kräftig in die Wunden gerieben.

[18] *Sai-yung (Canarium villosum).*

Der Vorgang dauert unterschiedlich lange, abhängig von den Fähigkeiten des Bedieners und der Ausdauer und Geduld des Probanden. Es ist schmerzhaft, aber es treten keine solchen Schmerzerscheinungen auf wie beim Zähneknirschen. Der tätowierte Teil ist etwa 24 Stunden lang empfindlich, aber nach meinen Beobachtungen sind keine weiteren schlimmen Folgen wie Eitern usw. zu erkennen.

Ohne die Hilfe von Diagrammen oder Bildern ist es schwierig, die zahlreichen Motive, die beim Tätowieren verwendet werden, verständlich und umfassend zu beschreiben. Jeder Ort kann seine eigene Mode haben, die sich von der in einer anderen Region vorherrschenden Mode unterscheidet. Und da die Designs das Ergebnis individueller Laune und Fantasie zu sein scheinen, wäre es eine schier endlose Aufgabe, sie alle im Detail zu beschreiben. Es genügt allgemein zu sagen, dass sie sowohl in der Nomenklatur als auch im allgemeinen Erscheinungsbild den auf Jacken aufgestickten Figuren folgen, mit der wichtigen Hinzufügung von Figuren eines Krokodils sowie von Sternen und Blättern, wie aus den Namen hervorgeht. [19]

[19] *Bin-u-á-ja* (von *bu-wá-ja* , Krokodil), *Gin-í-bang* (von *gí-bang* , Leguan) und *bin-úyo* (von *bú-jo'* , das Betelblatt).

Die Figuren sind weder kompliziert noch grotesk, sondern einfach und schlicht und zeugen von einem gewissen künstlerischen Wert für ein so primitives und so abgelegenes Volk . Bei näherer Betrachtung sind sie in klaren Linien zu erkennen, aus der Ferne erscheinen sie jedoch nur als schwache blaue Flecken oder Flecken. An Haltbarkeit sind sie nicht zu übertreffen. Es sind keine Mittel bekannt, um sie auszurotten. Ich habe Tätowierungsspuren bei alten Männern mit denen bei jungen Männern verglichen und konnte weder einen Unterschied in der Helligkeit noch in der Erhaltung des Designs feststellen.

Bei Männern handelt es sich bei den tätowierten Körperteilen um die gesamte Brust, die Oberarme, die Unterarme und die Finger. Frauen hingegen erhalten neben Tätowierungen an diesen Stellen auch ein aufwendiges Design an den Waden und manchmal auch am ganzen Bein.

BESCHNEIDUNG [20]

[20] *Tú-li'* .

Im Gegensatz zu den vier bereits beschriebenen Verstümmelungen dient die Beschneidung nicht dekorativen Zwecken. Nach der Denkweise der Manóbo dient es einem eher nützlichen Zweck, denn es soll für die Zeugung von Kindern unerlässlich sein. Wie ein solcher Glaube ursprünglich entstand, konnte ich nicht erfahren, aber dennoch ist der Glaube universell, stark und beständig. Als unbeschnitten bezeichnet zu werden, ist einer der größten Vorwürfe, die man einem Manóbo machen kann, und es heißt, er hätte keine Chance auf eine Heirat, wenn die Operation nicht durchgeführt worden wäre; Die Frauen lachten und verspotteten ihn. Man kann also sagen, dass der Brauch obligatorisch ist.

Die Operation wird ein bis zwei Jahre vor der Pubertät durchgeführt. In diesem Zusammenhang finden keine Zeremonien oder Feste statt. Der Vater oder ein männlicher Verwandter des Kindes nimmt das kleine Messer (*ba-dí*), legt es der Länge nach über den unteren Teil der Vorhaut und macht einen Schlitz, indem er mit einem Stück Holz oder einem anderen geeigneten Gegenstand auf die Rückseite des Messers schlägt Objekt zur Hand. Es scheint also, dass es sich nicht um eine Beschneidung im eigentlichen Sinne des Wortes handelt, sondern eher um einen Einschnitt. Diese Operation ist auf Männer beschränkt und die einzige sexuelle Verstümmelung, die praktiziert wird.

KAPITEL VIII

ERNÄHRUNG

FEUER UND SEINE HERSTELLUNG

Der Manóbo ist nicht in der Lage, die Natur des Feuers zu erklären, aber er verfügt über zwei sehr primitive, aber wirksame Methoden, es zu erzeugen, nämlich die Feuersäge sowie Feuerstein und Stahl. Aufgrund des Verkaufs von Manila- und japanischen Streichhölzern an die Manóbos, die mit Händlern oder Handelsposten in Kontakt kommen, geraten die alten Methoden des Feuermachens in Vergessenheit.

DIE FEUERSÄGE [1]

[1] *Gut-gút-an* .

Dies könnte man besser als Reibungsmethode bezeichnen, denn das Feuer entsteht durch das Reiben eines Bambusstücks im rechten Winkel und über die Rückseite eines anderen.

Die „Säge", wie sie üblicherweise genannt wird, oder das Oberteil, muss lang genug sein, beispielsweise 30 Zentimeter, damit man sie mit beiden Händen festhalten kann. Die Breite ist unerheblich, vorausgesetzt, sie ist breit genug, um dem Druck standzuhalten. Eine Kante muss scharf geschnitten sein.

Das „Pferd" oder Unterteil sollte mindestens 10 Zentimeter breit und beliebig lang sein. Es ist wichtig, dass die Unterseite ausreichend konvex ist, damit die Luft ungehindert zirkulieren kann, wenn der Bambus auf einer festen Unterlage steht. In die Mitte dieses Bambus wird ein Loch mit einem Durchmesser von mindestens 1 Millimeter gebohrt. Jetzt ist alles für die Operation bereit.

Das „Pferd" wird mit der Innenseite oder konkaven Seite nach unten auf ein sauberes, festes Stück Holz oder Stein gelegt, so dass es sich nicht bewegen kann. Die „Säge" wird quer über das „Pferd" gelegt, wobei die scharfe Kante direkt über dem Loch liegt. Während man es mit einer Hand an beiden Enden festhält, wird es gleichmäßig, schnell und mit großem Druck über das „Pferd" geführt, genau so, als ob man es in zwei Teile zersägen wollte. Nach etwa 15 Schlägen entsteht ein wenig Rauch, und der Bediener erhöht die Geschwindigkeit seiner Bewegung, bis er denkt, dass unter dem Bambus ausreichend Feuer vorhanden ist. Dann bläst er durch das Loch nach unten, um eventuell noch darin oder um das Loch verbliebenen Bambusstaub abzutrennen. Er entfernt das „Pferd", indem er sofort ein wenig Fussel oder anderen Zunder auf die leuchtenden Bambuspartikel aufträgt. Dann überträgt er sein Feuer auf ein Stück gutes, trockenes Holz, am besten auf einen alten Feuerstein, und in wenigen Sekunden hat er ein dauerhaftes Feuer.

Für den Prozess ist es wichtig, dass der ausgewählte Bambus trocken und gut abgelagert ist, da sich der durch das Reiben entstehende Staub sonst nicht entzünden kann. Es gibt einige Holzarten, die denselben Zweck erfüllen, aber ich kann die Namen nicht nennen, obwohl ich gesehen habe, wie sie verwendet wurden.

Der Stahl- und Feuersteinprozess [2]

[2] *Ti'-ti* .

Die Manóbo-Methode, mit Feuerstein und Stahl Feuer zu machen, unterscheidet sich in keiner Weise von der Methode unserer eigenen Vorfahren. Der verwendete Zunder ist ein Flaum, der aus der Zuckerpalme gewonnen wird. [3] Es befindet sich rund um die Wedelbasen und wird, nachdem es gründlich getrocknet ist, zusammen mit dem Feuerstein und dem Stahl in einem speziellen Gefäß aus Bambus oder Rattan aufbewahrt.

[3] *Arenga saccharifera* . Auf Manóbo heißt es *Hi-Juíp* oder *Hi-Diúp* .

FORTSETZUNG DES FEUERS

Sobald das Feuer im Haus angezündet ist, wird es aufrechterhalten, soweit ich das beurteilen konnte, normalerweise nicht aus zeremoniellen Gründen, sondern weil es Brauch ist. Es wird üblicherweise zur Beleuchtung verwendet und brennt zu diesem Zweck nachts weiter. In den Berggebieten, wo immer die Möglichkeit eines Angriffs besteht, wird das Feuer sorgfältig aufrechterhalten, um Licht und Wärme zu spenden. Bei Gelegenheiten, in denen die Gefahr durch bösartige Geister besteht, wird aus zeremoniellen Gründen das Feuer brennen gehalten, um die heimliche Annäherung der Geister zu verhindern.

Sollte das Feuer gelöscht werden, wird ein Brandstift von einem anderen Haus ausgeliehen, falls sich eines in der Nähe befindet. Wenn jedoch keine Nachbarn vorhanden sind, muss auf eine der oben beschriebenen Methoden zurückgegriffen werden.

BELEUCHTUNG

Feuer ist normalerweise die wichtigste und nicht selten die einzige Lichtquelle. Nur in Bezirken in unmittelbarer Nähe der Siedlungen des christianisierten Manóbos genießt man den Luxus von Kohleöl.

Die einzige Lichtquelle im Haus, abgesehen vom Feuer, ist eine Harzart, die von einem Baum gewonnen wird, der im Osten von Mindanáo in großer Menge vorkommt. [4] Die Methode zur Gewinnung des Harzes besteht darin, einen guten Schnitt in den Baum etwa 1 Millimeter über dem Boden zu machen und das Harz in einem Rinden- oder Blattgefäß aufzufangen. Dies geschieht in der Regel über Nacht. Bruchstücke des Harzes werden dann in einen konischen Behälter gelegt, der aus grünen Blättern, meist aus Rattan, besteht und mit Rattanstreifen oder anderen pflanzlichen Befestigungen zusammengebunden ist. Bei Bedarf wird das größere Ende dieses Harzbündels am Feuer angezündet und die Fackel in geneigter Position auf den Boden gestellt, gestützt von dem praktischsten Gegenstand, der zur Hand ist, häufig dem Schleifstein.

[4] Wird *Sai'-gung* oder *Saung* genannt . (*Oanarium villosum*).

Diese Taschenlampe ist ein gutes und sparsames Leuchtmittel. Es weist jedoch zwei Mängel auf: Erstens die hässliche Angewohnheit, gelegentlich Funken auszuspucken, die eine ziemlich schmerzhafte Wunde verursachen, wenn sie das Fleisch treffen; und zweitens eine Tendenz, sich aufgrund der verbrannten Rückstände, die das Harz nach und nach bedecken, von Zeit zu Zeit zu verlöschen. Die Asche lässt sich leicht mit einem Stock entfernen, dann erlischt das Licht und wirft einen hellen Glanz auf die braunen und nackten Gestalten der Insassen.

Wenn eine Lampe für den Außenbereich benötigt wird, wird anstelle des Harzes ein an einem Ende gespaltenes Stück Bambus oder ein Holzscheit mitgeführt. Es ist ein unveränderlicher Brauch, nachts im Freien ein Feuerfackel bei sich zu tragen, nicht nur, um den Weg zu erhellen, sondern auch, um die bösen Geister abzuschrecken, von denen man annimmt, dass sie in der Dunkelheit der Nacht umherirren.

KULINARISCHE UND TISCHGERÄTE

Der Manóbo ist besonders arm an Kochutensilien. Mit Ausnahme eines sehr seltenen Eisentopfs und einer viel selteneren Pfanne verfügt er nicht über die Küchengeräte zivilisierterer Völker.

Der Tontopf aus eigener Herstellung ist sein Standbein. Es ähnelt den *Ollas* oder Tontöpfen, die auf den Philippinen so häufig verwendet werden. Darüber hinaus wird, wenn auch sehr selten bei den abgelegenen Manóbos, eine importierte gusseiserne Pfanne verwendet. [5] Es ist 5 bis 10 Zentimeter tief und hat einen Durchmesser von 25 bis 40 Zentimetern, ist konkav und aus dem ärmsten Material. Es wird zum allgemeinen Kochen, zum Färben und zur Herstellung eines Zuckerrohrgetränks verwendet. Da er nicht mit einer Abdeckung versehen ist, werden die Blätter des Bambus verwendet, um Ruß und Schmutz fernzuhalten und die Hitze drinnen zu halten, insbesondere beim Dämpfen von *Camotes* und Taro.

[5] *Ki-ú-ja* genannt .

Wenn nicht genügend Töpfe zum Kochen vorhanden sind, wie es in Ausnahmefällen der Fall ist, werden grüne Bambus-Internodien mit einem offenen Ende zur Verfügung gestellt. Bambus der Sorte *Bo* oder *Bóho* wird bevorzugt, da er dem Inhalt einen besonders delikaten Geschmack verleiht, wie ich bezeugen kann. Selbst bei gewöhnlichen Anlässen wird aus dem gleichen Grund manchmal Fisch oder Fleisch im Bambus zubereitet. Die Bambusstücke werden schräg ins Feuer gelegt, wobei das offene Ende mit Blättern verschlossen wird. Sie werden gelegentlich umgedreht, bis sie fast durchgebrannt sind. Der Inhalt wird entfernt, indem die verkohlte Fuge in Streifen geteilt wird. Diese Streifen werden normalerweise den werdenden Kindern gegeben, die sie abkratzen und sauber lecken.

Ich habe einmal die Rinde eines Baumes gesehen, der zum Reiskochen verwendet wurde, aber ohne Erfolg. Mir wurde versichert, dass es sich hervorragend zum Kochen von Fleisch oder Fisch eignen würde.

Eine Schöpfkelle mit einem Griff aus Holz oder Bambus und einem Kopf aus Kokosnussschalen ist so ziemlich der einzige Gegenstand, den der Manóbo normalerweise zur Verfügung hat, um den Zweck von Löffeln und Gabeln zu erfüllen. In Ermangelung der Kokosnuss-Schöpfkelle verwendet er die Unterseite eines Bambus-Internodiums, an dem ein Streifen befestigt ist, der als Griff dient. Zum Rühren des Reises benutzt er ein kleines Paddel aus einem flachen Stück Holz, oder wenn er kein Paddel hat, benutzt er den

Griff seiner Kokosnuss. Für einen Wasserbecher wird eine Kokosnussschale verwendet. Wenn er jedoch ein importiertes Glas hat, bietet er es den Besuchern an.

Beim Reinigen von Tellern und anderem Geschirr werden keine Lappen verwendet. Manchmal sind ein paar Blätter nötig, um die Eisenpfanne zu reinigen, aber für Teller, Schüsseln und andere Utensilien reichen etwas kaltes Wasser und ein wenig Reiben mit der Hand.

Der Manóbo verwendet keine Tischdecke und verfügt über keines der Utensilien, die einen modernen Tisch ausstatten, außer Tellern, Schüsseln und vielleicht einem Glas.

An Tellern hat er oft zu wenig für seine Familie. Schalen sind immer noch knapper. Viele und viele Häuser, die ich besucht habe, konnten sich nicht einer einzigen Schüssel rühmen; Das Gleiche gilt auch für Brillen. Dies ist auf die überhöhten Preise zurückzuführen, die dafür verlangt werden.

Als Ersatz für Teller verwendet der Manóbo Platten mit Rinde der Sago-[6] Palme und anderer Palmen. Anlässlich eines großen Festes kann es vorkommen, dass es ihm immer noch an Tellern und Platten mangelt. Deshalb nutzt er seine niedrigen, pfannenartigen Flechtkörbe, indem er sie mit Bananen- oder anderen Blättern auskleidet und sie mit Reis beladen auf den Tisch stellt. Reicht das alles nicht für die Zahl seiner Gäste, breitet er in der Mitte des Tisches oder auf dem Boden ein paar Bananenblätter aus und legt den Reis darauf.

[6] *Lúm-bia* .

Ein Stück Bambus dient für Becher und Glas als Hilfsmittel oder Ersatz für den oben erwähnten Becher aus Kokosnussschale.

VERSCHIEDENE ARTEN VON LEBENSMITTELN

Das wichtigste Grundnahrungsmittel von Manóboland ist die *Camote* . [7] Während der Erntezeit und in den darauffolgenden Wochen kann Reis den Großteil seiner täglichen Nahrung ausmachen, aber danach behält er für Feste, für Freunde und für die Kranken das auf, was er nicht verkauft oder von dem er sich trennt, um seine Schulden zu begleichen. Sollte seine *Camote-Ernte ausfallen, greift er auf die Sago* [8] zurück , die im zentralen Agúsan reichlich vorhanden ist; oder, wenn Sago nicht verfügbar ist, sucht er nach der wilden Fischschwanzpalme, [9] die ihm eine ebenso angenehme und nahrhafte Nahrung bietet wie jede Sagopalme, die jemals gewachsen ist. Im oberen Agúsan pflanzt der Manóbo eine beträchtliche Menge Taro an, und im mittleren Agúsan eine kleine Menge Mais der Saison oder sogar einige Bohnen, 10 [so] dass er für seinen Unterhalt selten auf den Wald zurückgreifen muss. Aber der Berg Manóbo ist gelegentlich gezwungen, seinen

Lebensunterhalt von den verschiedenen Palmen und Weinreben zu beziehen, die in seinem Waldgebiet in so üppiger Fülle wachsen. Ich habe giftige Knollen gesehen, die in Zeiten der Hungersnot von den Manóbos der oberen Wá-wa-Region gesammelt und gegessen wurden, nachdem sie an einem stacheligen Rattanzweig abgekratzt und das Gift durch eine Reihe von Waschungen und Trocknungen entfernt worden waren.

[7] *Ipomoea batatas* Poir.

[8] *Lúm-bia* .

[9] *Bá-hi'* (*Caryota* sp.)

[10] Genannt *bá-tung* .

Er hat fast immer etwas Zuckerrohr auf dem Bauernhof, aber wenn es nicht zur Herstellung eines berauschenden Getränks bestimmt ist, wird es nur in ausreichender Menge gepflanzt, um gelegentlich ein paar Stücke für die Mitglieder des Haushalts zu liefern.

Außer den oben genannten Pflanzen hat er wahrscheinlich nur ein paar Bananenpflanzen, ein paar Ingwerpflanzen, einige halbwilde Tomaten, ein wenig Minze [11] und vielleicht noch ein paar andere Pflanzen, die zum Würzen gedacht sind. Er ist es nicht gewohnt, mehr zu pflanzen, als das Nötigste zum Leben deckt.

[11] *Labwéna* genannt, wahrscheinlich vom spanischen *Yerba Buena* .

Als Beilage zu seinem Reis oder *seinen Camotes muss er sein Is-da* [12] haben , das er aus dem Wald [13] oder aus dem Fluss bezieht. [14]

[12] Dieses Wort entspricht in seiner heutigen Verwendung dem spanischen *vianda* , dem Bisáya *súdan* und dem Tagalog *úlam* . Beachten Sie, dass das generische Wort für *is-da* , „Fisch", bei den Manóbos und Bisáyas des mittleren Agúsan eine noch allgemeinere Verwendung gefunden hat. Ursprünglich bedeutete es zweifellos einfach „Fisch", aber da der *Háu-an* fast der einzige Fisch im mittleren Agúsan ist, der häufig und in großer Zahl gefangen wird, wurde der Oberbegriff für Fisch auf diesen einen bestimmten Fisch eingegrenzt. Von da an wurde die Anwendung des Wortes erweitert und es entspricht nun dem Tagalog *úlam* und dem Cebu-Bisáya *sú-dan* .

[13] Siehe unter „Jagd".

[14] Siehe unter „Angeln".

Es ist nicht unbedingt erforderlich, dass das Fleisch oder der Fisch frisch ist. Ich habe Schweinefleisch gesehen, das nach dreitägiger Verwesung gegessen wurde. Auch die Rohheit stellt kein Hindernis dar, denn in bestimmten Gegenden ist es aus zeremoniellen Gründen üblich, Schweinefleisch absolut roh zu essen. Neben Schweinefleisch, Wildbret und Fisch hilft ihm gelegentlich ein wildes Huhn oder ein anderer im Wald gefangener Vogel oder ein mit einem Pfeil getöteter Nashornvogel dabei, seine Speisekammer zu versorgen.

[15] oder sogar Pilze [16] gefunden haben oder er hätte auf die Idee gekommen, eine Palme zu fällen , und erhalten Sie eine schöne Palme [17] oder einen Rattankern [18] oder sogar junge Bambussprossen. [19] Während er am Flussufer umherirrt, kann es sein, dass er ein paar essbare Farnspitzen pflückt. [20] Jedes dieser Dinge ist eine ebenso gute Ergänzung zu seinem Reis wie Butter zu Brot. Die Palmenkerne sind voller großer, üppiger Larven. [21] Möglicherweise hat er die Chance, einen Leguan [22] oder eine Monarchenechse zu töten. [23] Das Töten eines Affen mit Pfeil und Bogen oder in seinen Fallen verschafft ihm ein erlesenes Stück Fleisch. Und wenn er das Glück hat, eine Python zu töten, hat er genug *ís-da* für sich, seine Verwandten und seine Nachbarn für mindestens eine Mahlzeit. Gelegentlich, zur richtigen Jahreszeit, findet er ein Bienennest und beschafft daraus eine Menge Honig, Larven und Bienenbrot, die für ihn und seine Familie ein ungewöhnlicher Genuss ist. Auch auf dem Fluss hat er zu bestimmten Zeiten nichts anderes zu tun, als die erschöpften „Wasserschöpfer" [24] in seinen Unterstand (sofern er einen hat) zu schöpfen oder an einer Sandbank vorbeizukommen, um die Stelle zu erspähen, an der sich die Wassereidechse befindet vergrub ihre köstlichen Eier. In den kleinen Seitenbächen fängt er vielleicht ein paar Frösche und macht sich jubelnd auf den Weg.

[15] *Ta-líng-a bá-tang* .

[16] *Líg-bus, sa-gíng-sá-ging* .

[17] *Ó-Knospe* .

[18] *Pá-san* .

[19] *Da-búng* .

[20] *Pá-ko'* (*Asplenium esculentum*)

[21] *A-bá-tud* .

[22] *Gí-bang* .

[23] *Ebd* .

[24] Dabei handelt es sich um eine Insektenart namens *dá-li* , weißlich gefärbt, etwa 2 Zentimeter lang und mit zwei fadenförmigen Fortsätzen, die vom hinteren Teil ausgehen. Sie werden roh gegessen, meist mit Essig und Salz. Dieses Insekt soll wahrscheinlich zu den Neuroptera oder Pseudoneuroptera gehören.

Mit diesen Zufallsfunden, mit Wildschweinen und Hirschen, die aus einer gelegentlichen Jagd stammen, mit solchen gesalzenen und getrockneten Fischen, einschließlich geröstetem Krokodil, die er direkt oder indirekt von Bisáya-Händlern oder von christianisierten Manóbos kaufen kann, und mit einem gelegentlichen Schwein oder Geflügel Er wird bei zeremoniellen oder festlichen Anlässen getötet und schafft es, seine Familie einigermaßen gut mit der Beilage zu Reis oder anderen Grundnahrungsmitteln zu versorgen.

Salz, der heimische rote Pfeffer, [25] und manchmal auch Ingwer sind ein sehr wichtiger Bestandteil der Mahlzeit, sofern sie verfügbar sind. Der erstgenannte Artikel ist bei weitem nicht reichlich vorhanden, insbesondere an bestimmten Orten, wie dem Baóbo-Fluss und den oberen Teilen der Flüsse Ihawán, Umaíam und Bahaían. An solchen Orten verspürte der Autor ein so starkes Verlangen danach, dass er es mit Heißhunger aß und es für „süß" erklärte.

Es besteht ein so großes Verlangen nach Salz, insbesondere nach Steinsalz, das aus Salzwasser und Aschelauge hergestellt wird, dass die Manóbo sich manchmal der Tyrannei unterwerfen und die exorbitantesten Preise zahlen müssen, um es zu bekommen. Dieses Verlangen nach Salz erklärt die allgemeine Vorliebe für gesalzene Lebensmittel gegenüber frischem Fleisch. Die kleinen gesalzenen Fische, die von Bisáya-Händlern in solchen Mengen verkauft werden, werden vor den erlesensten Wildbretstücken und gerösteten Krokodilen geschätzt, vermutlich wegen des Salzes, das sie enthalten. Man mag sich wundern, warum der Manóbo sein eigenes Fleisch und seinen Fisch nicht salzt, aber das erklärt sich aus der Tatsache, dass ein solcher Vorgang streng tabu ist.

Roter Pfeffer ist eine *unabdingbare Voraussetzung* . Es wird ähnlich wie Salz gegessen und soll Mut verleihen. In den Regionen in der Nähe der Mandáyas wird es in einer besonderen Form [26] zubereitet, bei der es sich um nichts anderes als zerstampften, mit Salz vermischten getrockneten Pfeffer handelt, der in Bambusstücken an einem trockenen Ort, normalerweise im Rauch über dem Herd, aufbewahrt wird. In diesem Zustand erhält er eine außergewöhnliche Stärke, die dem puren roten Pfeffer einen milden Geschmack verleiht. Dies lässt sich vielleicht dadurch erklären, dass beim Stampfen die Samen der Paprika zerrieben werden.

[25] *Ka-tum-bä* (*Capsicum* sp.).

[26] *Dú-mang* .

DIE ZUBEREITUNG UND DAS KOCHEN VON LEBENSMITTELN

VORBEREITUNG DES ESSENS

Die Fernvorbereitung besteht darin, einen Vorrat an Süßkartoffeln oder Reis vom Bauernhof zu besorgen. Dies kann eine Meile oder mehr vom Haus entfernt sein, sodass die Frauen, wenn sie an schiffbarem Wasser leben, mindestens einmal am Tag mit Körben auf dem Kopf und Paddeln in der Hand zur Farm aufbrechen. An Orten, an denen ein Hinterhalt möglich ist, begleiten ein paar Männer mit Lanze und Schild und Jagdhunden die Frauen als Wache, denn das *Camote-* Feld ist nach den anerkannten Gesetzen der USA ein beliebter Ort für den Feind, um seine Rache zu üben Manóboland. Die Frauen und Mädchen graben die *Camotes* mit einem Bolo oder einem kleinen spitzen Stock aus und holen sich etwas Reis aus dem Getreidespeicher. [27] Nachdem sie alle notwendigen Arbeiten wie Jäten und Pflanzen erledigt haben, kehren sie zurück und bereiten das Essen zu, wobei die Männer sich nur daran beteiligen, das Wild oder anderes Fleisch, das sie dafür ausgewählt haben, zu säubern und zu vierteln.

[27] *Tam-bó-bung* .

Die Zubereitung von Schweinen und Geflügel kommt im Manóboland sowie bei Bisáyas, Mañgguángans, Debabáons und Mandáyas im Agúsan-Tal so häufig vor, dass sie einer detaillierten Beschreibung bedarf.

Bei der Vorbereitung eines Schweins, eines Wildschweins oder eines Hirsches wird außerhalb des Hauses eine grobe Stütze errichtet, die aus vier vertikalen Holzstücken und einigen horizontalen parallelen Stücken besteht, sofern das Wetter es zulässt. Unter dem Rahmen wird ein Feuer entzündet und das ganze Tier, ohne die Eingeweide, darauf gelegt. Zwei oder mehr Männer machen sich dann mit der Länge nach geschärften Holzstücken an die Arbeit und kratzen die Haare so schnell ab, wie sie gut versengt sind. Bei einem großen Tier dauert die Operation nur etwa 15 Minuten. Sobald die Haare entfernt sind, wird der Kadaver je nach verfügbarer Wassermenge mehr oder weniger gründlich gewaschen und mit dem Vierteln beginnt.

Das Wild wird auf Blätter gelegt; die vier Beine werden der Reihe nach entfernt; der Kopf ist abgehackt; Die Rippen und die restlichen Teile sind mit gekreuzten Knochen gehackt. Bei dieser Operation verursachen die Familienhunde meist unendlich viel Ärger, indem sie ständig versuchen, sich ein Stück Fleisch zu sichern.

Wenn das Fleisch zur Verteilung bestimmt ist, wie es immer der Fall ist, außer bei Fest- oder Opferanlässen, wird es in diesem Moment gewissenhaft aufgeteilt. Wenn es für ein Festmahl gedacht ist, wird es in kleine Stücke gehackt und in Tontöpfe, Eisenpfannen und Bambuspfannen gefüllt. Anschließend dürfen die Hunde die blutbefleckten Blätter ablecken und den Boden reinigen.

Auch die Zubereitung eines Hausgeflügels ist den Männern überlassen und verdient ein paar Worte. Wenn das Geflügel nicht geopfert wird, wird es verbrannt. Der Besitzer packt das Huhn mit einer Hand fest an den Füßen und Flügeln und mit der anderen an Kopf und Hals und versengt es über dem Feuer, bis es keine Lebenszeichen mehr zeigt. Man könnte annehmen, dass dies eine grausame Art ist, ein Tier zu töten, denn es schlägt und dreht und flattert, wenn es nicht festgehalten wird, aber die Stammesinstitutionen erlauben es dem Manóbo nicht, das Geflügel zu töten, wie es andere Völker tun. Den Kopf abzuschlagen ist streng tabu, eine grausame und unziemliche Prozedur, denn es gibt niemanden, „der die Tat rächt", wird er Ihnen sagen. Also würgt er es und verbrennt es. Da alle Lebenszeichen ausgestorben sind, reißt er ein paar Schwanz- und Flügelfedern aus. Ich kann keinen Grund für dieses Vorgehen nennen, aber da der Brauch so universell ist, denke ich, dass er eine besondere Bedeutung hat.

Während das Versengen voranschreitet, werden die Federenden herausgerissen und a. oberflächliches Waschen des Geflügels. Die Eingeweide, sogar die Eingeweide mit Ausnahme der Gallenblase, werden entfernt und verwertet. Schließlich werden der Kopf, die Enden der Flügel und die unteren Teile der Beine abgeschnitten und normalerweise den Kindern gegeben, die sehnsüchtig auf solche Köstlichkeiten gewartet haben.

Das Zerstampfen und Winning des Reises ist im gesamten östlichen Mindanáo ein so verbreiteter und wichtiger Vorgang, dass er besondere Erwähnung verdient.

Da der von den Berg-Manóbos verwendete Reis ausschließlich aus eigener Ernte stammt, muss er geschält werden, ein Vorgang, der unmittelbar vor jeder Mahlzeit, für die er verwendet wird, durchgeführt wird. Als Utensilien dienen ein Holzmörser und einige schwere Holzstößel. Der Mörser ist ein Stück Holz unterschiedlicher Größe, in dessen Mitte durch Brennen und Schneiden ein konisches Loch mit einer durchschnittlichen Tiefe von 24 Zentimetern und einer Höhe von etwa 20 Zentimetern ausgehöhlt wird. Von Zeit zu Zeit sieht man einen Mörser mit zwei Löchern oder einen, bei dem es Hinweise auf den Versuch einer künstlerischen Wirkung mittels primitiver Schnitzereien gibt, aber im Wesentlichen handelt es sich bei dem Mörser um einen grob behauenen Baumstamm mit einem konischen Loch darin Schneiden Sie es und die Oberseite so ab, dass der Reis oder Reis die Tendenz hat, in das Loch zurückzufallen.

Der Stößel ist eine Stange, vorzugsweise und normalerweise aus schwerem Hartholz, etwa 1,5 Meter lang und 20 Zentimeter im Umfang. Es ist eine deutliche Ausnahme, Stößel zu finden, die auf irgendeine Weise verziert sind. Am Fluss Umaíam sah ich eines, dessen Ende in offenem Laubsägewerk geschnitzt war, mit einem runden losen Stück Holz innerhalb des

Laubsägewerks, ein ebenso nützliches wie dekoratives Gerät für die Holzkugel, indem es im Laubsägewerkkäfig klapperte diente dazu, die Besitzerin und ihre Begleiter zu kräftigen und gleichmäßigen Schlägen zu animieren.

Der Schälvorgang läuft wie folgt ab: Der Mörser ist zu mehr als der Hälfte mit ungeschältem Reis gefüllt. Eine oder mehrere Frauen oder Mädchen fassen mit einer Hand die Stößel in der Mitte. Man beginnt damit, ihren Stößel mit Gewalt auf das Reisfeld zu treiben. Dann noch einer und noch einer, wenn es drei sind. Da das Loch im Mörser klein ist, liegt es auf der Hand, dass die Zeit möglichst genau eingehalten werden muss, da sich die Stößel sonst gegenseitig behindern würden. Das Geräusch der fallenden Stößel ähnelt oft dem allgemeinen, aber seltsamen Schlag, der im Manóbo-Trommelrhythmus so vorherrschend ist. Ein Besucher, der einmal gesehen hat, wie drei Manóbo-Frauen in Galakleidung mit Perlenschnüren und Halsketten ihre Stößel als Reaktion auf das animierte Tattoo auf der Trommel bewegen, wird die Szene nie vergessen. Die Stößel werden von einer Hand in die andere geworfen, um eine kurze Pause zu ermöglichen. Sie bewegen sich mit unbeschreiblicher Geschwindigkeit und im perfekten Rhythmus auf und ab, als würden sie auf einer imaginären Trommel gespielt.

In wenigen Minuten, von 5 bis 15, wird der Rumpf vom Reis zertrümmert und eine der Frauen bückt sich und entnimmt mit ihren Händen den Inhalt des Mörsers auf die Worfelschale. Nach dem Winden wiederholen sie den Vorgang, bis die gesamte Schale vom Korn getrennt ist. Anschließend zerstoßen sie einen neuen Vorrat, bis genügend Reis für den jeweiligen Zweck vorhanden ist. Die Schale ist so perfekt, wenn auch nicht so schnell, vom Korn abgebrochen, als ob es von einer Maschine erledigt worden wäre.

Das Winning-Tablett ist ein rundes, flaches Tablett mit einem Durchmesser von 40 Zentimetern und besteht normalerweise aus geflochtenen Rattanstreifen mit einem Rand aus dickerem Rattan. Es wird in beiden Händen gehalten und durch eine Reihe schlurfender Bewegungen, die besser zu sehen als beschrieben sind, begleitet von einer besonderen Bewegung des Daumens der linken Hand, werden die Spreu und die kleinen zerbrochenen Reisstücke hineingeworfen ein weiterer Behälter für die Familienschweine.

Das Essen kochen

Reis wird vor dem Kochen normalerweise nicht gewaschen. Er wird in einen selbstgemachten Tontopf gegeben, der oft mit ^{Zuckerrohrblättern} ausgekleidet ist, nicht nur um zu verhindern, dass der Reis anbrennt, sondern um ihm auch einen feineren Geschmack zu verleihen. Es ist mit Wasser bedeckt, wobei der Reis etwa 5 Zentimeter unter der Wasseroberfläche liegt. Der Topf wird auf ein heißes Feuer gestellt, bis das Wasser bis zur Reisoberfläche verdunstet ist. Anschließend wird der größte Teil des Feuers entfernt und der Reis kann dampfgetrocknet werden. Diese Bemerkungen gelten auch für das Kochen einer Hirseart29, die sparsam mit dem Reis gesät wird.

[28] *Kó-don* .

[29] *Daú-wa* .

Eine andere Methode, Reis zu kochen, insbesondere unterwegs, ist grüner Bambus. Grüne Bambusstücke werden mit Reis und Wasser gefüllt, oder Reis wird in Rattanblätter gewickelt und dann werden Pakete ins Wasser gelegt. Auf diese Weise gekochter Reis ist drei Tage haltbar.

Es gibt zwei orthodoxe Methoden, Fisch und Fleisch zuzubereiten, und keine andere ist zulässig, da sonst ein sehr wichtiges Tabu verletzt wird. Eine Methode besteht darin, sie in Wasser zu kochen und mit etwas rotem Pfeffer, Ingwer und möglicherweise Zitronengras sowie ein oder zwei anderen Zutaten zu würzen. Die zweite Methode besteht darin, die Fleisch- und Fischstücke im oder über dem Feuer zu braten. Bereits gegartes Fleisch und Fisch werden ins Feuer geworfen, um sie zu erhitzen. Dass sie verbrannt und mit Asche bedeckt werden dürfen, beeinträchtigt den Geschmack nicht. Die gebräuchlichste Grillmethode besteht jedoch darin, das Fleisch einige Zentimeter über dem Feuer auf Holz- oder Bambusspieße zu stecken.

Wenn Großwild so weit vom Haus entfernt ist, dass es im Wald gekocht werden muss, wird es geviertelt und über einem großen Feuer gegrillt. Dies ist die unveränderliche Methode, die Köpfe sogar von Hausschweinen zu kochen. Hähnchenköpfe, -keulen und -flügelenden werden ausnahmslos gegrillt, während die Eingeweide in Blätter eingewickelt und besser gegart sind, als man annehmen könnte, obwohl der Geschmack für meinen Geschmack nicht besonders delikat ist. Für die meisten meiner Manóbo-Freunde scheinen sie jedoch ein erlesener Leckerbissen zu sein. Affen, Frösche und die Waldaas-Eidechse werden immer gegrillt.

Camotes und Taro werden normalerweise ungeschält im gewöhnlichen Tontopf gekocht. In einem gewöhnlichen Topf wird etwa ein halber Liter Wasser verwendet, sodass der Vorgang praktisch einem Dämpfen gleicht. Wenn der Topf keinen Deckel hat oder eine importierte Pfanne verwendet wird, werden Blätter verwendet, um die Hitze einzudämmen.

Ein Lieblingsgericht der Manóbo und ein unverzichtbares Gericht der Mandáya ist das berühmte *á-pai* . [30] Dies besteht aus fein geschnittenen und mit Wasser, rotem Pfeffer, Minze, halbwilden Tomaten und allen anderen verfügbaren Gemüsegewürzen gekochten Taro-Spitzen (Stängel und Blätter). Dies ergibt ein sehr schmackhaftes und gesundes Gericht.

[30] Mandáya, *ug-bús* .

LEBENSMITTELBESCHRÄNKUNGEN UND TABO

Bestimmte Vögel wie Nashornvögel, Wildhühner, Wildtaubenarten und einige andere dürfen vor dem Verzehr nicht geteilt und an andere weitergegeben werden. Sie müssen im Grillverfahren [31] und nicht in Wasser gegart werden. Nach dem Kochen dürfen diese Vögel von niemandem verzehrt werden, der kein Verwandter oder Haushaltsmitglied ist. Auch ein Teil eines Vogels, der einem Fremden gehört, sollte nicht angenommen oder gegessen werden. Es muss der ganze Vogel oder nichts angeboten werden. Es wird angenommen, dass ein Verstoß gegen diese Beschränkungen schwerwiegende Folgen nach sich ziehen würde, [32] wie Unglück für die Jagdhunde, Verheddern der Schlingen und anderes Unglück. [33]

[31] *Dáng-dang* .

[32] *Ma-ko-lí-hi* .

[33] Im oberen Agúsan würde die Teilung solch kleiner Vögel, wie mir gesagt wurde, zu einer Zerstückelung der Familie führen.

Einem unverheirateten Mann, der jemals einer Frau unanständige Vorschläge gemacht hat, ist der Verzehr von Wildschweinfleisch verboten. Der Schuldige muss sich von dieser Einschränkung befreien, indem er einer Priesterin ein kleines Geschenk macht. Ein Verstoß gegen dieses Tabu würde den Erfolg der Jagdhunde beeinträchtigen.

Die Verwendung von Schmalz beim Kochen ist verboten, es darf jedoch roh verzehrt werden, auch wenn sein Geruch nicht besonders bekömmlich ist.

Bei einigen Gelegenheiten fiel mir auf, dass einige Personen auf Reis oder Hühnchen verzichteten. Einen anderen Grund für die Abstinenz als das Wohlgefallen der Betroffenen konnte ich nicht ermitteln. Da sie zugaben, dass sie es gewohnt waren, diese Nahrungsmittel zu sich zu nehmen, und sie nach gewissen Zeiträumen wieder zu sich nehmen würden, vermute ich religiöse Motive für die Abstinenz.

MAHLZEITEN

GEWÖHNLICHE MAHLZEITEN

Obwohl man sagen kann, dass drei Mahlzeiten am Tag bei den Manóbos nicht die Regel sind, essen sie doch das Äquivalent von drei oder mehr, denn zwischen Zuckerrohrstücken und dem Verzehr von Wildfrüchten füllen sie den inneren Menschen ziemlich ständig wieder auf. Sie frühstücken gegen 9 Uhr morgens, essen gegen 13 Uhr zu Abend und essen zu jeder Zeit zwischen 18 und 21 Uhr zu Abend

[34] Es gibt viele Wildfrüchte im Agúsan-Tal, die häufigsten davon sind: Die berühmte Durianfrucht (*Durio zibethinus*), die Jackfrucht, *Lanka* (*Artocarpus integrifolia* lf), *Lanzones* (*Lansium Domesticum* Jack.), *Makópa* (*Eugenia javanica* Lam.), *mámbug* , *támbis* , *kandíis* , *kátom* (*Dillenia* sp.) und die Frucht des Rattans (*kápi*). Die meisten davon haben einen sauren Charakter, scheinen aber aus diesem Grund umso beliebter zu sein.

Da alle zum Essen bereit sind, hocken sich die Bewohner des Hauses auf den Boden, der Ehemann mit seiner Frau und seinen Kindern getrennt, männliche Besucher und der unverheiratete Teil des Hauses essen gemeinsam. Sklaven essen, wenn alle fertig sind, und holen sich, was in den Töpfen übrig bleibt.

Kurz bevor mit dem Essen begonnen wird, überreichen der Gastgeber und eigentlich alle außer den Frauen Besuchern und anderen, die gekommen sind, eine Einladung, am Essen teilzunehmen, und niemand wird mit dem Essen beginnen, bis sich alle anderen hingesetzt haben und bereit sind. Sobald das Essen begonnen hat, geht niemand weg, und es gehört auch nicht zur guten Etikette, jemanden vom Essen wegzurufen.

Die Hände werden gewaschen, indem man etwas Wasser aus einer Schüssel, einem Becher, einer Kokosnussschale oder einem Stück Bambus darauf gießt; Der Mund wird gespült, wobei das Wasser oft mit Gewalt durch die Zwischenräume des Bodens ausgestoßen wird. Dann beginnen alle zu essen. Es ist die unveränderliche Regel, dass Männer mit der linken Hand essen und, wenn andere als Verwandte anwesend sind, eine Verteidigungswaffe tragen und die rechte Hand in Erwartung eines möglichen Angriffs darauf ruhen lassen.

Die verschiedenen Lebensmittel wurden bereits in den verschiedenen zuvor beschriebenen Behältern auf dem Boden abgelegt. Jeder verfällt mit einem kaum zu beschreibenden Appetit. Eine oder mehrere der Frauen kümmern sich um die Bedürfnisse der Gäste. Die Art und Weise, Reis auf dem Berg Manóbos zu essen, unterscheidet sich von der bei den christlichen Stämmen vorherrschenden. Eine große Reismasse wird zwischen den fünf Fingern der linken Hand zusammengedrückt und in die Handfläche gedrückt, wo sie zu einer Kugel geformt wird. Von dort wird es zum Mund weitergeleitet. In regelmäßigen Abständen wird der Reis (oder *Camote*) mit etwas Fleisch oder Fisch gewürzt und alles wird mit der Fleisch- oder Fischsuppe heruntergespült.

Der Brauch, die kochend heiße Suppe mit einem saugenden Geräusch von einem Teller oder einer Schüssel zu schlürfen und sie dann an den Nachbarn weiterzugeben, ist fast überall verbreitet. Für diese Suppe besteht eine große Vorliebe, auch wenn sie, wie in sehr vielen Fällen, praktisch nur aus heißem

Wasser besteht. Im oberen Agúsan ist die zuvor erwähnte Taro-Top-Suppe die gewöhnliche Suppe und ein Ersatz für Fleisch und Fisch.

Eine weitere Besonderheit beim Essen ist die Methode, Fleisch vom Knochen zu trennen. Der Schnitzer, der in der Hocke steht und die Füße nah am Körper hat, hält das Bolo mit dem Griff zwischen der großen ersten Zehe in vertikaler Position, wobei die Rückseite ihm zugewandt ist. Er zieht das Fleisch über den Rand und schneidet dadurch schneller, bequemer und effektiver als viele zivilisiertere Männer.

Niemand darf sich von der Mahlzeit zurückziehen, ohne dies seinen Nachbarn mitzuteilen. Ein Verstoß gegen diesen Brauch stellt einen groben Verstoß gegen die Manóbo-Etikette dar. Der Grund für diesen Brauch ist, dass dadurch die Wahrscheinlichkeit eines plötzlichen Angriffs verringert wird.

Es ist unhöflich, nach dem Essen am selben Platz zu bleiben. Wenn der Platz nicht gewechselt werden kann, ist es notwendig, aufzustehen und sich dann wieder hinzusetzen. Ich kann keine Erklärung für diese Praxis geben, es sei denn, es handelt sich um eine Vorsichtsmaßnahme gegen Verrat.

FESTLICHE MAHLZEITEN

Festliche Mahlzeiten werden vor allem anlässlich der großen religiösen und gesellschaftlichen Feste genossen, die in der Manóbo-Welt so häufig stattfinden. Auch die Ankunft eines Besuchers oder auch ein ungewöhnlicher Fischfang sind Anlass für solche Freuden. Ich hatte reichlich Gelegenheit, sie zu beobachten, denn während einer Handelsexpedition wurde ich häufig mit Einladungen geehrt, deren Zweck natürlich darin bestand, mir gute Geschäfte oder Kredite zu sichern.

Vor dem Essen ist das Haus ein Schauplatz unbeschreiblicher Belebtheit. Die Zahl der Gäste beträgt zusammen mit den Haushaltsmitgliedern selten weniger als 20 Personen, es können aber auch 100 oder mehr sein. Das Schwein wird in Bambuspfannen, Tontöpfen und Eisenpfannen sowohl im Haus des Gastgebers als auch bei Bedarf in benachbarten Häusern gekocht. Das Gleiche gilt für Reis und *Camotes*. Hat der Gastgeber genug zu trinken und gibt es zum Mittagessen etwas Fleisch oder Fisch, lässt er das Essen herausbringen und ordnet an, dass ein Teil des Getränks entsprechend der Wichtigkeit der Gäste an die Gäste verteilt wird. Fröhliches Lachen und laute Gespräche sowie das Kauen von Tabak und Betelnüssen füllen die Pause vor dem Essen.

Wenn alles fertig ist, wird die verfügbare Anzahl an Tellern, Schüsseln, Gläsern, Rindenplatten und Blättern bereitgestellt und das gekochte Fleisch in kleinen Stücken mit großer Genauigkeit in Bezug auf Größe und Qualität auf die verschiedenen Teller verteilt. Dasselbe geschieht mit dem gegrillten Fleisch, nachdem es in geeignete Größen zerkleinert wurde. Niemand wird vergessen, nicht einmal die Kinder der Gäste, noch die Sklaven. Der Reis wird dann in Bambusbündeln, in Töpfen und sogar in mit Blättern ausgelegten Körben mitgebracht und jeder Person wird eine gehäufte Portion zugeteilt. Wenn alles unparteiisch und gleichmäßig verteilt ist, werden die Gäste gebeten, ihre Plätze auf dem Boden einzunehmen, jeder an seinem zugewiesenen Teller, denn wo andere Besucher als Verwandte anwesend sind, werden keine Vorkehrungen unterlassen, um die Gäste vor Ärger zu schützen. Die Erfahrung hat gezeigt, dass die festliche Tafel vor dem Ende blutig sein kann. Diese gleichmäßige Verteilung der Speisen und die Zusammenstellung der Gäste nimmt oft den größten Teil einer Stunde in Anspruch. Wenn diese Pflichten nicht ordnungsgemäß erfüllt werden, kann es schon vor dem Ende des Essens zu Neidgefühlen und einem Streit kommen. Dem Ehrengast wird immer der Vorzug gegeben, und der Gastgeber kann auch andere besonders bevorzugen, die er ehren möchte, aber er macht den Grund für seine Beliebtheit immer öffentlich.

Nachdem alle Platz genommen haben, beginnt das Essen mit einem guten Schluck selbstgebrautem Bier. Dann beginnen alle zu essen. Während sich die Feiernden unter dem entzündenden Einfluss des Getränks erwärmen, drücken sie ihren guten Willen aus, indem sie materielle Zeichen überreichen, jeder an seinen Freund oder an jemanden, dessen Freundschaft er gewinnen möchte. Diese Token bestehen aus Handvoll Fleisch – mager, fett, mit Knochen, Knorpel oder irgendetwas anderes –, das mit Salz und Pfeffer bestrichen und von einem Freund in den Mund eines anderen gegeben wird, ohne Rücksicht auf das Verhältnis zwischen der Größe des Mundes und die Größe des Geschenks. Es entspricht nicht der guten Etikette, dieses Geschenk abzulehnen oder aus dem Mund zu nehmen. Auf diese Gabe folgt wahrscheinlich ein Bambus-Getränk, das mit der gleichen freundlichen Stimmung angenommen werden muss und mit einem gemurmelten Gesichtsausdruck hinuntergeschluckt wird, der unserem „Here goes" entspricht. Der Empfänger dieser Gefälligkeiten erwidert die Höflichkeit in Form von Sachleistungen, und so geht das Essen in gegenseitiger Freundschaft und Freundlichkeit weiter, bis das Essen vollständig verschwunden ist, denn es verstößt gegen die Konventionen von Manóbodom, einen Rest auf dem Teller zu lassen. Tatsächlich liebt der Manóbo einen guten Esser und Trinker. Es ist eine Ehre, sich vollzustopfen, und ein Ruhm, sich zu betrinken. Nun kommt es bei einem Manóbo-Bankett, wie bei allen Trinkgelagen auf der ganzen Welt, manchmal vor, dass es zu einem Streit kommt und man auf den allgegenwärtigen Bolo zurückgreifen muss, um einen Streit beizulegen, den wildes Geschrei und hektische Gesten nicht entscheiden können. Aus diesem Grund isst der

Manóbo mit der linken Hand und verdreht in ständiger Wachsamkeit die Augen.

Diese Bemerkungen gelten nicht für die Frauen und Kinder, die getrennt in kleinen Gruppen sitzen und, während sie sich gegenseitig auf ihre eigene sanfte Art bewirten, auf die Rufe nach mehr Essen achten, wenn sie über den Lärm der Nachtschwärmer hinweg gehört werden .

Im Verlauf eines Festes dieser Art fällt dem Betrachter auf, welch herzhaften Appetit diese Naturvölker an den Tag legen. Der Mensch wetteifert mit dem Menschen im Durchhalten. Der Freund ehrt den Freund mit großzügigen Schenkungen an Speisen und Getränken und der Gastgeber ist bestrebt, seine Gäste dazu zu bewegen, so viel wie möglich zu essen. Selten sieht man einen Manóbo, der unter Übelkeit leidet, aber wenn er unter Übelkeit leidet, kehrt er später zum Fest zurück, um seine festgesetzte Portion zu sich zu nehmen. Ich habe das schon gelegentlich erlebt.

KAPITEL IX

Betäubender und anregender Genuss

VON DEN MANÓBOS VERWENDETE GETRÄNKE

Es gibt vier Arten von berauschenden Getränken: Zuckerpalmwein, [1] *bá-hi* toddy, [2] Zuckerrohrgebräu, [3] und Met. [4]

[1] *Tuba* oder *Sai-Yan* oder *San* , der Saft des *Hi-Di-Up* (*Arenga saccharifera*), auf den Philippinen allgemein als *Cabo Negro bekannt* .

[2] Die Fischschwanzpalme (*Caryota* sp.). Der gewonnene Saft wird *Túng-Gang genannt* .

[3] *Ín-tus* .

[4] *Bá-is* oder *bi-aí-lis* .

ZUCKER-PALM-WEIN

Zuckerpalmenwein wird durch Klopfen der Fruchtstängel der Cabo-Negro-Palme gewonnen. Der Vorgang ist sehr einfach. Zum Zeitpunkt der Ausblühung wird der Blütenkolben abgeschnitten und der kernige Stängel angeklopft. Dieser Vorgang dauert täglich 15 bis 30 Minuten und wird 7 bis 14 Tage lang fortgesetzt. Nach dem Gewindeschneiden muss der Stiel nach unten gebogen werden. Dies wird erreicht, indem man es jeden Tag nach unten neigt und ein Stück Rattan oder Weinrebe verwendet, um es in Position zu halten. Bei diesem Vorgang muss die geringste Kraft angewendet werden, da eine starke Belastung das Fließen des Saftes verhindert. Sobald der Saft aus dem Stiel zu fließen beginnt, wird er in einem Bambusgefäß aufgefangen, dessen Öffnung sorgfältig verschlossen werden muss, um das Eindringen unzähliger Insekten zu verhindern, die vom Geruch und der Süße der Flüssigkeit angezogen werden. Tag für Tag muss das Ende des Stängels gekürzt werden, da sonst der Saft nicht mehr austritt. Abhängig von der Fruchtbarkeit des Bodens und der Luftfeuchtigkeit produziert ein Baum täglich zwischen 10 und 30 Liter. Die Luftfeuchtigkeit bestimmt die Zeitdauer, in der der Baum Wirbel produziert. Diese Zeit variiert zwischen einem und drei Monaten.

Der Saft hat die Farbe und Transparenz von Wasser, dem etwas Milch zugesetzt wurde. Im frischen Zustand ist es ein süßes, erfrischendes Abführmittel, aber die Fermentation erfolgt so schnell, dass es nach ein paar Stunden die berauschenden Eigenschaften eines gewöhnlichen Kokosnuss-Todys annimmt. Um die Gärung zu fördern und die abführende Wirkung des Saftes zu beseitigen, wird die Rinde eines Baumes hinzugefügt. Am dritten Tag beginnt die Acetifizierung, es sei denn, dem Getränk wird eine Handvoll des gewöhnlichen einheimischen roten Pfeffers hinzugefügt. In diesem Fall wird die weitere Gärung für einen Zeitraum von etwa vier weiteren Tagen ausgesetzt.

[5] *La-gúd* genannt .

Die Palme, aus der dieser Saft gewonnen wird, kommt auf der östlichen Seite des unteren und mittleren Agúsan-Tals in großer Menge vor und wird in dieser Region überall angezapft. Auf der Westseite ist es jedoch nicht so häufig anzutreffen. Der Manóbo ist daher gezwungen, nach anderen Mitteln zu suchen, um das Verlangen zu befriedigen, das er, wie viele seiner Mitmenschen auf der ganzen Welt, nach einem Stimulans verspürt.

[6] In der Nähe von Tudela am Fluss Simúlau gibt es Zuckerpalmenhaine. Ich schätzte, dass sie 5.000 Bäume enthielten.

BÁHI TODDY

Túng-gang ist der Saft der *Báhi-* Palme. Die Extraktionsmethode ist identisch mit der des Zuckerpalmweins. Es ist weder so angenehm noch so stark wie das zuvor beschriebene Getränk, aber es ist keineswegs ungesund. Es wird nur dann als Getränk verwendet, wenn kein anderes erhältlich ist. Mir wurde zuverlässig mitgeteilt, dass manchmal der Baum gefällt wird, bevor der Saft gewonnen wird. Um den Saftfluss zu ermöglichen, werden Einschnitte in den Stamm gemacht.

ZUCKERROHRBRAU

In-tus ist ein Getränk, das aus dem Saft des Zuckerrohrs hergestellt wird. Es ist das gebräuchlichste und beliebteste Getränk, und zwar so sehr, dass es als würdig erachtet wird, den Geistern bei Opfer- und anderen Anlässen präsentiert zu werden.

Extraktion des Saftes. – Das Zuckerrohr wird zuerst geschält und dann Stängel für Stängel oder Stück für Stück unter dem Li-gi-san zerkleinert. Dabei handelt es sich um eine sehr primitive Mühle, die aus einem runden, glatten, schweren Baumstamm, meist aus *Palma Brava* [7] oder der Fischschwanzpalme, besteht, der horizontal etwa 1 Meter über dem Boden auf zwei groben Rahmen aufgestellt ist. Es ist mit einem vertikalen Griff ausgestattet, mit dem es über ein flaches Stück Holz hin und her gerollt werden kann. Das Rohr wird nach und nach zwischen diesem letzten Stück und dem Stamm eingeführt, der in ständiger Bewegung gehalten wird. Sobald ein Stück Zuckerrohr ganz oder teilweise zerkleinert ist, wird es zu einer etwa 30 Zentimeter langen Masse verdoppelt und erneut zerkleinert. Auf diese Weise werden pro Tag etwa 20 Liter Saft gewonnen.

[7] *An-a-hau* (*Livistona* sp.).

Kochen .--Für die Zubereitung des Getränks wird die im vorherigen Kapitel beschriebene eiserne Kochpfanne bevorzugt, es sei denn, es wurde eine leere Kerosindose sichergestellt. Fehlt beides, erfüllt der gewöhnliche Topf seinen Zweck. In der Mitte des Kochgeschirrs befindet sich ein kleiner Zylinder aus Bambuslamellen, der zur Messung der Verdunstungsmenge dient. Das Kochgefäß wird mit kleinen Scheiben der Wurzel einer ingwerähnlichen Pflanze [8] gefüllt und mit Zuckerrohrsaft gefüllt, um die Zwischenräume zu füllen.

[8] *Lan-kwas* (*Cordeline terminalis* Willd.).

Die Siedemenge bestimmt die Qualität der resultierenden Flüssigkeit. Wenn der Saft nur zu einem Viertel eingekocht wird, hat das Getränk einen süßlichen Geschmack und ein weißliches Aussehen und ist meiner Meinung nach nicht schmackhaft. Je mehr der Saft verdunstet, desto weicher und brauner wird er. Die Manóbos des oberen Agúsan machen ein besseres Getränk als die der Seenregion, weil sie den Saft zur Hälfte verdampfen, während die Manóbos des letztgenannten Bezirks ihn nur flüchtig kochen lassen. Üblicherweise verwendet man zum Messen der Verdunstung einen kleinen Messstab aus Bambus, indem man ihn in den Bambuszylinder in der Mitte des Topfes einführt, aber ein erfahrener Brauer kann ihn am Geruch messen.

Gärung : Nach dem Kochen ist der Sud nicht mehr für den sofortigen Gebrauch geeignet. Die Gärung muss mindestens drei Tage lang erfolgen. Fünf Tage reichen aus, um ihn einigermaßen trinkbar zu machen. Je länger die Fermentationsdauer ist, desto schlechter ist die Qualität des resultierenden Likörs, *ceteris paribus* . Wenn gut gekochtes Gebräu einige Monate lang aufbewahrt wird, nimmt es eine durchscheinende Bernsteinfarbe an, riecht und schmeckt stark nach Rum und ist äußerst berauschend. Der Likör muss während der Gärung in geschlossenen Gläsern oder Tontöpfen an einem kühlen, feuchten Ort aufbewahrt werden. Wenn es in Bambusverbindungen aufbewahrt wird, verdirbt es.

Im Allgemeinen ist das Getränk berauschender als Kokosnuss-Toddy, aber es ist bekömmlich und sein Konsum geht nicht mit den Nachwirkungen einher, die das Ergebnis eines übermäßigen Genusses bestimmter anderer alkoholischer Getränke wie Vino *sind* . In diesem Zusammenhang ist es angebracht anzumerken, dass ich noch nie einen Fall von Delirium tremens oder anderen schwerwiegenden Folgen beobachtet habe, die in anderen Teilen der Welt den Gewohnheitstrinker häufig treffen. Die einzigen negativen Auswirkungen, die ich gesehen habe, sind die sprichwörtlichen Kopfschmerzen und der Durst, aber selbst diese sind sehr selten und treten normalerweise nur nach langen und ununterbrochenen Genussphasen auf. In der Regel werden solche Effekte durch den Verzehr von heißer Taro-Top-Suppe oder durch den Verzehr von Zuckerrohr sofort beseitigt.

MET

Dies ist wahrscheinlich das beste Getränk, das in Manóboland hergestellt wird, aber da die Honigsaison kurz ist und der Honig sowohl im Wald nach dem Nestbau als auch im Haus von den Familienmitgliedern konsumiert wird, ist das Getränk knapp.

Die Zubereitung des Getränks ist identisch mit der von Zuckerrohrsud. Es wird das gleiche Ferment verwendet, die gleiche Kochmethode angewendet und im Allgemeinen gelten die gleichen Bemerkungen, mit der Ausnahme, dass anstelle des Zuckerrohrsaftes Honig und Wasser verwendet werden. Der Honig wird in unterschiedlichen Anteilen mit Wasser vermischt. Es ist das Verhältnis von Wasser zu Honig, das die Stärke, Qualität und den Geschmack des endgültigen Getränks bestimmt. Eine Mischung aus der Hälfte und der Hälfte soll das beste Getränk ergeben. Lässt man die Gärung einige Monate lang andauern, hat der resultierende Likör eine klare kristalline Farbe und ist sowohl im Geschmack als auch in der Stärke mit denen modernerer Spirituosen vergleichbar.

TRINKEN

ALLGEMEINE BEMERKUNGEN

Obwohl die Manóbos bei religiösen Festen ausnahmslos trinken, habe ich weder während des Festes selbst noch bei der Zubereitung des Wirbels jemals eine religiöse Zeremonie beobachtet, noch wurden irgendwelche magischen oder anderen übernatürlichen Mittel eingesetzt. Zwar wird beim Aufstellen des Zerkleinerungsgeräts [9] die Zeremonie des Vogelwinkens mit anschließender Blutsalbung durchgeführt. Ich habe diese Zeremonie selbst in mehreren Teilen des Agúsan-Flusstals miterlebt. Aber solche Zeremonien sind beim Bau von Häusern, Schmieden usw. üblich und haben keinen Bezug zur tatsächlichen Herstellung des Getränks.

[9] *Li-gi-san* .

di-ua-ia , *tag-la-nu-a* (Herren der Hügel und Täler) und anderen eine Schüssel voll des Gebräus mit den üblichen Speisen wie Fleisch und Reis serviert Geister, denn auch sie lassen sich gerne mit den guten Dingen dieser Welt verwöhnen.

Bei allen großen religiösen und gesellschaftlichen Festen und bei der Ankunft eines angesehenen Freundes oder Besuchers wird getrunken – auch dann, wenn man einen guten Handel abschließen oder auf gesellige Weise ein anderes Ziel erreichen möchte. Der Erwerb einer ungewöhnlichen Menge Fisch oder Fleisch ist ein häufiger Anlass für die Herstellung des Gebräus und führt zu folgender Praxis:

DER SUMSÚM-AN

Das *Sumsúm-an* , das heißt das Essen von Fleisch oder Fisch mit Getränkebegleitung, ein allgemeiner Brauch im gesamten Agúsan-Tal, im Salúg-Tal und im gesamten Mandáya-Land, ist etwas, das besonders den wahren Mandáya, Manóbo, anspricht. und Mañgguáñgan. Wenn ein Mann eines dieser Stämme einen guten Fischfang ergattert oder ein Wildschwein gefangen hat, besorgt er sich einen Vorrat an Getränken und trifft seine Gäste am vereinbarten Ort, normalerweise in seinem kleinen Bauernhaus. Sobald alle zusammen sind, wird der Fisch oder das Fleisch auf Holzstäbchen über dem Feuer gegrillt. Wenn es gekocht ist, legen die Frauen es aus und es wird in der Regel vom Wirt in Stücke geschnitten und mit großer Präzision hinsichtlich Gewicht, Qualität, Knochenmenge und Menge der Zutaten zugeteilt. Während dieser Aktion werden ein paar Bambusbällchen voll Bier aus einem Versteck geholt und ein Verwandter des Hausbesitzers setzt sich mit einem unter dem Arm hin. Vor ihm stehen Gegenstände wie Gläser und Schüsseln, sofern erhältlich, oder statt dessen kleine Stücke aus Bambusstücken, in die jeweils etwa ein Glas gefüllt ist und die sich in ihrer Form nicht sehr von henkellosen deutschen Krügen unterscheiden. Diese Bambusbecher erfüllen ihren Zweck hervorragend. Der Schnapsverteiler schneidet einen kleinen Streifen unter der Öffnung seines Bambusbehälters ab, um zu verhindern, dass der Schnaps beim Ausgießen verloren geht. Dann steckt er zwei Finger in die Öffnung des Bambus und macht durch die Blätter eine Öffnung für das Getränk, aber nicht so groß, dass Insekten, die möglicherweise in die Flüssigkeit gelangt sind, freien Austritt haben. Dann füllt er die vorhandenen Gefäße auf und achtet darauf, jedem die gleiche Menge zu geben.

Es ist zu beachten, dass es ein unantastbarer Brauch ist, dass der Gastgeber zuerst trinkt. Dies liegt an dem weitverbreiteten Glauben an geheime Gifte. Nach dem Trinken reicht der Gastgeber den Kelch an diejenigen weiter, die er ehren möchte, es sei denn, sie sind bereits bereit, und unter Verwendung eines Ausdrucks, der unserem englischen „Here goes" entspricht, trinken der Gast oder die Gäste das Gebräu. Die Schüsseln oder anderen Gefäße werden zum Verteiler zurückgebracht und der Vorgang wird wiederholt, bis alle etwas getrunken haben.

TRINKEN WÄHREND RELIGIÖSER UND GESELLSCHAFTLICHER FESTE

Bei religiösen und gesellschaftlichen Festen gelten die oben beschriebenen Trinkbräuche, mit der Ausnahme, dass das Getränk in heiligen Krügen serviert wird, wenn diese zur Hand sind, und mit einer Reihe von Schalen, die der Gastgeber besitzen kann. Eines dieser Feste, insbesondere das Hochzeitsfest, kann von bis zu 200 Personen besucht werden und 3 bis 7 Tage und Nächte dauern, so dass man von 20 Krügen oder 100 Bambuskrügen oder 10 Joints voll Zuckerrohrsirup hören kann, die zu diesem Anlass konsumiert werden Ein tolles Festival ist nichts Seltsames.

[10] *Sugúng* .

Die Menge an Getränken, die sowohl einzeln als auch kollektiv während eines der Feste konsumiert wurden, gibt einen Eindruck von der großen Leistungsfähigkeit dieser Naturvölker. Der durchschnittliche weiße Mann wäre meiner Meinung nach wahnsinnig betrunken, bevor der Mandáya oder Manóbo sich fröhlich fühlen würde. Es entspricht nicht den Stammesbräuchen, Speisen und Getränke zu verweigern, solange der Gastgeber sie seinem Gast servieren kann. Bei ein paar Gelegenheiten habe ich gesehen, wie ein Stammesangehöriger aufstand, sich leise den Magen entleerte und ruhig zum Fest zurückkehrte, um seine festgesetzte Portion zu beenden und als Beweis dafür seine Hände und seinen Teller zu waschen.

Im Hinblick auf Frauen und Kinder kann man sagen, dass sie wenig trinken, nicht aus religiösen oder moralischen Gründen, sondern einfach, weil sie es nicht wollen. Die Männer sind jedoch eingefleischte Trinker. Trunkenheit ist keine Schande. Im Gegenteil gilt es als Pflicht und Tugend, den zugeteilten Anteil einzunehmen.

BÖSE AUSWIRKUNGEN DES TRINKS

Es versteht sich von selbst, dass es bei diesen Trinkgelagen manchmal zu Streitigkeiten kommt, wenn auch nicht häufiger, wage ich zu behaupten, als unter kultivierteren Völkern in anderen Teilen der Welt. Der Brauch, bei allen Gelegenheiten, bei denen andere als Verwandte anwesend sind, Waffen zu tragen, hat eine abschreckende Wirkung auf Streitigkeiten, doch es gibt Gelegenheiten, in denen Dolche oder Bolos einen Streit beenden, den wildes Geschrei und hektische Gesten nicht beilegen können.

Was die Menge des getrunkenen Getränks angeht, könnte ich genauso gut eine Schätzung wagen wie die Anzahl der Sterne am Firmament. Dies wird leicht verständlich, wenn man erfährt, dass es gemäß den sozialen Institutionen der Manóbos kein Verstoß gegen die guten Sitten ist, einen Nachbarn um etwas zu bitten, an dem man Gefallen finden könnte. Eine Weigerung seinerseits könnte, wenn sie nicht auf die diplomatischste Weise formuliert wird, unnachbarschaftliche Gefühle hervorrufen und bei anderer Gelegenheit zu gleicher Vergeltung führen. Daher werden Getränke fast ausnahmslos im Gras außerhalb der Siedlung deponiert. Wenn es benötigt wird, wird es heimlich oder nachts an den vereinbarten Ort gebracht, denn wenn andere als die Eingeladenen wüssten, dass sich in ihrem Besitz ein Getränk befindet, würden auch sie zum Tatort strömen. Angesichts der Geheimhaltung des Alkoholbesitzes ist es unmöglich, eine Schätzung über die Menge des in Manóboland konsumierten Alkohols abzugeben. Es genügt zu sagen, dass der Manóbo bei jeder Gelegenheit trinkt und viele Kilometer zurücklegt, um sich etwas von der fließenden Schüssel zu sichern.

ZUBEREITUNG UND VERWENDUNG VON TABAK

Wenn der Tabak reif ist, wird er gepflückt, mit einem Bambusholz fein geschnitten und ein oder zwei Tage lang in der Sonne getrocknet. Anschließend wird es häufig in Bambus-Internoiden gestampft und zur Gärung an einem kühlen, trockenen Ort, oft im Reisspeicher, abgelegt. Bevor man den Tabak verwendet, ist es üblich, ihn für ein oder zwei Nächte ins Gras zu legen. Dies führt zu einer Schweißbildung und macht den Tabak kaubar.

Dies ist die einzige Form, in der Tabak im Berg Manóbos zubereitet wird. Die Menge des geernteten Tabaks ist unbedeutend und liegt etwas über dem, was für den persönlichen Gebrauch ausreicht. Da sie in der Erntezeit einen großen Teil davon entsorgen, kommt es nicht selten vor, dass es schon lange vor der nächsten Ernte zu Engpässen kommt.

Dem Tabakkonsum werden keine schädlichen Auswirkungen zugeschrieben, obwohl er von der Kindheit bis zum Tod von Männern, Frauen und Kindern konsumiert wird.

Es rauchen nur Männer und Jungen. Das zu diesem Zweck verwendete Rohr ist üblicherweise ein kleiner Kegel, der aus einem Stück importiertem Zinn oder einem Stück Stahl gefertigt ist. Der Stiel ist ein Stück kleiner Bambus. Gelegentlich findet man Holzpfeifen, die aber vermutlich von christianisierten Manóbos oder Bisáyas erworben wurden.

Die erstgenannte Pfeife fasst etwa einen Fingerhut Tabak. Es wird normalerweise mit einem Feuerbrand angezündet, es sei denn, es wird verwendet, wenn die Leute auf dem Weg sind; Zu diesem Zeitpunkt werden Feuerstein, Stahl und Zunder beschlagnahmt.

Es gibt zwei Formen des Tabakkauens: Erstens die *Bal-ut*-Methode. Darin wird eine Mischung aus gehacktem Tabak, Limette, dem Saft einer Rebe, [11] und Pot Black hergestellt. Diese Kombination, die im Großen und Ganzen die Größe einer großen Murmel haben kann, wird zwischen der Oberlippe und dem oberen Zahnfleisch getragen, ruht jedoch auf der Unterlippe und ragt aus dem Mund heraus, wodurch die Lippen auseinander gehalten werden. Es wird hauptsächlich wegen seiner narkotischen Wirkung verwendet, gleichzeitig dient es aber auch als Schmuck und neigt dazu, die Zähne zu schwärzen. Es wird im Mund getragen, bis seine Kraft erschöpft ist. Während der Mahlzeiten wird es hinter das Ohr gelegt. Wenn der Tabak knapp ist, wird ein und derselbe Pfund mit mehreren Limetten-, Schwarz- und Weinsaftzusätzen versetzt, so dass er einen ganzen Tag lang verwendet werden kann. Die Frauen sind an den Gebrauch dieses *Bal-ut eher gewöhnt als die Männer*, weil erstere nicht rauchen und weil sie gewöhnlich einen weniger begrenzten Vorrat an Tabak versteckt haben als die Männer. Die zweite Art der Tabakverwendung ist als *La-gút bekannt*. Dabei wird eine kleine Prise Tabak in Kombination mit Betelnüssen gekaut. Tabak wird selten allein gekaut.

[11] *Maú-mau*.

Das Betelnuß-Kaumittel

ZUTATEN UND WIRKUNG DES QUID

Der Betelnuss-Pfund bedeutet für den Manóbo mehr als die Zigarette, die Zigarre oder die Pfeife für seine zivilisierteren Mitmenschen. Bei ihm ist der Gebrauch davon eine universelle, ewige Gewohnheit. Bei Tag und bei Nacht, im Haus und auf dem Weg, bei Gesundheit und Krankheit greift er zur Anregung auf Betelnüsse, Betelblätter und Limetten zurück. Ein Besucher kommt in sein Haus und der erste Akt der Gastfreundschaft ist die Darbringung des Betelnussquids. Auf dem Weg trifft er einen Bekannten, setzt sich hin und bietet den beruhigenden Kausnack an. Er ist bestrebt, dass sein Omen gut ist, und legt der Waldgottheit einen Tribut an Betelnüssen auf den Weg. Dann geht er weiter, zuversichtlich, dass seine Wünsche erfüllt werden. Und wenn er seine Götter anruft, muss das erste und wichtigste Opfer das Pfund der Betelnüsse sein, denn der Duft der Nuss und der Duft der Blüte gelten als die Hauptdelikatesse der Geister.

Die Betelnüsse [12] werden aus den im Wald vorkommenden Palmen gewonnen. Diese Palmen wurden entweder von den Manóbos selbst oder von ihren Vorfahren gepflanzt. Die Nüsse kommen kaum in ausreichender Menge vor, um den Bedarf zu decken. Wenn sie nicht erhältlich sind, werden andere Pflanzen [13] verwendet, aber sie sind ein minderwertiger Ersatz. Die Betelnüsse haben einen überaus adstringierenden Geschmack und können nur in Kombination mit Betelblättern und Limette verwendet werden. In der Regel bevorzugen die Berg-Manóbos die grüne und zarte Nuss, aber die reife Nuss scheint die Wahl derjenigen zu sein, die mit christianisierten Manóbos oder Bisáyas in Kontakt gekommen sind.

[12] *Areca-Betel* .

[13] *Kan-ín-yag* , Zimt, ist einer der Ersatzstoffe. Auch *Kanéla genannt* .

Das Betelblatt [14] stammt von einer Pfefferart, von der es unzählige heimische und wilde Arten gibt. Eine heimische Sorte wird bevorzugt, aber da das Angebot nicht immer der Nachfrage entspricht, wie im Fall der Betelnüsse, bieten die Wildarten einen erträglichen Ersatz. Die zarten Blätter werden bevorzugt, da sie weniger scharf sind. Aus dem gleichen Grund werden heimische Arten den Wildarten vorgezogen, da letztere einen sehr scharfen Geschmack haben.

[14] *Betel* sp.

Der Kalk wird aus den Schalen von Schalentieren hergestellt, die in Flüssen, Bächen und Seen vorkommen. Die Muscheln werden in einem sehr heißen Feuer, meist aus Bambusstreifen, verbrannt, wobei das Feuer kontinuierlich angefacht wird. Anschließend werden die Schalen mit etwas Wasser gelöscht und der Kalk ist gebrauchsfertig.

Zur Zubereitung des Quids wird die Betelnüsse, häufig von ihrer faserigen Schale befreit, in kleine Scheiben geschnitten. Eine Scheibe wird auf ein Stück Betelblatt gelegt und mit etwas Limette aus der Limettenröhre geschüttelt. Anschließend wird das Blatt um die Nuss und die Limette gewickelt und schon ist das Pellet gebrauchsfertig. Die Menge an Limette muss so bemessen sein, dass sich der Speichel rot verfärbt, und hängt von der Größe der Betelnüsse und des Betelblatts ab. Ein Überschuss an Kalk verbrennt die Mund- und Zungenhaut, was jedoch durch eine sofortige Erhöhung der Blattmenge vermieden werden kann. Eine kleine Prise Tabak, je stärker, desto besser, rundet das gewöhnliche Pfund ab.

Manchmal werden diesem Kaumittel auch andere aromatische Zutaten wie Zimt, Zitronenschale und andere hinzugefügt.

Der erste und unmittelbare Effekt des Kauens dieser Kombination besteht darin, den Speichelfluss zu fördern. Darauf folgt die Rötung des Speichels durch die chemische Einwirkung des Kalks auf die Betelnüsse und das Blatt. Die wichtigste Wirkung des Quids ist jedoch das beruhigende Gefühl, das auf den Gebrauch folgt. In dieser Hinsicht übertrifft es das Kauen von Tabak bei weitem, sowohl nach der Meinung der Manóbos als auch meiner Meinung nach. Die Empfindungen, die ich bei meinen ersten Versuchen verspürte, waren ein Gefühl der Aufblähung des Kopfes und ein vorübergehendes Schwächegefühl, begleitet von kaltem Schweiß auf der Stirn. Es folgte ein Gefühl von Hochgefühl und gesteigerter Lebenskraft. Generell lässt sich sagen, dass das Kauen von Betelnüssen vor allem auf Reisen ein wirksames Stärkungsmittel und ein harmloses Narkotikum darstellt, das kaum zu ersetzen ist. Der Zusatz von Tabak verstärkt diese narkotische Wirkung erheblich, während andere Zusätze wie Zimt nur dazu dienen, die Adstringenz und die Schärfe des Blattes abzumildern und dem Quid ein Aroma zu verleihen.

BETEL-KAUZUBEHÖR

Der Manóbo-Mann trägt auf seinem Rücken in einem kleinen Beutel aus Abaká *oder* einem anderen Stoff alles, was er zum Kauen von Betelnüssen braucht. Die Frau legt sie in einen offenen Korb, es sei denn, sie ist auf Reisen, dann trägt sie sie in einem kleinen geschlossenen Korb.

[15] *Pú-yo* .

Die Betelnüsse und das Betelblatt werden zum Zweck der Versteckung auf den Boden des Sacks gesteckt, denn es besteht ständiger Ruf nach dem einen oder anderen, und sollte man wissen, dass ein bestimmtes Individuum einen Vorrat hat, ist das Sozialwesen der Manóbos Vorschriften würden ihn dazu verpflichten, sich auf Verlangen davon zu trennen. Deshalb hält er es aus der Sicht und ist immer bereit, sich zu entschuldigen, wenn man ihn um das eine oder andere bittet, mit der Begründung, dass er nichts mehr habe.

Er bewahrt ein paar Nüsse und Blätter für den sofortigen Gebrauch in einer Moro-Messingdose auf, [16,] wenn er das Glück hat, eine zu besitzen. Ansonsten legt er sie in einen zylindrischen Behälter [17] , der meist aus einem kleinen Bambusinternodium besteht, oder in einen kleinen runden Behälter [18] aus geflochtenem Rattan, der mit dem Fruchtfleisch eines Baumsamens überzogen ist. [19] Seinen Tabak für den sofortigen Gebrauch bewahrt er in einem anderen ähnlichen Behälter auf, wobei der Hauptvorrat im Boden des Rucksacks versteckt ist.

[19] *Ta-bon-tábon* (*Parinarium mindanaense* Perkins).

Die Limette wird immer in einem kleinen Internodium aus Bambus aufbewahrt. Dieser ist an einem Ende offen und hat einen kugelförmigen Pfropfen aus geflochtenem Rattan, der in die Öffnung eingesetzt wird, um zu verhindern, dass überschüssiger Kalk austritt. Dieses kugelförmige Netzwerk ähnelt im Miniaturformat dem Fußball, der auf den Philippinen so häufig zu sehen ist. Wenn man dem Pfund Limette hinzufügen möchte, nimmt man die Tube in eine Hand und hält sie in einer nach unten gerichteten Position, wobei Daumen und kleiner Finger darunter und die anderen Finger darüber liegen. Anschließend lässt man den Zeigefinger mit Kraft vom Mittelfinger bis zum Rohr gleiten und klopft dabei den Kalk aus. Diese Klopfbewegung ähnelt der, die beim Worfeln von Reis ausgeführt wird.

[20] *Táng-tang* .

Die Männer benutzen ihre Bolos, um die Betelnüsse zu zerschneiden, aber die Frauen haben ein kleines Messer [21] , das auch den Zweck eines allgemeinen Gebrauchsgeräts erfüllt, entsprechend unserer Schere.

[21] *Ba-di'* oder *kam-pit* .

Wenn die Zähne des Kauers altersbedingt abgenutzt sind, wird der Quid in einem kleinen Mörser aus Hartholz zerstampft, wobei ein Stück Stahl als Stößel dient. Auf diese Weise werden Betelnüsse und Blätter ausreichend weich zum Kauen.

Zusammenfassend lässt sich sagen, dass diese Gewohnheit zwar schmutzig erscheint, weil Mund und Lippen des Kauers verfärbt sind und der rubinrote Auswurf, der seine Umgebung färbt, sie aber im Großen und Ganzen eine notwendige und wohltuende Praxis ist. Aufgrund meiner Beobachtung und Erfahrung glaube ich, dass die Gewohnheit Zahnschmerzen und andere Zahnerkrankungen beseitigt. Christianisierte Manóbos und Bisáyas, die diese Gewohnheit aufgegeben haben, leiden unter Zahnproblemen, während der eingefleischte Kauer der Berge davon frei ist. Ohne dieses milde, aber wirksame Stärkungsmittel kann der Manóbo weder die langen und häufigen Wanderungen ertragen noch die schweren Lasten tragen, die er auf sich nimmt.

KAPITEL X

Mittel zum Lebensunterhalt

LANDWIRTSCHAFT

ALLGEMEINE BEMERKUNGEN

Die Landwirtschaft befindet sich in einem sehr primitiven Zustand. Es stimmt, dass die meisten christianisierten Manóbos, die in den Flusssiedlungen leben, jeweils ein paar hundert *Abaká-* Pflanzen haben, doch ihre Pflege wird praktisch der Natur überlassen, ihre Produktivität hängt vom Boden ab. Aber der wahre Bergsteiger pflanzt nichts außer dem Nötigsten zum Leben – Reis und *Camotes* , etwas Taro, [1] ein wenig Zuckerrohr der Saison, ein kleines Stück Mais und manchmal Ingwer und andere Gewürze.

[1] In Bezirken in der Nähe des Mandáya-Landes ist die Verwendung von Taro häufiger, aber selbst im oberen Agúsan ist es keine dauerhafte Kulturpflanze. Die Mandáyas ernähren sich weitgehend davon, wenn der Boden an ihr Wachstum angepasst ist. Taro ist das *Colocasia antiquorum* .

Sein Landwirtschaftssystem ist perfekt an seine sozialen und politischen Institutionen angepasst. Da er in einem Zustand ewiger Wachsamkeit lebt und weiß, dass der erste Tod im Haus oder eine unglückliche Kombination von Vorzeichen oder die Bedrohungen seiner Feinde ihn von seinem Haus und seiner Farm vertreiben könnten, begnügt er sich mit einer kleinen Lichtung . Er baut keine Böschungen, keine Bewässerungsgräben, keine Terrassen. Er hat weder Pflüge noch Zugtiere. Er wählt jedes Jahr ein Stück Urwald aus und rodet und kultiviert das Land mit dem Bolo und der groben Axt. Für eine dauerhafte Ernte behält er sein *Camote-* Beet, auf dem er ein paar Bananen und immer auch eine Prise Zuckerrohr pflanzen kann. Verstreut auf dieser kleinen Farm findet man einige einheimische Tomaten, die häufiger von Vögeln als von Menschenhand gepflanzt werden, ein paar Ingwerpflanzen und andere Pflanzen, die zum Würzen des Essens dienen. Gelegentlich wird eine Betelnusspalme und einige Betelblätter gepflanzt, aber mit diesen Ausnahmen werden keine Bäume gepflanzt, nicht einmal solche, deren Früchte sehr genossen werden.

DIE ZEIT UND DER ORT, UM REIS ZU PFLANZEN

Die Zeit zum Pflanzen ist gekommen, wenn die Stimme des Vogels *Kuaháu* zum ersten Mal aus dem Wald ertönt und die Blätter des *Lanípau-* Baums zu fallen beginnen. [2] Dann flüchtet der Bauer in den Wald, um den Standort für das Reisfeld auszuwählen, und bittet den Omenvogel, ihn bei seiner Wahl zu unterstützen. Natürlich lässt er sich bei seiner Auswahl von Gründen der Nähe zum Wasser, der Sicherheit vor Überschwemmungen, der Entfernung von der Siedlung usw. leiten, aber der Ruf des Omenvogels muss günstig sein. Nachdem er sich für den Ort entschieden hat, opfert er den *Tagbánua* und allen anderen Geistern, die möglicherweise in der Nachbarschaft wohnen, Betelnüsse. Dieser Huldigungsakt wird durchgeführt, um sich mit diesen Waldherren anzufreunden, damit sie nicht wegen der Usurpation eines Teils ihres Herrschaftsgebiets unzufrieden werden. Dann sucht er sich einen Platz für das Haus aus und räumt ihn, wenn er Zeit hat, aber wenn nicht, fällt er ein paar kleine Bäume, um seine Eigentümerschaft öffentlich bekannt zu machen. Besonderes Augenmerk wird hier darauf gelegt, dass es sich bei dem ausgewählten Standort um einen Urwaldstandort handeln muss. Der Manóbo pflanzt seinen Reis niemals zwei Jahre lang an derselben Stelle an, da er sonst keine reiche Ernte einbringen würde.

[2] Bestimmte Bäume, wie der *Ná-to'* und der *Ba-ró-bo'* , beginnen zu dieser Jahreszeit Früchte zu tragen und sind auch ein Zeichen für das Herannahen der Reisanpflanzungssaison.

Am nächsten Tag oder wenn alles fertig ist, beginnen er und seine Familie mit der Arbeit, indem sie eine kleine Hütte errichten, die groß genug ist, um sie unterzubringen. In der Mitte des Hofes [3] ist eine kleine Plattform für die Saat und in der Nähe des Hauses das übliche Opferhaus [4] und andere Opfergaben errichtet. Dann ist er bereit, das Opfer des Reisanbaus zu vollbringen.

[3] *U-ma'* .

[4] *Ka-má-lig* .

Die Aussaatzeremonie [5]

[5] Das *Täp-Hag* -Opfer.

Täphágan ist eine weibliche *Diuata* , unter deren besonderer Aufsicht die Reisernte und alles, was damit zusammenhängt, steht. Man geht davon aus, dass sie die Ernte vor Mensch und Tier beschützt und ihren Auserwählten angeblich sogar die Namen aller Eindringlinge preisgibt. Als Gegenleistung dafür muss sie vom Beginn der Reissaison bis zur Ernte häufig gefeiert werden, denn zu diesem Zeitpunkt hören ihre Pflichten auf und sie überlässt das Feld Hakiádan.

Der Amtsträger der Reisanpflanzungszeremonien sind entweder ein oder mehrere Familienpriester. Das Opfer ist entweder ein Schwein oder ein Huhn, das auf besondere Weise geopfert wird. Die Anrufungen bestehen aus denselben endlosen Bitten, Versprechen und Wiederholungen, die für alle

Manóbo-Gebete charakteristisch sind. Während dieser Zeremonie wird eine Variation beobachtet. Das getötete Geflügel wird auf den Boden geworfen und herumflattern gelassen, wodurch, wie man glaubt, mit seinem Blut alle Übel aus dem Boden entfernt werden, die dem Reis schaden oder seine Produktion verringern könnten. Wenn jedoch ein Schwein getötet wurde, wird die Blutlustration auf übliche Weise durchgeführt, indem ein nahegelegener Baumstamm bestrichen wird. Der Priester befiehlt, dass das Böse von der Erde verschwinde · Mir wurde oft gesagt, dass beim Reisanpflanzen eine besondere Zeremonie notwendig sei. Diese Zeremonie wird *hú-gad to sá-ya* oder *hú-gad to sä* genannt, was „von der Sünde reinigen" bedeutet. Ich neige dazu zu glauben, dass es sich bei diesem Ritus um einen reinigenden Ritus handelt, wie der Name schon sagt. Ich nehme an, dass es sich um eine heimliche Sühne für solche Übertretungen handelt, die mit einem Misserfolg der künftigen Ernte bestraft werden könnten.

[6] *Ka-dú-ut* .

Wie bei allen Importunternehmen werden die Eingeweide des Opfers sorgfältig beobachtet. Andere Formen der Wahrsagerei, insbesondere das Ei-Omen, werden eingesetzt, um festzustellen, ob die übernatürlichen Mächte den Ort genehmigen oder nicht.

Zu den Opfergaben für Täphágan gehört eine Handvoll ungeschälter Reis, der von der letzten Ernte stammt und jetzt im religiösen Schuppen ausgelegt ist. Während dieses Festes ist es üblich, den Tieren und Insekten, die später der Ernte schaden könnten, etwas Reis zu geben. Zu diesen zählen Ratten, Reisvögel, Krähen, Sittiche und Ameisen. Ein wenig Reis wird für sie auf einem Baumstamm ausgelegt und sie werden willkommen geheißen und gebeten, in Zukunft keine Plünderungen zu begehen. Auch die Omenvögel, Propheten reichlicher Ernten, und der *Kuaháu* , Vorbote und Begleiter der Reisernte, werden nicht vergessen.

[7] *Abúkai* .

Während des Wachstums des Reises werden die oben genannten Praktiken von Zeit zu Zeit beobachtet. Es werden keine besonderen Regeln beachtet, aber man kann allgemein sagen, dass das Auftreten schlechter Vorzeichen oder der Verdacht einer Gefahr den Eigentümer der Ernte dazu veranlassen, Täphágan zu feiern und dadurch Immunität vor dem Bösen zu erlangen. Der Priester kann die Notwendigkeit solcher Dinge am besten beurteilen.

DIE RÄUMUNG DES LANDES

Da die Vorzeichen günstig sind, beginnt der Bauer mit Unterstützung seiner Verwandten und Freunde unverzüglich mit der Rodung. Es ist wichtig, dass zumindest ein wenig Arbeit geleistet wird, um den Handel mit den oben genannten Mächten abzuschließen, denn sollte es zu einer Verzögerung kommen, könnten die Vorzeichen schief gehen und eine Wiederholung der Zeremonien und sogar eine Aufgabe der Farm erforderlich machen. Ich habe von mehreren Fällen gehört, in denen potenzielle Farmen unter diesen Umständen aufgegeben wurden.

Die Rodung erfolgt, wie alle anderen landwirtschaftlichen Arbeiten auch, nach dem System der gegenseitigen Hilfe [8], das heißt, die Verwandten und Freunde des Landwirts schließen sich zusammen, um ihm bei der Rodung des Landes zu helfen, wobei er und seine Familie diese Gunst voraussichtlich in Form von Sachleistungen zurückerhalten.

[8] *Pag-a-bai-yús-an* .

Die durchschnittliche Rodung umfasst nicht mehr als ein paar Hektar und ist normalerweise in zwei bis fünf Tagen abgeschlossen. Der erste Schritt [9] des Rodungsprozesses besteht im Fällen des Unterholzes und kleinerer Bäume. Dabei werden die Männer von den Frauen und Kindern unterstützt, die diese zum Verbrennen auf Haufen sammeln. Dies kann nur ein paar Tage dauern, wenn keine ungünstigen Vorzeichen eintreten, aber meiner Beobachtung nach kommt es selten vor, dass das eine oder andere Vorzeichen die Arbeit nicht stört. So macht ein totes Tier, etwa ein Wildschwein oder eine Schlange, das auf dem Bauernhof gefunden wird, Blutlustrationen erforderlich. Das Grollen des Donners bedeutet eine vorübergehende Unterbrechung der Arbeit, und oft wird eine Reinigungszeremonie, über die ich keine Einzelheiten nennen kann, notwendig und verzögert die Arbeit.

[9] Wird *als gás* oder *gái-as* bezeichnet .

Der nächste Arbeitsschritt besteht im Fällen von Bäumen. [10] Zu diesem Zweck werden Gerüste, meist aus Bambus, um den Baum herum in einer Höhe von mehreren Fuß über den Strebepfeilern des Baumes oder an einem als zweckmäßig erachteten Punkt errichtet. Bäume werden weit über der Basis gefällt, da das Holz an der Unterseite des Baumes normalerweise äußerst zäh ist. Der Holzfäller steht auf seinem Sitzplatz in einer Entfernung von etwa 8 Fuß über dem Boden und führt seine heimische Axt so lange aus, bis der Baum nachgibt und bei seinem Fall alle seine Artgenossen umstürzt, die ihm im Weg stehen könnten. Hier ist zu beobachten, dass der Manóbo in der Regel ein Experte im Baumfällen ist und große Freude daran hat. Praktisch die gesamte Abholzung und Rodung des Bisáya-Landes im Agúsan-Tal wird von Manóbos christlicher oder heidnischer Überzeugung und zu lediglich nominellen Kosten durchgeführt.

[10] *Gú-ba* .

[11] *Hu-wá-siu* .

Nachdem die Bäume gefällt wurden, werden alle Äste und Teile des Baums, die ein zu großes Hindernis auf dem Bauernhof darstellen würden, abgeschnitten [12] und auf Haufen gelegt, um sie später zu verbrennen. [13] Dieses Verbrennen kann natürlich erst nach dem heißen Wetter stattfinden, [14] das zu dieser Zeit kommt und etwa einen Monat dauert. Sofern die Lichtung nicht außergewöhnlich frei von schwerem Holz war, bleibt der Boden auch nach dem Abbrennen mit den größeren Stämmen und Ästen belastet. Dies stellt jedoch kein Hindernis dar, da Reis und Camotes zwischen den Baumstümpfen *gepflanzt* werden können.

[12] *Gú-ang* .

[13] *Sáng-ag* .

[14] *Gu-yá-bang* .

Die Aussaat des Reises und seine Kultur

Es ist wichtig, dass die Aussaat zwischen dem Zeitpunkt der Verbrennung und dem nächsten Vollmond erfolgt. Das genaue Datum variiert jedoch je nach Ort. So soll im Umaíam-Bezirk die Zeit für die Aussaat der neunte Tag nach dem ersten abnehmenden Mond sein, der auf die als *Guyábang* bekannte Hitzeperiode folgt, während im oberen Agúsan 12 Nächte ab dem ersten Neumond nach dem gezählt werden *guyábang* und die Aussaat erfolgt am nächsten Tag. Es wird angenommen, dass dieses Verfahren eine reichliche Ernte gewährleisten wird.

Die Aussaatmethode ist einfach. Der Besitzer der Farm nimmt eine Handvoll Reis aus dem Beutel aus geflochtenem Gras [in] der Mitte der Lichtung und verstreut ihn. Anschließend führen die Familienmitglieder die Aussaat durch. Es scheint ein Trick zu sein, die Samen so zu verteilen, dass sie den Boden nicht zu dicht bedecken. Sobald das Saatgut auf die Oberfläche geworfen wird, wird es sofort abgedeckt [16] , um es unter die Erde zu bringen und vor der Verwüstung durch Ungeziefer zu schützen. Dies geschieht durch leichtes Aufbrechen des Bodens mit Bolos.

[15] *Kam-bu-yaí* .

[16] Der Vorgang des Abdeckens des Samens wird *Hi-la-bón genannt* .

Zum Schutz vor Unkraut werden *Camotes* , Zuckerrohr und sogar Mais an Orten gepflanzt, an denen der Reis nicht so nah ist und vor allem dort, wo das Unkraut gewachsen ist. Letztere müssen von Zeit zu Zeit entfernt werden, bis die Pflanze hoch genug ist, um den Boden zu beschatten. Diese und alle weiteren Arbeiten im Zusammenhang mit der Farm, mit Ausnahme der Herstellung und Pflege der Wildschweinfallen, obliegen den Frauen und Kindern.

Das Wachstum des Reises wird sorgfältig beobachtet, und der Besitzer der Farm muss immer bereit sein, bösen Anzeichen entgegenzuwirken und Täphágan bei ihrem Erscheinen zu bewirten. Daher gilt das Auffinden eines toten Tieres, etwa eines großen Vogels, einer Eidechse oder eines Affen, als schädlich und es muss auf die Blutlustration zurückgegriffen werden. Auch hier wird das Auftauchen bestimmter Vögel in der Nähe der Farm als böses Omen angesehen, und es wird notwendig, das drohende Übel durch geeignete zeremonielle Mittel zu vertreiben.

Dürre kommt zwar selten vor, ist aber besonders gefürchtet. Ich war einmal Zeuge einer eigenartigen Methode der Regenerzeugung. Es wurde unter der Schirmherrschaft von Täphágan und auf folgende Weise durchgeführt: Die Regenmacher [17] sicherten sich jeweils einen Wedel einer Palme und gingen zum Ufer des nahegelegenen Baches. Dabei schlugen sie mit ihren Wedeln auf die Wasseroberfläche, bis die Blätter zerrissen waren. Dann steckte jeder seinen Wedel senkrecht auf das Ufer und ging seines Weges, in der Gewissheit, dass es regnen würde.

[17] *Mig-pa-áyao* .

Andererseits gibt es vielfältige gute Vorzeichen und Hinweise auf eine reiche Ernte. Der Bienenschwarm auf dem Bauernhof ist einer davon. So ist auch der ständige Schrei von *Kuaháu* . Es gibt viele andere Vorzeichen, sowohl gute als auch böse, die die Vegetationsperiode zu einer Zeit ständiger Fragen und Antworten zwischen der Natur und dem Urmenschen machen. Wenn die Erntezeit näher rückt, müssen Maßnahmen ergriffen werden, um die Ernte vor ihren Feinden zu schützen. Fallen und leichte Zäune sind die Hauptverteidigung gegen Wildschweine. Vogelscheuchen, bestehend aus Palmwedelstücken, Blechdosen und anderen Dingen, sind an langen Rattanschnüren aufgehängt, die vom Wachhaus [18] in der Mitte des Feldes in alle Richtungen divergieren. Das Winken dieser Rattanstreifen, begleitet von lauten Schreien, dient dazu, die Reisvögel, Sittiche und Affen zu verscheuchen, wenn sie von der jungen Wache manipuliert werden . Oft wird ein kleines Reisopfer dargebracht, um das Wohlwollen des Letzteren zu gewinnen und ihn so schnell wie möglich zu verlassen.

[18] *Ban-taí-an* .

[19] *Maya* .

Ein letztes Fest, ähnlich dem auf den vorhergehenden Seiten beschriebenen, wird Täphágan als Danksagung gegeben, wenn die Ernte fast reif für die Ernte ist, und sie verschwindet dann für ein weiteres Jahr aus dem Gedächtnis des Manóbo.

DIE REISERNTE

Die Erntezeit ist die fröhlichste des ganzen Jahres. Es beendet in den meisten Fällen die lange Zeit der Reisabstinenz und oft auch eine Periode tatsächlichen Hungers. Es ist die Jahreszeit für die Feier von Hochzeiten mit den damit verbundenen Festen; zum Jagen und zum Fischen, insbesondere mit Gift. Und doch ist es voller religiöser Ängste und wird durch strenge Tabus und andere Einschränkungen geschützt, die es gewissermaßen zu einer Zeit des Mysteriums machen. Vielerorts ist es eine Zeit der Wachsamkeit gegenüber den Angriffen des Feindes.

Wenn der Reis reif genug für die Ernte ist, müssen als Erstes alle Wege gesperrt werden, die zum Haus und zur Farm führen. Unter Androhung einer Geldstrafe darf nun niemand mehr das Revier betreten, und es darf auch niemand außer einem Hausbewohner anwesend sein, da die Ernte sonst möglicherweise nie zur Reife gelangen würde. [20] Sollte jemand unbefugt den Hof betreten, muss die Arbeit unbedingt bis zum nächsten Tag eingestellt werden. Dies bietet eine gute Gelegenheit, das gegen den Täter verhängte Bußgeld einzutreiben. Ich wollte dieses Tabu nicht verletzen und kann aus diesem Grund nur Informationen aus zweiter Hand darüber liefern, was von der Schließung der Wege bis zum Erntedankfest geschieht.

[20] *Makadúya* ist der Begriff, der verwendet wird, um das Böse auszudrücken, das der Ernte widerfahren könnte.

Der Besitzer ruft den Omenvogel feierlich an und schneidet, wenn die Omen zufriedenstellend sind, einige der reifen Reisköpfe in der Mitte der Farm ab. Diese werden dann in einen speziell dafür vorbereiteten Grassack gegeben. In diesem Beutel sollen sich [21] Bezoarsteine befinden, damit die Reismenge nicht nur nicht abnimmt, sondern sogar zunimmt. In den folgenden sechs Tagen ernten die Frauen und Kinder jeden Tag etwas und deponieren den Reis in dem oben stehenden Gefäß.

[21] *Mút-ja* oder *mút-da* .

Der so geerntete Reis wird sorgfältig als Saatgut für das folgende Jahr aufbewahrt, obwohl ein kleiner Teil davon für zeremonielle Zwecke während der Aussaat- und Erntefeierlichkeiten verwendet werden kann. Der neue Reis darf auf keinen Fall gegessen werden, bevor das Erntefest bereit ist, und er darf auch nicht verschenkt werden, denn das würde sicherlich zu einem geheimnisvollen Rückgang führen. [22] Kurz gesagt, es hat einen so heiligen Charakter, dass es nachts und niemals in der Gegenwart von jemandem gestampft werden darf, der nicht zum Haushalt gehört, denn sollte zu dieser Zeit jemand das Haus besuchen, würde sich herausstellen, dass der Reis reichhaltig ist Spreu [23] drin.

[22] *Ka-gu-yú-dun* , das heißt wörtlich, dass es weggezogen würde.

[23] *Á-pa* .

DAS ERNTEFEST

Das Erntefest muss stattfinden, bevor die eigentliche Erntearbeit beginnt. Dies geschieht in der Regel am siebten Tag nach Schließung der Loipen, wenn alles bereit ist. Die Bedeutung dieses Festes ist so groß, dass derjenige, der zu diesem Anlass kein Schwein schlachten kann, keinen Anspruch auf die Aristokratie des Stammes hat. Wenn alles bereit ist, werden die Wege geöffnet und Trommel und Gong ertönen, um Verwandten und Freunden zu verkünden, dass sie zum Fest von Hakiádan, der Göttin des Getreides, willkommen sind.

Die Zeremonie unterscheidet sich kaum von der Täphágan-Zeremonie, wie auf den vorherigen Seiten beschrieben. Die Anrufung von Hakiádan ist äußerst ausführlich und dauerte in den wenigen Fällen, die ich miterlebte, mehrere Stunden. Es wird von einem Priester nach dem anderen aufgenommen und Hakiádan wird jeder Anreiz angeboten, um zu verhindern, dass der Reis gestohlen oder von ihren Feinden zerstört, von Überschwemmungen weggetragen, vom Regen nass gemacht, von Ratten und Ameisen überfallen oder von Dágau gestohlen wird. dieser launische, schelmische Geist, dessen Vergnügen es zu sein scheint, der Menschheit Hunger zu bringen. Den Verstorbenen, deren letztes Fest [25] noch nicht gefeiert wurde, wird ein Betelnussopfer dargebracht und sie werden aufs Äußerste gebeten, den Reis nicht zu manipulieren. Sogar den gefräßigen Sittichen, den geselligen Reisvögeln und anderen Feinden des Reises werden Teile der ersten Früchte in kleinen Blattpaketen bereitgestellt. Hakiádan wird gebeten, diesen Kreaturen beizubringen, sich in dieser heiklen Jahreszeit zu benehmen.

[24] *Ma-ka-bun-tas-úi* .

[25] *Ka-ta-pús-an* .

Das Schwein wird auf übliche Weise getötet und das Fest endet mit den üblichen Festlichkeiten. Wenn der Bauer nicht in der Lage ist, ein Schwein zu beschaffen, wird er durch ein Huhn ersetzt, wobei fadenscheinige Ausreden dafür vorgebracht werden, dass ihm kein größeres Opfer zur Verfügung steht.

Nach der Feier beginnen die Frauen und Kinder des Haushalts, unterstützt von ihren Freunden und Verwandten, Frauen und Kindern, die sich bereit erklärt haben, den Reis zu ernten, ernsthaft mit der Arbeit. Jede beginnt mit einem Korb, der auf dem Rücken hängt und von der Schnur gestützt wird, die über ihrem Kopf verläuft. In ihrer Hand trägt sie das Erntemesser, eine im rechten Winkel in eine Handfläche aus Rattan eingelassene Muschelschale oder anstelle der Schale ein ähnlich geformtes Stück Blech. Damit schneidet sie eine reife Ähre mit ein paar Zentimetern Stiel ab und wirft sie in ihren

Korb, der nun an ihrer Schulter hängt. Wenn ihr Korb voll ist, kehrt sie zu der Stelle zurück, an der ein größerer Korb [26] aufgestellt wurde, und legt ihre Ladung darin ab. Somit dauert der Prozess einige Tage (drei bis fünf), die für die Ernte der Ernte erforderlich sind.

[26] *Diwítan* .

In der Zwischenzeit bauen die Männer irgendwo auf der Lichtung, meist in der Mitte, den Getreidespeicher [27] auf. Es handelt sich normalerweise um eine grobe Struktur, die aus vier kleinen Pfosten besteht, auf denen ein Dach aus Rattanblättern ruht. Zwischen dem Dach und dem Boden befindet sich ein Boden aus Bambuslatten oder Rinde, auf dem die zylindrischen Rinden- oder Grasbehälter für den Reis stehen. Manchmal werden Holzscheiben oder umgekehrte Kegel aus Bambuslatten an den Pfosten des Reisspeichers befestigt, um das Eindringen von Ratten und Mäusen zu verhindern.

[27] *Tam-bó-bung* .

Der Reis in den größeren Körben wird zum Getreidespeicher gebracht und dort im Laufe einiger Tage auf grobe Grasmatten gelegt und mit Händen und Füßen gedroschen. Anschließend wird es dünn auf denselben Matten ausgebreitet und einen Tag lang in der Sonne getrocknet. Nachdem es getrocknet ist, wird es von Spreu gereinigt, indem es von der Wurfschale in die Luft geworfen wird. Anschließend kann es dauerhaft im Getreidespeicher deponiert werden, um später entweder durch Verkauf oder durch den Eigenverbrauch entsorgt zu werden.

Ein Feld mit einer Fläche von 1 Hektar wird nach einer niedrigen Schätzung 25 Säcke liefern, aber wo der Boden besonders gut für den Reisanbau geeignet ist, wie es an den oberen Teilen fast aller Flüsse im Agúsan-Tal der Fall ist, werden 50 Säcke nicht berücksichtigt ein außergewöhnlicher Ertrag.

Die Kultur anderer Kulturpflanzen

Das Reisstroh, das auf dem Feld steht, wird verbrannt, und in regelmäßigen Abständen nach den Ernteunterhaltungen werden Süßkartoffeln, etwas Mais, ein Dutzend oder mehr Zuckerrohrpflanzen, ein Stück Taro und manchmal ein paar Bananenpflanzen gepflanzt. Die für den Anbau von Zuckerrohr und Bananen gewählte Zeit ist gegen Mittag. Es wird angenommen, dass sie, wenn sie zu diesem Zeitpunkt gepflanzt werden, höher und größer werden, als wenn sie zu jeder anderen Zeit gepflanzt würden. Taro und Mais hingegen müssen in den Morgenstunden gepflanzt werden, wahrscheinlich aus einem ähnlichen Grund wie oben. Wenn während der Aussaat dieser Pflanzen Donnergrollen zu hören ist, ist dies ein Hinweis darauf, dass die Aussaat bis zum nächsten Tag oder in dringenden

Fällen bis zur Feststellung der Haltung der oben genannten Mächte unterbrochen werden sollte.

Obstbäume unterschiedlicher Art findet man verstreut in der weiten Waldfläche, die Ost-Mindanáo bedeckt, aber sie sind weder von Menschen gesät, noch erheben die Manóbo jemals Anspruch auf sie. Er nimmt die Früchte, oft Zweige und alles, isst sie, wirft den Samen weg und geht freudig seines Weges.

JAGD

Die Manóbos sind ausgezeichnete Jäger, scharfsinnig, klug, entschlossen und ausdauernd, aber keineswegs unaufhörlich. Tatsächlich beginnen sie nur unter dem Stress des Hungers oder wenn sich einige von ihnen zusammenschließen, mit der Jagd auf Speere und Hunde. Gelegentlich trifft man einen Fachmann, der stolz auf sein Geschäft ist, wie man an den Trophäen aus Wildschweinstoßzähnen und -kiefern erkennen kann, die in seinem Haus aufgehängt sind.

JAGD MIT HUNDEN

Die verwendeten Hunde sind von der auf den Philippinen üblichen Art, mit der Ausnahme, dass nur die besseren und mutigeren oder glücklicheren Hunde für die Jagd ausgewählt werden. Diese erkennt man an der Größe und relativen Lage der Brustwarzen auf der Brust. Man sagt, dass sich anhand dieser und anderer Merkmale das Schicksal des Hundes vorhersagen lässt. Ich wurde oft in diese Zeichen eingewiesen, fand es aber unmöglich, sie zu beherrschen, aus dem einfachen Grund, weil keine zwei Experten einer Meinung zu sein schienen. In einem Fall, in dem ich Fachleute zu diesem Thema konsultierte, teilten sie mir jeweils mit, dass ein bestimmter Hund von einem Wildschwein zerfleischt [28], von einem Alligator verschluckt [29] und von einer Kobra verschlungen würde , und rieten mir, ihn nicht zu kaufen . Gute Jagdhunde werden oft genauso hoch geschätzt wie ein Menschenleben (30 Pesos), manchmal sogar noch mehr. Ich habe Hunde gesehen, die selten zurückkamen, ohne ein Reh oder Wildschwein erlegt zu haben.

[28] *Pan-ii-gón-on* .

[29] *Si-bad-ón-on zu bu-a-ja (budáa).*

Im gewöhnlichen Manóbo-Haus gibt es mindestens ein paar Hunde, denen die Freiheit im Haus gestattet wird. Sie teilen sich die Familienmatten und verfügen manchmal über eine spezielle Leiter für den Auf- und Abstieg. Ihr Essen ist bestenfalls etwas spärlich. Sie tragen Namen wie „Diguim", [30] „Sápas", [31] und werden von ihren Meistern mit größter Vertrautheit angesprochen. Man geht jedoch davon aus, dass ein Hund, der im Schlaf heult, den Tod seines Herrchens oder eines Hausbewohners ankündigt. Es muss verkauft werden, sonst könnte der Besitzer oder einer seiner Familienangehörigen sterben. Hunde sollen Boten der Blutgeister sein[32] und unter dem Schutz des Jagdgottes[33] stehen, für den der Jäger die folgende Zeremonie durchführen muss, wenn er weiterhin Erfolg bei der Jagd und die Sicherheit seiner Hunde wünscht die Gefahren davon.

[30] „Schwarz."

[31] „Baumwolle".

[32] *Tagbú-sau* .

[33] *Sugúdun* .

OPFERDUNG AN SUGÚDUN, DEN GEIST DER JÄGER

Ein dreieckiges Tablett aus *Bayug-* oder *Ilang-Ilang-* Holz, verziert mit Palmwedeln, wird hergestellt und an den Sparren des Hauses aufgehängt. Der Besitzer der Hunde ruft dann Sugúdun an, bietet ihm ein Pfund Betelnüsse an und verspricht, ein Geflügel zu töten, wenn er nur so freundlich wäre, am nächsten Tag bei der Beschaffung eines Wildschweins oder eines Hirsches zu helfen. Das Geflügel muss männlich und rot sein. Diese Beschwörung nimmt den größten Teil einer Stunde in Anspruch, und als der Jäger überzeugt ist, dass er Sugúdun von der Notwendigkeit und Zweckmäßigkeit überzeugt hat, gnädig zu sein, tötet er ihm zu Ehren das rote Huhn. Das Blut wird in einer heiligen Untertasse [34] aufgefangen und zur besonderen Unterhaltung der Jagdgottheit auf das Opfertablett [35] gelegt. In einem Fall sah ich, wie der Haupthund mit Blut gesalbt wurde, um ihm einen bösen Einfluss zu nehmen, den man ihm zuzuschreiben glaubte · Nachdem das Geflügel gegart ist, werden ein Stück Fleisch, etwas gekochter Reis und ein paar Eier auf das Opfertablett gelegt und dort belassen.

[34] *Apú-gan* .

[35] *Su-gú-gan* .

[36] *Lím-pas* .

DIE JAGD

An einem der folgenden Tage macht sich der Jäger, sofern er kein schlechtes Omen beobachtet hat, meist mit einem oder mehreren Gefährten auf den Weg zu den ausgewählten Jagdrevieren. Da es in den Wäldern des Agúsan-Tals von Wildschweinen und Hirschen wimmelt, müssen die Jäger meist nicht weit reisen, bis die Hunde auf die Spur kommen. Dies verkünden sie durch ihr ununterbrochenes Jaulen. Dann beginnt die Jagd. Das Wild strebt danach, seinen Verfolgern zu entgehen, indem es sich auf seinem Weg ständig verdoppelt, so dass die Jäger nicht so lange auf der Flucht sind, wie man es sich vorstellen könnte. Sie hören nicht auf, ihre Hunde mit einem seltsamen monotonen Schrei zu ermutigen, der einem langgezogenen *U*-Laut ähnelt. Die Hunde bleiben ihrer Beute auf den Fersen und beunruhigen und belästigen sie mit wiederholten Schnappschüssen und Bissen, bis sie schließlich mit dem Rücken an einen Baum bellt. Die Jäger bemerken dies sofort durch die Veränderung des Schreis der Hunde und beschleunigen dementsprechend ihre Schritte. Am Tatort angekommen schleichen sie sich vorsichtig hinter das Wild und töten es mit ihren Speeren.

Während der Jagd kommt es selten zu Unfällen, aber ich habe mehrere gesehen, bei denen sowohl Männer als auch Hunde von einem wilden Wildschwein zerfleischt wurden, das sich nach seiner Verwundung als gefährlicher Feind erwiesen hatte.

Wenn mehrere Jäger an der Jagd teilgenommen haben, wird das Wild im Wald entsprechend der Anzahl der beteiligten Hunde aufgeteilt. Handelt es sich bei den Jägern um Verwandte desselben Haushalts, was in der Regel der Fall ist, erfolgt die Verteilung nach ihrer Ankunft zu Hause. Das Spiel wird von einem der Beteiligten zurückgetragen, und wenn weitere Verwandte in der Siedlung sind, erhalten auch diese einen Anteil. Somit reicht ein Wildschwein oder ein Reh für etwa eine Mahlzeit.

Auf der Jagd nach Tabus und Überzeugungen

Folgende Tabus im Zusammenhang mit der Jagd sind von Interesse:

(1) Die Erwähnung von Dingen, die den örtlichen Waldgottheiten missfallen, muss unbedingt vermieden werden, beispielsweise die Erwähnung von Salz, von Fischen, die in der Region nicht vorkommen, und des Namens des Steinbruchs.

(2) Das Fleisch darf nicht mit Schmalz, Knoblauch oder auf andere Weise gekocht werden, außer auf die orthodoxe Manóbo-Art, indem es gebraten oder in Wasser gekocht wird.

(3) Das Fleisch darf nicht gesalzen und getrocknet werden.

(4) Das Wild darf nicht gehäutet, sondern angesengt werden, denn ersteres wäre eine voreilige Handlung, die göttliches Missfallen hervorrufen und dazu führen würde, dass die Hunde bei allen folgenden Jagden keinen Erfolg haben.

(5) Die Knochen des Wildes dürfen nicht auf den Boden geklopft werden, um das Mark zu entfernen. Sie müssen mit einem Bolo gebrochen werden.

(6) Beim Kochen muss das Wasser, in das das Fleisch gelegt wird, überlaufen.

(7) Wildknochen dürfen nicht ins Wasser geworfen werden. Es wird angenommen, dass eine solche Tat den Täter oder ein Mitglied seiner Familie krank machen würde.

(8) Ein unverheirateter Mann, der heimliche Beziehungen zu einer Frau hatte, darf nicht vom Fleisch essen, bevor er dem Besitzer der Hunde ein Sühneopfer dargebracht hat. Dieses Angebot muss keinen großen Wert haben und wird normalerweise auf informelle Weise dargebracht. Der Verstoß gegen dieses Tabu soll für die Jagdhunde mit den gleichen schädlichen Auswirkungen verbunden sein wie oben erwähnt.

(9) Aus dem gleichen Grund muss ein verheirateter Mann seiner Frau als Entschädigung eine Kleinigkeit anbieten, falls er ihr untreu geworden ist. Allerdings wussten die meisten meiner Befragten von keiner derartigen Gegenpraxis.

Eine Betrachtung der oben genannten Einschränkungen erklärt die Zurückhaltung des Manóbo, sein Spiel mit denen aufzuteilen, die nicht seiner Überzeugung sind. Er befürchtet, dass das Fleisch in Schmalz gegart wird oder dass gegen eine andere Vorschrift verstoßen wird, wodurch er den Unmut des geistigen Besitzers des Wildes auf sich zieht und seinen Hunden Pech oder völligen Misserfolg bei künftigen Jagden beschert.

verzaubert wurden und nie wieder etwas von ihnen gehört haben. Es scheint, dass sich ihnen zunächst eine kreisende Hirschherde näherte, die sie jedoch nicht fürchteten und die sie herankommen ließen. Aber unter den Hirschen befand sich ein verwandelter *Búsau* oder Dämon, der vorrückte und den einsamen Jäger verschlang. Es heißt, dass ein Hund einem Reh dieser Art nicht folgen würde. [38]

[37] *Pag-u-sa-hán* .

[38] Wird *ma-paí-yag* genannt .

ANDERE METHODEN, SPIEL ZU ERHALTEN

Der gewöhnliche Bogen wird verwendet, aber der Pfeil weicht häufig vom normalen Kampfpfeil dadurch ab, dass er schwerer und dicker ist und keine Federung aufweist. Bei kleinen Vögeln wird gelegentlich ein Pfeil mit einer gegabelten Spitze verwendet, während bei Nashornvögeln manchmal scharfe Stacheln aus *Palma Brava verwendet werden, um ihre harte Haut zu durchbohren.* Dartpfeile sind bei Affen beliebt. Das Blasrohr (*sum-pi-tan*) [39] wird nicht verwendet. Mit Pfeil und Bogen kann man wenig Wild erbeuten, es sei denn, der Jäger baut einen Unterschlupf in einem Obstbaum und erlegt ungesehen die Vögel, die zum Fressen kommen.

[39] Ich habe überall im Mandáyaland ein langes, schlankes Blasrohr gefunden, das zum Vogelschießen verwendet wurde, aber es ist keine sehr erfolgreiche Waffe und wird auch nicht im Kampf eingesetzt.

„Vogelkalk", hergestellt aus dem zähen Saft bestimmter Bäume, wird gelegentlich zum Fangen kleiner Vögel verwendet.

FANGEN

Fangzeremonien und Tabus

Wie bei allen Gelegenheiten werden die Anrufung der Turteltaube, das Anhören ihres Schreis und die Betelnuß-Opfergabe an die Waldgottheiten des Ortes zu Beginn vom angehenden Fallensteller durchgeführt. Das Auslassen der letzten Zeremonie könnte ihn der Gefahr aussetzen, in seine eigene Falle zu geraten.

Ich habe in mehreren Bezirken beobachtet, dass ein gewöhnlicher Spielzeugmagnet [40] als Talisman [41] verwendet wurde, um den Erfolg beim Fangen sicherzustellen, aber ich vermute, dass der Glaube an die Wirksamkeit des Magneten von einem erfinderischen Händler inspiriert wurde, der seine Magnete mit mehr entsorgen wollte Versand und mit einem größeren Gewinn. Die Verwendung magischer Kräuter [42] soll jedoch von den Mamánuas gelernt worden sein und wird in den östlichen Teilen des mittleren und unteren Agúsan eingesetzt. Über die Namen und die Art der verwendeten Kräuter erhielt ich keine Auskunft. Sie werden sorgfältig verdeckt um den Hals getragen.

[40] *Bá-to báni* .

[41] *Súm-pa'* .

[42] *Sin-lá-ub* .

Die männlichen Priester und die Kriegerpriester rufen vor einer Fallenjagd ihre jeweiligen Schutzherren an, und die *Manikiade* [43] ruft den Abgesandten [44] der Kriegsgottheiten an . Der Fallensteller stellt bei seiner Abreise ein Schild [45] in der Nähe seines Hauses auf. Dies besteht aus einem an einen Stock gebundenen Grasbüschel oder Zweigen und soll Passanten auf seine Abwesenheit und den Grund dafür aufmerksam machen. Dann macht er sich auf den Weg zu seinem Fangplatz, aber wenn er unterwegs jemanden trifft, muss er zumindest vorübergehend zum Haus zurückkehren, [46] sonst würde er nichts in den Fallen fangen.

[43] Ein Titel, der einem Mann verliehen wird, der einen oder zwei Todesfälle zu verzeichnen hat. Die Anzahl hängt von der Lokalität ab.

[44] Diese Klasse von Geistern wird *Pan-Aí-Yang genannt* .

[45] *Ba-li-úg* .

[46] Manóbos behaupten, dass die Verletzung dieses Tabus einen Zustand herbeiführen würde, der durch das Wort *ma-ka-dú-ya ausgedrückt wird* ; Ich kann nicht genau sagen, was dieser Zustand ist. Ich habe nie eine zufriedenstellende Erklärung erhalten.

In seiner Abwesenheit sind folgende Tabus zu beachten:

(1) Die Frau des Fallenstellers darf bis zu seiner Rückkehr, bei längerer Abwesenheit bis zum Sonnenuntergang, weder arbeiten noch das Haus verlassen.

(2) Niemand, nicht einmal ein Hund, darf das Haus des Fallenstellers betreten, es sei denn, der Besucher verlässt das Haus oder es bleibt ihm nach seiner Abreise ein Gegenstand des persönlichen Gebrauchs, wie z. B. sein Bolo, übrig. Diese ist als Anzahlung gedacht und wird zurückerstattet. Der Hund muss bis zum Sonnenuntergang angebunden sein oder es muss eine entsprechende Kaution dafür hinterlegt werden.

(3) Die Erwähnung der Wörter „Schwein“ und „Hirsch“ muss sorgfältig vermieden werden, und niemand darf sich auf die Absicht des Jägers beziehen, es sei denn, dies geschieht in einer periphrastischen Weise.

in der Nähe seines Schutzhauses ein kleines Opferhaus [47] baute und zunächst sehr regelmäßig Opfergaben und Gebete an den Geisterherrn des Waldes richtete. Sein religiöser Eifer nahm jedoch proportional zur Großzügigkeit ab, mit der der Himmel seine Gebete belohnte. Als er feststellte, dass das Wild knapp wurde, kam er zu dem Schluss, dass der örtliche Waldgeist wahrscheinlich unzufrieden war, und versuchte sein Glück an anderen Orten.

[47] *Baí-yui-baí-yui* , wörtlich: ein kleines Haus.

DIE BAMBUS-SPEERFALLE [48]

[48] *Ba-tik* .

Eine bei den Manóbos übliche Fangmethode, die vor allem während der Regenzeit praktiziert wird, ist die Verwendung der Bambusspeerfalle, die auf den gesamten Philippinen weit verbreitet ist. Ohne auf Einzelheiten einzugehen, kann man es als eine Falle beschreiben, bei der eine Feder aus gebogenem Holz beim Loslassen einen daran befestigten Bambusspeer in die Seite eines vorbeiziehenden Schweins oder Hirsches treibt. Der gesamte Apparat wird horizontal etwa 1 Fuß über dem Boden verlegt und sorgfältig verborgen. Es handelt sich um eine einfache Erfindung, die schnell und billig hergestellt werden kann und in der Regenzeit sehr erfolgreich ist. Aufgrund des scharfen Sehvermögens und des Waldinstinkts, mit dem der Manóbo ausgestattet ist, kommt es aufgrund dieser Fallen nur selten zu Unfällen mit Menschen. Wenn das Schwein oder der Hirsch den Weg entlangläuft, gibt es die Feder frei und wird in die Seite aufgespießt. Es kommt selten vor, dass ein Wildschwein an Ort und Stelle oder in der Nähe stirbt. Normalerweise muss es stundenlang verfolgt werden und manchmal wird es nie gefunden.

ANDERE VIELFALT VON FALLEN

Bambus-Kaltrops sind scharfe Bambuslatten [49] mit einer Länge zwischen 2 und 3 Fuß, die normalerweise in einem Winkel von etwa 45° in den Boden eingelassen werden, an Stellen, an denen die Wildschweine absteigen müssen. Es ist keine sehr erfolgreiche Erfindung, da diese Tiere über ein so außergewöhnliches Aussehen und einen so außergewöhnlichen Geruch verfügen.

[49] *Pa-dúg-pa* .

Die *Pa-yu-pa-yu-* Falle besteht aus einem Satz Bambuslatten wie oben beschrieben, die auf jeder Seite eines Schweinepfads angebracht sind, und aus einem großen Baumstamm, der durch einen Auslöser in einer schrägen Position gehalten wird. Als der Eber ihn loslässt, fällt der Baumstamm hinter ihn herab, und durch das plötzliche Geräusch erschreckt er ihn und veranlasst ihn, in die Bambusstacheln zu springen.

Der Fallstrick [50] wird wenig genutzt. Es besteht aus einem Loch, das groß genug für ein Wildschwein oder ein Reh ist und sorgfältig abgedeckt wird, um das Tier zu täuschen. Der Boden ist mit scharfen Bambusstäben besetzt.

[50] *Tu-ki-bung* .

Die Affenfederfalle [51] ähnelt der oben beschriebenen Bambusspeerfalle, ist jedoch viel kleiner und wird ohne jeglichen Versuch, sie zu verbergen, auf den Ast eines Baumes gesetzt. Als der arme, einfältige Affe den Köder erblickt, geht er unschuldig darauf zu, ergreift ihn und wird durch den Speer verwundet. Danach reist er nicht mehr weit, denn Affen erliegen einer Wunde schnell.

[51] *Pú-kis* .

Eine gewöhnliche Schlingenfalle [52] besteht aus einer Schnur mit einem zurückgebogenen Holzstück, das durch einen Abzug in Position gehalten wird. Wenn der Abzug losgelassen wird, zieht das gebogene Holzstück die Schlinge fest um das Bein des Vogels. Es wird zum Fang von Wildtauben, Dschungelgeflügel und anderen Vögeln verwendet.

[52] *Lít'-ag* .

Der Schlingenkreis [53] besteht aus einer Reihe von Rattanschlingen, die um einen Lockhahn gelegt werden. Dieser Vogel fordert seine wilden Artgenossen durch sein kräftiges Krähen zum Kampf heraus. Als der Kampf beginnt, ertappt sich der Waldmeister bald mit seinen Füßen in den Schlingen, und schon nach kurzer Zeit steckt sein ganzer Körper sicher im Tragekorb des Fallenstellers.

[53] *Ka-lí-as* .

ANGELN

Der Manóbo fischt mehr als er jagt, dennoch kann man ihn keineswegs als einen unaufhörlichen Fischer bezeichnen. Im Folgenden sind die Methoden aufgeführt, die üblicherweise zum Fischfang eingesetzt werden.

SCHIESSEN MIT PFEIL UND BOGEN

Beim Fischschießen wird ein Pfeil [54] mit abnehmbarer Spitze verwendet. Der Fischer versteckt sich in einem Baum oder am Ufer eines Baches oder Sees und lässt, wenn er den Fisch erspäht, einen zweizackigen Pfeil mit einer Stahl- oder Eisenspitze fliegen.

[54] *Bág'-ai* .

Diese Methode wird allgemein in der Seenregion des Agúsan-Tals und in Flüssen eingesetzt, die für andere Methoden zu tief sind, insbesondere bei Überschwemmungen, wenn die Fische über dem überschwemmten Land umherstreifen. Gewöhnlich wird daran nicht mit großem Erfolg teilgenommen, da ein durchschnittlicher Tagesfang drei oder vier Fische ausmacht. Der gewöhnliche Wels, in Manila *Dalág genannt* , ist das gewöhnliche Opfer, andere Arten sind seltene Opfer des Pfeils.

ANGELN MIT HAKEN UND LEINE

Der Haken [55] ist robust und besteht aus dem eisernen Griff einer gewöhnlichen Kerosindose oder aus einem Stück Messingdraht ähnlicher Größe. Es ist an einer massiven *Abaká-* Schnur befestigt, die etwa [56] bis 45 Meter lang ist. Ein Stück Blei oder ein Stein als Senkblei und ein passender Köder runden das Outfit ab. Die mit diesem Gerät gefangenen Fische sind der Schwertfisch [57] und der Sägefisch. Der Fischer setzt sich in sein Boot oder auf eine Sandbank und wartet mit der Leine an seinem Fuß oder Arm auf einen Bissen. Er zieht sein Opfer sofort an sich und gibt ihm keine Chance, sich zu ermüden, wie es unsere Fischer tun. Natürlich wird der Fisch immer stromaufwärts gezogen.

[55] *Kaúad* .

[56] *Ha-pón* .

[57] *Ta-gá-han* .

FISCHVERGIFTUNG [58]

[58] *Pag-tu-bá-han* .

Vergiftungen sind eine verbreitete und erfolgreiche Fangmethode, die am Oberlauf eines Flusses häufiger praktiziert wird. Es gibt vier Methoden, die ich im gesamten Manóboland häufig beobachtet habe.

Die Túba [59] Methode: Eine Menge *Tuba*, die zwischen einem halben und zwei Säcken schwankt, wird in einen Unterstand gelegt und an die ausgewählte Stelle gebracht. Jeder wird mit einem Fischspeer, einem Angelbogen, einem Bolo, einem Boot oder Floß und [60] konischen Fallen ausgestattet, die für diesen Anlass angefertigt wurden. Anschließend wird die im Boot liegende *Tuba zerstampft und mit etwas Wasser versetzt*. Dieser Prozess nimmt den größten Teil einer Stunde in Anspruch und ist sehr lebhaft, da alle auf ein großes Fest hoffen. Wo es keine Boote gibt, wird die *Tuba* im Reismörser zerstampft und in Bambusstücken an die ausgewählte Stelle gebracht.

[59] *Túba* ist der Croton Tiglium oder Croton-Ölbaum.

[60] *Sán-au* .

An einer Stelle etwa eine Meile oder mehr flussabwärts von der Stelle, an der das Gift ausgeworfen werden soll, befestigen die Frauen und Mädchen mit Hilfe einiger Männer ihre kegelförmigen Fallen quer zum Bach, damit keine großen Fische entkommen können. Wenn alles fertig ist, wird die *Tuba* in den Fluss geworfen, und alle rennen unter lautem Geschrei flussabwärts, manche in Booten, manche auf Flößen, oder; Wo das Wasser flach ist, man watet oder springt von Felsen zu Felsen.

Es dauert etwa 15 Minuten, bis das Gift zu wirken beginnt, und dann haben die Frauen und Kinder an den Fallen möglicherweise viel Zeit damit, die Fische zu entfernen, um ihre Fallen für das Eindringen weiterer Fische freizuhalten. Während dieser Zeit huschen die Männer und Jungen umher, stechen, schlagen, verfehlen und rennen unter wildem Freuden- und Jubelschrei von einer Seite zur anderen, manchmal zu zweit oder zu dritt hinter einem schönen, großen, benommenen Fisch von Extragröße her. Daher können sie einige Stunden andauern, wenn der Fluss groß genug ist und es viele Fische gibt, denn zu Beginn flüchten wahrscheinlich viele Fische in Seitenbäche, um den Auswirkungen des Giftes zu entgehen, und wenn alle Fische Sind im Hauptstrom Beute gefallen, müssen diese Lauerer aufgespürt werden.

Túba hat eine schädliche Wirkung auf den Menschen und verursacht Koliken und Durchfall, wenn es in einer ziemlich starken Lösung eingenommen wird. Doch die Fische, die an den Folgen sterben, sind in dieser Hinsicht völlig harmlos. Der berühmte *is-da* aus dem Agúsan-Tal ist der einzige Fisch, der den Auswirkungen dieses Giftes nicht erliegt.

Die *Túbli*- Methode. – Die Wurzel der *Túbli*- Pflanze wird zur Vergiftung verwendet. Es ist ein schneller wirkendes Gift und universeller als das vorhergehende, in dem Sinne, dass nichts, nicht einmal Schalentiere, seiner verderblichen Wirkung entgeht. Da die Pflanze kultiviert werden muss, ist es offensichtlich, dass sie nicht in großen Mengen erhältlich ist und daher in der Regel nicht an den Hauptflüssen eingesetzt wird, da die verfügbare Menge nicht ausreicht, um eine Wirkung zu erzielen. Es wird auf die gleiche Weise wie *Tuba verwendet*.

Die *Lágtañg-Methode*. – Der *Lágtañg* ist der Samen eines Baumes, der im mittleren und oberen Agúsan-Tal nicht vorkommt. Ich habe den Einsatz dieses Giftes in großem Umfang nie erlebt, was zweifellos daran liegt, dass es im mittleren und oberen Agúsan nicht vorhanden ist. Das Folgende war die von mir beobachtete Vorgehensweise bei der Verwendung.

Einige Handvoll Samen werden in einer Pfanne geröstet und dann in einem Reismörser zerstoßen. Dann werden gewöhnliche Regenwürmer oder sogar die Eingeweide eines Vogels in kleine Stücke geschnitten und mit dem Gift vermischt. Man wählt ein tiefes, ruhiges Becken in einem Fluss oder eine geeignete Stelle in einem See aus und lässt die Mischung aus Würmern und *Lagtañg* am Rand des Beckens ins Wasser fallen. In weniger als fünf Minuten steigen die Elritzen und kleinen Fische an die Oberfläche und beginnen schwindlig ihre Kreise zu ziehen. Ihnen folgen die größeren, aber es ist kein leichtes Unterfangen, sie zu fangen, bis sie in ihren schwindelerregenden Kreisen erschöpft sind oder im hohen Runo- *Gras* sterben, das an den Ufern wächst.

Dieses Gift betrifft nur solche Fische, die die Würmer fressen. Menschen, die auf diese Weise gefangenen Fisch essen, scheinen keine negativen Auswirkungen zu haben.

Es gibt andere Pflanzengifte, die zum Töten von Fischen verwendet werden, aber ich erinnere mich nur an den Namen des Baumes namens *Tigaú*.

TROCKENZEIT SEEANGELN [61]

[61] *Língig*.

Die Masse der Seen und Kanäle im zentralen Agúsan trocknet einmal im Jahr oder alle paar Jahre zu bloßen Tümpeln aus und bietet eine bewundernswerte Gelegenheit zum Fischen in großem Umfang. Tausende Menschen aus dem Süden wie Lankiláan und aus dem Norden wie Guadalupe, aus Los Arcos im Osten und aus Walo im Westen strömen mit ihren Booten in die Seenregion. Sie bringen ihre gesamte Familie mit, einen Vorrat an Salz, ein wenig Reis, falls vorhanden, oder den üblichen Ersatz (Sago und Bananen), ihre Tontöpfe und -pfannen sowie ihre Bolos. Sobald sie an einem geeigneten Ort angekommen sind, bauen sie eine einfache Hütte auf und beginnen mit der Arbeit. Sie wateten durch den Schlamm und das Wasser, das jetzt unter der sengenden Sonne halb kocht, und schlitzten jeden Fisch auf, der durch seinen eiligen Ansturm seine Anwesenheit zu erkennen gibt. Nachdem die Fische einige Zeit auf diese Weise gejagt wurden, vergraben sich einige von ihnen im Schlamm, aus dem sie leicht mit der Hand entfernt werden können. Auf diese Weise können einige wenige Menschen in wenigen Stunden Hunderte von Fischen erbeuten, es handelt sich dabei jedoch nur um zwei Arten. [62] Andere Fischarten bleiben nicht an Orten, die zu bloßen Teichen austrocknen. Es ist bekannt, dass die *Haú-an* das heiße Wasser verlassen, indem sie sich an Land winden und sich auf den Weg zu anderen Gewässern machen. Nach dem Fang werden die Fische in die provisorische Hütte gebracht und in Wasser [63] gelegt, bis die Besitzer für die Reinigungs- und Salzarbeiten bereit sind.

[62] Das *ís-da* oder *haú-an* und *pu-yo'-pu-yo*.

[63] Es wird angenommen, dass das Fleisch von Fischen hart wird, wenn sie nach dem Fang im Wasser gelassen werden.

Die Köpfe, mit Ausnahme der wenigen, die für die Familienmahlzeiten verwendet werden, werden weggeworfen, der Rogen und die Eingeweide werden jedoch sorgfältig als Delikatesse aufbewahrt. Der Körper ist so geschnitten, dass man ihn in ein dünnes Stück schneiden und dann salzen kann, meist auf recht geizige Weise, wobei für bis zu 90 Fische etwa 3,5 Liter Salz verwendet werden. Anschließend werden die Fische auf einem erhöhten Bambusgestell aufgestellt und je nach Sonneneinstrahlung einen ganzen Tag oder länger trocknen gelassen.

Obwohl die Angelsaison eine der fröhlichsten des Jahres ist, ist sie dennoch eine Zeit der Arbeit und des Gestanks. Es ist keine Seltenheit, dass die ganze Familie bis spät in die Nacht arbeitet, um die Fäulnis der Fische zu verhindern. Der Geruch, der dort vorherrscht, wo Tausende von Fischköpfen – die nicht von den Krokodilen, die die Hauptkanäle befallen, gefressen wurden – unter der prallen Sonne verrotten, bleibt der Fantasie des Lesers überlassen. Die Saison kann bis zu einem Monat dauern und eine Familie kann Tausende von Trockenfischen haben. [64] Normalerweise macht es der Mangel an Salz für die Manóbos unmöglich, außer denen der besseren Klasse, lange zu bleiben, es sei denn, sie entscheiden sich, für die Bisáyas zu arbeiten.

[64] *Dá-ing*.

Angeln mit Netzen, Fallen und Fackeln

Das Fischen mit Netzen wird nur von einigen wenigen Manóbos an der Meeresküste oder von den christianisierten Manóbos praktiziert, die diese Praxis von Bisáyas gelernt haben, obwohl ich gesehen habe, wie am oberen

Tágo, oberen Simúlao und oberen Agúsan geworfene Netze verwendet wurden.

Der *Búbo* ist eine zigarrenförmige Falle aus Rattanlatten mit einer Länge von 0,5 bis 1 Meter. Je schneller die Strömung ist, desto kleiner ist die verwendete Falle. Das große Ende hat einen Kegel, dessen Spitze nach innen zeigt. Es besteht aus Bambuslatten, die an der Spitze des Kegels nicht befestigt sind, so dass die Fische zwar hinein, aber nicht herauskommen können. Diese Falle wird so aufgestellt, dass die Mündung entweder nach oben oder nach unten gerichtet ist.

Eine andere Form dieser Falle [65] ist zylindrisch und nicht konisch wie der *Búbo* . Es wird in Sümpfen mit einem übelriechenden Köder eingesetzt und füllt sich schnell mit einem sehr schmackhaften Schlammfisch. [66]

[65] *Bág-yas* .

[66] *Pán-tat* .

Bei den *Hí-Pon* , *U-Yáp* und *U-Yáp Tá-Na* handelt es sich um kleine Fischarten, die in festgelegten Abständen in unzähligen Mengen den Agúsan hinauf bis zu einer Entfernung von 20 bis 30 Meilen aufsteigen. Es wird gesagt, dass sie zum erwarteten Datum und zur erwarteten Stunde eintreffen. Sie werden in riesigen Mengen mit Keschern in Unterstände geschöpft und zum Verkauf gesalzen. Diese Fischereimethode ist praktisch auf Bisáyas beschränkt, doch eine beträchtliche Anzahl christianisierter Manóbos, die in der Nähe von Butuán leben, nehmen daran teil.

Eine bei den christianisierten Manóbos, aber auch bei den heidnischen Manóbos, die nicht in einem allzu kriegerischen Land leben, recht verbreitete Methode des Fischfangs ist der Einsatz von Speer und Fackel. Der Fischer geht am Ufer des Baches entlang, lockt die Fische mit dem Licht an und fängt sie mit einem Stoß seines dreizackigen Speers. Auf diese Weise kann er sich genug für ein oder zwei Mahlzeiten sichern. Wenn das Wasser tief genug ist, birgt diese Fangmethode eine große Gefahr durch Krokodile, insbesondere in der Seenregion, wo sie in unvorstellbar großer Zahl vorkommen.

KAPITEL XI

WAFFEN UND GERÄTE

EINLEITENDE BEMERKUNGEN

Über eine frühere Verwendung von Steingeräten im Manóboland liegen keine Erkenntnisse vor. Während meiner Streifzüge durch Ost-Mindanáo sah ich keine Steingeräte außer dem gewöhnlichen Wetzstein, der so allgemein zum Schärfen von Stahlwaffen und Messern verwendet wird, den Kochsteinen, auf denen die Töpfe stehen, und dem Feuerstein, der zur Herstellung von Feuer verwendet wird. Zwar gibt es ein weitverbreitetes Gerücht über die Existenz von Steinraketen, die Anítan [1] im Zorn auf respektlose Sterbliche schleudert, aber ich habe diese Zeichen göttlichen Zorns noch nie gesehen.

[1] Einer der mächtigen Geister der Himmelswelt.

Waffen und Geräte werden unterteilt, erstere in Angriffs- und Verteidigungswaffen und letztere in landwirtschaftliche, Jagd- und Fischereigeräte.

OFFENSIVE WAFFEN

DER BOGEN UND PFEIL

Da die Verwendung von Pfeil und Bogen auf den Philippinen von Ethnologen im Allgemeinen als Hinweis auf den Einfluss der Negrito angesehen wird, bedarf das Thema mehr als nur flüchtiger Aufmerksamkeit, insbesondere da sich die geografische Verbreitung dieser primitiven Waffe nicht nur auf alle nichtchristlichen Stämme und Gruppen im Osten erstreckt der zentralen Kordillere von Mindanáo, mit Ausnahme vielleicht der Banuáons, [2] aber, verschiedenen Gerüchten zufolge, an die Manóbos, die den zentralen Teil von Mindanáo in der Unterprovinz Bukídnon besetzen.

[2] Ich neige sehr zu der Annahme, dass es sie auch bei ihnen gibt.

Der Bogen ist ein Stück *Palma Brava* , [3] oder seltener aus Bambus [4], mit einer Länge zwischen 1,2 und 2 Metern und einer Dicke zwischen 7 und 12 Millimetern. In der Mitte ist es etwa 30 Millimeter breit und verjüngt sich an den Enden allmählich auf eine Breite von etwa 12 Millimetern. Mit Ausnahme des oberen Agúsan [5] werden keine Maßnahmen ergriffen, um diesen Stamm durch Umwickeln mit Rattan zu verstärken, es sei denn, der Bambus oder das Holz weist Anzeichen einer Spaltung auf; in diesem Fall verhindert ein Gürtel aus geflochtenem Rattan die Gefahr. Außer dem Glätten und Polieren des Holzes wird kein Versuch der Verzierung unternommen. Bei Bambusschäften werden die überstehenden Gelenkstücke auf der proximalen Seite des Bogens nicht entfernt. Etwa 2 bis 3 Zentimeter von den Enden entfernt sind zwei Kerben angebracht, um die Schnur zu halten. Am äußersten Ende, das wir das obere Ende nennen wollen, sieht man, da es während des Gebrauchs hochgehalten wird, oft ein paar konzentrische eingeschnittene Kreise, in denen ein kleiner Ring aus Stahl-, Eisen- oder Messingdraht eingelassen ist. Der Zweck besteht darin, das Geräusch des Bogens beim Loslassen des Pfeils zu verstärken.

3 *An-á-hau* .

4 Von der Art namens *pa-túng* .

5 Mandáya- und Mañgguáñgan-Bögen sind kleiner und schöner als Manóbo-Bögen. Sie bestehen üblicherweise aus einem Stück Betelnusspalme und sind mit eleganten Rattanstreifen am Schaft versehen, um ihnen Stabilität zu verleihen.

Die Bogensehne besteht fast immer aus einem etwa 3 Millimeter breiten Rattanstreifen. Dieser wird mit einer einfachen Reihe von Schlaufen am unteren Ende des Schafts befestigt. Am oberen Ende ist er mit einer Schlaufe befestigt, die am Schaft entlang in die obere Kerbe gleitet, wenn der Bogen zum Schießen gespannt ist. Es ist unnötig zu erwähnen, dass die Bogensehne etwa 2 bis 3 Zentimeter kürzer ist als der Schaft, der beim Spannen gebogen werden muss, damit das obere Ende der Sehne die obere Kerbe erreichen und dadurch eine ausreichende Spannung zum Vortrieb erreichen kann Pfeil.

Es gibt verschiedene Arten von Pfeilen, je nachdem, für welchen Zweck sie verwendet werden, beispielsweise für die Jagd, den Fischfang und den Kampf. Diejenigen, die zum Jagen und Angeln bestimmt sind, werden an der richtigen Stelle beschrieben. Die folgende Beschreibung bezieht sich ausschließlich auf den im Kampf eingesetzten Angriffspfeil.

Der Schaft dieses Pfeils besteht aus einem Bambusrohr mit einem Durchmesser von etwa 8 Millimetern und einer Länge von etwas mehr als einem Meter und einem Bambuskopf. Der Kopf ist ein Stück Bambusholz mit einer Länge von 20 bis 36 Zentimetern. Am oberen Agúsan, wo die Manóbos anscheinend viel von den Mandáyas übernommen haben, sind sowohl die Spitze als auch der Schaft des Pfeils viel kürzer, viel ordentlicher und im Allgemeinen viel handlicher. Die Pfeilspitze ist etwa zwei Drittel ihres Abstands von der Spitze am breitesten. Von diesem breiten Teil oder der Schulter, wie wir es nennen könnten, verjüngt sich der Kopf an einem Ende zu einer scharfen Spitze und am anderen zu einer solchen Größe, dass er in die natürliche Gelenkpfanne des Schafts eingeführt werden kann. In dieser Fassung wird es durch eine Lasche aus feinem Rattan festgehalten, die gleichzeitig dazu dient, es an Ort und Stelle zu halten und gleichzeitig zu verhindern, dass der zerbrechliche Bambusschaft splittert. Eine Beschichtung mit *Tabon-tábon* [8-] Samenbrei über der Zurrung verhindert, dass diese sich löst oder verrutscht, und schützt sie gleichzeitig vor Witterungseinflüssen. Gelegentlich sieht man Pfeilspitzen mit quadratischen Schultern, die als Widerhaken dienen. Ich habe noch nie Pfeilspitzen aus Stahl im Einsatz bei den Manóbos gesehen, obwohl es sicher ist, dass sie von den Mañgguáñgans zwischen den Agúsan und den Sálug verwendet werden. [9] Darüber hinaus ist es nicht unwahrscheinlich, dass sie von den Menschen an den Flüssen Ihawán und Baóbo genutzt werden.

[6] Von den Arten, die als *la-hí' bekannt sind* .

[7] *Da-mu-án-* Arten.

[8] *Parinarium mindanaense* (*Rosaceae*).

[9] Ich habe für das Bureau of Science Museum ein einzigartiges Exemplar gekauft, das nicht nur einen Stahlkopf, sondern auch einen hässlichen Sporn hat. Der Besitzer behauptete, es handele sich um einen der Pfeile, die auf ihn und die ihn begleitende Gruppe der Bewohner einer Mañgguáñgan-Siedlung geschossen worden seien. Ich gehörte zu seiner Gruppe.

Ein aus ethnologischer Sicht sehr wichtiges Merkmal ist die Befiederung des Pfeils. Der Zweck besteht darin, den Pfeil in seinem Flug zu stabilisieren und so ein Seitenschlagen zu verhindern. Die Methode zum Befiedern ist wie folgt: Die Federkiele der Flügelfedern eines Nashornvogels, manchmal auch eines Fischadlers, werden in der Mitte geteilt. Dann werden drei oder manchmal auch nur zwei dieser geteilten Federn mit ihren anhaftenden Flügeln in Längsrichtung in gleichen Abständen entlang des Pfeilschafts platziert, sodass ihre Enden etwa 6 Zentimeter vom Ende des Schafts entfernt sind und ihre Stege gerade aus der Oberfläche des Pfeils herausragen Das Schilfrohr bildet untereinander gleiche stumpfe Winkel. Diese Flügel werden durch Wicklungen aus sehr leichtem, flexiblem Rattan an ihren Enden in dieser Position gehalten. Als Sicherung gegen Verrutschen oder Positionsveränderung wird ein Überzug aus dem oben genannten Fruchtmark, oft vermischt mit Topfruß, aufgetragen. Die letzte Vorbereitung des Pfeils besteht darin, mit einem Bolo oder einem kleinen Messer die Außenkanten der Flügel abzuschneiden. Dies erfolgt in einer leicht schrägen Richtung innerhalb von etwa 1 Zentimeter vom Ende der Flügel, an welcher Stelle sie in einer Richtung quer zur Länge des Pfeilschafts geschnitten werden.

Das Ausrichten des Pfeils erfolgt immer mit Präzision, da die Genauigkeit seines Fluges, die Gleichmäßigkeit seiner Drehung, die Länge seiner Flugbahn und die daraus resultierende Durchschlagskraft bekanntermaßen von der richtigen Sorgfalt in dieser Hinsicht abhängen.

Im Gegensatz zu anderen Bogenschützen macht der Manóbo eine Kerbe in das Ende seines Pfeils, aber soweit ich weiß, gibt es bei Manóbo-Pfeilen niemals dekorative Einschnitte oder Spuren. [10]

[10] Bei den Mandáyas weisen Pfeilschäfte häufig ornamentale Wellenlinien und konzentrische Kreise auf, die entlang der Länge des Schafts eingeschnitten sind, aber diese Verzierung wurde bei keinem anderen mir bekannten Stamm im östlichen Mindanáo beobachtet.

Es scheint keine speziellen Pfeilmacher zu geben. Nahezu jeder erwachsene Manóbo, der den Gebrauch von Pfeil und Bogen nicht aufgegeben hat, kann mit keinem anderen Werkzeug als seinem Bolo und vielleicht einem kleinen Messer in relativ kurzer Zeit einen Bogen und ein paar Pfeile fertigstellen.

Beim Spannen des Bogens wird dieser mit der linken Hand in der Mitte des Schafts gefasst und mit der rechten Hand an der Oberseite festgehalten, wo die lose Schlaufe der Bogensehne angebracht ist. Die Unterseite des Bogens ruht auf dem Boden und wird vom rechten Fuß gestützt. Die rechte Hand beugt dann durch eine Bewegung auf die Person zu und beugt den Schaft so weit, dass die Schlaufe der Bogensehne die Kerbe erreichen und hineingleiten kann, während die linke Hand und der Fuß den Bogen in der gebogenen Position halten. Der Bogenschütze ergreift dann den mittleren Teil des Schafts zwischen dem Daumen und den vier Fingern der linken Hand, ergreift den gefiederten Teil des Pfeils zwischen dem Zeige- und Mittelfinger der rechten Hand und platziert das Ende im rechten Winkel dazu. und in Kontakt mit der Mitte oder in der Nähe der Saite. Der Teil des Pfeils vor der Feder liegt auf Daumen und Mittelfinger sowie unter dem Zeigefinger der linken Hand. Wenn man den Bogen hochhebt und ihn in einem Winkel von etwa 20° zur Vertikalen geneigt hält, wobei die Spitze nach rechts zeigt, wird die Sehne, wobei die Pfeilspitze immer dagegen gedrückt wird, weit genug zurückgezogen (ungefähr 30 Zentimeter), um den Bogen zu ergeben erforderliche Spannung. Die Sehne kann dann zurückfliegen, während der Bogenschütze gleichzeitig die Pfeilspitze loslässt und der Pfeil so schneller weiterfliegt. Wenn der Pfeil zum Abfeuern bereit ist, zeigt er auf die rechte Schulter des Bogenschützen.

Die größte Reichweite eines guten Pfeils beträgt etwa 75 Meter. Seine Wirkungsreichweite beträgt jedoch nur etwa ein Drittel davon.

Ich kann die Kompetenz des Manóbo als Bogenschütze nicht loben. Hier und da trifft man auf einen wirklich guten Schuss, aber der durchschnittliche Mann kann aus nächster Nähe nicht 50 Prozent treffen.

Es werden keine Köcher verwendet, die diesen Namen verdienen. Bei einem Kriegseinsatz werden die Pfeile in einem Bambus-Internodium platziert, das horizontal an der Seite des Bogenschützen getragen wird. Pfeile sind niemals vergiftet. Der Bambus, aus dem die Speerspitze besteht, scheint eine etwas giftige Wirkung zu haben, da eine dadurch verursachte Wunde sehr schmerzhaft und schwer zu heilen ist.

DER BOLO UND SEINE HÜLLE

Die nächste wichtige Angriffswaffe der Manóbo ist das Bolo. Es ist sein unzertrennlicher Begleiter bei Tag und in Regionen, in denen der Einfluss ziviler oder militärischer Autorität nicht stark spürbar ist, auch bei Nacht.

Da es meines Wissens nur zwei Manóbo-Schmiede gibt, werden alle verwendeten Bolos importiert, entweder von den Mandáyas oder von den Banuáons, obwohl man von Zeit zu Zeit eine Waffe sieht, die von den Bagóbos eingeschleppt wurde. Das vorherrschende Bolo stammt aus Mandáya-Arbeit und verdient eine detailliertere Beschreibung.

Es handelt sich um eine massive Stahlklinge mit einer Länge von 30 bis 45 Zentimetern. An der Verbindungsstelle zum Griff ist es ungefähr so breit wie der Griff, verjüngt sich jedoch allmählich an der Oberseite und weniger an der Unterkante auf eine Breite von 25 Millimetern [11] an einem Punkt, der ein Sechstel der Länge der Klinge vom Griff beträgt . An diesem Punkt ändert die Rückseite des Bolo ihre Richtung und verläuft in einem Winkel von 15° zu ihrer vorherigen Richtung. Der untere Teil oder die Kante der Waffe wölbt sich allmählich nach außen, bis die Klinge an einem Punkt, der ein Viertel ihrer gesamten Länge von der Spitze aus beträgt, ihre maximale Breite (7 bis 10 Zentimeter) erreicht, von wo aus sie sich wie ein Kreissegment zur Spitze hin krümmt der Waffe.

[11] Die angegebenen Zahlen sind nur Näherungswerte. Sie variieren in verschiedenen Bolos.

Der Bolo-Typ, der als prätentiöser gilt und am oberen Agúsan häufiger vorkommt, hat einen dünnen, geraden Rücken, der 12 bis [6] oder 7 Zentimeter vom Griff entfernt ist, wobei die Richtung des Rückens an dieser Stelle leicht geändert ist. Ansonsten ähnelt dieses Bolo dem oben beschriebenen.

[12] Daher wird es *li-kúd-li-kud genannt* .

An der schmalsten Stelle des Bolos und an der Unterseite befindet sich gelegentlich eine Zackenverzierung im Stahl, deren Bedeutung ich nicht kenne.

Der Griff besteht gelegentlich aus Ebenholz, häufiger jedoch aus einem anderen Holz. Der Griff für die Hand ist zylindrisch. Der Griff ist oft mit einem Geflecht aus Rattan oder einem oder zwei Bändern aus Stahl oder Messing umwickelt, um ein Splittern zu verhindern, oder, seltener, aus Ziergründen mit Silberbändern. Unerreichbar nach unten gebogen ist eine geschnitzte Verzierung, die entfernt an den Kopf eines Vogels mit nach oben gebogenem Schnabel erinnert. Dies ist ein durchgehendes Stück mit dem Griff. Es ist selten, Messingzwingen und Handschützer an der Verbindungsstelle zwischen Klinge und Griff zu finden.

Die Scheide, die aus Manóbo-Produktion stammt, besteht aus zwei dünnen, hellen Holzstücken, die etwas breiter als das Bolo sind. Über eine Strecke, die der Länge der Klinge entspricht, ist die Form nahezu rechteckig, dann werden die Kanten allmählich schmaler, bis zu einem Punkt, der etwa 3 Zentimeter vom Ende entfernt liegt; An diesem Punkt erweitern sie sich zu einem kleinen Quadrat mit nach innen gebogenen Seiten.

Die beiden Teile werden durch in gleichen Abständen um sie gewickelte Rattanbänder eng zusammengehalten. Eine Beschichtung aus Bienenwachs dient der Konservierung des Holzes und verleiht der Scheide gleichzeitig ein vollendetes Aussehen. Häufig wird dem Bienenwachs Topfschwarz beigemischt, und auf den oberen und mittleren Teilen sowie an den Enden und Kanten werden je nach Wunsch des Trägers symmetrische Streifen dieser schwarzen Farbe aufgetragen. Andere Verzierungen aus Perlen, Baumwollquasten und Streifen einer gelben Schmarotzerpflanze sind keine Seltenheit.

Der Gürtel, der fast immer aus geflochtener , häufig mehrfarbiger *Abaká*-Faser besteht und die Waffe an der linken Seite des Trägers hält, verläuft durch ein Loch an der Außenseite der Scheide. Dieses Loch wird durch den zentralen geprägten Teil des äußeren Teils der Hülle gebohrt.

Ein bemerkenswertes Merkmal der Scheide ist, dass sie so konstruiert ist, dass die Waffe verriegelt bleibt, wenn der Griff auf die untere Seite der Öffnung der Scheide gedrückt wird und sie nicht herausfallen oder herausgezogen werden kann, bis der Griff wieder auf die obere Seite geschoben wird der Blende.

EIN MAGISCHER TEST FÜR DIE EFFIZIENZ EINES BOLO

Es ist sehr interessant zu beobachten, mit welcher Methode der Wert des Bolo ermittelt wird. Ein Stück Rattan in der Länge der Waffe wird in kleine Stücke geschnitten, von denen jedes, mit Ausnahme vielleicht des letzten, genau so lang ist wie die maximale Breite des Bolos. Diese Teile werden dann an den folgenden Positionen und in der durch die Nummer angegebenen Reihenfolge platziert. (Siehe Abb. 1.) Es ist offensichtlich, dass es in der Regel ein Stück Rattan gibt, das nicht so lang ist wie die anderen. Dieses Stück wird immer zuletzt abgelegt und seine Position ist ausschlaggebend für die Prüfung.

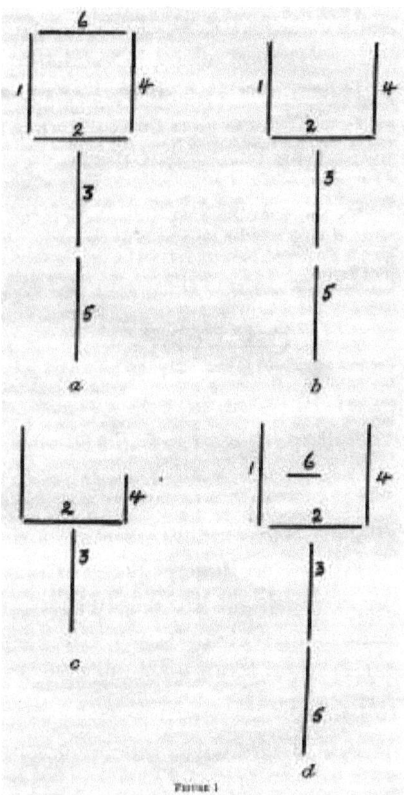

In Abbildung 1 *a* sind zufällig alle Rattanstücke gleich, es gibt kein kurzes Stück. Darüber hinaus sind genügend Teile vorhanden, um die Figur zu vervollständigen. Diese Kombination ist insofern nicht ungünstig, als sie nichts Böses verheißt, aber man geht davon aus, dass sie ein sicheres Zeichen dafür ist, dass man nicht getötet hat. [13]

13 Diese Kombination wird *li-mut* genannt .

In Abbildung 1 *b* sind alle Teile gleich lang, aber sie reichen nicht aus, um die Figur wie in Abbildung 1 *a zu vervollständigen* . Dies ist eine zweifelhafte Konfiguration. Einerseits kann die Waffe töten oder auch nicht, andererseits erweist sie sich für den Besitzer als effizient in Angelegenheiten, die nichts mit dem Kampf zu tun haben.

In Abbildung 1 *c* haben wir nur vier Rattanstücke, von denen drei der maximalen Breite des Bolo entsprechen und eines kurz ist. Das ist eine gute Kombination. Es zeigt an, dass der Feind im Kampf Verluste erleiden wird. [14]

14 Diese Formation wird *Sá-kab genannt* .

In Abbildung 1 *d* haben wir die bestmögliche Konformation. Die Tatsache, dass der kurze Abschnitt sozusagen nach innen fällt, deutet darauf hin, dass ein kurzer Kampf und ein schneller Tod zu erwarten sind. Der Besitzer einer Waffe, die diesen Test besteht, wird sich nur ungern von ihr trennen, wenn ihm nicht sehr vorteilhafte Angebote gemacht werden.

Eine Form der Wahrsagerei, bei der ein hängender Bolo, insbesondere ein geweihter, die Rolle des *Deus ex machina übernimmt* , wird im Kapitel über Wahrsagerei beschrieben.

DIE LANZE

Die Lanze wird wie der Bolo importiert. Es gibt zwei Arten: (1) Die Mandáya-Lanze, die überall zu finden ist, außer am unteren Agúsan und am Oberlauf des Umaíam, Argáwan und Kasilaían sowie in der östlichen Kordillere; (2) eine Lanze, wahrscheinlich aus Moro-Produktion, die angeblich aus dem Pulángi-Fluss stammt und in den eben genannten Regionen verwendet wird, in denen die Mandáya-Lanze nicht als Glücksbringer oder Wirksamkeit gilt. Im Allgemeinen bestehen Lanzen aus einem Stahlkopf und einem langen Schaft, meist aus *Palma Brava* , selten aber auch aus anderen Spezies. [15] Der Kopf wird mit einer zähflüssigen Substanz fest mit dem Schaft verbunden.

[15] Holz des Baumes *ku-li-pá-pa* wird gelegentlich verwendet.

Die Lanze ist der unzertrennliche Begleiter des Manóbo auf seinen Reisen durch gefährliche Orte, von denen es in abgelegenen Regionen nicht wenige gibt. Wenn er an einem Haus ankommt, steckt er die Lanze mit dem Kopf nach oben in die Erde, in der Nähe der Leiter. Auf Reisen trägt er es auf der rechten Schulter, mit dem Kopf nach vorne, in horizontaler Position und ist immer bereit, es zu werfen, wenn er einen Hinterhalt befürchtet. Ich habe meine Manóbo-Freunde oft erschreckt, während sie irgendeiner Beschäftigung nachgingen, zum Beispiel beim Angeln, nur um ihr Verhalten zu studieren. Das Ergebnis war immer das Gleiche: eine schnelle Wendung und eine offensive Haltung, mit erhobener Lanze und trotzigem Blick.

Die Lanze wird während der Haltung in der nach oben gerichteten rechten Hand unter dem Daumen und über dem Zeige- und Mittelfinger gehalten. Der Arm ist in einer leichten Kurve knapp vor der Schulterlinie ausgestreckt. Beim Stoß wird die Lanze parallel zur Linie der Schultern und auf einer Höhe mit diesen geschossen, wobei die linke Seite der Person dem Gegner präsentiert wird. Die Lanze wird nicht geworfen, sondern fast immer in der Hand gehalten.

Die Mandáya-Lanze verdient die meiste Aufmerksamkeit, da sie allgemeiner verwendet wird und normalerweise eine bessere mechanische und dekorative

Verarbeitung aufweist. Der Schaft ist ein Stück der *Palma Brava-* oder *Kulipápa-* Palme und variiert zwischen 1,8 und 2,4 Metern Länge. Es hat einen einheitlichen Durchmesser von etwa 16 Millimetern über einen Abstand, der der Hälfte seiner Länge vom Kopf entspricht; Die andere Hälfte verjüngt sich ganz allmählich auf etwa die Hälfte seiner ursprünglichen Dicke und endet in einer ziemlich scharfen Spitze, die mit einem konischen Stück Zinn oder Stahl abgedeckt werden kann, um das Holz vor Verletzungen durch Steine zu schützen.

Der Kopf ist eine lange, schlanke, spitze Klinge. Von den Schultern, die 4 bis 7 Zentimeter voneinander entfernt sind, kann es gleichmäßig spitz zulaufen; viel häufiger jedoch verjüngt es sich allmählich bis auf etwa 25 Millimeter von der Extremität entfernt. Hier beträgt seine Breite etwa 25 Millimeter. An diesem Punkt laufen die Kanten in einem Winkel von 45° zur Achse zusammen, bis sie sich treffen und die Spitze der Lanze bilden. Von den Schultern der Klinge verlaufen die Kanten ebenfalls in einem Winkel von 45° nach innen zum Hals. Der Hals ist ein massives zylindrisches Stück von etwa 3 Zentimetern Länge, fast immer mit Reliefarbeiten verziert und endet in einem Stab oder einer konischen Fassung von etwa 7 Zentimetern Länge. Sehr häufig sieht man Ziermeißelarbeiten entlang der Achse in der Nähe des Halses. Der allgemeine Umriss der Gravur entspricht dem einer Speerspitze im Miniaturformat, in der sich oft kleine blattartige Einstiche befinden.

Wenn der Lanzenkopf eine Fassung hat, wird er mit einer harzigen Substanz, ähnlich der, die für Bolos verwendet wird, am Schaft befestigt. Wenn der Lanzenkopf in einem massiven zylindrischen Stück endet und in den Hohlschaft eingeführt werden muss, wird das Ende des Schafts mit einer Moro-Messingzwinge verstärkt, sofern der Besitzer der Lanze das Glück hatte, eine solche zu erwerben, oder mit Spulen aus *Abaká- Fasern, über die Abaká- Stoff* gewickelt wurde, der mit dem oben genannten Harz beklebt ist.

Lanzen des besseren Stils haben Zierringe aus geschlagenem Silber, manchmal bis zu 15, die in gleichen Abständen entlang des Schafts angebracht sind und einen Abstand von bis zu 30 Zentimetern von der Verbindungsstelle zwischen Kopf und Schaft haben.

Eine Lanze eines anderen Stils ist bei den Hochland-Manóbos der Zentralkordilleren verbreitet und findet sich nicht selten bei den Manóbos von Kantílan und Tágo. Obwohl es in seinen Abmessungen und im allgemeinen Erscheinungsbild nicht so auffällig ist, wird es von den Manóbo bevorzugt, weil es angeblich eine schwerere Wunde verursacht und weil es weniger wahrscheinlich ist, dass der Kopf abfällt, wenn es durch den Boden oder die Wand eines Hauses getrieben wird. Sein Kopf ist an der breitesten Stelle viel schmaler als der gerade beschriebene, nicht so lang und läuft fast immer spitz zu. Es ist ohne Schultern. Sie hat nie den konischen Stahlsockel, den die Mandáya-Lanze manchmal hat, ist immer gerade geschnitten und wird auf die gleiche Weise in den Schaft eingesetzt wie die Mandáya-Waffe ohne Sockel. Ein weiteres Unterscheidungsmerkmal ist die dekorative Muschel, die auf jeder Seite parallel zu den Kanten des Kopfes verläuft. Es gibt sehr selten dekorative Arbeiten am Rand dieser Jakobsmuscheln.

Der Dolch und seine Scheide

Eine Waffe, deren Verbreitung unter den Manóbos fast ausschließlich auf die Manóbos südlich des 8. Breitengrads beschränkt ist, ist der Mandáya-Dolch, der Mandáya-Kunsthandwerk ist und auf Mandáya-Einfluss hinweist. [16]

[16] Es handelt sich um die Waffe des Mandáya-Stammes, die weder bei Tag noch bei Nacht, auf dem Weg oder im Haus die Seite ihres Trägers verlässt, wann immer eine Gefahr zu befürchten ist.

Seine Bestandteile sind ein dünnes laminiertes Stück Stahl von 15 bis 25 Zentimetern Länge mit einem dünnen, sich verjüngenden, etwas kürzeren Stab, der in der Achsenlinie hervorsteht, und einem Banáti-Griff, durch den der Vorsprung der Klinge *verläuft* . Es wird in einer Scheide getragen, die an der rechten Seite des Trägers von einem Gürtel gehalten wird.

Die Klinge ist zweischneidig und erweitert sich von einer scharfen Spitze zu zwei Schultern im Abstand von 3 bis 4 Zentimetern, von wo aus die Kanten allmählich nach oben gebogen werden und schließlich in zwei hervorstehenden Sporen im Abstand von 3 bis 4 Zentimetern enden. Der Stab zur Aufnahme des Griffs erstreckt sich von diesem Punkt aus entlang der Achsenlinie über eine Strecke von 6 bis 8 Zentimetern.

Von Zeit zu Zeit findet man eine Klinge, die mit winzigen Messing- oder Silberstücken eingelegt ist, aber es gibt nie eine andere Art von Verzierung.

Der Griff ist, soweit ich weiß, einzigartig auf den Philippinen. Beim Gebrauch des Dolches wird der Griffkörper mit der rechten Hand gefasst, der Zeigefinger zwischen ein Horn des Halbmonds und den mittleren Stahlzapfen eingeführt und der Daumen zwischen letzterem und dem anderen Punkt des Halbmonds, während der andere Drei Finger halten die Waffe in der Handfläche. Diese Methode scheint ungeschickt, ist aber dennoch die orthodoxe Art und Weise, sie zu vertreten. An der rechten Seite des Trägers in einer mehr oder weniger horizontalen Position befestigt und mit nach vorne ragendem Griff steht es dem Besitzer jederzeit für schnelle und tödliche Aktionen zur Verfügung, insbesondere wenn nur ein oder zwei Fäden der Abaká-Faser von *ihm* ausgehen Der Griff am unteren Teil der Scheide hält die Waffe in der Scheide.

Der Griff ist am Hals meist durch geflochtene Ringe aus *Nitofaser verstärkt* und kann sowohl an dieser Stelle als auch an den Hörnern oder manchmal sogar an der gesamten Außenfläche mit Silberverzierungen versehen sein.

Die Scheide besteht aus zwei länglichen, rechteckigen Holzstücken, die sich am Ende ausbreiten. In regelmäßigen Abständen umwickelte Rattanstreifen halten die beiden Teile zusammen und für den Abschluss wird üblicherweise eine Farbe aus einer Mischung aus Bienenwachs und Topfschwarz verwendet. Aber gelegentlich sieht man Bänder aus geschlagenem Silber an der Spitze der Scheide und, seltener, eine Fülle wunderschöner, kunstvoller Silberarbeiten, die über die gesamte Scheide verteilt sind. [17]

[17] Die Stahl- und Silberarbeiten werden fast immer von Mandáya-Schmieden hergestellt, die in und außerhalb der südöstlichen Kordilleren leben, obwohl es am Agúsan einige Silberschmiede gibt.

Manóbos im Allgemeinen, mit Ausnahme derjenigen, die am oberen Agúsan leben, kümmern sich nur wenig um ihre Waffen, außer um sie zu schärfen. In dieser Hinsicht unterscheiden sie sich stark von den Mandáyas und Debabáons, die sehr gewissenhaft und unablässig mit ihren Bolos, Lanzen und Dolchen umgehen. Sie halten diese Waffen poliert, indem sie sie auf einem Brett reiben, das mit dem Staub einer pulverisierten Platte bedeckt ist, oder, wenn sie verrostet sind, indem sie sie mit einer importierten Feile feilen. Den letzten Schliff erhält man, indem man sie mit den Blättern der Sandpapierpflanze reibt. [18] Sobald sie poliert sind, werden sie durch Auftragen von Schweinefett vor Rost geschützt, von dem jedes Mal, wenn ein Schwein getötet wird, ein kleines Stück davon vom Dach gehängt wird. Ein weiterer Unterschied zwischen den Manóbos (ohne diejenigen des oberen Agúsan) und den oben genannten Völkern ist die Seltenheit, mit der die ersteren Gestelle für ihre Kampfwaffen verwenden. Die Mandáyas und Debabáons haben sehr häufig Zierregale, in denen sie ihre Waffen aufbewahren.

[18] *Ficus fiskei* und *Ficus fiskei adorata* (*moracae*).

VERTEIDIGUNGSWAFFEN

DAS SCHILD

Es werden zwei Arten von Schilden verwendet: Mandáya und Manóbo. Die Verbreitung des ersteren ist auf den Bezirk südlich des 8. Breitengrads beschränkt, ohne den Flussbezirk Ihawán und Baóbo; Letzteres gilt für den Rest des Agúsan-Tals, mit Ausnahme des Teils, in dem der Einfluss der Banuáon vorherrscht, [19] wie dem oberen Agúsan und den Flüssen nördlich davon, die die westlichen Nebenflüsse des Agúsan sind. Im Allgemeinen bestehen Schilde aus *Kalántas* [20] Holz und sind zwischen 90 und 100

Zentimeter lang. In der Mitte befindet sich ein vorstehender Knopf, der einem niedrigen Kegelstumpf ähnelt, etwa 4 Zentimeter hoch ist und an der Basis zwischen 8 und 15 Zentimeter und an der Spitze zwischen 7 und 8,5 Zentimeter breit ist. Die Innenseite dieses Knopfes ist so ausgehöhlt, dass an seiner Innenseite ein Längsstück zur Halterung des Schildes verbleibt. Am oberen Ende ist ein Querstück aus dem gleichen Material wie der Rest des Schildes in den Hauptkörper eingearbeitet, um zu verhindern, dass der Schildkörper, dessen Maserung in Längsrichtung verläuft, durch einen Schlag splittert.

[19] Die Schildtypen der Banuáon, die der Autor sah, hatten eine kreisförmige Form, waren auf der proximalen Seite konkav und bestanden aus geflochtenem Rattan, das mit Tabon- *Tábon-* Zellstoff bemalt war.

[20] *La-níp-ga* .

Als weiterer Schutz gegen Splittern werden bei den oberen Agúsan-Typen zwei Streifen aus Palma Brava oder Bambus und bei anderen Typen drei Streifen mit der Breite des Schildes selbst horizontal auf jeder Seite angebracht, einander zugewandt und durch Nähte in Position *gehalten* von Rattanstreifen, die durch Perforationen im Holz geführt werden.

Die Verzierung aller Schilde besteht aus einer Beschichtung aus Bienenwachs und aus dünnen, mit Bienenwachs und Topfschwarz bemalten Muscheln, die in einer einzigen Reihe um den Schild und in der Nähe seines Randes verlaufen und in einer doppelten Reihe in Längsrichtung in der Mitte verlaufen.

Der Deckel, eine Muschel oder in seltenen Fällen ein heller Gegenstand kann den Knopf auslösen. Nicht selten sind Büschel menschlicher Haare, die bei einem Kriegseinsatz erbeutet wurden, in Abständen von etwa drei Zentimetern in Löcher auf beiden Seiten des Schildes gesteckt und gelten als äußerst dekorativ und als Beweis für die Tapferkeit des Besitzers des Schildes. Man könnte meinen, dass der Einsatz von Menschenhaaren ein Relikt der Kopfjagd ist, aber ich konnte keine einzige Tradition dieser Praxis im Osten von Mindanáo finden und bezweifle, dass es jemals eine solche gab.

[21] Genannt *pas-lí-tan* .

Der typische Manóbo-Schild hat eine gerade Oberseite von etwa 35 Zentimetern Breite. Von den Ecken aus krümmen sich die Seiten über einen Abstand (gemessen an der Mittellängslinie des Schildes) von etwa 25 Zentimetern allmählich nach innen, um dann in einem Abstand von etwa 10 Zentimetern weiter auf die ursprüngliche Breite auszulaufen, wo die Verstärkung erfolgt Die Streifen werden sowohl an der Innen- als auch an der Außenfläche befestigt. Von dort aus biegen sich die Seiten nach innen und bilden das zweite Segment, in dessen Mitte sich der Knauf befindet und an dessen Ende zwei weitere tragende Querstücke angebracht sind. Jenseits dieses Abschnitts verlaufen die Seiten sanft zur Unterseite des Schildes, der etwa 25 Zentimeter breit und praktisch gerade ist.

Der Mandáya-Typ, wie er von den Mandáyas von den Agusánon Manóbos [22] übernommen wurde, unterscheidet sich vom Manóbo-Schild dadurch, dass er im Allgemeinen schmaler ist – etwa 17 Zentimeter an der Spitze und etwa 22 Zentimeter im Mittelteil. Von oben, wo das quer verlaufende Schutzstück angebracht ist, fallen die Seiten sanft ab zum ersten tragenden Querstück, das in einem Abstand von etwa einem Viertel der gesamten Länge des Schildes vom Ende angebracht ist; Von dort aus verlaufen sie parallel über eine Strecke, die der Hälfte der Schildlänge entspricht, und bilden für das Auge ein längliches Rechteck, in dessen Mitte sich der Knopf befindet. Das verbleibende Viertel des Schildes hat eine hyperbolische Form mit einem kleinen rautenförmigen Vorsprung im Fokus. Der obere Rand des Schildes ist nicht ganz gerade, durch leichte Rundungen entsteht ein ornamentaler Effekt. In der Mitte der Oberkante befindet sich ein sehr kleiner Vorsprung oder manchmal ein runder Einschnitt, der als Augenloch dienen könnte.

[22] Auch von den Maṅgguáñgans und von den Debabáon- und Mansáka-Gruppen. Die Manóbos und andere Völker des oberen Agúsan nennen sich Agusánon.

Ein weiterer Unterschied bei dieser Art von Schild ist die Hinzufügung zahnartiger Zierzeichnungen. Diese Zacken bestehen aus Bienenwachs und Topfruß und sind normalerweise in Vierergruppen im rechten Winkel zu und entlang der zentralen und seitlichen Zacken angebracht.

Der letzte Unterschied besteht in der auffälligeren Längsbiegung des Mandáya-Typs im Vergleich zum Manóbo-Stil, wobei die Ober- und Unterseite gleichmäßig nach innen in einem Winkel von etwa 15° zur Vertikalen gebogen sind.

Bei den Mandáyas ist es interessant festzustellen, dass ein breiter Schild als Zeichen von Feigheit angesehen wird und dass ein schmaler Schild als Beweis für die Tapferkeit seines Besitzers gilt.

Bei der Verwendung des Schildes wird dieser in der linken Hand durch den Griff gehalten, der sich im inneren Teil des hohlen Knaufs in der Mitte befindet. Es wird immer in aufrechter Position gehalten, wobei sich das Querstück oben auf der linken Seite des Kriegers befindet, der dem Feind niemals die Vorderseite seiner Person präsentiert. Um die Füße und Beine zu schützen, muss er sich hinhocken.

Ich war ständiger Zeuge mimischer Begegnungen und gelegentlich auch scheinbarer Vorbereitungen zu ernsteren Angelegenheiten und kann die

Geschicklichkeit bezeugen, die bei der Manipulation des Schildes an den Tag gelegt wurde. Die Schnelligkeit, mit der sich der Krieger bewegen kann, mal vorrückend, mal zurückweichend, mal zustoßend, mal parierend, und die ganze Zeit seinen Körper bis auf einen Teil des Kopfes und ein Auge verbergend, ist ein Wunder.

RÜSTUNG

Ein weiterer Verteidigungsgegenstand ist die *Abaká*- Rüstung. [23] Wann immer der Krieger in der Lage war, ein Stück Mandáya-Rockstoff zu beschaffen, näht er es in einen gewöhnlichen Mantel mit Ärmeln ein und verwendet anstelle importierter Knöpfe kleine Bambus- oder Holzsplitter, um ihn geschlossen zu halten. Wenn das Mandáya-Tuch jedoch nicht zu haben ist, flechten seine weiblichen Verwandten für ihn eine Reihe mehrfarbiger Schnüre aus *Abaká*- Faser, 6 Millimeter breit, die in Form eines amerikanischen oder europäischen Mantels zusammengenäht sind und vielleicht den Zweck erfüllen besser als das Mandáya-Tuch.

[23] *Lim Botung*.

Diese Rüstung ist dazu gedacht, Pfeilen standzuhalten, und soll auf große Distanz wirksam sein. Auf kurze Distanz hilft es jedoch nur, die Durchschlagskraft zu verringern, wie ich nach einem Angriff auf den oberen Agúsan beobachten konnte, bei dem einer meiner Kriegerfreunde durch einen Pfeil an der Schulter verletzt wurde. Eine Gruppe Debabáons machte sich auf den Weg, um vor dem Haus eines ihrer Feinde am Fluss Nábuk zu demonstrieren. Der erwähnte Kriegerhäuptling wollte seinen kleinen Sohn in die Kunst der Kriegsführung einführen und trug ihn auf dem Rücken zum Schauplatz der Demonstration. Nachdem sie das Haus umzingelt hatten, brach die angreifende Partei in Kriegsschreie aus und forderte ihre Feinde zu einem Nahkampf heraus. Die umzingelte Gruppe antwortete mit einem Pfeilregen, von dem einer den Häuptling an der Schulter traf. Wie er mir erklärte, war es ihm so wichtig, sein Kind zu beschützen, dass er seine Person entblößte und den Pfeil in seine Schulter bekam. Er sagte, die Spitze sei bis zu einer Tiefe von etwa drei Zentimetern eingedrungen.

Ich habe einmal eine andere Art von Schutzkleidung am Fluss Argáwan gesehen. Dabei handelte es sich um einen sehr langen Streifen Baumwollstoff, der angeblich zum Umwickeln des Körpers vor einem Angriff verwendet wurde. Wie ich später feststellte, stammte dieser Artikel aus Banuáon-Herstellung und -Verwendung. [24]

[24] Als weiteren Schutz im Krieg dient angeblich ein kegelförmiges Stück Holz, auf dem die Haare aufgebunden sind. Ich habe dieses Gerät nie im Einsatz gesehen und bezweifle, dass es bei Manóbos häufig zum Einsatz

kommt. Es wurde mir berichtet, dass es ebenfalls aus Banuáon stammt und hergestellt wurde.

FALLEN UND CALTROPS

Die Behausungen von Manóbos, die in echter Angst vor Angriffen leben, sind immer von Fallen und Bambusfußstützen einer oder zweier Sorten umgeben. Diese bilden ein effizientes und gemeinsames Verteidigungsmittel.

Die Falle ist von der Art, die im Kapitel über die Jagd beschrieben wird. Wenn diese Falle als Verteidigungsmittel verwendet wird, wird der Speer so hoch angebracht, dass er einen Menschen zwischen den Schultern und dem Oberschenkel verletzt. Die Fallen werden in unterschiedlicher Anzahl in unmittelbarer Nähe des Hauses aufgestellt. Wenn jedoch ein Angriff unmittelbar bevorsteht, werden sie auf den Wegen, die zum Haus führen, und in einiger Entfernung davon aufgestellt. Sie können so festgelegt sein, dass sie nicht denjenigen treffen, der sie freigibt, sondern die erste oder zweite Person, die ihm folgt. Für einen Weißen ist es in einem feindlichen Land immer ratsam, sich und seine Männer so zu schützen, dass niemand durch diese Fallen verletzt wird.

Bei den Bambus-Faltenfüßen handelt es sich um etwa 60 Zentimeter lange, gespitzte Bambusstücke, die in einem Winkel von 45° in den Boden gesteckt werden und sich an einer Stelle befinden, an der der Feind auf eine tiefere Ebene hinabsteigen muss. Ein Lieblingsplatz ist hinter einem Baumstamm oder beim Abstieg zu einem Bach. Sie werden sorgfältig versteckt und sind für einen Weißen, der sich der Verwendung solcher Fallen nicht bewusst ist, ein gefährliches Gerät.

Eine andere, in der Tat sehr verbreitete und in ihrem Charakter sehr tückische Form von Krähenfüßen besteht aus kleinen Stacheln aus etwa 18 Zentimeter langen Bambussplittern oder aus spitzen Hartholzstücken. Diese liegen in großer Zahl auf den Wegen, die vom angrenzenden Wald zum Haus führen. Die besondere Gefahr besteht darin, dass sie nur etwa 2 bis 3 Zentimeter über den Boden hinausragen und der Boden um sie herum aufgelockert wird, so dass der Druck des Fußes des Wanderers den lockeren Boden nach unten drückt und so dem tückischen Dorn Gelegenheit gibt, den Fuß zu durchbohren bis zu einer beträchtlichen Tiefe.

Landwirtschaftliche Geräte

Es gibt nur wenige landwirtschaftliche Geräte. Da es im Manóboland keine Zugtiere gibt, werden auch keine Pflüge, Eggen oder andere Geräte eingesetzt, die Tiere erfordern.

DIE AXT

Zum Fällen größerer Bäume wird eine einfache Stahlaxt verwendet. Es steckt in einem Loch in einem Griff aus Hartholz, meist aus Guavenholz, und wird durch ein paar Rattangeflechte an Ort und Stelle gehalten. Die Schneide der Axt ist nur 6 bis 7 Zentimeter lang und dennoch ist es überraschend, was der durchschnittliche Manóbo-Mann mit diesem unbedeutend aussehenden Gerät leisten kann. Auf seinem zerbrechlichen Gerüst greift er die mächtigen Bäume seiner Waldheimat an und stürzt sie mit zielsicherem Schlag in überraschend kurzer Zeit um.

DER BOLO

Zum Abschneiden der Äste wird der Bolo verwendet, der zugleich seine Angriffs- oder Verteidigungswaffe sein kann. Der Arbeitsbolo unterscheidet sich in keiner Weise von der Kampfwaffe, außer dass ersterer einen breiten, geraden Rücken hat. Es ist üblicher, einen Bolo aus Bisáya-Herstellung bei Manóbos aus dem unteren Agúsan zu finden. Diese Bolos kommen aus Bohol oder Cebu und sind, da sie vergleichsweise günstig sind und ihren Zweck gleichermaßen gut erfüllen, leicht zu kaufen.

Der Reiskopf

Während der Erntezeit werden die Reisköpfe mit einem Kopfstück aus einem kleinen Stück Rattan oder Holz mit einem Durchmesser von etwa 1,5 Zentimetern und einer Länge zwischen 4 und 6 Zentimetern geschnitten. In der Mitte und im rechten Winkel dazu ist ein Stück Zinn oder eine der Klappen einer gewöhnlichen Muschel befestigt. [25]

[25] *Bi-bi* .

Angelgeräte

Der Angelbogen und der Pfeil

Pfeil und Bogen werden überall dort zum Angeln eingesetzt, wo die christlichen und nichtchristlichen Agúsan-Völker Zugang zu den Seen und Tümpeln haben, die im zentralen Agúsan reichlich vorhanden sind.

Der beim Angeln verwendete Bogen und sein Zubehör unterscheiden sich in keiner Weise von dem ernsteren Gegenstand, der für die Kriegsführung bestimmt ist, außer dass er aufgrund seiner häufigeren Verwendung möglicherweise ein heruntergekommeneres Aussehen hat.

Angelpfeile unterscheiden sich jedoch von denen, die im Kampf verwendet werden. Der Schaft des ersteren ist ein Stück Bambus, dessen Länge zwischen 1,2 und 1,5 Metern und der maximale Durchmesser zwischen 7 und [12,5] Millimetern variiert.

[26] Von der Sorte namens *lá-hi* oder *da-ga-sá'* .

Der Kopf ist ein etwa 17 Zentimeter langes Stück Eisen oder Stahl mit zwei Zinken und Widerhaken an der Innenseite jeder Zinke, die im gleichen Abstand vom Ende entfernt sind und einander zugewandt sind. Diese beiden Zinken vereinen sich zu einem festen Hals, der in das natürliche Loch im Schaft führt, einer Zwinge aus Messing oder häufiger einer Wicklung aus Rattan, die mit Tabon-Tábon-Samenpulpe überzogen ist und dazu dient, das Zersplittern des zerbrechlichen Bambusrohrs zu *verhindern* . Der Kopf ist mit einer etwa 1,5 Meter langen Schnur aus *Abaká* -Fasern am Schaft befestigt , die um den Schaft gewickelt ist, von dem Fisch jedoch bei seinen verzweifelten Fluchtversuchen abgewickelt wird und die Pfeilspitze in seinem Körper zurückbleibt. und der Schaft brach das Wasser und zeigte dem Fischer den Aufenthaltsort seines Opfers an. Am äußersten oberen Agúsan ist die Pfeilspitze nicht zweizackig, sondern eine dünne, laminierte Stahlspitze, die sich allmählich ausdehnt, um die beiden seitlichen Widerhaken zu bilden. Es ist aus Mandáya hergestellt und stammt ursprünglich aus Mandáya.

DER FISCHSPEER

Der Fischspeer, [27] außer am äußersten oberen Agúsan, besteht aus einem langen Bambusschaft von 1,5 bis 2,25 Metern Länge mit einem schweren, dreizackigen Stachelkopf, der an seinem größeren Ende in einem Knoten sitzt, und mit Verstärkungsgürteln aus Rattanstreifen, die dazu dienen es verstärken. Der Eisenkopf ist aus Bisáya oder Christian Manóbo gefertigt. Beim oberen Agúsan ist der Kopf zweizackig und der Schaft oft etwas länger als der des Speers, der am unteren Fluss verwendet wird. Ansonsten ist es identisch.

[27] *Sá-pang* .

FISCHHAKEN

Große Haken werden viel häufiger verwendet als kleine. Beide bestehen entweder aus Messingdraht oder aus Eisen, letzteres oft aus dem Griff einer Kerosindose, und im Allgemeinen ähneln sie gewöhnlichen Angelhaken, wie sie in zivilisierten Ländern hergestellt werden. Die Verwendungsweise des Hakens wurde bereits unter „Angeln“ beschrieben.

Für Krokodile wird ein besonderer Haken verwendet. Es besteht aus einem Stück *Palma Brava* , das an einem Ende angespitzt und mit einem in einem Winkel von etwa 30° nach hinten abstehenden Sporn versehen ist. An diesem Stück Holz ist ein kräftiges Seil aus *Abaká* -Faser befestigt, das wiederum an einem etwa 1,8 Meter langen Stück kräftigem Bambus befestigt ist. Der Bambus wird dann fest im Boden verankert und der Köder darf etwa 60 Zentimeter über dem Wasser hängen. Das hungrige Krokodil, angelockt durch den Geruch, greift nach dem Köder und klemmt den Haken zwischen seine Kiefer. Es kommt selten vor, dass er durch hektisches Ziehen und Zappeln den Bambus nicht befreit und zu einem seiner Lieblingsplätze eilt, wo er durch die Anwesenheit des Bambusschwimmers über ihm entdeckt und erledigt wird.

JAGDGERÄTE

DER SPEER

Die Hauptwaffe bei der Verfolgungsjagd ist der Speer. Es besteht aus einem kräftigen, zwischen 2,1 und 2,4 Meter langen Holzschaft, der in die hohle konische Fassung einer Speerspitze eingesetzt wird. Im allgemeinen ähnelt die Klinge einer ernsteren Kriegswaffe, ist jedoch nur etwa 10 bis 12 Zentimeter lang und erhebt keinen Anspruch auf Schönheit, da sie ausschließlich für Gebrauchszwecke hergestellt wurde. Als notwendiges Accessoire zum Speer wird der untrennbare Bolo getragen.

DER BOGEN UND PFEIL

Im Kapitel über die Jagd wurde bereits auf den Jagdpfeil und -bogen hingewiesen. Es handelt sich um einen gewöhnlichen Bogen, aber der Pfeil unterscheidet sich dadurch, dass er nicht mit Federn versehen ist und nicht so bearbeitet ist wie der Pfeil, der für menschliches Wild bestimmt ist.

Ein sehr effektiver und einfach herzustellender Pfeil besteht aus einem etwa 85 Zentimeter langen Stück Bambus mit einem Durchmesser von 3 bis 4 Millimetern und einer scharfen, sich verjüngenden Spitze. Anstelle des Ausfransens werden vier oder fünf Büschel in der Nähe eines Endes in einem Abstand von etwa 2,5 Zentimetern voneinander gebildet, indem die Oberfläche so abgekratzt wird, dass kleine Büschel aus Spänen entstehen. Diese Art von Pfeilpfeilen wird hauptsächlich für Affen verwendet, für kriegerische Zwecke ist jedoch immer ein Vorrat verfügbar, wenn die fertigeren und effizienteren Pfeile erschöpft sind.

Ein weiterer Unterschied beim Jagdpfeil ist der zweizackige Bambuskopf, der entweder durch das Teilen eines normalen Bambuspfeils oder, was häufiger vorkommt, durch das Zusammenbinden zweier Pfeile entsteht. Ich habe bei einigen Gelegenheiten *Palma-Brava-* Stachelköpfe gesehen, die von den Manóbos im äußersten Oberland von Agúsan verwendet wurden. Diese letzteren Formen werden ausschließlich für Nashornvögel verwendet, deren robustes Fell und üppiges Gefieder etwas Stärkeres als den gewöhnlichen Pfeil erfordern.

DIE BLASPISTOLE

Das Blasrohr [28] wird sporadisch und oberflächlich im äußersten oberen Agúsan verwendet, aber ich habe es nirgendwo sonst in Manóbos gesehen. [29] Es wird zum Schießen kleiner Vögel, Hühner und Mäuse verwendet. Es besteht aus einem Internodium einer Bambussorte [30] mit einer Länge von etwa 1,2 Metern und einem Durchmesser von 12,5 Millimetern, an das sich ein weiteres Internodium mit einer Länge von etwa 20 Zentimetern und etwas größerem Durchmesser anschließt. Dies bildet das Mundstück. Ich habe noch nie irgendwelche dekorativen Arbeiten an einem Blasrohr gesehen. Der Pfeil ist ein dünnes, sich verjüngendes Stück Bambus mit einer Länge von etwa 35 Zentimetern und einem Durchmesser von 1,5 Millimetern am Ende. Am unteren Ende des Pfeils ist ausreichend Baumwolle befestigt, um den Lauf der Waffe zu füllen. Die Ausscheidung erfolgt über die Atmung. Die Spitze ist niemals vergiftet, und es gibt auch keine Überlieferung über die frühere Verwendung von Gift bei diesen Pfeilen.

[28] *Sum-pi-tan* .

[29] Ihr Einsatz ist bei den Mandáyas der Flüsse Kati'il, Manorígau und Karága weit verbreitet, aber meines Wissens handelt es sich weder um eine Verteidigungs- noch um eine Angriffswaffe.

[30] *La-hi'*.

Beim Gebrauch wird die Blaspistole mit der rechten Hand an den Mund gehalten. Die maximale Reichweite beträgt etwa 20 Meter. Ich habe sehr kleine Vögel gesehen, die in einer Entfernung von etwa 8 Metern getötet wurden.

KAPITEL XII

INDUSTRIELLE AKTIVITÄTEN

ARBEITSTEILUNG

Es ist zu erwarten, dass bei einem Volk, dessen Frauen praktisch durch Kauf erworben wurden, die Last der Arbeit bei der Frau liegt. Der Manóbo-Mann leistet jedoch zeitweise schwere, harte Arbeit, die die Aufteilung einigermaßen gerecht macht.

MÄNNLICHE AKTIVITÄTEN

Hausbau, Jagen, Fischen und Fallenstellen fallen dem Mann zu. Wenn die Reisanbausaison bevorsteht, fällt er die Bäume und übernimmt die schwerere Rodungsarbeit. Ein gelegentlicher Kriegsüberfall oder ein gelegentlicher Besuch einer entfernten Siedlung zu Handelszwecken kann für ihn eine anstrengende Reise von einigen Tagen bedeuten. Außerhalb dieser Berufe ist seine Arbeit vergleichsweise gering. Er kümmert sich um seine Waffen, stellt bei Bedarf Gegenstände aus Holz oder Bambus her und dekoriert sie nach seinem Stil. Er spaltet das Rattan und erledigt fast die gesamte Flechtarbeit beim Korbflechten. Alle notwendigen Geräte zum Angeln, Jagen und Fallenstellen werden von ihm hergestellt, mit Ausnahme von Stahlwaffen. Er entkleidet die *Abaká* für die Familienkleidung und beschafft die Färbepflanzen. In bestimmten Bezirken ist er Bergmann, in anderen Bootsbauer und in allen Bezirken führt er Handelsgeschäfte durch.

WEIBLICHE AKTIVITÄTEN

Die Manóbo-Frau hat sicherlich ihren Anteil an Arbeit. Sie erledigt das Färben, Weben und Schneidern und kümmert sich außerdem um die verschiedenen Haushaltsaufgaben, nämlich die Bereitstellung von Treibstoff, Nahrung und Wasser. Diese letzteren Beschäftigungen erfordern von ihr täglich mindestens einen Ausflug zum *Camote*- Feld und mehrere Fahrten zur Wasserstelle, die in den Bergregionen normalerweise in beträchtlicher Entfernung über steile und schroffe Pfade liegt. Sie kümmert sich um die Kinder und kümmert sich um die Kranken, und Tag für Tag trocknet, zerstampft, schüttet und kocht sie den Reis. Wenn ihre Helferin die Bäume für die neue Farm gefällt hat, kümmert sie sich um das Schleifen, leichtere Roden, Brennen, Säen, Jäten, Bebauen und Ernten. In ihrer Freizeit stellt sie Matten, Reisbeutel und Tongefäße her, flechtet gelegentlich eine Armbinde, fertigt Perlenarbeiten an und erledigt tausend und eine Kleinigkeit, je nach den Erfordernissen des Augenblicks oder den Anforderungen ihres Ehepartners.

MÄNNLICHE INDUSTRIEN IM DETAIL

Die verschiedenen Tätigkeiten des Fischfangs, der Jagd, des Fallenstellens, des Hausbaus, der Landwirtschaft und des Handels wurden bereits beschrieben, sodass nur noch der Bootsbau, der Bergbau und die Flechtarbeit berücksichtigt werden müssen.

BOOTSBAU

Die Kunst des Bootsbaus ist nur den Manóbos bekannt, die Kontakt zu den Banuáonen hatten, so dass man annehmen könnte, dass die Kunst banuáonischen Ursprungs sei. Es ist praktisch auf die Flüsse Kasilaían, Líbang, Maásam, Óhut und Wá-wa beschränkt, obwohl man hier und da einen Bootsbauer am Híbung-Fluss und am Simúlau-Fluss findet, aber nur gelegentlich, wenn überhaupt, auf dem Argáwan, Umaíam, Ihawán und oberes Agúsan.

Das Boot ist ein Einbaum, der normalerweise aus *magasinó'* , *kalántas* oder leichtem, haltbarem Holz besteht. Der Baum wird ausgewählt, mit der einfachen Axt gefällt und durch hartes Hacken ausgehöhlt und geformt. Auf diese Weise werden fast alle Boote, Kanus und Boote hergestellt, die das Flussnetz im Agúsan-Tal befahren. Es ist nicht ungewöhnlich, eine *Banca* oder ein großes Boot mit einer Länge von 10 Metern und einer Breite von 1 Meter zu sehen .

BERGBAU

Der Bergbau beschränkt sich auf den Híbung-Fluss und seine Nebenflüsse, auf den Wá-wa-Fluss und auf den Bezirk Taligamán, ein paar Stunden Fußmarsch südöstlich von Butuán. Es handelt sich um eine oberflächliche Beschäftigung, die eher auf Bitten von Bisáya-Händlern oder zur Erfüllung eines Vertrags ausgeübt wird als aus dem Wunsch nach Gold.

Der gewählte Zeitpunkt liegt in der Regel nach einer Überschwemmung. Das Gold wird mit einer runden, hohlen Holzpfanne ausgewaschen. [1] Die Operation unterliegt einem etablierten religiösen Verfahren, das befolgt werden muss, wenn man beim Erwerb des Goldes erfolgreich sein möchte. Die Theorie lautet wie folgt: Das Gold ist Eigentum eines Goldgeistes, dessen Platz im Manóbo-Pantheon ich nicht sagen kann. In seine Domänen einzudringen und das ihm gehörende Erz zu entwenden, ohne ihn zu bewirten und ihm ein lebendes Opfer für eine zukünftige Mahlzeit als Geschenk zu machen, würde seinen Zorn hervorrufen und dazu führen, dass der Gegenstand der Suche nicht gefunden wird. Daher lässt der Anführer der Bergleute bei der Ankunft am Bergbaugebiet ein weißes Geflügel los und tötet ein weißes Schwein zu Ehren des Goldgeistes. Er präsentiert dem

Geistblatt auch Pakete mit gekochtem einheimischem Reis. Dann beginnen die Abbauarbeiten, aber die Besonderheit des gesamten Verfahrens besteht darin, dass die Reispakete vom Anführer zum Preis von 1 *ku-len-tás-on* [2] für zwei Pakete gekauft werden. Lärm und Fröhlichkeit sind während der Bergbauarbeiten verboten, da sie dem Geist des Goldes missfallen. Wenn ihm jedoch bei Verstoß gegen dieses Tabu weitere Reisopfer dargebracht werden, nimmt er seine gute Laune wieder auf und lässt zu, dass das Gold gefunden wird.

[1] *Bi-ling-án* .

[2] *Ku-len-tás-on* sollen die Hälfte des Goldstücks wiegen, das in voramerikanischen Zeiten auf den Philippinen im Umlauf war und einen Wert von 12,5 Cent in der US-Währung hatte.

Ich habe herausgefunden, dass dieser Glaube bis zum Oberlauf des Flusses Tágo, auf der Ostseite der Pazifischen Kordilleren, verbreitet ist.

Flechtarbeiten und andere Aktivitäten

Das Flechten und Flechten von Gegenständen wie Arm- und Beinbinden aus *Nito* oder anderen Pflanzenfasern fällt fast immer den Frauen zu. Das Flechten von Körben aus Rattan sowie die Herstellung von Reusen und Packkörben ist in der Regel eine Männerbeschäftigung.

Der Prozess der Korbherstellung ist ziemlich einfach. Ein mehr oder weniger zylindrisches, massives Stück Holz mit flacher Unterseite und Oberseite bildet die Form, auf der die Rattanstreifen verflochten werden. Ein kreisförmiges Band aus Bambus verstärkt den oberen Rand, eine Hülle aus dem Fruchtfleisch des *Tabon-tábon- Samens* füllt die Spalten und macht den Korb nahezu vollkommen wasserdicht.

Packkörbe, die zum Transport von Wild und für allgemeine Zwecke auf langen Reisen verwendet werden, gehören zur Bezeichnung „offenes Korbgeflecht".

Ich kenne nur zwei Manóbo-Schmiede im gesamten Manóboland. Sie haben das Handwerk von Bisáyas gelernt und produzieren Bolos, ähnlich dem Bisáya- oder Bohol-Typ, der im Agúsan-Tal zu finden ist. Hier und da trifft man auf einen Manóbo, der es versteht, einen Fischspeer oder einen Angelhaken herauszuschlagen oder eine grobe Pfeife herzustellen, aber mit diesen Ausnahmen hat der Manóbo keine Ahnung von Stahl- oder Eisenarbeiten.

Was die Auszeichnung betrifft, so geht aus dem Gesagten hervor, dass er einfache, aber anerkennenswerte Arbeit leisten kann. Die Verzierungen an Bambusrohren, Kämmen, Körben und bestimmten anderen Dingen zeugen von seinem Können. Dies gilt auch für die Tattoo- und Stickdesigns, die in einem vorherigen Kapitel beschrieben wurden.

WEIBLICHE INDUSTRIEN IM DETAIL

WEBEN UND IHRE ZUBEHÖRVERFAHREN

Abaká -Fasern werden von Männern abgezogen und an die Frauen geliefert. Die Frauen zerstoßen es lange Zeit in einem Holzmörser, um es weicher zu machen, dann binden sie geduldig Strang an Strang und legen es vorsichtig in kleine hohle Körbe, wo es nicht in Gefahr ist, sich zu verheddern . Um ein Verheddern zu verhindern, wird oft Sand darauf gestreut.

Baumwollgarn wird aus der einheimischen Pflanze mithilfe einer sehr primitiven Spindel hergestellt, die aus einem kleinen Holzstab besteht, an dessen Ende sich ein spitzenförmiges Stück aus demselben Material befindet, das dazu dient, die notwendige Drehung aufrechtzuerhalten. Am Ende dieser Stange ist ein Baumwollbüschel befestigt, und wenn sich die Oberseite dreht, wird der Faden gedreht. Wenn der Faden ausreichend lang ist, wird er um den Griff gewickelt und der Vorgang ist abgeschlossen. wiederholt. Durch diesen langsamen und langwierigen Prozess wird eine ausreichende Garnmenge für die Anforderungen des Spinners gesponnen.

Der Färbeprozess besteht darin, das *Abaká-* Garn mit fein gehackten Stücken verschiedener Hölzer zu kochen. [3] Um einen dauerhaften Farbstoff zu erzeugen, muss der Kochvorgang mit neuem Färbematerial mehrmals wiederholt werden. Da der Kochapparat fast immer aus kleinen Tontöpfen besteht und das Kochen ständig durch Kochvorgänge unterbrochen wird, ist es offensichtlich, dass der Prozess übermäßig langsam und unbefriedigend ist. Ich bin der Meinung, dass das Kochen den größten Teil von zwei Wracks einnimmt, um einen echten roten Farbstoff auf ausreichend Garn für etwa sieben Röcke herzustellen.

[3] *Si-ká-lig-* Wurzeln für rote Effekte, Stücke *Kanai-Yum- Baum für schwarze und Du-au-* Stücke für gelbe Effekte.

Baumwollgarn wird niemals gefärbt. Wenn Farben gewünscht sind, muss importierte Baumwolle über christliche oder christianisierte Zwischenhändler bezogen werden.

Das Weben erfolgt auf einem einfachen, tragbaren Webstuhl, der aus zwei Internodien aus Bambus besteht, einer im hinteren und einer im vorderen Teil. Die Kettfäden verlaufen seriell um diese beiden Bambusstücke und zwischen den Schlitzen eines primitiven Kamms, der sich in Armreichweite des hinteren Bambusinternodiums befindet. Der Kamm besteht aus einem länglichen Rechteck von etwa 80 mal 5 Zentimetern mit einer Reihe kleiner

Schilfrohre, die parallel im Abstand von 1,5 Millimetern voneinander angeordnet sind. Durch diese Zwischenräume verlaufen die Kettfäden. Direkt hinter diesem Kamm und weiter vom Weber entfernt befindet sich ein Kreuz aus Hartholz, so breit wie der Schuss, um das sich einzelne Schlaufen aus *Abaká* oder anderen Fasern befinden. Durch diese Schlaufen laufen abwechselnd die Kettfäden, so dass beim Einführen der Latte die oberen und unteren abwechselnden Kettfäden vertauscht werden und dadurch die Schussfäden in der Position gehalten werden, in die sie von der Latte getrieben wurden.

Der Schussfaden wird auf eine Spule aus einem dünnen Stück Rattan gewickelt, die an jedem Ende zwei Schlitze aufweist, durch die der Schussfaden verläuft. Die Spule wird von Hand von einer Seite zur anderen und zwischen den oberen und unteren Kettfäden hindurchgetrieben. Die schwere, flache, polierte Hartholzlatte wird dann von Hand bearbeitet, wobei der Schussfaden in die Nähe des bereits fertigen Teils des Stoffes gebracht wird. Anschließend führt der Weber die Weblatte zwischen den Kettfäden an der Stelle ein, an der sie abwechselnd auf und ab durch die zuvor erwähnten Schlaufen auf der distalen Seite des Kamms und zwischen diesem und der Stange, die die Schlaufen hält, verlaufen. Durch das Zurückziehen des Kamms zum fertigen Teil des Stoffes werden die Kettfäden umgedreht und der letzte Schussfaden sicher an seinem Platz gehalten. So wiederholt sich der Vorgang immer wieder, bis der Stoff fertig ist.

Das Anfertigen eines Stücks Rockstoffs würde etwa zwei ganze Tage ununterbrochener Arbeit in Anspruch nehmen, das Weben etwa drei Tage, aber da die zahlreichen Haushaltspflichten die Frau ständig wegfordern, verbringt sie den größten Teil von mindestens zwei Wochen mit einem Stück. In diesem Zeitraum ist die Vorbereitung des Garns durch Knüpfen und Färben nicht inbegriffen.

Beim Weben sitzt die Frau auf dem Boden und hält die Kettfäden durch ein Seil gespannt, das von jedem Ende des Garnbaums um ihren Rücken verläuft. Bei Nichtgebrauch werden die Bahn und der fertige Stoff um den Balken herum zusammengefaltet.

Die Produkte des Manóbo-Webstuhls sind nicht so zahlreich und kunstvoll wie die der Mandáyas. Es gibt vier Arten von hergestellten Stoffen: (1) Der gewöhnliche Rock oder Moskitonetzstoff aus *Abaká* - Faser mit weißen und schwarzen Längsstreifen, die sich mit den Streifen des roten Hintergrunds abwechseln; (2) ein dicht gewebter, aber dünner *Abaká* -*Stoff* mit manchmal, wie im Fall von Herrenjacken, geraden Schussstreifen aus importierter blauer Baumwolle; (3) ein Tuch aus demselben Material, aber so dünn, dass es durchscheinend ist und nicht mit Streifen verziert ist; (4) ein Stoff für Hosen, hergestellt aus einer *Abaká* -Kette und einem einheimischen Baumwollschuss.

Im Kapitel über Kleidung wurde auf die aufwändigen und schönen Effekte hingewiesen, die die Mandáyas auf *Abaká* -Stoffen erzeugten. Die Manóbo-Frau hat keine Kenntnis über den Prozess, durch den solche Effekte erzielt werden.

Es ist interessant festzustellen, dass die beiden Garnbäume so geschnitten sind, dass sie bei jedem Schlag der Latte ein dröhnendes Geräusch von sich geben. Ich habe ein zusätzliches Internodium gesehen, das in vertikaler Position am Endgarnbaum angebracht war, um die Resonanz zu erhöhen. Der Zweck dieser Schallgeber besteht darin, die Aufmerksamkeit auf den Fleiß und die Fleißigkeit des Webers zu lenken.

KERAMIK

Die gesamte Töpferindustrie besteht aus der Herstellung grober Tontöpfe aus Ton. Es ist auf Orte beschränkt, in deren Nähe sich der richtige Ton befindet. Ein Stück Ton wird geknetet und mit feinem Sand vermischt, bis die richtige Konsistenz erreicht ist. Dann wird ein Stück auf einen runden Stein gelegt und leicht geschlagen, bis es ausreichend trocken und fest ist, um als Boden zu dienen, auf den dann Streifen für Streifen Ton hinzugefügt wird, zunächst dick, dann aber mit den Fingern allmählich verdünnt, bis der Topf fertig ist. Gerade bei der Verbindung dieser Streifen können Fehler auftreten. Deshalb sitzen die besten Arbeiter stundenlang geduldig da und schlagen mit einem kleinen Holzhammer auf ihre Töpfe. Anschließend werden die Töpfe in ein heißes Feuer gestellt und mehrere Male verbrannt, bis sie ausreichend spröde sind, um dem Feuer standzuhalten. Den Herstellern scheint jedoch ein ordnungsgemäßer Test zu fehlen, da Risse bei einem neuen Topf keine Seltenheit sind.

Der Topf hat eine kugelförmige Form mit einer breiten Öffnung und einem Hals, der es durch seine Krümmung ermöglicht, ihn bei Nichtgebrauch an einem Stück Rattan aufzuhängen. Zur Verzierung können um den Hals herum ein paar Vertiefungen vorhanden sein. Es ist üblich, den Topf mit einer groben Abdeckung, ebenfalls aus Sand und Ton, zu versehen.

Schneiderei und Mattenherstellung

Das Schneiderhandwerk ist in Manóboland eine so einfache Angelegenheit, dass es kaum eine Erwähnung verdient. Wenn eine importierte Nadel europäischer oder amerikanischer Herstellung nicht zu haben ist, wird ein Stück Messingdraht abgefeilt und ein Öhr darin angebracht. Mit dem einfachen Utensil und einem Faden aus *Abaká* -Faser wird das

Kleidungsstück mit einer Art Querkreuzstich genäht. Wenn importierte Baumwolle zur Verfügung steht, sind fast alle Nähte entweder mit durchgehenden Baumwollfransen in wechselnden Farben oder mit sauberen Wellenstichen bedeckt, die alle dazu dienen, die Nähte zu verbergen und das Kleidungsstück zu verschönern.

Bei der Herstellung eines Kleidungsstücks wird das Stück Stoff zu einem Rechteck gefaltet, das den Körper des Kleidungsstücks bildet. Es bleibt ein Stück übrig, das groß genug für die Ärmel ist. Kein Stück wird weggeworfen, es fallen keine überflüssigen Schnittreste an. Der gesamte Zuschnitt erfolgt mit einem Bolo. [4]

[4] Im Kapitel über Kleidung wurde auf die Stickmethode und die verschiedenen gebräuchlichen Muster verwiesen.

Matten und Taschen werden aus *Pandanus hergestellt* . Die Manóbos wenden dieselben Methoden an, die auf den Philippinen üblich sind.

TEIL III.
ALLGEMEINE SOZIOLOGISCHE KULTUR

KAPITEL XIII

Häusliches Leben und eheliche Beziehungen

Die Ehe arrangieren

Im Allgemeinen kann man sagen, dass Manóbo-Ehen Zweckbündnisse sind, die mit dem Ziel angestrebt werden, den Kreis der Verwandten in solchen Richtungen zu erweitern, die zu einem Zuwachs an Macht, Ansehen, Schutz und verschiedenen anderen materiellen Vorteilen führen können. Im Jahr 1909 ereignete sich unter meiner Aufsicht ein Vorfall, bei dem die Tochter eines Mañgguáñgan-Kriegerhäuptlings zur Heirat gefangen genommen wurde, um sich seine Hilfe gegen die Feinde des Entführers zu sichern. Der Entführer war ein Manóbo-Mañgguáñgan aus dem oberen Agúsan.

AUSWAHL DER BRAUT

Bei der Auswahl seiner zukünftigen Frau lässt sich der Manóbo so weit wie möglich von seinem eigenen Geschmack beraten, lässt sich jedoch in hohem Maße von der Meinung seiner Eltern und nahen Verwandten beeinflussen, die normalerweise alle darauf achten, welche Vorteile er daraus ziehen kann Verbindung mit mächtigen Stammesmitgliedern. Daher sind Rang und Herkunft fast immer ein entscheidender Faktor, und wenn die Wünsche der Ältesten des Mannes im Widerspruch zu seiner eigenen natürlichen Wahl stehen, gibt er nach und begnügt sich damit, den für ihn ausgewählten Gehilfen zu nehmen.

Werbung und Ehebeziehungen

Manchmal wird dem jungen Mann geboten, sich im Haus des Mädchens niederzulassen, ihren allgemeinen Charakter und insbesondere ihren Fleiß zu beobachten, herauszufinden, ob sie ausgewählt wurde, das Wohlwollen ihres Vaters und ihrer Verwandten zu gewinnen und seinem Volk Bericht zu erstatten.

Zwischen ihm und seiner künftigen Ehefrau findet keinerlei Kommunikation statt. Als das Mädchen auf das Thema angesprochen wird, bittet sie ihn einfach, ihre Verwandten zu sehen. Mir sind Fälle im oberen Agúsan Manóbos bekannt, in denen unangemessene Vorschläge an das Mädchen sofort ihren Eltern gemeldet wurden und der Urheber dieser Vorschläge sofort mit einer Geldstrafe in Höhe von 15 oder 30 PHP zur Rechenschaft gezogen wurde. Es wird berichtet, dass ein weißer Mann vor vielen Jahren wegen eines Fehlers dieser Art durch die Hand eines Manóbo den Tod gefunden hat. Im tiefsten Manóboland wird die Straftat, wenn sie auch nur geringfügig die Grenzen der Andeutung überschreitet, zur Quelle vieler tödlicher Fehden. Glücklicherweise sind solche Fälle jedoch äußerst selten.

Um die Hand des Mädchens betteln

Drei, vier oder fünf der nächsten männlichen Verwandten des Mannes begeben sich eines frühen Abends, nachdem sie sich ein wenig Getränk besorgt haben, zum Haus des nächsten Verwandten des Mädchens. Nachdem sie den unvermeidlichen Betelnuss-Quid gegessen, der Familie ein Getränk aus Zuckerrohr oder einem anderen Getränk angeboten und ein paar Themen des täglichen Lebens besprochen haben, kann es sich um das letzte getötete Wildschwein handeln oder so Gefangennahme eines Iltis in den Schlingen [1] – der Prolog beginnt. Dies dauert ein bis zwei Tage, oft auch den größten Teil der Nächte. Jeder der Besucher kommt der Reihe nach und plappert unter vielsagendem Hüsteln und Husten im guten Manóbo-Stil eine Reihe von umrissenen Plattitüden und Beispielen herunter, die offenbar keinen Hinweis auf den Zweck ihres Besuchs geben. Der Hausbesitzer und sagen wir einmal Vater des Mädchens versteht die Situation schnell und nimmt dann eine äußerst gleichgültige Miene an. Der Besucher, der den Diskurs aufgenommen hat, fährt fort, ohne sich um die verschiedenen Haushaltsgeräusche zu kümmern, wie etwa das Hacken von Holz oder das Jaulen von Hunden; und nicht einmal die Ankündigung des Abendessens und die Teilnahme daran können seine Beredsamkeit aufhalten. Der Hausbesitzer gibt manchmal ein schläfriges, anerkennendes Grunzen von sich, verfällt offenbar wieder in den Schlaf und rollt sich nach mehreren Stunden auf seine Matte und tut so, als würde er schlafen. An diesem Punkt eilt einer der Besucher die eingekerbte Stange hinunter und holt die Lanze mit der silbernen Zwinge oder das Messer mit der silbernen Scheide, das in der Nähe des Hauses versteckt liegt. Der Sprecher der Besucher bietet es dann dem Vater der ersehnten Braut unter der Bedingung an, dass er aufsteht und zuhört, denn sie sind mit einem bestimmten Ziel gekommen: um die Hand seiner Tochter zu betteln. Dann ist er an der Reihe, einen schmerzlich langwierigen Diskurs zu beginnen, dem die Besucher regelmäßig mit vielen demütigen und unterwürfigen „ *ho* " und „ *ha* ", „ *bai da man* " (ja, tatsächlich) und so weiter zustimmen. Er strengt sich an und zerbricht sich den Kopf, um über alle erdenklichen Gründe nachzudenken, die gegen die Heirat sprechen, und schließlich, nachdem er alle Möglichkeiten ausgeschöpft hat, fordert er seine Besucher auf, nach Hause zu gehen und an einem solchen

Tag wiederzukommen, weil er seine Verwandten befragen muss; Aber er kann sie nicht dazu bringen, sich zu rühren, bis er ihnen ein Gegengeschenk gibt, von dem er behauptet, dass es für ihn viel wertvoller ist als ihr Geschenk.

[1] *Tag* .

Am vereinbarten Tag begeben sich die Verwandten des jungen Mannes erneut zum selben Haus, in diesem Fall jedoch verstärkt durch alle Verwandten in Reichweite, jeder trägt sein Geschenk.

Bei der Ankunft wird die gleiche Aufführung wiederholt und die gleiche Taktik wie zuvor angewendet, außer dass die Besucher dieses Mal ihr gemästetes Schwein töten und es hinausbringen, wobei sie den Hausbesitzer und alle seine Verwandten einladen, daran teilzunehmen, aber siehe da ! niemand wird essen. Keine noch so große Überredungskunst wird sie dazu bewegen – sie haben bereits gegessen – sie sind alle krank – sie mögen es nicht, von ihren Besuchern zum Essen eingeladen zu werden, da dies gegen alle Regeln der Gastfreundschaft verstößt usw. Zu all diesen Einwänden Die Besucher antworten der Reihe nach, indem sie einen Grund durch einen anderen ausgleichen und gleichzeitig versuchen, die anderen Menschen in gute Laune zu versetzen und ihre Herzen zu erweichen. Aber nein, der Hausbesitzer und seine Gruppe weigern sich, und das alles, während das Mastschwein in großen schwarzen Stücken auf dem Boden liegt, umgeben von Reis in Platten, Körben und Blättern. An diesem Punkt eilen einige der Besucher erneut die eingekerbte Stange hinunter und sammeln die versteckten Geschenke aus dem Gras oder Unterholz im angrenzenden Dschungel auf. Die Ankunft der Geschenke ist ein großer Moment für den Vater und die Angehörigen des jungen Mannes. Sogar die zukünftige Braut, die sich bis zu diesem Zeitpunkt schüchtern in einer Ecke versteckt hat, kann nicht umhin, ein paar Blicke auf die Ausstellung von Speeren, Bolos, Dolchen, Tellern und Gläsern zu werfen.

Der Besitzer hebt sie einzeln ab und schwärmt von ihrer Schönheit und ihrem Wert (unter Nennung einer unverschämten Summe), und seine Verwandten äußern ihre Trauer über den Abschied von ihnen. „Aber", fährt er fort, „es spielt keine Rolle, vorausgesetzt, Sie sehen unseren guten Willen und nehmen an diesem Bankett teil." Daraufhin verteilt er die Reihe der Geschenke unter seinen Gästen entsprechend der Reihenfolge, in der sie stehen. Danach gehen alle in die Hocke und beginnen zu essen, wobei die Besucher ihren Freunden eine Extraportion Wassail geben, damit sie unter dem wärmenden Einfluss weich werden und sich entspannen können Ertrag.

Während des Essens wird die Diskussion fortgesetzt und alle Motive werden auf Motive der Freundschaft und des Eigennutzes angesprochen, aber vergebens – die Gegenseite zeigt keine Anzeichen von Nachgeben; Sie sagen, dass sie noch keinen festen Vertrag abschließen können, dass das Mädchen zu jung ist oder dass sie den Verehrer nicht will; und so sei den Gastgebern ans Herz gelegt, Geduld zu haben und ihren Weg zu gehen. Aber jetzt, wo sie einen Betrag zwischen 30 und 50 Pesos ausgegeben haben, haben sie keine Lust, diesen zu verlieren, sondern werden jahrelang an ihrem Anzug festhalten. Ich habe von Ehetransaktionen gehört, die sich über 10 Jahre erstreckten, und habe persönliche Kenntnis von zahlreichen Fällen, die sich über mehr als 6 Jahre erstreckten.

Der Fall eines Manóbo in Pilar, Ober-Agúsan, wird den Punkt verdeutlichen. Sein Vater machte während des Interregnums von 1898 erstmals den Heiratsantrag für das Mädchen. Es wurde abgelehnt, bis die Eltern gegen Ende des Jahres 1904 schließlich nachgaben, allerdings unter der Bedingung, dass 10 Sklaven bezahlt würden. Einige Monate später wurde der Vertrag nach hartem Feilschen und listigem Verhandeln auf vier Sklaven plus den Gegenwert von sechs Sklaven geändert. Drei Sklaven wurden nach einem Überfall auf eine Mañgguáñgan-Siedlung im mittleren Sálug (ungefähr im April 1905) ausgeliefert. Die sechs „Dreißiger", [2] oder 180 P, wurden vor dem Tod des Vaters gegen Ende des Jahres 1905 mit Lanzen, Messern und anderen Dingen bezahlt, so dass noch ein Sklave ausgeliefert werden musste. Bei meinem letzten Besuch in Pilar (Februar 1910) erledigte der arme Verlobte immer noch Hausarbeiten im Haus seiner Schwiegermutter, und der Sklave war immer noch unbezahlt. Wenn er diesen Sklaven nicht beschaffen kann, wird ihn das wahrscheinlich unter anderen Umständen ein Vielfaches des Wertes des Sklaven kosten.

[2] *Kat-lo-án* , was 30 bedeutet, ist eine Währungseinheit, die den Wert eines guten Sklaven darstellt.

Vorgänge der oben beschriebenen Art werden über mehrere Jahre hinweg in regelmäßigen Abständen wiederholt, mit der Ausnahme, dass bei den folgenden Besuchen dem Vater der erwarteten Braut Geschenke von geringem Wert gemacht werden – ein Bündel Bananen, ein Stück Es werden Wildbret oder ein paar Hühner oder ein ähnliches Opfer dargebracht, mit einer Wiederholung der Bitte. Gelegentlich wird ein geräumiger Mastschwein mit einem großzügigen Vorrat an Zuckerrohrbrühe in großen Bambusinternodien mitgebracht, um die Verstocktheit des Herzens des Hausbesitzers zu brechen, bis er eines schönen Tages unter dem gütigen Einfluss „der Tasse, die jubelt", nachgibt: aber er deutete an, dass seine Bittsteller sich die Ehezahlungen niemals leisten könnten. [3] Er wird dann wahrscheinlich den Kaufpreis dieser eigenen Frau nennen, immer mit Übertreibungen; schwärmt von den Qualitäten seiner Tochter, ihrer Stärke, ihrer Schönheit, ihrem Fleiß, ihrer wahrscheinlichen Fruchtbarkeit; und bedauern den schmerzlichen Verlust, den sie durch den Abschied von der Seite ihrer Eltern erlitten hat. Daraufhin entgegnen die Besucher, dass sie bereit seien, eine Reihe von Sklaven zu ersetzen, um den Verlust der Tochter auszugleichen, sie aber auf keinen Fall das väterliche Haus verlassen werde und dass der Bräutigam dort seinen Wohnsitz nehmen und seinem Vater helfen werde -in allen Dingen; und so wird die Angelegenheit besprochen und die Bezahlung einer bestimmten Anzahl von Sklaven auf folgende Weise festgelegt:

Festsetzung des Heiratsgeldes

Die Festsetzung der Heiratszahlung ist der Kern des gesamten Eheverfahrens. Jahrelanger Dienst seitens des zukünftigen Ehemanns, unzählige Geschenke seitens seiner Verwandten und vorgetäuschte Gleichgültigkeit oder Opposition auf der anderen Seite haben zu diesem Moment geführt. Der Klarheit halber nennen wir den Vater oder nächsten männlichen Verwandten der zukünftigen Braut A und den Vater oder nächsten männlichen Verwandten des Bräutigams B.

A stellt, unterstützt durch alle List seiner Verwandten, als Bedingung, sagen wir, sieben Sklaven und eine weibliche Verwandte von B, die als Ersatz für seine Tochter dienen soll. Darauf entgegnet B, dass es ein hoher Preis sei und unmöglich zu erfüllen sei, dass er weder ein Kriegerhäuptling noch ein *Datu* noch eine so wohlhabende Person wie A sei und dass er eine solche Forderung niemals erfüllen könne, indem er tausend und eins gebe Gründe wie Krankheit oder Schulden. A antwortet und macht ihn herab, weil es ihm an Ressourcen mangelt, fragt B, ob er unentgeltlich eine Frau für seinen Sohn bekommen möchte, und sagt ihm, er solle nach Hause gehen und eine Sklavin für ihn kaufen. Er schreit Empörung aus vollem Halse, wahrscheinlich mit der Hand auf seinem Bolo, auf eine sehr bedrohliche Art und Weise.

Als B und seine Gruppe sehen, dass es nichts bringt, gehen sie nach Hause, beraten sich über die Angelegenheit und ergreifen im Laufe von ein oder zwei Jahren alle möglichen Mittel, um die notwendigen Sklaven zu beschaffen. Möglicherweise gelingt es ihnen, eine oder mehrere, sagen wir zwei, zu sichern, und es gelingt ihnen gleichzeitig, beispielsweise fünf Lanzen, sechs Bolos, zwei Gläser, 30 Teller und fünf Schweine zusammenzubekommen. Und so machen sie sich eines schönen Tages auf den Weg zu einer weiteren Prüfung.

B sorgt dann dafür, dass A fröhlich ist, bevor er ihm mitteilt, dass er der Aufforderung nicht nachgekommen ist. Dieser Bericht ist normalerweise ein Gewebe der grausamsten „orientalischen Diplomatie", die der menschliche Geist aushecken kann. A hört sich diesen Prolog an, der wie immer mit bestätigenden Ausrufen von Bs Partei durchsetzt ist. Dann beginnt A: Es ist eine Frechheit, er will keines der Schweine haben; die Idee, seine Tochter für einen Haufen Schweine zu verkaufen! Er steht auf und sagt, er werde zuerst die Schweine und dann den Besitzer töten, aber seine Verwandten tun so, als würden sie ihn zurückhalten. Nach ein paar Stunden dieser Simulation, mit der er B dazu gebracht hat, viele Geschenke zu machen, wird er weicher, aber da der Forderung nicht genau nachgekommen wurde, muss die Zahlung, sagt er, um weitere 4 Schweine pro Stück erhöht werden aus chinesischem Stoff, 8 Mandáya-Röcken und 2 Gläsern. An diesem Punkt mischen sich seine Verwandten ein. Seine Schwester möchte drei Schweine und vier Röcke. Sie war bei der Geburt des betreffenden Mädchens Hebamme und wurde aufgrund ihres Kontakts mit dem unreinen Blut von einem bösen Geist angesprochen und erkrankte. Sicherlich verdient sie eine große Bezahlung – eine Sklavin, zwei Schweine, zwei Muschelarmbänder und ein Stück türkisfarbenen Stoff. Und die Cousine dritten Grades behauptet, sie habe das Kind, die zukünftige Braut, zwei Monate lang gestillt, während die Mutter krank war, und verlangt zwei Mandáya-Röcke. Und so geht das Feilschen weiter, wobei A und seine Partei die Heiratseffekte so sparsam wie möglich verteilen und darauf achten, den vehementeren und unnachgiebigeren Parteien auf der anderen Seite Geschenke zu machen.

[3] *Ábat* .

Diese Operation dauert immer ein paar Tage, in denen B seine zukünftigen Verwandten mit Schweinefleisch und Getränken in Hochstimmung hält, bis A zustimmt.

Das Hochzeitsfest und die Bezahlung

Das Hochzeitsfest findet fast ausnahmslos während der Ernte statt, aus dem einfachen Grund, weil es mehr Nahrung gibt und weil die Erntetage die schönsten des ganzen Jahres sind. Wenn die Zeit für die Hochzeit naht, macht der Schwiegervater eine Ankündigung an Freunde und Nachbarn, sendet Boten aus und hinterlässt an jedem Haus einen Rattanstreifen 4, um die Anzahl der Tage anzuzeigen, die bis zur Hochzeit vergehen . Reicht das eigene Haus für den erwarteten Besucherandrang nicht aus, wechselt er in ein anderes und erwartet den ereignisreichen Tag.

[4] *Ba-lén-tus* .

Das ganze Land strömt zur festgesetzten Zeit zum Haus, und die Verwandten des Bräutigams werden mit den Hochzeitsgeschenken beladen, die alle sorgfältig in Körben, Laubwickeln usw. versteckt und heimlich in den an das Haus angrenzenden Wäldern deponiert werden. Natürlich muss der Omenvogel zu Rate gezogen werden. Bei dieser Gelegenheit ist es vor allem wichtig, dass die Vorzeichen günstig sind, da es, wie mir mitgeteilt wurde, keine Möglichkeit gibt, einem ungünstigen Vorzeichen für die Ehe entgegenzuwirken. Während die Gesellschaft des Bräutigams die Vorbereitungen für das Bankett trifft, wird die endlose Unterredung [5] fortgesetzt. Der Vater und die Verwandten der Braut unternehmen ihre letzten Anstrengungen, um alles Mögliche an weltlichen Gütern zu sichern. Sie bereuen fast den Handel – er war zu billig – denken an den Preis, der für die Mutter der Braut gezahlt wurde – die Kosten, die während einer langen Krankheit der Braut in ihren Kinderschuhen entstanden sind – und vergleichen den Mindestbetrag, der für ihre Ehe verlangt wurde; es ist unverschämt! Nein, die Ehe kann nicht weitergehen, dem Mädchen geht es nicht gut, und die Tortur könnte ihr Leiden verschlimmern. Es werden alle möglichen Tricks angewandt, um die Gegenseite bei der Gewährung von Geschenken großzügiger zu machen. Die Diskussion ist somit ein einziges großes Simulationsgewebe und wird nacheinander von den Ältesten auf beiden Seiten geführt. Der Vater des Bräutigams bietet seinem neuen „Mitschwiegervater" [6] immer wieder Betelnüsse und Bier an und wählt einen günstigen Zeitpunkt, um ihm ein großes Geschenk zu machen, möglicherweise ein altes Erbstück, ein Glas oder einen ehrwürdigen alten Speer, den Wert von was er auf P50 schätzt, obwohl es vielleicht nur P8 wert ist.

[5] *Bi-sä* .

[6] *Bá'-i* .

Das Essen wird schließlich auf dem Boden ausgebreitet. Der gebratene Teil des Schweins wurde in kleine Stücke gehackt und auf Tellern, Blättern, Rindenplatten und flachen Körben gestapelt. Der gekochte Teil verbleibt in verkohlten Bambus-Internoiden, die griffbereit platziert werden. Der Reis wird auf Teller geladen oder in große, mit Blättern ausgelegte Körbe gelegt, und das Getränk wird in die alten Familienkrüge gegeben oder in langen Bambusrohren zurückgelassen: Der Gastgeber, in diesem Fall der Vater des Bräutigams oder der nächste männliche Verwandte, wird dabei unterstützt Einige andere verteilen das Fleisch und wählen die Stücke sorgfältig nach Gewicht, Größe und Qualität aus, damit sich niemand darüber beschweren kann, nicht so gut gegessen zu haben wie sein Nachbar. Solche zahnschönen Teile wie das Gehirn, das Herz und die Leber werden unter den Verwandten aufgeteilt, die ein höheres Ansehen genießen, während die robusteren und glitzernderen Teile den Menschen mit geringerer Bedeutung zufallen. Dieser Vorgang nimmt fast eine Stunde in Anspruch. Es versteht sich von selbst, dass ein Stimmengewirr dazu beiträgt, dem Anlass Leben einzuhauchen. Der Manóbo spricht bei gewöhnlichen Anlässen nicht mit engelhaftem Flüstern, aber in einem feierlichen Moment wie diesem vibrieren seine Stimmbänder mit der ganzen Intensität, zu der sie fähig sind.

Schließlich hocken sich alle auf den Boden, bewaffnet mit dem untrennbaren Bolo, wenn verdächtige Besucher anwesend sind. Die Hände werden gewaschen, indem man etwas Wasser aus einer Schüssel, einem Becher oder einem Bambusstück ausgießt; Der Mund wird ausgespült und die Mahlzeit wird begonnen. Mit ihren rechten Händen auf ihren Bolos, wenn sie diese nicht abgenommen haben, legen sie ihre linken Hände über ihre Reisportionen, kneten eine Handvoll davon zu einer kompakten Masse und heben ihre Hände an ihren Mund und rammen sie hinein Palmen.

Die beiden „Mitschwiegerväter" schenken einander besondere Aufmerksamkeit, jeder versucht, den anderen zu berauschen, und jeder füttert den anderen mit Fettbrocken und anderen Dingen. Dieser Brauch wird *Daiyápan genannt* und ist unter den nichtchristlichen Stämmen des Agúsan-Tals allgemein verbreitet. Es ist ein Zeichen der Wertschätzung und das höchste Zeichen der Gastfreundschaft. Ein paar Stücke Fett und Knochen werden aufgesammelt, in eine Mischung aus rotem Pfeffer, Salz und Wasser getaucht und nolens volens in den Mund des guten Kerls gesteckt, den man ehren möchte. Und es ist keine gute Etikette, es zu entfernen. Es muss sofort vollgestopft werden und der glückliche Mann muss sich auf die gleiche Weise revanchieren. Das Gebräu wird in Bechern oder in Bambusstücken verteilt, in denen jeweils etwa ein Becher voll ist. Die Verweigerung der zugeteilten Portion würde einen in den Augen aller degradieren, denn hier ist es eine Sünde, nüchtern zu sein, und eine Tugend, sich zu betrinken. Völlerei findet in einem Manóbo-Wörterbuch keinen Platz – man ist nur voll, [7] aber immer bereit, weiterzumachen; Ein Freund teilt seinen Reis mit einem Freund, wenn er sieht, dass dessen Vorrat zur Neige geht, und sein eigener wird sofort von einer der Frauen oder Sklaven, die sich um die kulinarische Arbeit kümmern, wieder aufgefüllt. Auch darf man nicht vor allen anderen fertig werden. Es ist nicht höflich. Auf dem Teller darf nichts zurückbleiben, was jeder deutlich macht, indem er den Teller mit Wasser abwäscht.

[7] *Mahántoi* .

Das Pandämonium nimmt direkt proportional zu, wenn das Gebräu abnimmt. Der Nachbar schreit möglicherweise jemand anderen am anderen Ende des Hauses an, während dieser mit aller Kraft versucht, den Mann zu erreichen, der weit weg von ihm sitzt. Gutmütige, wenn auch eher unelegante Witze und Scherze werden der Braut entgegengeheult, die sich verschämt hinter einer Nachbarin verbirgt, und dem Bräutigam, der sich überhaupt nicht zu schämen scheint. Die Frauen, die alle zusammen am Herd essen, führen die gleichen Operationen durch, jedoch auf ihre eigene, sanftere Art und geraten nie unter den Einfluss des Alkohols. Die Mahlzeit ist normalerweise in etwa drei Stunden fertig, wenn das Schwein und der Reis erschöpft sind.

Nach einem Kauen der Betelnüsse kommt der entscheidende Moment der Bezahlung, der von vielen „ *Ho* " und „ *Ha* " mit einer weiteren Diskussion eingeläutet wird. Der Tenor dabei ist, dass der Vater des Bräutigams nicht so gut mit Gütern versorgt ist, wie er es sich gewünscht hatte, weil es ihm, sagen wir mal, nicht gelungen ist, bestimmte Wirkungen, die er von dem und dem bestellt hatte, zusammen zu erzielen mit zahlreichen anderen Vorwänden und Ausreden, die auf den ersten Blick unwahr sind. Er weist auf seine Sklaven hin und geht auf sie ein. und erklärt weiter, wie viel Mühe er hatte, sie zu bekommen; er konnte sie nicht für weniger als P80 pro Stück bewerten. Oder, wenn es sich um Gefangene handelt, beschreibt er die Strapazen seines Marsches und die unmittelbare Gefahr, der er während des Angriffs ausgesetzt war, zusammen mit anderen, meist fiktiven Gründen, die dazu beitragen würden, ihren Wert zu steigern und dadurch ein späteres Feilschen zu vermeiden. Anschließend liefert er die anderen nachgefragten Waren. [10] Wo zwei Sklaven gebeten wurden, gibt er zwei Arten von Gütern, [11] sagen wir eine Lanze und einen Bolo, woraufhin, wie es Brauch ist, ausnahmslos ein unzufriedenes Geheul ertönt. Aber die Dinge lassen sich gut regeln, indem man entweder ein paar Teller oder ähnliches als Trost spendet oder indem man mit dem guten Willen oder der Einfachheit der Person spielt, die Einspruch erhoben hat. Die Verteilung ist nicht an einem Tag abgeschlossen. Gewöhnlich wird etwa ein Drittel der gesamten Warenmenge zurückgehalten, um zu sehen, ob jemand mit seinem Anteil nicht ganz zufrieden ist, und auch um seine Hoffnungen aufrechtzuerhalten.

[8] *Á-Fledermaus* .

[9] *Máng-gad* .

[10] Von seinem Schwiegervater und seinen Verwandten.

[11] *Da-dú-a no baíyo no máng-gad* .

Die Gegenzahlung und das Bankett

Am folgenden Tag oder wann immer die Zahlung abgeschlossen ist, beginnt die Gegenzahlung [12], bei der die Verwandten der Braut den Verwandten des Bräutigams eine bestimmte Menge an Gütern unterschiedlichen Wertes zurückgeben, jedoch etwa die Hälfte dessen, was bei der Hochzeit gezahlt wurde Portion. Als Beruhigungsmittel töten sie auch ein Schwein und machen sich mit aller Ernsthaftigkeit daran, ihren neuen Verwandtenkreis in gute Laune zu versetzen. Es sei darauf hingewiesen, dass die Dauer dieser Feste von der Geschwindigkeit abhängt, mit der das Schwein versandt wird. Ich kenne ein Hochzeitsfest, das sich über einen Zeitraum von sieben Tagen erstreckte, obwohl man sagen kann, dass es im Allgemeinen am zweiten Tag endet, zumindest im Fall weniger wohlhabender Manóbos.

[12] *Sú-bak* .

Nachdem die Gegenzahlung erfolgreich durchgeführt wurde, liegt es nun an den Verwandten des Bräutigams, das Abschiedsfest zu geben und die Braut zu entführen. Es kommt jedoch häufig vor, dass die Verwandten des Mädchens festgestellt haben, dass sich noch eine Reihe von Gütern im Besitz ihrer neuen Verwandten befinden, und es als angemessen erachtet wird, diese zu sichern.

Wenige Stunden vor der Abreise wird die Braut mit allem verfügbaren Schmuck geschmückt. Perlenketten mit Anhängern aus Krokodilzähnen und Perlmuttstreifen; Armbänder aus Muscheln, [13] groß, weiß und schwer; Armbänder aus Pflanzenfasern und Seeholz; ein mit Perlmutt eingelegter und mit Perlen und Quasten aus Baumwolle geschmückter Kamm; Beinlinge aus geflochtenen Dschungelfasern – all das macht ihren Schmuck aus. Während des Ankleidens weinen normalerweise die weiblichen Verwandten der Braut, während die weiter entfernten Verwandten ein Heulen ausstoßen, oft, wie ich glaube, von eingebildeter Trauer, in das sich auch Kinder, Babys und Hunde einstimmen können. An diesem Punkt intervenieren die weiblichen Verwandten des Bräutigams und versuchen, ihren Kummer zu lindern. Erst nachdem ihnen zahlreiche Geschenke gemacht wurden, resignieren sie, aber im letzten Moment, als die Braut abgeführt werden soll, umringen sie sie, halten sie fest und wiederholen vielleicht das Wehklagen, bis sie mehr materiellen Trost erhalten. Dies erfordert einen weiteren Vorrat an Geschenken. Dann müssen die Kinder besänftigt werden. Schließlich wird das Mädchen die Stange hinuntergeführt, aber da ihr Vater vielleicht einen schönen Dolch oder eine Lanze, sagen wir mal, erspäht hat, die ihm in den Sinn gekommen sind, wird ihn nichts befriedigen, außer sie alle zurück zu bestellen und es seinem Mitvater zu sagen. Gesetz, dass er unbedingt die Lanze oder den Dolch haben muss, unter Angabe einer hinterhältigen Begründung, wie zum Beispiel, dass seine Frau letzte Nacht einen unheilvollen Traum hatte. Bei einem Hochzeitsfest, das ich miterlebte, forderte der Vater der Braut seinen Sohn auf, den Hund zu schlagen, nachdem alle Leute des Bräutigams das Haus verlassen hatten. Daraufhin bestellte er die Gruppe zurück und sagte zu seinem Schwiegervater, es sei äußerst seltsam, dass der Hund gerade beim Verlassen des Hauses geheult habe und dass er seine Lanze und seinen Bolo als Opfergabe für eine der Familiengottheiten hinterlassen habe. Es wurde dementsprechend und nach bestem Wissen und Gewissen getan. Dann machten sie sich wieder auf den Weg, wurden aber abberufen, weil der alte Fuchs sich zufällig daran erinnerte, dass ihm sein Schwiegervater während der frühen Eheschließung mehrmals missfallen hatte und es daher notwendig wurde, die Sünde durch eine weitere Gabe zu sühnen. Endlich machten sie sich auf den Weg, gestohlen von allem, was sie hatten. Es kommt häufig vor, dass den Heiratswilligen sogar ihre persönlichen Waffen und ein Teil ihrer Kleidung entzogen werden. Es sei angemerkt, dass die Schenkung des Obergewandes einer Person als Akt tiefer Freundschaft angesehen wird und recht häufig vorkommt.

[13] *Tak-ló-bo (Tridacna gigas).*

[14] *Húgad to saí-ya* . Dies ist ein weiteres Beispiel für den eigentümlichen Glauben an einen Sühneritus, über den ich keine Einzelheiten nennen kann.

Das Obige ist eine Beschreibung des Hochzeitsfestes der Oberschicht, das der ärmeren Klasse wird jedoch im Großen und Ganzen im gleichen Stil abgehalten, mit der Ausnahme, dass die Veranstaltung viel kürzer ist. Der Vater der Braut und das Volk der Braut streben einerseits mit aller Kraft danach, den höchstmöglichen Lohn zu erhalten, während das Volk des Bräutigams alles daran setzt, den Preis niedrig zu halten. Was auch immer als Bezahlung gegeben wird, ist überbewertet – es ist ein Andenken, ein Erbstück, das unter anderen Umständen niemals verschenkt werden würde – und kann in der Tat schädlich für den Geber sein. Andererseits ist alles, was man erhält, wertlos – es ist alt oder für den Empfänger nutzlos. Ein alter Trick besteht darin, es zurückzugeben, woraufhin als Trost ein kleines zusätzliches Geschenk gemacht wird. Aber selbst dann wird nie zugegeben, dass die Schenkung wegen ihres inneren Wertes, sondern aus gutem Willen angenommen wird.

EHE UND EHEVERTRÄGE

DER HOCHZEITSRITUS

Wir folgen der Braut nun zum Haus ihres Schwiegervaters und werden Zeuge der religiösen Zeremonie, bei der das Jungfernhäutchen unauflöslich geknüpft wird. Es ist wichtig, dass der Omenvogel auf dem Weg zum Haus des Bräutigams günstig ist, andernfalls muss die Gruppe zurückkehren. Gewöhnlich warnt der Vater der Braut seinen Schwiegervater in der Abschiedsrede davor, auf den Omenvogel zu achten.

Ein Schwein wird so schnell wie möglich getötet und in üblicher Weise zum Haus des Bräutigams gebracht. Braut und Bräutigam sitzen Seite an Seite auf einer gewöhnlichen Grasmatte. Es wurden keine besonderen Dekorationen angefertigt; Es wurde kein Brautgemach vorbereitet, außer manchmal einem einfachen Stall aus Bambuslatten oder Rinde.

Wenn das Essen fertig ist, nimmt der Bräutigam eine Handvoll Reis von seinem Teller und bietet sie der Braut an, während sie ihm ebenfalls eine ähnliche Portion gibt. Dann reicht er seinen Reis sieben Mal hinter seinem Rücken von Hand zu Hand und sagt dann mit lauter Stimme: „Wir sind jetzt verheiratet; lass unseren Ruhm steigen." [15] Die Braut ahmt ihn nach. Daraufhin wird mit lautem Zustimmungsgeheul der Vollzug des Ehevertrages verkündet.

[15] *Monate vor Beginn des Jahres* .

Das Essen geht in der gleichen ausgelassenen Art weiter wie zuvor beschrieben. Ich habe selten eine Hochzeit erlebt, bei der der Bräutigam gegen Ende des Essens nicht ziemlich ausgelassen wurde, der Braut aber nie etwas anderes als Gefühle der Zärtlichkeit und des Respekts zeigte. Anweisungen, die nach unseren moralischen Maßstäben als höchst unanständig gelten würden, werden auf die offenmütigste Weise herausgebrüllt, so dass sich diese Tortur für die Braut als peinlich erweist. Sie isst hastig und zieht sich zu ihren Freundinnen in den Kochbereich des Hauses zurück. Ich habe mehrere Fälle gesehen, in denen das Mädchen, das noch ein Kind war, während des gesamten Verfahrens weiter weinte.

Als das Fest zu Ende geht, nimmt eine Priesterin das Betelnuß-Omen entgegen. Sieben Pfund Betelnüsse werden von einer Priesterin der Familie auf eine heilige Schale gelegt. [16] Dann setzt sie es auf den Kopf des Bräutigams und verfällt in einen ekstatischen Zustand, während sie den Teller mit ihrer Hand festhält. Sollte sich eine der Betelnussscheiben von ihrem Betelblatt lösen, gilt das als ungünstiges Omen und es folgt sofort der vorbeugende Ritus – die Zeremonie des Geflügelwinkens.

[16] *A-púg'-an* .

Die Frage, die Zartheit des frischvermählten Mädchens zu überwinden, ist nicht selten mit erheblichen Schwierigkeiten verbunden. Dies wird jedoch durch einen älteren Verwandten des Mädchens erreicht, der Nacht für Nacht die Matte zwischen den frisch verheirateten Paaren einnimmt, bis sie denkt, dass ihr Mündel ihren Mann so gut kennengelernt hat, dass sie es tun wird nicht weglaufen. Die Vermittlerin kehrt am nächsten Tag zurück und beansprucht ihre Guerdon. Unter meiner Beobachtung verliefen mehrere Fälle, in denen der Ehemann aufgrund der Ängstlichkeit und Schüchternheit seiner jugendlichen Ehefrau seine ehelichen Rechte wochenlang nicht wahrnehmen konnte. In keinem Fall zeigte der Ehemann etwas anderes als Geduld und Sanftmut.

EHE DURCH GEFANGEN

Der Brauch der Gefangennahme von Ehefrauen ist ziemlich häufig, insbesondere im oberen Agúsan, wo die Manóbo zum Mandáya-Kulturgebiet gehören. Bei meinem letzten Besuch im oberen Agúsan (September 1909 bis Februar 1910) ereigneten sich drei Fälle, und ich hatte das Vergnügen, an der Lösung eines dieser Fälle beteiligt zu sein.

Die Gefangennahme erfolgt durch eine Gruppe von etwa vier bis acht Freunden der interessierten Partei. Sie begeben sich in die Nähe des *Camote*-Patches, das fast immer in einiger Entfernung vom Haus seines Besitzers liegt. Hier wird Wache gehalten, bis die vorgesehene Gefangene, wahrscheinlich in Begleitung einiger Mitglieder ihres eigenen Stammes, am Tatort erscheint. Wahrscheinlich wurde bereits festgestellt, dass die männlichen Verwandten auf eine Jagd- oder Angeltour gegangen sind, aber um sicherzugehen, stellen Sie sicher, dass ein oder zwei aus der Gruppe unbewaffnet auf die Frauen zugehen und beiläufig Nachforschungen anstellen. Wenn sich die Abwesenheit der männlichen Verwandten bestätigt, ergreifen sie daraufhin das Mädchen, und ihre Gefährten stürzen in voller Montur aus ihren Verstecken und erbeuten die schöne Beute. Als die Verwandten des Mädchens auf den Vorfall aufmerksam wurden, waren die Entführer jeder Möglichkeit einer Entdeckung entgangen und die Gefangene hatte sich wahrscheinlich bereits mit ihrem Schicksal abgefunden, wenn sie nicht bereits durch Duldung zugestimmt hätte.

Im Hinblick auf die Gefangennahme einer Frau kann man anmerken, dass sie im Allgemeinen unter dem Rat und Schutz einer mächtigeren und wohlhabenderen Persönlichkeit durchgeführt wird. Wenn es aus eigener Initiative unternommen wird, kann es riskant sein und ist sicherlich immer eine sehr kostspielige Angelegenheit. Selbst wenn es mit der Duldung eines *Datu* oder eines Kriegerhäuptlings durchgeführt wurde , hat es sich manchmal als tödlich erwiesen, wurde mir versichert.

Der erwähnte Fall betraf den Sohn eines einflussreichen Manóbo vom Nábuk-Fluss im oberen Agúsan-Tal. Sein Sohn hatte einige Monate vor meiner Ankunft seine erste Frau bei einer Razzia in einer benachbarten Siedlung verloren. Er beschloss, die Weitschweifigkeit und Verzögerung des gewöhnlichen Eheverlaufs zu vermeiden, und nahm dementsprechend die Tochter eines Mañgguáñgan-Kriegerhäuptlings gefangen, der in der Nähe von Pilar lebte. Ich war zu dieser Zeit in Compostela und als ich hörte, dass eine Expedition [17] zur Rückeroberung des Mädchens oder zum Eintreiben der Heiratszahlung stattfinden würde, bat ich darum, die Gruppe begleiten zu dürfen.

[17] *Duk-i-ús* . (Mandáya, *dúk-lus*).

Wir kamen im Haus der *Datu an* und fanden alles und jeden auf den Krieg vorbereitet vor. Diese *Daten* informierten mich darüber, dass er mit Schwierigkeiten rechnete, da die Mañgguáñgan einer anderen Rasse angehörten und manchmal völlig unvernünftig waren. Während des restlichen Tages passierte nichts, aber niemand wagte sich ohne starke Bewachung aus der Lichtung, und in der Nacht wurde strengste Wache gehalten. Die *Datu* besagten, dass die Gefangennahme einer Frau bei

Manóbos und Mandáyas leicht zu arrangieren war und nie mit irgendwelchen Schwierigkeiten verbunden war, vorausgesetzt, sie hatten die nötigen Mittel, um den Heiratspreis zu zahlen, aber dass der Mañgguáñgan ein widerspenstiger Charakter war und in einem Anfall von Wut oder Trunkenheit war war selbst gegenüber seinen nächsten Verwandten zu Gräueltaten fähig. Er zitierte den Fall eines Mañgguáñgan aus Sálug, der den Aufenthaltsort seines Schwiegersohns und der gefangenen Braut herausfand und sie kurzerhand tötete.

Gegen 2 Uhr morgens wurden wir von einem der Wächter aus unserem Schlaf gerissen, der im angrenzenden Wald ein deutliches Knistern gehört hatte. Dieser Bericht brachte alle auf die Beine und löste einen Chor von Einschüchterungsschreien aus, der bis zum Sonnenaufgang nicht aufhörte.

Gegen 6 Uhr morgens entdeckten wir Gestalten im Wald, die von allen Seiten auf uns zukamen. Als sie, insgesamt etwa 60, ihre Positionen am Rande der Lichtung bezogen hatten, auf der das Haus stand, ließen sie ihren unheimlichen und wilden Kriegsschrei ertönen, [18] und vier Krieger, angeführt von dem erwähnten Kriegerhäuptling und mit allem bewaffnet In Kriegsausrüstung stürmten sie brüllend, herumtänzelnd, trotzend, herausfordernd und fluchend auf das Haus zu. Der Kriegerhäuptling spießte eines der beiden großen Schweine unter dem Haus auf und machte sich mit der Hilfe seiner drei Gefährten daran, die Hauspfosten niederzuschlagen, wobei er nie aufhörte, mit der lautesten Stimme zu brüllen, die ich je gehört hatte. Zu diesem Zeitpunkt ließ der *Datu* mit einem langen Streifen Rattan eine Lanze mit silbernem Band, ein Kriegsmesser mit silberner Scheide und einen Mandáya-Dolch mit silberner Scheide herab. Während alle heulten, war es schwierig, dem Tenor der Unterhaltung zu folgen, aber ich bemerkte, dass der Kriegerhäuptling das Geschenk annahm, obwohl er seiner Wut offenbar nicht nachließ. Er sprang herum, drohte und animierte seine Gefährten, das Haus in Brand zu setzen. Der *Datu* ließ so lange Geschenke wie Lanzen, Mandáya-Tücher, Schweine und andere Dinge herab, bis jeder der Angreifer ein Zeichen seines guten Willens erhalten hatte. Ihre Wut ließ deutlich nach, und der *Datu* konnte schließlich ein Gespräch mit seinem neuen Schwiegervater führen, bei dem er ihn überredete, ins Haus zu kommen und eine Besprechung über die Angelegenheit abzuhalten. Nachdem dieser mehrfach beteuert hatte, dass er das Haus niemals betreten würde, außer um Köpfe abzuschlagen, bestieg er schließlich die gekerbte Stange, gefolgt von seinen Tapferen. Wir vom Haus zogen uns alle bewaffnet in die andere Hälfte des Hauses zurück, während die Neuankömmlinge in dem Teil des Hauses nahe der Leiter hockten. Dann begann die Konferenz, die bis zur Fertigstellung des Frühstücks dauerte. Es ähnelte in jeder Hinsicht dem üblichen Heiratshandeln , außer dass der Kriegerhäuptling beharrlich beteuerte, dass die Tat des Sohnes des *Datu* Betrug und Raub sei und dass nur Blut dafür büßen könne. Seine Gefährten heulten zustimmend, hielten ihre Bolos fest und erhoben sich halb, als wollten sie ein Massaker beginnen. Man forderte sie auf, sich hinzusetzen und sich zu verwöhnen, aber das ließ sie nur noch mehr heulen. Schließlich bestellte der *Datu* einen Stapel Waffen und andere Geschenke und teilte den Besuchern je nach Verwandtschaftsverhältnis eine weitere Zuteilung aus. Dies hatte eine beruhigende Wirkung und veranlasste sie, reichlich Zuckerrohrsud zu trinken, was sie immer mehr beruhigte, je näher das Ende der Mahlzeit rückte. Während dieser ganzen Zeit wurde dem Kriegerhäuptling besondere Aufmerksamkeit geschenkt, so dass er bald so glücklich war, dass er seinen Anhängern befahl, alle Waffen von ihren Körpern zu nehmen, und begann, riesige Stücke halbrohen Schweinefleischs in den Mund zu stopfen des *Datums* nach uraltem Brauch.

[18] *Pa-nad-jáu-an* .

[19] *Bisa* .

Nach dem Fest kehrte ich zum Agúsan zurück, erfuhr aber später, dass alles einvernehmlich geregelt worden war, da das *Datu* als Bezahlung für die gefangene Frau eine Fülle weltlicher Effekte erbracht hatte. Unter ihnen waren zwei Sklaven im Wert von 30 Peseten pro Stück.

Pränatale Eheverträge und Kinderehe

Im oberen Agúsan wurden vorgeburtliche Eheverträge geschlossen, insbesondere wenn man die Freundschaft eines mächtigeren Häuptlings sichern wollte. Ein *Bagáni des oberen Sálug* teilte mir mit , dass es nicht ungewöhnlich sei, dass zwei Kriegerhäuptlinge oder andere mächtige Männer solche Verträge abschließen, um die Freundschaft untereinander und zwischen ihren jeweiligen Clans zu festigen. Er führte mehrere Fälle an, in denen sich das Geschlecht des Kindes als Hindernis für die Durchführung des vorgeburtlichen Ehevertrags erwies. Kinderehen sind jedoch keine Seltenheit. Mir sind zwei Fälle in Compostela bekannt, in einem davon war der Ehemann des Jungen minderjährig, während das Mädchen zum Zeitpunkt der Heirat bereits das Pubertätsalter erreicht hatte. Im anderen Fall waren beide bloße Kinder. Es erübrigt sich zu erwähnen, dass im letztgenannten Fall ein Zusammenleben nicht zulässig war. Die Heiratszahlung war in üblicher Weise erfolgt und die Braut wurde ihrem Schwiegervater übergeben.

Nach meiner Beobachtung ist der junge Mann im Alter zwischen 17 und 20 Jahren verheiratet, die Frau im Alter zwischen 13 und 16 Jahren. Die Wirkung dieser frühen Ehen zeigt sich sehr deutlich im Erscheinungsbild der Frau nach einigen Jahren Eheleben . Aufgrund der belastenden Pflichten, die der Frau obliegen, kann nur eine starke Konstitution die Blüte jugendlicher Schönheit makellos bewahren. Ich bin der Meinung, dass die durchschnittliche Frau mit etwa 25 Jahren ihre Blütezeit erreicht.

Polygamie und verwandte Institutionen

Man kann sagen, dass der Manóbo in der Praxis ein Monogamist ist, aber Polygamie ist mit Zustimmung der ersten Frau und, in den mir bekannten Fällen, auf Anweisung und sogar nach ihrer Wahl erlaubt. Sie findet ihre Arbeit zu belastend und weist ihren Mann an, sich einen anderen Gehilfen zu suchen. In der Regel ist es jedoch nur ein Kriegerhäuptling, der mehr als eine Frau hat, da er sich die Mittel zur Bezahlung des Kaufpreises, nämlich Sklaven, besser beschaffen kann. Ich kenne eine Reihe von Kriegerhäuptlingen, sowohl Manóbo als auch Mandáya, die bis zu vier Frauen haben, alle im selben Haus wohnen, jede ihren kleinen Stall hat und mit ihren Schwesterfrauen in vollkommenem Frieden und Glück [lebt]. Es scheint keine Eifersucht und keine Familienstreitigkeiten zu geben, da der Wunsch der ersten Frau in allen Dingen im Vordergrund steht.

[20] *Sin-á-bung* .

Ich fand die Abscheu vor der Polyandrie so groß und so allgemein, dass alle Stämme, mit denen ich im gesamten östlichen Mindanáo in Kontakt kam, die Praxis als schweinisch brandmarkten.

Konkubinat ist unbekannt. In einem Land, in dem eine Frau ihren Verwandten ein kleines Vermögen wert ist und in dem sie ihre Liebe nicht nach eigenem Ermessen anbieten kann, sondern den Wünschen ihrer Verwandten folgen muss,21 ist es unwahrscheinlich, dass sie vorübergehend [ausgeliefert] wird Sie ist nicht einmal ein Kriegerhäuptling, und es ist unwahrscheinlich, dass sie außer aus triftigen Gründen zurückgewiesen wird. Daher ist eine Scheidung nach meiner Beobachtung und meinem Wissen niemals erlaubt, da sie als Verstoß gegen Stammesbräuche betrachtet wird, der göttlichen Zorn hervorrufen und Unheil über die Siedlung bringen würde.

[21] Ich habe von einem Fall in Guadalupe gehört, bei dem das Mädchen, das den Mann ihrer Wahl nicht heiraten durfte, *Tubengift nahm* und ihrem Leben ein Ende setzte.

Unter den nicht christianisierten Manóbos habe ich nie von einem Fall von Prostitution gehört. Die bloße Andeutung würde wahrscheinlich zu einer Geldstrafe führen. Allerdings kommt es wahrscheinlich zu Unzucht, aber nur sehr selten und unter sehr ungewöhnlichen Umständen, etwa wenn das sexuelle Temperament des Mädchens und eine sehr günstige Gelegenheit die Übertretung begünstigen. Ich kenne Fälle, in denen Manóbo-Mädchen ihren

Verwandten tatsächlich unangemessene Vorschläge seitens Bisáyas erzählten, und in jedem Fall kassierten diese Verwandten mit wildem Geschrei und mit bedrohlichen Bewegungen von Bolo und Speer eine ausreichende Entschädigung, um die Unvorsichtigkeit zu sühnen. In einem Fall zahlte ich die Geldstrafe, die einem meiner halbblinden Paddler für einen sehr unschuldigen Witz auferlegt wurde, der von den Verwandten einer bestimmten Frau nicht geschätzt wurde.

den Städten *der Eroberung* hervorgeht.

Ich hörte von einigen Fällen von Ehebruch unter christianisierten Manóbos, aber obwohl die schuldige Frau Berichten zufolge eine schwere Strafe in Form einer ordentlichen Tracht Prügel erhalten hatte, ließ sie sich nicht scheiden.

Endogamie und blutsverwandtschaftliche Ehen

Ich habe weder Spuren von Endogamie noch vom Totemsystem gefunden, das ein so bemerkenswertes und weit verbreitetes Merkmal polynesischer, melanesischer und verwandter Völker in Ozeanien darstellt. Es gibt auch keine theoretische endogamische Institution, die einen Manóbo dazu verpflichtet, innerhalb seines Stammes zu heiraten, aber in der Praxis ist dies seine Sitte.

Das einzige Hindernis für die Ehe ist Blutsverwandtschaft. Blutsverwandte Ehen gelten überall als unheilvoll. Es ist ein allgemeiner Glaube, dass solche Ehen, wenn sie nicht unter der besonderen Schirmherrschaft der Göttinnen Ináyao und Tagabáyao geschlossen werden, sowohl für die Eltern als auch für die Kinder körperliche Schäden zur Folge haben.

Die folgenden Personen sind verboten, zwischen ihnen zu heiraten:

> (1) Alle fleischlichen Verwandten, die näher als der erste Cousin sind.

> (2) Cousins ersten, zweiten und dritten Grades, es sei denn, die entsprechenden Zeremonien für Tagabáyao und Ináyao wurden durchgeführt, verschiedene Omen wurden sehr sorgfältig berücksichtigt und nach der Heirat wurde das jährliche Opfer eines Schweins oder Huhns dargebracht, um die negativen Auswirkungen zu vermeiden das könnte der Heirat folgen.

> (3) Stiefmütter und Stiefväter.

> (4) Schwiegermütter und Schwiegerväter.

> (5) Schwiegertöchter und Schwiegersöhne.

(6) Gefangene und ihre Häscher. Es wird angenommen, dass diese Ehe den Weg zum Kriegertum versperrt und ansonsten Böses zur Folge hat. [22] Gefangene dürfen jedoch von anderen als denen, die sie gefangen genommen haben, verheiratet werden.

[22] *Ma-lí-hi* .

(7) Sklaven; Ehen sind unter ihnen nicht absolut tabu, aber sie gelten als etwas Unziemliches, und die Person, die eine Sklavin heiratet, wird als *áyo-áyo* (nicht gut) bezeichnet.

Die Heirat mit einer Schwägerin ist weit verbreitet und kann noch zu Lebzeiten der Ehefrau stattfinden, meist auf ihren Wunsch hin, jedoch nie ohne ihre Zustimmung.

Intertribale und andere Ehen

Es sei angemerkt, dass bei Ehen zwischen Cousins und Cousinen innerhalb der verbotenen Grade die tatsächliche Heiratszahlung viel geringer ist, da die Angelegenheit als Familienangelegenheit betrachtet wird, aber im Großen und Ganzen ist eine solche Ehe eine äußerst kostspielige Angelegenheit. Zunächst weist der Priester den zukünftigen Ehemann vor der Hochzeit an, Tagabáyao, der Göttin der Blutsliebe, eine Reihe von Gegenständen zu widmen. Dies setzt eine Opferzeremonie voraus, bei der, wie in einem Fall, den ich miterlebt habe, ein weißes Schwein getötet wurde und eine Lanze im Wert von 15 PHP, ein Bolo im Wert von 10 PHP, ein Dolch im Wert von 10 PHP und verschiedene andere Gegenstände offiziell Tagabáyao geweiht wurden . Der Weihe folgte ein Opfer für Tagabáyao, woraufhin die Heiratszahlung geleistet wurde. Dann kam eine ähnliche Reihe von Opfergaben an Ináyao, die Göttin des Blitzes, damit sie den frisch Vermählten keinen Schaden zufügte. Mir wurde gesagt, dass die frisch verheirateten Cousins und Cousinen diese Zeremonie Jahr für Jahr wiederholen mussten, um dadurch Ináyaos Gunst zu bewahren.

Eine Mischehe mit einem Angehörigen eines anderen Stammes kommt zwar gelegentlich vor, wird jedoch aufgrund unterschiedlicher religiöser Überzeugungen und auch aufgrund der Tatsache, dass es dem Ehemann möglicherweise nicht möglich ist, seine Frau wegzunehmen, nicht mit Wohlwollen betrachtet. In den Fällen, die mir von Ehen zwischen Manóbos und Mañgguáñgans, Mañgguáñgans und Mandáyas sowie Mandáyas und Manóbos bekannt gegeben wurden, heiratete der Mann fast ausnahmslos ein Mädchen, das einem angeblich höheren Stamm angehörte; zum Beispiel Manóbo-Mann zu einem Mandáya-Mädchen oder ein Mañgguáñgan-Mann zu einem Mandáya-Mädchen. Als Grund wurde in fast allen Fällen die

Zusicherung angegeben, dass das Mädchen nicht vom väterlichen Dach genommen werden würde und dass ein höherer Heiratspreis erwartet würde.

Unentgeltliche Ehen kommen selten vor. In den wenigen Fällen, die ich beobachtete, wurden alle Kosten des Hochzeitsfestes von den Verwandten der Braut getragen, und der Bräutigam bezog seinen Wohnsitz bei seinem Schwiegervater und geriet praktisch in die Sklaverei. Auch seine Kinder gehen in den Besitz des Schwiegervaters über.

Es soll nicht der Eindruck erweckt werden, dass der Empfänger einer unentgeltlichen Ehefrau die Pflichten eines gewöhnlichen Sklaven erfüllen muss. Im Gegenteil, er wird wie ein Mitglied der Familie seiner Frau behandelt und von ihm wird angesichts der Gunst, die er erhalten hat, und der Schulden, die er aufgenommen hat, erwartet, dass er seinem Schwiegervater hilft, wenn er dazu aufgefordert wird. Sollte er sich bei einer bestimmten Gelegenheit als widerspenstig erweisen, wird er sanft an seine Schuld und die Heiligkeit erinnert, mit der ein guter Manóbo sie begleicht, und so macht er sich auf den Weg zu seinem Auftrag und die Angelegenheit ist erledigt.

Wiederverheiratungen kommen häufig vor, da eine Witwe nicht so viel verlangt wie eine Jungfrau und weil sie bei der Auswahl ihres neuen Mannes etwas mitzureden hat. Sie kann jedoch nicht verheiratet werden, wenn eine Trauerfeier für einen ^{nahen} Verwandten der Familie noch aussteht.

²³ *Ka-ta-pú-san* .

Es gibt absolut keine Spur eines Leviratsystems, nach dem der nächste männliche Verwandte die Witwe seines verstorbenen Bruders heiraten muss. Im Gegenteil, eine Ehe mit der Witwe eines Verwandten ist absolut tabu, und dieses Tabu wird, soweit meine Beobachtungen dies rechtfertigen, niemals verletzt.

EHELEBEN UND DIE STELLUNG DER EHEFRAU

Das Eheleben scheint von gegenseitigem Verständnis und Freundlichkeit geprägt zu sein. Der Ehemann spricht seine Frau mit *„búdyag"* (Ehefrau) an und überlässt ihr die Leitung der Einrichtung in allen Bereichen, mit Ausnahme kleinerer Geschäftstransaktionen, die möglicherweise abgewickelt werden müssen. Die Frau holt sich jeden Tag Holz und Wasser und müht sich die steilen Berghänge hinauf und hinab. Ein- bis zweimal am Tag geht sie zur Farm und kehrt mit ihrem Korb voller *Tarnmuster zurück* . In der Zwischenzeit schnitzt der Ehemann seine Bolo-Scheide oder seinen Lanzenschaft zurecht oder unternimmt gelegentlich einen Angelausflug oder eine Jagd, wenn die Vorzeichen gut sind. Hin und wieder, vor allem in den Wintermonaten, stellt er seine Wildschweinfallen auf, die ihn etwa zwei Tage in der Woche beschäftigen können. Dann kommt die Nachricht von einem

Hochzeitsfest, zwei Tagesreisen entfernt, und er reist vielleicht für eine Woche ab, oder es gibt vielleicht eine große Frage, die in einem anderen Teil des Landes geklärt werden muss, und er muss an der Diskussion teilnehmen, weil es einen Verwandten gibt seiner Beteiligung; Wie auch immer, am Ende wird es ein großes Schwein und jede Menge Bier geben. Also geht er weg und hat eine tolle Zeit, und nach einer Woche kommt er mit einem schönen Stück Schweinefleisch und ein paar Betelnüssen für seine Frau zurück und erzählt ihr alles über die Ereignisse. Sie erträgt alles, macht ihre Kommentare dazu und geht dann, um die *Tarnanzüge* für das Abendessen zu holen, ohne sich über ihre harte Arbeit zu beschweren. Es ist der Brauch des Stammes und die Einrichtung der großen Männer vergangener Tage, dass die Frau schuften und schuften musste.

Ich kenne nur sehr wenige häusliche Streitereien und habe noch nie von einem Fall von Misshandlung gehört, außer wenn der Mann in einem Trunkenheitsanfall seinen Zorn an seiner Frau ausgelassen hat.

Die Treue zum Ehebund ist in Manóboland aufgrund des strengen Moralkodex, der durch den Speer und den Bolo gewahrt wird, ein bemerkenswertes Merkmal. Die wenigen Fälle von Ehebruch, die mir unter den nichtchristlichen Manóbos erzählt wurden, waren bloße Erinnerungen. Ich hörte von einem Fall von Unzucht, kurz bevor ich den oberen Agúsan verließ. Es wurde mir von einem Kriegerhäuptling des oberen Kati'il erzählt. Seine vierte Frau, eine Verwandte des *Datu* , der in dem in diesem Kapitel beschriebenen Fall der Gefangennahme der Frau eine Rolle spielte, war in den Tagen ihrer Jungfräulichkeit heimlich in Ungnade gefallen, was sie ihrem kriegerischen Ehemann zusammen mit dem Namen des Täters offenbarte . Daraufhin machte der Kriegerhäuptling einen zweitägigen Marsch nach Compostela, machte das Haus seines Feindes ausfindig und schwor öffentlich schnelle Rache. Ein paar Tage später besuchte ich das Haus des letzteren und fand es in einem Verteidigungszustand vor, mit einer großen Lichtung, umgeben von einer Masse gefällter Bäume, Unterholz und Bambuspflöcken. Dieser Mann war ein Manóbo der Debabáon-Gruppe, der viele Jahre unter der Anleitung der älteren Christen des Agúsan-Tals verbracht hatte.

Vergewaltigung, Inzest und ähnliche Abscheulichkeiten sind praktisch unbekannt.

Aus dem, was in dieser Monographie häufig gesagt wurde, lässt sich erkennen, dass die Stellung der Frau lediglich die einer beweglichen Sache ist. In Momenten der Wut, die nicht häufig vorkommen, spricht der Ehemann oder der Schwiegervater den Gegenstand seines Zorns als „ *binótuñg*" *an* , das heißt „erworbene Sache", „habe". Eine Frau, wird Ihnen der Manóbo sagen, hat kein *Tribunal* oder *Tilibuná* ; [24] Sie wurde geboren, um

Kinder zu gebären und *Camotes zu pflanzen* . Sie kann weder einen Schild tragen noch einen Speer stoßen.

24 Das bedeutet, dass sie nicht über genügend Verstand verfügt, um an den Diskussionen in den Rathäusern teilzunehmen, die auf Spanisch „Tribunal" genannt werden und von den Spaniern in den verschiedenen christianisierten Siedlungen zur Schlichtung von Gerichts- und Verwaltungsangelegenheiten errichtet wurden Siedlung.

Folgt man diesen Ansichten zu ihren legitimen Schlussfolgerungen und bestätigt sie sowohl durch Erfahrung als auch durch Beobachtungen, ist es offensichtlich, dass es im Manóbo-Land keine Beweise für das Matriarchatssystem gibt. Der Ehemann ist der Herr seines Haushalts, seiner Frau und seiner Kinder, und ich zögere nicht zu sagen, dass er wahrscheinlich beide im Stich lassen oder töten würde, wenn die Dringlichkeit eines bestimmten Anlasses dies erfordern würde. 25

25 Maliñgáan aus dem oberen Simúlau tötete sie und sich selbst vor den Augen der Soldaten, um zu verhindern, dass seine Frau und seine Kinder in die Hände der spanischen Streitkräfte fielen. Ich habe diesen Vorfall in einem der Jesuitenbriefe gefunden, auf den bereits Bezug genommen wurde.

WOHNSITZ DES SCHWIEGERSOHNS UND SCHWAUGERSYSTEM

Nach einigen Monaten, abhängig von der im Ehevertrag festgelegten Laufzeit, kehrt der junge Ehemann in das Haus seines Schwiegervaters zurück, zu dessen Familie er nunmehr gehört, und nimmt dort seinen ständigen Wohnsitz. Sein Respekt vor seinem Schwiegervater und seiner Schwiegermutter ist so groß, dass er sie nicht namentlich erwähnen wird. Er spricht sie immer mit Schwiegervater bzw. Schwiegermutter an. Als Sohn hilft er seinem Schwiegervater in allem. Zwölf Jahre lang soll er jedes Jahr zur Erntezeit ein Schwein für sich töten. Natürlich kommt es immer wieder vor, dass er von seinen eigenen Verwandten aufgesucht wird und seinen Schwiegervater verlassen muss. Manchmal kommt es vor, dass er nicht zurückkommt, aber in solchen Fällen wird von ihm erwartet, dass er sich diplomatisch verhält und etwas, sagen wir ein großes Schwein, als Ersatz für seine Person zurücklässt.

Von Schwagern, und ihr Name ist zahlreich, denn der Begriff umfasst alle, die einen Verwandten geheiratet haben, wie weit entfernt er auch sein mag, wird von ihnen erwartet, dass sie den Verwandten ihrer Frauen helfen, insbesondere in der Kriegsführung. Und ich beobachte, dass zumindest diejenigen von ihnen, die mit näheren Verwandten einer bestimmten Person verheiratet sind, ihr tatsächlich helfen, wenn sie wirklich finanzielle oder andere Unterstützung benötigt.

Die Schwager eines Kriegerhäuptlings leben fast immer bei ihm oder in seiner unmittelbaren Nähe. Dieser Brauch wird zweifellos sowohl zum Schutz als auch zum dadurch erlangten Ansehen beibehalten.

KAPITEL XIV

Häusliches Leben: Schwangerschaft, Geburt und Kindheit

Wunsch nach Nachkommenschaft

Der Wunsch, das Ende der Ehe zu erfüllen, ist so stark, dass man sagen kann, dass zwischen den jungen Männern geradezu Rivalität und Neid herrschen. Oft habe ich die Bemerkung gehört, dass der und *der A-yo-á-yo* – ein trauriges Exemplar der Menschheit – sei, weil er keine Kinder hatte. Wenn Sie einen Manóbo fragen, wie viele Kinder er hat, wird er selten vergessen, Ihnen nicht nur die Anzahl der verstorbenen Kinder zu nennen, sondern auch die Häufigkeit, mit der seine Frau aufgrund einer fehlerhaften Auswahl an Nahrungsmitteln oder aufgrund schädlicher Einflüsse eine Fehlgeburt erlitt einige böse Geister oder die Verletzung bestimmter Tabus oder eine andere Ursache.

Und so kommt es, dass der Ehemann, wenn sich die ersten Anzeichen von Mutterschaft zeigen, ein *weißes* oder *schwarzes* Huhn besorgt und, nachdem er ein paar Freunde eingeladen hat, zu diesem Anlass eine informelle Party veranstaltet. Ich kenne einen Fall, in dem die rituelle Winkzeremonie [1] während der Schwangerschaft stattfand, aber sie wurde, wie mir der Ehemann erzählte, aufgrund eines Zusammentreffens schlechter Vorzeichen durchgeführt und nicht, weil eine solche Zeremonie üblich war.

[1] *Kú-yab zu má-nuk* .

Tabus bei Geburt und Schwangerschaft

Die Vorsichtsmaßnahmen, die Ehemann und Ehefrau während der Schwangerschaft und auch kurz vor der Geburt treffen, sind ein Beweis für die Heiligkeit, mit der sie die größte Hoffnung ihres Ehelebens bewahren.

Die folgenden vom Autor bestätigten Schwangerschafts- und Geburtstabus gelten mit geringen Abweichungen in jedem Teil des Agúsan-Tals, und einige von ihnen werden von den Bisáyas dieser Region noch immer eingehalten. [2]

[2] Ich finde, dass einige dieser Tabus von den ungebildeten Tagalogs von Manila und von den Bauern der Provinz Tayábas beachtet werden.

Die allgemeine Idee, die bei der Beobachtung dieser Tabus vorherrscht, ist die der Sympathie, durch die eine bestimmte Handlung, die bei einem Subjekt eine bestimmte physische Wirkung hervorruft, durch eine sympathische Korrelation eine analoge Wirkung bei einem anderen hervorrufen kann. Ein Beispiel wird dies verdeutlichen. Das Tragen einer Halskette ist an sich eine völlkommen harmlose und sogar vorteilhafte Handlung, sofern sie die Persönlichkeit des Trägers aufwertet, aber für den Manóbo-Mann und die

Manóbo-Frau würde ein solcher Vorgang zu diesem besonderen Zeitpunkt durch eine Art mystischen Zusammenhang entstehen , eine bindende Wirkung für das Kind in der Stunde der Geburt und muss daher vermieden werden.

Diese Tabus gelten von dem Zeitpunkt an, an dem die junge Frau ihren Zustand bekannt gibt, bis zum Ende der schwierigen Zeit nach der Empfängnis.

Vom Ehemann zu beachtende Tabus

1. Er muss alle unerwünschten Handlungen wie Streit und Feilschen vermeiden.

2. Sein Verhalten muss ruhig sein; Er muss lärmende und ungestüme Handlungen vermeiden, beispielsweise die Teilnahme am Fang eines Hausschweins.

3. Er muss alle schweren Arbeiten vermeiden, wie etwa das Fällen von Bäumen, den Bau von Kanus oder das Errichten von Hauspfosten.

4. Er darf keine Arbeiten im Zusammenhang mit Rattan ausführen, wie z. B. Binden oder Spleißen.

5. Auf keinen Fall darf er Harz [3] zum Aufkleben von Griffen oder Schäften auf Waffen verwenden.

[3] *Sái-yung* oder *Saung* .

Von der Frau zu beachtende Tabus

1. Sie darf keine schwere Arbeit verrichten und nichts auf dem Kopf tragen.

2. Sie darf nicht auf einer Ecke des Herdrahmens sitzen.

3. Beim Sitzen muss ein Knie unbedeckt bleiben.

4. Sie muss bei der Auswahl ihrer Nahrung für einen Zeitraum, der meiner Beobachtung nach von der individuellen Laune abhängt, vorsichtig sein.

Daher wird eine Frau nach Beginn der Schwangerschaft fast wählerisch bei der Wahl ihrer Nahrung. Auf jeden ihrer Wünsche muss eingegangen werden. Es kann keine allgemeine Regel angegeben werden, aber ihre allgemeine Vorliebe gilt pflanzlicher Nahrung, insbesondere dem Kern der verschiedenen wilden Palmen, [4] Kochbananen und, wenn verfügbar, jungen Kokosnüssen. Saure Früchte, wie die verschiedenen Zitronenarten oder die Früchte von Rattanreben, scheinen ihre besondere Vorliebe zu sein.

[4] *Ó-Knospe* .

Tabus, die von Ehemann und Ehefrau eingehalten werden müssen

1. Sie dürfen ihre Hände nicht durch den Boden oder durch eine Öffnung in den Hauswänden stecken.

2. Was sie aus dem Feuer mitnehmen, darf nicht von ihnen, sondern von einem Dritten zurückgegeben werden.

3. Sie dürfen nach dem Abstieg von der Hausleiter erst wieder zurückkehren, wenn sie den Boden erreicht haben.

4. Sie dürfen nicht so am Hauseingang sitzen, dass sie den freien Ein- oder Ausgang behindern.

5. Sie müssen darauf achten, dass das Brennholz nicht ungewöhnlich fleckig oder schmutzig ist, da es dem kommenden Kind möglicherweise an der nötigen Anmut fehlt. Ich habe schon so manchen Ehemann gesehen, der eifrig die Rinde vom hässlicher aussehenden Brennholz abschälte.

Den Besuchern werden Tabus auferlegt

Besucher werden außerdem gewarnt und von ihnen erwartet, dass sie das im letzten Abschnitt erwähnte dritte und vierte Tabu beachten. [5]

[5] Das Tabu, das einem Besucher verbietet, an der Haustür zu sitzen, wird von den unteren Klassen Manilas beachtet. Auch das Tabu, das Streiten verbietet.

ABTREIBUNG

Kindsmord wird nie praktiziert; im Gegenteil, es werden alle natürlichen, magischen und religiösen Mittel eingesetzt, um das Leben des Kindes zu schützen. Es kommt jedoch zu einer Abtreibung.

Künstliche Abtreibung

Künstliche Abtreibung ist bei den heidnischen Manóbos unbekannt, aber die christianisierten Mitglieder des Stammes, die unter den Einfluss einer Kultur anderer Prägung geraten sind, haben sich Kenntnisse über ihre Praxis angeeignet, um ihren Zustand zu verbergen und dadurch zu vermeiden anschließende Scham und Ärger. Zu diesem Zweck werden verschiedene pflanzliche Produkte verwendet, wie der Saft des roten Färbeholzes, [6] der Kern einer wilden Palme, [7] der Saft des schwarzen Färbeholzes, [8] und der Saft der Minze. [9] Mir wurde gesagt, dass diese sehr wirksam sind und in der Regel keine negativen Folgen für die Gesundheit der Frau haben.

[6] *Si-ká-lig*.

[7] Genannt *báñg-a* .

[8] *Tá-Gummi* .

[9] *La-bwé-na* .

UNFREIWILLIGE ABTREIBUNG

Unfreiwillige Abtreibungen kommen jedoch häufig vor. Es wäre schwierig, eine ungefähre Schätzung abzugeben, aber aufgrund der Meinungen mehrerer Kriegerhäuptlinge und Häuptlinge glaube ich, dass es nicht selten vorkommt. Es wurde keine Erklärung zur Ursache eingeholt. Der Fötus wird normalerweise ohne Zeremonie unter dem Haus begraben. Im oberen Agúsan folgen die Manóbo einem Mandáya-Brauch, indem sie über dem Grab, das sich immer unter dem Haus befindet, einen umgekehrten Kegel aus Bambuslatten errichten, der etwa 30 Zentimeter hoch und 60 Zentimeter im Durchmesser ist. Die üblichen Angstgefühle zeigen sich bei diesen Gelegenheiten nicht wie beim Tod eines Menschen, der einen gewöhnlichen Tod gestorben ist, da das Kind noch nicht mit seinen beiden Seelengefährten verbunden ist. Das Haus wird auch nicht verlassen, wie es normalerweise beim Tod einer älteren Person der Fall wäre.

DER ANSATZ DER GEBURT

Die Hebamme [10]

[10] *Pa-na-gám-hon* .

Ungefähr im siebten Monat, wenn die werdende Mutter den beschleunigten Lebensimpuls in sich spürt, wählt sie eine Hebamme und lässt sich fast täglich von ihren Händen massieren, ohne die ihr vermutlich eine schmerzhafte Entbindung droht. Soweit ich erfahren konnte, besteht die angewandte Methode darin, das Geschöpf im Mutterleib in einer vertikalen Position mit dem Kopf nach unten zu halten. Die Massage soll zu Beginn eines Mondmonats stattfinden. Die Hebamme ist zweifellos die wichtigste Person in allem, was mit der Geburt zu tun hat. Sie ist nicht unbedingt eine Priesterin, aber normalerweise eine Verwandte der zukünftigen Mutter. Sie sei immer eine Frau im fortgeschrittenen Alter, die über reichlich Erfahrung verfügt und „nie einen Fall verloren hat". Es wird behauptet, dass sie sich mit vielen geheimen Medikamenten und Geräten auskennt, die zur Heilung aller Krankheiten notwendig sind, die natürlichen Ursprungs sind und mit der Geburt in Zusammenhang stehen. Ich empfand die Hebamme immer als sehr zurückhaltend, die Geheimnisse ihres Berufs preiszugeben.

Wenn die Frau die mütterlichen Schmerzen ankündigt, geht die Hebamme sofort ins Haus und nimmt verschiedene Kräuter und andere Dinge mit, die sie alle sorgfältig bei sich trägt. Sie ist bei solchen Anlässen nicht allein, sondern wird meist von dem größeren Teil der weiblichen Bevölkerung der Gemeinschaft begleitet, wenn nicht sogar vorher. Nur wenige Männer und keiner der Junggesellen nehmen teil, aber sie halten sich durch häufige

Nachfragerufe aus den Nachbarhäusern über den Fortschritt des Patienten auf dem Laufenden.

Die Hebamme fordert die Patientin auf, sich auf den Rücken zu legen, und führt mit der Hilfe einiger Verwandter der Gebärenden eine der heftigsten Massagen durch, die man sich vorstellen kann . Ich war Zeuge eines Falles, bei dem die Mutter fest mit Wickelkleidung gefesselt war und der Ehemann seine Kraft aufbot, um eine Entbindung zu erzwingen.

Sobald sich herausstellt, dass die Patientin starke Schmerzen hat, greifen die Hebamme und vielleicht auch andere Experten auf diesem Gebiet zu Mitteln, die eine einfache und schnelle Entbindung ermöglichen sollen.

PRÄNATALE MAGISCHE HILFE [11]

[11] *Ta-gi-á-mo* .

Bei mehreren Geburten, die ich in verschiedenen Teilen des Tals begleitete, beobachtete ich den Einsatz folgender Entbindungshilfen:

> 1. Ein Stück Rattan [12] wird von einer der anwesenden Frauen genommen und nach leichtem Verbrennen von der Hebamme gelöscht und nahe an die Person [13] der Gebärenden gehalten. Mit ihren Händen verströmt die Hebamme dann den Rauch über den Patienten und murmelt dabei eine Formel.
>
> Die Erklärung dieses Verfahrens, die mir in allen Fällen gegeben wurde, war die folgende: Das Rattan ist ein Symbol für die verschiedenen fleischlichen Bindungen, mit denen das Kind in der Mutter gefangen ist, und wie das Rattan immer wieder um die verschiedenen Teile der Mutter gewickelt ist Wenn das Haus ein Hindernis für die Entfernung des Teils ist, den es zurückhält, wird ein Teil davon verbrannt, damit durch irgendeine mystische Kraft die kindlichen Bindungen gelöst werden können. Während der Verbrennung wird das Kind ermahnt, nicht dem verspäteten Rattan zu ähneln, sondern frei und ungehindert aus seiner sterblichen Behausung hervorzukommen.
>
> Mir wurde erklärt, dass dieser Zauber den Verstößen gegen die Tabus entgegenwirkt, nach denen Ehemann und Ehefrau oder beide dazu verpflichtet sind, keine Halsketten oder Körperbinden zu tragen, nicht mit Rattan und Harz zu arbeiten oder irgendetwas auf dem Kopf zu tragen. Sollte auf das Verbrennen eines Stücks Rattan verzichtet werden,

wird davon ausgegangen, dass sich die Nabelschnur [14] während der Entbindung tatsächlich um den Hals oder Körper des Kindes verwickelt hat, was die Schwierigkeit und Gefahr erhöht.

2. Das Verbrennen eines kleinen Stücks der Hausleiter [15] und die anschließende Ausräucherung der Person des Gebärenden werden in identischer Weise wie oben praktiziert und sollen sogar die bösen Auswirkungen neutralisieren, die sich aus den Übertretungen ergeben könnten unfreiwillig, von jenen Tabus, die es jemandem verbieten, an der Tür des Hauses einer schwangeren Frau zu sitzen oder in das Haus zurückzukehren, nachdem er begonnen hat, die Hausstange oder Leiter hinunterzusteigen.

3. Ein drittes magisches Mittel, das bei der Geburt hilfreich ist, ist das Verzehren eines Teils des Herdrahmens, gefolgt von der Begasung eines Teils des Körpers des Patienten, wie oben beschrieben. Die besondere Wirkung dieses Zaubers besteht darin, den bösen Einflüssen entgegenzuwirken, die sonst aus der Nichtbeachtung der verschiedenen anderen zuvor genannten Tabus auf das Kind resultieren könnten.

4. Zum Schluss werden verschiedene Kräuter, deren Namen ich aufgrund der Geheimniskrämerei der Frauen nicht erfahren habe, auf einen Teller oder auf etwas anderes gelegt und verbrannt. Bei einer Gelegenheit beobachtete ich, dass die Blätter, mit denen Süßkartoffeln und anderes Gemüse beim Dämpfen abgedeckt wurden, verwendet wurden, und bei einer anderen Gelegenheit besorgte ich mir ein Stück Gras, das vom Teller gefallen war, und stellte später fest, dass es sich um das Blatt handelte eine Vielzahl von Bambus. Ich konnte den Zweck dieses Zaubers nicht herausfinden, da die Antworten an verschiedenen Orten widersprüchlich oder unterschiedlich waren.

Die Hebamme wendet zahlreiche andere Heilkräuter an und verfügt über verschiedene andere geheime Hilfsmittel, deren Natur ich überhaupt nicht erlernen konnte. In einem Fall behauptete eine Hebamme, im Körper eines Aals einen Bezoarstein gefunden zu haben. Dies konnte man nicht sehen, denn es war in Stoff gehüllt. Wenn die Patientin

Anzeichen von Leiden zeigte, tauchte sie diesen Stein in Wasser und rieb damit über den Bauch der Frau.

[12] *Lá-gus* .

[13] Vulva.

[14] *Pó-sud* .

[15] *Pá-sung* .

[16] *Tú-yus* .

[17] *Mút-ya* .

Pränatale Religionshilfsmittel

Tatsächlich kommt es sehr selten vor, dass bei der Geburt ernsthafte Schwierigkeiten auftreten, aber mir wurde mitgeteilt, dass es gelegentlich zu Schwierigkeiten kommt . In solchen Fällen, wenn alle personellen Ressourcen ausfallen, soll die Angelegenheit den Familienpriesterinnen überlassen werden und die üblichen religiösen Anrufungen und Riten durchgeführt werden. In jedem Fall sind eine oder mehrere Priesterinnen anwesend und treffen die üblichen Vorsichtsmaßnahmen, wie zum Beispiel das Platzieren von Zitronen- und *Sasá-* Rohr unter dem Haus, um die Annäherung böser Geister zu verhindern.

UNTERRICHT UND FOLGENDE VERANSTALTUNGEN

Die Hebamme und ihre Begleiterinnen betreuen die Patientin bis zur Entbindung, die in der Regel vier bis sechs Stunden nach den ersten Wehen eintritt. Die Nabelschnur wird sofort mit einem Bambusstück durchtrennt und die Mutter muss sich sofort aufsetzen, um einen Rückfluss der Nachgeburt in die Gebärmutter zu verhindern. Zumindest ist dies der Grund für diese letzte Praxis.

[18] *Ba-lís* .

Das Kind wird sofort mit Wasser gewaschen und etwas Medizin über seinen Nabel gestreut. [19] Anschließend wird es zu seiner Mutter zurückgebracht. Sollte die Geburt in der Zeit zwischen Neu- und Vollmond stattgefunden haben, sagt man, dass das Kind im Laufe seines Lebens Glück haben wird .

[19] Mir wurde einmal mitgeteilt, dass es sich bei dem verwendeten Arzneimittel um pulverisierte Kokosnussschalen handelte, aber dieser Punkt bedarf weiterer Nachforschungen.

[20] *Paí-ad* .

Ich möchte hier besonders auf die Tatsache aufmerksam machen, dass, sollte sich die Mutter in einem solchen Zustand befinden, dass sie ihr Kind nicht ernähren kann, es nicht einer anderen Frau zur Pflege gegeben wird, sondern vorübergehend von Suppe, Reiswasser und Zuckerrohr ernährt wird Saft. Ich habe von mehreren Fällen gehört, in denen das Kind aus Mangel an natürlicher Nahrung verstarb. Einen Fall, der sich in San Luis am mittleren Agúsan ereignete, konnte ich zweifelsfrei bestätigen. Pater Pastells, SJ, [21] gibt an, dass das Kind, wenn es nicht gestillt werden kann, lebendig begraben wird, wobei sein Mund manchmal mit Asche gefüllt wird. Allerdings habe ich noch nie von einer solchen Praxis gehört.

[21] Cartas de los PP. de la Compañia de Jesus, 8, 1879.

Der Grund dafür, dass keine andere Frau als die Mutter das Kind ernähren darf, liegt darin, dass das Kind sterben würde, wenn es von einer anderen Frau ernährt würde. In diesem Zusammenhang kann man durchaus feststellen, dass die Kindersterblichkeit hoch ist. Ich zögere nicht zu sagen, dass sie nicht weniger als 25 Prozent beträgt und 33,5 Prozent betragen kann.

Die Nachgeburt wird zusammen mit der Nabelschnur fast immer unter dem Haus vergraben. Mir wurde gesagt, dass es manchmal eingewickelt und an den Balken direkt unter dem Kamin aufgehängt wird. Für die Wahl dieses besonderen Ortes wird kein Grund angegeben, außer dass „niemand dort vorbeikommt".

Postnatale Gewohnheiten

In der Regel geht die Geburt weder mit großer Schwäche noch mit Gefahren einher. Tatsächlich kann sich die Mutter in der Regel am Tag nach der Geburt oder sogar noch am selben Tag im Haus bewegen. Nach zwei oder drei Tagen reinigt sie sich durch ein informelles Bad, das, soweit ich feststellen konnte, eher aus hygienischen als aus zeremoniellen Gründen genommen wird.

Tabus

Für einen Zeitraum von mehr oder weniger einer Woche muss die Mutter auf den Verzehr aller Nahrungsmittel außer den folgenden verzichten: Den Kern der wilden Palme, einheimischen Reis, frischen Fisch und Huhn. Das Huhn muss eine bestimmte Farbe haben; In der Seenregion des Agúsan-Tals muss es entweder schwarz oder weiß sein und das Bein muss dunkel gefärbt sein.

Je nach Ortsbrauch ist das Baden für zwei bis drei Tage verboten.

Nach dem Baden verlassen die frischgebackene Mutter und ihr Mann das Haus, damit das Kleine Glück hat und auch, um selbst dem bösen Einfluss der bösen Geister zu entgehen, die bei einer Geburt unvermeidlich anwesend sind.

Das Geburtsfest ist weder eine sehr feierliche noch prunkvolle Angelegenheit. Eingeladen sind die Hebamme und ein paar Freunde, insgesamt vielleicht ein Dutzend. Am Ende dieses Mahls wird der Hebamme und der Priesterin eine kleine Belohnung für ihre Dienste ausgezahlt. Bei den heidnischen Manóbos scheint es keine feste Regel hinsichtlich des Betrags zu geben, der der Hebamme zu geben ist, aber bei den *Conquistas* oder christianisierten Stämmen herrscht der übliche Preis von 1,50 P für die erste Geburt und 1,00 P für die zweite Geburt vor und P0,50 für den dritten und alle folgenden.

DIE GEBURTSZEREMONIE [22]

[22] *Tag-un-ún bis bá-ta* .

Bei seiner Geburt soll das Kind die beiden geistigen Begleiter [23], die es auf seiner irdischen Pilgerreise begleiten sollen, noch nicht erhalten haben. Woher diese Geistgefährten kommen oder was ihre Natur ist, konnte ich nicht zu meiner Zufriedenheit herausfinden. *Mandáit* , der Schutzgott der Kleinen, soll, nachdem er angerufen und mit Opfergaben besänftigt wurde, zwei Geistergefährten aus der Vielzahl von Wesen auswählen, die über menschlichen Lieblingsplätzen schweben. Diese Geister werden dann sozusagen zu Wächtern des Kindes und trennen sich nicht von ihm, bis einer von ihnen zur Beute eines bösen Dämons wird.

[23] *Um-a-gád*, von *á-gad*, begleiten.

Von diesen geistigen Gefährten heißt es, sie seien unsichtbar und in ihrer physischen Erscheinung ihrem körperlichen Gefährten ähnlich, [24] dessen jede Handlung sie nachahmen sollen. Wie mir erklärt wurde, setzen sich auch unsere geistigen Begleiter hin, wenn wir uns hinsetzen, und wenn wir uns anziehen, bereiten sie sich auch vor, und wenn wir hinausgehen, begleiten sie uns. Wenn die Mutter mit ihrem Baby das Haus verlässt, beschwört sie die Geister, ihrem Mündel zu folgen und ihn zu beschützen. Über die Wirkung und den Zweck dieser Verbindung ist mir bisher keine ganz bestimmte Erklärung gegeben worden.

[24] Von der Statur her werden sie als etwas kleiner beschrieben.

Die Riten der Geburtszeremonie werden in der Regel innerhalb eines Monats nach der Geburt durchgeführt. Es scheint keinen genauen Zeitpunkt zu geben, aber nach meinen Beobachtungen und Informationen treten sie bei den ersten Krankheitssymptomen oder bei ungewöhnlicher Unruhe des Kindes auf. Man glaubt fest daran und bekennt offen, dass diese Symptome auf die Machenschaften von Mandáit zurückzuführen sind, der gern mit einem Vogel bewirtet werden möchte, denn wie alle seine Mitgeister ist er ein Genießer und mag die guten Dinge dieser Welt.

Die Zeremonie beginnt mit einer Anrufung von Mandáit. Ein winziges Kanu, mehr oder weniger perfekt in Design und Ausstattung, je nach der Laune und dem Können des Designers, wird hergestellt und nach Sonnenuntergang im Haus aufgehängt. Die näheren Verwandten versammeln sich und ein Priester, vorzugsweise ein Verwandter, nimmt das Huhn, das bereits [Mandáit] geweiht wurde, und schwenkt es über dem Baby und im Haus herum, um alle möglichen schlechten Einflüsse und schädlichen Geister abzuwehren Sie huschen umher, denn in der Vorstellung des Manóbo gibt es nicht wenige dieser Dämonen, die nur darauf warten, die erwarteten Geistergefährten zu verschlingen.

[25] *Sin-ug-bá-han* .

Das Huhn wird getötet und Mandáit mit Kopf, Beinen und Flügeln geopfert. Zu diesen Köstlichkeiten werden kleine Blattpäckchen mit gekochtem Mais oder einheimischem Reis hinzugefügt. [27] Der Priester, bei diesen Gelegenheiten ausnahmslos eine Frau, geht seine Gebete durch, während die Opfergaben auf das Zeremonienboot gelegt werden. Sie verbrennt Weihrauch [28,] dessen Duft Mandáit besonders gut gefallen soll. Anhand der Richtung des Rauches erkennt sie die Position von Mandáit und ihrem eigenen Schutz- oder Vertrautengeist, und indem sie sich zu ihm umdreht, begrüßt sie ihn. Sie verfällt in den üblichen Zitterzustand, in dem Mandáit geistig an der für ihn zubereiteten Mahlzeit teilnehmen soll.

[26] *Búd-bud* .

[27] *Ba-ki* .

[28] *Pa-lí-na* , der Gummi des *Ma-gu-bái-* Baums.

Nach Abschluss dieser Zeremonie wird das Geflügel gegessen und ein wenig Zuckerrohrgetränk getrunken , sofern es erhältlich ist. Nach dem Essen erzählt die Priesterin in der alten archaischen Gesangssprache die Chroniken vergangener Tage. Dies wird von allen anderen anwesenden Herstellern der Manóbo-Monodie aufgegriffen. Erweist sich das Kind als unruhig, wird es mit dem seltsamen Stakkato der Bambusgitarre in den Schlaf gewiegt. [30] Im Laufe der Nacht sollen die beiden Seelen eine mystische Verbindung mit dem Baby eingehen und von da an seine Gefährten sein.

[29] *Ín-tus* .

[30] *Tan-kó* .

Am nächsten Morgen entnimmt die Priesterin die kleinen Blattpäckchen, legt sie auf einen Reiswinnow und wirft sie in die Luft. Die anwesenden Kinder greifen sofort nach den Paketen. Das zeremonielle Kanu mit der Opfergabe des Geflügels muss jedoch auf unbestimmte Zeit angehalten werden.

In der unteren Hälfte des Agúsan-Tals von San Luis bis zur Mündung des Agúsan wird anstelle des oben beschriebenen Opferkanus ein Tablett aus Bambusgitter für die Opfergabe an Mandáit verwendet. Ansonsten ist das Ritual identisch.

Die Benennung und Pflege des Kindes

Das Kind erhält ohne Zeremonie oder Formalität einen Namen, der scheinbar von der Laune der Eltern abhängt. Normalerweise handelt es sich um die eines berühmten Vorfahren oder eines bekannten Manóbo, manchmal kann es aber auch von einem Ereignis bei der Geburt abhängen. So weiß der Autor von Manóbos, der die Namen Bágio (Taifun), Línug (Erdbeben), Bádau (Dolch), Bíhag (Gefangener), Áñglañg (Sklave) und Ká-ug (Made) trug.

Das Kind wird von den Eltern und den anderen Angehörigen mit größter Zärtlichkeit behandelt. Schon in jungen Jahren wird er gestreichelt und verwöhnt, Strafen jeglicher Art werden selten verhängt. Als Ruheplatz wird ihm oft eine Hängematte aus einem Hanfrock oder einem kleinen Bambusgestell zur Verfügung gestellt, die an einer Schnur an einer Bambusstange im Stil einer Angelrute aufgehängt ist. Tagsüber wird er zärtlich in eine davon gelegt, und die üblichen kleinen mütterlichen Hilfsmittel werden verwendet, um ihn vom Weinen abzuhalten und ihn einzuschläfern.

Wenn der kleine Kerl etwas größer und kräftiger ist, trägt man ihn mit gespreizten Beinen über die Hüfte der Mutter oder lässt ihn auf dem Boden herumkrabbeln. Wenn die Mutter abwesend sein muss und niemand da ist, der auf sie aufpasst, wird sie einfach auf den Boden gefesselt und ihren Gedanken überlassen. Er wird nicht entwöhnt, bis ein anderes Kind zur Welt kommt oder er aus eigenem Antrieb auf die Brust verzichtet. Seine Kleidung ist in den meisten Fällen die einfachste.

Sobald das männliche Kind das Alter von 7 bis 8 Jahren erreicht und in der Lage ist, herumzulaufen, begleitet es nicht selten seinen Vater oder einen anderen männlichen Verwandten auf einem Angel- oder Jagdausflug, oft mit dem Betelnußbeutel oder ein anderer Gegenstand, der für seine zarten Jahre manchmal fast zu schwer war. Zu Hause wird er im Notfall oft losgeschickt, um kleine Aufgaben zu erledigen. Man fordert ihn auf, hinauszulaufen und Betelblätter oder Feuerholz aus dem umliegenden Wald zu holen, oder er wird erneut geschickt, um etwas Wasser zu holen. Solche Besorgungen sind jedoch die Ausnahme. Die meiste Zeit hat er für sich und verbringt sie fröhlich mit seinen kleinen Brüdern und Cousins. Wenn er in der Nähe des Flusses lebt, verbringt er ein paar Stunden am Tag im Wasser, badet, bespritzt seine Spielkameraden und fängt Frösche und andere essbare Lebensmittel. Eine seiner Lieblingsbeschäftigungen besteht darin, einen winzigen Bogen zu bauen und seine Pfeile auf einen alten Baumstumpf, eine unglückliche Eidechse oder ein anderes Lebewesen zu schießen, das er vielleicht erspäht hat. Wenn es zu viele Affen, Krähen oder andere mutige Plünderer gibt, muss er wahrscheinlich in dem unhöflichen Wachhaus auf der kleinen Lichtung sitzen und die Vogelscheuchen in Bewegung halten oder die ungebetenen Plagegeister durch Rufe und andere Mittel vertreiben.

Er lernt bald, Tabak zu rauchen, Betelnüsse zu kauen und sogar von dem herumgereichten Gebräu zu trinken, und so wächst er im Alter von 14 oder 15 Jahren zu einem kleinen, vollwertigen Mann heran Seine Zähne waren geschwärzt, seine Lippen fleckig und sein Bolo an seiner Seite.

Er tritt ohne besondere Zeremonie in die Jugend ein. Es ist wahr, dass dem Jungen mit zunehmender Pubertät die Zähne abgeschliffen und geschwärzt werden und er tätowiert und beschnitten wird. Solche Operationen könnten als Einführung in die Männlichkeit betrachtet werden oder zumindest als Überbleibsel eines Brauchs, der in bestimmten Teilen Ozeaniens so sehr in Mode ist. Mit anderen Worten: Der Jugendliche beginnt sich zu tätowieren und andere Ornamente anzunehmen, um die Aufmerksamkeit des weiblichen Teils des Stammes auf sich zu ziehen.

Es versteht sich von selbst, dass er keine Schulbildung erhält. Tatsächlich wüsste der durchschnittliche Manóbo, der noch nie mit der Zivilisation in Berührung gekommen ist, nicht, was er von einem Bleistift halten soll. Einmal erlaubte ich versehentlich einigen Manóbos, meinen Bleistift zu sehen. Der Anblick löste eine lebhafte Diskussion über die Natur des Baumes aus, der solch eigenartiges Holz hervorbrachte. Die gesamte Ausbildung, die der Manóbo-Junge erhält, erfolgt im Wald und an den Bächen. Von ihnen lernt er, die scheuen Hirsche zu fangen und die schlauen Fische zu fangen. In ihnen erwirbt er einen schnellen Schritt, ein scharfes Auge und ein scharfes Ohr. Im Umgang mit der Natur ist er ein Gelehrter, denn in dem ersten Moment, in dem er die eingekerbte Stange hinunterklettern kann, begibt er sich in den umliegenden Wald und unterrichtet sich über all ihre Verhaltensweisen und Stimmungen.

Sobald der Junge das Alter erreicht, in dem er sich als Mann fühlt, unterliegt er nicht mehr der väterlichen Zwanghaftigkeit, die bis zu diesem Alter mehr oder weniger locker war. Zu diesem Zeitpunkt nimmt er ebenso viel Unabhängigkeit an wie sein Vater, gehorcht jedoch jedem Befehl, ohne die Angemessenheit oder Notwendigkeit der Befolgung zu verstehen. Im Allgemeinen sind die kindlichen Beziehungen sehr herzlich und es wird großer Respekt vor beiden Elternteilen gepflegt, aber man kann sagen, dass männliche Kinder den Vater respektieren und lieben, während Mädchen ihre Mutter lieben.

GEBURTSANOMALIEN

MONSTROSITÄTEN

Monstrositäten sind äußerst selten. Ich habe nur einen Fall kennengelernt, nämlich den eines Kindes mit einem ungewöhnlich großen Kopf. [31] Auch Idiotie kommt sehr selten vor, nur ein Fall ist mir aufgefallen.

[31] Bása, Simúlao-Fluss, mittleres Agúsan.

ALBINISMUS

Auch Albinismus kommt sehr selten vor. Ein Albino gilt insofern als Kind eines bösen Geistes, als einer dieser unerbittlichen Dämonen einen bösartigen Einfluss auf die Mutter ausgeübt haben soll. Es wird angenommen, dass ein Albino nachts dem Spuk seines Dämonenvaters einen Besuch abstatten kann. Unter den Mandáyas am oberen Kati'il-Fluss sah ich etwa 12 Fälle von Albinismus in einer Siedlung mit etwa 500 Mandáyas. Es wurde keine Erklärung eingeholt, da ich es damals nicht für klug hielt, danach zu fragen.

Hermaphroditismus

Hermaphroditen vor, [32] im sekundären Sinne. Fünf davon kenne ich persönlich. In jedem Fall waren sie auf ihre Weise weiblich, zeigten eine Vorliebe für das Nähen und andere Beschäftigungen von Frauen und pflegten häufiger die Gesellschaft von Frauen als die von Männern.

[32] *Bán-tut* (Mandáya *bi-dó*).

In einem Fall in San Isidro am Simúlao-Fluss war ein Hermaphrodit, allem Anschein nach ein Musterbeispiel an Männlichkeit, als Frau gekleidet. In einem anderen Fall heiratete ein Mandáya-Hermaphrodit am Fluss Báklug, ein paar Meilen südlich von Compostela. Mir wurde von allen Seiten mitgeteilt, dass die Heirat dem Zweck diente, das Bündnis der Verwandten des Hermaphroditen gegen bestimmte Erbfeinde zu sichern, und dass es wahrscheinlich keine Probleme geben würde. Ich hoffe, zu einem späteren Zeitpunkt weitere Informationen zu diesem Punkt zu erhalten.

Am Fluss Lamíñga, einem Nebenfluss des Flusses Kasilaían, lebte eine Frau, die alle äußeren Merkmale eines Mannes aufwies. Ihre Stimme war tief und klangvoll, ihr Gesichtsausdruck männlich. Sie trug ständig einen Bolo bei sich, Tag und Nacht, und war bei körperlicher Arbeit, etwa beim Hausbau, jedem Mann in der Siedlung ebenbürtig. Sie hatte nie geheiratet und Annäherungsversuche an eine Heirat immer abgelehnt.

Kapitel XV

Häusliches Leben – Medizin, Krankheit und Tod

MEDIZIN UND KRANKHEIT

Das Thema der Manóbo-Medizin kann in drei Teile unterteilt werden, je nach den Ursachen, die die Krankheit hervorrufen sollen, oder nach den Mitteln, die zu ihrer Heilung eingesetzt werden. Diese Klassen werden als natürlich, magisch und religiös beschrieben.

NATÜRLICHE MEDIKAMENTE UND KRANKHEITEN

Natürliche Heilmittel in Form von Wurzeln und Kräutern werden gegen die gewöhnlichen körperlichen Beschwerden eingesetzt, unter denen die Manóbo leiden. Die häufigsten Krankheitsformen sind: Fieber, [1] Tuberkulose, [2] Zwerchfellschmerzen, [3] Magen- und Bauchschmerzen, [4] Brustschmerzen, [5] Kopfschmerzen, [6] Erkältungen, [7] chronischer Husten (wahrscheinlich Bronchitis).), [8] schädliche Malaria, [9] gewöhnliche Malaria oder Schüttelfrost und Fieber, [10] Hautkrankheiten, [11] Darmwürmer, [12] und einige wenige andere.

1 *Híñg-yau* .

2 *Súg-pa* .

3 *Ka-bú-hi* oder *gi-húb* , wahrscheinlich eine Umkehrung des Zwerchfells.

4 *Pús-on* und *go-túk* .

5 *Da-gá-ha* .

6 *Ó-yo* .

7 *U-bó* .

8 *Pás-mo* .

9 *Pid-pid* .

10 *Ó-Jud* .

11 *Ká-do* .

12 *Bí-Tuk* .

Die zur Heilung der oben genannten Krankheiten eingesetzten Naturheilmittel sind nicht sehr zahlreich, werden aber in der Regel äußerlich angewendet. In jeder Siedlung gibt es immer ein paar, die sich wegen ihres Wissens über diese Medikamente einen Ruf über die anderen erworben haben, aber ihre Kompetenz ist nicht hoch, wie man anhand des Ausmaßes ihres Erfolgs und der Meinung vieler ihrer Stammesgenossen beurteilen kann.

Bei Wunden gelten Tabaksaft und die schwarzen Rückstände einer Tabakpfeife als wirksame Salbe. Mit Betelnüssen vermischter Speichel wird für den gleichen Zweck und auch gegen Magenschmerzen eingesetzt. Für andere Schmerzen werden die Blätter verschiedener Bäume verwendet, je nach Wissen oder Glauben jedes Einzelnen. Bei Magenschmerzen soll die Galle einer bestimmten Schlange 13 wirksam sein. Es wird mit etwas Wasser gemischt und äußerlich angewendet, oder es kann innerlich eingenommen werden, vorausgesetzt, es wird mit etwas Pulver aus einem Stück pulverisierter Platte gemischt. 14

13 *Ba-ku-sán* . Die Galle dieser Schlange gilt als Allheilmittel der Mamánuas.

14 *Píñg-gan* , ein importierter Teller von sehr minderwertiger Qualität.

Der Duft bestimmter Harze und insbesondere der des *Manumbá-* Baumes gelten in manchen Fällen als medizinisch.

Die Wurzel eines Baumes namens *Lú-na* soll, wenn man sie in Wasser einweicht, ein sehr wirksames Heilmittel gegen Magenschmerzen sein. Auch der Samen des *Sá-i-* Grases wird für den gleichen Zweck verwendet und soll vorbeugend gegen Magenbeschwerden wirken.

Keine noch so große Überzeugungskraft wird das Misstrauen der Manóbos gegenüber der europäischen Medizin zerstreuen, bis deren Verwalter dem alten Sprichwort „Arzt, heile dich selbst" folgt und die erste Dosis einnimmt. Auf jeden Fall ist es nicht ratsam, es ohne lange Bekanntschaft anzubieten, denn sollte sich der Zustand des Patienten nach der Einnahme der ausländischen Medizin verschlechtern, könnte er Menschen mit größerem intellektuellen Kaliber nachahmen und sagen, was er wahrscheinlich tun würde: „ „Post hoc, ergo propter hoc" und die daraus resultierenden Ereignisse könnten plötzlich und unerwartet eintreten.

Einmal verabreichte ich einem Kind, das an Fieber litt, eine kleine Dosis Chinin. Es starb am folgenden Tag. Der Vater, der mich über einen Mañgguáñgan gebeten hatte, dem Kind etwas Medizin zu geben, schickte mir ein paar Tage später ein Huhn und etwa zwei Gläser Zuckerrohrgebräu als Geschenk und lehnte ein Gegengeschenk in Form von Perlen und Zuckerrohr ab Jingle Bells, die ich ihm geschickt habe. Das Huhn und das Getränk wurden zu gegebener Zeit verzehrt, und jeder meiner Diener trank etwa ein halbes Glas des Schnapses. Am nächsten Morgen gegen 4 Uhr erwachte ich mit dem Gefühl des bevorstehenden Todes. Die Diener wurden gerufen und auch sie beklagten sich über ein ungutes Gefühl, und einer von ihnen meinte, wir seien möglicherweise vergiftet worden. Eine Dosis Ipecacuanha rettete uns das Leben, und gegen 9 Uhr machte ich mich auf die Suche nach dem Überbringer des Geschenks, konnte ihn aber nicht finden, da er in sein Waldheim gegangen war. Eine diplomatische Untersuchung ergab, dass er ein Experte für Gifte war und dass das Gift, das mir im Schnaps verabreicht wurde, wahrscheinlich die Wurzel der *Túbli-* Rebe war, die auch zum Vergiften von Fischen verwendet wird.

Duftende Blumen und duftende Samen und Kräuter gelten als sehr wirksam zur Linderung von Kopfschmerzen, Ohnmachtsanfällen und den oben erwähnten besonderen Zwerchfellbeschwerden. Das Harz des *Magubái-* Baumes, das auch als Weihrauch bei zeremoniellen Riten verwendet wird, gilt als sehr wirksam. Ich habe oft Patienten gesehen, die so lange über dem Rauch gehalten wurden, bis ich dachte, dass dies zum Erstickungstod führen würde.

Abschließend lässt sich sagen, dass das Wissen des Manóbos über Heilpflanzen sehr begrenzt ist, ebenso wie seine Anwendung derselben, denn sobald er denkt, dass sich der Zustand des Patienten verschlechtert hat, wird ihm sofort die Krankheit zugeschrieben auf übernatürliche Ursachen zurückzuführen sind und auf entsprechende Heilmittel zurückgegriffen wird.

Bei oberflächlicher Betrachtung mag es scheinen, dass die Kranken vernachlässigt werden, aber das ist nicht der Fall. Die Verwandten, insbesondere die Frauen, zeigen ihnen gegenüber die zärtlichste Fürsorge und versorgen sie mit reichlich Nahrung. Das Fehlen von Decken setzt den Patienten den Temperaturunterschieden aus und erklärt zweifellos das häufige Auftreten von Erkältungen, Rheuma und manchmal auch Tuberkulose. Dies könnte auch der Grund für die hohe Sterblichkeitsrate bei Kindern sein.

MAGISCHE KRANKHEITEN UND MITTEL ZU IHRER ERZEUGUNG

Man hört häufig, dass ein *Kometán* die Todesursache einer Person war. Dies kann als eine geheime Methode definiert werden, durch die der Tod bei einer bestimmten Person durch Mittel herbeigeführt wird, die entweder angeblich magischer Natur sind oder deren Verabreichung so geheim ist, dass sie als Magie angesehen werden können. So geht man (um ein Beispiel für eine rein magische Krankheit zu nennen) davon aus, dass die Person, die sie darstellt, sofort krank wird und stirbt, wenn man eine hölzerne Puppe anfertigt, die das Opfer darstellt, und sie misshandelt, es sei denn, es werden Gegenmethoden eingesetzt, um die Auswirkungen zu neutralisieren des Charmes. Ich hörte von einem Fall im unteren Agúsan in der Nähe von Esperanza, wo eine Holzfigur angefertigt wurde, die die Person eines Diebes darstellen sollte. Die Figur wurde grausam gefoltert, indem man ihr einen Bolo in den Kopf steckte, und als die Strafe ausreichend war, um ihren Tod herbeizuführen, wurde sie unter viel Wehklagen begraben, sofern sie noch lebendig war. Mir wurde versichert, dass die Partei, die sie vertrat, kurz darauf an einer anhaltenden Krankheit erkrankte und schließlich starb.

Der Glaube an den *Kometán* oder geheimen Weg, Krankheiten hervorzurufen, ist weit verbreitet, aber es ist schwierig, verlässliche Daten zu diesem Thema zu erhalten, da aus offensichtlichen Gründen niemand zugeben wird, dass er mit dem Geheimnis vertraut ist, noch wird er bestätigen, dass jemand anderes es kennt es sei denn, es handelt sich um eine Person, die so weit entfernt ist, dass aufgrund der Zurechnung keine Gefahr künftiger Komplikationen besteht.

DIE ZUSAMMENSETZUNG EINIGER „KOMETÁN“

1. Die feinen, fadenförmigen Spiculæ einer Bambusart [15,] die in das Essen oder in das Getränk gegeben werden, sollen eine langsame, anhaltende Krankheit hervorrufen, die zum Tod führt.

[15] *Caña bojo* oder Bambus der Gattung *Schizostachyum* .

2. Ein Stück vom Knochen eines Verstorbenen, das pulverisiert und in das Essen gegeben wird, sogar in den Betelnuss-Quid, soll die gleiche Wirkung haben, jedoch auf eine schnellere Art und Weise, da es den Tod innerhalb weniger Monate herbeiführt.

3. Ein anderer berichteter *Kometán* besteht aus dem Blut einer Frau, die in der Sonne getrocknet und dem Mondlicht ausgesetzt wurde. Dies wird mit sehr fein geschnittenem Echthaar vermischt. Über die Nahrung verabreicht, löst es eine langsam fortschreitende Krankheit aus, die zum Tod führt. Es heißt, dass die Haare nach dem Tod wieder zum Vorschein kommen und auf den Lippen und Nasenlöchern ruhen.

4. Menschliches Haar, gemischt mit Fingernagelstücken und Glaspulver, gilt als besonders virulent. Das Geheimnis der Zusammensetzung ist nur wenigen bekannt. Mir wurde mitgeteilt, dass das Wissen über diese geheime Komposition von Bisáyas erworben wurde. [16]

[16] Es wird *pa-ágai genannt* .

Es wird allgemein angenommen, dass die Kriegshäuptlinge mit Gegenmitteln [17] gegen die *Kometán versorgt werden* . Tatsächlich versicherten mir mehrere, dass sie sie besaßen, wollten aber keine Einzelheiten preisgeben. Ich habe einmal eine kleine Flasche mit seltsam aussehenden Kräutern und Wasser gesehen, die für 2,50 PHP verkauft wurde. Es hieß, es sei ein Gegenmittel gegen die besondere Spezies der *Kometán* , die, wenn man sie auf den Weg stelle, denjenigen beeinträchtige, für den sie bestimmt sei, wenn er an der Stelle vorbeikomme.

[17] *Súm-pa* .

ein Stück Magnetstein, [18] oder sogar ein gewöhnlicher Spielzeugmagnet, in bestimmten Gegenden als Schutz gegen verschiedene Arten böser Zauber dient.

[18] *Bá-to bá-ni* .

ANDERE MAGISCHE MITTEL

Ich fand einen vorherrschenden Glauben an die Existenz eines *Aphrodisiakums* [19] , das aus Wachs eines kleinen Insekts namens *kí-ut* und der Asche verschiedener Bäume bestehen soll . Das Geheimnis der Zusammensetzung ist nur sehr wenigen bekannt. Es hält sich hartnäckig das Gerücht, dass dies zuerst von den Mamánuas gelernt wurde, [20] die bis heute sehr geschickt darin sein sollen, es herzustellen und zu verwenden. Wenn ein wenig von der Komposition auf das Kleid einer Frau aufgetragen wird, oder, noch besser, wenn ein kleines Päckchen davon an ihren Gürtelanhängern befestigt wird,

wird sie sich an den Mann binden, der es dort platziert hat, und wird ihm insoweit helfen wie es möglich ist, in seinem Anzug für ihre Hand.

[19] *Hu-pai* genannt .

[20] Es ist seltsam, dass die fortgeschritteneren Stämme im Osten von Mindanáo den minderwertigen Stämmen das Wissen über magische Methoden zuschreiben. Mir wurde mitgeteilt, dass sowohl die Mamánuas als auch die Mañgguáñgans mehr Experten in der Herstellung und Verwaltung von Amuletten sind als andere Stämme.

Es gibt auch einen Zauber, der eine Abneigung oder Abneigung zwischen ehemals befreundeten Menschen hervorrufen soll.

Bezoarsteine sind harte Substanzen von dunkler Farbe und variieren in der Größe von einer Erbse bis zu einer Kastanie. Sie sollen in verschiedenen Bäumen und Pflanzen sowie in Tieren und Fischen wie Affen und Aalen vorkommen.

[21] Wie das *a-nís-lag* , das *tú-ba* , das *túb-li* .

Ihre Eigenschaften sind sowohl medizinischer als auch magischer Natur. So sollen die Bezoarsteine aus drei verschiedenen Pflanzen in der Stunde der Geburt wirksam sein, aber gleichzeitig bescheren sie dem glücklichen Besitzer in allen Lebensbereichen Erfolg über seinen Rivalen. Daher werden sie *Pandáug* genannt , das heißt, sie ermöglichen es einem, einen anderen zu überholen oder zu schlagen. Es gibt einen Bezoar-Stein vom *Banti*- Baum, der seinen Besitzer schneller an einen Ort bringt als sein Rivale.

Körperliche Beschwerden, die auf übernatürliche Ursachen zurückzuführen sind

Krankheit aufgrund der Gefangennahme der Seele durch einen feindlichen Geist . – Wenn eine Krankheit so beschaffen ist, dass sie nicht diagnostiziert werden kann, oder so schwerwiegend ist, dass man Angst um die Genesung des Patienten hegt, wird sie ihr zugeschrieben die Bösartigkeit böser Geister und es werden übernatürliche Mittel eingesetzt, um die gefangene Seele aus ihren Fängen der Geister zu retten. Zu diesem Zweck tritt der Priester bei seinen göttlichen Vormunden fürbittend ein und überzeugt sie durch Opfergaben und Versprechen, den Gefangenen zu befreien. Wenn die Krankheit den Kriegsgöttern zugeschrieben wird, wird der Kriegerhäuptling zum Amtsträger und sorgt, nachdem er den wütenden Geist mit einem Blutopfer besänftigt hat, für die Freilassung der unglücklichen Seele.

Epidemien werden auf die Bösartigkeit von Seedämonen zurückgeführt . – Es wird angenommen, dass Cholera- und Pockenepidemien direkt auf böse Geister zurückzuführen sind, die die Krankheiten aus ihren weit entfernten Meeresgebieten mitbringen.

Man sagt, dass freundliche Gottheiten und Kriegsgeister der Siedlung von den hohen Berghöhen aus die Annäherung dieser heimtückischen Dämonen ankündigen. So wurde mir von vielen im Kasilaían-Flussgebiet versichert, dass der Berg Tatamba an einem Nebenfluss des Lamiñga-Flusses vor der Epidemie von 1903/04 ein lautes dröhnendes Geräusch von sich gab. Dasselbe wird vom Volk der Súlibao über den Berg *Mag-diuáta gesagt* . Wie dem auch sei, diejenigen, die an den Hauptflüssen leben, huschen bei Annäherung an die Ansteckung in die Tiefen des Waldes oder auf die Höhen der Berge und kehren erst zurück, wenn sie sicher sind, dass alle Gefahr vorüber ist. Ich war persönlicher Zeuge davon im oberen Agúsan Manóbos, wo ich mehr als ein Jahr nach dem Auftreten einer ansteckenden Krankheit eine Siedlung fand, die immer noch mitten im Wald lag, nur wenige Meilen von allem Wasser entfernt. [22]

[22] Die Bewohner lebten vom Wasser, das von einem Baum namens *ba-sí-kung* austrat .

Als Grund für die Vermeidung größerer Wasserläufe bei Epidemien wird angeführt, dass Bäche als Hauptstraßen für die Seedämonen gelten, wenn diese auf ihr Zerstörungswerk stoßen. In jeder Siedlung fehlte es nie an jemandem, der diese Dämonen in der einen oder anderen monströsen Gestalt gesehen hatte.

Versöhnung der Dämonen ansteckender Krankheiten – Neben den Opfergaben, die ihnen während des regulären Rituals dargebracht werden, gibt es eine besondere Methode, diese Seuchenträger zu versöhnen und sie dadurch zu veranlassen, sich dorthin zu begeben, wohin sie gerufen wurden.

Ein Floß [23] besteht aus Bambus, mit einer Plattform aus dem gleichen Material, die mehrere Zentimeter über der Oberfläche des Fahrzeugs liegt. Dieser ist mit darüber gewölbten Palmwedeln geschmückt. Darauf ist ein junges Schwein oder ein großes Geflügel von weißer Farbe fest angebunden, und daneben werden verschiedene andere Opfergaben wie Betelnüsse, Reis oder Eier gelegt, je nach Großzügigkeit und Wohlwollen des Priesters und der Siedlung . Wenn alles fertig ist, wird es gegen Sonnenuntergang ans Wasser gebracht, denn das ist die Stunde, in der die mächtigsten Dämonen ihren zerstörerischen Marsch beginnen. Hier richtet der Priester eine Ansprache an den Dämon der Epidemie und spricht über den Wert der Opfergaben, den Mangel an Opfern zu dieser bestimmten Zeit und die Gründe für die gegenseitige Freundschaft zwischen ihm (dem Dämon) und der Siedlung. Der Dämon wird dann gebeten, diese Zeichen des guten Willens anzunehmen und seinen Weg zum Meer zu gehen. Obwohl die Krankheit selbst nie namentlich erwähnt wird, wird sie in gleicher Weise aufgefordert, auf dem Floß ihren Weg zu finden und ihren Herrn flussabwärts zu begleiten. Das Floß wird dann ins Wasser gelassen und kann dem Willen der Strömung folgen. Niemand darf es berühren oder sich ihm auf seinem Weg nach unten nähern, denn es ist durch den Kontakt mit seinen pestilentischen Besitzern verunreinigt. [24]

[23] *Gá-kit* .

[24] Bisáyas haben keine Skrupel, sich die fetten Hühner und Schweine anzueignen, die auf diese Weise dem Untergang geweiht sind.

KRANKHEIT UND TOD

DIE THEORIE DES TODES

Außer im Fall eines Kriegerhäuptlings oder eines Priesters oder eines Menschen, der durch die Hand eines Feindes sein Ende gefunden hat, wird der Tod normalerweise der Bösartigkeit feindlicher Geister zugeschrieben. Letztere gelten als unerbittliche, unersättliche Dämonen, „auf der Suche nach wem sie verschlingen können". Auf mysteriöse Weise sollen sie einer armen, wehrlosen Seele auflauern und sie rücksichtslos gefangen halten, bis es ihnen gefällt, und sie dann tatsächlich verschlingen. Ungeachtet der zahlreichen Erklärungen, die mir im gesamten Agúsan-Tal gegeben wurden, konnte ich mich nie über die verschiedenen Umstände von Zeit, Ort und Art und Weise, in denen die Gefangennahme und Verzehr der Seele stattfindet, überzeugen. Es genügt jedoch zu sagen, dass dies in seinen wesentlichen Punkten der allgemeingültige Glaube ist: Einer der Seelengefährten wird beschlagnahmt und der Besitzer wird krank. Es wird mit allen verfügbaren Mitteln versucht, eine Heilung herbeizuführen. Wenn alles fehlschlägt, erklärt der Priester, dass die Krankheit nicht auf ein natürliches Gebrechen zurückzuführen sei, sondern auf die Gefangennahme oder Verletzung einer der Seelen des Patienten durch feindliche Geister. Es werden Opfer angeordnet, bei denen normalerweise eine große Anzahl (vier bis acht) Priester beiderlei Geschlechts ihre verschiedenen Gottheiten anrufen und sie anflehen, den Geistgefährten des Patienten zu retten. Während dieser Zeremonien beschreiben die Priester detailliert, wie die Gefangennahme durchgeführt wurde. In langen Gesängen schildern sie die Bemühungen ihrer Gottheiten, die vermisste Seele zu finden; Sie beschreiben, wie sie bis an die Enden des Himmels reisen, die grausamen Häscher suchen und Rache auf ihre Häupter schwören. Sie sollen ein *Espiho* [25] nutzen, um den Aufenthaltsort des Feindes und des Gefangenen herauszufinden. Die Wiedereroberung der Seele und oft auch die mächtige Begegnung zwischen guten und bösen Geistern werden von den Priestern ausführlich gesungen. Mir wurde gesagt, dass in manchen Fällen die gerettete Seele zum Haus der

Gottheiten gebracht und dort mit Festmahl, Tanz und Gesang getröstet wird, bevor sie zu ihrem irdischen Begleiter zurückkehrt.

[25] Dieses *es-pi-ho* (vom spanischen *espejo*, ein Spiegel) ist eine Art wunderbares Teleskop, mit dem Objekte an den entfernteren Enden des Firmaments beschrieben werden können. Kein lauernder Ort ist so abgelegen oder so geheim, dass er seiner wunderbaren Macht verborgen bleiben könnte.

Angst vor den Toten und vor den Todesgeistern

Die völlige Angst, nicht nur vor den bösartigen Geistern, sondern auch vor der Person des Verstorbenen und seiner Seele, ist eines der eigentümlichsten Merkmale der Manóbo-Kultur. In der Todeskammer und um die Ruhestätte der Toten herrscht ein gewisser schädlicher Einfluss[26], durch dessen Ansteckung man leicht zum Anziehungspunkt der dunkelgesichtigen, hungrigen Seelenghule wird, die von dem Geruch angelockt werden , schleichen Sie zum Sterbehaus und warten Sie auf eine Gelegenheit, ein Opfer zu sichern.

[26] *Bá-ho* .

Andererseits sind die neidischen Geister der Toten gefürchtet, denn in ihrem Eifer, am Abschieds- und letzten Totenfest teilzunehmen, nutzen sie jede Gelegenheit, um den Lebenden auf mysteriöse, aber materielle Weise Schaden zuzufügen. Krankheiten, insbesondere solche, bei denen die einzigen Symptome Abmagerung und Schwäche sind, werden auf ihren schädlichen Einfluss zurückgeführt. Missernten, körperliche Unfälle, mangelnder Erfolg bei wichtigen Unternehmungen – das und noch tausend andere Dinge – werden auf einen Mangel an angemessener Aufmerksamkeit gegenüber den neidischen Toten zurückgeführt. „Du wurdest von einem *Umagad betroffen* " [27] ist ein gebräuchliches Sprichwort, um die besondere Wirkung auszudrücken, die der Verstorbene auf die Lebenden haben kann. Um dieses unfreundliche Gefühl abzuwenden und dadurch die bösen Folgen zu verhindern, kommt es nicht selten vor, dass den Verstorbenen Sühneopfer in Form von Betelnüssen, Hühnern und anderen Dingen dargebracht werden. In einem Fall verordnete sich der Vater eines Kindes, das vermutlich an den Folgen des Verzehrs von frischem Reis gestorben war, eine mehrmonatige Abstinenz von diesem Artikel.

[27] *In-um-a-gád ka* .

Als weiterer Beweis für die Angst vor den verstorbenen Seelen kann die mangelnde Bereitschaft der Manóbo angeführt werden, alles zu verwenden, was den Toten gehörte, beispielsweise Kleidung. Eine Ausnahme bilden jedoch Waffen und andere Erbstücke[28], die allesamt geweiht sind und nicht den Geruch oder den bösen Einfluss des Todes in sich tragen dürfen.

[28] *Án-ka* .

Opfergaben, die den Toten dargebracht werden, um ihren bösen Willen zu besänftigen, werden von den Lebenden nicht angenommen. Sie sollen eine unheilvolle Wirkung haben. [29] Daher werden sie sorgfältig nach draußen aus dem Haus gebracht, nachdem der verstorbene Besucher sich gestärkt haben soll. Dies gilt für Betelnußopfer sowie für Opfergaben wie Hühner und Schweine, die bei außergewöhnlicher Belästigung seitens der Toten dargebracht werden können, um sie zu besänftigen.

[29] *Ka-dú-ut* .

In der Sterbekammer sind stets ein oder mehrere Priester anwesend. Die weiblichen Priester nehmen ihre Position in der Nähe der Leiche ein und schützen sich und die Anwesenden mit Zitronen, Stücken des *Sa-Sá-* Schilfs und anderen Dingen, die angeblich von den Dämonen gefürchtet werden. Daher drängen sich die Frauen während des durchschnittlichen „Aufwachens" mit vielen erschrockenen Blicken um die Priesterinnen. Einmal sah ich, wie ein männlicher Priester mit gezückter Lanze an der Tür stand und bereit war, die Geister zu vernichten, die es wagen könnten, in die Todeskammer einzudringen. Die ganze Nacht über werden Trommeln und Gongs geschlagen, nicht nur um ihre Trauer abzulenken, sondern auch als Bedrohung für die allgegenwärtigen Dämonen.

Ein Bekannter von mir in San Luis, Mittel-Agúsan, soll an einem Abend anlässlich eines Todes sieben böse Geister verwundet haben. Viele in der Stadt versicherten mir, dass sie nach jeder Begegnung die blutige Lanze gesehen hätten.

Neben den oben genannten werden noch weitere Vorsichtsmaßnahmen getroffen, um Immunität gegen die heimlichen Angriffe der Dämonen zu gewährleisten. Unter dem Haus brennt ein Feuer, und die üblichen magischen Hilfsmittel wie *Sa-Sá-* Rohr, Zitronen und ein Stück Eisen werden unter den Boden gelegt, um diese unersättlichen Geister zu bedrohen. Darüber hinaus darf das Essen während des Garvorgangs niemals unbewacht bleiben, damit nicht ein bösartiger Geist heimlich Gift hineinbringt, um sein beabsichtigtes Opfer zu töten oder eine unvorsichtige Seele zu vertreiben.

Mehrere Tage lang, sowohl vor als auch nach dem Tod, wird das Abendessen fast immer vor Sonnenuntergang eingenommen, da dies die Stunde ist, in der die mächtigsten Dämonen ihre verheerende Karriere antreten sollen. Wenn es jedoch notwendig sein sollte, nach Sonnenuntergang zu Abend zu essen, ist es üblich, eine Matte auf den Boden zu legen und so die heimlichen Geister in ihrem Bemühen zu vereiteln , von unten einen verderblichen Einfluss in die Teller einzuschleusen .

30 Dieser Brauch ist bei vielen Bisáyas im östlichen Mindanáo weit verbreitet und könnte vielleicht den Ursprung des eigentümlichen niedrigen Tisches erklären, den sie verwendeten.

Nach der Beerdigung ist es fast eine Regel, dass die Bewohner eines Hauses es verlassen. Diese Bemerkung gilt jedoch nicht für den Tod von Priestern, Kriegerhäuptlingen und Kindern oder für diejenigen, die im Krieg gefallen sind. Sollte ein Fremder oder jemand, der nicht mit den Bewohnern verwandt ist, im Haus sterben, ist es üblich, den Wert des Hauses von den Angehörigen des Verstorbenen einzutreiben. Pater Pastells zitiert in einer der „Cartas de los PP. de la Compañía de Jesús" einen Vorfall, der ihm im Jahr 1878 im Haus von Selúñgan am oberen Sálug widerfuhr. Es scheint, dass einer von Pastells' Anhängern gestorben ist Selúñgan wollte den Wert des Hauses eintreiben. Mir ist ein Fall bekannt, in dem das Bußgeld tatsächlich eingezogen wurde. Ich wurde von einem Kriegerhäuptling am oberen Tágo gefragt, wer im Falle meines Todes für das Haus aufkommen würde.

Vorfälle, die mit Todesfällen einhergehen

Wenn der Tod eintritt, brechen die Angehörigen in lautes Trauergeheul aus. In einer Todesszene, die ich miterlebte, fiel die Frau des Verstorbenen auf den Boden und schlug in ihrer wilden Trauer so lange mit dem Kopf gegen die Lamellen der *Palma Brava* , bis sie das Bewusstsein verlor. Als sie zu sich selbst zurückkehrte, umarmte sie heftig den Leichnam ihres verstorbenen Mannes und forderte ihn zur Rückkehr auf. Dann brach sie in laute Verwünschungen gegen ihre Schutzgötter aus und tadelte sie für ihre Undankbarkeit, weil sie die Seele ihres Mannes nicht aus den Klauen seiner Feinde gerettet hatten. Sie befahl ihnen, wegzugehen, wollte nichts mehr mit ihnen zu tun haben und befahl ihnen schließlich, sich auf den Kriegspfad zu begeben und die bösen Geister zu vernichten, die sie ihres Mannes beraubt hatten.

In fast jeder Todesszene, die ich miterlebte, war dieser letzte Vorgang normal, und ich kann sagen, dass er für die Manóbo recht charakteristisch ist.

Bei mehreren Gelegenheiten wurde ich Zeuge heftiger Wutausbrüche, zu denen die Trauergäste von ihrer schmerzlichen Trauer um einen geliebten Verwandten getrieben wurden. In einem Fall begann der Vater des Verstorbenen, indem er sein Bolo zog, einen der Hauspfosten niederzuschlagen, und in einem anderen Fall erklärte der Sohn nach einem verzweifelten Ausbruch der Trauer, ergriff seinen Schild und seine Lanze und erklärte, dass er seinen Kummer lindern würde die Freude über den Sieg über seine Feinde und musste tatsächlich von seinen Verwandten festgehalten werden.

Die Trauer und Wut, die bei diesen Gelegenheiten empfunden werden, erklären leicht die Häufigkeit kriegerischer Überfälle nach dem Eintritt eines Todesfalls. Dies wurde mir von Líno vom oberen Sálug, dem wahrscheinlich größten Krieger des östlichen Mindanáo, folgendermaßen erklärt: „Nach dem Tod eines nahen Verwandten werden unsere Feinde jubeln und, wie es häufig geschieht, ihre Freude verkünden." . Wir sind sowieso nicht in guter Stimmung, also machen wir uns, wenn es schnell gelingt, daran, den Kummer unserer Freunde und Verwandten mit den Palmen des Triumphs zu lindern."

Diese Aussage von Líno erklärt möglicherweise den Ursprung des Tabus, das im gesamten Agúsan-Tal herrscht. Das erwähnte Tabu verbietet es allen außer nahen Verwandten, das Haus des Verstorbenen sieben Tage lang nach dem Tod zu besuchen. Es wird vermutet, dass dieser Brauch eingeführt wurde, um zu verhindern, dass der Feind erfuhr, ob eine Expedition im Gange war. Um die Einhaltung dieses Brauchs zu gewährleisten, werden die Wege, die zum Haus führen, in geringer Entfernung vom Haus mit einigen Ästen quer gesperrt. Es kommt nicht selten vor, dass an diesen Stellen ein zerbrochenes Glas aufgehängt (oder platziert) wird, wahrscheinlich ein Symbol für das grausame Schicksal, das den Übertreter treffen könnte. Verstöße gegen dieses Tabu werden mit einer Geldstrafe zwischen 5 und 15 PHP geahndet.

VORBEREITUNG DER LEICHE

Nachdem der erste Anfall der Trauer abgeklungen ist, wird der Körper des Verstorbenen gewaschen, wobei die gezeigte Person mit größter Sorgfalt entblößt wird, und dann wird er in die feinsten Kleidungsstücke gekleidet, die erhältlich sind. Es werden keine persönlichen Schmuckstücke wie Halsketten und Armbänder entfernt. Amulette und Talismane werden jedoch entfernt und gelten als Erbstücke. Anschließend wird der Leichnam auf dem Rücken liegend, die Hände seitlich liegend, in den unhöflichen Sarg gelegt.

Es gibt eine Tradition, dass früher der Bolo des Verstorbenen bei ihm begraben wurde, aber ich habe das nie gesehen. Der Bolo wurde jedoch in einigen Fällen, die ich beobachtete, an seiner Seite platziert. Auf dem Berg Manóbos gibt es den Brauch, nach dem Tod junger Mädchen und Jungfrauen Fäden aus farbiger Baumwolle um die Finger und Füße zu wickeln. Ich habe dies im oberen Agúsan gesehen und als Antwort auf meine Anfrage wurde mir mitgeteilt, dass dies der Brauch des Agusánon-Volkes sei.

Der Sarg ist ein sechseckiger Behälter, der aus einem Baumstamm [31 gehauen] und mit einem stumpfen Prismendeckel aus demselben Holz versehen ist. Es weist häufig einige dekorative Spuren von Ruß oder anderen Pigmenten auf, und wo europäischer Stoff erhältlich ist, können einige Stücke als

Umhüllung verwendet werden. Der Leichnam wird in eine Matte gewickelt und in den Sarg gelegt, wobei der Kopf auf ein grobes Holzkissen gelegt wird. Der Sarg wird dann fest mit Rattan festgezurrt und erst zur Stunde der Beisetzung entfernt. Häufig werden Zitronen, *Sá-i-* Gras und verschiedene andere duftende Kräuter darauf oder in der Nähe platziert, um, wie mir gesagt wurde, den Geruch der Toten zu unterdrücken. Es ist jedoch wahrscheinlich, dass man ihnen Magie oder andere Tugenden zuschreibt. Für die Todesdämonen sind sie sicherlich Objekte der Angst.

[31] *A-yu-yao* , das als sehr langlebig gilt und nach zwei Jahren in perfekter Erhaltung gefunden wurde; *Kibidid* oder *Ilang-Ilang* werden ebenfalls verwendet.

Das unheimliche und wilde Wehklagen der Frauen war in fast jedem Fall, den ich sah, heftig, besonders wenn die Leiche auf dem Weg zur Grabstätte aus dem Haus getragen wurde. Die Trauer der männlichen Angehörigen ist nicht so groß, aber ich habe oft gemerkt, dass sogar sie in Tränen ausbrachen. Ich möchte hier hinzufügen, dass mir oft gesagt wurde, dass das Fehlen der äußeren Anzeichen von Trauer ein unfehlbarer Beweis für einen schnellen Tod sei und dass es als Unglück angesehen werde, seine Tränen auf die Leiche fallen zu lassen.

Bevor ich die Beerdigung beschreibe, möchte ich einen besonderen Vorgang erwähnen, den ich einmal beobachtet habe. [32] Bevor die Leiche in den Sarg gelegt wurde, ergriff einer der Anwesenden einen Hund und legte ihn einige Sekunden lang quer auf die Brust des Verstorbenen. Mir wurde gesagt, dass der Zweck der Aktion darin bestand, das Pech des Hundes zu beseitigen, indem man ihn in die oben erwähnte Position brachte, da er bei der Verfolgung seit einiger Zeit ziemlich viel Pech hatte. Dieses Vorgehen wurde durch spätere Untersuchungen in anderen Siedlungen bestätigt und es wurde festgestellt, dass der Brauch und seine Erklärung mit den oben genannten identisch waren.

[32] San Luis, 1906.

[33] *Pá-yad* .

DIE BEERDIGUNG

Die Beisetzung erfolgt in der Regel am Morgen nach dem Sterbefall, es sei denn, der Sterbefall ereignete sich in der Nacht, dann am darauffolgenden Nachmittag. Es darf nie zu einer Zersetzung kommen.

Wenn alles fertig ist, wird dem Verstorbenen ein letztes Mal gehuldigt und verabschiedet. Der Familienpriester legt eine Betelnuß-Spende in die Nähe des Sarges und bittet den Verstorbenen, in Frieden zu gehen und den

Lebenden keinen Groll zu hegen. Gleichzeitig verspricht er, dass das Leichenfest [34] mit größtmöglicher Eile vorbereitet werde. Der Verstorbene wird angesprochen, meist von mehreren Verwandten und Freunden, die ihm alles Gute in seinem neuen Zuhause wünschen und die Einladung wiederholen, zum Sterbefest zu kommen und Großvater und Großmutter sowie alle anderen Verwandten, die ihm vorausgegangen waren, in das Land Ibú mitzubringen.

[34] *Ka-ta-pús-an* .

Dann wird der Sarg unter großem Wehklagen hastig weggetragen. Bei der Beerdigung helfen nur Männer, und in der Regel begleitet ein männlicher Priester, manchmal auch mehrere, die Beerdigungsgesellschaft, um ihnen gegen die Bösen beizustehen, die zum Grab drängen. Die Priester beziehen ihre Positionen, wie ich mehrfach beobachtet habe, an strategischen Punkten hinter Bäumen, mit ausbalancierter Lanze und nicht selten mit Schild. Ich habe andere gesehen, die mit *Sa-Sá-* Schilfrohr ausgestattet wurden, in der Erwartung, einige allzu kühne Geister zu verletzen.

Ich habe bei mehreren Gelegenheiten einen sehr eigenartigen Brauch beobachtet. Auf dem Weg zum Grab ergingen sich die Männer in wildem Geschrei. Es wurde keine andere Erklärung angeboten, außer dass dies der Brauch sei. Es wurde jedoch vermutet, dass es ein Mittel sei, die Dämonen zu vertreiben, die möglicherweise den Geruch des Todes gewittert hätten, oder es könnte auch dazu dienen, Reisende zu warnen, dass eine Beerdigung anstehe, und es ihnen so zu ermöglichen, einer Beerdigung zu entgehen das soll höchst unglücklich sein.

Ich habe gehört, dass die Toten unter dem Haus begraben wurden. Diese Praxis kommt jedoch selten vor und wird meist auf Wunsch des Sterbenden durchgeführt. Es erübrigt sich hinzuzufügen, dass das Haus und die angrenzenden Felder aufgegeben werden. Wenn möglich, wird ein hochgelegenes Stück Land mitten im Wald ausgewählt und eine kleine Lichtung angelegt. Die Arbeit am Grab wird ohne große Verhandlungen aufgeteilt, einige der Männer widmen sich der Herstellung des üblichen Daches, das über das Grab gelegt wird, während andere die Ausgrabungen übernehmen. Manchmal wird um die Grabstätte ein Zaun errichtet. Die Arbeit verläuft immer in absoluter Stille und es brennt immer ein Feuer als Bedrohung für die bösen Geister. Wenn alles fertig ist, wird der Sarg an seinen Ruheplatz gelegt und in aller Eile abgedeckt. An dieser Stelle sei im Hinblick auf die Ausrichtung des Leichnams angemerkt, dass Männer mit ihren Füßen nach Osten und Frauen mit ihren Füßen nach Westen begraben werden. Dann wird das kleine Dach auf vier Stützen etwa 45 Zentimeter über dem Grab aufgesetzt. Einer der Anwesenden, manchmal ein Priester, legt einen Teller mit sieben Opfergaben Betelnüssen auf das Grab. Dann wird ein irdener Topf [36] mit einer Zusammenstellung aus gekochtem Reis [37] und einem Loch im Boden unter dem Dach aufgehängt.

[35] *Bin-aí-iu* .

[36] *Kó-don* .

[37] Importierter Reis kann nicht verwendet werden.

Wie mir erklärt wurde, ist Reis als letzte Mahlzeit für den Verstorbenen gedacht, bevor er sich auf die Reise in das Land Ibú begibt. Das Loch, das immer in den Boden gebohrt wird, soll, wie mir viele sagten, den Verzehr des Reises erleichtern. Die Familienerbstücke werden gelegentlich mit ins Grab gebracht, aber nicht dort zurückgelassen.

Es gibt eine weit verbreitete Überlieferung, die besagt, dass die antike Art der Bestattung eine pompösere und feierlichere Angelegenheit war als die heutige. Mir wurde gesagt, dass der Verstorbene mit all seinen persönlichen Waffen begraben wurde, mit Ausnahme seiner Lanze und seines Schildes, die über sein Grab gelegt wurden. Es blieben auch [38] heilige Krüge übrig. Über den genauen Verbleib der alten Begräbnisstätten konnte ich nie ausreichende Informationen erhalten. Die Höhle von Tinágo in der Nähe von Taganáan, etwa 19 Kilometer südlich von Surigáo, ist leicht zugänglich. Die Bisáyas der Stadt geben an, dass es sich um eine Grabstätte für die alten Bisáyas handelte, aber Montano, der einige Schädel aus dieser Höhle beschaffte, erklärte, es handele sich um einen Manóbo-Friedhof. Tatsache ist jedoch, dass die Stadtbewohner bis heute gelegentlich in die Höhle zurückkehren und ihre Vorfahren anrufen. Mir wurde von einem Spieler erzählt, der dorthin ging und eine Kerze anzündete, um sein Glück zu erhöhen.

[38] *Ba-hán-di* .

Die Trauernden verwischen sorgfältig die Fußabdrücke, die sie auf dem losen Lehm rund um das Grab hinterlassen haben, und lassen den Verstorbenen, traurig und lautlos davonhuschend, in Begleitung der Geister der Dunkelheit zurück. Von nun an wird die Ruhestätte von jemandem, der im Leben geliebt wurde, möglicherweise einer liebenden Frau oder eines geliebten Kindes, als ein Ort des Schreckens gemieden werden, an dem die üblen und unersättlichen Seelenghule mit lautlosen Schritten und finsteren Gesichtern umherstreifen .

Bei der Ankunft am Haus, von dem sie aufgebrochen sind, findet die Beerdigungsgesellschaft stets ein Gefäß, meist einen Becher aus Kokosnussschalen, mit einer Mischung aus Wasser und Kräutern vor, das an der Tür des Hauses aufgestellt [ist] . Jeder befeuchtet der Reihe nach seine Hände und reinigt sich, indem er das Wasser auf einen Teil seines Körpers reibt. Ich habe nie erlebt, dass dieser Prozess ausgelassen wurde. Die Erklärung, die ich erhielt, war, dass das Wasser eine reinigende Wirkung hatte, indem es den bösen Einfluss beseitigte, dem sie durch den Kontakt mit den Toten ausgesetzt waren. Nach der Beerdigung wird als Entschädigung für diejenigen, die bei der Beerdigung mitgeholfen haben, ein kleines Mahl serviert und dann beginnt die Zeit der Trauer, die erst mit dem Totenfest endet.

[39] Mir wurde gesagt, dass als Zutat immer *U-li-ú-li- Gras verwendet wird.*

[40] *Pan-dí-has .*

Gewisse Trauertabus werden eingehalten

(1) Die nächsten Angehörigen müssen Schwarz tragen.

(2) Die Ehefrau und die nächsten Verwandten müssen sieben Tage lang im Haus bleiben.

(3) Das Haus ist zu verlassen oder die Bewohner müssen ihren Schlafraum in einen anderen Teil des Hauses verlegen.

(4) Keiner der leiblichen Verwandten darf eine Ehe eingehen, bevor das Sterbefest gefeiert wurde.

(5) Der Verstorbene darf nicht namentlich genannt, sondern als „mein Vater" oder „mein Cousin" oder ein sonstiger Verwandter bezeichnet werden. Dieses Tabu gilt auf unbestimmte Zeit.

(6) Von den näheren Verwandten dürfen sieben Tage lang keine Arbeiten ausgeführt oder Geschäfte von Bedeutung getätigt werden.

(7) Niemand außer einem nahen Verwandten darf das Haus sieben Tage lang nach dem Tod besuchen.

Tod und Beerdigung eines von einem Feind getöteten Menschen, eines Kriegerhäuptlings und eines Priesters

Da man davon ausgeht, dass jemand, der von einem Feind getötet wurde, durch die Machenschaften der Bösen kein Leid erlitten hat, wird sein Tod als ruhmvoll angesehen und er wird furchtlos begraben. Es kommt manchmal vor, dass es aufgrund der Entfernung zwischen dem Ort, an dem er getötet wurde, und seinem Zuhause unmöglich ist, seinen Leichnam in die Siedlung zu überführen. Er wird dementsprechend ohne weitere Zeremonie an einem geeigneten Ort im Wald begraben. Für ihn wird kein Totenfest abgehalten, da er die Wohnstätte der Kriegsgottheit seines Häuptlings betreten und dort auf die Ankunft seines Häuptlings warten soll.

Ich habe nie den Tod eines Kriegerhäuptlings miterlebt, aber ich habe zahlreiche Nachforschungen angestellt, aus denen ich die folgenden Einzelheiten herausgefunden habe: Der Tod und die Beerdigung eines Kriegerhäuptlings scheinen sich nicht von denen eines gewöhnlichen Menschen zu unterscheiden, außer in der größeren Pracht, die zur Schau gestellt wurde, und in der Abwesenheit von Angst. Die schützenden Kriegsgottheiten, entweder eine oder mehrere, des Kriegerhäuptlings sind anwesend und die bösen Geister sollen einen respektvollen Abstand wahren. Die Geistgefährten oder Seelen des Kriegshäuptlings, von denen behauptet wird, dass sie anfällig für Verletzungen durch die Hände von Dämonen sind, sind anwesend und begleiten ihn zur Heimat seiner Schutzgottheiten, ebenso wie Mandaláñgan oder Mandayáñgan, der große Ahnenheld von Manóboland.

Der Kriegshäuptling hat weder eine besondere Grabstätte noch eine besondere Art der Bestattung, obwohl ich am oberen Teil des Tágo-Flusses, im östlichen Teil von Mindanáo, gehört habe, dass ein gewisser Ónkui, ein Bekannter von mir, in einem begraben worden sei Unterstand auf dem Gipfel eines Berges. Nach weiteren Untersuchungen scheint dieser Bericht wahr zu sein. Ich habe von einer ähnlichen Praxis am Quellgebiet des Flusses Ihawán gehört.

Es gibt keinen wesentlichen Unterschied zwischen den Bestattungsbräuchen beim Tod eines Priesters und denen, die beim Tod eines Kriegerhäuptlings praktiziert werden. Die Schutzgottheiten des Priesters sind alle anwesend, zusammen mit all ihren Verwandten und Freunden der unsichtbaren Welt. Seine sieben Geistgefährten oder Seelen sind ebenfalls anwesend, so dass die Trauernden kaum oder gar keine Angst vor den unheimlichen Dämonen zeigen.

DIE NACHWELT

Das Land Ibú wird als irgendwo unterhalb der Säulen der Erde beschrieben. Es wird gesagt, dass es in allen Einzelheiten unserer Welt ähnelt. Dort gibt es hohe Berge, Seen, Flüsse und Ebenen, wie sie im Agúsan-Tal zu sehen sind. Ungefähr auf halber Strecke zwischen dieser Welt und dem großen Land Ibú, der Herrin der Unterwelt, liegt ein großer Fluss, der mir als so groß wie der Agúsan beschrieben wurde, aber mit rotem Wasser. Hier lebt Manduyápit, der Fährmann. Von Manduyápit nach Ibú soll eine Reise von sieben Tagen auf einem guten breiten Weg dauern. Amerikaner, Spanier und Völker anderer Nationen folgen nicht der Spur der Manóbo, weil jeder seinen eigenen haben soll und das Land Ibú in Bezirke unterteilt sein soll, einen für jede Nation.

Wenn also der Seelen- oder Geistgefährte des Verstorbenen feststellt, dass er ganz allein ist und sein Mitgeist rücksichtslos ergriffen und verschlungen wurde, beginnt er seine lange Reise zu Ibú. Eine einwöchige Reise bringt es zum großen roten Fluss. Hier wird es von Manduyápit unentgeltlich übergesetzt und beginnt die zweite Hälfte seiner Reise. Bei seiner Ankunft bei Ibú sucht es natürlich die Geister seiner Verwandten auf, vorzugsweise seines nächsten Verwandten, und nimmt bei ihnen seinen Wohnsitz auf. Sollte sich Manduyápit aus dem einen oder anderen Grund weigern, es zu befördern, kehrt es zu seinem Ausgangspunkt zurück und bittet seine ehemaligen Freunde um Hilfe. Der Priester wird darauf aufmerksam gemacht und erläutert den Angehörigen des Rückkehrers den Grund dafür, dass er den großen roten Fluss nicht passieren konnte.

Sollten die Seelen der Verstorbenen den Wunsch verspüren, ihre lebenden Verwandten zu besuchen, rufen sie die Familiengottheiten an und werden auf den Flügeln des Windes zurück in die Welt getragen, ohne die Strapazen einer 14-tägigen Reise auf sich nehmen zu müssen.

Ibus große Siedlung ist weder ein düsterer Hades noch ein Paradies himmlischer Freude. Es ist einfach eine Fortsetzung des gegenwärtigen Lebens, außer dass alle Sorgen, Sorgen und Probleme ein Ende haben. Die Geister verstorbener irdischer Verwandter nehmen ihren Wohnsitz in einem Haus und verbringen ein ruhiges Dasein unter der milden Herrschaft von Ibú. Dort wird gegessen, gearbeitet und sogar geheiratet. Gelegentlich statten sie mit Hilfe der Familiengottheiten, mit denen sie kommunizieren können, dem Haus ihrer lebenden Verwandten einen kurzen Besuch ab und kehren dann genauso schnell in die ruhigen Gefilde von Ibú zurück, wie sie gekommen sind.

DAS TODESFEST [41]

[41] *Ka-ta-pú-san* , bedeutet Ende, Beendigung.

Das Sterbefest ist das wichtigste aller Manóbo-Feste, denn es markiert das Ende aller Beziehungen zwischen den Lebenden und ihren verstorbenen Verwandten. Bis zur Feier soll es den unmittelbaren Angehörigen des Verstorbenen schlecht ergehen. Auf mysteriöse Weise sollen die Verstorbenen ihnen Schaden zugefügt haben, bis sie dieses letzte Fest erhalten haben. Daher macht sich der nächste Verwandte mit aller Entschlossenheit daran, die notwendigen Schweine, Getränke und Reis für das Fest bereitzustellen. Man geht allgemein davon aus, dass sie immer noch vom Unglück heimgesucht werden, wenn diese Feier nicht so üppig wie möglich ausfällt. Dies erklärt die so häufig beobachtete lange Verzögerung vor der Feier dieses Festes. Ich weiß von mehreren solchen Festen, die erst fast ein Jahr nach dem Tod abgehalten wurden. Die Verzögerung war darauf zurückzuführen, dass es nicht möglich war, genügend Esswaren für die Totenfeiern zu besorgen. Die Bedeutung und Größe dieses Festes wird leicht verständlich, wenn man bedenkt, dass, wenn es von einem wohlhabenden Manóbo veranstaltet wird, alle Menschen in der Umgebung daran teilnehmen und es häufig sieben Tage dauert. Es kommt gelegentlich vor, dass in der Zwischenzeit zwischen dem Tod eines Familienmitglieds und dem Totenfest ein anderes Familienmitglied seinen sterblichen Weg geht. In einem solchen Fall wird nur ein Fest für die beiden Verstorbenen abgehalten.

Der religiöse Charakter des Festes verdient besondere Erwähnung. Während das Abendessen zubereitet wird, wird eine gewöhnliche Winnow in die Mitte des Bodens gestellt und darauf gekochter Reis und, wenn verfügbar, Bananen gelegt. Rund um das Winning-Tablett sind alle Utensilien für eine üppige Mahlzeit angeordnet. Dann sitzen die Angehörigen im Kreis auf dem Boden und jeder legt auf dem Tablett seine Opfergabe an Betelnüssen für den Verstorbenen nieder. Die Familienpriester fungieren als Dolmetscher und Vermittler. Anschließend werden die Verstorbenen angesprochen, wobei darauf geachtet wird, ihre Namen niemals zu nennen. Sie werden von Verwandten „Vater", „Bruder" usw. genannt, und von denjenigen, die keine Verwandten sind, „Vater von so und so" oder „Schwester von so und so", wobei der Name des entsprechenden lebenden Verwandten genannt wird. Die nahen Verwandten geben dem Verstorbenen dann heilsame Ratschläge über die künftigen Beziehungen zwischen diesem und dem Lebenden. Sie werden gebeten, ein wenig Geduld zu haben, werden daran erinnert, dass in wenigen Jahren alle im Land Ibú vereint sein werden, und werden gebeten, dieses letzte Fest bis dahin als Abschied anzunehmen. „Du sollst deinen Weg gehen und uns nicht belästigen. Lass dieses Fest ein Zeichen des guten Willens und ein endgültiger Abschied sein, bis wir dich im Reich von Ibú treffen." Dies ist, kurz gesagt, die Spannung des Diskurses, der aus Ermahnungen, Ratschlägen, Bitten und Abschiedsreden besteht und mehrere Stunden dauert.

Schließlich formt der älteste Verwandte eine Handvoll Reis zu einem Bild, das an eine menschliche Figur erinnert, und der Verstorbene wird eingeladen, sich dem Essen zu nähern und es zu sich zu nehmen. Die Verwandten reichen das Reismännchen herum und jeder beißt ein oder zwei davon ab. Während dies geschieht, werden die Verstorbenen eingeladen, kräftig zu essen, und die lebenden Verwandten ermahnen die Verstorbenen; Einer forderte sie auf, mehr Suppe zu sich zu nehmen, ein anderer forderte sie auf, mehr Fleisch zu sich zu nehmen, ein anderer forderte sie auf, mehr Bananen zu sich zu nehmen, und alle erinnerten die verstorbenen Gäste an die hohen

Kosten, die im Zusammenhang mit diesem Bankett entstanden waren. Die Priester beschreiben die Handlungen der mystischen Gäste und den herzhaften Appetit, mit dem sie nach ihrer langen Reise von Ibúland den Duft der Speisen genießen.

Während des mystischen Mahls wagt sich niemand, sich dem Reiswinzer zu nähern, aber wenn das Mahl beendet ist, nähern sich diejenigen, die den Verstorbenen zu seiner letzten Ruhestätte getragen haben, dem Winnow, heben ihn in ihren Händen hoch und werfen gemeinsam mit einer Aufwärtsbewegung die Lebensmittel weg in die Luft und zogen sich sofort zurück, um dem fallenden Essen auszuweichen, denn sollte ein Teilchen davon ihre Körper berühren, wird dies als Vorbote eines baldigen Todes angesehen. Der Ursprung und die Bedeutung dieses besonderen Brauchs, dessen Zeuge ich oft geworden bin, wurden mir nie erklärt. Die Untersuchung ergab keine weiteren Informationen, als dass es sich um einen Brauch handelte.

Dies ist das Mahl der Toten und das Ende aller Beziehungen zwischen ihnen und den Lebenden. Von nun an werden sie nicht mehr gefeiert, da sie keinen Anspruch mehr auf die Gastfreundschaft der Lebenden haben. Bei allen größeren religiösen Feierlichkeiten sind sie jedoch anwesend und erhalten eine Opfergabe aus Betelnüssen, die für sie an der Tür platziert wird, zu dem Fest werden sie jedoch nicht eingeladen.

Der weltliche und gesellschaftliche Teil des Festes unterscheidet sich in keiner Weise von anderen Feierlichkeiten, außer dass diejenigen, die die Verstorbenen beerdigten, ihnen besondere Aufmerksamkeit schenkten. Es gibt die gleiche bunte Gruppe primitiver Männer und Frauen, die gleiche unparteiische Verteilung des Essens, die gleichen wilden Jubelschreie, die gleiche Rivalität, jedem seine zugewiesene Portion aufzuessen, die gleiche großzügige Gegenleistung bei Essen und Trinken und schließlich , derselbe Zustand der Trunkenheit, der bei vielen solchen Gelegenheiten das Fest abrupt durch einen tödlichen Streit beendet hat. [42]

[42] Kurz vor meinem Besuch im Jahr 1909 kam es zu einer Tötung in den Manóbos am Binuñgñgaan-Fluss im oberen Agúsan.

Den Rest des Tages und wahrscheinlich einen großen Teil der Nacht verbringen wir mit Tanzen zu den Tätowierungen der Trommel und dem Klang des Gongs, unterbrochen von zeitweise langen Stammesgesängen der Priester und anderer, die sich mit den Chroniken von Manóboland auskennen.

Wenn die Totenfeiern länger als einen Tag andauern, ist der zweite Tag eine Wiederholung des ersten Tages, mit der Ausnahme, dass den Toten nur die Opfergabe der Betelnüsse dargebracht wird. Da die Feier dieses Totenfestes den Abschluss der ängstlichen Trauerzeit und die Befreiung von der subtilen, geheimen Aufdringlichkeit der Toten darstellt, strömen alle mit Frau und Kindern zum Tatort. Kein Verwandter des Verstorbenen darf abwesend sein, denn sonst wäre er weiterhin der seltsamen Eigensinnigkeit der neidischen Toten ausgesetzt.

Kapitel XVI

SOZIALE GENÜSSE

INSTRUMENTALMUSIK

DIE TROMMEL

Die Trommel ist das universell einsetzbare Instrument im Manóboland. Wohin man auch reist, bei Tag oder bei Nacht, kann man sein gemessenes Dröhnen hören. Es wird aus einem Stück einer Palme hergestellt, indem der Kern und die Rinde entfernt werden. Normalerweise ist es etwa 25 Zentimeter hoch und hat einen Durchmesser von 20 Zentimetern. Die Ober- und Unterseite bestehen in fast allen Fällen aus einem Stück Hirschleder, [1] von dem das Fell abgekratzt wurde, an dessen Rändern jedoch ein kleiner Rand verbleibt, damit das Fell beim Dehnen nicht verrutscht. Die Dehnung erfolgt mittels Rattanringen oder -gürteln, die sehr oft mit Stoff bedeckt sind und gerade groß genug sind, um in den zylindrischen Körper der Trommel zu passen. Durch ein paar Schläge mit einem Stück Holz werden diese Gürtel an den Seiten der Trommel heruntergedrückt, wodurch die Felle perfekt gespannt werden, um der Trommel den richtigen Ton zu verleihen. Nach einer gewissen Erhitzung über dem Feuer ist die Trommel einsatzbereit. Auf Verzierungen wird verzichtet, die schweren Enden des Fells stehen unschön hervor.

[1] Affen- und Eidechsenfelle werden in seltenen Fällen verwendet, und ich habe gehört, dass aus der Haut eines Hundes ein sehr feines Trommelfell entsteht.

Die Trommel wird an beiden Enden und in bestimmten Melodien an beiden Enden gespielt. Die linke Hand dient dazu, die unserem Bass entsprechenden Töne hervorzubringen. Die Trommel wird mit mehr oder weniger Kraft und Geschwindigkeit mit der linken Hand auf den nach oben gerichteten Fell geschlagen, während die rechte Hand mit einem Stück Holz, vorzugsweise einer kleinen Bambuslatte, den Nachschlag ausführt. Manóbo-Männer, -Frauen und -Kinder können Trommel spielen und die Namen von 20 bis 50 Rhythmen nennen, von denen jeder für ihr geschultes Ohr so unterschiedlich ist, dass er sofort erkannt werden kann. Die Rhythmen werden durch die Anzahl der Schläge der rechten Hand auf die linke Hand und durch die unterschiedliche Geschwindigkeit, mit der die Melodie gespielt wird, variiert. Der allgemeine Takt kann mit dem Daktylus der antiken griechischen und römischen Verse verglichen werden. Die linke Hand spielt sozusagen die lange Silbe, während die rechte Hand die beiden kurzen spielt.

Die Kombinationen sind jedoch ebenso kompliziert wie der gerade erwähnte
Vers.

Wie aus der Nomenklatur [2] hervorgeht, die bei der Bezeichnung der
Melodien verwendet wird, basieren die verschiedenen Formen der
Trommelmusik auf Imitationen von Tieren und Vögeln oder sind an
bestimmte Anlässe angepasst, beispielsweise an den Hilferuf.

[2] Im Folgenden sind einige Namen von Trommelmelodien aufgeführt: *Sin-
ak-aí-sá-kai* (bedeutend für die Bewegung eines Floßes oder Kanus); *kum-bá-
kum-bá ʐu u-sá* (Nachahmung des Treibens eines Hirsches); *kin-am-pi-lán*
(Hinweis auf das Aufblühen der Moro-Waffe namens *Kampilan)* ; *Min-an-dá-
ya* , eine Adaption aus den Mandáyas; *bo-túñg-bó-tuñg* , *ka-ta-hud-án* , *ya-mút-yá-
mut* , *pa-di-dít* , *pin-án-dan* , *pa-tug-da-dúk tí-bañg* , *min-añg -gu-áñg-an* , *tin-úm-pi* ,
ma-sañg-aú-it , *to-mán-do* , *in-ág-kui* , *pa-dú-au* , *bin-ág-bad* , *pai-úm-bug* , *pa-dúg-kug*
, *tum-bá-lig* , *mañg-úd* .

Für jemanden, der Manóbo-Trommelmusik zum ersten Mal hört, klingt sie
dumpf und eintönig, aber wenn sich das Ohr an die Drehung gewöhnt, kann
der Kompass erkannt werden und das Können des Schlagzeugers wird
deutlich. Mal laut und mal leise, mal schnell und mal langsam wird die
Melodie in perfektem Maß und mit inspirierendem Elan ertönen. Wenn man
in einer ruhigen Nacht durch die krokodilverseuchte Seenregion im mittleren
Agúsan reist, kann man aus entfernten Siedlungen die Trommeln der
Manóbo-Trommeln hören. Sie hinterlassen beim Zuhörer einen feierlichen,
aber seltsamen Eindruck.

DER GONG

Der Gong [3] ist ein kleiner importierter Typ und wird von Bisáya-Händlern
gekauft. Da diese Gongs, wenn sie neu sind, mehrere dekorative dreieckige
Figuren auf der Vorderseite haben, wird dem Manóbo beigebracht, sie mit
so vielen Pesos minus einem zu bewerten, wie der Gong Figuren hat. Dies
ergibt einen Gong, der ursprünglich etwa 2 Pesos kostete, einen Wert von 4
oder 5 Pesos.

[3] *A-guñg* .

Als Musikinstrument wird es in Kombination mit der Trommel gespielt. An
etwas aufgehängt oder in der Hand gehalten, wird mit einem Stück Holz auf
den Knauf geschlagen. Die allgemein gehaltene Zeit ist die gleiche wie die
der linken Hand des Schlagzeugers. Sein ständiges Klirren erhöht die
Lebendigkeit des Tanzes.

Sowohl die Trommel als auch der Gong haben einen gewissen religiösen
Charakter. Sie werden bei allen größeren religiösen Feiern verwendet und

scheinen zur Ausstattung des Priesters zu gehören, da sie fast immer in seinem Haus aufbewahrt werden.

FLÖTEN

Mit der Flöte ist, anders als mit der Trommel und dem Gong, keinerlei religiöse Idee verbunden. Es wird nach Lust und Laune des Stammesangehörigen gespielt, um eine anstrengende Stunde zu vertreiben, das Baby zu unterhalten oder einen Besucher zu unterhalten.

Die von ihr erzeugte Melodie ist sanft und tief, klagend und melancholisch und ähnelt im Allgemeinen der chinesischen Musik mit ihrem immer wiederkehrenden und verlängerten Triller, ihren plötzlichen Anstiegen und Abfällen und ihren abrupten Enden.

Flöten werden von Frauen nicht benutzt und nicht alle Männer beherrschen sie. Hier und da trifft man auf einen Mann, der ein Experte ist und gerne sein Können unter Beweis stellt.

Die Melodien sollen an Vogel- und Tierschreie erinnern [4] und scheinen das Produkt beider zu sein.

[4] Die gebräuchlicheren Stücke sind: *Sin-a-gáu bis bu-á-da* (das Brüllen des Krokodils), *bu-a-bú-a bis á-mo* (der Affenschreck) und das *din-a-go -yu-án* .

Flöten werden aus den Internodien verschiedener Bambusarten hergestellt und gibt es in vier Arten, je nach Anzahl und Position der Grifflöcher.

Die Paúndag-Flöte . [5] – Der *Paúndag* ist die häufigste Form. Die Gelenke des Bambus werden abgeschnitten und der Umfang des entstandenen Internodiums wird mit einem Stück *Abaká* oder einer anderen Faser genau abgemessen. Dabei werden für ein Maß 16 Markierungen oder Ringe in das Segment geschnitten und an jedem Ende hinter der ersten und letzten Markierung eine Strecke entsprechend der Hälfte des Umfangs abgezeichnet, der Rest des Segments wird dann quadratisch abgeschnitten jedes Ende. An der achten Markierung wird ein Loch von etwa 8 Millimetern Durchmesser in den Bambus geschnitten oder gebrannt. Dasselbe geschieht, allerdings auf der gegenüberliegenden Seite, jeweils bei der neunten, elften, zwölften und vierzehnten Note. Die Enden werden dann in die gleiche Form wie bei einer gewöhnlichen Pfeife geschnitten, und die Flöte, ein etwa 1 Meter langes Bambusstück, ist gebrauchsfertig.

[5] Wird auch *pan-dag genannt* .

Beim Spielen wird es in vertikaler Position gehalten, wobei die Seite mit dem einen Griffloch zum Körper des Spielers zeigt. Das Ende mit der ersten Markierung, das weiter von den Grifflöchern entfernt ist, wird knapp unter der Oberlippe platziert. Daumen und Mittelfinger der rechten Hand kontrollieren die Öffnungen an der achten und neunten Markierung, während die Öffnungen an der elften und zwölften durch den Zeige- bzw. Mittelfinger der linken Hand abgedeckt werden, wobei das Loch an der vierzehnten Markierung freigelegt wird.

Das Anblasen erfolgt mühelos und auf die sanfteste Art und Weise, da eine ganz leichte Steigerung der Atemkraft den Ton um etwa zwei Oktaven anhebt.

Die To-áli-Flöte . – Die *To-áli* ist eine abgekürzte Form der gerade beschriebenen Flöte und wird auf ähnliche Weise hergestellt, mit der Ausnahme, dass nur 10 Unterteilungen vorgenommen werden und dass auf einer Seite zwei Löcher bei der Quinte angebracht werden Siebte Markierung und andererseits bei der vierten bzw. sechsten Öffnung. Es gibt kein fünftes Griffloch. Diese Flötenform wird wie die *Paúndag-* Flöte gespielt, mit der Ausnahme, dass Daumen und Mittelfinger der rechten Hand jeweils die fünfte und sechste Öffnung bedecken, während Daumen und vierter Finger der linken Hand die siebte und achte Öffnung steuern.

Die Tonlage dieser Flötenform ist deutlich höher als die vorherige, ansonsten ist die Musik jedoch ähnlich.

Die Lántui-Flöte , [6] – Es gibt eine Flöte namens *Lántui* , *aber ich kenne die Einzelheiten dazu nicht.*

[6] Auch *Yántui genannt* .

Die Sá-Bai-Flöte . – Die *Sá-Bai-* Flöte unterscheidet sich von den drei bereits erwähnten Flöten dadurch, dass es sich um eine direkte Flöte handelt. Die Verbindung an einem Ende des Bambus wird abgeschnitten. Dann werden sieben Umfangslängen abgezeichnet, beginnend an der verbleibenden Verbindung, und Löcher werden an der ersten (d. h. dem Punkt), fünften, sechsten und siebten Teilung gemacht, wobei ein oder mehrere Löcher in der Mitte zwischen der sechsten und der sechsten Teilung hinzugefügt werden siebte Division. Bei einem Mundstück wird ein etwa 2 Zentimeter langes Stück Bambus über das verbundene Ende der Flöte an der ersten Teilung gelegt, jedoch so, dass es die Öffnung an dieser Stelle nicht vollständig bedeckt.

Der Ton entsteht dadurch, dass der Atem durch die zuletzt genannte Öffnung strömt und *auf den Rand der Öffnung trifft* , die er teilweise bedeckt.

Beim Spielen wird diese Flötenform in horizontaler Position gehalten. Die Spitze wird in den Mund eingeführt und die drei aufeinanderfolgenden Löcher in den Abschnitten Nr. 5, 5,5 und 6 werden mit dem ersten, zweiten bzw. dritten Finger der rechten Hand abgedeckt.

In der Tonhöhe ist dieses Instrument tiefer als die anderen drei, aber in der Qualität der Musik unterscheidet es sich in keiner Weise von ihnen.

GITARREN

Die Weinsaitengitarre .--Soweit ich weiß, gibt es zwei Arten von Weinsaitengitarren, die sich nur in der Größe und im Namen unterscheiden, so dass eine Beschreibung der kleineren [7] für die größere gilt. [8]

[7] *Kúd-luñg* .

[8] *Bin-i-já-an* .

Die Länge variiert zwischen 1,5 und 2 Metern. [9] Das kombinierte Hals- und Griffbrett und der hohle, bootförmige Resonanzkörper sind aus einem Stück. Der andere Teil der Gitarre ist ein dünner Holzstreifen mit einem rautenförmigen Loch in der Mitte, der genau auf den Boden des Resonanzkörpers passt. Der Kopf ist immer eine Schnecke, grob in die entfernte Andeutung eines Hahnenkopfes geschnitzt, wie der Name schon sagt, [10] und zwei Löcher sind darin gebohrt, um die Stimmwirbel einzusetzen. Entlang des Halses befinden sich 9 bis 12 kleine Holzbünde, die mit Bienenwachs am Griffbrett befestigt sind. Über die Regel, nach der die Interfret-Abstände bestimmt werden, kann ich keine Auskunft geben.

[9] Normalerweise wird das Holz *bán-ti* oder *sa-gu-bád-bad* verwendet.

[10] *Min-an-úk* , von *manuk* , ein Geflügel.

Die Saiten sind zwei an der Zahl und erstrecken sich von den Stimmwirbeln durch zwei Löcher im Hals und über das Griffbrett und den Resonanzkörper bis zu einem erhöhten Stück links auf dem Resonanzkörper. Ein interessantes Merkmal dieser Saiten ist, dass sie den zentralen Teil oder Kern einer kleinen Ranke [11] bilden und eher süße Töne erzeugen, wenn auch nicht so laut wie Darmsaiten.

[11] *Bís-lig* .

Aus dem Ende des Resonanzkörpers ragt ein Zierstück heraus, das in der Form des Lieblingsgeflügelkopfes geschnitzt ist und mit ihm ein zusammenhängendes Stück bildet.

Die Gitarre wird wie Gitarren auf der ganzen Welt gehalten und das Spielen erfolgt durch Anschlagen der Saiten mit einem kleinen Plektrum aus Bambus oder Holz. [12]

[12] Zur Stimmung und Modulation des Instruments kann ich keine Angaben machen. Die Angelegenheit bedarf weiterer Untersuchungen.

Die Qualität der Musik ist sanft und melancholisch, ausschließlich in Moll und ohne großen Tonumfang, der wahrscheinlich eine Oktave nicht überschreitet. Soweit ich das beurteilen kann, hat es Ähnlichkeit mit chinesischer Musik. Auf beiden Gitarrenformen werden je nach Laune und Können des Interpreten unterschiedliche Melodien gespielt. [13]

[13] Im Folgenden sind die Namen einiger Melodien aufgeführt: *Di-u-wá-ta ko* (Oh, mein vertrauter Geist), *a-yáu-u-yáu-á* (nicht, oh, nicht), *to -láñg-it* (der Himmel), *i-ka-nuñg-úd* , *ta-ta-lí-buñg* , *pan-in-ó-ug* , *mi-a-pí tin-ig-bás-ai* , *du-yúg- dú-yug* , *ta-ga-lín-dug* , *tiñg-ga-sau* , *ma-sú-gud* , *pa-má-bá to ba-ku-ta* , *da-gí-tan* .

Es gibt keine besonderen Anlässe, diese Gitarre zu spielen. Es wird weder von Frauen gespielt noch als Gesangsbegleitung verwendet. Der Interpret greift nach Lust und Laune zum Instrument und spielt im Halbdunkel seine derbe, melancholische Melodie.

Die Bambussaitengitarre . [14] — Die Bambusgitarre besteht aus einem Internodium einer der größeren Bambusarten. [15] Fünf kleine zylindrische Streifen werden entlang der Oberfläche geschnitten und an den Enden werden kleine Holzkeile darunter eingesetzt, um sie zu strecken und in einer erhöhten Position zu halten. Diese Streifen erstrecken sich von Gelenk zu Gelenk. Normalerweise sind auf der einen Seite zwei Basssaiten und auf der anderen Seite drei Diskantsaiten vorhanden. Zwischen diesen Diskantbasssaiten befindet sich ein Längsschlitz im Bambusgelenk, der die Resonanz des Instruments erhöhen soll. Die Saiten haben einen Abstand von etwa 3 Zentimetern. In die Fugenwände werden zwei Löcher gebohrt, deren Zweck es ist, die Lautstärke zu erhöhen.

[14] *Tan-kó* .

[15] *Pa-túñg* , *da-nu-án* , *kai-yaú-an* .

Die Stimmung wird durch die Größe der kleinen Keile reguliert, die je nach Wunsch mehr oder weniger Spannung erzeugen. Ich verstehe weder die Theorie noch die Praxis, diese Gitarre zu stimmen.

Beim Spielen wird die Gitarre mit beiden Händen gehalten. Der Zeigefinger und der Daumen der rechten Hand manipulieren die Basssaiten, während die drei Diskantsaiten von der anderen Hand gesteuert werden.

Die seltsame Staccato-Musik, die dieses Instrument erzeugt, ist unbeschreiblich. Man muss es hören und zwar immer wieder, um seine fantastischen Melodien zu schätzen.

Sowohl Männer als auch Frauen nutzen es aus weltlichen und, wie ich vermute, auch aus religiösen Motiven. Während der berühmten *Túñgud-* [16] Bewegung (1908-1910) wurde es allgemein in den religiösen Häusern verwendet, ich konnte jedoch keine eindeutigen Informationen über seinen heiligen Charakter erhalten. Bei der postnatalen Zeremonie, die unter „Geburt" beschrieben wurde, habe ich den Gebrauch des Instruments bei mehreren Gelegenheiten beobachtet, konnte aber keine weiteren Informationen erhalten, außer dass die Klänge dieser primitiven Gitarre Mandáit, dem Schutzgeist der Säuglinge, gefallen. Dieser Punkt bedarf einer weiteren Untersuchung. [17]

[16] Eine religiöse Bewegung, die 1908 entstand und sich im gesamten südöstlichen Viertel von Mindanáo ausbreitete. (Siehe Kapitel XXIX.)

[17] Im Folgenden sind die Namen einiger Melodien aufgeführt, die auf der oben genannten Gitarre gespielt werden: *ma-sú-gud* , *tám-bid* , *gam-aú-gá-mau* , *pa-ma-yá-bui* , *tig-ba-bau* .

Die Takúmbo .--Obwohl die Takúmbo hier als Gitarre eingestuft wird, verdient sie diesen Namen kaum. Es handelt sich um eine Bambusverbindung, bei der eine Verbindungswand geöffnet ist. Am anderen Ende hinter dem zweiten Gelenk ist es so geschnitten, dass es einer Mitra ähnelt. Zwei Saiten, die im Abstand von etwa vier Zentimetern aus der Oberfläche gehoben und durch darunter angebrachte kleine Holzkeilen in erhöhter Position und auf der erforderlichen Spannung gehalten werden, bilden die Saiten. Ein rautenförmiges Loch in der Mitte zwischen den Saiten erhöht die Resonanz. Das Instrument wird gespielt, indem die Saiten mit kleinen Stöcken, vorzugsweise aus Bambus, angeschlagen werden. Es dürfen zwei Personen gleichzeitig spielen.

Die beobachtete Zeit ist der Trommelrhythmus. Der erzeugte Klang ist sehr schwach und unscheinbar, und das Instrument kommt nur sehr sporadisch vor.

Die Tatsache, dass ein Ende in Form einer Mitra geschnitzt ist, bestätigt meine Vermutung, dass es sich hierbei um ein rein religiöses Instrument handelt. Die Schnitzerei soll das Maul eines Krokodils darstellen. [18]

[18] Diese Figur heißt *bin-u-á-da* oder *bin-u-wá-ya* von *bu-á-ya* , Krokodil.

Mir wurde zu verstehen gegeben, dass dieses Instrument zur Opferung der Blutgottheiten bei Blutungen und anderen Krankheiten, die mit Blutfluss einhergehen, verwendet wird. Es wird gesagt, dass das Instrument in eine vertikale Position gebracht wird, wobei der gehrungsartige Schnitt nach oben zeigt, und dass ein Teil des Blutes des Opfers auf den Knoten gegeben wird, als wäre er eine kleine Untertasse. Anschließend wird das Instrument gespielt. Ich war weder Zeuge der Zeremonie noch habe ich das Instrument spielen gehört und bin nicht bereit, der obigen Geschichte Glauben zu schenken, bis weitere Untersuchungen sie bestätigen.

DIE GEIGE [19]

[19] *Kó-gut* .

Ich habe dieses Instrument weder gesehen noch gehört, aber meine Nachforschungen belegen seine Existenz. Der Körper soll aus einer Kokosnussschale bestehen, deren Schale entfernt wurde. Der Bogen besteht aus zu einem Verteidigungsbogen gebogenem Bambus, an dessen Enden mehrere Fäden aus *Abaká* -Faser befestigt sind, die als Bogensehne dienen. Die Saiten der Geige bestehen aus zwei Saiten und bestehen aus *Abaká*-Faser.

Die Geige soll wie unsere Geigen gespielt werden, indem man den Bogen über die Saiten zieht. Berichten zufolge wird es nicht von Frauen gespielt, und es gibt auch keine angegebenen Zeiten und Gründe, ob religiöser oder anderer Art, für seine Verwendung. [20]

[20] Die Namen einiger der gespielten Melodien sind: *Pan-un-gá-kit* , *lin-íg-tui ka-bú-ka* , *ba-yú-bas* , *pan-ig-á-bon to ka-bí* .

Die Maultrommel [21]

[21] *Kubíñg* .

Ein weiteres Instrument, das gelegentlich in Manóboland zu finden ist, ist eine Maultrommelart aus Bambus. Es ist ein zerbrechliches Instrument, das eher als Spielzeug denn wegen seiner musikalischen Qualitäten gedacht ist. Es ist normalerweise etwa 26 Zentimeter lang und besteht aus einem schlanken Stück Bambus, aus dessen Mittelteil eine kleine, etwa 6 Zentimeter lange Zunge herausgeschnitten ist. Die Zunge bleibt an einem Ende befestigt, wobei die Spitze zur Mitte des Instruments zeigt. Auf der Rückseite des Instruments befindet sich ein kleiner Hohlraum, der der Harfenzunge beim Spielen genügend Bewegungsfreiheit bietet.

Das Instrument wird gespielt, indem man den Mund in die oben erwähnte Höhle hält und bläst, wie wir es bei einer gewöhnlichen Maultrommel tun. Die Zunge wird zum Vibrieren gebracht, indem man mit dem Finger auf einen nadelförmigen Dorn klopft, der am Ende des Instruments verbleibt. Diese Vibration erzeugt in Verbindung mit Variationen der Mundhöhle des Interpreten Töne, die denen einer gewöhnlichen Maultrommel nicht unähnlich sind, aber weder so laut noch so harmonisch sind.

DER STAMPFER UND DAS HORN [22] AUS BAMBUS

[22] *Tam-bú-li* .

Auf dem oberen Agúsan wurde ich Zeuge des Einsatzes von Bambusstempeln. Sie bestehen aus großen Bambusverbindungen, wobei eine Trennwand entfernt wurde. Sie werden während eines Tanzes im Rhythmus von Trommel und Gong auf den Boden gestampft, wobei das offene Ende hochgehalten wird. Die Verwendung dieser Stempel durch Manóbos ist selten, da der Brauch fast ausschließlich auf Mañgguáñgans im oberen Agúsan- und oberen Sálug-Tal beschränkt ist.

Ein weiteres, aber kaum als musikalisch zu bezeichnendes Instrument ist das Bambushorn, das zu Signal- und Rufzwecken eingesetzt wird. Es besteht aus einem Internodium aus Bambus, wobei eine Trennwand entfernt wurde. An der Seite des Bambus in der Nähe des anderen Knotens wird eine Öffnung angebracht, die groß genug für den Mund ist. Bei der Anwendung wird der Mund an diese Öffnung angelegt und eine gute Lunge kann einen lauten, dröhnenden Knall erzeugen. Nach Eintritt eines Todesfalls, insbesondere wenn der Verstorbene getötet wurde, ist es üblich, dieses Instrument zu verwenden, um den umliegenden Siedlungen den Tod zu verkünden und sie so vor eventuellen Verwandten des Ermordeten auf der Hut zu machen gezwungen sein, sich sofort an dem ersten Menschen zu rächen, dem er begegnete.

Echolote

Eine bei den gemischten Manóbo-Mañgguáñgans des oberen Agúsan häufig verwendete Signalmethode besteht darin, auf die Strebepfeiler von Bäumen zu schlagen. Es ist überraschend, wie weit sich der resultierende Klang in der Stille und Einsamkeit des Waldes ausbreitet.

[23] *Da-lid* .

Im Zusammenhang mit Musikinstrumenten ist es vielleicht nicht unangebracht, die an Webstühlen befestigten Bambusschallgeber [24] zu erwähnen . Es handelt sich um Internodien aus Bambus mit Öffnungen in der Verbindungswand und einem Längsschlitz, der sich fast von Knoten zu Knoten erstreckt. Einer davon ist immer der Garnbaum des Webstuhls.

[24] *Ka-gú* .

Diese Internodien dienen nicht nur dazu, den Stoff während des Webvorgangs zu stützen, sondern zeigen durch ihre Resonanz auch an, dass der Weber mit der Arbeit beschäftigt ist. Die Bewegung der Latte beim Eintreiben des Schussfadens erzeugt ein Geräusch, das aufgrund der Resonanz des Bambusgarnbaums mehrere hundert Meter weit zu hören ist.

Wenn die Manóbo-Jungfrau besonders auf ihre Fleißigkeit und Ausdauer aufmerksam machen möchte, lässt sie ein zusätzliches Internodium in aufrechter Position an den gerade beschriebenen Garnbaum anbringen. Dies verdoppelt die Lautstärke und dient dazu, jungen Männern, die zu Besuch kommen, zu vermitteln, dass sie eine fleißige Ehefrau sein würde.

VOKALMUSIK

Das Singen ist bei den Manóbos ebenso verbreitet wie bei ihren Landsleuten der christlichen Stämme. Die liebevolle Mutter singt ihr Baby mit einem Schlaflied in den Schlaf. In festlichen Stunden ist das Lied das Mittel des Lobes, des Witzes, des Spottes und der Herausforderung, und bei religiösen Feiern ist es das Medium, durch das die Priester ihre Gottheiten ansprechen.

DIE SPRACHE DES LIEDES

Die beim Singen verwendete Sprache unterscheidet sich so sehr von der üblichen Umgangssprache, dass Bisáyas und christianisierte Manóbos, die den gewöhnlichen Dialekt der Konversation perfekt sprechen und verstehen, die Sprache des Liedes für unverständlich halten. Ich habe mir mehrere Lieder diktieren lassen und fand die Liedtexte einfach veraltet. Diese Beobachtung gilt auch für den Lieddialekt der Mañgguáñgans, Debabáons und Mandáyas.

Wie ich es bei vielen Gelegenheiten interpretiere, sind Lieder Improvisationen, die aus endlosen Wiederholungen derselben Ideen in unterschiedlichen Worten entstehen. Um ein Beispiel zu nennen: Ein Berg könnte in dem Lied als „schöner Hügel", „schöner Berg", „schöne Anhöhe", „schöne Erhebung" beschrieben werden, alles abhängig von der Leichtigkeit, mit der der Hersteller 25 ihn [nutzen] kann die Sprache. Dieses Merkmal des Liedes erklärt seine übermäßige Länge, denn ein Lied kann den größten Teil einer Nacht einnehmen, offenbar ohne das Publikum durch seine ausführlichen Umschreibungen und seine überschwänglichen Figuren zu ermüden.

25 *Pán-dui* , ein Schmied oder Hersteller.

Das Thema der Lieder

Die Themen der Lieder sind so vielfältig wie die anderer Nationen, doch am beliebtesten scheinen legendäre Lieder zu sein, in denen die tapferen Taten verstorbener Krieger erzählt werden. Soweit ich weiß, sind die Lieder immer improvisiert und bestehen nicht aus einer festen Wort- und Versform.

DIE MUSIK UND DIE METHODE DES GESANGS

Man muss das Lied hören, um eine Vorstellung davon zu bekommen. Im Allgemeinen handelt es sich um ein deklamatorisches Solo. Die stakkatoartige Art, in der die Worte gesungen werden, die abrupten Enden und die langen Bindebögen, die bis zu einer Oktave reichen, erinnern ein wenig an chinesischen Gesang. Die Stimme des Sängers steigt häufig zu ihrem höchsten natürlichen Ton an und wird, nachdem sie dort drei bis sechs Sekunden lang verweilt hat, plötzlich eine Oktave tiefer, wo sie etwa drei oder vier aufeinanderfolgende Halbtöne weiterspielt.

Es gibt keinen Chorgesang und keine Begleitung. Es wird keine Zeit eingehalten, das Lied hat ausschließlich den Charakter einer Rezitation. Es gibt weder Reim- noch Versversuche. Wiederkehrende Zeitabstände sind die Regel.

Die Musik ist im Allgemeinen von Moll-Tonalität und hat einen seltsamen, melancholischen Charakter, es sei denn, das Thema des Liedes ist Kampf oder etwas anderes, das Lautstärke, Schnelligkeit und Lebhaftigkeit erfordert. Wenn das Thema des Liedes jedoch etwas *Spiritoso* oder *Veloce erfordert* , wird die Melodie mit Schwung und sogar Furore gesungen. Es scheint eine gute Etikette zu sein, den Mund mit der Hand zu bedecken, wenn der Sänger, um der Melodie besondere Kraft zu verleihen, zu seiner höchsten natürlichen Tonhöhe ansteigt und dort mit einem fast ohrenbetäubenden, lang anhaltenden Schrei verweilt.

Zeremonielle Lieder [26]

[26] *Túd-um* .

Heilige Lieder werden im Gegensatz zu weltlichen Liedern für festliche und andere Anlässe nur von Priestern und Kriegerhäuptlingen gesungen. Sie sollen von einer besonderen Gottheit unterrichtet werden. [27] Für diese religiösen Lieder gelten die Bemerkungen, die für Musik und Gesang im Allgemeinen gelten. Der einzige Unterschied besteht darin, dass heiliger Gesang das Medium ist, durch das die Geister angerufen, angefleht und besänftigt werden und durch das Manóbodom die Taten der übernatürlichen Welt mitgeteilt werden. Diese zeremoniellen Gesänge werden nicht nur bei religiösen Feiern, sondern häufiger auch nachts aufgeführt. Der größte Teil der Nacht wird oft mit einer langwierigen, diffusen Erzählung verbracht, in der mit hochtrabender Umschweifung und reichlicher Bildsprache die Taten der unsichtbaren Welt beschrieben werden.

[27] *Tu-tu-dú-mon no diu-wá-ta* .

TANZEN

Der Manóbo-Tanz ähnelt in gewisser Weise einem irischen Jig oder einer schottischen Hornpipe. Es wird bei fast allen gesellschaftlichen und zeremoniellen Anlässen genossen. Obwohl es bei Bedarf zu jeder Tageszeit durchgeführt werden kann, findet es normalerweise am Abend oder in der Nacht statt, insbesondere nach einem Trinkgelage, wenn die Feiernden sich besonders gut gelaunt fühlen. Es gibt keine besonderen Tanzhäuser im Manóboland, dem gewöhnlichen Wohnort des Gastgebers, der diesem Zweck dient. Wenn der Boden in einem schlechten Zustand ist (was oft der Fall ist), können zur Sicherheit des Tänzers eine oder zwei Matten darauf ausgelegt werden. Dies kann auch aus Respekt geschehen.

Obwohl Tänze das ganze Jahr über während aller großen Freudenfeste und während der größeren Opferfeierlichkeiten abgehalten werden, finden sie in der Erntezeit am häufigsten statt.

DER GEWÖHNLICHE GESELLSCHAFTSTANZ

Mit Gesellschaftstanz ist der Tanz gemeint, der zu einem Anlass der Freude stattfindet und dem Männer, Frauen und Kinder nacheinander nachgehen. Es ist die Ausnahme, dass zwei oder mehr Personen gleichzeitig tanzen. Eine auffällige Besonderheit beim Tanzen ist das Tragen eines Frauenrockes durch Männer während des Tanzes. Für die Praxis wird kein Grund angegeben, außer der Zwänge der Sitte. Es ist auch Brauch, die Tänzerin mit allen verfügbaren Reichtümern Manóbolands auszustatten – Taillenjacke, Hut, Halsketten, Gürtel, Falkenglocken und, im Falle einer Frau, mit Fußkettchen aus Messing. Zwei an einer Ecke gehaltene Tücher, eines in jeder Hand, vervollständigen die Anordnung. Für die Dekoration der tanzenden Person werden weder Blumen noch Blätter verwendet.

Die Trommel und, wenn vorhanden, der Gong sind die einzigen musikalischen Untermalungen des Tanzes. Wenn diese fehlen, erfüllt eine alte Blechdose, wenn so etwas durch etwas Glück den Weg ins Haus gefunden hat, den Zweck eines Musikinstruments. Manchmal wird sogar der Boden geschlagen, um den Tanz zu begleiten. Auf dem oberen Agúsan-Bambusstempel werden gelegentlich in Anlehnung an den Brauch der Mañgguáñgan verwendet, um dem Tanz mehr Lebendigkeit zu verleihen.

Der Tanz wird niemals von Gesangsmusik begleitet, es sei denn, der ständige Beifall und die Aufmunterung der Zuschauer zählen dazu.

Der Zeitpunkt, zu dem der Tanz aufgeführt wird, ist derselbe, der am Anfang dieses Kapitels unter „Die Trommel" beschrieben wurde. Es entspricht in gewisser Weise dem unseres Walzers, wenn es presto gespielt wird, obwohl die Bewegungen der Füße nicht denen dieses Tanzes entsprechen.

Der Tänzer benennt den Rhythmus, den er wünscht, und es ist eher die Regel als die Ausnahme, dass mehrere Anfänge gemacht und mehrere Trommler versucht werden, bevor ein guter Tänzer mit der Spielweise zufrieden ist.

Dies ist ein Hinweis auf das hervorragende Gehör, das der Manóbo für diese scheinbar rohe und primitive Form der Musik entwickelt hat.

Die tanzenden Frauen sind in ihrer Art sanfter als die Männer; Sie machen weniger Beugebewegungen und nehmen nicht so viel Haltung ein. Ansonsten ist der Tanz der Männer und Frauen identisch.

[28] genannt werden, da mit einem Fuß ein langer oder akzentuierter Schlag ausgeführt wird und mit dem anderen unmittelbar hintereinander zwei schnelle kurze Schritte ausgeführt werden. Dies wird in wiederkehrenden Abständen variiert, indem die beiden kurzen Schritte weggelassen werden, insbesondere bei mimetischen oder dramatischen Tänzen, wenn der Tänzer zur Mitte zurückkehren oder eine zusätzliche Entwicklung ausführen möchte.

[28] Ein Begriff, der der lateinischen und griechischen Verskunst entlehnt ist.

Eine zufriedenstellende Beschreibung der Haltung und Bewegungen des Tänzers ist unmöglich, da die Geschicklichkeit und Anmut des Tanzes im Wesentlichen in Körperhaltungen und Gesten besteht und jeder Einzelne seine eigenen Variationen und Kombinationen hat. Tatsächlich tanzen keine zwei Männer gleich, obwohl sich die Frauen in ihrem Tanzstil sehr ähneln, da sie den Körper vergleichsweise wenig beugen und gestikulieren und weniger Kraft und Anstrengung zeigen. Es genügt zu sagen, dass der Tänzer seine Füße im perfekten Takt zum Rhythmus von Trommel und Gong bewegt und gleichzeitig Arme, Hände, Finger, Kopf und Schultern in ständiger Bewegung hält. Nun wird eine Hand auf die Hüfte gelegt, während die andere nach oben und in einem schrägen Winkel von der Schulter ausgestreckt wird. Wieder werden beide Hände auf die Hüften gelegt und der Tänzer stolpert ein paar Mal herum, als er sich plötzlich umdreht und sich hastig, aber im perfekten Moment zurückzieht, wobei er beide Arme nach oben und in einem Winkel von den Schultern ausstreckt und die beiden Tücher die ganze Zeit wedelt die Bewegungen des Körpers. Während all seiner Bewegungen werden die Arme, Hände und Finger mit anmutiger und unterschiedlicher, aber gemessener Modulation gedreht und gedreht. Jetzt hebt er eine Schulter und dann eine andere. Jetzt blickt er mit einem Ausdruck des Trotzes auf seinem Gesicht nach oben, als ob er einen imaginären Feind ansähe, und dann nach unten, als wäre er auf der Suche nach etwas. Mal bleibt er stehen und bewegt einige Sekunden lang sanft seine Füße im Rhythmus der Musik, ein anderes Mal kreist er mit erhobenen Armen und fliegenden Tüchern um sich und huscht zum anderen Ende des Tanzraums, als würde er von einem Feind verfolgt. An diesem Punkt dreht er sich möglicherweise noch einmal um und stampft unter lauter Trommel- und Gongmusik in gemessenem Takt und mit schnellen, wilden Bewegungen der Beine und des ganzen Körpers wie einem imaginären Feind seinen Trotz entgegen.

Und so geht der Tanz weiter, mal langsam, mal schnell, mal majestätisch, mal grotesk, die Füße stampfen im regelmäßigen und exakten Takt zur Musik auf den Boden und jeder Körperteil bewegt sich nach Lust und Laune des Tänzers mit anmutige und ausdrucksstarke Modulation.

Der gesamte Tanz erfordert große Anstrengung, was durch den Schweiß sichtbar wird, der sich nach einigen Minuten auf dem Körper des Tänzers bildet. Aus diesem Grund macht ein Tänzer selten länger als zehn Minuten weiter. Er ernennt seinen Nachfolger, indem er auf ihn zutanzt und ihm die Tücher um die Schultern legt. Der Beauftragte entschuldigt sich fast immer mit der Begründung, dass er nicht tanzen kann, dass sein Fuß wund ist oder mit einer anderen Ausrede, aber schließlich gibt er den Bitten und Ermahnungen der umstehenden Zuschauer nach.

Wer einmal Zeuge eines nächtlichen Manóbo-Tanzes im Schein von Feuer und Fackeln geworden ist, wird die Szene nicht vergessen. Im Halbdunkel hocken die rostroten Gestalten der fröhlichen, primitiven Zuschauer, beleuchtet vom flackernden Schein des unsteten Lichts, die Kinder sind meist nackt und die Männer haben häufig ihre Oberkörper entblößt. In der Mitte umkreist der Tänzer mit seinem Reichtum an Ornamenten sein Vorrücken, Zurückweichen und Posieren. Die Trommel dröhnt, der Gong erklingt und die Tänzerin stampft im Rhythmus auf den Boden. Die Glöckchen und die Drahtfußkettchen der Tänzerin klingeln. Die Zuschauer schreien vor Jubel, Ermutigung und Zustimmung. Die Hunde ergänzen das Tumult durch einen gelegentlichen eigenen Hundechor, der zusammen mit dem Weinen der Babys und mehreren anderen Nebengeräuschen dazu dient, die Freude zu verstärken und der Feier noch mehr Freude zu verleihen.

DER RELIGIÖSE TANZ

Anders als der gerade beschriebene weltliche Tanz wird der heilige Tanz ausschließlich von männlichen und weiblichen Priestern sowie von den Kriegerhäuptlingen der Stämme aufgeführt. Es kann entweder im Haus oder draußen auf dem Boden durchgeführt werden, je nachdem, welcher Ort für das Opfer ausgewählt wurde. Bei der Opferung eines Schweins werden der Tanz und die dazugehörigen Riten immer im Freien in der Nähe des Hauses eines der Priester aufgeführt.

Die Kleidung der Priester ist immer so aufwendig wie möglich, wie bei gewöhnlichen Festtänzen. Ihre verschiedenen tragbaren Anhänger und Talismane werden immer um den Hals getragen und anstelle von Tüchern, die man in den Händen hält, werden Palmwedel [29] verwendet, einer in jeder Hand.

[29] *Ma-yún-hau* .

Die Musik ähnelt der für den gewöhnlichen Tanz beschriebenen, und die Schritte und Bewegungen sind identisch, mit der Ausnahme, dass der Tanz gemäßigter ist und kein Versuch grotesker oder phantastischer Bewegungen unternommen wird. Da es üblicherweise vor einem Altar aufgeführt wird, wird eine Matte auf dem Boden ausgebreitet, so dass die Tanzfläche begrenzt ist. Im Allgemeinen weist der heilige Tanz in seiner Einfachheit und dem Fehlen heftiger Verrenkungen, schneller Bewegungen und Gesten ein Element des Respekts und der religiösen Ruhe auf, das im weltlichen Tanz nicht zu beobachten ist. Die umstehenden Zuschauer geben sich solchen unziemlichen Zurufen nicht hin, obwohl man anmerken kann, dass sie keine Haltung einnehmen, die auf einen religiösen Gottesdienst hindeutet, denn sie unterhalten sich weiterhin untereinander und gehen der gewöhnlichen Beschäftigung des Betelnusskauens nach, während sie die Aufführung verlassen Der Tanz und die dazugehörigen Zeremonien werden den Priestern überlassen, deren Beruf es ist, sich um solche Angelegenheiten zu kümmern.

Der Tanz wird entweder nacheinander oder gleichzeitig von den Priestern aufgeführt, wird jedoch gelegentlich durch andere zur Zeremonie gehörende Riten unterbrochen. [30]

[30] Siehe Kapitel XXVI.

MIMETISCHE TÄNZE

Mimetische Tänze unterscheiden sich in keiner Weise von den gewöhnlichen Festtänzen, außer dass sie eine pantomimische Darstellung einiger Merkmale des Manóbo-Lebens durch Gesten, Körperhaltungen und Nachahmung darstellen. Soweit ich weiß, werden diese Tänze nie von Frauen aufgeführt.

Mimetische Tänze erfreuen sich im Manóboland großer Beliebtheit, und Besucher, die man ehren möchte, werden oft unaufgefordert zu einer Reihe dieser Aufführungen eingeladen. Sie enthalten oft ein Element dessen, was wir Laszivität nennen würden, aber für die Manóbo stellen sie lediglich gewöhnliche Naturhandlungen dar. Im Folgenden sind einige der mimetischen Tänze aufgeführt, die ich gesehen habe.

Der Badetanz . – Der Tänzer dreht und dreht mehrere Minuten lang im gewöhnlichen Stil, als er durch eine Beugebewegung das Aufheben eines schweren Gegenstandes andeutet. Er simuliert, dass er dies auf seine Schulter legt und dann den Gang einer Frau nachahmt, um damit anzuzeigen, dass er eine Frau ist und dass er entweder Wasser holen oder ein Bad nehmen wird. All dies sowie die nachfolgenden Darstellungen werden im perfekten Takt zur Musik aufgeführt. Durch eine langsame Bewegung und mit vielen Rückblicken, um zu sehen, ob er beobachtet wird, erreicht er das Ende des Tanzplatzes, der offensichtlich den Bach darstellt, denn er führt eine pantomimische Trinkbewegung durch. Dann entledigt er sich vorsichtig und nach wiederholten Blicken nach hinten aller seiner Kleidungsstücke und beginnt mit dem Badevorgang. Er wird häufig unterbrochen und deutet beim vermeintlichen Erscheinen einer Person, vermutlich eines Mannes, an, dass er seinen Rock wieder anziehen soll. Das Waschen der Haare und anderer Körperteile wird mit entsprechenden Gesten und Bewegungen dargestellt, ebenso wie das Wiederanziehen seiner Kleidung und die Rückkehr ins Haus mit einer Bambusröhre voller Wasser.

Der Dolch- oder Schwerttanz . – Dieser Tanz wird nur von Männern aufgeführt, von denen zwei gleichzeitig daran teilnehmen dürfen. Es besteht darin, einen Streit zwischen ihnen darzustellen, wobei die verwendete Waffe entweder der Mandáya-Dolch ist, wie beim oberen Agúsan, oder der gewöhnliche Kriegsbolo, wie beim mittleren und unteren Agúsan. Passende Schnörkel, Paraden, Ausfallschritte, Folien, Vorstöße und Rückzüge, alle äußerst anmutig und geschickt, werden so dargestellt, als ob eine echte Begegnung stattfinden würde.

Der Bienentanz . – Dies ist eine dramatische Darstellung des Raubes eines Bienennestes. Das Sammeln der Materialien und ihre Formung zu einem Feuerbrand, das Anzünden und der Aufstieg des Baumes werden allesamt in Perfektion getanzt. Ein auffälliger Teil der Pantomime ist das scheinbar heftige Stechen, dem der Räuber besonders an bestimmten Körperstellen ausgesetzt ist. [31]

[31] Es wird auf die Schamregion Bezug genommen.

Dieser Teil der Aufführung löst bei den Zuschauern stets schreiendes Gelächter aus. Das Ganze endet mit einer anschaulichen, aber sehr komischen Darstellung des eifrigen Verzehrs von Honig und Bienenbrot.

Der Enthaarungstanz . – Hierbei handelt es sich um eine Veranschaulichung der Haarentfernung vor allem im Schambereich durch tänzerische Bewegungen. Der Tänzer, der durch ständige Blicke andeutet, dass er Angst hat, gesehen zu werden, simuliert die Enthaarung der Schamhaare. Den dadurch verursachten Schmerz äußert er durch die komischsten Gesichtsverzerrungen. [32]

[32] Obwohl die Enthaarung der Schamgegend im Tanz dargestellt wird, weiß ich nicht genau, ob sie tatsächlich stattfindet.

Der sexuelle Tanz – Dies ist eine dramatische Darstellung des Geschlechtsverkehrs seitens einer Person, die offenbar keine Annäherungsversuche oder vorherige Vereinbarungen mit dem Objekt ihrer Begierde getroffen hat. Er soll das Haus betreten und sich dem liegenden Objekt seiner Liebe (in diesem Fall dargestellt durch ein Stück Holz oder Bambus) auf ängstliche, heimliche Weise nähern. Eine Hand ans Ohr deutet an, dass er glaubt, jemand näherkommen zu hören. Er zieht sich daher ein wenig zurück und macht sich, nachdem er sich vergewissert hat, dass alles in Ordnung ist, daran, sein Ziel zu erreichen. Erst nach längerem Umkreisen, Annähern und Zurückziehen täuscht er die Verwirklichung seines Wunsches vor. Die weiblichen Zuschauer zeigen keinerlei Anzeichen von Schüchternheit oder Zartheit. [33]

[33] Mir wurde mitgeteilt, dass sexuelle Beziehungen zwischen einer Henne und einem Hahn das Hauptmerkmal eines anderen mimetischen Tanzes bilden.

Der Kriegstanz .--Der Kriegstanz wird außerhalb des Hauses auf dem Boden von einem Mann allein oder von zwei Männern gleichzeitig aufgeführt. Der Tänzer ist in festlicher Manier mit Hut und rotem Turban gekleidet und mit Lanze, Kriegsbolo und Schild bewaffnet.

Die Begleitung des Tanzes ist die Trommel, aber sowohl der darauf ausgeführte Rhythmus als auch der vom Tänzer ausgeführte Schritt verwirren die Beschreibung. Es genügt zu sagen, dass es sich bei der Musik um einen kontinuierlichen Wirbel handelt, der von zwei erfahrenen Spielern, einer an jedem Ende der Trommel, tätowiert wird. Der Tänzer bewegt seine Füße mit der größtmöglichen Geschwindigkeit im perfekten Gleichklang mit dem Rhythmus, wodurch der Gesamteindruck eines schnellen Zweischritts entsteht. Die Bewegung der Füße erinnert manchmal an die Bewegungen eines Hahns oder eines Truthahns. Auch das Kopfnicken des Tänzers ähnelt dem eines Kampfhahns vor einem Kampf.

Da der Tanz eine Begegnung und einen Nahkampf darstellen soll, werden alle Bewegungen des Vorrückens und Zurückziehens, des Stoßens und Parierens dargestellt. Die Kämpfer bewegen sich im Kreis, mal näher, mal zurückweichend, immer im Schutz des Schildes. Sie starren einander wütend an, mal über den Schild hinweg, mal von der Seite, und strecken einander ständig die Zunge heraus, ganz wie eine Schlange. Manchmal setzen sie mit erhobenem Fuß eine Ferse in den Boden, stoßen mit dem Knie gegen den Schild und der Lanze horizontal über der Schulter auf einander zu. Hin und wieder knien sie auf einem Bein hinter ihren Schilden nieder und schauen sich mit schnellen Kopf- und Speerbewegungen herausfordernd an. Bei allen Bewegungen des Tanzes wird der Speer horizontal gehalten und schnell nach vorne gestoßen. Die Schultern werden ständig auf und ab bewegt, und der

Schild folgt dieser Bewegung, alles im perfekten Takt zum schnellen Trommelwirbel.

Der Tanz dauert normalerweise nicht länger als fünf Minuten, da die extreme Anstrengung und Schnelligkeit der Bewegungen den Tänzer schnell ermüden. Es ist eine großartige Demonstration kriegerischer Fähigkeiten sowie körperlicher Beweglichkeit und Ausdauer.

Kapitel XVII

POLITISCHE ORGANISATION: REGIERUNGSSYSTEM UND SOZIALE KONTROLLE

CLANS

GEBIET DER CLANS UND ANZAHL DER IHNEN ZUSAMMENGESETZTEN PERSONEN

Manóboland ist, mit Ausnahme solcher Siedlungen, die von nichtchristlichen Manóbos in der Nähe christlicher *Siedlungen gegründet* wurden und normalerweise an der Spitze der Schifffahrt an den Nebenflüssen des Agúsan liegen, in genau definierte und ggf. gegliederte Bezirke unterteilt voller Feindseligkeit, eifersüchtig und wachsam bewacht. Die Ausdehnung dieser Gebietsabschnitte reicht von einigen Quadratmeilen bis hin zu riesigen Waldgebieten und wird normalerweise durch Flüsse und Bäche oder durch Berge und andere Naturdenkmäler begrenzt. Jeder dieser Bezirke wird von einem Clan bewohnt, der aus einem nominellen Vorgesetzten mit seiner Familie, seinen Schwiegersöhnen und anderen Verwandten besteht, die sich möglicherweise entschieden haben, im Bezirk zu leben. Ihre Zahl mag nur 20 Seelen betragen, aber auch wieder können sie ein paar Hundert erreichen.

INTERCLAN-BEZIEHUNGEN

Im Großen und Ganzen kann man sagen, dass die Mitglieder der verschiedenen Clans in Friedenszeiten in gutem Einvernehmen leben, einander besuchen und Beziehungen zueinander beanspruchen, doch der Frieden in Manóboland war früher sehr vorübergehend. Eine Schlägerei unter Alkoholeinfluss könnte böses Blut hervorrufen und jeder Clan und jeder Einzelne würde sich auf einen Kampf vorbereiten.

Das Agúsan-Tal wurde von Montano, dem französischen Reisenden, als „Le pais de terreur" bezeichnet, und nach den mir vorliegenden Berichten muss es diesen Namen verdient haben. Eine Lektüre der „Cartas de los PP. de la Compañia de Jesus", in der die um 1875 begonnene religiöse Eroberung des Agúsan-Tals dargelegt wird, vermittelt einen Eindruck von den ständigen Überfällen und Hinterhalten, die die Stadt nicht unerheblich beeinträchtigten christliche Eroberungsarbeit der Missionare. Bei meiner Ankunft im Agúsan im Jahr 1905 wurden Flüsse wie der Ihawán, der Baóbo, der obere Umaíam, der obere Argáwan und alle Nebenflüsse des oberen Agúsan nur selten von anderen als Mitgliedern des Clans besucht, zu dessen territorialer Gerichtsbarkeit diese Flüsse und Flüsse gehörten dazu gehörten die angrenzenden Ortsteile. Die Einrichtung einer besonderen Regierungsform im unteren und mittleren Agúsan, die heute als Unterprovinz Butuán bekannt ist, wirkte Wunder bei der Unterdrückung der Überfälle zwischen den Clans, aber im oberen Agúsan hielten sie zumindest bis zu meiner Abreise im Jahr 1910 an, wenn auch nicht bis dahin einem Ausmaß wie in den Vorjahren.

Beispielsweise herrschte im Februar 1910 in den Siedlungen Dugmánon und Moncáyo offene Feindseligkeit. Ich reiste sowohl zu Land als auch zu Wasser mit Mitgliedern der beiden unfreundlichen Clans. Beim Reisen auf dem Wasser war es notwendig, in der Mitte des Flusses mit Schilden voranzuschreiten, die die Kanuinsassen vor den Pfeilen ihrer Feinde schützten. Auf dem Weg war es zwingend erforderlich, in Gruppen mit einem Krieger auf jeder Seite des Weges zu reisen, um sich vor Hinterhalten zu schützen.

Diese Fehde entstand aus einer bloßen Bagatelle, gefolgt von der Beschlagnahmung eines Schweins, und bis zu meiner Abreise aus der Region hatte es vier Todesfälle gegeben. Ich habe alle Anstrengungen unternommen, um über den Fall zu entscheiden, aber da keiner der Clans offenbar nicht nachgeben wollte, gelang es mir nicht, die Parteien zusammenzubringen.

DER CHEF UND SEINE MACHT

DIE QUELLE DER AUTORITÄT DES CHEFS

Im Allgemeinen kann man sagen, dass der Häuptling ein Mann ist, der durch seine Redegewandtheit, seinen Scharfsinn und seine Scharfsinnigkeit bei der Lösung der komplizierten Punkte eines Streits, durch sein persönliches Können, gepaart mit Scharfsinn und fairem Umgang, Einfluss gewonnen hat. Persönliche Tapferkeit reizt den Manóbo, so dass in Zeiten der Feindseligkeit der Kriegerhäuptling mehr geschätzt wird als jeder andere Mann, der in Friedenszeiten möglicherweise mehr Einfluss und Ansehen genossen hätte.

Es muss berücksichtigt werden, dass die gesamte politische Organisation von Manóboland, einschließlich des Regierungssystems, der sozialen Kontrolle und der Rechtspflege, im Wesentlichen patriarchalisch ist, so dass die Häuptlingswürde eigentlich nur eine nominelle ist. Die eigentliche Einheit eines Clans ergibt sich aus der Verwandtschaft seiner einzelnen Mitglieder, und wie in einer Familie kann bei einer bestimmten Gelegenheit der stärkere oder fähigere Bruder ausgewählt werden, um die Familie zu vertreten, zu verteidigen oder auf andere Weise aufrechtzuerhalten, so in einem Manóbo-Clan oder Sekte wird das stärkere oder weisere Mitglied als Oberhaupt anerkannt. Er kann jedoch keinen Anspruch auf rechtliche Autorität erheben oder Zwang anwenden, es sei denn, dies wird von den einflussreicheren Mitgliedern des Clans genehmigt, von der öffentlichen Meinung gebilligt und steht im Einklang mit dem Gewohnheitsrecht und den Stammespraktiken, denn es gibt kein Volk Soweit ich weiß, ist er so hartnäckig und eifersüchtig auf alte Bräuche wie die Manóbos im östlichen Mindanáo.

GLEICHHEIT DER MENSCHEN

Abgesehen von den Titeln, die Kriegerhäuptlingen und Priestern verliehen werden, gibt es keinen allgemein gebräuchlichen Titel, um den Einfluss und die Autorität einer Person auszudrücken. Es kommt nicht selten vor, dass die Bisáyas des Agúsan-Tals von „ so und so" als „ *datu* "sprechen , aber der Titel wird nicht von Manóbos verwendet, sondern nur von der Banuáon-Gruppe, die den nordwestlichen Teil des Tals bewohnt Bisáyas, wenn sie ihre Manóbo-Freunde überreden wollen. Der Begriff *Kuláno* wird manchmal von den Bisáyas verwendet, aber meines Wissens wird er von den Manóbos nicht verwendet. Es ist aller Wahrscheinlichkeit nach eine Form des Wortes *kuláno* , das meiner Meinung nach auf Bukídnon-Häuptlinge in der Unterprovinz Bukídnon angewendet wird. Die Tatsache, dass es für einflussreiche Männer anscheinend keine Titel außer dem eines Kriegerhäuptlings und eines Priesters gibt, ist ein Hinweis auf die Unterlegenheit der Manóbo gegenüber den Mandáya in der Stammesorganisation. [1]

1 Im Mandáya wird ein sehr einflussreicher Häuptling als *á-ri-á-ri* bezeichnet , eine Art kleiner König, und der Älteste einer Siedlung oder sogar eines einzelnen Hauses hat

einen besonderen Namen, der Einfluss und Respekt symbolisiert, nämlich *ma-tá-duñg* .

Es gibt keine erbliche Häuptlingswürde, obwohl ein Kriegerhäuptling ernsthafte Anstrengungen unternimmt, um seinem erstgeborenen männlichen Kind den Geist der Tapferkeit zu vermitteln, sobald er die Vernunft beherrscht. Außer dem Kriegerhäuptling und dem anerkannten Krieger [2] werden keine Abzeichen getragen , um den Einfluss anzuzeigen, den sie im Stamm oder im Clan ausüben. In fast allen Dingen herrscht vollkommene Gleichheit. Der Häuptling oder Kriegerhäuptling macht sich auf den Weg, oft in Begleitung seiner Sklaven, und nimmt an Angel- und Jagdausflügen teil. Auf dem Weg kann er seinen eigenen Anteil an der Last tragen, wenn es ihm nicht gelungen ist, andere dazu zu bewegen, ihn auf sich zu nehmen. Ich habe oft Kriegerhäuptlinge, Priester und andere einflussreiche Leute als meine Träger fungieren lassen, aber natürlich musste ich ihnen aus Höflichkeit und Respekt mehr Belohnung gewähren, als den weniger Bedeutenden zuteil wurde. Der Häuptling hat keine untergeordneten Offiziere, keine Herolde und kein Versammlungshaus. Er lebt in seinem eigenen Haus, und wenn ein Problem auftritt, regelt er es zusammen mit anderen einflussreichen Männern entweder in seinem eigenen Haus oder in einem anderen Haus, dessen Reparatur als zweckmäßig erachtet wurde. Daher können wir sagen, dass einem Häuptling kaum oder gar keine formelle Respektbekundung entgegengebracht wird. Er ist ein Manóbo mit mehr als gewöhnlichen Fähigkeiten, einem starken Charakter, der schnell die Feinheiten einer komplizierten Frage erkennt, eine einfache Sprache hat, für seine Gastfreundschaft und sein großzügiges Wesen beliebt ist und häufiger mit weltlichen Gütern besser versorgt ist als seine Clansgenossen, und so weiter eine Regel mit dem Ruf, fair zu handeln. Dies sind im Allgemeinen die Quellen des Respekts, der ihm moralisches Gewicht bei der Schlichtung von Clanstreitigkeiten oder sogar Stammesangelegenheiten verleiht, wenn keine Feindseligkeit herrscht.

[2] *Ma-ni-ki-ád* .

Ich habe bei den Manóbos noch nie von einer besonderen Feier gehört, bei der ein Häuptling, außer einem Kriegerhäuptling, offiziell anerkannt wird. Er scheint nach und nach an Anerkennung zu gewinnen, so wie ein Bruder einer Familie nach Jahren bewiesener Fähigkeiten vom Rest der Familie aufgeschaut werden kann.

RESPEKT VOR FÄHIGKEIT UND ALTER

Obwohl die Häuptlinge die anderen Männer des Stammes fast ausnahmslos als ihresgleichen betrachten und aufgrund ihrer Position keine Geste zeigen, zeigen diejenigen, die mit ihnen in Kontakt kommen, dennoch ein gewisses

Maß an Respekt. Dies gilt insbesondere bei großen gesellschaftlichen und religiösen Zusammenkünften und beim Besuch eines Häuptlings in einem anderen Haus. Hier bekommt er einen Extravorrat an Schweinefleisch und Bier und an allem, was verteilt wird.

Aus dem, was in einem früheren Teil dieser Monographie gesagt wurde, geht klar hervor, dass Frauen bei der Kontrolle öffentlicher Angelegenheiten keine Rolle spielen. Es gibt keine weiblichen Häuptlinge. Frauen sind Haushaltsgegenstände, die ins Haus und auf den Bauernhof verbannt sind. Es gibt ein weit verbreitetes Sprichwort, dass Frauen kein Tribunal haben – das heißt, sie sind nicht geeignet, an öffentlichen Diskussionen teilzunehmen – und bezieht sich dabei auf das Rathaus des spanischen Regimes. Dennoch kenne ich eine Frau, Sinápi mit Namen, die wie eine Häuptlingin umherreist und durch ihren Einfluss Fragen schlichtet, die die einflussreicheren Männer der Region nicht lösen können. Sie lebt am Simúlao-Fluss, direkt oberhalb der Siedlung San Isidro, und ist zweifellos die Person mit dem größten Einfluss im oberen Simúlao und Bahaían. In den Jesuitenbriefen wird eine Pínkai erwähnt, die unter ihren Stammesgenossen am Argáwan-Fluss großes Ansehen hatte.

Ceteris peribus , das Wort und die Autorität der Alten werden mehr respektiert als die anderer, wahrscheinlich weil die ersteren zahlreichere Verwandte haben, darunter oft ihre Urenkel und Urenkelinnen, sowie die unbestimmte Zahl angeheirateter Verwandter sind der Familie beigetreten, seit ihre ersten Söhne oder ihre ersten Töchter geheiratet haben. Wenn sie jedoch das Alter erreichen, in dem sie nicht mehr reisen und an den zahlreichen Unruhen und Streitigkeiten teilnehmen können, die dabei entstehen, ist ihr Einfluss viel geringer. Dies scheint einer der großen Unterschiede zwischen dem Sozialsystem der Mandáyas und dem der Manóbos zu sein und wird die größere Konstanz und Stabilität des Mandáya-Charakters im Vergleich zu dem des Manóbo erklären.

DER KRIEGERHÄUPtling [3]

[3] *Ba-gá-ni* von *ba-rá-ni* (Malaiisch), tapfer.

Das Schwert ist in Manóboland, wie in allen anderen Teilen der Welt, der letzte Schiedsrichter, wenn eine Schlichtung scheitert. Daher die herausragende Rolle, die der Kriegerhäuptling in Kriegszeiten und häufig auch in Friedenszeiten spielte. Aus diesem Grund ist es notwendig, die Befugnisse, Vorrechte und den Charakter des Kriegerhäuptlings ausführlicher zu diskutieren.

ALLGEMEINER CHARAKTER

Der allgemeine Charakter des Kriegerhäuptlings ist bei allen Stämmen des Agúsan-Tals der eines Kriegers, der durchschnittlich fünf Todesfälle zu verzeichnen hat. Da solche Todesfälle in erster Linie dem besonderen Schutz von Gottheiten zugeschrieben werden, die *Tagbúsau* genannt werden und sich am Blutvergießen erfreuen, wird der Häuptling in allem, was den Krieg betrifft, im Licht eines Priesters betrachtet, etwa auf die gleiche Weise wie der *Bailán* oder gewöhnliche Priester Von ihm wird erwartet, dass er unter dem Schutz seiner Vertrauten aus Schutzgeistern in allen gewöhnlichen religiösen Angelegenheiten amtiert. Zu dem Priesteramt des Kriegerhäuptlings kommt das eines Magiers hinzu, sofern er sich und seine Freunde mit magischen Mitteln vor den bösen Absichten seiner Feinde schützen kann. Schließlich kann man in einem Land, in dem es keine höchste Autorität mit ausreichender Macht gibt, um Beschwerden zu beseitigen, sondern nur persönliche Tapferkeit und die Lanze und den Bolo, an die man sich wenden kann, erwarten, dass der Krieger in den meisten Fällen ein viertes Vorrecht in Anspruch nimmt , nämlich das des Häuptlings. So gilt der Kriegerhäuptling als Erbe in seinem kriegerischen Charakter als Krieger, in seinem magischen Charakter als Medizinmann und schließlich in seinem politischen Charakter als Häuptling.

Die 1877 begonnene christliche Eroberung des Agúsan-Tals und die Errichtung einer besonderen Regierungsform darin im Jahr 1907 haben nicht zuletzt dazu beigetragen, die Zahl der Fehden und blutigen Repressalien zu verringern, die dem Agúsan-Tal seinen Ruf als „ das Land des Terrors" und lassen daher wenig Gelegenheit für die Anerkennung neuer Krieger. Daher verblasst das alte System heutzutage schnell und es ist nur eine Frage von Jahren, bis der Kriegerhäuptling der Vergangenheit angehören wird.

Abzeichen und Tapferkeit des Kriegerhäuptlings

Als Person mit anerkannten Fähigkeiten ist der Kriegerhäuptling natürlich der Anführer aller kriegerischen Expeditionen, und in Friedenszeiten gilt er als zukünftiger Verteidiger der Siedlung, in der er residiert.

Rot ist das Erkennungsmerkmal der Kleidung des Kriegshäuptlings, die normalerweise aus einem roten Kopftuch mit Stickereien aus weißer, blauer und gelber Baumwolle an den Ecken, einer roten Jacke mit ähnlichen Stickereien auf den Schultern und am Rücken sowie einer langen Jacke besteht Hosen, manchmal rot. Sein Bolo ist normalerweise größer und teurer als der, den gewöhnliche Männer tragen, und stammt im Allgemeinen aus Mandáya. Auch sein Speer dürfte teuer sein, während sein Schild nicht selten mit Menschenhaar besetzt ist. Wenn er seine Truppe zum Angriff anführt oder seinem Beschützer, dem Tagbúsau, ein Opfer darbringt, trägt er seinen Amulettkragen [4] mit seinen magischen Kräutern. [5] Auf dem Kriegspfad bindet er seinen Haarknoten fest und umhüllt ihn mit einer grob behauenen Halbkugel aus Holz. Sein Einfluss auf die Gestaltung aller Einzelheiten des Angriffsplans ist groß, aber während des Angriffs selbst hat er kaum Kontrolle über seine Anhänger. [6] Dies könnte man von dem Geist der Unabhängigkeit erwarten, den der Manóbo selbst in den alltäglichen Angelegenheiten des Lebens an den Tag legt, wenn er nicht von religiösen oder anderen Motiven beeinflusst wird.

[4] *Ta-li-hán* .

[5] Diese Halsbänder sind in der Mitte oft so dick wie ein Männerarm und verjüngen sich zu den Enden hin. Sie sind etwa 75 Zentimeter lang, aus Stoff gefertigt und enthalten in Abschnitten Amulette aus Bäumen, Pflanzen, Kräutern sowie Bezoar und anderen magischen Steinen, von denen man annimmt, dass sie unterschiedliche mystische Kräfte haben.

[6] Das haben mir viele große Krieger versichert.

An persönlicher Tapferkeit übertrifft der Kriegerhäuptling stets seine Mitmenschen. Es gibt viele, die von Angesicht zu Angesicht kämpfen werden, insbesondere in den oberen Regionen Sálug, Baóbo, Ihawán und Agúsan. Líno und sein Bruder, der verstorbene Gúnlas, beide aus dem oberen Sálug, sind zwei der zahlreichen Beispiele, die angeführt werden könnten. Es stimmt zwar, dass sie vor einem Angriff keine übermäßigen Risiken eingehen, insbesondere wenn ihnen Schusswaffen entgegenstehen, doch während eines Angriffs geraten sie in Verzweiflung und gehen jedes Risiko ein.

Der Krieger wurde oft als Verräter, Feigling und Schlächter gebrandmarkt, aber eine solche Meinung, behaupte ich ohne zu zögern, basiert auf Unwissenheit und Vorurteilen.

DER TITEL DES KRIEGERS AUF ANERKENNUNG

Wenn einer der Tapferen, die eine Expedition begleiten, einen oder zwei Männer in einem fairen Kampf getötet hat, erhält er den Titel *manikiád* und ist berechtigt, ein rot-gelb gestreiftes Kopftuch zu tragen. Sein Können wird anerkannt und er wird von den oben genannten Mächten als so beliebt angesehen, dass man ihn als angehenden *Bagáni* oder Kriegerhäuptling betrachtet . Wenn er bei folgenden Expeditionen oder durch Hinterhalte die Zahl der Menschen, die er getötet hat, auf fünf erhöht ، wird seine Position als vollwertiger Krieger anerkannt, aber er wird erst dann zum Kriegerhäuptling, wenn die Geister der Kriegsgötter manifestierten sich in ihm. Dann heißt es, er sei sozusagen besessen ، und es bedarf lediglich eines Banketts an die benachbarten *Datus*- und Kriegerhäuptlinge, um seinen Titel zu bestätigen. Diese besonderen Operationen göttlichen Einflusses bestehen aus Manifestationen unbeschreiblicher Gewalt während des Angriffs, dem Verzehr von Herz und Leber eines getöteten Feindes und verschiedenen anderen Demonstrationen.

[7] Die Anzahl der Tötungen, die für die Beförderung in den Rang eines *Bagáni* oder anerkannten Kriegers erforderlich sind, variiert je nach Ort.

[8] *Tag-bu-sau-án* .

VERSCHIEDENE STUFEN DES KRIEGER-OBERHABERS

Der Rang eines Kriegerhäuptlings hängt von der Anzahl der Tode ab, die er zu beklagen hat. Offensichtlich gibt es in dieser Angelegenheit keine feste Regel. In einer Region verlangt der Brauch für einen bestimmten Rang fünf Todesfälle, während in einem anderen Ort für einen ähnlichen Rang möglicherweise acht oder nur zwei Todesfälle erforderlich sind. Aus allen Berichten, die mir in fast allen Bezirken im mittleren und oberen Agúsan zugegangen sind, geht hervor, dass die Zahl der Todesfälle, die in früheren Zeiten für die verschiedenen Grade des Kriegerhäuptlings erforderlich waren, viel höher war als heute, was zweifellos auf die größere Zahl zurückzuführen ist Häufigkeit, mit der damals Menschen getötet wurden. Aus diesem Grund werden die neueren Kriegerhäuptlinge von den älteren Kriegern als wertlos bezeichnet. [9]

[9] *A-yo-á-yo* .

Die folgenden Titel werden von den Manóbos des Agúsan-Tals anerkannt: (1) *hanágan* ; (2) *tinabudán* ; [10] (3) *Kinaboan* ; (4) *lúto* oder *linambúsan* ; (5) *lunúgum* ; (6) *lipus* .

[10] *Tinabudán* , das heißt, eingewickelt, der vollständige Ausdruck lautet „ *tinabudán to tabañg* ", das heißt, mit einem roten Taschentuch umwickelt.

Der erste Titel, *hanágan* , wird jemandem verliehen, der fünf oder mehr Menschen getötet hat, aber noch nicht in die volle Gunst eines *tagbúsau* oder Blutgeistes aufgenommen wurde. Der zweite Titel, *tinabudán* , wird einem Krieger verliehen, der deutlich gemacht hat, dass er göttliche Gunst und Schutz genießt, was sich in der Verzehrung des Herzens und der Leber manifestiert, und der dabei in einen Zustand gerät, der dem des Priesters ähnelt eine Ekstase. Das Abzeichen dieses Grades besteht aus einem roten Tuch, das um den Haarknoten am Hinterkopf gewickelt wird.

Der dritte Grad, *kinaboan* , berechtigt, wie das Wort selbst andeutet, [11] den Träger, zu seiner Kleidung eine rote Jacke hinzuzufügen. Die Berichte sind so unterschiedlich, dass der genaue Zeitpunkt der Verleihung dieses Titels nicht eindeutig angegeben werden kann. So wurde mir in Umaíam mitgeteilt, dass 25 Todesfälle eine unabdingbare Voraussetzung seien, während am Kasilaían-Fluss 6 und am Sálug 7 Todesfälle als ausreichend gemeldet wurden.

[11] Von *ká-bo* , einer Jacke.

Der vierte Titel, *lúto* , bedeutet in seiner Ableitung „gekocht", „fertig", „fertig", so dass ein Krieger mit Erreichen dieses Grades vollständig ist, zumindest was seine Kleidung betrifft, denn er fügt ein Paar Rote hinzu Hose. Obwohl die Zahl der für die Erlangung dieses Abschlusses erforderlichen Todesfälle unterschiedlich zwischen 50 und 100 liegt, schlage ich doch vor, dass 15 im Durchschnitt eher der Wahrheit entspricht. Der nächste Grad, *lunúgum* , berechtigt den Träger, wie das Wort schon sagt, dazu, sich ganz in Schwarz zu kleiden. Es handelt sich um einen Titel, der durch Zufall erworben wurde und jemandem verliehen wurde, der während eines Angriffs *unwissentlich einen Toten in das Haus des Feindes stach* . Ich kann hierzu keine weiteren Informationen liefern, außer dass der Träger dieses Titels bereits ein anerkannter Krieger gewesen sein muss. Es ist wahrscheinlich, dass jemand, der eine solche Tat an einem Toten begeht, von den Kriegsgöttern besonders begünstigt wird.

Der Kriegerhäuptling, der den letzten Titel, *Lípus* , erwirbt, soll unzählige Todesfälle auf seinem Konto haben, aber ich wage, 50 als sicheren Maßstab für die Eignung für diesen Titel anzugeben. Fünfzig Todesfälle, die sich über einen Zeitraum von vielen Jahren erstreckten und mit solchen Ergänzungen erzählt wurden, wie ein wenig Eitelkeit und ein weingetränkter Kopf vermuten ließen, ließen sich leicht in eine Unendlichkeit umwandeln. Ich kenne keinen lebenden Kriegerhäuptling, der den Titel *Lípus trägt* . Fünfundzwanzig Tote sind die höchste Zahl, die jemals ein mir bekannter Krieger erreicht hat. Der berühmte Líno von Sálug und sein Bruder, der verstorbene Gúnlas, erreichten diesen Rang.

DER KRIEGER-CHEF IN SEINER EIGENSCHAFT ALS CHEF

Man kann sagen, dass der Kriegerhäuptling in fast allen Fällen der Häuptling des Clans oder der Siedlung ist. Als Mann mit nachgewiesenen Fähigkeiten, in ausreichendem Alter und mit einer guten Familie wird er fast immer als der Einzige angesehen, der kompetent ist, alle Fälle zu lösen, die zwischen seinen Gefolgsleuten und denen eines anderen Häuptlings entstehen können. Daher kann man sagen, dass das politische System von Manóbo ein patriarchalisches System ist, in dem ein älteres Familienmitglied aufgrund des Respekts, der seinen persönlichen Fähigkeiten, seinem Alter und seiner Gefolgschaft gebührt, und nicht aufgrund einer gesetzlichen oder erblichen Sanktion über solche Streitfragen entscheidet wie es unweigerlich zwischen seinen Anhängern und denen eines anderen entsteht. Das System basiert auf

Gewohnheiten und wird im Geiste großer Fairness und Gleichheit durchgeführt.

Das Territorium, über das der Kriegerhäuptling seine Herrschaft ausübt, wird als gemeinsames angestammtes Eigentum der Siedlung anerkannt. In Kriegszeiten ist es niemandem außer einem Verwandten gestattet, es zu betreten, unter Androhung der Todesstrafe, aber in Friedenszeiten steht es allen befreundeten Stammesgenossen offen. Dinge wie Fischvergiftung [12] und die Jagd durch Außerirdische sind jedoch immer verboten.

[12] *Pag-tu-bá-han* .

Über dieses Gebiet, das normalerweise kilometerlange Urwälder, hohe Berge und schöne Täler einnimmt, sind die Angehörigen und Angehörigen des Kriegers verstreut. Nur in schwierigen Zeiten oder bei erwarteten Angriffen bauen sie zu Verteidigungszwecken hohe Häuser in unmittelbarer Nähe des Häuptlings. Die Zahl dieser Siedlungen liegt zwischen 20 und 200 Seelen, wobei erstere eher dem Durchschnitt entspricht als letztere.

Die Haltung der Anhänger gegenüber ihrem Häuptling ist in Friedenszeiten entweder von Verwandtschaftsgefühl oder von Gleichgültigkeit geprägt. Er hat praktisch keine Autorität, bis er in schwierigen Zeiten aufgefordert wird, das Gewicht seines Einflusses und den Ruhm seiner Fähigkeiten zur Verfügung zu stellen. Er kassiert keinen Tribut und erhält keine Dienste. In jeder Hinsicht tut er, was sein unterster Diener tut, jagt, fischt usw., außer dass er mehr reist, um freundliche benachbarte Häuptlinge zu besuchen, die ihn immer als Ehrengast empfangen und ihn bewirten, wenn sie das nötige Kleingeld haben.

Gelegentlich werden verschiedene Grade von Häuptlingen angegeben, wie zum Beispiel *kuyáno* , [13] *masikámpo* , [14] und *dátu* , aber solche Grade gibt es nicht. Diese Namen wurden wahrscheinlich von den Söldnern Bisáyas aus kommerziellen Gründen verliehen und werden von Manóbos nicht einmal aus Gründen der Prahlerei angenommen.

[13] *Kuláno* , ein Titel, der, glaube ich, auf Moros des Rio Grande von Mindanáo angewendet und, wie ich gehört habe, von den Banuáons verwendet wird.

[14] *Maestre de Campo* – also Feldmarschall – war ein Titel, den die Spanier treuen Bukídnon-Häuptlingen verliehen.

Der Kriegerhäuptling ist in fast allen Fällen die Person mit dem größten Einfluss und der größten Autorität, sowohl aufgrund seiner Stellung in der Familie als auch aufgrund des Ansehens seiner Tapferkeit. In einem Land, in dem Bolo und Lanze die letzten Schiedsrichter sind, wenn alles andere versagt hat, muss der Krieger zwangsläufig Häuptling oder eine Person mit sehr ausgeprägtem Einfluss sein. Wenn er nicht als solcher erkannt wird, zieht er im Allgemeinen mit allen, die folgen wollen oder müssen, an einen anderen Ort und wird dort zum Häuptling.

Nichts, was hier gesagt wird, soll sich auf die politische Organisation der christianisierten Manóbos oder die *Eroberung* von Siedlungen unter der Sonderregierung der Provinz Agúsan beziehen. Meine Ausführungen beschränken sich ausschließlich auf das heidnische Volk.

Der Kriegerhäuptling als Priester und Mediziner

Der Leser wird auf den zweiten Teil von Kapitel XXIV, Teil IV, verwiesen, um eine detaillierte Darstellung der Funktionen und Vorrechte des Kriegerhäuptlings in seiner Eigenschaft als Priester zu erhalten. Vorerst betrachten wir ihn zunächst in seiner Rolle als Medizinmann und fassen kurz seine magischen Methoden zur Heilung verschiedener Krankheiten zusammen, die auf übernatürliche Kräfte zurückzuführen sind.

Was das Wissen und die Kräfte des Kriegers in beiden Funktionen angeht, habe ich die vielen Kriegerhäuptlinge, mit denen ich in Kontakt gekommen bin, immer als sehr zurückhaltend empfunden und war daher nicht in der Lage, detaillierte Informationen zu diesem Thema zu erhalten. Es besteht jedoch kein Zweifel daran, dass ihnen große Kräfte sowohl bei der Verursachung als auch bei der Heilung bestimmter Krankheiten zugeschrieben werden.

Man kann sagen, dass jede Krankheit, die auf das Missfallen der Blutgeister zurückzuführen ist, in ihre Zuständigkeit als Priester fällt und durch ein Opfer oder andere zeremonielle Methoden geheilt werden kann. Als allgemeine Regel gilt, dass sie über Kenntnisse verschiedener Zauber- und Heilkräuter verfügen. Sie sind stets im Besitz von Halsketten, [15] denen die Fähigkeit zugeschrieben wird, Unsichtbarkeit und Unverwundbarkeit zu verleihen. Diese besonderen Amulette sowie zahlreiche Kräuter, Wurzeln und andere Dinge mit magischer Kraft zum Guten und zum Bösen sind oft in den Amuletthalsbändern eingebunden und können nicht gesehen werden. Nichts wird den Eigentümer dazu bewegen, auch nur seinen Namen preiszugeben. Nachdem sie die Brust der getöteten Feinde geöffnet haben, tauchen sie diese mystischen Halsbänder in das Blut und verleihen ihnen dadurch durch die Wirkung ihrer Blutgeister eine größere Kraft.

[15] *Ta-li-hán* .

Es wird angenommen, dass Blutungen und alle Wunden oder andere Beschwerden, bei denen ein Blutfluss auftritt, auf das Verlangen der Vertrauten der Kriegerpriester nach Blut zurückzuführen sind. Daher wird er aufgefordert, für diese blutrünstigen Geister Fürsprache einzulegen und sie durch das Opfer eines Schweins oder Geflügels zu besänftigen . Nachdem das Schwein getötet wurde, wird ein wenig Blut in einem gespaltenen

Bambusgefäß aufgefangen [17], das dann mit dem darin verbliebenen Blut im Haus aufgehängt wird, um diese unersättlichen Geister zu bewirten.

[16] *Tage bis Tag-Búsau* .

[17] *Bin-u-ká* .

Neben heilenden Mitteln soll der kriegerische Medizinmann über geheime Mittel verfügen, um denjenigen, gegen die er Groll hegt, körperlichen Schaden zuzufügen. Diese Mittel werden *kometán genannt* und wurden in Kapitel XV beschrieben. Es ist wahr , dass andere angeblich über diese geheimen magischen Mittel verfügen, aber niemand außer dem Kriegerpriester wird ihre angeblichen Kräfte offen bekennen.

Kapitel XVIII

Politische Organisation: Krieg, sein Ursprung, Beginn, Verlauf und Ende

MILITÄRISCHE ANGELEGENHEITEN IM ALLGEMEINEN

Im Manóboland gibt es keine militärische Organisation, kein stehendes Heer, keine Überprüfungen, keine Wehrpflicht. Der gesamte männliche Verwandtenkreis und alle anderen, die entweder aus Freundschaft oder um Ruhm und Beute willen teilnehmen möchten, bilden die Kriegspartei. Es gibt keine Strafe für das Versäumnis, einer Expedition beizutreten, aber da Blut dicker als Wasser ist, nehmen immer die näheren männlichen Verwandten teil und es mangelt nie an anderen, die entweder einen Groll gegen den Urheber der Beschwerde hegen oder sich um die Vergütung bemühen, die sie vielleicht haben erhalten oder sogar für den Sport und die damit verbundene Beute. Es ist üblich, solche männlichen Sklaven mitzubringen, auf die man sich verlassen kann, um treue und effiziente Arbeit zu leisten. Einzig und allein die Angst vor Feindschaft hält die Mehrheit derjenigen zurück, die sich nicht beteiligen. Hier möchte ich meinen Lesern einen wichtigen Punkt in der Vorstellung der Manóbo vom Krieg klarmachen, und zwar diesen: *Dass niemandem Vorwürfe gemacht werden und kein Groll gegen jemanden hegt, der sich einer Expedition als bezahlter Krieger anschließt* . [1] Nach ständigen Fragen meinerseits und offenen unaufgeforderten Bekenntnissen seitens anderer habe ich zweifelsfrei festgestellt, dass Kriegerhäuptlinge häufig dafür bezahlt werden, ein Unrecht wiedergutzumachen, das sie nicht persönlich betrifft.

[1] *Sin-nó-ho* .

Ich weiß, dass gewöhnliche Stammesangehörige, wenn persönliche Gefühle und die Hoffnung auf materielle Vorteile keinen Anreiz zur Teilnahme an der Expedition darstellen, häufig durch das Angebot versucht werden, etwas wie einen schönen Bolo oder eine Lanze zu leihen ihre Verdienste um den Führer der Kriegspartei. Es versteht sich von selbst, dass nur enge freundschaftliche Beziehungen oder Beziehungen zum Feind die Annahme des Angebots verhindern, *zumal die Annahme des Manóbo von jeglicher Verantwortung für solche Todesfälle entbunden wird, die ihm während der bevorstehenden Begegnung zugeschrieben werden könnten* . Wenn jedoch frühere Fehden oder andere unfreundliche Vorgeschichten zwischen dem Krieger und seinem Gegner bestanden, würde die Annahme einer Belohnung für seine Teilnahme am Kampf ihn nicht vor der schrecklichen Rache schützen, die früher oder später mit Sicherheit folgen würde.

Für eine Beschreibung der verwendeten Waffen und der Art und Weise ihrer Verwendung wird der Leser auf Kapitel XI verwiesen.

In der Beschreibung des Manóbo-Hauses (Kapitel V) wurde auf die hohen Häuser verwiesen, die zur Verteidigung errichtet wurden, wenn ein ungewöhnlicher Angriff zu erwarten war. Als ich das Tal verließ, gab es nur sehr wenige Baumhäuser, selbst in der östlichen Kordillere und am Quellgebiet des Flusses Tágo.

Neben dem Bau hoher Häuser und dem Einsatz der in Kapitel V genannten Geräte roden die Manóbos gelegentlich auch den umliegenden Wald, sodass ein regelrechtes Abatis aus Holz entsteht.

An einer Stelle sah ich eine sehr einzigartige und effektive Form der Verteidigung. Ein Zaun umgab das Haus. Um Zugang zu Letzterem zu erhalten, war es notwendig, eine etwa 2 Meter hohe, gekerbte Stange hinaufzuklettern und dann an zwei horizontalen, etwa 10 Meter langen Bambusstangen entlang zu gehen. Unter der unsicheren Bambusbrücke, die zu einer Plattform führte, ragten zahlreiche tödliche Bambus-Faltenfüße aus dem Boden, von wo aus man das Haus nur über die übliche eingekerbte Stange erreichen konnte. Wer auch immer es wagte, diese gefährliche Brücke zu überqueren, würde mit Sicherheit aus der einen oder anderen Quelle den Tod erleiden, entweder durch den prasselnden Pfeilregen von oben oder durch die struppigen Krähenfüße von unten.

DER URSPRUNG DES KRIEGES

Kämpfe entstehen aus einer oder mehreren der folgenden Ursachen: Rache, sexuelle Übergriffe, Schulden und manchmal auch aus einem System privater Beschlagnahmung, bei der das Eigentum oder das Leben eines unschuldigen Dritten beschlagnahmt wird. Der Manóbo drückt dasselbe auf einfachere Weise aus, indem er sagt, dass der Krieg seinen Ursprung in zwei Dingen hat, nämlich „Schulden (einschließlich Blutschulden) und Betrug." Es wurde gesagt, dass Ruhm und die Gefangennahme von Sklaven die Quellen des

Krieges im Manóboland seien, aber das stimmt meiner Meinung nach nicht. Ich werde auch nicht zugeben, dass Kriege nur aus religiösen Gründen geführt werden. Ich bin der Überzeugung, dass Kämpfe oder Tötungen stattfinden, um ein Unrecht wiedergutzumachen oder eine Schuld einzutreiben, sei es aus Blut oder aus irgendeinem anderen Grund, und dies wurde durch zahlreiche Beobachtungen bestätigt, die ich in mehreren Jahren intensiven Umgangs mit Manóbos in ganz Ost-Mindanáo gemacht habe. Es ist wahr, dass viele, die nichts dagegen haben, nur aus Spaß, der Beute und dem Ruhm daran teilnehmen, aber in keinem Fall, den ich kenne, hat es denjenigen, die den Krieg begonnen haben, an einem echten und vernünftigen Willen gefehlt Motiv. Ich habe von Fällen ungerechter Kriegsführung gehört, aber meine Informanten waren Feinde der Parteien, gegen die sie sich beschwerten, und höchstwahrscheinlich verleumdeten sie sie.

VENDETTAS

Vendetten, die es in vielen aufgeklärteren Ländern der Welt gibt, sind die häufigste Ursache für Kriege oder, besser gesagt, für die Fortsetzung von Kriegen.

Meiner Meinung nach besteht kein Zweifel daran, dass im gesamten östlichen Teil von Mindanáo ein Krieg zwischen den Clans ausbrechen würde, wenn dort nicht die effiziente Regierungsform etabliert wäre. Ich kann diese Tatsache bezeugen, da ich von verschiedenen Überfällen wusste, die zwischen 1905 und 1907 stattfanden, und dass sie von Ende 1907 bis zu meiner Abreise aus dem Agúsan-Tal im Jahr 1910 viel seltener waren.

Wie in anderen Ländern gilt auch in Manóboland die Rache nicht nur als legitim, sondern es wird auch als die Pflicht jedes Verwandten des Erschlagenen angesehen, Rache für seinen Tod zu üben. Die Manóbos lebten, wie bis zum Beginn der christlichen Eroberung im Jahr 1877, in einem Zustand völliger Unabhängigkeit von den Zwängen fremder Regierungen und führten nach eigenen Angaben ein sehr unruhiges Dasein. Aufgrund von Blutfehden lebten die meisten von ihnen in Baumhäusern, die an hohen, unzugänglichen Orten errichtet wurden, wie mir alte Männer immer wieder erzählt haben. Mir wurde versichert, dass alte Blutschulden beglichen werden, wenn die Amerikaner jemals das Tal verlassen, selbst wenn es notwendig sein sollte, „auf Salz zu verzichten". [2]

[2] Der Genuss von Salz scheint nach Ansicht des Manóbo einer der größten, wenn nicht sogar der größte Segen zu sein, den er aus der Zivilisation gezogen hat. Dennoch wäre er bereit, auf die Verwendung zu verzichten, wenn es ihm möglich wäre, sich an den Mördern seiner Verwandten zu rächen.

Das Rachesystem war während meiner ersten Reisen im östlichen Mindanáo so weit verbreitet, dass mich einmal ein Manóbo vom Tágo-Fluss fragte, ob es noch lebende Verwandte eines gewissen Manóbo vom oberen Argáwan gäbe, der seinen Großvater getötet hatte. Als er davon erfuhr, bat er mich sofort, ihn bei einer Razzia gegen die Verwandten der Mörder seines Großvaters zu begleiten.

Ein anderes Beispiel wird zeigen, mit welcher Beharrlichkeit der Gedanke an Rache hegt. In einem Haus am Fluss Wá-wa bemerkte ich eine starke Rattanrebe, die gespannt von einem Sparren bis zu einem der Bodenbalken gespannt war. Mein Gastgeber, der Besitzer des Hauses, war überglücklich in seinen Tassen und schwärmte von seinen Heldentaten in der voramerikanischen Zeit. Plötzlich sprang er auf und ließ das Rattan herumschwingen, wobei er andeutete, dass er vielleicht noch in der Lage sei, sich an einem seiner Feinde zu rächen, dass aber, wenn er dazu nicht in der

Lage wäre, sein Sohn danach streben würde, seine Lehre zu erfüllen, und zwar auf jeden Fall Es würde Rache geben, bevor der Weinstock verfaulte. Wer Rattan kennt, weiß, wie langlebig es ist, wenn es vor den Einflüssen von Sonne und Regen geschützt wird.

Diese Praxis, ein grünes Rattan in einem Teil des Hauses auszuspannen und Rache zu schwören, „bis es verrottet", ist keine Seltenheit und ein Hinweis auf den tiefen, ewigen Wunsch nach Rache, der so charakteristisch für die Manóbos ist.

Eine andere Praxis, die ebenfalls auf das Vendetta-System hinweist, ist die Übertragung der Rachepflicht vom Vater auf den [Sohn] · Ich war bei der Zeremonie nie anwesend, habe aber immer wieder gehört, dass der eine oder andere das Erbe erhalten hat und sich bemühen muss, den sterbenden Auftrag seines Vaters oder eines anderen Verwandten auszuführen. Als ein Mann, der diese „Lehre" erhalten hatte, gefragt wurde, ob er mit seinem Feind Frieden schließen möchte, schien er schockiert und protestierte vehement und sagte: „Das geht nicht, das geht nicht." es ist tabu;" Anschließend tadelte er mich lautstark für diesen Vorschlag.

[3] Es heißt *ka-tud-li-án* .

In manchen Fällen wird die Aufgabe der Rache einem Dritten übertragen, der kein persönliches Interesse an der Fehde hat. Wie mir erklärt wurde, ist eine solche Person besser in der Lage, den Feind anzugreifen, als jemand, dessen Pflicht es ist. Für den Fall, dass es ihm gelingt, sich zu rächen, wird ihm, wie mir versichert wurde, kein Vorwurf gemacht, da er als bezahlter Krieger oder Söldner betrachtet wird. Eine solche Institution wie die Rache und das System der privaten Beschlagnahmung machen das Leben in Manóboland sehr gefährlich und erklären die extreme Vorsicht und Nachsicht, die ein Manóbo einem anderen gegenüber in den trivialsten Belangen des Lebens an den Tag legt.

PRIVATBEFESTIGUNG [4]

[4] *Tau-a-gán* .

Die Praxis der privaten Beschlagnahmung ist unserer Meinung nach eine sehr eigenartige Praxis, dennoch ist sie unter den Stämmen im östlichen Mindanáo allgemein verbreitet. Solange es sich auf materielle Dinge beschränkt, ist es normalerweise kein Grund für einen Krieg, aber wenn es an einem Menschen praktiziert wird, führt es häufig zu Vergeltungsmaßnahmen in Form von Sachleistungen.

Die Praxis besteht darin, das Eigentum einer dritten, häufig neutralen Partei als „Aufforderung" an den Schuldner zu beschlagnahmen. Zum Beispiel schuldet A B einen Sklaven und war aus dem einen oder anderen Grund nicht in der Lage oder nicht willens, seine Schulden zu begleichen. B hat ein ausreichendes Maß an Geduld bewiesen und gleichzeitig alle Mittel eingesetzt, um Druck auf A auszuüben. Schließlich verzweifelt er daran, eine gütliche Beitreibung zu erreichen, und vermutet höchstwahrscheinlich, dass sein Schuldner mit ihm spielt , beschlagnahmt er einen Verwandten, einen Sklaven oder ein Schwein von C als „Anruf" an A. C zahlt somit die Schulden von A und ergreift dann Maßnahmen, um sie von ihm einzutreiben, wobei B die volle Verantwortung für die Folgen trägt.

Dieses System führt selten zu einer Blutfehde, es sei denn, es wurde Blut vergossen. Hätte B im obigen Fall C getötet, als Aufforderung an A, wäre es fast unfehlbar zu einer Fehde gekommen. Dennoch wären die Verwandten von C möglicherweise bereit gewesen, eine finanzielle Entschädigung von B anzunehmen, und hätten sich möglicherweise darauf geeinigt, gemeinsam gegen A vorzugehen, um den Tod von C zu rächen.

Ich war Zeuge eines Falles, bei dem die Beschlagnahmung eines Schweins den Auslöser einer blutigen Fehde war, die zum Zeitpunkt meiner Abreise aus dem oberen Agúsan noch nicht beendet war. Da die in den Fall verwickelten Personen noch leben, werden ihre Namen durch Buchstaben dargestellt.

A war zu einer Geldstrafe von 15 P verurteilt worden, weil seine Frau die Aussage gemacht hatte, dass B Kenntnis von einem geheimen oder magischen [5] Gift hatte. C, der ein Verwandter von A war und B bereits 15 Pesos schuldete, übernahm mit Zustimmung aller Beteiligten die Verantwortung für die Begleichung der Schulden von A und verschuldete sich dadurch gegenüber B in Höhe eines Sklaven (30 Pesos). . Nun hatten einige von Cs Verwandten bestimmte kleine Forderungen gegen einige von Bs Verwandten und hielten es für eine gute Gelegenheit, ihre eigenen Schulden einzutreiben und die Schulden ihrer Verwandten durch die Geltendmachung ihrer Zahlungsansprüche zu mindern. B weigerte sich zu zahlen mit der Begründung, dass seine Verwandten und nicht er selbst für die Begleichung dieser Ansprüche verantwortlich seien, woraufhin C sich weigerte, seinen Sklaven auszuliefern, bis die Zahlung an seine Verwandten erfolgt sei.

[5] *Ko-me-tán* .

Die Angelegenheit dauerte also mehrere Monate, bis B, der einer anderen Partei einen Sklaven schuldete und zur Zahlung gedrängt wurde, es für an der Zeit hielt, die Angelegenheit zu erzwingen, und zusammen mit drei Verwandten die Sau von A beschlagnahmte, um C zu „rufen".

Camote- Feld erstochen wurden und B aus Rache zwei aus Cs Gruppe das Leben nahm. Ich habe alle erdenklichen Anstrengungen unternommen, um eine informelle Entscheidung über die Angelegenheit zu erreichen, aber keine der Parteien schien darauf bedacht zu sein, sich zu einigen.

Aufgrund dieses Systems der privaten Beschlagnahmung gilt eine Gruppe von Kriegern, die von einem erfolglosen Überfall zurückkehrt, als gefährlich, und Siedlungen auf ihrer Spur versetzen sich in einen Zustand der Wachsamkeit,6 denn wenn sie zurückkehren, ohne ein Opfer gesichert zu haben, könnte die Gruppe dazu angestachelt werden eine Beschlagnahme, um dadurch dem Spott ihrer Feinde zu entgehen.

6 *Lá-ma* .

SCHULDEN UND SEXUELLE VERLETZUNGEN

Die lange anhaltende Nichtzahlung einer Schuld ist sehr häufig die entfernte Ursache für einen Krieg. Dies ist leicht zu verstehen, wenn man bedenkt, mit welcher Heiligkeit Schulden in Manóboland betrachtet werden. Eine übermäßige Verzögerung bei der Erfüllung von Verpflichtungen führt seitens des Gläubigers zu hitzigen und voreiligen Worten; Der Schuldner nimmt Anstoß und erwidert, es kommt zum Streit mit Bolos, wodurch eine Fehde entsteht, die unter günstigen Bedingungen über Generationen hinweg mit heftigen gegenseitigen Repressalien andauern kann. Ein Merkmal, das dazu beiträgt, die Zahl dieser Finanzstreitereien zu erhöhen, ist die Tatsache, dass Fragen der Verschuldung fast ausnahmslos während des Trinkens besprochen werden und der Gläubiger daher, einer uralten Regel auf der ganzen Welt folgend, häufig auf Persönlichkeiten eingeht.

Sexuelle Übergriffe sind ein Kriegsgrund. Nur ein einziger Fall wurde von mir persönlich bearbeitet, aber Fälle aus früheren Zeiten betrafen mich. Für mich besteht kein Zweifel an den Folgen eines schweren sexuellen Vergehens; es ist der Tod durch die Lanze oder den Bolo für den Täter, ohne viel zu verhandeln, wenn man der allgemein ausgesprochenen Manóbo-Meinung zu diesem Thema Glauben schenken darf.

BEGRÜNDUNG DES KRIEGES

KRIEGSERKLÄRUNG

Keine Herolde gehen aus, um dem Feind den bevorstehenden Konflikt anzukündigen. Im Gegenteil, es wird größte Geheimhaltung gewahrt. Handelt es sich um eine plötzliche und schwerwiegende Beschwerde, wie zum Beispiel den Tod eines Clansmitglieds, kann zum frühestmöglichen Zeitpunkt, wenn die Vorzeichen günstig sind, eine Gruppe von

Hinterhaltenden losgeschickt werden. Oder es wird beschlossen, die Siedlung des Feindes mit voller Kraft anzugreifen. Kommt es zu letzterer Entscheidung, wird ein Trupp zur Erkundung des Angriffsortes entsandt. Alle möglichen Informationen werden von den Nachbarn des Feindes eingeholt, und wenn die Aufklärung günstige Bedingungen für einen Angriff ergibt, wird der Marsch ordnungsgemäß begonnen. Sollte der Erkundungstrupp jedoch einen ungünstigen Bericht erstatten, wird der Angriff verschoben, bis sich nach Wochen, Monaten oder Jahren geduldiger, aber enger Aufmerksamkeit, Wachsamkeit und Nachforschung eine günstige Gelegenheit bietet.

Manchmal sendet ein mutigerer Kriegerhäuptling, der ein persönliches Anliegen hat, eine Kriegsbotschaft in Form eines Kampf-Bolo [7] oder einer Lanze mit einer beleidigenden Herausforderung, aber soweit ich feststellen konnte, kommt das selten vor. Es ist jedoch üblich, dass die bekannteren Kriegshäuptlinge ihre persönlichen Feinde durch regelmäßige Drohungen auf Trab *halten* . „Ich werde meinen Marsch in zehn Nächten beginnen", „Ich werde seinen Reis ernten", „Ich werde sein Herz und seine Leber essen", „Er wird vier Jahre lang keinen Reis säen können", „Ich brauche seine Frau." „meine *Camotes* zu pflanzen " – sind Beispiele für Botschaften, die einen Clansmann erreichen und ihn und seine Familie viele lange Jahre lang auf einem Berggipfel festhalten, bis die Drohung wahr wird und die Pfosten seines Hauses mit Kränzen geschmückt werden Sekundäres Wachstum, erzählen Sie die düstere Geschichte der Rache. Ich habe solche Pfosten überall im östlichen Mindanáo gesehen – eine Erinnerung an die Toten.

[7] *Li-kúd-lí-kud* .

ZEIT FÜR KRIEG

Der übliche Zeitpunkt für einen Krieg ist entweder der Todesfall in der Familie oder die Erntezeit. Ersteres wird gewählt, um durch die Siegesfreude die Trauer über den Verlust eines lieben Verwandten zu mildern und um den Jubel zu dämpfen, den der Feind bei einem solchen Anlass natürlicherweise empfinden und häufig zum Ausdruck bringen würde. Letzteres wird mit dem Ziel gewählt, die Reisernte des Feindes zu zerstören oder ihm zumindest die Ernte zu erschweren.

Krieg wird auch zu anderen Zeiten geführt. So würde eine plötzliche und schwere Provokation dazu führen, dass eine Expedition beginnt, sobald die erforderliche Anzahl an Kriegern versammelt ist und eine günstige Kombination von Vorzeichen vorliegt.

Es kommt oft vor, wurde mir immer wieder gesagt, dass, wenn ein Angriff erfolglos blieb, diejenigen, die den Angriff abgewehrt hatten, sich sofort

daran machten, ihre Feinde mit einem Pfeilregen zu überraschen, während
diese in ihre Häuser zurückkehrten, oder, falls dies der Fall war möglichst
schnell die vor ihnen liegende Siedlung erreichen und die wehrlosen Frauen
und Kinder massakrieren.

VORBEREITUNGEN FÜR DEN KRIEG

Die Fernvorbereitungen für den Krieg bestehen darin, das Haus des Feindes
zu lokalisieren und alle Informationen, auch die kleinsten, über die Wege, die
Position der Fallen und Bambusspeere zu beschaffen. All dies muss durch
einen Dritten erfolgen, vorzugsweise durch jemanden, der eine Beschwerde
zu befriedigen hat, und kann Monate oder sogar Jahre dauern, denn der
Manóbo ist ein vorsichtiger Kämpfer und geht keine unnötigen Risiken ein.
Während dieser ganzen Zeit wirbt die geschädigte Partei auf stille,
diplomatische Weise um den guten Willen so vieler Menschen, denen sie
vertrauen kann. Wenn er keinen anerkannten Kriegerhäuptling auf seiner
Seite hat, muss er sich auf jeden Fall die Dienste von mindestens einem
sichern, auch wenn es notwendig sein sollte, ihm eine materielle
Entschädigung anzubieten und auf verschiedene andere Weise seinen guten
Willen und seine Zusammenarbeit zu gewinnen.

Die unmittelbaren Vorbereitungen bestehen darin, einige der nächsten
männlichen Verwandten einige Tage oder sogar eine Woche vor dem
geplanten Angriff auszusenden, um die Siedlung des Feindes zu erkunden.
Nach der Rückkehr dieser Gruppe wird eine Nachricht an diejenigen
verschickt, die sich bereit erklärt haben, an der Expedition teilzunehmen, und
ein Tag und ein Ort für das Treffen werden festgelegt. Ein Schwein und ein
Vorrat Reis werden beschafft, und am vereinbarten Tag versammeln sich die
Verwandten und Freunde des Anführers am Rendezvous-Platz, der in fast
allen Fällen, die ich gesehen oder gehört habe, ein etwas abseits der Siedlung
gelegenes Haus war.

Mit einem Kriegerhäuptling werden bestimmte religiöse Riten als Amtsträger
^{durchgeführt}. Das Schwein wird wie gewohnt gegessen und wenn die Vorzeichen
günstig sind, ist alles bereit. Sollten die Vorzeichen jedoch Böses verheißen,
wird die Expedition auf einen günstigeren Anlass verschoben. In einem Fall,
den ich persönlich beobachtet habe, wurde die Abreise der Krieger aufgrund
ungünstiger Vorzeichen um mehrere Tage verschoben. Ich habe von einigen
Fällen gehört, in denen die Kriegspartei nach mehrtägigem Marsch
zurückkehrte, um auf beruhigendere Erfolgszeichen zu warten.

[8] Siehe Pkt. IV, Kap. XXVI.

Beim Aufbruch der Kriegspartei zeigen die Frauen keine besonderen
Trauerbekundungen. Rache ist wichtiger als Liebe. Darüber hinaus kommt

es selten vor, dass die Verluste auf der Seite der Angreifer mehr als eins betragen, so dass keine Angst besteht und alle optimistisch sind, was den Ausgang angeht, denn wurden die Vorzeichen nicht berücksichtigt und kündigten sie nicht so viele Tote an? und so viele Gefangene?

Die Band gleitet lautlos und heimlich in den Wald. Ein Kriegshäuptling, wenn jemand bereit war, sich der Expedition anzuschließen, führt sie normalerweise an, vermutlich begleitet von seinen unsichtbaren Kriegsgottheiten. Ein wenig voraus, nur eine Flüsterndistanz, sagen die Manóbos, schreitet Mandayáñgan voran, der Riese und Held der alten, alten Tage. Alle Ohren sind auf den Schrei der Turteltaube aufmerksam, und wenn ihre prophetische Stimme gehört wird, streckt jeder Arm die Hand in die Höhe und zeigt mit geschlossener Faust in ihre Richtung. Aber es wird nur die Richtung in Bezug auf den Führer berücksichtigt. Wenn dies ungünstig ist, wird der Marsch bis zum nächsten Tag unterbrochen, wenn dies jedoch günstig ist, geht die Gruppe weiter und wählt so weit wie möglich gewundene und selten ausgetretene Pfade.

Im Folgenden sind einige der Tabus aufgeführt, die von der Partei während der Fahrt beachtet werden müssen.

(1) Sie dürfen mit niemandem sprechen, dem sie auf dem Weg begegnen.

(2) Nichts, was einmal in die Hand genommen wurde, darf bis zum Einbruch der Nacht oder bis zur Ankunft in der feindlichen Siedlung weggeworfen werden. Daher muss ein Aststück, das in der Hand hängen bleibt und versehentlich abgebrochen wird, zurückgehalten werden.

(3) Sie dürfen nichts essen, was auf dem Weg gefunden wird. Daher ist das Töten von Wild verboten. Ich hörte von einem Mann, der bei einem vom Feind auf dem Weg organisierten Hinterhalt verwundet worden war. Er versicherte mir, dass sein Pech darauf zurückzuführen sei, dass er einen von einem Fischadler fallen gelassenen Fisch gefangen habe. [9]

[9] *Man-dá-git* .

(4) Die auf dem Weg mitgenommene Nahrung muss auf einem Schild, vorzugsweise dem des Anführers, platziert und von dort an die Mitglieder der Gruppe verteilt werden.

(5) Den Frauen der Krieger ist es verboten, sich unnötigem Geschrei und Lärm hinzugeben und bis zur Rückkehr ihrer Ehemänner so weit wie möglich im Haus zu bleiben.

(6) Auf dem Weg darf nicht gekocht werden, bis die Siedlung des Feindes erreicht ist. Dies bedeutet nicht, dass in einem Haus entlang des Weges kein Essen zubereitet werden darf. Im Gegenteil wurde mir versichert, dass es auf einer langen Reise üblich sei, bei einer freundlichen Person vorbeizuschauen

und ein Opfer zu bringen und gleichzeitig weitere Beobachtungen aus dem Bauch des Opfers zu machen. Ich war einmal Augenzeuge dieses Vorgangs und konnte auch beobachten, mit welcher Freude die Kriegspartei den inneren Menschen wieder auffüllte.

Neben Tabus gibt es eine Reihe böser Vorzeichen, vor denen man sich hüten muss. Wenn also eine Schlange den Weg kreuzen würde oder ein Insekt wie eine Biene oder ein Skorpion einen der Teilnehmer beißen oder stechen würde, wäre die Rückkehr der gesamten Gruppe notwendig, es sei denn, sie wären bereits zu weit fortgeschritten. Im letzteren Fall müssen andere Vorzeichen herangezogen werden, und wenn man den Eindruck hat, dass diese neuen Vorzeichen die Wirkung der vorherigen neutralisiert haben, kann der Marsch fortgesetzt werden. Es liegt auf der Hand, dass es durch das Beobachten und erneute Beobachten von Vorzeichen zu großen Verzögerungen kommt und die Expedition manchmal gestoppt wird. Auf der Fahrt, die ich 1907 begleitete, stieß die Turteltaube einen Schrei aus, dessen Richtung weder Gutes noch Böses bedeutete, und der Anführer äußerte damals seine Meinung, dass das Ziel der Expedition nicht erreicht werden würde. Er wurde jedoch von der übereinstimmenden Meinung seiner Gefährten überstimmt und der Marsch wurde wieder aufgenommen. Ungeachtet der Tatsache, dass sich die darauffolgenden Zeichen allesamt als günstig erwiesen, hatte das erste Omen, wie ich sehr deutlich bemerkte, die Stimmung der Gruppe gedrückt. Als meine Bemühungen, den Streit kampflos beizulegen, scheiterten und man sich für einen offenen Angriff entschied, schien es in der Partei keine Moral mehr zu geben, und der Angriff wurde ohne besonderen Grund abgebrochen. Dieses Beispiel wird dazu dienen, den kompromisslosen Glauben der Manóbo an Vorzeichen, insbesondere an die Turteltaube, zu zeigen.

Es gibt ein Omen besonderer Art, das auf dem Kriegspfad von besonderer Bedeutung ist. Auf einer solchen Reise werden rote Paprika und Ingwer in beträchtlichen Mengen verzehrt, um angeblich den Mut zu stärken. Natürlich spürt man, egal wie sehr man sich an diese Gewürze gewöhnt hat, bis zu einem gewissen Grad ihre Schärfe, so dass der Krieger, der keinen scharfen, beißenden Geschmack wahrnimmt, dies als ein schlechtes Omen ansieht und, obwohl er damit einhergeht seine Kameraden zum Schauplatz des Kampfes bringen, beteiligt sich nicht an dem Angriff.

Wie bereits erwähnt, ist es üblich, bei einem befreundeten Haus, das dem des Feindes am nächsten liegt, Halt zu machen und einige der Truppen zu einer weiteren Erkundung nach vorne zu schicken. Wenn jedoch kein Haus verfügbar ist, wird irgendwo Halt gemacht. Ein Grund dafür ist, dass sie bei Einbruch der Dunkelheit oder in der Nacht in der Nähe der Siedlung ankommen können.

Wenn die Gruppe nur noch wenige Meilen vom eigentlichen Aufstieg zum Berg entfernt ist, auf dem sich das Haus des Feindes befindet, wird erneut an einer verborgenen Stelle Halt gemacht und einige der erfahreneren Krieger rücken in der Abenddämmerung auf dem Weg zum Haus vor. Wenn der Feind in einem Zustand ständiger Wachsamkeit war, ist dieses Unterfangen äußerst schwierig. Das Haus liegt auf der Spitze eines hohen Hügels und ist oft nur über eine Reihe von Sümpfen zugänglich. Darüber hinaus muss man steile Anstiege erklimmen und ein Netzwerk aus gefällten Bäumen und anderen Hindernissen durchbrechen, die sich der Leser leicht vorstellen kann. Darüber hinaus besteht die Gefahr durch aufgestellte Fallen für Menschen und Tiere sowie durch scharfe Bambussplitter, die rund um das Haus und auf den Wegen verteilt sind. So kann man sich einen guten Überblick über die Schwierigkeiten verschaffen, mit denen sich diejenigen konfrontiert sehen, die sich in der Stille und Dunkelheit der Nacht über alles informieren, was für einen erfolgreichen Angriff notwendig ist. Nachdem die Späher um das Haus herumgegangen sind, Fallen ausgespannt und genügend Bambussplitter entfernt haben, um einen sicheren Durchgang zu ermöglichen, kehren sie ins Lager zurück und es findet eine geflüsterte Beratung statt. Jedem Mann werden Positionen zugewiesen und ein allgemeiner Angriffsplan erstellt. Dann tappen sie im Dunkel der Nacht weiter, ohne ein einziges Geräusch außer dem ihrer eigenen stolpernden Schritte zu hören, positionieren sich rund um die Siedlung und warten mit angehaltenem Atem auf den Anbruch des Tages.

<h2 style="text-align:center">DER ANGRIFF</h2>

<h2 style="text-align:center">ZEIT UND METHODEN DES ANGRIFFS</h2>

Als Stunde für den Anfall wird der Tagesanbruch gewählt, da man dann den Schlaf als am gesündesten und die Schläfrigkeit und Trägheit nach dem Erwachen als stärker ansieht. Darüber hinaus ist zu diesem Zeitpunkt genügend Licht vorhanden, damit die angreifende Partei ihre Gegner sehen kann, egal ob sie kämpfen oder fliehen.

Die Anzahl der Kämpfer hängt ganz von der Stärke und Position des Feindes ab. In der Regel werden so viele wie möglich für eine Expedition rekrutiert, bei der der Feind über zahlenmäßige Stärke und eine starke Position verfügt. Bei der Expedition, die ich 1907 begleitete, zählte die Truppe etwa 60 Mann. Ich habe von Kriegstrupps mit einer Stärke von 150 gehört.

^{Lanzen}, indem sie in den düsteren Kriegsruf ausbrechen, durch den Boden oder durch die Seiten des Hauses, wenn es niedrig genug ist. Dann ziehen sie sich zurück und stellen durch Zuhören und Befragen fest, ob noch einer der Insassen überlebt. Wenn jemand am Leben bleibt, muss er sich ergeben.

Wenn es sich jedoch um eine große Siedlung handelt, die aus einem oder mehreren hohen Häusern besteht, ist die Sache schwieriger. Die Angreifer dringen zum Haus vor, und wenn der Boden außer Reichweite ihrer Lanzen ist, können einer oder mehrere der Mutigeren leise die Pfosten hinaufklettern und, nachdem sie einen oder mehrere der Insassen mit ein paar Stößen erledigt haben, eilig zu Boden gleiten. Dann ertönt der Schlachtruf, um die Bestürzung zu verstärken, die im Haus zu herrschen begonnen hat. Wenn bekannt ist, dass der Feind über einen großen Vorrat an Pfeilen verfügt, ziehen sich die Angreifer zurück und erlauben ihm, einen Teil ihres Vorrats zu verbrauchen.

Im Kampf werden keine unnötigen Risiken eingegangen. Wenn man davon ausgeht, dass der männliche Teil des Feindes in der Lage ist, sich zu wehren, nähert man sich dem Haus nicht, sondern es findet ein Kampf mit Pfeilen statt, bei dem die Angreifer vorrücken, um den Feind zum Schießen zu verleiten, während ihre Bogenschützen, normalerweise nur wenige an der Zahl, antworten . Während dieser ganzen Zeit kommt es auf beiden Seiten zu scharfen Worten, Drohungen und Verwünschungen. „Ich werde deine Haare haben", „Ich werde deine Leber essen", „Ich werde deinen Sohn opfern", „Deine Frau wird mein Wasser bekommen", sind einige der Ausdrücke, die verwendet werden. Die Trommel und der Gong im Haus können während dieser Zeit als Zeichen der Not geschlagen werden, um Verwandte oder Freunde anzurufen, die in Hörweite wohnen. Die Priesterinnen der angegriffenen Partei bringen möglicherweise ein regelmäßiges Opfer dar, wenn sich ein Huhn oder ein Schwein im Haus befindet, und flehen ihre Gottheiten an, sie in dieser Stunde der Gefahr zu beschützen.

Wenn angenommen wird, dass die Pfeile des Feindes verbraucht sind, versucht der Angreifer, mit einem brennenden Pfeil das Dach in Brand zu setzen. Sollte dies gelingen, sind die Insassen verloren, denn wenn sie aus dem Haus fliehen, greift der Feind sie an und tötet Männer und Frauen, ob verheiratet oder ledig, mit Lanzen oder Bolos. In der Regel bleiben nur die Kinder verschont.

Sollte das Dach jedoch nicht in Brand geraten, kommt ein anderes Angriffsmittel zum Einsatz. Sie setzen ihre Schilde in einer Formation auf den Kopf, die dem alten römischen Testudo ähnelt, rücken in Gruppen von vier oder sechs Personen zum Haus vor und beginnen, die Pfosten niederzuschlagen. Aber auch hier könnten sie vereitelt werden, denn es kam vor, dass die Bewohner des Hauses mit großen Steinen versorgt wurden oder ein wenig kochendes Wasser zur Hand hatten und ihre Gegner aus Angst vor den Pfeilen zum Rückzug zwangen Sie werden auf jeden Fall folgen, wenn die Steine die Anordnung ihrer Schilde durchbrochen haben. Darüber hinaus hat der gewöhnliche Manóbo, der in Erwartung eines Angriffs früher oder später gelebt hat, sein Haus auf eine Anzahl von Pfosten zwischen 12 und 20 gestellt. Es würde nicht wenig Zeit erfordern, diese abzuschneiden, und die Angreifer wären in Gefahr Verwundungen zu erleiden und damit den Angriff zu beenden, *denn es ist die ausnahmslose Praxis, dass sich die Partei zurückzieht, nachdem eines ihrer Mitglieder verwundet oder getötet wurde* . Den Grund für diesen Brauch kann ich nicht nennen. Im Jahr 1907 ereignete sich am Argáwan ein Vorfall, den ich bestätigte, und in den verschiedenen Berichten über Manóbo-Kämpfe, die ich im gesamten Agúsan-Tal erhielt, gab es zahlreiche Beispiele für die Einhaltung dieses Brauchs.

Bei der Belagerung des Hauses, das mehrere Tage lang nicht eingenommen werden kann, kann es passieren, dass Feuerholz, Nahrung oder Wasser schnell zur Neige gehen und die Belagerten dem Hunger oder Durst erliegen. In ihrer letzten Notlage stürmen sie in die Freiheit, besonders nachts, und obwohl viele von ihnen Opfer werden, retten sich nicht wenige häufig.

Manchmal, so wurde mir gesagt, stürmen die Belagerten vorwärts und stoßen auf tödliche Kämpfe. Wieder heißt es, die Männer hätten ihre Frauen und Kinder mit eigenen Händen getötet und seien dann ausgezogen, um dem Feind entgegenzutreten. Pater Urios, SJ, erwähnt einen solchen Fall.

Die Zahl der Erschlagenen und Gefangenen hängt von der Größe der Siedlung ab. In einem Fall, den ich am Húlip-Fluss im oberen Agúsan bestätigte, kamen bei einem Angriff etwa 190 Seelen ums Leben. Obwohl diese Zahl groß erscheint, zeigt sie doch, dass gelegentlich Razzien in etwas größerem Umfang durchgeführt werden, als man erwarten könnte.

Während jeder der angreifenden Parteien das ihm in den Weg fallende Opfer niederschlägt, benachrichtigt er seine Gefährten durch einen heftigen Schrei darüber und ruft gleichzeitig den Namen seines Opfers. Dadurch sollen spätere Streitigkeiten vermieden und die Anerkennung der Tötung gesichert werden. Obwohl das Töten einer Frau dem Krieger keinen besonderen Titel verleiht, fügt es seiner Ruhmesliste dennoch einen hinzu und soll ihn eher dazu bringen, in die Gunst einer Kriegsgottheit zu fallen. Es heißt, dass in den Wirren der Flucht viele Frauen ihr Ende fanden, doch viele blieben in den Häusern und übergaben sich der Gnade ihrer Entführer. Einige von ihnen, vor allem die Jüngeren, werden mit Rattan gefesselt, wenn sie Widerstand leisten, und zur Siedlung ihrer Entführer geschleppt.

Sobald festgestellt wird, dass niemand mehr da ist, der Widerstand leisten könnte, schmücken die Krieger ihre Lanzen mit Blättern der *Palma Brava* oder anderen Palmwedeln, die in der Nähe zu finden sind.

Viele Kriegerhäuptlinge, insbesondere der Gruppe Debabáon [11], haben mir den Kampf beschrieben und alle sind sich einig, dass er im Allgemeinen nur von kurzer Dauer ist. Dies lässt sich aufgrund der Vielzahl an Vorkehrungen erwarten, die zur Sicherstellung des Erfolgs getroffen werden. Allen Berichten zufolge wird ein fest verschanzter Feind selten angegriffen, es sei denn, es wird festgestellt, dass ein beträchtlicher Teil der männlichen Mitglieder abwesend ist.

[11] Babáo ist der Bezirk zwischen den Flüssen Sálug und Libagánon.

Um die Angriffsmethode zusammenzufassen, basierend auf dem, was ich während meines Aufenthalts bei den Manóbos gelernt habe, kann ich sagen, dass es keine allgemeinen oder partiellen Begegnungen gibt. Das Haus oder die Siedlung wird kurz vor Tagesanbruch heimlich umzingelt, wobei die Krieger in Abständen in Dreier- oder Vierergruppen um die Siedlung verteilt sind und wenn möglich durch Bäume geschützt werden. Der Anführer, der fast immer ein Kriegerhäuptling ist, nimmt seine Position mit einigen treuen Kriegern an der Stelle ein, an der er dem Haus am nächsten ist, oder an einem anderen strategischen Punkt. Die wenigen Pfeilschützen sind in seiner Nähe stationiert. Sie arbeiten im Nachteil, da sie nach oben schießen müssen, während ihre Gegner in den Häusern ihre Pfeile nach unten abfeuern können.

Von diesen Positionen aus unternimmt der Angreifer alle Anstrengungen, um Panik unter den Bewohnern des Hauses auszulösen, indem er entweder die Pfosten, die das Haus stützen, niederreißt oder das Dach beschießt. Wenn eines der Ziele erreicht wird, stürmen die Belagerten weiter, nur um die Spitze der Lanze oder die Kante des Bolo zu treffen.

Es gibt keine vorab abgestimmten Bewegungen, keine Kombinationen mit Zentren, Flügeln und Reserven. Der Häuptling hat während des Kampfes wenig oder gar keinen Einfluss auf seine Anhänger, obwohl er aufgrund seines persönlichen Könnens als Stütze der Stärke angesehen wird und dies zweifellos tun würde, wenn er die Gelegenheit dazu hätte oder wenn die Beschimpfungen und Scherze extrem wären , nehmen Sie an einer Nahbegegnung teil. Zahlreiche Fälle dieser Art sind aktenkundig.

An dem Angriff nehmen weder Frauen noch Priester teil. Es gibt keine Redner, die die Krieger zu tapferen Taten inspirieren könnten. Anstelle von Reden üben die Krieger auf beiden Seiten die grausamsten Beschimpfungen aus, die man sich vorstellen kann. Eine Herausforderung nach der anderen wird von den Belagerern trotzig geschrien. Bei der Expedition, der ich mich im Jahr 1907 anschloss, forderte die angreifende Gruppe ihre Feinde unaufhörlich zum Niedergehen auf, während diese im Gegenzug die Belagerer zum Heranrücken aufforderten. Keine Partei schien bereit zu sein, das Risiko einzugehen, also schossen die Pfeilschützen, die Priesterinnen in den Häusern setzten ihre Anrufungen fort und alle heulten allen anderen Herausforderungen und Verwünschungen entgegen.

EREIGNISSE NACH DER SCHLACHT

FEIER DES SIEGES

Nachdem der Kampf vorbei ist, führen die Kriegerhäuptlinge eine Zeremonie durch, von der ich nur wenige Einzelheiten erfahren konnte. Man sagt, dass sie von ihren schützenden Kriegsgeistern besessen werden. Sie tanzen und springen um den leblosen Körper ihres Hauptfeindes herum. [12] Nachdem sie ihren Tanz aufführten, öffneten sie die Brust des Feindes, entfernten Herz und Leber und steckten ihre Amulette in die Öffnung. [13] Wenn Herz und Leber gekocht sind, werden sie verzehrt. Aber wie mehrere Kriegshäuptlinge mir versichert haben, sind es nicht sie, die am Fleisch teilhaben, sondern ihre Schutzgottheiten. Wie dem auch sei, Zitrone [14] wird, wann immer verfügbar, mit den blutigen Speisen vermischt. Einige Krieger teilten mir mit, dass ihre Gottheiten rohes Herz und rohe Leber bevorzugten.

[12] Ihre Zunge soll „handtellerlang" aus ihrem Mund herausragen. Das mag etwas übertrieben erscheinen, aber ich kann die Sache nicht weiter erläutern.

[13] *Ta-li-hán* .

[14] *Sú-ái* . Es ist interessant festzustellen, wie häufig Zitronen oder Limetten in religiösen Prozessen verwendet werden.

Es ist völlig legitim, das Haus des Feindes zu plündern und so wenig Wertgegenstände wie möglich mitzunehmen. Das Haus oder die Häuser werden dann niedergebrannt, und die Sieger lassen die Erschlagenen dort zurück, wo sie gefallen sind, und eilen mit ihren Gefangenen zurück, um die Liebsten zu Hause zu bejubeln. [15]

[15] Ich habe gehört, dass die Körper der Erschlagenen aufrecht in Löcher in der Erde gelegt werden. Soweit ich weiß, ist dies ein außergewöhnliches Verfahren.

Man sagt, dass die Angreifer in der Regel siegreich sind, denn selten greifen sie einen zu stark verschanzten Feind an. Sie warten lieber, sogar jahrelang, bis sich eine Gelegenheit bietet, die zeitlich, örtlich und unter den Umständen günstig ist. Nur unter besonderer Provokation, etwa durch ständige Angriffe ihres Feindes, greifen sie ihn an, während er sich in einer starken Position befindet, und dann eher mit der Absicht, seine Ernte zu zerstören, als mit der Hoffnung, ein Opfer zu ergattern.

Die Gefangennahme von Sklaven

Die Gefangennahme von Sklaven ist eines der wichtigen Merkmale der Expedition. Ein Sklave geht in den Besitz des Entführers über, obwohl eine bestimmte Anzahl sehr häufig als Bezahlung an den oder die Kriegerhäuptlinge gegeben wird, die engagiert wurden, um dem Überfalltrupp zu helfen. Diese Anzahl ist abhängig von einer vorherigen Vereinbarung. Das Alter des Gefangenen entscheidet darüber, ob er in Gefangenschaft genommen oder an Ort und Stelle getötet wird. In der Regel werden alle bis auf Kinder unter dem Pubertätsalter dorthin geschickt, da sie bei Gefangennahme früher oder später Gefahr laufen, zu fliehen. Mehrere Kriegerhäuptlinge versicherten mir jedoch, dass die besser aussehenden unverheirateten Mädchen nicht getötet, sondern zur Verheiratung gehalten oder in der Ehe verkauft werden, was dem Besitzer eine stattliche Vergütung einbrachte. Der Leser darf nicht annehmen, dass dies irgendetwas impliziert, das mit der Sexualmoral unvereinbar ist, denn diese Sklavinnen werden mit der gleichen Zartheit behandelt, als wären sie die Töchter des Entführers. Auf die zahlreichen Nachfragen, die ich zu diesem Punkt stellte, gab es nur eine Antwort – dass der Geschlechtsverkehr mit ihnen schmutzig sei und den Täter zum *Ga-bá-an machen würde*. [16] Ein Krieger, der sich eines Verstoßes gegen dieses Tabu schuldig machen würde, würde vermutlich niemals den Rang eines Kriegerhäuptlings erreichen. Sollte einer der Krieger den Wunsch haben, seine Gefangene zu heiraten, muss er sich einem Reinigungsprozess unterziehen, dessen Einzelheiten ich nicht angeben kann.

[16] Ich konnte die Bedeutung dieses Wortes noch nie begreifen. Es wird von Bisáyas in der Form *hi-ga-bá'-an verwendet*, die offenbar eine sehr ähnliche Bedeutung hat.

[17] *Hú-gad*.

Das obige Tabu geht sogar noch weiter. Nicht nur die Persönlichkeit der lebenden weiblichen Gefangenen ist zu respektieren, sondern auch die der Toten, sofern es als ungebührlich angesehen wird, ihnen Gegenstände wie Armbänder oder Haare abzunehmen. Den Körpern der Menschen wird jedoch alles entzogen, sogar ihre Haare, und sie werden dann gnadenlos gehackt und behauen.

DIE RÜCKKEHR DER KRIEGER

Wenn die Kriegspartei keinen Erfolg hat, kehren sie hastig und vorsichtig zurück. Es kommt häufig vor, dass der Feind eine Abkürzung nimmt, da er mit der Geographie der Region besser vertraut ist, und an einem geeigneten Punkt einen Hinterhalt legt. Aus diesem Grund wird die Heimkehr sorgfältig überwacht; Einige Krieger übernehmen die Führung, und wo man einem ausgetretenen Pfad folgt, halten einige auf jeder Seite in einem Abstand von mehreren Metern Wache, um nicht in einen Hinterhalt zu geraten. Wenn die Gruppe ihre Siedlung erreicht, repariert jeder sein eigenes Haus. Für das

Scheitern werden tausendundeine Gründe angeführt, aber niemals wird es auf eine Falschheit der Vorzeichen zurückgeführt – irgendetwas anderes als das. Sollte die Bande jedoch siegreich gewesen sein oder zumindest den Tod des Hauptfeindes herbeigeführt haben, können ihre Freude und ihr Jubel kaum in Worte gefasst werden. Die Wälder hallten von ihren wilden Schreien und dem unheimlichen Heulen des Schlachtrufs wider. Jeder rüstet sich mit einer Bambustrompete und lässt den Wald mit seinem tiefen Dröhnen erklingen. Die Gefangenen, die Widerstand leisten, werden mitgeschleppt oder sogar getötet, wenn sie zu lästig werden. Bei der Annäherung an eine befreundete Siedlung verdoppelt sich der Lärm und die gesamte Siedlung begrüßt die Sieger. Aber als sie ihre Heimatsiedlung erreichen, ist die Szene unbeschreiblich. Ich war Zeuge eines solchen Ereignisses. Bevor die Gruppe in Sicht kam, waren die Bambustrompeten zu hören, zunächst schwach und dann immer lauter. Sobald sich die werdenden Frauen und die wenigen im Dorf verbliebenen Männer davon überzeugt hatten, dass ihre Verwandten und Freunde zurückkehrten, wurden als Antwort Trommeln und Gongs geschlagen. Die jungen Männer und Jungen stürmten hinaus und überquerten den Fluss auf ihren Flößen oder in ihren Booten in den Wald, um den Eroberern zu begegnen. Sogar die Frauen wurden ausgelassen und stießen laute Schreie aus. Einige Minuten vor dem Erscheinen der Gruppe war der Kriegsschrei zu hören, und als sie auf der anderen Seite des Flusses in Sicht kamen, war der Lärm unbeschreiblich. Der Gong und die Trommel wurden zum Ufer gebracht und das Kriegstattoo wurde geschlagen. Das Klirren des Gongs, das Rollen der Trommel, das Dröhnen der Trompeten, das Heulen des Kriegsrufs und die lustvollen Schreie und Schreie der Freude, des Willkommens und der Nachfrage erzeugten ein Tumult, das jede Beschreibung unmöglich macht. Bevor die Sieger den Fluss überquerten, nahmen sie alle ein Bad, [18] nicht aus hygienischen, sondern aus zeremoniellen Gründen. Dem Bad wird eine reinigende Wirkung zugeschrieben, da es den bösen Einfluss des Todes beseitigt.

[18] Das sei ein unveränderlicher Brauch, wurde mir gesagt.

[19] *Bá-ho* , buchstäblich übler Geruch.

entfernten sie die Palmwedel, mit denen sie ihre Lanzen geschmückt hatten, und steckten sie ihren Frauen und Freunden auf den Hals und auf die Köpfe. Später wurde ein Bankett vorbereitet und dem Leser bleibt es überlassen, sich die darauffolgenden Feierlichkeiten selbst auszudenken. Es wird gesagt, dass zu dieser Zeit nicht selten einige der Gefangenen den erfolglosen Kriegern zum sofortigen Abschlachten übergeben werden. Dass dies geschehen ist, habe ich absolut keinen Grund zu bezweifeln, aber allen Grund zu glauben. Ich habe gehört, wie viele untereinander beschrieben haben, wie es gemacht wurde und welche Freude es ihnen bereitete, sich an einem ihrer Erbfeinde rächen zu können.

[20] Genannt *Ma-yún-hau* . Es wird gesagt, dass diese häufig mit dem Blut der Erschlagenen befleckt sind.

Hinterhalte und andere Methoden der Kriegsführung

Ambush [21] ist laut Manóbo-Gepflogenheiten eine legitime Methode der Kriegsführung. Es besteht darin, sich mit einem oder mehreren Begleitern an einem Ort aufzuhalten, an dem der Feind voraussichtlich vorbeikommt. Ein beliebter Ort für den Hinterhalt ist der Weg zwischen dem Haus des Feindes und seinem Reis- oder *Camote-* Feld, aber auch ein Ort an einem Flussufer oder an einem anderen geeigneten Punkt kann gewählt werden. Um zu verhindern, dass der Feind den Hinterhalt entdeckt, werden große Vorsichtsmaßnahmen getroffen, indem Blätterschirme aufgestellt werden. Dies geschieht immer auf der rechten Seite [22] und sehr häufig ist ein Vorrat an Stöcken und Steinen bereit. Die Position auf der rechten Hand wird gewählt, weil sie den Hinterherfahrenden die Möglichkeit gibt, der schwächeren Seite des Feindes, die alle den Schild in der linken Hand tragen, einen Schlag zu versetzen.

[21] *Báñg-an* .

[22] Mit der rechten Hand ist die rechte Hand der anzugreifenden Partei gemeint.

Es ist üblich, ein Ohr oder den rechten Unterarm eines im Hinterhalt Getöteten als Beweis für seinen Tod zu nehmen, wenn die Umstände des Hinterhalts einen solchen Beweis erfordern. Ein Vorfall ereignete sich bei meinem ersten Besuch im oberen Agúsan im Jahr 1907. Drei Mañgguáñgans wurden von einer gemischten Gruppe aus Manóbos und Debabáons überfallen, und die oben genannten Körperteile wurden von den Siegern als Beweis für die Tötung zu ihren Clans gebracht .

Nach einem Bruch zwischen zwei Parteien geraten eine oder beide in einen Zustand, der durch das Wort *láma ausgedrückt wird* . Dies bedeutet, dass einer oder beide von ihnen sein Gehöft verlassen und sich und die Mitglieder seines Haushalts (normalerweise einige Schwager mit ihren Familien) an einen schwer zugänglichen Ort verlegen. Wenn das Haus auf einer Klippe oder einem Hügel gebaut werden kann, der nur von einer oder zwei Seiten zugänglich ist, umso besser. Auf einem solchen Gelände wird ein Haus [23] mit einer Höhe zwischen 5 und 8 Metern gebaut, manchmal, wenn auch heutzutage selten, auf einem Baumstamm. Das gefällte Holz am Waldrand bleibt unverbrannt. Im umliegenden Wald werden Bambus- oder *Palma-Brava- Faltenfüße aufgestellt.* Darüber hinaus können Fallen [24] für Menschen aufgestellt werden, wenn der Verdacht besteht, dass ein Angriff bevorsteht. An bestimmten Orten habe ich gesehen, wie um das Haus herum ein Zaun errichtet wurde. Manchmal kann eine Mauer aus altem Bambus vom Boden bis zum Boden gebaut werden, wobei sie unten in einem Winkel von etwa 70° zum Boden nach innen geneigt ist. Die Leiter ist immer ein Baumstamm mit mehreren Kerben. Rindenstreifen oder sogar Bambusschindeln können das Dach bilden, aber in der Regel nutzt der Manóbo sein Glück mit einem Dach aus Rattanblättern.

[23] *I-li-hán* .

[24] *Bá-tik* .

[25] *In-á-gud* .

Wenn man sich dem Haus eines Wachmanns nähert, ist es nicht ungewöhnlich, auf dem Weg bestimmte Zeichen zu finden. So wird häufig ein zerbrochener irdener Topf aufgehängt, oder wenn der Weg zum Haus eines Kriegerhäuptlings führt, sind dort wahrscheinlich der geteilte Bambus namens „ *binúka* " und eine Reihe von Schösslingen, die an einer bestimmten Stelle auf dem Weg niedergeschlagen wurden, zu finden Welche Zeichen sind ein Symbol für das böse Schicksal, das denen widerfahren wird, die es wagen, den bewachten Bereich zu betreten?

Niemand außer einem nahen Verwandten darf in einer bestimmten Entfernung von einem Haus wohnen, das sich im Verteidigungszustand befindet, und niemand darf es außer auf besonderen Wunsch besuchen. Wenn der Häftling jemanden treffen muss, bestimmt er einen Rendezvous-Platz an einer Stelle im Wald, und dort kündigt der Besucher seine Anwesenheit an, indem er auf den Pfeiler eines Baumes schlägt oder ein anderes vorher abgestimmtes Signal ausgibt. Ersterer könnte misstrauisch sein und zunächst umhergehen, um die Fußabdrücke zu untersuchen, bevor er es wagt, sich ihm zu nähern.

FRIEDEN [26]

[26] *Dug-kút* .

Wenn die gegnerischen Parteien ihre Blutabrechnungen ausgeglichen haben und der Hinterhalte, Überraschungen, dem Verlust von Verwandten, der Zerstörung von Ernten und ständigen Kämpfen und Flucht überdrüssig sind, vereinbaren sie, Frieden entweder durch einen befreundeten Häuptling oder durch eine formelle Friedensstiftung zu schließen. Der Wunsch, Frieden zu schließen, wird dadurch zum Ausdruck gebracht, dass dem Feind ein Arbeitsbolo geschickt wird. Wenn es akzeptiert wird, ist es ein Zeichen dafür, dass der Wunsch auf Gegenseitigkeit beruht. Wenn er jedoch erwidert wird, muss ein Schlichtungsverfahren durch einen Dritten eingeleitet werden, in der Regel durch einen Kriegerhäuptling oder einen *Datu* . Zu diesem Zweck wird ein freier Freiraum, beispielsweise eine große Sandbank, eingerichtet und ein Tag festgelegt.

Am festgesetzten Tag treffen die Parteien in getrennten Gruppen ein und beziehen ihre Positionen einander gegenüber, wobei eine Linie gezogen oder ein langes Stück Rattan auf den Boden gelegt wird, an dem kein Mitglied einer Partei vorbeigehen darf. Die Angelegenheiten werden dann im Beisein der zu diesem Zweck ausgewählten Daten oder einflussreichen Personen besprochen, und nach der Begleichung von Blut- und anderen Schulden vereinbaren die Anführer, die Zahlungen zu einem bestimmten Zeitpunkt zu leisten und damit der Fehde ein Ende *zu* setzen . Als Zeichen ihrer Aufrichtigkeit teilen sie ein Stück grünes Rattan zwischen sich auf. [27] Dann wird Bienenwachs [28] verbrannt. Dabei handelt es sich um eine Art Eid, der dazu dient, sie an ihre Verträge zu binden. [29]

[27] Ich wurde über einen sehr interessanten Brauch informiert, der angeblich von der Banuáon-Gruppe bei der Lösung ihrer Probleme befolgt wurde. Es wurde gesagt, dass Frieden durch Nahkämpfe geschaffen wird, in denen einzelne Gegnerpaare so lange kämpfen, bis die als Schiedsrichter fungierenden *Datus dem einen oder anderen den Sieg zusprechen*. Dies nennt man *din-a-tú-an* .

[28] *Tó-tuñg* .

[29] Ich war nie Zeuge einer Friedensstiftung und hatte nie die Gelegenheit, bei einem der oben erwähnten Kämpfe des Banuáon-Volkes mitzuhelfen.

KAPITEL XIX

POLITISCHE ORGANISATION: ALLGEMEINE GRUNDSÄTZE DER JUSTIZVERWALTUNG;
Brauchtums-, Eigentums- und Haftungsgesetze

ALLGEMEINE ÜBERLEGUNGEN

Bisáyas und andere Menschen, die mehr oder weniger vertraut mit Manóbos zu tun hatten, vertreten fast immer die Aussage, dass Manóbos Gerechtigkeit die Unterdrückung der Schwachen durch die Starken sei; dass es im gesellschaftlichen Umgang kein Gewohnheitsrecht gibt, außer jenem, das auf der Launenhaftigkeit und Schurkerei der Kriegerhäuptlinge und derer beruht, die den größten Einfluss und die größte Gefolgschaft haben. Nun lehne ich solche Aussagen und Gerüchte aufs Schärfste ab, da sie entweder auf mangelnder Vertrautheit beruhen; zu einer allzu bereitwilligen Tendenz, böswilligen Berichten Glauben zu schenken; oder auf unverhüllte Abneigung und Verachtung gegenüber Manóbos. Ich habe mit diesen Naturvölkern über einen längeren Zeitraum hinweg in familiärer Atmosphäre gelebt und keine Anzeichen von Unterdrückung und Tyrannei gefunden. Manchmal kommt es zu Streitigkeiten und Missverständnissen, manchmal geraten die Menschen in Wut, es kommt immer wieder zu Morden, aber solche Dinge passieren auch bei anderen Völkern. Angesichts des mangelnden Zusammenhalts zwischen Stämmen und Clans im Manóboland ist es wirklich überraschend, dass solche Vorkommnisse nicht häufiger oder gar anhaltend vorkommen. Die Aussage, dass die Krieger und andere einflussreiche Männer durch Willkür und Unterdrückung regieren, ist unbegründet. In Manóboland gibt es keinen Zwang, es sei denn, er entsteht durch den Einfluss von Verwandten und durch sanfte Überredung und allgemeine Zustimmung. Ein Kriegerhäuptling oder jeder andere Mann, der versuchen würde, eine despotische Hand einzusetzen oder sogar unverschämt, anspruchsvoll oder unerbittlich zu sein, würde nicht nur seine Freunde und seinen Einfluss verlieren, sondern auch Feindseligkeit erregen und sich selbst und seine Verwandten in den Schatten stellen in Gefahr.

Es muss von Anfang an klar sein, dass es in Manóboland weder eine etablierte Justizbehörde noch ein bestimmtes Rechtssystem gibt. Es gibt keine Gerichte und keine Strafen wie Gefängnis, Folter und Auspeitschung. Alle gesellschaftlichen Beziehungen, bei denen jemand eine Verpflichtung gegenüber einem anderen eingeht, werden durch den Grundsatz geregelt, dass alle nach den geltenden Bräuchen handeln müssen. Dieser Grundsatz bestimmt das Vorgehen selbst von Häuptlingen und einflussreichen Männern, wenn sie versuchen, durch die Wucht ihres Einflusses eine Einigung herbeizuführen.

Freiwillige und unfreiwillige Abweichungen von ausgetretenen Pfaden führen zu Streitigkeiten, wenn diese Abweichungen die Rechte anderer beeinträchtigen. Jemandem die Gastfreundschaft des Hauses zu verweigern oder ihn bei der Verteilung von Betelnüssen absichtlich zu übersehen, würde daher zu einem Streit führen, da diese Höflichkeiten üblich und daher obligatorisch sind.

Die Bestrafung einer Verletzung der Gewohnheitspflicht wird dann zu einer Angelegenheit der Privatgerichtsbarkeit. Der Geschädigte verlangt entweder allein oder über seine Verwandten und Freunde, die ihn für seine Sache interessieren, vom Täter Wiedergutmachung. Gelingt es ihm nicht, sich durch Berufung auf das Gewohnheitsrecht, gestützt auf die übereinstimmende Meinung der Angehörigen auf beiden Seiten, durchzusetzen, nimmt er die Gerechtigkeit selbst in die Hand und tötet seinen Gegner oder befiehlt, ihn zu töten.

ALLGEMEINE GRUNDSÄTZE

Das Prinzip der materiellen Substitution

Das Manóbo-Rechtssystem befindet sich noch in seinem unbestimmten Urstadium. Seine Grundprinzipien betreffen die Beibehaltung, Erhaltung und Übertragung von Eigentum. Im Gegensatz zu den hochentwickelten Rechtssystemen der Welt tendiert es im Allgemeinen dazu, Verstöße als zivilrechtliches und nicht als strafrechtliches Unrecht zu betrachten. Daher wird die große Mehrheit der Verstöße gegen die Rechte eines anderen schnell geduldet, wenn eine ordnungsgemäße Wiedergutmachung mit gutem Willen geleistet wird. Darin ist es weitaus humaner als andere Systeme, die nicht nur Gerechtigkeit für den Geschädigten, sondern auch körperliche Bestrafung des Übeltäters anstreben.

RECHT AUF EINE FAIRE ANHÖRUNG

Meiner Beobachtung nach wird Gerechtigkeit nach einem patriarchalischen Plan im Geiste der Gerechtigkeit und Gleichheit ausgeübt. Außer im Falle eklatanter öffentlicher Verfehlungen erhält der Täter eine faire und unparteiische Anhörung, unterstützt durch die Anwesenheit seiner Verwandten und anderer Personen, die er auswählt oder die bei der Schlichtung des Falles anwesend sein können. Die Anwesenheit der Angehörigen trägt in fast allen Fällen zu gutem Willen bei und verhindert den Einsatz von Einschüchterungsversuchen. Es trägt wesentlich dazu bei, Gerechtigkeit zu fördern und nicht zu verhindern. Sie ist der entscheidende Faktor, der den Angeklagten dazu bewegt, nachzugeben, selbst wenn auf beiden Seiten schlechte Gefühle geweckt wurden und wenn ihr Wunsch nach

Rache und ihr Geist der Unabhängigkeit sie natürlich dazu veranlassen würden, auf gewalttätige Methoden zurückzugreifen. Obwohl die weiblichen Verwandten nicht offiziell an der Schlichtung teilnehmen, üben sie doch auf ihre sanfte Art und Weise einen gewissen positiven Einfluss aus.

SICHERUNG DES GUTEN WILLEN DES BEKLAGTEN

Aufgrund des Wunsches nach Rache, den die Manóbo geerbt haben, und der allgemeinen Anerkennung des Rachesystems im Manóboland ist die Berufung auf den guten Willen bei der Regelung von Angelegenheiten sehr wichtig und ein Merkmal jedes Schiedsverfahrens . Ich habe an zahlreichen Manóbo-Schiedsverfahren teilgenommen, bei denen der Übeltäter, nachdem er im Konsens der Meinungen verurteilt worden war, immer wieder gefragt wurde, ob er seine Schuld eingestanden habe und ob er das Urteil mit gutem Willen angenommen habe. In fast jedem Fall antwortete er, dass dies der Fall sei, und als Beweis seiner Aufrichtigkeit besorgte er sich, sobald es ihm passte, ein Schwein und lud die Versammlung zu einem Fest ein. Einmal fungierte ich als Richter in einem Fall einer Vergewaltigung durch einen Manóbo, der häufig mit christlichen Manóbos zu tun hatte. Auf meine dringende Bitte hin wurde sein Leben verschont und eine Geldstrafe von 100 Pesos gegen ihn verhängt. Nachdem er erklärt hatte, dass er mit dem Urteil einverstanden sei und dass er seinen Anklägern keine bösen Gefühle entgegenbrächte, teilte ich dem Chef der Gegenpartei meine Absicht mit, den Vergleich zu verlassen, woraufhin er mir insgeheim sagte, ich solle besser als Angeklagter warten Dieser Fall würde die Gesellschaft zweifellos mit Schweinefleisch und Getränken unterhalten. Und so geschah es, denn der Angeklagte besorgte sich ein Schwein, das 15 Pesos wert gewesen sein musste, und einen Vorrat Zuckerrohrwein, der ihn noch ein paar mehr gekostet haben musste, Ausgaben, die nicht von der Höhe seiner Geldstrafe abgezogen werden konnten.

GRUNDLAGEN DES MANÓBO-RECHTS

Aufgrund des völligen Fehlens einer interclan- und stammesübergreifenden Organisation gibt es in Manóboland keine Satzung von Gesetzen, sondern stattdessen gibt es eine Reihe traditioneller, einfacher und eindeutiger Gesetze, die in Verbindung mit religiösen Verboten dazu dienen Hauptaufgabe der Wahrung der Gerechtigkeit, der Grundlage allen Rechts. Im gesamten Manóbo-Dialekt gibt es kein Wort für Gesetz, aber das Wort für Sitte [1] wird ausnahmslos verwendet, um die Vorschriften auszudrücken, die den Umgang zwischen Mensch und Mensch regeln.

[1] *Ba-tá-san* .

Ein grundlegendes Gesetz ist die Verpflichtung, eine Schuld zu begleichen, sei es eine Blutschuld oder eine materielle Schuld. Ein sehr verbreitetes Axiom besagt: „Es gibt keine Schulden, die nicht beglichen werden" – wenn nicht heute, dann morgen; Wenn nicht in einem Leben, dann in einem anderen – denn die Sammlung davon wird als heiliges Erbe vom Vater an den Sohn und vom Sohn an den Enkel vererbt. Montano [2] stellt mit Überraschung fest, wie heilig die Schulden sind, nicht nur bei Manóbos aus dem Agúsan-Tal, sondern bei all den zahlreichen Stämmen, mit denen er auf seinen Reisen rund um den Golf von Davao in Kontakt kam. Dasselbe habe ich auch im gesamten östlichen Mindanáo festgestellt. Wenn der Manóbo zur Rechenschaft gezogen wird, wird er niemals seine wahre Schuld leugnen, und wenn ihm keine weitere Zeit gegeben wird, wird er seinen Verpflichtungen nachkommen, selbst wenn er sich von seinen persönlichen Besitztümern zum Nominalwert trennen muss oder sich hoch verschuldet zu anderen. Er gilt nie als zahlungsunfähig. Es ist wahr, dass der christianisierte Teil von Manóboland bei der Begleichung finanzieller Verpflichtungen gegenüber Außenstehenden (Bisáyas) nicht so genau ist, aber dies erklärt sich aus dem schlechten Gefühl, das aufgrund der massiven, betrügerischen Ausbeutung gegenüber letzteren entstanden ist im Handelsverkehr zwischen ihnen und den christlichen Manóbos.

[2] Eine Mission auf den Philippinen.

In früheren Kapiteln wurde bereits so oft auf die Praxis der Rache hingewiesen, dass es nicht notwendig ist, hier näher darauf einzugehen. Es genügt zu sagen, dass es nicht nur das Recht, sondern auch die Pflicht ist, dieses strenge Gesetz zu befolgen, die oft vom Vater an den Sohn weitergegeben wird. Jemand, der eine vorsätzliche Verletzung seiner Rechte zulassen würde, ohne eine ausreichende Entschädigung zu erhalten, würde als trauriges Exemplar der Männlichkeit angesehen werden. Das Gefühl ist so tief im Herzen verwurzelt, dass die Frau ihren Mann und den Verlobten, ihren Liebhaber, dazu drängen kann, das Gesetz zu befolgen, und der Vater seinen Kleinen den Wunsch einflößen kann, sich an ihrem Gemeinwohl zu rächen Feinde.

Gewohnheitsrecht

SEINE NATÜRLICHE BASIS

Der intensive Konservatismus der Manóbo, gefördert durch den Priesterorden, ist die Grundlage des Gewohnheitsrechts, das die sozialen und individuellen Beziehungen im Manóboland bestimmt und regelt. Dieser auf einem religiösen Prinzip basierende Konservatismus ist so stark, dass man glaubt, dass jede Handlung, die nicht mit den etablierten Bräuchen übereinstimmt, den Groll der Geisterwelt hervorruft. Dieses Gefühl übt einen so starken Einfluss aus, dass in vielen Fällen ein bestimmter Brauch auch dann praktiziert wird, wenn eine Abweichung davon offensichtlich zum materiellen Vorteil des Einzelnen wäre. Wie bereits in dieser Monographie dargelegt, sind die lächerlich niedrigen Preise, zu denen Reis zur Erntezeit verkauft wird, ein typisches Beispiel.

Die extreme Vorsicht und das Misstrauen, die ein so dominierendes Merkmal des Manóbo-Charakters sind, tragen auch dazu bei, das Gewohnheitsrecht aufrechtzuerhalten. Der Manóbo joggt lieber auf die alte Art und Weise, statt etwas Ungewöhnliches zu tun, und setzt sich damit dem Unmut seiner Mitmenschen und der Götter aus.

SEINE RELIGIÖSE GRUNDLAGE

Die Legion religiöser und magischer Tabus schränkt die Handlungen des Manóbo in nicht unerheblicher Weise auf feste und eindeutige Regeln ein, deren Nichtbeachtung ihn für die daraus resultierenden bösen Folgen verantwortlich machen würde. Um ein Beispiel zu nennen: Als ich zum ersten Mal eine Region in der Nähe von Talakógon betrat, die angeblich einer lokalen Gottheit gehörte, ermahnte mich mein Führer, bestimmte Handlungen zu vermeiden, die, wie er sagte, der herrschenden Gottheit missfallen würden. Ich fragte ihn, was die Folgen wären, wenn ihm durch die Nichtbefolgung seiner Anweisungen durch mich Schaden zustünde. Er teilte mir stillschweigend mit, dass ich seinen Verwandten gegenüber für jeden Schaden haften würde, der ihm entstehen könnte.

Wenn jemand während der Erntezeit ein Reisfeld betritt, wird das Missfallen der Göttin des Getreides geweckt, und es ist wahrscheinlich, dass die Reismenge abnimmt. Der Übertreter kann alles in seiner Macht stehende tun, um die beleidigte Göttin zu besänftigen, aber wenn sie sich weigert, besänftigt zu werden und eine Verringerung des Angebots zulässt, die nicht anders erklärbar ist, wird er zur Verantwortung gezogen und muss zu gegebener Zeit nachkommen gut den Mangel nach den Grundsätzen des Gewohnheitsrechts.

Ein weiteres Beispiel soll die strengen Vorschriften zeigen, die der Brauch in Sachen Vorzeichen auferlegt. Ich begann mit einem Manóbo des oberen Agúsan für einen Punkt den Fluss Nábok hinauf. Zu Beginn unserer Reise kam der Schrei des Schildkrötenvogels aus einer Richtung direkt vor uns — ein Hinweis auf drohendes Unheil, entweder während der Reise oder am Ende der Reise. Mein Führer und Begleiter flehte mich an, nicht weiterzumachen, aber es gelang mir, ihn davon zu überzeugen, dass nichts zu befürchten sei, und so stimmte er zu, die Reise mit mir fortzusetzen. Nun geschah es, dass er eine Menge loser Perlen in seinem Betelnuss-Rucksack hatte und dass vor dem Ende der Reise ein Loch in den Sack gerissen wurde, was zur Folge hatte, dass er seine Perlen verlor. Er beriet sich mit dem Häuptling der Siedlung, in der wir angekommen waren, und erläuterte ihm den bösen Schrei des Omenvogels und die Bemühungen, die er unternommen hatte, um mich davon zu überzeugen, von der Reise abzusehen. Es wurde beschlossen, dass ich für den Verlust der Perlen verantwortlich sei, weil ich den Anweisungen des Omenvogels nicht Folge geleistet hatte. Bei weiterer Diskussion des Punktes wurde klar, dass ich für das Leben meines Begleiters hätte aufkommen müssen, wenn er es auf der Spur verloren hätte, denn mir wurde mitgeteilt, dass die Stimme des Omenvogels uns deutlich vor Gefahr gewarnt hatte Ich wurde gebeten, zu erklären, dass ich die Warnung nicht beachtet hatte.

Die Einhaltung von Bräuchen aus religiösen Gründen legt eine Erklärung für viele Handlungen nahe, die einem Außenstehenden unerklärlich, um nicht zu sagen unvernünftig erscheinen. Die Auswahl von Bauernhöfen in beträchtlicher Entfernung vom Wohnort, die Abneigung, die Region seiner Geburt zu verlassen, die Abneigung, abgelegene Berge und ähnliche Orte zu besuchen, die Angst, etwas Ungewöhnliches an Orten zu tun, von denen man annimmt, dass sie die Domäne einer Gottheit sind – Diese und zahlreiche andere Ideen sind auf die Einhaltung des Gewohnheitsrechts zurückzuführen.

In diesem Zusammenhang ist vielleicht die Bemerkung angebracht, dass ein Fremder, der abgelegene Manóbo-Siedlungen ohne Einführung oder vorherige Warnung besucht, sehr vorsichtig sein sollte, wenn er mit diesen primitiven Menschen im Geiste der Freundschaft umgehen möchte, und diese nicht offen und offenkundig brechen sollte solche Vorschriften, vor allem religiöse, die ihm gegebenenfalls mitgeteilt werden. Tatsächlich wäre es gut, so schnell wie möglich herauszufinden, was von ihm erwartet wird. Ich habe es mir immer zum Ziel gesetzt zu verkünden, dass ich nicht für die bösen Folgen verantwortlich bin, die sich aus meiner Verletzung von Bräuchen ergeben, von denen ich nichts wusste, und ich habe meine neuen Freunde gebeten, mich mit solchen Bräuchen und Überzeugungen vertraut zu machen, die von denen anderer abweichen könnten andere Manóbo-Siedlungen.

Eigentumsgesetze und -pflichten

Konzeption von Eigentumsrechten

Eigentumsrechte im wahrsten Sinne des Wortes werden nicht nur sehr klar verstanden, sondern auch sehr streng gewahrt. Die Vorstellung der Manóbo von ihnen ist so hoch, dass mit Ausnahme von Dingen wie *Camotes* und anderen pflanzlichen Produkten sogar Geschenke bezahlt werden müssen. Und selbst für so unbedeutende Dinge wie *Camotes* wird nach Wahl des

Spenders ein Gegenwert in Form von Sachleistungen erwartet. Während meiner Wanderungen pflegte ich immer Geschenke als Entschädigung für die mir gebotenen Lebensmittel zu machen, und wurde oft gefragt, warum ich das getan habe und warum ich die Empfänger dieser Geschenke nicht dazu veranlasst hätte, mich zu bezahlen. Keine Erklärung könnte die feste Überzeugung ändern, dass alles Eigentum von irgendeinem Wert, ob vertraglich überlassen oder nicht, bezahlt werden sollte. Dieses Prinzip wird auch durch die Tatsache untermauert, dass es im Manóbo-Dialekt kein Wort für „Geschenk" und auch kein Wort für „Danke" gibt. An manchen Orten gibt es jedoch eine Vorstellung von „Almosen". [3] Bei vielen Gelegenheiten war eine der ersten Bitten, die ein neuer Bekannter von einiger Bedeutung an mich richtete, die Bitte um ein Almosen. Ich bin der Meinung, dass sie diese Idee aus den allgemeinen Berichten über die Großzügigkeit der Missionare übernommen haben, die seit der Mitte des 17. Jahrhunderts im Agúsan-Tal arbeiteten. Eine Bitte um Almosen oder ein Geschenk von irgendeinem Wert wird selten von einem Manóbo an einen anderen gestellt, aber wenn sie gestellt wird, wird sie mit einer einfachen Antwort beantwortet: „Ich schulde dir nichts." Damit ist die Frage sofort geklärt.

[3] *Lí-mos*, vermutlich vom spanischen *limosna*, Almosen.

Meine Praxis, Geschenke zu verteilen, löste häufig ein schlechtes Gefühl aus. Beispielsweise wurde ich oft von Einzelpersonen gefragt, warum ich jemandem Geschenke gemacht habe und ihnen nicht. In diesen Fällen war es notwendig zu erklären, dass ich den genannten Personen guten Willens schuldete und dass ich anderen mit Sicherheit ähnliche Geschenke machen würde, wann immer ich ihnen in ähnlicher Weise zu Dank verpflichtet sein sollte.

GRUNDSTÜCKE UND ANDERES EIGENTUM

Das Gewohnheitsrecht in Bezug auf öffentliche Grundstücke ist sehr einfach. Jeder Clan und in einigen Fällen ein oder mehrere einzelne Familienoberhäupter haben Bezirke, die kollektives Eigentum des Clans oder der Familie sind. Theoretisch gewährt dieses Eigentum diesem Clan oder dieser Familie Jagd-, Fischerei-, Landwirtschafts- und andere Rechte, unter Ausschluss anderer. In der Praxis kann jedoch jeder, der mit dem Häuptling, der die betreffende Familie oder den betreffenden Clan vertritt, gute Beziehungen unterhält, einen Teil des Landes besetzen, ohne dass es einer anderen Formalität bedarf als der, die Angelegenheit dem zuständigen Häuptling mitzuteilen. Bei der Besetzung wird davon ausgegangen, dass der Besitzer mit dem Häuptling guten Willens ist, und es bedeutet niemals, dass der neue Besitzer etwas für die Nutzung des Landes zahlen muss. Im Hinblick auf Fischereirechte, insbesondere bei der Anwendung der

Fischvergiftungsmethode, wird sehr oft festgelegt, dass ein Teil des Fangs dem Eigentümer zukommt. Wenn sich die beiden Parteien gut verstehen, kann das Territorium der einen Partei scheinbar ohne Frage von der anderen für die Jagd genutzt werden.

Wenn die Reisaussaatzeit bevorsteht, geht der Manóbo durch den Clanbezirk und wählt jedes Stück unbebautes Land aus, das sich aufgrund seiner Fruchtbarkeit und der Nähe zum Wasser nach sorgfältiger Beratung über die Vorzeichen für ihn empfohlen haben könnte. Nachdem er die Wahl getroffen hat, nimmt er das Land förmlich in Besitz, indem er an einer auffälligen Stelle ein paar kleine Bäume fällt, die Spitze eines kleinen Baumstamms abteilt und im rechten Winkel ein Stück Holz hineinsteckt. Anschließend kehrt er zu seiner Siedlung zurück und gibt seine Auswahl bekannt. Er ist nun Eigentümer des Grundstücks geworden. Man geht davon aus, dass jeder, der versuchen würde, Anspruch auf das Land zu erheben, in eine Spalte geraten würde, wie der abgetrennte Stamm, der als Beweis für die Besetzung des Landes zurückblieb. In einigen Fällen sah ich einen zerbrochenen Tontopf, der auf einem aufrecht stehenden Stock zurückblieb. Mir wurde erklärt, dass auch dies ein Symbol dafür sei, was demjenigen widerfahren würde, der es wagen würde, das Recht auf das Eigentum bestreiten zu wollen. Dies ist ein weiterer Beweis für den weit verbreiteten Glauben an sympathische Magie.

Auf meinen Reisen durch Ost-Mindanáo habe ich nie von einem einzigen Fall eines Landstreits zwischen den nichtchristlichen Völkern gehört. Es gibt keinen Grund zum Streit, denn das gesamte Landesinnere ist ein riesiger und sehr dünn besiedelter Wald, der Millionen von Menschen ernähren könnte, anstatt der wenigen Bevölkerung, die jetzt darin verstreut ist. Darüber hinaus scheinen das religiöse Element bei der Auswahl, die Beratung über Vorzeichen und die Zustimmung der unsichtbaren Welt Streitigkeiten zu verhindern.

Vom Zeitpunkt der Besetzung bis zur Aufgabe des Geländes ist der Besitzer der alleinige rechtmäßige Eigentümer des Landes und hat das volle Eigentumsrecht an allem, was es produziert. Wenn er das Land aufgibt, behält er weiterhin das Eigentum an den Feldfrüchten oder Pflanzen, die möglicherweise darauf wachsen. Daher gehören Betelnusspalmen, Betelpflanzen, Bananen und andere Pflanzen ihm und seinen Nachkommen nach ihm. Sogar flüchtige Nutzpflanzen wie *Camotes* gehören ihm, bis sie absterben oder von Wildschweinen vernichtet werden.

Obstbäume wie Durian, Jackfrucht und andere, die im Wald wachsen, sind theoretisch das kollektive Eigentum eines Clans oder einer Familie, aber in der Praxis kann sich jeder selbst bedienen . Der Finder wird jedoch alleiniger und ausschließlicher Eigentümer eines Bienennestes, sobald er eine

Eigentumsanzeige in Form eines gespaltenen Stocks mit einem kleinen Quersteg anbringt und bei seiner Rückkehr in die Siedlung seine Besitzrechte ankündigt. Der geteilte Stamm hat eine ähnliche Form und Bedeutung wie im Zusammenhang mit der Wahl eines neuen Standortes. Soweit ich weiß, wird ein Bienennest, das einmal von einem Individuum gefunden wurde, selten von einem anderen beschlagnahmt, aber der Diebstahl von Palmenwein kommt häufig vor, insbesondere wenn die Palme weit von der Siedlung des Besitzers entfernt ist.

Alles andere Eigentum, das das Ergebnis eigener Arbeit ist oder durch Kauf oder auf andere übliche Weise erworben wurde, gehört dem Einzelnen, es sei denn, er ist Sklave. Sogar Sklaven, die bei Kriegsüberfällen gefangen genommen wurden, gehen in das Eigentum ihrer Häscher über, sofern nicht vor dem Überfall eine gegenteilige Vereinbarung getroffen wurde. Bei einer Expedition im Jahr 1907 wurde ein bestimmter Kriegerhäuptling beauftragt, einen Mañgguáñgan zu bestrafen. Als Vorauszahlung erhielt er einige Bolos und Lanzen, es wurde jedoch ausdrücklich vereinbart, dass er und seine Gruppe nach dem Angriff alle gefangenen Sklaven in Empfang nehmen sollten.

Im Hinblick auf den Verlust oder die Beschädigung fremden Eigentums ist das Gewohnheitsrecht starr; Der Schaden oder der Verlust muss ersetzt werden, egal wie unglücklich die Umstände des Verlustes auch gewesen sein mögen. Dies erklärt die große Sorgfalt, die die Transportunternehmer beim Transport fremden Eigentums durch die Berge walten lassen, denn wenn die Sachen durch einen Unfall verloren gehen, nass werden, zerbrechen oder auf andere Weise beschädigt werden, müssen sie für Wiedergutmachung sorgen Verlust. Dieser in einigen Fällen angewandte Brauch mag etwas hart erscheinen, aber man muss bedenken, dass Manóboland ein Land ist, in dem das Gesetz der Rache herrscht und dass keine Gelegenheit gegeben werden darf, Rache zu üben. Solche Möglichkeiten würden sich ergeben, wenn es jemandem erlaubt wäre, einen Verlust oder einen anderen Unfall auf unfreiwillige Ursachen zurückzuführen.

Dieses starre Gesetz erklärt auch die besondere Haftung, der man manchmal für eine völlig unbeabsichtigte und unvorhergesehene Handlung ausgesetzt ist. So starb einst einer meiner Träger wenige Tage nach meiner Ankunft in einer Siedlung. Kurz nach dem Eintritt des Todesfalls wurde ich von einer Gruppe von Verwandten des Verstorbenen in voller Ausrüstung konfrontiert und aufgefordert, den kommerziellen Gegenwert eines Sklaven zu zahlen.

Bei einer anderen Gelegenheit lief ich einem spielenden Kind hinterher. Aus Angst stürzte das Kind in den Wald und versteckte sich. Am selben Nachmittag wurde es mit heftigem Fieber eingenommen, dem es einige Tage später erlag. Ich war zum Zeitpunkt des Todes nicht in der Siedlung und bedauerte es nicht, denn mir wurde berichtet, dass der Vater des verstorbenen Kindes gesagt hatte, er hätte mich getötet. Als ich einige Tage später in seine Siedlung zurückkehrte, besuchte ich den Vater, um den Fall schlichten zu lassen. Er brachte das Thema zur Sprache und verlangte drei Sklaven oder einen gleichwertigen Lohn für den Tod seines Kindes, der, wie er fest glaubte und beteuerte, auf den Schrecken zurückzuführen war, den ich ihm verursacht hatte.

„post hoc ergo propter hoc" folgen .

VERTRAGSGESETZE

Der Vertragsbegriff ist ebenso universell wie der Begriff der Eigentumsrechte, aber ein gewisses Maß an Nachsicht scheint bei Einzelheiten wie der Erfüllung der Vertragsbedingungen zum angegebenen Datum zu erwarten zu sein, es sei denn, es wurde ausdrücklich und förmlich vereinbart, dass keine Nachsicht gewährt wird ist zu suchen. Im Falle der Nichterfüllung des Vertrags zum angegebenen Zeitpunkt ist es üblich, entweder eine sogenannte „Entschuldigung" [4] in Form einer zusätzlichen Bewirtung oder einer kostenlosen Schenkung eines Artikels anzubieten, der nicht so wertvoll ist, dass er eine Schuld darstellt , oder um viele Erklärungen zu geben, sehr häufig fiktiv. Diese Ausführungen gelten nur für den Fall, dass der Gläubiger die Belastung einer angemessen langen Reise oder sonstiger notwendiger Ausgaben auf sich genommen hat. Um den Sachverhalt zu verdeutlichen: A schuldet B vereinbarungsgemäß nach Ablauf so vieler Tage ein zu lieferndes Schwein, ohne dass ausdrücklich eine Strafe für den Fall der Nichterfüllung der Vereinbarung vorgesehen ist. B geht zum Haus von A und wird mit einer besonderen Mahlzeit und einem Getränk, sofern verfügbar, verwöhnt. Gegen Ende des Essens wird er von A darüber informiert, dass dieser aus zahlreichen realen oder noch zahlreicheren fiktiven Gründen nicht zahlen kann. B akzeptiert diese Ausrede, bittet aber vor dem Gehen um eine Kleinigkeit, die ihm gefallen könnte. Es wird immer als „Entschuldigung" angeführt. Es wird ein anderer Tag für die Zahlung vereinbart. Diese Nachsicht kann einmal oder mehrmals angewendet werden, bis die verspätete Zahlung B verärgert oder ihn schadensersatzpflichtig macht. Das Unwohlsein entsteht umso leichter, wenn B das Gefühl hat, dass A nicht so fleißig war, wie er hätte sein sollen. Dann wird ein verbindlicher Vertrag geschlossen, dessen Nichterfüllung dazu führt, dass A je nach Vereinbarung Zinsen oder eine Geldstrafe schuldet.

[4] *Ba-lí-bad* .

In Fällen, in denen die Nichterfüllung eines Vertrags schwerwiegende Folgen haben könnte, ist es üblich, dass der Auftragnehmer und häufig auch die

Gegenpartei eine Reihe von Knoten an einem Rattanstreifen anbringen, wobei jeder Knoten einen Tag der zuvor verstrichenen Zeit angibt Zahlung oder stellt einen Artikel der zu bezahlenden Ware oder einen Artikel der zu liefernden Ware dar.

Alle größeren Verträge werden in Anwesenheit von Zeugen geschlossen und die Zeit und die Anzahl der zu liefernden Gegenstände werden auf dem Boden mit Maiskörnern oder mit kleinen Holzstücken abgezählt oder durch Abzählen einer entsprechenden Anzahl angezeigt Lamellen des Bodens.

DAS GESETZ DER SCHULDEN

Das Schuldengesetz in Manóboland ist so streng, dass seine Nichteinhaltung zu vielen blutigen Fehden geführt hat. Alle Handelsgeschäfte werden auf Kreditbasis abgewickelt. Eine Person, die wir A nennen wollen, braucht zum Beispiel ein Schwein und macht sich auf die Suche nach einem solchen. Er besucht einen seiner Bekannten und bringt das Thema informell zur Sprache und bemerkt beispielsweise, dass er gerne ein bestimmtes Schwein kaufen würde, das sich in der Siedlung befindet. Es kann sein, dass er den Kauf erst dann tätigen kann, wenn er mehrere Abwicklungen versucht hat, denn es kann vorkommen, dass der Besitzer jedes Schweins Gegenstände im Tausch haben möchte, die A nicht hat und nicht bekommen kann. So möchte B, der Besitzer eines Schweins in der ersten Siedlung, als Bezahlung eine Mandáya-Lanze einer bestimmten Länge, Breite und Marke. Nun weiß A niemanden, von dem er eine solche Lanze besorgen kann, also muss er zur Siedlung von C gehen, der im Austausch für sein Schwein fünf Stücke Mandáya-Stoff haben möchte. A hat Angst, das Schwein zu solchen Bedingungen zu nehmen, weil die Ihawán Manóbos wegen einer kürzlich erfolgten Tötung in Waffen sind, und da die Handelsroute für Mandáya-Stoff durch das Gebiet der Ihawán Manóbos verläuft, sieht er keine Möglichkeit, einen Liefervertrag zu erfüllen die Kleidung. Also geht er zur Siedlung D, wo er ein Schwein findet, für das der Besitzer vier Meter blauen, zwei roten und zwei schwarzen Stoff sowie eine bestimmte Menge Salz verlangt. A denkt, dass es für ihn leicht sein wird, zu einer christlichen Siedlung zu rennen und diese Artikel rechtzeitig zu besorgen, um D bezahlen zu können, also schließt er den Handel ab, indem er eine Reihe von Knoten in einen Rattanstreifen macht, um die Anzahl der Tage anzuzeigen, die verfallen vor dem Zahlungstermin. Dies liefert er an D und der Vertrag ist besiegelt. Dann kehrt er mit seinem Schwein in seine Siedlung zurück und übergibt es vielleicht jemand anderem, dem er ein Schwein schuldet, oder, wenn es als Opfer gedacht war, dem Familienpriester oder der Priesterin. Zu gegebener Zeit wird es mit großer Zufriedenheit den Göttern und dem inneren Menschen entsorgt. Wenn der Tag der Zahlung näher rückt, muss A Maßnahmen ergreifen, um das Salz und das Tuch für D zu besorgen, und eilt daher zur Begleichung von E, wenn ihn eine Krankheit in der Familie, starke Regenfälle oder ein anderes Hindernis nicht daran hindert, aber stellt fest, dass E ein Mandáya-Bolo für die benötigten Artikel benötigt, und da A kein solches Ziel hat und keine unmittelbare Aussicht darauf sieht, es zu erhalten, geht er zu Fs über. F verlangt eine bestimmte Menge Bienenwachs und einen Mandáya-Dolch als Gegenleistung für das Tuch und das Salz, und da A glaubt, dass er diese Artikel beschaffen kann, schließt er den Handel ab und verspricht, die Waren innerhalb so vieler Tage oder Wochen zu liefern.

A schuldet nun D Stoff und Salz, zahlbar innerhalb von 14 Tagen, nehmen wir an. Er ist außerdem mit F vertraglich verpflichtet, ihm ebenfalls zu einem bestimmten Datum einen Dolch und eine bestimmte Menge Bienenwachs zur Verfügung zu stellen. Als die vereinbarte Zeit naht, rennt A zu F und stellt fest, dass F nicht in der Lage war, das Tuch und das Salz zu bekommen, entweder weil kein Bisáya-Händler in der christianisierten Siedlung am Fluss gewesen ist; oder wegen starker Regenfälle oder aus einem anderen Grund. Das Ergebnis ist, dass A ohne Tuch und Salz in seine Siedlung zurückkehrt. Bei seiner Ankunft bei D bzw. bei der Ankunft von D in seiner Siedlung entschuldigt er sich bei D und erläutert detailliert den Grund für sein Versäumnis. Er behandelt D so gut er kann und legt einen anderen Termin für die Lieferung des Salzes und des Tuchs fest, und zwar dasselbe Datum, das an Ds Siedlung geliefert werden soll. D kehrt ohne Salz und Tuch nach Hause zurück und wartet auf die Lieferung.

Nun kann es vorkommen, dass A durch Verschulden von A oder F oder durch unvorhergesehene Umstände nicht in der Lage ist, seine Vereinbarung einzuhalten. D hat viele nutzlose Fahrten unternommen, um bei A etwas zu holen. Es ist wahr, dass D bei jedem Besuch von A bewirtet wurde, aber die lange Verzögerung und möglicherweise seine Salzschuld bei jemand anderem provozieren ihn allmählich. Eines Tages redet er also etwas energisch zu A und legt eine bestimmte Zahlungsfrist fest. Wenn A nach diesem Ultimatum nicht in der Lage ist, seinen Verpflichtungen nachzukommen, oder wenn D vermutet oder Beweise dafür hat, dass A ein Spiel spielt, wird die Lage angespannt und D kann auf eine von drei Methoden zurückgreifen: (1) Eintreibung durch bewaffnete Einschüchterung; (2) der *Tawágan* oder die Beschlagnahme; (3) Kriegsüberfall.

Die letzten beiden Methoden wurden in Kapitel XVIII ausreichend erläutert, die erste bedarf jedoch einer kleinen Erklärung.

Nachdem alle Versuche, auf friedlichem Wege Geld einzutreiben, gescheitert sind, versammelt der Gläubiger seine männlichen Verwandten und Freunde und begibt sich mit allen Kriegsausrüstungen zum Haus des Schuldners. Es ist üblich, einen oder zwei neutrale Häuptlinge anderer Clans mitzubringen. Beim Eintreffen im Haus des Schuldners kommt es zu keinen feindseligen Demonstrationen. Der Gläubiger und seine Partei treten ein, als ob ihr Zweck ein gewöhnlicher Besuch wäre. Sollte der Schuldner jedoch sein Haus verlassen haben, wäre dieser Teil der Angelegenheit zu Ende, denn der Gläubiger wäre berechtigt, die zweite Methode anzuwenden (d. h. die Beschlagnahme jedes Gegenstands, sei es ein menschlicher oder anderer, den er sehen könnte). oder die dritte Methode.

Sollte jedoch sein Schuldner anwesend sein, werden der Gläubiger und seine Begleiter mit Betelnüssen und Essen bewirtet und die Versammlung verläuft vollkommen gutmütig. Doch nach und nach wird das Thema der Schulden eingeführt und dann beginnt das Pandämonium. Wenn die Häuptlinge, die die Partei des Gläubigers begleitet haben, über genügend moralischen Einfluss verfügen, um eine Einigung herbeizuführen, ist die Angelegenheit erledigt, wenn nicht, kann es sein, dass die besuchende Partei plötzlich mit Drohungs- und Trotzschreien abreist und sehr häufig auf die Beschlagnahme zurückgreift Methode, bei der sie auf dem Heimweg jedes Objekt mitnehmen, das ihnen begegnet, etwa ein Schwein oder sogar einen Menschen. Sobald bekannt wird, dass keine Siedlung errichtet wurde, werden fünf Bambusrohre gesprengt – das unveränderliche Signal für Gefahr in Manóboland – und alle begeben sich in bewaffnete Wachsamkeit. Kinder und Frauen dürfen das Haus nicht verlassen, und häufig werden Schweine von unten entnommen und im Haus untergebracht, bis der erzürnte Gläubiger und seine Partei verschwunden sind.

5 *Tam-bú-li* .

Ich befand mich an einem Ort, an dem ein solcher Zustand herrschte. Meine Waren wurden von meinem Gastgeber unter dem Haus hervorgeholt und oben sorgfältig versteckt. Ich wollte die Sammelgruppe treffen, aber niemand wollte mich begleiten.

Ist eine Zahlungsvereinbarung zustande gekommen, muss der Schuldner die Begleichung vor dem Auszug seines Gläubigers leisten, auch wenn die Zahlung mehrere Tage in Anspruch nehmen kann. Im letzteren Fall obliegt der Unterhalt der besuchenden Partei und alle ihre Bedürfnisse traditionell dem armen Schuldner.

Dies ist die übliche Methode, Schulden einzutreiben, wenn alle friedlichen Bemühungen erfolglos geblieben sind. Um das dahinterstehende Prinzip und die Umstände, die dazu führen, zu verstehen, muss man bedenken, dass der Gläubiger, sobald er sich über die Verzögerung seines Schuldners bei der Begleichung der Rechnung ärgert, seine Absicht ankündigt, die Schulden aufzustocken ein finanzieller Gegenwert aller Belastungen [6] und Kosten, die später bei der Eintreibung der Forderung anfallen. Diese Belastungen umfassen nicht nur die tatsächlichen Reisen, die er selbst und die Boten unternommen hat, die er zum Eintreiben der Schulden entsendet, sondern auch zufällige Verluste, Krankheiten oder Unfälle, die die Folge solcher Reisen sein können.

6 *Ka-há-go* .

Ein weiterer in dieser Angelegenheit anerkannter Grundsatz ist die Haftung des Schuldners für Verluste, die dem Gläubiger dadurch entstehen, dass er seinen Verpflichtungen gegenüber einem Dritten nicht nachkommt. Somit schuldet A B ein Schwein und B schuldet C, der seinerseits zu einem bestimmten Zeitpunkt eine Lanze an D zahlen muss. Da C es versäumt hat, die Lanze fristgerecht an D zu liefern, wird er gemäß einem früheren Vertrag mit dem Gegenwert von 15 Pesos bestraft. Hätte C mit dem Schwein, das B ihm schuldete, eine Lanze kaufen können, wäre er nach Gewohnheitsrecht berechtigt gewesen, die Geldstrafe von 15 Pesos auf das Konto von B zu belasten. B führt sein Versäumnis auf die Verspätung von A zurück und erhöht aus den gleichen Gründen dessen Schulden um 15 Pesos.

Es ist klar, dass das in diesem System verankerte Haftungsprinzip zu unzähligen Streitigkeiten führt, die zu Blutvergießen führen können, wenn die Angelegenheit nicht von den einflussreicheren Männern und Häuptern in einer öffentlichen Versammlung entschieden werden kann. Die Schulden wachsen nach einer gewissen Zeit über das vertretbare Maß hinaus, bis sie schließlich so groß werden, dass sie die finanziellen Mittel des Schuldners übersteigen. Trotz der Heiligkeit, mit der der durchschnittliche Manóbo seine Schulden betrachtet, kommt es gelegentlich vor, dass ein kleines schlechtes Gefühl aufkommt, das im Laufe der Zeit schwerwiegende Folgen haben kann. Es ist leicht zu verstehen, wie leicht es für eine Partei ist, sich über die Worte oder Taten einer anderen zu ärgern und hartnäckig zu werden. Glücklicherweise geschieht dies jedoch nicht oft, da die Lanze und der Bolo eine heilsame Angst hervorrufen und die Häuptlinge und einflussreicheren Männer sich dringend bemühen, die Angelegenheit gütlich zu regeln. Es wundert mich, dass Streitigkeiten und Blutvergießen aufgrund des großen Kreditsystems bei solch primitiven Menschen nicht häufiger vorkommen.

Obwohl die Angehörigen eines Schuldners ihn in der Praxis bei der Begleichung seiner Verpflichtungen unterstützen, insbesondere wenn er von seinem Gläubiger in Bedrängnis gerät, besteht theoretisch keine gemeinsame Verpflichtung zur Begleichung der Schulden. Sie übernehmen grundsätzlich auch keine kollektive Verantwortung dafür.

Unter Verwandten wie auch unter anderen wird das Gesetz zur Begleichung einer Schuld energisch eingehalten, obwohl mir kein Fall zwischen nahen Verwandten bekannt ist, in dem es zu mehr als nur familiären Streitereien geführt hätte. Es wird gewissenhaft ein sehr sorgfältiger Bericht über die Verschuldung des einen gegenüber dem anderen geführt.

ZINSEN, DARLEHEN UND VERPFLICHTUNGEN

INTERESSE

Es werden keine Zinsen berechnet, es sei denn, es wird ein ausdrücklicher Vertrag hierzu abgeschlossen. Im Falle einer Paddy-Leihe muss jedoch, auch wenn kein formeller Vertrag abgeschlossen wurde, das Doppelte des geliehenen Betrags zurückgezahlt werden. Expressverträge, die Zinsen erfordern, sind meiner Beobachtung nach eher selten, und wenn solche Verträge abgeschlossen werden, sind sie meist wucherischer Natur, was, wie ich mehrfach festgestellt habe, nicht so sehr auf dem Streben nach materiellem Gewinn beruht , was die Befriedigung eines alten Grolls gegen den Kreditnehmer betrifft. In Siedlungen, die Erfahrung mit den Wuchermethoden der christlichen Ureinwohner haben, findet man hin und wieder einen Einzelnen, der versucht, dem Beispiel der Menschen zu folgen, zu denen er aufschaut. Diese Praxis wird allgemein abgelehnt, und obwohl sie im Geschäftsverkehr mit Bisáyas zwangsläufig angewendet wird, löst sie nicht unerhebliche Verärgerungen aus, eine Tatsache, die meines Erachtens die Schwierigkeiten erklärt, die Bisáyas beim Sammeln von christianisierten Manóbos haben. sowie die Tötung vieler Bisáya in voramerikanischen Tagen. Während meiner Handelsreise im Jahr 1908 beschwerten sich Manóbos vom oberen Agúsan, oberen Umaíam und oberen Argáwan allgemein gegen das Wuchersystem der Bisáya-Händler, und oft hörte ich diese Bemerkung über bestimmte Personen: „Wir würden ihn töten, wenn wir keine Angst vor den Amerikanern hätten."

Darlehen und Pfandrechte

Leihgaben sind in Manóboland, mit Ausnahme von Artikeln, die unter der Bedingung der Rückgabe geliehen wurden, sehr selten. Das gebräuchlichste Darlehen ist das von Paddy. Entliehene Artikel müssen in demselben Zustand zurückgegeben werden, in dem sie erhalten wurden.

Mir sind keine Pachtverträge unter nichtchristlichen Manóbos bekannt. Es gibt zu viel Land, um es zu pachten; Andere Immobilien werden entweder verkauft oder geliehen.

Ich habe noch nie erlebt, dass ein materielles Versprechen gegeben wurde, aber der Brauch, eine Bürgschaft einzugehen, scheint weit verbreitet zu sein, obwohl er nicht viel praktiziert wird, da ein solcher Brauch ein Misstrauen hervorruft, das den Manóbo offenbar nicht gefällt. Ein bemerkenswertes Merkmal der Praxis ist der Grundsatz, dass der *Bürge zum Zahler wird* . Ich neige zu der Annahme, dass dieses Prinzip ihren Berggenossen von Bisáya und dem christianisierten Manóbos beigebracht wurde, die darin ein praktisches Mittel sahen, um das Eintreiben von Schulden einfacher und sicherer zu machen. Dadurch wird ein Häuptling oder ein wohlhabenderes Mitglied des Stammes für die Schulden dessen verantwortlich, dessen Bürge er wurde.

HAFTUNGSGESETZE

HAFTUNG AUS NATÜRLICHEN URSACHEN

Die Haftung, auf die hier Bezug genommen wird, ist die allgemeine Verantwortung, die eine Person für Folgen erwirbt, die einer von ihr begangenen Handlung zuzuschreiben sind, sei es vorsätzlich oder unfreiwillig. Beispiele für dieses seltsame Gesetz kommen in Manóboland häufig vor. Der Leser wird auf den Fall des Verlusts der Perlen, den Versuch, von mir Schadensersatz für den natürlichen Tod eines meiner Träger zu verlangen, für den Tod eines Kindes, das ich erschreckt hatte, und andere zuvor erwähnte Fälle verwiesen Zeigen Sie die Idee der Verantwortung für die Folgen einer Handlung. Ein paar weitere Beispiele werden das Prinzip klarer machen. Am oberen Agúsan ging ein Manóbo vom Nábuk-Fluss nach Moncáyo, um eine Schuld einzutreiben. Der Sitte entsprechend trug er Schild und Speer. Nun geschah es, dass zwei Frauen am Flussufer entlang gingen, von denen eine die Frau eines Feindes dieses Nábuk-Kriegers war. Als sie ihn sah, bekam sie Angst, fiel in den Fluss und ertrank. Die Folge davon war, dass der Nábuk-Mann dazu verurteilt wurde, einen Sklaven oder etwas Ähnliches zu bezahlen. Da ein naher Verwandter seines Feindes ihm „dreißig" (P30) schuldete, überwies er ihm die Geldstrafe, doch die Übertragung wurde mit der Begründung nicht akzeptiert, dass der Nábuk-Mann seine Geldstrafe zuerst bezahlen sollte. Nach einigen Tagen der Diskussion über die Angelegenheit endete die Abreise des Nábuk-Mannes, der bei seiner Ankunft in einer nahegelegenen Siedlung in seiner Wut einen seiner Sklaven tötete. Das Ergebnis der ganzen Angelegenheit war eine Fehde zwischen Moncáyo und Nábuk.

HAFTUNG AUS RELIGIÖSEN GRÜNDEN

Es wird angenommen, dass die Verletzung der zahlreichen Tabus schlimme Folgen nach sich zieht, die zu Lasten des Verletzers gehen. Beispielsweise wurden einem Mann in Búai 30 Pesos für den Bruch eines bestimmten Geburtstabus auferlegt, ein Verstoß, der für die Totgeburt eines Kindes verantwortlich gewesen sein soll. Ich wurde bei vielen Gelegenheiten gewarnt, keine respektlosen Bemerkungen über Tiere wie Affen oder Frösche zu machen, denn wenn Anítan ihre Blitze auf einen meiner Gefährten schleuderte und ihm Schaden zufügte, würde ich mit einer Geldstrafe belegt oder getötet. Mir wurde bei anderen Gelegenheiten gesagt, dass ich eine ähnliche Strafe erleiden würde, wenn ich so tabuisierte Wörter wie „Krokodil" und „Salz" benutzte; man glaubte, dass ein Sturm die Folge der Verwendung dieser Worte sein würde. Einmal hielt ich es für klug, einem meiner Träger ein Stück Gummituch zu geben, mit dem er sein Salz bedecken konnte, denn er hatte gedroht, es von mir zu kassieren, wenn es durch den bevorstehenden Sturm nass würde, den alle meine Gefährten dafür verantwortlich machten meine absichtliche Verwendung der Namen bestimmter Fische, die nicht in ihren Gebirgsgewässern heimisch sind.

HAFTUNG AUS MAGISCHEN URSACHEN

Eine weitere bedeutsame Quelle für Geldstrafen und blutrünstige Fehden ist der Glaube, dass bestimmte Personen über magische Kräfte verfügen, um Schaden anzurichten. Niemand, den ich kenne oder von dem ich gehört habe, außer ein paar furchtlosen Kriegerhäuptlingen, hat offen zugegeben, über eine solche Macht zu verfügen, und doch habe ich bei vielen Gelegenheiten davon gehört, dass verschiedene Personen angeblich über diese Macht verfügen. Um ein Beispiel zu nennen: Ein Manóbo am oberen Agúsan hatte den Ruf, geheime Gifte zu haben. Eines Tages besuchten ihn ein anderer Manóbo und seine Frau. Bis auf eine kleine Auseinandersetzung wegen einer Verschuldung lief alles gut. Als sie nach Hause zurückkehrte, wurde die Frau plötzlich krank und starb. Ihr Tod wurde der magischen Kraft der Person zugeschrieben, die sie kürzlich besucht hatte, und das Ergebnis war, dass die Gruppe mit dem schlechten Ruf ein Baumhaus bauen musste, eines der wenigen, die ich je gesehen habe, und seine Siedlung mit einem Abatis aus Buschwerk und Baumstämmen umgeben musste von scharfen Stacheln, alles in Erwartung eines Angriffs durch den Ehemann der verstorbenen Frau.

Es war eher die Regel als die Ausnahme, dass ich selbst denselben Ruf hatte. Als ich in bisher unbekannten Regionen ankam, wurde ich häufig darüber informiert, dass sie von meiner wunderbaren Tötungskraft gehört hätten. Bei vielen Gelegenheiten konnte ich mich nur dadurch von der Anschuldigung befreien, dass ich eine mutige Haltung einnahm und meinen Verrätern Rache schwor. In solchen Fällen fragte ich immer nach dem Namen des Verleumders und kündigte, nachdem ich ihn erfahren hatte, meine Absicht an, ihn unverzüglich aufzusuchen, um mich von der Anschuldigung zu befreien und von ihm Genugtuung zu verlangen.

DAS SYSTEM DER Bußgelder

Es ist hier nicht beabsichtigt, das Bußgeldsystem als Strafen für freiwilliges Fehlverhalten zu betrachten, sondern nur als Strafen für bestimmte kleine Akte des Vergessens oder Unterlassens, die als bewusste Akte der Respektlosigkeit ausgelegt werden könnten. Das System ist sehr seltsam und unserer Meinung nach sehr hart, was manchmal zu schlechten Gefühlen und sogar zu schwerwiegenderen Ergebnissen führt.

Beispiele, die ich persönlich beobachtet habe, werden das System veranschaulichen. So verließ einmal ein Bekannter von mir das Haus, ohne den Anwesenden seine Absicht mitzuteilen. Während er unter dem Haus war, spuckte einer der Gäste zufällig durch den Boden auf die Kleidung des Mannes darunter. Bei seiner Rückkehr identifizierte er den Schuldigen sowohl anhand seiner Position im Haus als auch anhand der Qualität des von ihm verwendeten Kaumaterials. Der Fall wurde ausführlich besprochen und es wurde beschlossen, dass der Schuldige für seine Fahrlässigkeit materielle Wiedergutmachung in Form eines Huhns und etwas Getränk leisten sollte.

Wiederum war der Hund einer bestimmten Person am oberen Agúsan schuldig, die Kleidung einer Person beschmutzt zu haben, die zufällig unter dem Haus arbeitete. Da der Besitzer des erkrankten Hundes (er war von einem Wildschwein zerfleischt worden) zuvor auf die Möglichkeit gewarnt worden war, dass etwas Unvorhergesehenes passieren könnte, wurde ihm eine Geldstrafe auferlegt und er wurde dazu verurteilt, weitere Wiedergutmachung in Form einer geselligen Zusammenkunft zu leisten, um ihn zu entfernen das schlechte Gefühl.

Beispiele für gegen mich verhängte Bußgelder werden das Prinzip veranschaulichen. Bei meiner Ankunft in neuen Regionen wurde ich fast ausnahmslos aufgefordert, einen bestimmten Betrag zu zahlen, mit der Begründung, ich hätte keine Erlaubnis gehabt, die Siedlung zu betreten, oder die örtlichen Gottheiten seien über meinen Besuch unzufrieden gewesen oder ich sei ein Spion , oder aus einem anderen Grund. Die Zahlungsverweigerung wurde immer nach langen Erklärungen und nach der Verteilung einiger unbedeutender Geschenke an die vehementeren Mitglieder der Siedlung akzeptiert, aber in einem Fall wurden die Waffen gezogen und ich musste mit dem Rücken zur Wand Stellung beziehen und abwarten Entwicklungen.

Andere Fälle, in denen unbeabsichtigte Respektlosigkeit gegenüber der Person oder dem Eigentum einer anderen Person zur Schau gestellt wurde, könnten auf Überfluss zurückgeführt werden. Es genügt jedoch zu sagen, dass solche Handlungen wie die folgenden, auch wenn sie unbeabsichtigt sind, den Agenten einer Haftung aussetzen, deren kommerzieller Wert durch die Umstände und sehr häufig durch ein formelles Schiedsverfahren bestimmt werden muss: Bespucken oder anderweitige Beschmutzung ein anderer; die Person eines anderen grob ergreifen; unangemessener Umgang mit dem Eigentum eines anderen, insbesondere mit seiner Kleidung, beispielsweise wenn jemand auf das Hemd eines anderen tritt; Öffnen des Betelnuss-Rucksacks oder eines anderen verborgenen Eigentums eines anderen; Ausleihen von Dingen ohne formelle Ankündigung und entsprechende Erlaubnis; das Betreten bestimmter Orte, die der Eigentümer verboten hat, wie zum Beispiel das Baden in dem Teil eines Flusses, dessen Nutzung der Eigentümer verboten hat, [7] oder der Besuch seines Reisspeichers; und respektlose Ausdrücke, sogar im Scherz, über andere zu verwenden, indem man beispielsweise von jemandem als einem Insekt, einem Mañgguáñgan, spricht. [8]

[7] Vermutlich aufgrund der Tatsache, dass der Ort, normalerweise ein tiefer Teich, der Aufenthaltsort eines Wassergeistes ist.

[8] Dies ist ein Schimpfwort, wenn man es auf einen Manóbo anwendet.

Diese Verbote sind bei den Manóbos notwendig, damit im gesellschaftlichen Umgang miteinander angemessene Achtung gegenüber ihrer Person und ihrem Eigentum gezeigt werden kann. Denn wäre ein bloßes „Verzeihung" eine ausreichende Wiedergutmachung für eine Tat, wie unbeabsichtigt sie auch sein mag, könnte sie ausgenutzt werden, um tausend und eine kleine Unhöflichkeit zuzufügen, die dazu dienen würde, den unerbittlichen Geist der Rache zu wecken, den Jahrhunderte von Fehden dem Land eingeflößt haben Manóbo-Charakter.

KAPITEL XX

POLITISCHE ORGANISATION: ZÖLLE, DIE HAUSBEZIEHUNGEN UND FAMILIENEIGENTUM REGELN; VERFAHREN ZUR ERREICHEN VON GERECHTIGKEIT

FAMILIENEIGENTUM

Der Besitz einer Manóbo-Familie ist so dürftig, dass die Regeln, die ihn regeln, nie über ein primitives Stadium hinaus entwickelt wurden. Das Haus gehört gemeinsam dem Vater und seinen Schwiegersöhnen und Schwagern, die es möglicherweise gebaut haben. Die Struktur stellt für den Eigentümer kaum einen Wert dar, abgesehen von den grob behauenen Brettern, die an einen anderen Ort transportiert werden können. Der Grund dafür, dass solche billigen Häuser gebaut werden, besteht darin, dass sie jederzeit ohne großen Verlust verlassen werden können, wenn ein Todesfall oder auch nur der Verdacht einer Gefahr aus religiösen oder natürlichen Gründen dies erfordert.

Das bewegliche Eigentum im Haus gehört den Personen, die es hergestellt, gekauft oder auf andere rechtmäßige Weise erworben haben. In diesem Zusammenhang ist zu beachten, dass sich jedes Ehepaar selbst mit Haushaltsgegenständen und anderen notwendigen Dingen versorgt. Diese Dinge gehen nicht in den Besitz des Familienoberhauptes über, sondern bleiben individuelles Eigentum der Person, die sie mitbringt.

Es muss auch beachtet werden, dass Frauen, Kinder und Sklaven theoretisch kein Recht auf Eigentum haben. Es ist wahr, dass Frauen über die Produkte ihrer Arbeit wie Reis und Stoff verfügen dürfen, aber normalerweise, wenn nicht immer, wird zunächst die Zustimmung ihres Mannes oder der nächsten männlichen Verwandten seines Mannes eingeholt, wenn der Artikel von großem Wert ist . Häufig findet eine Beratung mit dem Oberhaupt des gesamten Haushalts statt.

Regeln der Vererbung

Wenn ein Mann stirbt und keine nahen Verwandten hinterlässt, die alt genug sind, um das Erbe zu verwalten, erbt der ältere Schwager das Vermögen. Die Frau des verstorbenen Bruders ist Teil dieses Anwesens. Wenn der Vater stirbt, ist der Sohn der Erbe und tritt, sofern er über das entsprechende Alter und die entsprechenden Fähigkeiten verfügt, an die Stelle seines Vaters. Sollte er jedoch von seinen nahen männlichen Verwandten als unfähig erachtet werden, wird sein Onkel väterlicherseits oder, falls er keinen hat, ein Schwager, der Verwalter des Haushalts. Jegliches Eigentum, das von Wert sein könnte, bleibt somit innerhalb der männlichen Abstammungslinie erhalten. Dies steht im Einklang mit den Grundsätzen des in Manóboland vorherrschenden Patriarchatssystems.

Der älteste Sohn erbt die Schulden seines Vaters, aber der Verwalter (wenn wir in solch unprätentiösen Angelegenheiten ein so prätentiöses Wort verwenden dürfen) zahlt die Schulden und kassiert seinerseits den Sohn, es sei denn, er ist ein naher Verwandter des verstorbenen Vaters. Über Erbschaftsfragen habe ich noch nie von einem Streit gehört. Das wertvolle Eigentum kann nur aus einer Lanze und einem Bolo oder einem Dolch und einigen Gläsern bestehen. Die besten Kleidungsstücke sowie persönliche Schmuckstücke wie Halsketten werden mit dem Verstorbenen zu seiner letzten Ruhestätte getragen, so dass es kaum noch Grund zum Streiten gibt. Mit Ausnahme der wenigen Erbstücke, wenn es welche gibt, die aus einem Glas und ein paar anderen Dingen bestehen, hegt man die größte Angst vor Gegenständen, die dem Verstorbenen gehörten. Diese Angst ist auf den besonderen Glauben an das subtile, eigensinnige Gefühl der Verstorbenen gegenüber den Lebenden zurückzuführen.

Regeln für die Beziehungen der Geschlechter

MORALISCHE VERSTÖSSE

Im Kapitel über die Ehe werden die allgemeinen Grundsätze dargelegt, die die Beziehungen der Geschlechter regeln. Sowohl die vor- als auch die nachehelichen Beziehungen sind von äußerst strengem Charakter.

Wie mir ein Manóbo einmal sagte, ist die Sexualmoral mit der Religion verbunden und die größeren Verstöße dagegen werden manchmal von den Gottheiten bestraft.

Leichtere Vergehen wie das Anstarren der Person einer Frau beim Baden oder bei jeder anderen Gelegenheit, bei der ihre Person zur Schau gestellt wird, werden mit angemessenen Geldstrafen geahndet. Unangemessene Vorschläge und unziemliche Witze erleiden das gleiche Schicksal. Unter Bisáyas wird häufig berichtet, dass das Berühren der Ferse einer Manóbo-Frau einen außerordentlich schweren Verstoß gegen das Manóbo-Gesetz darstellt. Ich habe noch nie von einer solchen Regelung bei Manóbos gehört, obwohl es sie vielleicht gibt. Das Berühren anderer Körperteile stellt jedoch eine Straftat dar und wird mit einer hohen Geldstrafe geahndet.

Der Tod ist die Folge von Ehebruch, Unzucht und Verführung, außer in Ausnahmefällen, in denen der Einfluss der Verwandten des Schuldigen ihn retten kann. Sicher ist aber, dass in diesen Fällen die Strafe sehr hoch ausfällt. Ich glaube, dass es nie weniger als das Äquivalent von drei Sklaven ist.

In allen Berichten, sowohl in Bisáya als auch in Manóbo, heißt es, dass bei versuchter oder vollendeter Unzucht die Frau selbst ihre Eltern und Verwandten über die Straftat informieren kann.

Noch strenger ist das Gesetz in Sachen Ehebruch. Während ich am oberen Agúsan-Fluss war, wurde ein Fall von Ehebruch entdeckt, der von einem christianisierten Mann und einer christianisierten Frau begangen wurde. Der Tod des Mannes war beschlossen worden, und der Tod der Frau wurde diskutiert. Es gelang mir, das Todesurteil in eine hohe Geldstrafe von drei Sklaven umzuwandeln.

In Manóboland heißt es allgemein, dass eine Frau, wenn sie die Tat ihres Geliebten bekannt gibt, diese nicht leugnet. Nicht nur unter solchen Umständen, sondern auch in fast allen anderen Fällen, in denen ein Manóbo mit der Wahrheit konfrontiert wird, gesteht er, manchmal sogar, obwohl es keinen Zeugen gegen ihn gibt. Das ist meine Beobachtung des Umgangs zwischen Manóbo und Manóbo. Im Umgang mit Außenstehenden ist der Manóbo jedoch nicht so ehrlich; im Gegenteil, er zeigt nicht wenig Kunst darin, die Wahrheit zu unterdrücken oder zu verdrehen.

EHEVERTRÄGE UND ZAHLUNGEN

Im Kapitel über die ehelichen Beziehungen wurde deutlich gemacht, dass die Ehe praktisch ein Verkauf ist, bei dem ein bestimmter Betrag des Heiratspreises an den Bräutigam zurückerstattet wird. Diese Regel ist sehr streng. Sollten die Eheverhandlungen ohne Verschulden des Mannes oder seiner Angehörigen abbrechen, sind alle bereits geleisteten Zahlungen Stück für Stück zurückzuerstatten. In diesem Zusammenhang ist anzumerken, dass Eheverträge nahezu schonungslos starr sind, was eine Erklärung für die Länge der üblicherweise für den Abschluss der Verhandlungen erforderlichen Frist nahelegt. Denn nur durch viele Akte der Aufmerksamkeit und sogar der Unterwürfigkeit können die Verwandten des Verehrers die Verstocktheit der Verwandten des Verlobten brechen und sie dazu bringen, die Strenge ihrer ursprünglichen Forderungen zu lockern. In Erwartung einer endgültigen Meinungsverschiedenheit werden auf einem geknüpften Rattanstreifen sehr detaillierte und strenge Abrechnungen über die verschiedenen Zahlungen festgehalten, darunter auch so kleine Spenden wie ein paar Liter Reis.

Wenn entschieden wird, dass die Ehe aufgrund des Todes eines der Verlobten nicht zustande kommt, müssen der Vater und die Verwandten des Verlobten alle eventuell geleisteten Kaufzahlungen zurückerstatten. Der Brauch sieht vor, dass diese Zahlungen nach und nach zurückgezahlt werden, vermutlich um den Verwandten des Verlobten die Möglichkeit zu geben, von den Spenden eines neuen Verehrers zu profitieren, wenn dieser sich innerhalb einer festgelegten Frist meldet. Es versteht sich von selbst, dass die Art der Schulden, die durch die Verpflichtung zur Erstattung von Ehezahlungen entstehen, die Art der Zahlungen bestimmt, die von einem neuen Bewerber verlangt werden. Wenn also die Verwandten von A aus guten Gründen beschließen, ihre Klage um die Hand der Tochter von B nicht fortzusetzen, würde B eine bestimmte Zeit eingeräumt, in der er auf die Vorstellung eines neuen Bewerbers um die Hand seiner Tochter warten kann. Dieser neue Bewerber müsste beispielsweise eine Lanze und andere Gegenstände mitbringen, die als erste und dringendere Zahlung an A dienen würden.

Im Falle von Unzucht, die ein Mann mit seiner Verlobten begeht, kann die Todesstrafe die Strafe sein, wenn der Vater des Mädchens die Auflösung der Ehe wünscht, aber mir wurde zu verstehen gegeben, dass eine so schwere Strafe selten verhängt wird, da der Vater des Mädchens damit zufrieden ist mit der Verhängung einer hohen Geldstrafe.

UNEHEHEITLICHE KINDER

Bei all meinen Wanderungen zwischen den Manóbos habe ich nie ein uneheliches Kind gekannt oder davon gehört, daher kann ich nicht sagen, welche Vorschriften gelten, wenn solche Geburten stattfinden. Im Mandáyaland ist der Vater eines unehelichen Kindes verpflichtet, das Mädchen zu heiraten und in einem Zustand der Halbknechtschaft in die Familie seines Schwiegervaters einzutreten. Die Eheschließung findet vor der Geburt des Kindes statt.

Mir wurde von Mandáyas gesagt, dass uneheliche Kinder dem nächsten männlichen Verwandten der Mutter gehören, dass sie im Falle ihrer Heirat immer noch ihrem Verwandten gehören und dass sie im Übrigen wie eheliche Kinder behandelt werden.

Umfang der Autorität von Vater und Ehemann

Die Gesetze, die die Familienbeziehungen regeln, sind sehr einfach. Der Vater hat theoretisch die uneingeschränkte Macht über Leben und Tod seiner Frau, seiner Kinder und seiner Sklaven. In der Praxis wird diese Befugnis jedoch selten in vollem Umfang genutzt. Eine willkürliche Ausübung der häuslichen Autorität über seine Frau und seine Kinder würde die Feindseligkeit ihrer Verwandten hervorrufen und zum Abbruch der freundschaftlichen Beziehungen führen. Daher kommt es im Umgang mit der Familie einerseits zu väterlicher Zuneigung und Nachsicht, andererseits zu kindlicher Hingabe und Pflichtgefühl, sodass die Familienmitglieder in Frieden und Glück leben und selten häusliche Beschwerden haben.

Die Frau ist natürlich das uneingeschränkte Eigentum ihres Mannes, wird aber selten, wenn überhaupt, verkauft. Ich kenne nur eine Frau, die verkauft wurde, und sie war eine Bisáya-Frau, die mit einem kürzlich christianisierten Manóbo verheiratet war.

Es entspricht nicht dem Brauch der Manóbo, dass ein Mann zwei oder mehr Frauen hat, es sei denn, die erste Frau stimmt den späteren Ehen zu, und wenn sie zustimmt, muss sie immer als die Favoritin des Mannes betrachtet werden und es muss ihr erlaubt sein, eine Art zu haben der mütterlichen Gerichtsbarkeit über die anderen Ehefrauen. In allen Fällen, die ich beobachtet habe, wurde diese Regel bei Manóbos befolgt, nicht jedoch bei Mandáyas. Letztere scheinen häufig stärker an ihre zweite, dritte oder vierte Frau gebunden zu sein, trennen die erste Frau jedoch weder vom Bett noch von der Verpflegung. Aufgrund der Notwendigkeit der Zustimmung der ersten Ehefrau zu einer zweiten Ehe kommt Bigamie vergleichsweise selten vor.

WOHNSITZ DES EHEMANNS

Vom Mann wird immer erwartet, dass er in der Familie seiner Frau seinen Wohnsitz nimmt, und das tut er auch fast immer. Tatsächlich handelt es sich hierbei um den stillschweigenden und häufig auch expliziten Vertrag, der zwischen seinen Verwandten und denen des Mädchens geschlossen wird. Aber nach ein paar Jahren, wenn nicht schon früher, nimmt er seine Frau normalerweise wieder in seinen eigenen Clan auf und hinterlässt seinem Schwiegervater oder einem anderen männlichen Verwandten seiner Frau ein Geschenk in Form eines Schweins oder einer anderen Zahlung. In einem solchen Fall scheint es üblich zu sein, dass der Schwiegervater nachgibt.

VERBRECHEN UND IHRE STRAFEN

VERBRECHEN

Es muss als allgemeiner Grundsatz festgelegt werden, dass es in Manóboland als angemessen und obligatorisch angesehen wird, Wiedergutmachung für alle Ungerechtigkeiten (mit Ausnahme einiger schwerwiegender) durch einen Appell an die Angehörigen des Übeltäters zu beantragen, entweder direkt durch ein formelles Treffen oder indirekt durch die Vermittlung eines Dritten. Die ersten Ausnahmen von dieser Regel sind Fälle von Ehebruch, Unzucht, Vergewaltigung und Mord, bei denen der Mörder mutwillig und ohne den Versuch einer Schlichtung einen Mitmenschen tötet. Das große Gesetz der Rache setzt in fast allen Fällen den Rückgriff auf ein Schiedsverfahren und nicht eine überstürzte, unangekündigte, vorsätzliche Tötung voraus.

Derjenige, der den Tod eines anderen befiehlt oder ihn auf andere Weise vorsätzlich verursacht, ist derjenige, an dem Rache genommen werden muss. Wenn A also einen neutralen Kriegerhäuptling dafür bezahlt, seinen Gegner zu töten, wird die Verantwortung für den Tod nicht dem Krieger zugeschoben, der die Tötung begangen hat (es sei denn, er hatte persönliche Motive für die Begehung des Mordes), sondern demjenigen, der den Tod angeordnet hat . Der Krieger wurde bezahlt und trägt dementsprechend keine Verantwortung. Möglicherweise wird er von den Verwandten der Erschlagenen erneut dafür bezahlt, ihren Feinden eine ähnliche Tat zu begehen. Daher ist es in Manóboland sehr wichtig, mit den Mitgliedern der Kriegerklasse so freundschaftlich zu sein, dass sie nicht geneigt sind, gegen Bezahlung die Aufgabe auf sich zu nehmen, sich für einen anderen zu rächen.

Tötungen aus Gründen der öffentlichen Ordnung sind eine anerkannte Institution, doch solche Hinrichtungen kommen nur sehr selten vor. Am Oberlauf des Flusses Tágo erhielt ich die Nachricht, dass mein Führer getötet werden würde, wenn er mich in eine bestimmte abgelegene Region am

Quellgebiet dieses Flusses führen würde. Von allen Seiten wurde berichtet, dass sich die wichtigsten Häuptlinge der Region vor meiner Abreise versammelt hatten und über seinen Tod entschieden hatten. Aus irgendeinem Grund, wahrscheinlich aus Angst, wurde das Urteil nicht in Kraft gesetzt.

Mir wurde berichtet, dass es in Zeiten einer Epidemie erlaubt ist, jeden zu töten, der es wagt, die Quarantäne zu durchbrechen.

Unfreiwillige Tötungen, bei denen offensichtlich ist, dass es sich um einen reinen Unfall handelte, können noch schlimmer werden.

Die private Beschlagnahmung

Nach dem *Tawágan-* System ist es einem Manóbo erlaubt, alles oder jeden zu töten oder zu beschlagnahmen, was er will, vorausgesetzt, *er hat alle Anstrengungen unternommen, um den Streit auf gütlichem Wege beizulegen* . Da es ihm nicht gelungen ist, die Sache unblutig zu regeln, könnte er sich vor allem am Schuldigen rächen. Ich werde keine positive Aussage dahingehend machen, dass er seine Absicht bekannt geben muss, von dem ihm durch den *Tawágan-* Brauch gewährten Recht Gebrauch zu machen, aber ich bin der Meinung, dass dies getan werden muss, denn in jedem Fall, der unter meine Beobachtung kam, ist es so Es war im Vorhinein allgemein bekannt, dass der Geschädigte innerhalb einer bestimmten Zeit einen Anfall vornehmen würde. Ich weiß, dass ich einmal von einem Mann das Versprechen verlangen musste, dass er meine Waren, die unter einem Haus in der Nähe seiner Siedlung deponiert waren, nicht in die Hände bekommen würde. Er hatte öffentlich angekündigt, dass er eine Beschlagnahme vornehmen würde, auch wenn es sich dabei um meine Ware handeln sollte.

Der Geschädigte, der von seinem Recht Gebrauch macht, muss, wenn möglich, dem Schuldner oder einem anderen Übeltäter oder einigen seiner Verwandten Schaden bis hin zum Tod zufügen; sollte sich dies jedoch als undurchführbar erweisen, steht es ihm frei, jemanden auszuwählen. Wenn er eine neutrale Partei tötet, muss er sich mit den Angehörigen der getöteten Person für den verursachten Tod verbünden und mit ihnen ein feierliches Versprechen eingehen, gemeinsam gegen die schuldige Partei vorzugehen. Im Falle einer Pfändung darf er über den gepfändeten Gegenstand erst nach Rücksprache mit dem Eigentümer verfügen. Es ist üblich, dass beide einen Vertrag schließen, in dem sie sich verpflichten, gemeinsam gegen den Täter vorzugehen, wobei dem neuen Kollegen vorteilhafte Konditionen garantiert werden. Der Mann, dessen Eigentum auf diese Weise beschlagnahmt wird, ist sehr oft jemand, der seit langem einen Groll gegen den ursprünglichen Täter oder Schuldner hegt.

Strafen für geringfügige Verstöße

Geringfügige Vergehen wie Diebstahl, Verleumdung, Nichtbegleichung von Schulden, Täuschung, die einem anderen materiellen Schaden zufügt, Verlust oder Beschädigung des Eigentums eines anderen, geringfügigere Verstöße gegen die sexuellen Anstandsregeln, Missachtung des Eigentums eines anderen usw. werden mit Geldstrafen geahndet, die verhängt werden müssen von den versammelten Angehörigen beider Parteien bestimmt. Ich konnte nie die geringste Spur eines eindeutigen Bußgeldsystems finden. Bei der Festsetzung schwerer Straftaten (Ehebruch, mutwillige Tötung usw.) wird der Gegenwert eines Menschenlebens, 15 oder 30 Pesos, zugrunde gelegt. Bei Bagatelldelikten werden jedoch geringere Mengen nach ausführlicher Auseinandersetzung mit den jeweiligen Angehörigen der Beteiligten festgelegt.

GEWÖHNLICHES VERFAHREN

VORBEREITUNG ZUM SCHIEDSVERFAHREN

Als der Geschädigte von der Straftat erfährt und viele vergebliche Versuche unternommen hat, zu einer Einigung zu kommen, berät er sich mit seinen Verwandten, woraufhin er, nachdem ihm ihre Kooperation zugesichert wurde, anfängt, Drohungen auszusprechen, die alle das Ohr seines Gegners erreichen. Dieser stört sich zunächst wahrscheinlich nicht daran, aber als sie aus allen Quellen einströmen, beschließt er, sich entweder persönlich seinem Gegner zu stellen, wenn die Angelegenheit nicht zu weit gegangen ist, oder sich umzusehen ein freundlicher Häuptling oder eine andere einflussreiche und kluge Person, die vermitteln kann. Während dieser Zeit erreichen ihn immer wieder neue Gerüchte über den Zorn und die Entschlossenheit seines Feindes, zu den Waffen zu greifen, aber er darf weder Feigheit an den Tag legen, noch darf sein Gegner offen ein Schlichtungsgericht anstreben, denn ein solches Vorgehen würde auf beiden Seiten Angst ausdrücken. Auf Seiten des Geschädigten gibt es also Drohungen, Rache und den Vorwand, zumindest nicht für friedliche Maßnahmen empfänglich zu sein. Auf der anderen Seite darf keine Angst zur Schau gestellt werden, es darf keine Eile bei der Schlichtung geben und eine allgemeine, zumindest vorgetäuschte Gleichgültigkeit gegenüber dem Ergebnis herrschen. Wenn der Täter auf Drohungen mit Drohungen antwortet, kann es sein, dass sein Gegner wütend wird und Feindseligkeiten ausbrechen, wie es in anderen Teilen der Welt geschieht.

In der Zwischenzeit setzen sich benachbarte Häuptlinge und einflussreiche Personen mit aller Kraft für den Frieden ein, und wenn sie sich durchsetzen, werden einer oder mehrere von ihnen gebeten, bei der endgültigen Einigung mitzuhelfen, wobei manchmal eine bestimmte Vergütung versprochen wird, insbesondere wenn eine der streitenden Parteien ist sehr daran interessiert, dass die Angelegenheit geklärt wird.

Es ist nun die Aufgabe der vermittelnden Häuptlinge oder anderer Personen, die Parteien zusammenzubringen. Dies tun sie entweder, indem sie die Teilnehmer in ein neutrales Haus einladen oder indem sie einen von ihnen überreden, den anderen in sein Haus einzuladen.

Es kann vorkommen, dass die geschädigte Partei, anstatt dieses Verfahren zu befolgen, eine Einigung herbeiführt, indem sie ihrem Gegner einen Kampfbolo, einen Dolch oder eine Lanze schickt. Das ist ein Ultimatum. Wird die Waffe behalten, bedeutet das Feindseligkeiten. Wenn es zurückgegeben wird, bedeutet dies die Bereitschaft, die Angelegenheit einem Schiedsverfahren zu unterziehen. Aber derjenige, der die Waffe erhält, wird sie wahrscheinlich nicht sofort zurückgeben, da er in Anwesenheit des Abgesandten seines Gegners, des Überbringers des Ultimatums, seine eventuelle Sehnsucht nach einem Schlichtungsverfahren verbergen möchte. Sobald er entschieden hat, dass er die Angelegenheit einem Schiedsverfahren unterwerfen oder nachgeben wird, kündigt er dem Boten an, dass er innerhalb einer bestimmten Frist seinen Gegner besuchen und die Angelegenheit besprechen werde und dass er bereit sei, die Angelegenheit zu regeln, seine Verwandten jedoch sind unwillig. Wenn ihm ein Bolo oder ein ähnlicher Gegenstand zugesandt wurde, gibt er ihn zurück, denn ihn zu behalten würde bedeuten, dass er nicht bereit ist, sich zu unterwerfen und die Konsequenzen zu tragen.

Ein paar Tage vor der festgesetzten Zeit bestellt er die Zubereitung eines Getränks und unternimmt möglicherweise einen großen Angelausflug. Er besorgt sich auch ein oder zwei Schweine. Mit diesen und in Begleitung einer Schar männlicher Verwandter macht er sich auf den Weg zum vereinbarten Haus. Die Schweine, das Getränk und andere Dinge werden an einem geeigneten Ort in der Nähe des Hauses deponiert, denn es wäre unhöflich, solche Beweise seiner Nachgiebigkeit zu zeigen.

Dies ist die Vorgehensweise in schwerwiegenderen Fällen. Fälle von geringerer Bedeutung, die sehr häufig vorkommen, werden nahezu informell auf folgende Weise erledigt:

Wenn der Streitgegenstand weder an sich noch aufgrund erschwerender Umstände, wie z. B. Streitigkeiten oder heftige Äußerungen, die ihm vorangegangen sein könnten, von so ernster Natur ist, besteht die übliche Methode zur Beilegung des Streits darin, dass eine Partei ein gutes Essen gibt zu den anderen. Gegen Ende des Mahls, wenn alle Anwesenden durch die Wirkung des Getränks gesellig sind, wird die Streitfrage, meist eine Schuld, von den Beteiligten und ihren jeweiligen Angehörigen aufgegriffen und besprochen. Es kommt häufig vor, dass die Angelegenheit auf einen anderen Zeitpunkt verschoben wird und daher möglicherweise mehrere halbwegs freundliche Treffen erforderlich sind, um sie zu regeln. Im Großen und Ganzen wird das Verfahren jedoch einvernehmlich beendet, obwohl ich in solchen Momenten einige sehr lebhafte Szenen gesehen habe. Einmal stürmte ein Mitglied der Gruppe in Begleitung seiner Verwandten die Stange hinunter, ergriff seine Lanze und seinen Schild und forderte seinen Gegner zum Zweikampf heraus. Die Herausforderung wurde nicht angenommen, also marschierten er und seine Gruppe davon und schworen Rache. Ich habe bei vielen Gelegenheiten gesehen, wie Bolos oder Dolche gezogen wurden, aber die Verwandten und andere griffen immer ein, um Blutvergießen zu verhindern. Es ist zu beachten, dass solche gewalttätigen Handlungen häufig auf den Einfluss von Alkohol zurückzuführen sind, jedoch nicht häufiger vorkommen als Schlägereien unter Alkoholeinfluss in anderen Teilen der Welt.

Wenn der betreffende Fall so kompliziert und ernst ist, dass es für den Angeklagten gefährlich ist, das Haus zu betreten, bleibt er verborgen, bis er sich über den Zustand seiner Verwandten und Freunde informiert. In anderen Fällen nimmt er persönlich teil und kann zu seiner eigenen Verteidigung argumentieren. [1]

[1] Es gibt ein sehr formelles Friedensverfahren, das von den Manóbos, die mit den Banuáons des Maásam-Flusses in Kontakt standen, befolgt wird, aber ich habe es nie miterlebt, daher kann ich keine Informationen aus erster Hand über die Einzelheiten geben. Im Kapitel über den Krieg finden sich Einzelheiten, die mir von vertrauenswürdigen Bisáyas aus Talakógon mitgeteilt wurden.

ALLGEMEINE MERKMALE EINES GRÖSSEREN SCHIEDSVERFAHRENS

Die allgemeinen Merkmale des Verfahrens sind folgende: Die Politik des Geschädigten und seiner Partei besteht darin, eine laute, bedrohliche Haltung beizubehalten und auf einer Geldstrafe zu bestehen, die drei- oder vierhundertmal höher ist, als sie erwarten. Der Angeklagte und seine Angehörigen bewahren eine feste Haltung, allerdings nicht so fest, dass sie ihre Gegner übermäßig verärgern würden, und machen von Anfang an ein Angebot für eine dürftige Zahlungssumme.

Auch wenn sich manchmal jeder in die Diskussion einmischt oder alle gleichzeitig schreien, besteht die übliche Vorgehensweise darin, jedem einzeln zu Wort kommen zu lassen und das, was er zu sagen hat, zu Ende zu bringen. Die anderen hören zu und stimmen durch solche Ausdrücke zu, die unserem „Ja in der Tat", „Wahr" usw. entsprechen, unabhängig davon, ob sie mit der Meinung des Sprechers übereinstimmen oder nicht. Diese langwierigen Gespräche sind, zumindest für einen Außenstehenden, äußerst ermüdend, da sie in einer tristen Monotonie gehalten werden, aber sie erklären die übermäßige Länge von Schlichtungsverfahren, die mehrere Tage dauern können.

Die ganze Gruppe hockt auf dem Boden und nutzt Maiskörner, Holz- oder Blattstücke, die Bambuslatten des Bodens, ihre Finger und Zehen oder irgendetwas Praktisches, um ihnen beim Aufzählen der Gegenstände zu helfen davon behandeln sie. Jeder ist bewaffnet, wahrscheinlich mit der Hand an der Waffe, und sein Blick ist wachsam. In sehr schweren Fällen kann es sein, dass Frauen und Kinder nicht anwesend sind. Dies ist natürlich ein Hinweis auf mögliches Blutvergießen und kommt sehr selten vor.

Die Häuptlinge oder andere einflussreiche Männer, die ausgewählt wurden, um jede Seite bei der Einigung zu unterstützen, nehmen eine prominente Rolle in den Verhandlungen ein und tragen dazu bei, die betroffenen Parteien zu einer Einigung zu bewegen, aber es kann nicht gesagt werden, dass ihr Wort von größter Bedeutung ist. Die eigenen Verwandten der Teilnehmer haben mehr Gewicht als alle anderen. Das Verfahren bei einem Manóbo-Schiedsverfahren kann mit dem einer Jury im Ruhestand verglichen werden. Punkt für Punkt wird diskutiert, Gleichnisse und Allegorien werden von jedem Redner vorgebracht, bis nach ermüdenden Stunden oder Tagen die Meinung beider Seiten so weit gefestigt ist, dass sie sich einig sind. In einer Hinsicht unterscheidet es sich von der Geschworenenmethode dadurch, dass gelegentlich laute Rufe und Drohungen eingesetzt werden, entweder aus natürlicher Heftigkeit oder aus der bewussten Absicht einer Seite, die andere einzuschüchtern.

Es gehört nicht zum guten Ton, wenn der Angeklagte bereitwillig nachgibt. Im Gegenteil, es entspricht der Sitte und dem Charakter der Manóbo, widerstrebend nachzugeben, wenn auch nur vorgetäuscht, wenn nicht real. Wenn ein kleines Schwein wirklich als ausreichende Bezahlung angesehen wird, wird ein großes Schwein verlangt. Wenn das Schwein in Empfang genommen wird und wirklich vertragsgemäß ist, werden Mängel daran festgestellt – es ist mager oder krank oder klein oder leichtgewichtig – mit einem Wort, es wird auf die eine oder andere Weise an Wert verloren. Der Geber hingegen übertreibt seinen Wert, schwärmt von seiner Größe, Länge, Form und seinem Gewicht, erzählt von dem exorbitanten Preis, den er dafür bezahlt hat, erinnert den Empfänger an die Schwierigkeit, zu dieser Jahreszeit Schweine zu beschaffen, und äußert sich im Allgemeinen sein Widerwillen, sich davon zu trennen.

Es darf nicht davon ausgegangen werden, dass solche Handlungen und Aussagen sofort geglaubt werden. Im Gegenteil: Erst nach langen

Gesprächen auf beiden Seiten kommt es zur Meinungsbildung, zum Abschluss einer Vereinbarung, zur Ausarbeitung eines Vertrags oder zur Leistung einer Wiedergutmachung. Es ist der gleiche Fall von hartnäckigen Geschworenen.

Bei der Beilegung dieser Streitigkeiten hängt viel von der Redegewandtheit und dem Scharfsinn eines oder mehrerer der wichtigsten Männer ab. Denn ohne ihre Fähigkeit, die Feinheiten des Themas zu verstehen und irrelevante Ansprüche abzulenken, wäre eine zufriedenstellende Beilegung der Streitigkeiten unmöglich. Dies wird leichter verständlich, wenn man bedenkt, dass der Schuldner oder die beschuldigte Partei außerhalb der begründeten Sachlage Gegenansprüche geltend macht. Diese Behauptungen sind teilweise außergewöhnlicher Natur und gehen auf die Zeit seines Großvaters oder eines anderen entfernten Verwandten zurück. So kann er sagen, dass der Großonkel seines Gegners seinem Großvater ein Menschenleben schuldete und dass diese Blutschuld nie beglichen wurde und auch nie Rache genommen wurde. Eine solche Behauptung wird von seinen Verwandten bestätigt und sie könnten sofort in Rachedrohungen ausbrechen. Auch hier könnte er behaupten, dass sein Gegner einen Zauber besessen haben soll, der den Tod herbeiführen könnte, und dass sein Sohn an den Folgen dieses Einsatzes böser magischer Kräfte gestorben sei. Daraufhin weist der andere die Anschuldigung energisch zurück und verlangt einen Sklaven als Bezahlung für die Verleumdung. Nur die Beliebtheit der Hauptmänner, ihr Ruf für faires Handeln, ihre Scharfsinnigkeit und vielleicht ihr Verhältnis zu den jeweiligen Kandidaten sind es, die solche Nebenprobleme beseitigen und eine gütliche und zufriedenstellende Einigung herbeiführen können.

Es ist üblich, dass derjenige, der verliert, die Versammlung mit einem guten Essen bewirtet. Letzteres ist im Manóbo-Land der große Trost für alle Übel und die Quelle aller Freundschaft. Wenn also die Streitfrage geklärt ist, sendet der Verlierer das zu diesem Zweck mitgebrachte Schwein und Getränk aus und holt es. Nach der Zubereitung wird das Essen auf den Boden gelegt, die Gäste werden in der richtigen Reihenfolge verteilt und dann beginnt eine jener Mahlzeiten, die man unbedingt miterleben muss, um verstanden zu werden. Ein Merkmal dieses Festes ist, dass die beiden ehemaligen Kontrahenten zusammensitzen und miteinander wetteifern, indem sie Essen und Trinken revanchieren. Während sie sich unter dem Einfluss des Alkohols aufwärmen, stopfen sie sich gegenseitig große Mengen Essen in den Mund, wobei jeder einen Arm um den Hals des anderen legt.

Am nächsten Tag, oder vielleicht noch am selben Tag, revanchiert sich der Gewinner des Verfahrens mit einem weiteren Bankett. Wenn das erledigt ist, kann die andere Partei ein weiteres Bankett veranstalten und so, wenn ihre Mittel es zulassen, noch viele Tage weitermachen. Ich war bei einer

Friedensstiftung dabei, bei der das Bankett zehn aufeinanderfolgende Tage dauerte.

Feststellung der Schuld

VON ZEUGEN

Die übliche und natürliche Methode zur Feststellung der Schuld des Angeklagten ist die Hinzuziehung von Zeugen. Sie werden ausführlich befragt und aufgefordert, auch wenn der Angeklagte nicht anwesend ist. Für dieses Verfahren scheint keine Notwendigkeit zu bestehen, da der Angeklagte seine Schuld zugibt, wenn er dem Kläger oder den Zeugen gegenübersteht. Die Aussage von Kindern ist nicht nur zulässig, sondern gilt auch als beweiskräftig. Die Aussage, dass eine Frau gegen einen Mann wegen unzulässiger Vorschläge und Handlungen aussagt, wird als ausreichend angesehen, um ihn zu verurteilen.

Falsche Aussagen im Beisein von Zeugen und Angehörigen sind nahezu selten. Ich nehme an, dass dieses Wunder auf die Angst vor der schrecklichen Vergeltung zurückzuführen ist, die den falschen Zeugen unfehlbar treffen würde.

Durch Eide

Normalerweise wird weder ein Eid geleistet noch ein anderes formelles Mittel eingesetzt, um sicherzustellen, dass der Angeklagte oder die Zeugen die Wahrheit sagen. Es gibt jedoch eine Praxis, die manchmal angewendet wird, wenn die Wahrhaftigkeit einer Person angezweifelt wird. Dies wird *Tótung* oder Verbrennen des Wachses genannt , eine Zeremonie, die nicht nur bei Zeugen, sondern bei jedem angewendet werden kann, dem man die Wahrheit aufzwingen möchte. Ich habe es bei zahlreichen Gelegenheiten sehr erfolgreich eingesetzt, um Informationen über Wanderwege zu erhalten. Die Zeremonie besteht darin, im Beisein der zu befragenden Partei ein Stück Bienenwachs zu verbrennen. Dies bedeutet, dass sein Körper auf ähnliche Weise verbrannt wird, wenn er nicht wahrheitsgemäß antwortet. Nachdem er seine Aussage gemacht hat und während das Wachs verbrannt wird, äußert er den Wunsch, dass sein Körper brennen und wie das Wachs schmelzen möge, wenn seine Aussage falsch ist. Dies ist ein weiteres Beispiel für den weit verbreiteten Glauben an sympathische Magie.

Durch die Aussage des Angeklagten

In den verschiedenen Fällen, die ich beobachtet habe, leugnete der Schuldige in der Regel energisch seine Schuld, bis er in einer öffentlichen Versammlung von seinen Anklägern konfrontiert wurde, so dass ich der Meinung bin, dass dieser Brauch es nicht verlangt, bis dahin eine Selbstanklage zu erheben Zeit.

Aber wenn er ordnungsgemäß mit Zeugen konfrontiert wird, gibt er fast immer seine Schuld zu.

Denn sollte der Angeklagte seine Schuld leugnen und es keine anderen Beweise gegen ihn als den Verdacht geben, wäre der Geschädigte nach den Grundsätzen des Systems der privaten Beschlagnahme berechtigt, jemand anderem Schaden zuzufügen . Sollte sich später herausstellen, dass der Angeklagte der ursprüngliche Täter war, würden die Unschuldigen, die Opfer dieser Beschlagnahme wurden, letztlich schreckliche Rache an ihm nehmen. Mir wurde von den Debabáons mitgeteilt, dass eine falsche Leugnung der eigenen Schuld vor den versammelten Schiedsrichtern und Verwandten den Gottheiten besonders missfällt. Ich konnte von Manóbos zu diesem Punkt keine Informationen erhalten, aber es wäre ziemlich vernünftig zu schlussfolgern, dass ihr Glaube in dieser Angelegenheit mit dem der Debabáons identisch ist.

Sollte der Angeklagte seine Schuld leugnen und Indizien auf ihn als Schuldigen hinweisen, würde die oben beschriebene Wachsverbrennungszeremonie durchgeführt. Sollte er dennoch seine Unschuld beteuern, würden verschiedene Methoden zur Feststellung seiner Schuld angewendet.

Durch Prüfungen

Um die Unschuld oder Schuld einer Person festzustellen, gibt es drei Tests: (1) die Prüfung im heißen Wasser, (2) die Prüfung beim Tauchen und (3) die Prüfung mit der Kerze.

Die Heißwasser-Tortur . [2] – Ein Messing-Fußkettchen, eine Armspange oder ein ähnlicher Metallgegenstand wird in kochendes Wasser in einer der im gesamten Agúsan-Tal verbreiteten Eisenpfannen gelegt. Die verdächtige(n) Partei(en) wird/werden dann aufgefordert, eine Hand ins Wasser zu stecken und den Gegenstand zu entfernen, der auf dem Boden der flachen Wanne abgelegt wurde. Obwohl ich viele Drohungen mit einer Berufung zu diesem Test gehört habe, habe ich nie die tatsächliche Durchführung gesehen, aber diejenigen, die behaupteten, die Aufführung gesehen zu haben, versicherten mir wiederholt, dass die Hand des Schuldigen dabei schwer verbrüht wird eines Unschuldigen bleibt unverletzt. Der Glaube an die Wahrheit dieser Prüfung ist so stark, dass ich zu Zeiten, als die Prüfung drohte, viele nicht nur ihre Bereitschaft, sondern auch ihren Eifer zum Ausdruck bringen hörte, sich ihr zu unterziehen.

[2] *Seite* .

Ich habe an verschiedenen Orten und bei Angehörigen verschiedener Stämme zahlreiche und sehr konkrete Nachforschungen angestellt, nach dem Grund für den Wert der Tortur als Test und nach der Frage, ob sie durch die Wirkung übernatürlicher Wesen erklärt werden könnte, sondern als Antwort Ich erhielt immer die Antwort, dass es keinen Grund geben könne, außer dass es schon immer so gewesen sei und dass die Religion damit nichts zu tun habe.

Die Tauch-Tortur . [3] – Ich habe die tatsächliche Durchführung dieser Tortur nie außer im Spiel miterlebt, aber der Glaube an ihre Wirksamkeit ist stark und weit verbreitet. Bei der Operation handelt es sich um einen Prozess zwischen den verdächtigen Parteien darüber, wie lange sie unter Wasser bleiben dürfen. Jeweils zwei Personen unterziehen sich dem Test. Derjenige, der seinen Kopf länger unter Wasser hält, wird vorerst für unschuldig erklärt, muss sich aber bei jedem der Verdächtigen dem Test unterziehen. Als endgültiger Beweis scheint diese Methode unmöglich zu sein, aber das ist das Verfahren, das mir am Oberlauf des Tágo beschrieben wurde.

[3] *Sún-ub* .

Eine andere und häufigere Methode ist die gleichzeitige Verhandlung aller Angeklagten. Auf ein gegebenes Signal hin tauchen sie ihre Köpfe ein. Derjenige, der seinen ersten aus dem Wasser hebt, wird für schuldig erklärt. Mir wurde von einer Partei gesagt, dass die jeweiligen Angehörigen der Angeklagten dabei stünden und sie mit aller Gewalt niederhalten würden. Diese Aussage wurde von allen damals Anwesenden bestätigt, aber da weder mein Informant noch sonst jemand erklären konnte, was im Falle einer Erstickung zu tun wäre, schenke ich der Geschichte keinen Glauben.

Bei zahlreichen Gelegenheiten machte ich mit Manóbos Tauchtests im Sport und stellte fest, dass ich meinen Atem länger anhalten konnte als sie. Sie versicherten mir jedoch, dass ich unweigerlich verlieren würde, wenn der Test zu einer Tortur würde und ich der Schuldige wäre.

Die Kerzenprobe . – Unter den christianisierten Manóbos der Seenregion fand ich den Glauben an die Wirksamkeit der Kerzenprobe zur Feststellung der Schuld einer der verdächtigen Parteien. Es werden Kerzen gleicher Größe hergestellt und den Verdächtigen jeweils eine gegeben. Anschließend werden sie auf den Boden geklebt und gleichzeitig angezündet. Die Teilnehmer haben das Recht, sie aufrecht zu halten und vor dem Wind zu schützen. Derjenige, dessen Kerze zuerst ausbrennt, wird für schuldig erklärt.

Der Glaube an den Wert von Prüfungen ist weit verbreitet, die tatsächliche Ausübung von Prüfungen ist jedoch sehr selten. Eine Begründung dafür wurde mir nicht genannt, allerdings wird darauf hingewiesen, dass die Weigerung, sich einer solchen zu unterwerfen, als Schuldbeweis gelten würde.

DURCH UMSTÄNDLICHE BEWEISE

In Manóboland haben Indizienbeweise in Ermangelung anderer Beweise ausreichendes Gewicht, um einen Verdächtigen zu verurteilen. Daher werden Fußabdrücke und andere Spuren der Anwesenheit eines Mannes sorgfältig untersucht. Tatsächlich ist der Manóbo als Sammler von Zeugnissen, selbst der unbedeutendsten Art, unvergleichlich; er ist geduldig, unaufhörlich und gründlich. Das liegt zweifellos an seiner vorsichtigen, misstrauischen Natur und an diesem Rachegeist, der niemals schwelt. Er kann jahrelang warten, bis der Verdacht erloschen zu sein scheint, bis er eines schönen Tages ein Gerücht hört, das seinen Verdacht bestätigt, und die Flamme des Streits lodert. Einer nach dem anderen werden die aufeinanderfolgenden Überbringer des belastenden Gerüchts in öffentlicher Sitzung befragt, bis der Wahrheitsgehalt festgestellt ist und der Schuldige vor Gericht gestellt wird. Ich habe viele Fälle kennengelernt, hauptsächlich von Verleumdungen, die auf diese Weise von einem Gerüchteträger zum anderen zurückverfolgt wurden. Dies verdeutlicht die zuvor gemachte Aussage, dass in Fällen, in denen es um Schäden oder Verluste für andere geht, der Schuldige und die Zeugen in der Regel die Wahrheit sagen, wenn sie aufgerufen werden, wohlwissend, dass das Geheimnis eines Tages wahrscheinlich aufgedeckt wird und dann das Die Strafe wird größer sein.

Durchsetzung des Urteils

Nachdem das Urteil im Konsens beider Seiten angenommen wurde und der Angeklagte seine Zustimmung dazu bekundet hat, wird eine Frist für die Zahlung festgelegt. Handelt es sich um eine sehr schwerwiegende Straftat, wird eine Teilzahlung sofort geleistet, mit dem Ziel, die Gefühle des erzürnten Klägers zu besänftigen. Bei dieser Zahlung handelt es sich in der Regel um eine Waffe, die entweder dem Angeklagten selbst oder einem seiner Verwandten gehört, in dringenden Fällen kann es sich aber auch um einen Menschen, beispielsweise einen Verwandten, handeln. Ich habe selbst gesehen, wie die Entbindung eines Sohnes nach Abschluss eines Ehebruchverfahrens erfolgte.

Es wird nicht die gesamte Zahlung oder Entschädigung auf einmal verlangt, sondern es wird immer eine angemessene Frist für die Erledigung vereinbart. Der Angeklagte erhält einen Streifen Rattan mit mehreren Knoten und muss zeitweise den Wachsverbrennungseid leisten.

Sein Verhalten bei diesen Gelegenheiten ist offensichtlich unterwürfig, denn er möchte der Stammesmeinung nicht zuwiderlaufen, aber es kommt manchmal vor, dass er beim Verlassen des Gerichtsgebäudes seine Unzufriedenheit mit der Entscheidung zum Ausdruck bringt oder die Schuld jemand anderem zuweist. In diesem Fall kann es zu einem weiteren Streit kommen. Im Großen und Ganzen bleibe er jedoch bei der Entscheidung.

In den allermeisten Fällen leistet der Verurteilte die vereinbarte Zahlung, denn eine Weigerung würde zu schwerwiegenderen Schwierigkeiten führen als die bereits geklärten, und Entschuldigungen für die Nichterfüllung werden nicht mehr so gerne akzeptiert wie früher. Darüber hinaus bereitet ein zweites Schiedsverfahren seinem Gegner und seinen Angehörigen unnötigen Ärger und lange Reisen. Da ihm klar ist, dass ein zweiter Prozess nur dazu dienen wird, seinen Gegner zu verärgern und die öffentliche Meinung gegen ihn aufzurüsten, kommt er seinen Verpflichtungen treu nach.

KAPITEL XXI

POLITISCHE ORGANISATION:
ZWISCHENTRIBALEN UND ANDERE BEZIEHUNGEN

ZWISCHENSTAMMBEZIEHUNGEN

Geschäfte seitens. Manóbos gehören zusammen mit anderen Stämmen wie den Banuáon, den Debabáon und den Mandáya fast ausnahmslos zu den friedlichsten Stämmen. Ich erkundigte mich häufig, besonders während ich am Oberlauf des Agúsan-Flusses war, nach dem Grund dafür, und mir wurde immer mitgeteilt, dass jeder Ärger mit einem anderen Stamm sorgfältig vermieden wurde, da er zu endlosen Komplikationen und endlosen Kriegen führen könnte. Ich bin der Meinung, dass bei der Vermeidung eines Krieges mit benachbarten Stämmen im Kopf des Manóbo immer ein Bewusstsein seiner Unterlegenheit gegenüber den Mandáya, Debabáon und Banuáon vorhanden ist und dass er sich der Konsequenzen bewusst ist, die ein solcher Fall unweigerlich nach sich ziehen würde eines Zusammenstoßes mit ihnen. So erlitten die Manóbos des oberen Agúsan, die zu Beginn der christlichen Eroberung die Mandáyas des Katí'il-Flusses provoziert hatten, am Húlip-Fluss im oberen Agúsan eine schlimme Vergeltung, als etwa 180 von ihnen in einer Nacht massakriert wurden. [1]

[1] Siehe Oartas de los PP. de la Compañía de Jesús, 5:22, 1883.

Die aktuellen Berichte über Debabáon-Krieger, wie sie mir von vielen von ihnen am oberen Sálug-Fluss erzählt wurden, zeigen die schweren Verluste, die Manóbos vom oberen Agúsan in ihren Konflikten mit Debabáons erlitten haben. Das Gleiche gilt für die Manóbos am unteren Agúsan, als sie ihre Stärke mit den Banuáons der Flüsse Maásam, Líbang und Óhut verglichen. Eine Lektüre der „Cartas de los PP. de la Compañía de Jesús" vermittelt einem ein lebendiges Bild der Verwüstung, die nicht nur die Banuáons, sondern auch die Mandáyas und Debabáons in Manóboland angerichtet haben.

Der Grund für diese unfreundlichen Beziehungen zwischen den Stämmen und für die daraus resultierenden Niederlagen der Manóbos in fast allen Fällen ist nicht weit zu suchen. Dem Manóbo fehlt die Organisation der Mandáya, Debabáon und Banuáon. Wie der Mañgguáñgan ist er etwas hitzköpfig und zieht es vor, bei Provokation, besonders wenn er betrunken ist, die Gerechtigkeit selbst in die Hand zu nehmen, indem er seinen Mandáya oder einen anderen Gegner mit einem Schlag niederschlägt, ohne sich auf ein öffentliches Urteil zu berufen. Das Ergebnis dieses unvorsichtigen Vorgehens ist ein Angriff, bei dem die Freunde und

Verwandten des Erschlagenen zu Angreifern werden, in das Manóbo-Gebiet eindringen und schreckliche Rache an dem Täter üben. Die Freunde und Verwandten der letzteren dringen aufgrund ihrer minderwertigen Stammesorganisation und ihres bewussten Gefühls der Minderwertigkeit an Mut sowie im Bewusstsein der unzähligen Schwierigkeiten, die den Weg der Repressalien belasten, nur sehr selten in das Territorium des feindlichen Stammes ein.

Sowohl aus den Berichten in den oben genannten Jesuitenbriefen als auch aus meinen eigenen Beobachtungen und Informationen weiß ich, dass die gleichen Aussagen über die Beziehungen zwischen den Stämmen der Mañgguáñgans und Mandáyas, der Mañgguáñgans und Debabáons sowie der Mañgguáñgans und Manóbos gemacht werden können. Die Mañgguáñgans stehen auf der Kulturskala viel niedriger als die Manóbos, und wenn sie unter dem Einfluss von Alkohol stehen, erliegen sie nur sehr geringen Provokationen. Durch einen vorschnellen Schlag wird das Territorium des Mañgguáñgan überfallen und seine Siedlung umzingelt. Er ist in der Regel ein ausgesprochener Feigling, und obwohl er ein hitzköpfiger Narr ist, springt er aus seinem niedrigen, mauerlosen Haus, nur um der Lanze des Feindes zu begegnen. So kommt es, dass Tausende und Abertausende von ihnen getötet wurden. Wenn wir der Aussage eines bestimmten Jesuitenmissionars glauben dürfen, wie es in einem der Jesuitenbriefe heißt, zählte der Mañgguáñgan-Stamm einst 30.000 Menschen und ihr Lebensraum erstreckte sich ostwärts vom Tágum-Fluss und von seinem östlichen Nebenfluss, dem Sálug, zwischen dem Híjo und die Tótui-Flüsse bis zum Agúsan und breiteten sich von dort weiter ostwärts über den Simúlau-Fluss aus. Im Jahr 1886 schätzte Pater Pastells ihre Zahl auf etwa 14.000. Im Jahr 1910 habe ich anhand der Berichte ihrer Erbfeinde in Compostela, Gandía, Geróna und Moncáyo eine Schätzung vorgenommen und wage zu behaupten, dass sie in diesem Jahr nicht mehr als etwa 10.000 Seelen zählten. Auch ihr Territorium beschränkte sich zu diesem Zeitpunkt auf die niedrige Bergkette, die die Wasserscheide Agúsan-Sálug bildete, und auf die Sumpfgebiete in der Region des Flusses Mánat, mit vereinzelten Siedlungen östlich des Agúsan nördlich des Flusses Mánat.

Die Manóbos der Flüsse Ihawán, Baóbo und Agúsan spielten eine blutige Rolle beim Massaker an den Mañgguáñgans. Bei meinem ersten Besuch im oberen Agúsan im Jahr 1907 hörte ich ein- oder zweimal pro Woche von der Tötung von Mañgguáñgans. Oft sagten meine Mandáya-, Manóbo- oder Debabáon-Gefährten zu mir, wenn sie einen Mañgguáñgan sahen: „Erschieß ihn, Opa, er ist nur ein Mañgguáñgan.“

Aus den persönlichen Berichten der Kriegerhäuptlinge der Manóbo, Mandáya und Debabáon weiß ich, dass sie in fast allen Fällen ihren Titel als Kriegerhäuptling durch blutige Angriffe auf Mañgguáñgans erworben hatten.

Die Kriegerhäuptlinge des oberen Agúsan, des oberen Karága, des oberen Manorígau und des oberen und mittleren Katí'il hatten ihre Titel fast zu einem Mann durch die Tötung von Mañgguáñgans verdient. Dies gilt vor allem für die Debabáon-Gruppe. Moncáyo selbst rühmt sich mit mehr Kriegerhäuptlingen als jeder Bezirk im Osten Mindanáos und steht wie ein mächtiger Wachturm über den Tausenden und Abertausenden Mañgguáñgan- und Manóbo-Gräbern, die den einsamen Wald von Libagánon bis zum Agúsan übersäten.

INTERCLAN-BEZIEHUNGEN

Es muss berücksichtigt werden, dass die Fehden zwischen den Clans unter Manóbos, nach den Aussagen aller, mit denen ich über das Thema gesprochen habe, sowie nach meiner eigenen persönlichen Beobachtung, seit Beginn der Missionstätigkeit und insbesondere seit der Gründung von deutlich zurückgegangen sind die Sonderregierung im Agúsan-Tal. Mit der Gründung dieser Regierung in der unteren Hälfte des Agúsan-Tals kam es aufgrund der wirksamen Ausweitung der Aufsicht durch fähige und aktive Beamte zu einem spürbaren Rückgang blutiger Kämpfe. Hier und da kam es in abgelegenen Regionen, etwa am Oberlauf der Flüsse Baóbo, Ihawán, Umaíam, Argáwan und Kasilaían, zu gelegentlichen Tötungen. Im oberen Agúsan hingegen, wo bis nach meiner Abreise im Jahr 1910 keine wirksame Regierung errichtet worden war, waren die Beziehungen zwischen den Clans nicht besonders friedlich. So befanden sich die Siedlungen Dugmánon und Moncáyo im Jahr 1909 in offener Feindseligkeit, und bis zu meiner Abreise gab es vier Todesfälle. Die Mandáyas von Katí'il und Manorígao hatten eine umfangreiche Bewegung gegen Compostela erwogen und nach meiner Abreise tatsächlich einen Todesfall herbeigeführt. Der geplante Schritt wurde jedoch durch die Einrichtung eines Militärpostens in Moncáyo im Jahr 1910 glücklicherweise vereitelt. Mehrere Mañgguáñgans am Quellgebiet des Mánat-Flusses erlebten 1909 ihr Schicksal. Der gesamte Mañgguáñgan-Stamm begab sich im selben Jahr in bewaffnete Wachsamkeit und machte dies unmöglich damit ich alle außer den sanfteren Mitgliedern des Stammes treffen kann, die in der Nähe von Compostela leben. Bei einer Gelegenheit hatte ich ein Treffen mit einem Mañgguáñgan-Kriegerhäuptling an einem vereinbarten Stelldichein im Wald vereinbart. Als wir an der Stelle ankamen, schlug einer meiner Begleiter auf den Pfeiler eines Baumes, um zu signalisieren, dass wir angekommen waren, aber es dauerte mehr als eine Stunde, bis unsere Mañgguáñgan-Freunde auftauchten. Als wir nach der Verzögerung gefragt wurden, teilten sie uns mit, dass sie die Gegend in beträchtlicher Entfernung umkreist hätten und die Anzahl und Form unserer Fußabdrücke untersucht hätten, um sicherzustellen, dass sie nicht getäuscht worden seien. Als wir uns dem Zweck des Interviews näherten, nämlich um Erlaubnis zu bitten, ihre Häuser zu besuchen, lehnten sie die Erlaubnis entschieden ab und sagten uns, sie seien auf der Hut vor drei Kriegerhäuptlingen des oberen Sálug, die sich kürzlich Waffen beschafft hatten und gedroht hatten um sie anzugreifen. Als ich meine Gefährten nach dem wahrscheinlichen Wohnort der Mañgguáñgans fragte, wurde mir versichert, dass sie wahrscheinlich an der Quelle des Mánat-Flusses in einer sumpfigen Region lebten und dass der Zugang zu ihrer Siedlung nur durch Waten durch Schlammabschnitte möglich sei und Wasser bis zum Oberschenkel.

Im selben Jahr wurden verschiedene weitere Razzien durchgeführt, insbesondere an der Wasserscheide zwischen den Flüssen Sálug und Ihawán. Berichten zufolge befanden sich die Manóbos am Baóbo-Fluss, den der bekannte Jesuitenmissionar Urios als „Fluss der Bagáni" (Kriegerhäuptlinge) bezeichnete, im Zustand des Krieges zwischen den Clans. Ein solcher Zustand war jedoch nichts Ungewöhnliches, denn ich bestieg nie den oberen Agúsan, ohne Berichte über Gräueltaten am Baóbo-Fluss zu hören. [2]

[2] Der Fluss Baóbo entspringt in einem Berg ganz in der Nähe des Zusammenflusses der Flüsse Sálug und Libagánon und mündet in einen der unzähligen Kanäle, in die sich der Agúsan direkt unterhalb von Veruéla teilt.

In Friedenszeiten sind die Beziehungen zwischen den Clans freundschaftlich, aber man kann allgemein sagen, dass es nicht viele Geschäfte jeglicher Art gibt und dass ihre Häufigkeit im umgekehrten Verhältnis zur Entfernung zwischen den beiden Clans steht. Es kommt selten vor, dass eine bestimmte Person in dem einen oder anderen Distrikt keinen Feudalfeind hat, so dass sie bei Besuchen bei anderen Clans meist entweder das Territorium eines Feindes durchqueren muss oder das Risiko eingeht, am Zielort auf einen Feind zu treffen. Das bedeutet nicht, dass er sofort angegriffen wird, denn er ist auf der Hut, aber man muss bedenken, dass er sich im Manóboland befindet und dass ein bloßer Funke einen Flächenbrand auslösen kann.

Daher sind Besuche bei anderen Menschen als Verwandten und Reisen zu entfernteren Orten nicht häufig. Dies gilt insbesondere für die Frauen. Hier und da findet man einen Manóbo-Mann, der furchtlos zu entfernten Siedlungen reist, um sich einen Gegenstand zu besorgen, den er braucht, aber er versäumt es nie, seine Lanze und häufig auch seinen Schild bei sich zu haben; Er ist niemals unvorbereitet, weder auf dem Weg noch in dem Haus, das er möglicherweise besucht.

Bei größeren gesellschaftlichen und religiösen Zusammenkünften üben alle Beteiligten größte Wachsamkeit aus, da sich jeder im Voraus darüber im Klaren ist, dass es zu Problemen kommen kann. Daher werden Bolos oder Dolche auch während der Mahlzeiten getragen. Feinde oder andere, von denen bekannt ist, dass sie sich im Streit befinden, sitzen in respektvollem Abstand voneinander, umgeben von Menschen, die als freundlich oder zumindest neutral gelten. Diese Anordnung der Gäste ist ein sehr auffälliges Merkmal einer Manóbo-Mahlzeit und von großer Bedeutung, da sie so manche unschöne Handlung verhindert. Der Gastgeber kümmert sich auf informelle Weise um die Verteilung der Gäste, und wenn seine Anordnung für eine der interessierten Parteien nicht akzeptabel ist, wird eine andere Anordnung vorgenommen und alle setzen sich selbst. Dieses Verfahren hat nichts Formales an sich. Das Ganze scheint instinktiv erledigt zu sein.

EXTERNE GESCHÄFTSBEZIEHUNGEN

Ausbeutung durch christliche Eingeborene

Die schamlose Plünderung [3], die während meines Aufenthalts und meiner Reisen in Ost-Mindanáo (1905-1909) von christlichen Ureinwohnern an den christianisierten und nichtchristianisierten Manóbos begangen wurde, ist ein Thema, das besondere Erwähnung verdient.

[3] Seit der Einrichtung staatlicher Handelsposten im Jahr 1909 hat diese Plünderung im Agúsan-Tal praktisch aufgehört.

Ausbeutung durch Fälschung. – Die Bergbewohner, die in ihren Bergfestungen lebten und keine Verbindung zu den wichtigeren Händlern hatten, waren für ihren Bedarf vollständig auf Kleinhändler und Hausierer der christlichen Bevölkerung angewiesen. Sie blieben dementsprechend in völliger Unkenntnis über den wahren Wert der von ihnen benötigten Waren. Ständig wurden Falschmeldungen über den Wert von Reis, Hanf und *Wein* verbreitet. Heute würde es einen Bericht über einen Krieg zwischen China und Japan geben, der zu einem Anstieg des Preises für einen Sack Reis um mehrere Pesos führte. Morgen würde es zu einer internationalen Komplikation zwischen Japan und mehreren europäischen Großmächten kommen, die zu einer Lähmung des Hanfexports und einem entsprechenden Wertverlust um mehrere Pesos führen würde. Diese und zahlreiche andere Erfindungen wurden durch Briefe bestätigt, die angeblich aus Butuán stammten, aber in den meisten Fällen von einem Händler an einen anderen an Ort und Stelle geschrieben wurden, um der Lüge Plausibilität zu verleihen. Es war üblich, dass der Freund oder Partner des Händlers in Butuán, meist nach vorheriger Vereinbarung, zwei Briefe an ihn richtete, in denen in einem der wahre Wert der Ware und in dem anderen der gewünschte Wert angegeben war kaufen oder entsorgen. Der letztgenannte Brief war für die öffentliche Einsicht bestimmt und konnte die unwissenden *Konquistas* und Manóbos nur selten verführen .

Aber es waren nicht nur die exorbitanten Tarife und die unsagbar niedrigen Preise für Waren, mit denen der christliche Händler seine heidnischen Mitmenschen betrog. Ein zweites Mittel war die Verwendung falscher

Gewichte und Maße. Der Manóbo hatte wenig Ahnung von einem *Pikul* [4] oder einem *Arroba* [5] aus Hanf, so dass er völlig der Gnade des Händlers ausgeliefert war. Die von christlichen Händlern zwischen 1905 und 1908 genutzten Stahlhöfe wiesen nie weniger als 30 Prozent, häufig sogar bis zu 50 Prozent, Abweichungen auf. Ich stellte fest, dass eine Waage so stark aus Blei bestand, dass der Hanf, der darauf 25 Pfund wog, auf einer echten englischen Waage zwischen 38 und 39 Pfund wog.

[4] Ein *Pikul* entspricht 137,5 spanischen Pfund.

[5] Ein *Arroba* entspricht 25 spanischen Pfund.

Eine weitere Betrugsmethode bestand in falschen Konten. Der Manóbo verfügte bei seinen Geschäften mit dem Händler nicht über ein Geschäftsbuch, auf das er sich verlassen konnte, sondern vertraute auf sein Gedächtnis und die Ehrlichkeit seines Freundes. Die Zahlung erfolgte in gelegentlichen Lieferungen von Hanf oder anderen Artikeln, wobei sich diese Lieferungen in der Regel über einen Zeitraum von vielen Monaten erstreckten. Als der Tag der Abrechnung kam, durfte der Manóbo seine Maiskörner oder Holzstückchen auf dem Boden ausbreiten und so gut er konnte die Rechnung durchführen. Etwaige Fehler zu seinen Gunsten wurden vom Händler umgehend korrigiert, Fehler oder Auslassungen zu seinen Gunsten durften jedoch unbemerkt bleiben. Das Konto wurde dann geschlossen und der Händler markierte mit einem Stück Holzkohle auf einem Balken, Sparren oder einer anderen geeigneten Stelle die Höhe der ihm noch zustehenden Schulden, denn es kam äußerst selten vor, dass er dem armen Stammesangehörigen die Flucht erlaubte seine Fänge.

Betrug durch Wucher und überhöhte Preise . – Eine andere Ausbeutungsmethode bestand in einem Wuchersystem, das im gesamten Tal, insbesondere aber im oberen Agúsan, praktiziert wurde. Ein Beispiel soll dies veranschaulichen: Ein Bisáya schießt 5 Pesos in verschiedenen Waren vor, mit der Maßgabe, dass er bei der nächsten Ernte 10 Säcke Reis als Bezahlung erhalten soll. Bei der nächsten Ernte kann der Manóbo nicht mehr als 6 Säcke bezahlen. Ihm wird klargestellt, dass er den Restbetrag innerhalb von zwei Monaten begleichen muss. Nach diesem Zeitraum geht der Händler wieder flussaufwärts und fährt mit dem Sammeln fort. Da der Reis nicht zur Verfügung steht, teilt der Händler seinem Kunden mit, dass der in dieser oder jener Stadt vorherrschende Reispreis tatsächlich 5 Pesos pro Sack beträgt und dass er dementsprechend 20 Pesos verliert, weil er den vereinbarten Reis nicht erhält und dass der Schuldner muss sich für den Betrag verantworten. Der arme Manóbo übergibt dann einen Kriegsbolo oder vielleicht einen Speer zum halben ursprünglichen Wert, da der Vertrag Reis und keine Waffen vorsah. Auf diese Weise zahlt er einen bestimmten Betrag ein, sagen wir 10 Pesos, und hat immer noch einen Saldo von 10 Pesos auf seinem Konto, da ihm keine Mittel zur Verfügung stehen, um die Rechnung vollständig zu begleichen. Dann wird ihm die Alternative angeboten, bei der nächsten Ernte 20 Säcke zu bezahlen oder eine Arbeit zu verrichten, zu der er nicht bereit ist, und so akzeptiert er die erstere Alternative. Der Handel wird dann mit zahlreichen Drohungen seitens des Händlers abgeschlossen, die darauf hinauslaufen, dass die Amerikaner ihm den Kopf abschlagen oder eine andere ungeheuerliche Tat begehen werden, sollte er diesen zweiten Vertrag nicht erfüllen.

Die schlimmste Verwüstung am Manóbo bestand darin, dass kurz vor der Erntezeit Waren in exorbitantem Tempo transportiert wurden, um Reis und Tabak zu kaufen. Vor allem zu dieser Zeit benötigt der Manóbo besonders viel Schweine und Hühner für die religiösen und gesellschaftlichen Feste, die regelmäßig stattfinden. Da er von Natur aus wenig Voraussicht besitzt und selten, wenn überhaupt, Spekulationen anstellt, war er es gewohnt, einen großen Teil seines Reis- und Tabakkonsums im Voraus einzutauschen. Das Ergebnis war, dass er, nachdem er so viel wie möglich von seinen Reis- und Tabakschulden beglichen hatte, feststellte, dass sein Vorrat dürftig war und kaum für ein paar Monate ausreichte. Es kam also die Zeit, in der er das, was er für 25 Centavos verkauft hatte, für 3 bis 10 Pesos pro Bambusstück zurückkaufen musste.

Ausbeutung durch das System der Kommutierung . – Ein weiteres Mittel des Betrugs, das am Manóbo verübt wurde, war das System der Kommutierung, durch das die Schulden, wenn der Gläubiger dies wünschte, mit anderen als den im Vertrag festgelegten Wirkungen beglichen werden mussten. Der Wert der so substituierten Waren wurde als außerordentlich gering eingeschätzt. Wenn beispielsweise die vereinbarte Tabakmenge nicht bezahlt wurde, wurde der Wert in einem anderen Teil des Agúsan, wo die Ware hoch war, in Geld berechnet, und der Händler musste um jeden Gegenstand bitten, der ihm zur Verfügung stand Wunsch. Angenommen, der übliche Wert dieses Gegenstands, zum Beispiel eines Schweins, betrage 10 Pesos, zu diesem Preis würde er dem Händler angeboten, der antworten würde, dass er einen Vertrag über Tabak und nicht über Schweine abgeschlossen habe. Anschließend bewies er, dass er keine Verwendung für Schweine habe, dass er in einer anderen Stadt ein gleichgroßes Schwein für 2 Pesos besorgen könne, und überrede schließlich den Schuldner, das Schwein für 2 Pesos abzugeben.

Auf Ersuchen der Manóbos habe ich inoffiziell über mehrere Fälle entschieden, in denen der Bisáya-Händler versuchte, nicht nur den Wert einer Sau zu ermitteln, sondern auch die Anzahl der Jungen, die sie hätte zur Welt bringen können, wenn sie gelebt hätte. Diese Schweine waren zur sicheren Aufbewahrung bei Manóbos zurückgelassen worden und entweder eines natürlichen Todes gestorben oder getötet worden. Ein Bisáya ging sogar so weit, eine Zahlung für die Hühner zu verlangen, die eine Henne hervorgebracht hätte, wenn sie nicht dem Manóbo gestohlen worden wäre, dem sie anvertraut worden war. Diesem Teil des Anspruchs habe ich nicht stattgegeben, daher verlangte der Kläger die Bezahlung der möglicherweise gelegten Eier.

Schmeichelei oder das Puának-System . – Eine weitere Ausbeutungsmethode, die auf den Manóbos im oberen Agúsan praktiziert wurde, war das *Puának*-System, das vom Bisáya-Händler erfunden wurde. Der *Puának* war ein wohlhabender Manóbo, der als enger Freund ausgewählt wurde und von dem aus Freundschaft erwartet wurde, dass er seinem Bisáya-Freund alles gab, was dieser verlangte. Von den Bisáya wurde im Gegenzug erwartet, dass sie dasselbe tun.

Der Bisáya stattete seinem Manóbo-Freund jedes Jahr ein paar Besuche ab, bei denen er mit der für die Manóbo so typischen aufgeschlossenen Gastfreundschaft empfangen wurde. Ihm zu Ehren wurden Schweine und Hühner getötet, die häufig zu hohen Preisen gekauft wurden. Das Land wurde nach Zuckerrohrwein oder anderen Getränken durchkämmt, und es wurden keine Mittel unversucht gelassen, um den Empfang königlich zu gestalten. Der Bisáya überschüttete seinen Gastgeber unterdessen mit sanften, schmeichelnden Worten und erzählte ihm gleichzeitig traurige Geschichten über den Anstieg der Warenpreise und seine Schulden gegenüber den Chinesen. Bevor er ging, schenkte er ihm ein wenig Tuch oder etwas Ähnliches andere Sache von geringem Wert. Als Gegenleistung erhielt er Reis, Tabak und andere Artikel, die er brauchte. Der Abschied erfolgte mit großen Freundschaftsbekundungen seitens des Bisáya und mit einer Einladung an seinen Manóbo-Freund, ihn zu einem bestimmten Zeitpunkt zu besuchen.

Während des Besuchs seines Freundes war der Manóbo durch das Land gereist, um nach Reis und anderen Artikeln zu suchen, für die er den Auftrag erhalten hatte, sie einzutauschen. Seine Frau und seine weiblichen Verwandten hatten für ihren Freund mehrere Säcke Reis geerntet. Seine Söhne und andere männliche Verwandte hatten das Boot des Bisáya gereinigt und ihn mit Rattan versorgt. Mit einem Wort, die ganze Familie hatte sich zur Aufgabe gemacht, alle Wünsche der Bisáya zu erfüllen.

Zur angegebenen Zeit machte sich der Manóbo auf den Weg flussabwärts mit den verschiedenen Waren, die von ihm verlangt worden waren, Reis, Tabak und anderen Dingen. Im Haus seines Freundes wurde er mit großer Freude und Begrüßung empfangen. Während seines Aufenthalts wurde er durch ständige Gaben von *Wein* bei Laune gehalten . Neben dem Töten eines Spanferkels und einiger Hühner waren ein wenig Schmeichelei und Palaver die einzige Unterhaltung, die er bekam. Aber da der Grog ihn bei Laune hielt und er einen Peso pro Liter kosten soll, war er vollkommen glücklich, übergab seine Waren dem Gastgeber und ließ seine Rechnungen für ihn ausgleichen (normalerweise befand er sich dabei in einer komischen Verfassung). Er erhielt weitere Warenvorschüsse zu den üblichen Wuchersätzen und reiste zu seinem Haus im Hochland, um seiner Familie und seinen Verwandten von der herrlichen Zeit zu erzählen, die er bei seinen *Puánaks verbracht hatte* .

Tauschgeschäfte .--Die folgende Aufstellung der ungefähren Warenwerte im Agúsan von 1905 bis 1909 soll dazu dienen, die kommerziellen Plünderungen zu zeigen, die Manóbos und *Conquistas* durch die Bisáyas begangen haben, die sie immer als ihre legitime Beute betrachteten.

Article	Quantity retailed	Original cost	Monetary value	Sale price, in barter, for *abaká* fiber	Gain in weighing or measuring	Value of *abaká* in Butuán
		Pesos	*Pesos*	*Kilos*	*Per cent*	*Pesos*
Rice	1 sack	5–8	12–22	100–200	30–50	16– 38
Vino	1 demijohn	5. 50	16	240	30–50	42– 48
Salt	1 sack	2. 50	12	100	10–30	21– 24
Salted fish	1 jar	6. 00	16	205	---------	33– 37
Turkey red	1 piece	4. 00	14	106	15–25	26– 28
		26. 00				138–175

Zu dieser Liste könnten die Tauschwerte für Reis, Bienenwachs und Rattan sowie der entsprechende Gewinn hinzugefügt werden, der erzielt wird, wenn diese letzteren ihrerseits gegen Hanf eingetauscht oder an die chinesischen Kaufleute verkauft werden.

Aus der obigen Liste geht hervor, dass ein Bisáya-Händler mit Waren im Wert von 26 Pesos den Fluss hinaufgehen und innerhalb weniger Wochen mit *Abaká* im Wert von 138 Pesos bis 175 Pesos zurückkehren konnte, je nach Waage und anderen verwendeten Maßen. Seine Gesamtausgaben, einschließlich seines eigenen Lebensunterhalts, würden wahrscheinlich 30 Pesos nicht überschreiten.

Luxusgüter wie Schuhe, Hüte oder europäische Kleidung, bei denen Gewinne von 500 bis 1.000 Prozent die Regel sind, werden hier nicht erwähnt. Auch verschiedene andere Wucher, wie hohe Zinsen oder die Zahlung von Kosten im Falle von Verzögerungen, sind nicht enthalten, die alle dazu dienen, den Gewinn zu erhöhen, den ein Bisáya als sein Recht und sein Privileg ansieht, wenn er es mit Wesen zu tun hat, zu denen er kaum zählt Männer.

Bei den Manóbos herrscht fast ausnahmslos das Kreditsystem vor, das auf der Heiligkeit basiert, mit der der Manóbo seine Schulden begleicht. Es ist wahr, dass der christianisierte Manóbo in dieser Hinsicht gelegentlich nicht sehr gewissenhaft ist, aber das liegt daran, dass er von seinen christlichen Brüdern so sehr geschröpft wurde.

In einer Siedlung angekommen, stellt der Händler jeweils nur einen Teil seiner Waren aus. Hat er zwei Stoffstücke, zeigt er nur eines. Von fünf Säcken Reis seien nur zwei ihm, behauptet er. Auf die Frage, ob er getrockneten Fisch habe, antwortete er, dass er nur wenig für den persönlichen Gebrauch habe, da der Preis dafür in Butuán unerschwinglich sei. Als er aufgefordert wird, etwas zu verkaufen, lässt er es heimlich aus dem Glas nehmen und zu einem unverschämten Preis an seinen Kunden liefern. Das Ziel dieser Simulation besteht darin, den Verkauf seiner Waren zu beschleunigen, denn sollte er seinen gesamten Lagerbestand ausstellen, würden viele seiner Kunden möglicherweise lieber warten und auf eine Preissenkung hoffen, eine Art winzigen „Räumungsverkauf".

Da es sich bei dem Artikel, für den der Umtausch erfolgt, fast immer um *Abaká-* Fasern handelt, ist es offensichtlich, dass dem Kunden ein bestimmter Zeitraum, länger oder kürzer, je nach der Menge der vertraglich vereinbarten Fasern, eingeräumt werden muss. Überschreitet dieser Zeitraum eine Woche, ist eine Ratenzahlung vorgesehen. Unter dem Vorwand, dass der Händler es eilig hat, die Siedlung zu verlassen und einen bestimmten Dampfer zu erwischen, mit dem er handelt, wird eine kürzere Zeitspanne gewährt, als für die Hanfernte erforderlich ist. Dies ist eine kluge Vorsichtsmaßnahme, da der Manóbo weder sehr methodisch in seinen Angelegenheiten noch schnell in seinen Bewegungen ist. Tausendundeine Dinge – Vorzeichen, Krankheit, schlechtes Wetter – können ihn bei der Erfüllung seines Vertrages verzögern. Es ist diese Verspätung, die zu Unmut und Streit führt, die nicht selten die Folge dieses Handelssystems sind. Darüber hinaus ist sich der Manóbo schon vor langer Zeit des enormen Gewinns bewusst, den die Händler erzielt haben, und wenn nicht sanft damit umgegangen wird, wird er verärgert und verzögert seinen Gläubiger manchmal absichtlich. Andererseits könnte in der Zwischenzeit ein anderer Händler in die Siedlung eingedrungen sein und ihn dazu verführt haben, gegen Bezahlung einen verlockenderen Artikel zu kaufen, denn dieser primitive Mensch kauft, wie der Rest der Welt, oft das, was er von außen sieht jeder Gedanke an die Zukunft. Aus diesem Grund beobachtet der Händler aufmerksam alle, die ihm etwas schulden, besucht fast täglich ihre Häuser und nutzt die Gelegenheit, um sich an den kleinen Fischen, Fleischstücken oder anderen Esswaren zu bedienen, die er darin findet. Wer schon lange Schulden hat, ist ein beliebtes Opfer, denn wenn er nicht in der Lage ist, seine Schulden rechtzeitig zu begleichen, wird von ihm schamlos eine substanzielle Entschuldigung [6] in Form eines Huhns oder eines anderen Esswaren verlangt.

[6] *Ba-lí-bad* .

ALLGEMEINE GESCHÄFTSBEDINGUNGEN

Im Allgemeinen gab es im Agúsan-Tal kein etabliertes System, was die Geschäfte von Bisáyas betraf. Die ständige Preisschwankung reichte hierfür als Erklärung aus. So könnte Reis in Butuán 13 Centavos pro Kilogramm wert sein, während er gleichzeitig am Fluss Híbung oder in Veruéla einen Preis von 43 Centavos erzielen könnte. Gesalzener Fisch wird in Butuán vielleicht für eine Kleinigkeit verkauft, während ein Glas davon im Einzelhandel oben am Simúlau 20 oder 30 Säcke Reis wert sein kann. Im Allgemeinen war der Preisanstieg einer Ware direkt proportional zu ihrer Entfernung von den Verteilungspunkten. Mit Vertriebsstellen sind die chinesischen Geschäfte in Butuán und Talakógon gemeint.

Auch hier hielt der alte Brauch, Reis zu einem festen, üblichen Preis zu verkaufen, den Manóbo in kommerzieller Knechtschaft gegenüber seinem Bisáya-Konkurrenten. Dies war auf den ausgeprägten Konservatismus des Manóbo und seine besonderen religiösen Grundsätze in dieser Hinsicht zurückzuführen, die beide von den Stammespriestern gefördert und unterstützt und von Bisáyas gefördert wurden. Hätte man ihn dazu bringen können, sein Reisfeld zu behalten, anstatt es für 50 Centavos pro Sack zu verkaufen, wäre er nicht gezwungen gewesen, es für 5 Peseten pro Sack zurückzukaufen. Dasselbe ließe sich auch von seinem Tabak sagen, den er im Großhandel am Bambusstück zu 25 Centavos pro Stück oder höchstens zu einem Peso pro Stück verkaufte und den er zurückkaufte, wobei er in Zeiten der Knappheit 20 Centavos für genug Kautabak bezahlte ein paar Male.

Auch das Kreditsystem behinderte seinen finanziellen Aufstieg. Es scheint eine Stammesinstitution gewesen zu sein. Während meiner Handelsreise hörte ich oft, wie meine Manóbo-Schuldner ihren Stammesgenossen prahlten, dass ich großes Vertrauen in ihre Integrität habe.

Der Manóbo, der das Vertrauen der Händler gewinnen und seine Schulden anhäufen konnte, schien eine geehrte Person zu sein, aber als er in der Lage war, genügend Zahlungen zu leisten, um seine Gläubiger zu befriedigen, war er ein großartiger Mann. Daher nutzten die Händler seine Eitelkeit aus und stellten ihm Waren zur Verfügung, die er wünschte, wobei sie ihn selten dazu zwangen, seine Verpflichtungen vollständig zu begleichen, und ihn dazu brachten, einen bestimmten Betrag auf Kredit anzunehmen, um ihn in der Knechtschaft zu behalten. Man darf sich nicht vorstellen, dass die Art und Weise, ausstehende Schulden einzutreiben, irgendetwas tyrannisches an sich hatte. Im Gegenteil, es geschah fast immer auf sanfte diplomatische Weise, da der Händler genau wusste, dass der Manóbo eine Schuld als heilig ansah und dass er sie endlich begleichen würde. Es darf jedoch nicht davon ausgegangen werden, dass die Transaktionen völlig frei von Streitigkeiten und Streitigkeiten waren. Es kam gelegentlich vor, dass der Manóbo die Betrügereien in der Buchführung seines Gläubigers entdeckte oder sich an eigene Versäumnisse in einer früheren Abrechnung erinnerte, und so begann der Streit, wobei der Bisáya sich nie darum kümmerte, seine Fehler oder Betrügereien zuzugeben, während der Manóbo, der ein harter und strenger ist Er war ein schneller Verhandlungsführer und bestand darauf, das einzufordern, was er für seine Rechte hielt. In der Regel wurde die Angelegenheit von den führenden Männern der Region friedlich geregelt. Es kam jedoch mehrfach vor, dass der Manóbo, verärgert über die zahlreichen Betrügereien seines Gläubigers, auf eine günstige Gelegenheit wartete, ihn zu entsenden. Im Großen und Ganzen kann man sagen, dass die Differenzen, die zwischen Bisáyas und ihren Bergkonkurrenten im Osten Mindanáos entstanden sind, nicht zuletzt auf die ruinöse, unerbittliche Ausbeutung der ungebildeten, ungebildeten Manóbo durch die gierigen Bisáya-Händler zurückzuführen sind.

INTERNE GESCHÄFTSBEZIEHUNGEN

Unter internem Handel versteht man die einfachen Transaktionen, die zwischen Manóbo und Manóbo stattfinden. Das Thema stellt einen auffälligen Kontrast zu dem gnadenlosen System dar, das die christlichen Händler im Umgang mit ihren heidnischen Artgenossen anwendeten.

Bei den Transaktionen handelt es sich lediglich um den Austausch absolut lebensnotwendiger Dinge.

GELD UND ERSATZ DAFÜR

Unter den Bergbewohnern gibt es kaum eine Vorstellung von Geld als solchem, es sei denn, sie hatten Kontakt zu christlichen oder christianisierten Händlern, und selbst dann gibt es, obwohl monetäre Begriffe verwendet werden, nur eine vage Vorstellung vom tatsächlichen Wert dessen, was sie darstellen. Ich fragte einen Manóbo aus dem oberen Wá-wa nach dem Preis seiner kleinen Bambus-Kalkröhre. Die Antwort war 30 Pesos.

Daher hat Geld als Umlaufmedium keinen Wert, obwohl es als Material zur Herstellung von Ringen und anderen Ziergegenständen geschätzt werden kann. Als Ersatz gibt es mehrere Einheiten mit mehr oder weniger unbestimmtem Wert. So wird der Wert eines Sklaven, der in Geld ausgedrückt zwischen 15 und 30 Pesos schwankt, im Zusammenhang mit hohen Geldstrafen und Heiratszahlungen erwähnt. Auch hier werden Teller der sogenannten *Píñggan*-Art in kleinen Bußgeldern und anderen Zahlungen erwähnt, aber da es sich um importierte Artikel handelt, variiert der Preis. Im Großen und Ganzen sind jedoch 100 *Píñggan* einen guten, brauchbaren Sklaven wert, also 30 Pesos. Auch Schweine werden als Werteinheit erwähnt, aber auch hier ist der Wert nicht ganz eindeutig, da viele von ihnen importiert werden und je nach Einkaufspreis schwanken.

GELTENDE MANÓBO-PREISE

Die folgende Liste gibt einen guten Überblick über den Geldwert einiger der Waren, die am häufigsten zwischen Manobos getauscht werden.

		Pesos
1.	A slave who can perform a full-grown person's work	30. 00
2.	A slave who can do a certain amount of work	20. 00
3.	A slave whose right hand can not reach the tip of his left ear	15. 00
4.	A male pig 1 year old	1. 00
5.	A sow that has given birth once	1. 00
6.	One fathom of *abaká* cloth nearly 1 meter wide	1. 00
7.	A woman's skirt of *abaká*	. 50
8.	One double sack of paddy (150 liters)	. 50
9.	Three double *gantas* (15 liters)	.06¼
10.	One large basket (15 liters) of *camotes*, corn, taro, etc.	.06¼
11.	One bunch of bananas	.06¼
12.	One dugout, 7 fathoms long, with a beam of 4 spans	1. 50
13.	One dugout, 11 fathoms long, with a beam of 5 spans	2. 50
14.	One bamboo jointful of tobacco, into whose mouth the closed hand can not be easily inserted	.06¼
15.	One bamboo jointful of tobacco, into whose mouth the closed hand can be easily inserted	.12½
16.	One full-grown hen or rooster	.12½

Die oben angegebenen Werte basieren auf den zur Darstellung ihres Wertes verwendeten Geldbegriffen und sind möglicherweise den Begriffen entlehnt, die in Ost-Mindanáo immer noch in Mode sind. [7]

[7] *I-sá-ka sá-pi* (Bis., *ú-sa'-ka sa-lá-pi*), P0,50; *ka-há-ti* , P0,25; *Si-ká-pat* , P0.125; *Si-kau-au* , P0.0625.

Aus der obigen Skala ist ersichtlich, dass ein einjähriges Schwein gegen zwei ausgewachsene Hühner, zwei Säcke Reis und zwei Bambusstücke Tabak eingetauscht werden könnte. Es ist nicht üblich, mit Dingen wie *Camotes* , Taro und Mais zu handeln, deren Rückgabe die übliche Bedingung ist, aber die entsprechenden Werte wurden in die obige Liste eingefügt, um dem Leser eine Vorstellung vom Wert von Lebensmitteln zu geben Waren.

GEWICHTE UND MASSE

Auf dem Hügel Manóbo wird kein Gewichtsmaß verwendet. Der christianisierte Manóbo hat möglicherweise einige alte Waagen erhalten, wie sie von Bisáyas zum Wiegen von *Abaká-* Fasern verwendet wurden. Bei diesen Waagen handelt es sich um Stahlhöfe, deren Bau es dem Bisáya-Händler ermöglichte, seinen nichtchristlichen Kunden bis zu 50 Prozent ihrer *Abaká-* Faser abzujagen. Die Methode zur Fälschung der Waage bestand darin, das Gegengewicht mit Blei zu belasten und das Querstück, das als Drehpunkt fungiert, zu feilen. Eine andere Methode, die sogar bei echten Stahlwerften angewendet werden konnte, bestand darin, den Gegengewichtsarm nach unten zu neigen, nachdem die *Abaká* -Faser auf den anderen Arm geladen worden war. Dies geschah normalerweise unter dem Vorwand, das Gegengewicht aufzuheben, das absichtlich auf dem Boden gelassen worden war.

Was das Volumen angeht, ist der Manóbo fast ebenso mittellos, denn er hat nur den *Gántañg*. Hierbei handelt es sich um ein zylindrisches Maß, das aus dem Stamm einer Palme hergestellt wird und dessen Boden aus einem anderen Holz besteht. Er hat ein Fassungsvermögen von 10 bis 15 Litern, ich kenne jedoch keine Regel, die die genaue Größe festlegt. Ein interessanter Punkt im Hinblick auf die Größe dieses Maßes ist, dass es doppelt so groß ist wie das von Bisáyas verwendete. [8] Es wird vermutet, dass die frühen Bisáya-Händler bei der Einführung der spanischen *Ganta* und *Fanega* aus offensichtlichen Gründen ihren ahnungslosen Bergfreunden beibrachten, ein Maß zu machen, das doppelt so groß ist wie das gesetzliche Maß.

[8] Das *Gántang*- Maß im Osten von Mindanáo besteht aus zwei Arten: *de almacen* , „des Ladens", und *de provincia* , „der Provinz". Letzterer ist doppelt so groß wie ersterer und wird von den Bergvölkern allgemein genutzt.

In der Art und Weise, Reis abzumessen (denn der *Gántang* dient praktisch nur diesem Zweck), gibt es ein Merkmal, das für die Sparsamkeit und Sparsamkeit der Manobo charakteristisch ist. Der Reis wird mit den Händen nach und nach in das Maß geschöpft, das nicht bewegt wird, bis es voll ist. Anschließend wird die Oberfläche des Reisfeldes mit einem Stock geebnet und in den größeren Behälter entleert. Gleichzeitig wird die Zahl laut vorgezählt. Die Absicht, das Maß nicht zu bewegen oder zu stören, besteht darin, dem Reis mehr Volumen zu verleihen, denn wenn es gestört wird, setzen sich die Körner ab und es ist mehr erforderlich, um das Maß zu füllen.

Fünfundzwanzig dieser *Gántang* ergeben einen *Kabán* , *Bákkid* oder *Anéga* , wie es verschiedentlich genannt wird. Obwohl es in Manóboland kein entsprechendes Maß gibt, entspräche dieser *Kabán in der Menge zwei Säcken Reis oder etwa 150 Litern*.

Der Yard ist der Abstand vom Ende des Daumens bis zur Mitte des Brustbeins, wenn der Arm horizontal ausgestreckt ist. Es ist natürlich von Person zu Person etwas unterschiedlich.

Der Bisáya-Händler verkürzt beim Messen von Stoffen seinen Meter erheblich, indem er den Arm nicht vollständig ausstreckt und die ausgestreckte Hand leicht in Richtung seines Körpers dreht. Dieser Gewinn ergibt zusammen mit einem weiteren Kleinen, das er sichert, wenn er das abgemessene Stück vom Bolzen abbeißt, einen Gesamtgewinn von etwa 10 Zentimetern. Einwände seitens des Kunden sind erfolglos, da ihm mitgeteilt wird, dass dies die Länge des Hofes des Händlers sei und er, wenn der Kunde nicht zufrieden sei, nicht verpflichtet sei, das Tuch anzunehmen. Da es sich um ein Kreditgeschäft handelt, muss der arme Manóbo nachgeben.

Der Klafter [9] ist der Abstand zwischen den Daumenspitzen bei ausgestreckten Armen und Händen. Dabei kommt auch der vom Bisáya-Händler praktizierte Betrug im Yard-Maß zum Einsatz.

[9] *Dú-pa'* .

Die Spanne [10] ist die Dehnung zwischen der Spitze des Zeigefingers und der Spitze des Daumens, wenn sie über das zu messende Objekt gestreckt werden.

[10] *Dáng-au* .

Die Fingerlänge [11] ist die Länge entweder des ersten oder des Mittelfingers, je nach Ortsbrauch.

[11] *Túd-lo* .

Die Gelenklänge [12] ist die Länge des Mittelgelenks des Fingers. Es handelt sich um eine Maßnahme, die sehr selten angewendet wird.

[12] *Lúm-po* .

SKLAVENHANDEL

Ich habe das Agúsan-Tal seit 1910 nicht mehr besucht, sodass ich keine Angaben zum tatsächlichen Ausmaß des Sklavenhandels in der heutigen Zeit machen kann. Von 1905 bis 1909 war die Praxis in Mode, allerdings nicht in großem Umfang. Von allen Seiten wird von Mañgguáñgans, Mandáyas, Manóbos und Banuáons berichtet, dass es seit der amerikanischen Besetzung in bemerkenswertem Maße zurückgegangen ist, was auf den wunderbaren Ruf der Amerikaner zurückzuführen ist, die Spanier besiegt zu haben. Dieser Rückgang war eine natürliche Folge des Rückgangs der Kriegsüberfälle.

Der Sklavenhandel unter den Manóbos im Osten von Mindanáo beschränkte sich praktisch auf die Flüsse Ihawán, Baóbo, Oberlauf Simúlau und Agúsan. Ich bin der Meinung, dass es während meines vierjährigen Aufenthalts im Agúsan nicht mehr als 100 Fälle von Sklavenhandel in den Regionen außerhalb der Flusstäler Ihawán und Baóbo gab.

Der übliche Wert eines Sklaven wurde in diesem Kapitel erwähnt, aber es ist nur angebracht hinzuzufügen, dass viele Erwägungen, wie schlechter Gesundheitszustand, schwache Konstitution und andere Mängel, die die Arbeitsfähigkeit des Sklaven beeinträchtigen könnten, davon ablenken sein Wert. Im Allgemeinen kann man sagen, dass der Wert eines Sklaven zwischen 10 und 30 Pesos liegt und niemals den letzten Wert übersteigt, bei dem er einem ungewöhnlich guten Jagdhund oder einer besonders großen, produktiven Sau ebenbürtig ist.

Nach Ansicht der Manóbo beinhaltet der Sklavenhandel nicht die Vorstellung von Erniedrigung, die bei anderen Nationen damit verbunden ist. Ein Sklave ist für den Manóbo eine bewegliche Sache, die er verkaufen, töten oder auf andere Weise entsorgen kann, die er für zweckmäßig hält.

Klassen von Sklaven

Gefangene [13] sind diejenigen, die vom Feind gefangen genommen wurden. Anfangs kann es sein, dass sie etwas hart behandelt werden, oder wenn ihre Besitzer wütend werden, werden sie sofort getötet. Das liegt daran, dass die Rachegefühle nicht abgekühlt sind. Aber nach ein paar Tagen ähneln ihr Zustand und ihre Behandlung denen gewöhnlicher Sklaven, außer dass mehr Vorsichtsmaßnahmen getroffen werden, um ihre Flucht zu verhindern. Wenn Angst vor ihrer Flucht besteht, ist es üblich, sie so schnell wie möglich zu verkaufen.

[13] *Bi-ha* .

Mit gewöhnlichen Sklaven [14] sind diejenigen gemeint, die gekauft oder zur Bezahlung von Geldstrafen oder Ehen ausgeliefert wurden. Im Manóboland gibt es keine Einrichtung, durch die ein Freier, kein Minderjähriger, aufgrund von Schulden zum Sklaven werden kann. Aber Minderjährige, in der Regel Verwandte des Schuldners, werden manchmal in dringenden Fällen zur Begleichung einer Schuld übergeben. Dies geschieht in der Regel, um Blutvergießen zu vermeiden.

[14] *Áñg-lañg* .

LIEFERUNG UND BEHANDLUNG VON SKLAVEN

Die Art und Weise, wie der Sklave einem neuen Besitzer übergeben wird, hängt normalerweise von den Gefühlen ab, mit denen er die Änderung betrachtet, außer im Fall von Kindern, die sich leicht dazu überreden lassen, sie zu akzeptieren. Bei älteren Menschen, die an ihre Besitzer gebunden sind, ist die Sache schwieriger, da sie eine Scheu vor einem Besitzerwechsel zeigen. Dann wird auf eine List zurückgegriffen, wie in einem Fall, den ich miterlebt habe. Die Person, in diesem Fall eine Sklavin, wurde zum Haus ihres Käufers geschickt, angeblich um Salz zu beschaffen und einen Korb mit Reis zu liefern. Als sie gerade zurückkehren wollte, rief ihr Käufer sie zurück ins Haus. Als ihr die Umstände bewusst wurden, brach sie in Tränen aus, wurde aber bald von den Frauen ihres neuen Besitzers besänftigt.

Im Großen und Ganzen werden Sklaven nicht misshandelt. Wie alle Diener versäumen sie manchmal, das zu tun, was von ihnen erwartet wird, und bekommen dementsprechend ein paar Schläge mit einem Stock oder einem anderen geeigneten Gegenstand. In einem sehr leidenschaftlichen Moment oder wenn er betrunken ist, kann der Herr seiner Sklavin in Anwesenheit des Haushalts die Haare abschneiden oder sie völlig entblößen, aber solche Handlungen kommen sehr selten vor.

Unmittelbar nach der Gefangennahme oder nach einem Wechsel des Herrn spürt der Sklave sein Schicksal sehr, doch mit der Zeit und als ihm klar wird, dass es keine Hoffnung auf Befreiung gibt, verblasst die Erinnerung an seine Verwandten und er ergibt sich in sein Schicksal . Manchmal findet man einen Sklaven, der sich so sehr an seinen Herrn gewöhnt hat, dass er nicht bereit ist, zu seinen Verwandten zurückzukehren. Dies gilt für diejenigen, die in jungen Jahren gefangen genommen wurden, und insbesondere für Mädchen. Zwischen letzterem und der Frau ihres Herrn entwickelt sich oft eine Zuneigung, und die Trennung führt zu lautem und langem Weinen.

Ein Sklave genießt keinerlei Rechte, weder persönliche noch politische. Er kann ohne seine Zustimmung entweder durch Verkauf, durch Heirat oder auf jede andere Weise, die sein Herr für richtig hält, entsorgt werden. Wenn er wegläuft, wird er verfolgt und zum Haus seines Herrn zurückgebracht. Wenn er häufig davonläuft und der Besitzer nicht in der Lage ist, ihn jemand anderem zu übergeben, wird er einfach mit einem Speer aufgespießt. Ich habe die tatsächliche Tötung nie miterlebt, aber vertrauenswürdige Berichte bestätigen die Tatsache, dass es zumindest früher gelegentlich dazu kam. Wenn ein Sklave aus dem Haus seines Herrn flieht, darf ihn niemand bei seiner Flucht unterstützen oder begünstigen, obwohl es jedem erlaubt ist, ihn mit der Absicht zu fangen, ihn seinem Herrn zurückzugeben, der in diesem Fall dem Fänger 15 PHP zahlen muss. [15]

[15] Auf meiner letzten Reise zu den Mandáyas im Südosten von Mindanáo (Karága-Fluss) war ich maßgeblich daran beteiligt, das Leben einer Sklavin zu retten, die sechsmal geflohen war. Zum Zeitpunkt ihrer Flucht waren sechs Sklaven, angeführt von einem etwa 14-jährigen Sklavenjungen, aus dem Haus ihres Herrn geflohen. Sie wurden zurückerobert und ihnen wurde keine Strafe außer ordentlicher Beschimpfung und unzähligen Drohungen auferlegt. Einige Tage später entkam erneut ein älterer Sklave. Sie wurde in einem Nachbarhaus entdeckt und von der Frau und der Tochter ihres Besitzers zurückgebracht. Als ihr Herr sie sah, stürzte er mit Speer und Bolo aus seinem Haus und hätte sie getötet, wenn nicht meine Vorwürfe und Bitten gewesen wären.

Der Sklave leistet seinen Teil des häuslichen Dienstes. Dem Weibchen obliegt die Aufgabe, Wasser zu schöpfen, Feuerholz zu sammeln, Reis zu zerstampfen, zu kochen und Unkraut zu jäten; für den Mann bedeutete dies, als Begleiter, Träger und Generalbote seines Herrn zu fungieren und *Camotes* und andere Feldfrüchte anzupflanzen.

Die Kleidung des Sklaven reicht normalerweise aus, um seine Nacktheit zu bedecken, und nicht mehr. Ohrscheiben, Armbänder und ähnliche Gegenstände der Weiblichkeit sind nicht erlaubt, und eine zu ordentliche Frisur wird nicht geduldet, da dies auf eheliche Neigungen hinweisen könnte. Die Heirat seiner Sklaven wird vom Herrn nicht mit Wohlwollen betrachtet, und er erlaubt sie nicht, es sei denn, die materiellen Vorteile sind so groß, dass sie ihn für den Verlust der Dienste des Sklaven entschädigen.

Ich kenne nur wenige Sklavenehen. Man sagt jedoch, dass Gefangene gegen eine gute Bezahlung verheiratet werden, wenn ihr Aussehen und andere gute Eigenschaften das Herz eines jungen Mannes erobert haben.

Meine Beobachtung und die Aussage von Manóboland hinsichtlich der Sexualmoral von Sklaven ist, dass sie ausgezeichnet ist, obwohl ihnen in dieser Angelegenheit anscheinend keine Wachsamkeit entgegengebracht wird. Die Sklavin unternimmt auch nachts allein Ausflüge zum Wasserplatz und verbringt viele Stunden des Tages an einsamen Orten, während sie auf den Lichtungen arbeitet oder zum Getreidespeicher fährt. Diese Sexualmoral ist darauf zurückzuführen, dass der Geschlechtsverkehr mit einer Sklavin mit völliger Verachtung betrachtet wird.

Dem Sklaven ergeht es in Sachen Nahrung nicht schlechter als den Bewohnern des Hauses; möglicherweise geht es ihm sogar noch besser, denn zwischen den Essenszeiten bekommt er noch mehr geheime Geschmacksnoten von Zuckerrohr und gerösteten *Camotes* ; Beim Essen vergisst er sich nicht, da er oft die Töpfe bedient.

TEIL IV.
RELIGION

KAPITEL XXII

ALLGEMEINE GRUNDSÄTZE DER MANÓBO-RELIGION UND NATUR UND KLASSIFIZIERUNG DER MANÓBO-GOTTHEITEN

EINLEITEND

Die Frage des religiösen Glaubens der Manóbo ist so schwer zu untersuchen und dennoch so wichtig, dass ich eine gewisse Scheu verspüre, mich mit dem Thema zu befassen. Das natürliche Misstrauen des Manóbo und seine Neigung, Fragen nicht wahrheitsgemäß zu beantworten, bis er sich von den Beweggründen seines Vernehmers überzeugt hat, diese Fragen zu stellen, sind die Hauptursachen für diese Schwierigkeit. Andererseits machen seine Angst, die Gottheiten zu beleidigen, gepaart mit seiner absoluten Unterwerfung in spirituellen Angelegenheiten unter seine Priester das Unterfangen nicht einfacher. Und schließlich ist sein primitiver, ungeschulter Verstand nicht in der Lage, die Feinheiten und nicht selten die zahlreichen Variationen und scheinbaren Widersprüche, die bei jedem Schritt der Untersuchung auftauchen, in zufriedenstellender Weise darzustellen. Mein Aufenthalt unter Laien und Priestern und mein enger Umgang mit ihnen geben mir jedoch die Hoffnung, dass das Folgende im Wesentlichen eine wahre Interpretation dieser primitiven Religion ist.

ALLGEMEINE GRUNDSÄTZE DER RELIGION

AUFRICHTIGKEIT DES GLAUBENS

Das Leben eines Manóbo ist ein ebenso tiefer Ausdruck seiner religiösen Überzeugungen wie das eines jeden anderen Mannes, den ich kenne. Der Glaube an das Übernatürliche scheint bei ihm instinktiv zu sein. Er unternimmt keine Aktion außerhalb der gewöhnlichen Routine, ohne die oben genannten Mächte zu konsultieren, und wenn er sich ihrer Missbilligung überzeugt hat, hält er sich aufs heiligste von seinem beabsichtigten Vorhaben zurück, selbst wenn es eines sein sollte, das ihm so sehr am Herzen liegt wie die Rache an einem Feind. Aber wenn diese höheren Mächte ihre Zustimmung zeigen, führt er sein Vorhaben mit voller Erfolgssicherheit durch.

Für den Manóbo sind seine Gottheiten und Dämonen, Geister, Riesen, Ghule und Kobolde so real wie seine eigene Existenz, und sein Glaube an sie erscheint ihm völlig rational und begründet, denn als Autorität verfügt er über Tradition und Offenbarung – überlieferte Tradition Von Generation zu Generation weitergegebene Offenbarung, die den Priestern weitergegeben wurde und dabei alle Anzeichen dessen offenbarte, was er als übernatürlichen Einfluss ansah.

GRUNDLAGE DES RELIGIÖSEN GLAUBENS

Ich hatte Gelegenheit, die Funktionsweise des Manóbo-Geistes zu studieren, wenn er mit Phänomenen in Berührung kam, über die er noch nie zuvor nachgedacht hatte, und ich beobachtete, dass, wenn das Phänomen ihn nicht als nachteilig oder unverständlich empfand, es einer wohltätigen übernatürlichen Kraft zugeschrieben wurde, sondern wann es erweckte den Eindruck, unverständlich oder schädlich zu sein, und wurde sofort als Werk böser Geister verurteilt. Einmal begleitete mich ein Manóbo aus dem oberen Agúsan nach Talakógon und erkundigte sich, als er den Regierungsstart sah, nach dessen Natur. Nachdem seine Fragen zu seiner Zufriedenheit beantwortet worden waren, machte er seine Bemerkungen, lobte die Form und erklärte sie schließlich für das Werk eines Gottes. Aber als es sich zu bewegen begann, seinen schrillen Pfiff ausstieß und den für eine Benzinrakete charakteristischen Lärm erzeugte, verurteilte er es sofort als das Werk böser Kräfte.

Ein weiteres Beispiel für diese Tendenz sah ich bei der Ankunft des ersten Phonographen im Simúlau-Flussgebiet. Mein Begleiter war ein Manóbo aus den oberen Bahaían. Als er die Töne des Phonographen hörte, kam er sofort zu dem Schluss, dass sich darin ein böser Geist befand. Obwohl ich ihm das Gegenteil versicherte, beharrte er auf seinem Glauben und beteuerte, dass kein guter Geist einem solch überirdischen Lärm Luft machen würde.

Fast ausnahmslos wurden meine Uhr, mein Kornett, mein Kompass und mein Barometer als das Werk böswilliger Geister verurteilt. Man könnte die Beispiele unendlich vervielfachen, aber die allgemeine Schlussfolgerung ist, dass alles, was das Unverständliche, das Ungewöhnliche, das Verdächtige, das Düstere suggeriert, sofort feindlichen Mächten zugeschrieben wird. Daher gilt eine Krähe, die nachts krächzt, für einen bösen Geist. Das Krachen eines umstürzenden Baumes im Wald ist der Kampf mächtiger Riesen. Das Grollen des Donners, der Blitz, der Sturm und alle anderen Naturphänomene sind das Wirken unsichtbarer Kräfte. Die Dunkelheit ist mit Heerscharen von Geistern bevölkert. Auf den trostlosen Felsen, im unberührten Dschungel, auf den dunklen Berggipfeln, in düsteren Höhlen, an wilden Wildbächen, in tiefen Teichen wohnen unsichtbare Mächte, deren

Feindschaft er meiden oder deren Wohlwollen er umwerben oder deren
Zorn er besänftigen muss .

Angst scheint also die Grundlage der religiösen Überzeugungen und Bräuche
der Manóbo zu sein. Obwohl er ungebildet ist, versteht er es nicht,
Vorkommnisse zu verstehen, die ein durchschnittlich geschulter Verstand
leicht erklären kann. Einmal war ich am Quellgebiet des Abagá-Flusses,
einem Nebenfluss des Tágo-Flusses. Ich musste den Fluss an einer Stelle
überqueren, an der ein mächtiger Felsen mitten im Fluss stand und den Fluss
in zwei Teile teilte. Ich bemerkte, dass jeder meiner Manóbo-Träger einen
kleinen Stein in der Nähe einer Öffnung im Felsen ablegte. Ich fragte sie,
warum sie dem Geist, der den Felsen bewohnte, ihren Tribut zollten, und ich
konnte sie nicht davon überzeugen, dass der Stein nicht vom Geist dort
platziert wurde, sondern ein natürliches Ergebnis der Wirkung des Wassers
war . Sie würden niemals, sagten sie, in die Agúsan zurückkehren können,
wenn sie dem Geisterfürsten von Abagá nicht ihren guten Willen zeigten.

MITTEL ZUR ERKENNUNG ÜBERNATÜRLICHEN BÖSEN

In allen Belangen des Lebens muss sich der Manóbo Immunität gegen den
bösen Willen der zahlreichen Geister sichern, die ihn umgeben. Dies allein
reicht jedoch nicht aus. Er muss in der Lage sein, zukünftiges Böses zu
erkennen, wie kann er es sonst vermeiden? Seine Vorfahren seit langem
haben ihn gelehrt, das Böse vorherzusehen und zu vermeiden, denn sie
haben oft nach bitterer Erfahrung die Anzeichen des gegenwärtigen und
bevorstehenden Bösen und die Mittel gelernt, es effektiv zu vermeiden.
Diese Zeichen sind in einem System der Weissagung verankert, das einen der
wichtigsten Bestandteile der Manóbo-Religion darstellt. Daher müssen vor
allen wichtigen Unternehmungen und vor allem immer dann, wenn der
Verdacht einer körperlichen Gefahr oder die Befürchtung einer
übernatürlichen Böswilligkeit besteht, sorgfältig die Vorzeichen konsultiert
und so die Machenschaften des Bösen oder feindlicher Geister entdeckt
werden.

Glaube an eine Hierarchie wohltätiger und bösartiger Gottheiten

Nun kommt es vor, dass diese Vorzeichen manchmal nicht beobachtet
werden können, so dass es den Anschein erwecken könnte, dass der Manóbo
einer Vielzahl von Geisterfeinden ausgesetzt und ihnen schutzlos ausgeliefert
ist. [1] Er kennt jedoch ein Mittel zur Verteidigung, denn die guten alten
Menschen von einst haben den Glauben weitergegeben, dass es eine

Hierarchie wohltätiger Gottheiten namens *Diwáta gibt* , die immer bereit sind, seine Verfechter gegen die Mächte des Bösen zu sein. Die alten, alten Menschen fanden diesen Glauben gerechtfertigt und erfuhren die Hilfe der gütigen Götter. Warum sollte er nicht?

[1] *Búsau* .

Wie soll er dann mit diesen unsichtbaren Champions kommunizieren? Offensichtlich durch diejenigen, die von den Gottheiten selbst zu diesem Zweck ausgewählt wurden – den Priesterorden namens Italian. Und so greift er, der Praxis seiner Vorfahren folgend, in wichtigeren Angelegenheiten, bei denen er sonst nicht die Pläne bösartiger Geister ermitteln oder das Wohlgefallen der Götter bestimmen kann, auf die Priester zurück. Als Antwort auf seinen Ruf erlernt der Priester entweder durch Weissagung, durch ekstatische Gemeinschaft mit seiner Schutzgottheit oder durch entsprechende Opfergaben die Mittel, um das drohende oder vermutete Übel abzuwehren.

Der Manóbo lebte wie bis vor etwa 35 Jahren in einem „Land des Schreckens", war auf allen Seiten von Todfeinden umgeben und befand sich in ständigem Krieg mit ihnen. Ebenso wie seine Vorfahren verspürte er die Notwendigkeit, auf spirituelle Agenten zurückzugreifen um Schutz vor seinen Feinden und um Hilfe bei der Überwindung dieser. Darin liegt ein weiteres Merkmal der Manóbo-Religion – der Glaube an eine Vielzahl kriegerischer Geister namens *Tagbúsan* , mit denen die Kommunikation durch die Vermittlung von Kriegerhäuptlingen namens *Bagáni erfolgt* .

ANDERE GRUNDLAGEN DES MANÓBO-GLAUBENS

Weitere wichtige Punkte in den religiösen Vorstellungen der Manóbos sind der Glaube an ein zukünftiges Leben sowie an die Existenz, Unsterblichkeit und Dualität der Seele. [2] Eine übermäßige Angst vor den Toten und allen, die mit ihnen in Verbindung stehen, eine Vielzahl religiöser und anderer Tabus und der Glaube an die Wirksamkeit von Zaubern, Talismane und sympathischen magischen Mitteln runden die Zusammenfassung der Manóbo-Religion ab. Für Champions hat der Manóbo das *Schutzdiuáta* ; für Mediatoren der *Bailán* ; für Führer, Träume, Wahrsagerei, Weissagungen und Omen; für Sühne, Gebete, Anrufungen, Opfergaben und Opfer; als Beweis für Glauben, Tradition, Offenbarung und persönliche Erfahrung.

[2] Nicht die metaphysische Seele, die im biblischen und theologischen Glauben behauptet wird, sondern ein materielles Gegenstück jedes Einzelnen.

GEISTIGE BEGLEITER DES MENSCHEN

Die *umágad* , [3] oder geistige Begleiter des Menschen, wie sie vom Manóbo verstanden werden, können als seine materiellen unsichtbaren Gegenstücke definiert werden, ohne deren Anwesenheit er aufhören würde zu leben. Er schreibt diesen Geistern oder Seelen Unsichtbarkeit, Fortbewegungsfähigkeit und mindestens einem von ihnen Unsterblichkeit zu. Er verleiht nicht nur Menschen, sondern auch Tieren und Pflanzen, die der Mensch zu seinem Lebensunterhalt anbaut, Seelen oder Geister. Er wird Ihnen sagen, dass die Seele von Reis wie Reis ist und als separate unsichtbare Form neben der sichtbaren materiellen Einheit, die als Reis bekannt ist, existiert. Mir wurde zu verstehen gegeben, dass Bäume einst Seelen hatten, und als Beweis für diese Behauptung wurde der Narra-Baum angeführt, denn selbst dann noch, so wurde erklärt, blute er, wenn er gefällt werde. [4] Für Tiere gibt es keine andere Erklärung als die, dass sie leben, sterben und träumen und daher einen Geist oder eine Seele haben müssen.

[3] Von *á-gad* , begleiten.

[4] Der Saft des *Narra-* Baums hat eine sehr verblüffende Ähnlichkeit mit Blut. *Narra* ist eine der *Pterocarpus* -Arten.

Pflanzenseelen in solchen Pflanzen, die zur Ernährung des Menschen verwendet werden, werden auf folgende Weise erklärt: Die Opfergaben an Reis und Getränken, die den Gottheiten dargebracht werden, seien sie Schutzopfer oder andere, werden eingenommen, und nach der Mahlzeit der Götter werden die Opfergaben dargebracht werden fade, weil sie ihre „Seele" verloren haben. Ich testete häufig die beträchtlichen Überreste des Geisterfests und stellte fest, dass sie noch immer ihren ursprünglichen Geschmack und ihre Kraft bewahrt hatten. Allerdings konnte kein Argument von mir meine Manóbo-Freunde vom Gegenteil überzeugen. Die Geister hatten die Seele verzehrt, und nach ihrem festen Glauben blieb nichts übrig als die äußere Form und die leblose Masse der früheren Opfergaben.

Der Manóbo glaubt, von Mandáit mit zwei unsichtbaren Gefährten ausgestattet worden zu sein, und er ist überzeugt, dass er ohne ihre Anwesenheit nicht existieren könnte. Diese Seelen oder Geister sind keine innewohnenden Prinzipien des Lebens, sondern zwei getrennte, unbestimmte Wesenheiten, die sich nur in zweierlei Hinsicht von der Person unterscheiden, deren Partner sie sind. Der erste Unterschied besteht in der Größe, denn man geht allgemein davon aus, dass sie etwas kleiner sind als ihre körperlichen Artgenossen. Sie sind nicht nur kleiner, sondern auch unsichtbar. Es wird gesagt, dass kein sterbliches Auge außer dem des Priesters den geistigen Begleiter eines Menschen gesehen hat, und doch sind sie nur für kurze Zeit von ihren körperlichen Begleitern abwesend. Manchmal hocken sie auf den Schultern. Wenn der Mann sich auf eine Reise vorbereitet, tun sie es ihm gleich. Wenn er sich auf den Weg macht, folgen sie ihm, einer auf jeder Seite, in etwa auf die gleiche Weise, wie die „Schutzengel" anderer Glaubensrichtungen ihre Mündel begleiten. Ich war einmal Zeuge eines kleinen Vorfalls, der diesen Glauben veranschaulichte. Es war am mittleren Agúsan, als eine Mutter das Geburtshaus verlassen wollte. Im letzten Moment wandte sie sich an die Geister ihrer Kleinen und beschwor sie, ihrem zarten Mündel zu folgen und sich um ihn zu kümmern.

Daher sind unsere Seelen wie unsere Schatten, unser anderes Selbst. Trotz der engen Verbindung zwischen ihnen und ihren menschlichen Begleitern werden sie selten angerufen. Man geht davon aus, dass sie kaum oder gar keine Macht haben, zu helfen. Es wird angenommen, dass der Mensch ohne ihre Anwesenheit verrückt werden würde, und als Beweis dafür wurde ich über Fälle informiert, in denen Personen, nachdem sie unsanft und hastig geweckt wurden, in einem Wahnsinnsanfall, der angeblich darauf zurückzuführen war, Zuflucht zum Bolo nahmen die Abwesenheit ihrer Seelen. [5]

[5] Dieser Glaube erklärt den Widerwillen, den die Manóbo, wie auch Mitglieder anderer philippinischer Stämme, empfinden, wenn es darum geht, eine Person hastig aus dem Schlaf zu wecken.

Man sagt, dass diese Geister, wenn wir schlafen, für eine kurze Zeit auf eigene mystische Besorgungen umherwandern und dass sich ihre Taten in unseren Träumen widerspiegeln. Daher der starke und anhaltende Glaube der Manóbo an Träume. Diese seltsamen Gefährten der Menschen haben keine materiellen Bedürfnisse und führen dennoch ein unsicheres Leben, da sie den heimtückischen Angriffen der gemeinsamen Feinde der Sterblichen ausgesetzt sind. So kommt es, dass einer von ihnen eines unglücklichen Tages auf seinen zufälligen Streifzügen auf mysteriöse Weise entführt und schließlich von einem rücksichtslosen bösen Geist „verschlungen" wird. [6] Sobald die überlebende Seele erkennt, was geschehen ist, beklagt sie den Verlust ihres Begleiters und macht sich traurig und einsam auf den Weg in das Land Ibú, ohne ihren körperlichen Begleiter zurückzulassen. Mir wurde von Priestern versichert, dass diese gefährtenlose Seele häufig an den Ort der Krankheit zurückkehrt und dort mit kläglichen Schreien den Verlust ihres Gefährten beklagt und dem unreinen Geist, der das Böse verursacht hat, schreckliche Verwünschungen überhäuft . Nur der Priester kann sein wildes Wehklagen hören und sein mitleiderregendes Gesicht sehen, das ganz von Tränen erfüllt ist. Als der Priester die Trauer des Geistes sieht, erneuert er sofort seine Bitten an seine Schutzgottheiten und fleht sie an, die gefangene Seele aus den Fängen ihres Feindes zu befreien und so das Leben des Patienten zu retten. Sollten sich die Gebete des Priesters als erfolglos erweisen, macht sich die Seele auf den Weg in die Region Ibú, wo sie, frei von den Aggressionen irdischer Feinde, ihre zweite und endlose Existenz in der Gesellschaft ihrer geistigen Verwandten beginnt.

[6] Die „Seelen" eines gewöhnlichen Priesters und von Kriegspriestern sowie die der Erschlagenen sind solchen Angriffen nicht ausgesetzt, da sie unter dem Schutz zahlreicher Götter stehen.

ALLGEMEINER CHARAKTER DER GOTTHEITEN

Die Manóbo-Religion besteht hauptsächlich aus dem Glauben an unzählige Gottheiten namens *úmli* und an sekundäre Gottheiten namens *Diuáta* . Im Gegensatz dazu gibt es eine Vielzahl von Dämonen, die als Búsau bekannt sind und einen unaufhörlichen und rücksichtslosen Krieg gegen die Manóbo-Welt führen. Darüber hinaus gibt es eine Vielzahl von Geistern, die als *Tagbánua* bekannt sind und denen das Eigentum an den Wäldern, Hügeln und Tälern zugeschrieben wird, während man annimmt, dass die verschiedenen anderen Bereiche und Vorgänge der Natur unter der Aufsicht anderer übernatürlicher Wesen stehen. wohltätig oder nicht.

Die Vorstellung, die der Manóbo von der übernatürlichen Welt hat, ist seiner Vorstellung von der Welt, in der er lebt, sehr ähnlich. Seine Götter sind wie seine Kriegerhäuptlinge große Häuptlinge, von denen keiner die Souveränität des anderen anerkennt. Wir finden keine Vorstellung von einem höchsten Wesen als solchem. Die Priester einer Siedlung haben ihre eigenen besonderen Gottheiten, auf die sie und ihre Verwandten zurückgreifen können, während die Priester einer anderen Siedlung eine andere Gruppe von Gottheiten als Schutzherren haben, bei denen sie Fürsprache einlegen, entweder für sich selbst oder für eventuelle Freunde brauche Unterstützung. Es ist wahr, dass jeder Priester unter seinen Vertrauten eine große Gottheit hat, von der er möglicherweise mehr Hilfe erfahren hat, aber in der Geisterwelt gibt es nach Manóbo-Glaube kein einziges höchstes universelles Wesen. [7] Jeder Priester erklärt die Vorherrschaft seiner Hauptgottheit über die anderer Priester, und Manóbos erklären, dass die Manóbo-Gottheiten denen anderer Stämme überlegen sind.

[7] Während der großen religiösen Bewegung, die 1909 ihren Höhepunkt erreichte, herrschte allgemein der Glaube an die Existenz eines *Magbabáya* , oder höchsten Wesens, das die Welt stürzen sollte, aber vor meinem Abschied vom Agúsan im Jahr 1910 war dieses höchste Wesen wurde vervielfacht und an jeden Manóbo-Glauben verkauft, der es sich leisten konnte, den Gegenwert eines Menschenlebens zu bezahlen. So hörte man häufig, dass der eine oder der andere einen oder mehrere *Magbabáya erhalten hatte* .

KLASSIFIZIERUNG DER GOTTHEITEN UND GEISTER Das Folgende ist eine allgemeine Klassifizierung der Manóbo-Gottheiten und Geister.

Wohlwollende Gottheiten

(1) *Úm-li* , eine Klasse höherer Wesen, die bei besonderen Anlässen auf Fürsprache der *Diuáta* den Sterblichen beistehen.

(2) *Diuáta* , ein kleiner Orden gütiger Gottheiten, mit dem die Priester bei allen Gelegenheiten drohender Gefahr, vor allen wichtigen Unternehmungen und wann immer es für notwendig erachtet wird, sie zu feiern oder zu besänftigen, Gemeinschaft halten.

GÖTTER VON GORE UND RAGE

(1) *Tagbúsau* , eine Kategorie blutrünstiger Götter, die sich am Blut erfreuen und ihre auserwählten Günstlinge, die *Bagáni* oder Kriegerhäuptlinge, zu Blutvergießen und Rache sowie gewöhnliche Laien zu Gewalttaten und Wahnsinn anstiften.

(2) *Panaíyang* , eine Klasse wilder Gottheiten, die durch Verwandtschaftsbande miteinander verbunden und den *Tagbúsau* oder Göttern des Blutes untergeordnet sind. Ihre besondere Funktion scheint darin zu bestehen, Menschen in den Wahnsinn zu treiben. [8]

[8] Sie werden *ma-ka-yáng-ug* genannt , das heißt „kann verrückt machen".

(3) *Pamáiya* , Gefolgsleute der *Tagbúsau* , und ihre Abgesandten, wenn es darum geht, Menschen zu wütenden Taten anzustiften.

Bösartige und gefährliche Geister

Bú-sau , ein Orden unersättlicher Unholde, die sich, mit einigen Ausnahmen, mutwillig mit der Zerstörung der Menschheit beschäftigen. Im Folgenden sind einige der Klassen und Individuen aufgeführt, an die allgemein geglaubt wird, die aber im Gegensatz zu den meisten anderen *búsau* nicht perfider Natur sind, es sei denn, sie werden zum Zorn erregt.

(1) *Tag-bánua* , eine Klasse von Geistern, die nicht unfreundlich sind, wenn sie gebührend respektiert werden, und die an allen stillen und düsteren Orten leben.

(2) *Táme* , ein gigantischer Geist, der im unberührten Dschungel wohnt und den Reisenden in seinen Untergang lockt.

(3) *Dágau* , ein schelmischer, launischer Geist, der Freude daran hat, den Reis aus der Kornkammer zu stehlen. Wenn sie zu Zorn erregt wird, kann es sein, dass die Reisernte ausbleibt. [9]

[9] Sie wird auch *Ma-ka-bún-ta-sái genannt* , was „kann Hunger verursachen" bedeutet.

(4) *Anit* oder *Anítan* ist der Geist des Blitzes und einer der mächtigeren Geisterklassen, die in der oberen Himmelswelt leben. [10]

[10] *In-ug-tú-han* .

(5) Epidemische Dämonen, die vom äußersten Ende der Welt, am Nabel [11] des Ozeans, stammen.

[11] *Pós'-ud bis dá-gat* .

LANDWIRTSCHAFTLICHE GÖTTINNEN

(1) *Kakiádan* , die Göttin des Reises und ihre Hüterin während seines Wachstums.

(2) *Tagamáling* , die Göttin anderer Nutzpflanzen.

(3) *Taphágan* , die Erntegöttin und Hüterin des Reises während seiner Lagerung im Getreidespeicher.

RIESENGEISTER

(1) *Mandáyangan* , ein harmloser, menschenähnlicher Riese, dessen Heimat in den fernen Bergwäldern liegt.

(2) *Ápíla* , ein harmloser, menschenähnlicher Riese, der Rivale von Mandáyanñgan um die Wrestling-Meisterschaft.

(3) *Táme* , der oben erwähnte Riesendämon.

GÖTTER DER LUST UND blutsverwandtschaftlicher LIEBE

(1) *Tagabáyau* , eine gefährliche Göttin, die zu blutsverwandter Liebe und Ehe anregt.

(2) *Agkui* , halb *diuáta* , halb *búsau* , der Männer zur blutsverwandten Liebe und zu sexuellen Exzessen drängt.

Geister himmlischer Phänomene

(1) *Inaíyau* , ein himmlischer Gott, der Träger des Donnerkeils und des Blitzes und der Manipulator der Winde und Stürme.

(2) *Tagbánua* , die nicht nur lokale Götter sind, die über den Wald herrschen, sondern auch die Macht haben, Regen zu erzeugen.

(3) *Umoúiuí* , der Wolkengeist.

ANDERE GEISTER

(1) *Sugúdon* oder *Sugújun* , der Gott der Jäger und Fallensteller, unter dessen Schirmherrschaft die Jagd und alles, was damit zusammenhängt, durchgeführt wird. Er ist auch der Beschützer der Jagdhunde.

(2) *Libtákan* , der Gott des Sonnenaufgangs, des Sonnenuntergangs und des guten Wetters; ein Gott, der am Firmament wohnt und eine besondere Macht zu haben scheint, Licht und gutes Wetter zu erzeugen.

(3) *Mandáit* , der Seelengeist, der jedem Menschen zwei unsichtbare, nicht innewohnende, materielle Gegenstücke verleiht.

(4) *Yúmud* , der Wassergeist, ein scheinbar harmloser Geist, der an tiefen und felsigen Orten, normalerweise in Teichen, unter der Wasseroberfläche weilt.

(5) *Ibú* , die Königin des Jenseits, die Göttin der verstorbenen Sterblichen, deren Wohnsitz unterhalb der Säulen der Welt liegt.

(6) *Manduyápit* , der Geisterfährmann, der sprichwörtliche Fährmann, der die verstorbene Seele auf ihrem Weg nach Ibúland über den großen roten Fluss bringt.

(7) *Makalídung* , der Gründer der Welt, der die Welt auf riesige Säulen (Pfosten) stellte.

Die Natur der verschiedenen Gottheiten im Detail

DIE PRIMÄREN GOTTHEITEN [12]

[12] Wird auch *úm-li* oder *ma-di-góon-an no di-u-á-ta genannt* .

Die primären *Diuáta* sind eine Klasse übernatürlicher Wesen, die in den oberen Himmeln leben. Es wird allgemein angenommen, dass sie einst eine menschliche Existenz im Manóboland führten, sich aber schließlich eine Steinstruktur in den Himmel errichteten und sich in Gottheiten erster Ordnung verwandelten. Sie stehen in einer eigenen Kategorie und haben nichts mit der Manóbo-Welt zu tun. Gelegentlich nehmen die kleineren *Diuáta* oder diejenigen der zweiten Klasse, wenn sie nicht in der Lage sind, dem Menschen die erforderliche Hilfe zu leisten, Zuflucht zu diesen größeren Gottheiten. Während meiner letzten Reise ins Agúsan-Tal wurde allgemein berichtet, dass die *Diuáta* eines bestimmten Manóbo-Clans am Oberlauf des Umaíam-Flusses, da sie nicht in der Lage waren, die Menschen vor militärischer Verfolgung zu schützen, Zuflucht zu dieser höheren Hierarchie genommen hatten und dass es sich dabei nur um eine Es ist eine Frage der Zeit, wann die Mitglieder des Clans in die höheren

Himmelsregionen aufgenommen werden, wo die höchsten Mächte wohnen, und wo sie selbst *úmli* oder *madigónan no diuáta werden* .

Limba ein Haus in ihre ätherischen Wohnstätten hineinbauen können , [13] aber die Vorstellung von ihnen ist so vage und so unterschiedlich, dass ich keine weiteren eindeutigen Informationen geben kann.

[13] *Lim-bá* bedeutet möglicherweise Kette.

DIE ZWEITE ORDNUNG DER GOTTHEITEN

Mit der sekundären Ordnung der Gottheiten müssen wir uns jedoch ausführlicher befassen, denn sie sind die Wächter und Verfechter der Manóbo in allen Wechselfällen und Belangen des Lebens.

Es wird angenommen, dass es sich dabei um Wesen handelt, die in längst vergessener Vergangenheit hier unten ihr irdisches Leben führten und sich nach Ablauf ihres sterblichen Lebens auf unerklärliche Weise in *Diuáta verwandelten* . Obwohl sie mittlerweile einem anderen und mächtigeren Orden angehören, haben sie noch immer eine Vorliebe für die Stammesangehörigen, die sich hier unten aufhalten. Indem sie bestimmte Männer und Frauen zu ihren bevorzugten Freunden auswählen, bleiben sie mit weltlichen Angelegenheiten in Kontakt und eilen auf den Ruf ihrer Favoriten hin, um der Menschheit zu helfen.

[13] *Lim-bá* bedeutet möglicherweise Kette.

[14] Dies sind die *Báilan* oder Priester und Priesterinnen von Manóboland.

In ihrer physischen Erscheinung sind diese Gottheiten menschlich und Manóbo-ähnlich, aber sie werden als „so schön wie der Mond" beschrieben. Sie sind mit Sicherheit Krieger, denn es heißt, dass sie ihren Schild und alle Insignien eines Manóbo-Kriegerhäuptlings tragen und manchmal ausziehen, um einen kühnen Dämon für seine bösen Machenschaften gegen den Stamm zu bestrafen.

Sie sollen auf den höchsten und unzugänglichsten Bergen [15] in der Nähe ihrer Lieblingspriester wohnen, sind aber bereit, auf einen Hilferuf hin „auf den Flügeln des Windes" in jeden Teil der Welt zu fliegen.

[15] Im Osten von Mindanáo finden wir mehrere Berge und Vorgebirge, die nach diesen Göttern benannt sind, insbesondere den Berg Magdiuáta im Südwesten und das Magdiuáta-Gebirge im Nordwesten der Stadt Liañga. Auch der Punkt Diuáta westlich von Butuán soll der Wohnort der Manóbo-Gottheiten sein.

In diesen luftigen Höhen führen sie normalerweise ein friedliches Leben. Sie sind mit Frauen und Kindern gesegnet und haben begleitende Geister, die

^{ihre} Wünsche erfüllen. Sie haben auch Sklaven in ihren Haushalten, schwarze, schlecht aussehende Dämonen, die bei einem großen Überfall gefangen genommen wurden. Sie haben kaum materielle Bedürfnisse, denn Betelnüsse sollen ihre Nahrung sein, aber dennoch lieben sie es, an den Festen der Sterblichen teilzunehmen und sich mit all den guten Dingen dieser Welt verwöhnen zu lassen. Sie verzehren sterbliche Opfergaben nicht auf materielle Weise, denn die Opfergaben bleiben intakt, bis auf einige leichte Fingerspuren, die zeitweise auf der Oberfläche des Reises und anderer Opfergaben gefunden wurden. Es ist nur die „Seele" oder, wie andere meinen, der Duft der Speisen, an denen man teilnimmt. Eine Ausnahme muss jedoch beim Blut der Opfer gemacht werden, denn dieses wird tatsächlich von den Gottheiten verzehrt.

[16] Diese Gefolgsleute werden *Lim-bó-tung genannt* .

Ihr Verlangen nach den köstlichen Dingen des Lebens ist so groß, dass sie angeblich ihre sterblichen Freunde dazu zwingen, ihnen diese zu bieten. So macht Mandáit, der Seelengeist, das Kind unruhig und sogar unwohl, mit der einzigen Absicht, die Menschen dazu zu bringen, ein gemästetes Geflügel bereitzustellen. Es wird auch angenommen, dass Manaúg, der besondere Schutzpatron der Kranken, viele körperliche Leiden verursacht, damit sein Idol aufgestellt und er mit den verschiedenen Köstlichkeiten verwöhnt werden kann, die er liebt. Und die blutrünstigen Kriegsherren Tagbúsau müssen in regelmäßigen Abständen ihr Blut spenden, egal ob es von einem Menschen oder einem Tier als Opfer kommt. Es ist wahr, dass dieses Blutopfer allem Anschein nach vom Kriegshäuptling oder vom Priester angenommen wird, denn sie saugen es gierig aus der blutigen Wunde oder schlucken es aus dem Gefäß hinunter, in dem es gefangen wurde. Es wird jedoch angenommen, dass weder der Priester noch der Kriegerführer es trinken, sondern die vertrauten Geister des ersteren oder die Götter des letzteren, die im Moment des Opfers Besitz von ihnen ergriffen haben und in ihnen heftiges Zittern und anderes hervorrufen Manifestationen übernatürlicher Besessenheit. Ich konnte keine zufriedenstellende Erklärung für die Art und Weise dieser Besessenheit finden. Es wird gesagt, dass es durch eine mysteriöse körperliche Transformation der Göttlichkeit bewirkt wird, zu der selbst die Dämonen fähig sind, wenn sie ihre Bosheit gegen die Menschheit ausüben wollen.

In dieser Zeit ekstatischer Anfälle offenbart der Priester den versammelten Stammesangehörigen die Anweisungen und Wünsche seiner Gottheiten. Mit lauter Stimme und lautem Rülpsen verkündet er dem Volk die Genesung des Kranken oder eine reiche Ernte, aber es ist nicht der Priester, der diese Prophezeiungen und Anweisungen ausspricht, sondern das Diuáta, das durch *ihn* spricht .

DIE GÖTTER VON GORE UND VERWANDTE GEISTER

Bei diesen kriegerischen Wesen handelt es sich um einen Orden von Gottheiten, unter deren besonderem Schutz der Priester-Kriegerhäuptling seine Heldentaten vollbringt und für deren besondere Verehrung er Opfer und andere Opfergaben darbringt.

Die vorherrschende Vorstellung in Bezug auf sie ist, dass sie eine Klasse von Gottheiten sind, deren einzige Freude das Blut der Menschheit ist. Es heißt, dies sei ihre bevorzugte Nahrung, obwohl sie in fast allen Fällen bereit sind, als Ersatz ein Schwein oder ein Geflügel zu akzeptieren.

Sie sollen an hohen, felsigen Orten in fernen Bergen leben. Um mit den Köstlichkeiten versorgt zu werden, die sie so sehr lieben, wählen sie bestimmte Personen zu ihren Günstlingen und Dienern aus und gewähren ihnen Immunität vor persönlicher Gefahr.

Es kommt selten vor, dass sie ihre felsigen Wohnorte verlassen, aber wenn sie es tun, dann, weil sie sich von ihren Dienern vernachlässigt fühlen oder weil sie ein übermäßiges Verlangen nach Blut verspüren. In solchen Fällen beeilen sie sich, ihre Lieblinge auf verschiedene Art und Weise zur Wachsamkeit und Nachgiebigkeit zu zwingen und sich dadurch mit den für sie so angenehmen Speisen zu versorgen.

Sie haben auch Boten. Diese werden *Pamáiya* genannt und von ihren Meistern zu menschlichen Orten geschickt, um die Menschen zum Zorn zu reizen und so Anlass zum Blutvergießen zu geben, so wie der sprichwörtliche Teufel die Menschheit in Versuchung führen soll.

Bei allen feierlichen Festen zu ihren Ehren sind sie anwesend und nehmen am Blut des Opfers teil, sei es ein Mensch oder ein Tier. Und wenn ihre Lieblingsdiener ausziehen, um sich an einem langjährigen Feind zu rächen, begleiten sie ihn und stehen ihm während des Angriffs zur Seite, beschützen ihn und spornen ihn zu übermenschlichen Taten an. Und wenn die Feinde, Männer und Frauen, überall blutend liegen und die Gefangenen gefesselt sind, fressen diese schrecklichen Geister durch den Mund ihres Günstlings das Herz und die Leber und das Blut eines der Erschlagenen, vorzugsweise das des Hauptfeindes.

KAPITEL XXIII

Bösartige Geister

Der Ursprung und die Natur bösartiger Dämonen

Im starken Gegensatz zu den gütigen Gottheiten steht ein Orden bösartiger
Geister, der den sprichwörtlichen Teufeln anderer Kulte entspricht. In
diesem Artikel werden sie in Ermangelung eines besseren Namens „Búsau"
oder „Dämonen" genannt; das heißt, böse Agenten, die eine
Zwischenstellung zwischen den höheren Gottheiten und den Menschen
einnehmen. Es scheint keine einheitliche Überlieferung über den Ursprung
dieser Geister zu geben. Aus meinen Nachforschungen geht jedoch hervor,
dass der Glaube an solche Geister bereits vor der jüngsten teilweisen
christlichen Eroberung der Agúsan existierte. [1] Es wird gesagt, dass diese
Geister in den alten, alten Zeiten den Menschen gegenüber recht
wohlgesonnen waren und dass Kinder während der Abwesenheit der Eltern
ihrer Obhut anvertraut wurden. Wie dem auch sei, in der heutigen Zeit haben
sie einen Grad an Bösartigkeit erlangt, der dazu führt, dass sie als
unversöhnliche Feinde der Menschheit gelten.

[1] Die Einführung des Katholizismus unter den heidnischen Stämmen im
Osten von Mindanáo wurde von den Jesuiten um das Jahr 1877 in großem
Umfang begonnen.

Wie mir von Priestern und anderen, die behaupteten, sie gesehen zu haben,
oft beschrieben wurde, sind diese bösen Geister in jeder anderen Hinsicht
menschlich, außer dass sie ungewöhnlich groß sind; die durchschnittliche
Größe, die ihnen zuerkannt wird, beträgt zwei Klafter. Sie sollen schwarz
und abscheulich aussehen und in der Dunkelheit und Stille der Nacht
umherpirschen. Tagsüber ziehen sie sich in dunkle Dickichte, düstere
Höhlen und die freudlosen Ruhestätten der Toten zurück.

Sie haben weder Familien noch Häuser, sie verspüren auch keine
körperlichen Bedürfnisse und irren deshalb in mutwilliger Bosheit gegenüber
Männern umher. Sie ergreifen eine unvorsichtige menschliche „Seele",
machen sie zu einem Gefangenen und fegen sie „auf den Flügeln des
Windes" davon, um sie auf mysteriöse Weise zu verschlingen. Oder sie
simulieren die Form eines Wildschweins, eines ungewöhnlichen Vogels oder
sogar eines Fisches und fügen ihrem menschlichen Opfer Körperverletzung
zu.

Die Geschichte von „Ápo Bóhon" [2] veranschaulicht den Glauben an die
Metamorphose dieser Dämonen. Ápo Bóhon war ein Manóbo des Flusses
Kasilaían. Eines Tages, in alter Zeit, ging er auf die Jagd, hatte aber kein

Glück, obwohl er dem Herrn des Agibáwa-Sumpflandes dreimal seinen Tribut dargebracht hatte. Ermüdet von dieser Jagd legte er sich gegen Abend zur Ruhe, als er sah! Er erspähte einen Affen, nahm seinen Pfeil und Bogen und schoss auf ihn. Aber er konnte es nicht kochen. Er stapelte Holz auf das Feuer, aber das Fleisch war immer noch nur vom Ruß geschwärzt und wollte nicht garen. In seinem Hunger aß er das Fleisch roh, kehrte aber nie nach Hause zurück, denn der Affe war ein böser Geist und Ápo Bóhon geriet in seine Gewalt. So wandert er bis zum heutigen Tag durch die Wälder von Kasilaían, und gegen Abend kann man hören, wie er seine Hunde für seine Rückkehr in sein Haus im Agibáwa-Sumpfland zusammenruft. Wehe dem unglücklichen Sterblichen, der seinen Weg kreuzen könnte, denn jetzt ist seine Suche menschlich. Aber wenn der Reisende, nachdem er seine Stimme gehört hat, ihn anruft und ihm ein Pfund anbietet, wird Ápo Bóhon seinen Weg weitergehen und keinen Schaden anrichten.

[2] *A-po* bedeutet „Großvater“ und *bo-on* „Geschwür“.

Methoden, um ihre bösen Pläne zu vereiteln

DURCH PRIESTER

Natürlich fällt es dem Priester zu, diesen bösartigen Wesen durch seinen Einfluss auf die übernatürlichen Freunde der Menschen entgegenzutreten. Nachdem er die richtigen Opfergaben zusammengestellt hat, ruft er seine freundlichen Götter, einen oder mehrere, an und bittet sie, den fehlenden Geist oder Umagdd zu retten und freizulassen und die beleidigenden Dämonen zu bestrafen. Die freundlichen Gottheiten waren erfreut über die Zeichen des guten Willens, die ihnen der Priester und seine irdischen Freunde darbrachten, und eilten angeblich zu ihrem Haus und wappneten sich für die Verfolgung. Mit Lanze und Schild und Hanfmantel [3] starten sie zum Raubzug. Es wird beschrieben, dass sie ihre Haare in kleine hölzerne Halbkugeln gebunden haben, ihre Köpfe mit einem roten Kopftuch geschmückt sind und ihre Hälse mit einer Fülle von Amuletten geschmückt sind, ähnlich wie die großen Kriegerhäuptlinge von Manóboland. Indem sie ihre Schritte durch ein starkes Glas [4] lenken und mit enormer Geschwindigkeit reisen, sollen sie den fliehenden Feind schnell einholen, auch wenn sie möglicherweise ans andere Ende der Welt reisen müssen. Dann beginnt ein erbitterter Kampf zwischen ihnen und dem Feind um die Wiederherstellung einer menschlichen Seele oder um die Bestrafung der Dämonen für böswillige Taten.

[3] *Lim-bo-tung* .

[4] *Espího* genannt . Unter den Manóbos herrscht ein allgemeiner Glaube an ein *Espího* (aus dem Spanischen *espejo* , Spiegel), mit dem man in die Eingeweide der Erde oder an die Enden der Welt blicken kann.

Dieser Kampf wird von den Priestern während der Zeit der göttlichen Besessenheit, die sie im Verlauf der religiösen Zeremonien durchlaufen, bis ins kleinste Detail beschrieben. Manchmal wird ein Nahkampf zwischen einer freundlichen Gottheit und einem mächtigeren Dämon ausführlich beschrieben. Auch hier ist die Gefangennahme vieler böser Geister das Thema einer Geschichte.

Bei diesen Kämpfen kommt es häufig vor, dass die befreundeten Gottheiten eine Eisenkugel benutzen. Der Anblick soll die Dämonen in Angst und Schrecken versetzen und sie der Gnade ihrer Gegner ausliefern. Eingesperrt in dieser Kugel wie in einem eisernen Gefängnis werden sie triumphierend in die Reiche ihrer Eroberer zurückgebracht, und der gerettete Begleitergeist des Menschen eilt freudig zu seinem sterblichen Gegenstück zurück. Diese bösen Dämonen sollen als Gefangene in den Häusern der guten Geister festgehalten werden und ihnen als Sklaven dienen und sie auf ihren kriegerischen Feldzügen gegen andere böse Geister begleiten und unterstützen.

MIT VERSCHIEDENEN MATERIALIEN

Neben der Zuflucht zum *Diuáta* nutzen die Manóbos ein Schilfrohr [5] oder eine Rebe, [6] die Zweige eines wilden Zitronenbaums [7] und andere Pflanzen [8] › um dem bösen Einfluss dieser Unholde entgegenzuwirken. Es sei angemerkt, dass 11 davon bei einem gewöhnlichen Menschen eine schmerzhafte Wunde verursachen, dass sie aber angeblich besonders irritierend für böse Geister sind; Dies gilt insbesondere für die Wunde, die das *Sá-Sá-* Schilfrohr verursacht. Wenn daher die Anwesenheit dieser Dämonen zu erwarten ist, sichert der Priester die oben genannten Pflanzen und stellt sie an Orten auf, von denen man annimmt, dass sie die Dämonen zum Eindringen verleiten könnten. Meistens müssen diese Vorsichtsmaßnahmen bei einem Todesfall oder einer Geburt getroffen werden, da der Geruch des Todes und des menschlichen Blutes eine große Anziehungskraft auf diese Monster auszuüben scheint. Bei solchen Gelegenheiten werden Zweige von Zitronenbäumen oder anderen oben genannten Pflanzen unter dem Haus oder an einer beliebigen Öffnung in der Wand aufgehängt. Auch der Priester trägt häufig ein geschärftes *Sá-Sá* -Rohr bei sich, in der Hoffnung, einem übermütigen Dämon zu begegnen. Obwohl die durch das Schilfrohr verursachte Wunde den Dämon nicht tötet, heilt sie nur sehr langsam und soll manchmal unheilbar sein.

[5] *Sá-sá* .

6 U-ág .

7 Su-á und Ka-ba-yan-á .

8 Ka-míli und Húás .

Die Angst der bösen Geister vor diesen Schilfrohren, Weinreben und Zweigen ist so groß, dass man glaubt, dass die bloße Erwähnung derselben ausreicht, um die Dämonen zu erschrecken. Auch Feuer und Rauch sollen sie fernhalten, und aus diesem Grund brennt in Zeiten von Krankheit und Tod oft ein Feuer unter dem Haus. Bei fast allen Besorgnisfällen wird mit größter Sorgfalt darauf geachtet, das Feuer nachts am Leben zu halten.

Auch lautes Rufen wird eingesetzt, um die bösen Geister einzuschüchtern. Bei Beerdigungen ist das Geschrei besonders auffällig; Die lauten Schreie, die man hört, wenn man durch einsame Orte in den Bergen und flussabwärts reist, sollen die böswilligen Geister bedrohen.

DURCH Sühne

Wenn sich alle anderen Mittel als erfolglos erwiesen haben, wird auf Versöhnung zurückgegriffen. Ich war bei mehreren schweren Erkrankungen Zeuge der Versöhnungszeremonie. In jedem Fall wurde, nachdem die Opfergaben für die gütigen Gottheiten auf den regulären Opferständen dargelegt worden waren, [9] eine entsprechende Opfergabe aus Fleisch, Reis und anderen Dingen für die bösen Dämonen dargebracht, die für die Krankheit verantwortlich sein sollten. Ihre Opfergaben wurden nicht im Haus, sondern draußen auf einen Baumstamm oder auf die Erde gelegt und von niemandem mehr berührt oder gegessen, denn der Geist des Bösen hätte sie verderben können. [10]

[9] *Ban-ká-so* und *ta-lí-duñg* .

[10] Vergleichen Sie mit den Bräuchen, die bei Opfergaben an die *Diuáta üblich sind* .

Nachdem die Priester die verschiedenen Bitten an die guten Gottheiten gerichtet haben, werden die bösen angerufen, jedoch nicht auf die gleiche Weise, denn sie dürfen den Bereich des Hauses nicht betreten, wo verschiedene Gegenstände wie Sá Sá und Zitronenzweige *aufbewahrt* werden , wurden platziert, um ihr Eindringen zu verhindern. Sie werden von der Öffnung rund um das Haus aus so angesprochen, als wären sie weit entfernt, und es werden keine allzu liebenswerten Ausdrücke verwendet. Bei Krankheiten und insbesondere bei Epidemien ist der Brauch, ein zeremonielles Floß zu bauen, weit verbreitet. Ich habe zahlreiche Berichte sowohl über die Einheitlichkeit dieser Praxis als auch über den Grund dafür gehört.

Krankheiten ungewöhnlicher Art und insbesondere ansteckender Natur sollen auf das Wirken einiger sehr mächtiger Seuchengeister zurückzuführen sein, die den Fluss hinaufsteigen, die Infektion verbreiten und sich gleichzeitig den verfolgenden Diuáta entziehen . Als die Priester entscheiden, dass alle Bemühungen, die Hilfe der guten Gottheiten zu sichern, erfolglos sind, beschließen sie, die bösen Seuchengeister auf folgende Weise zu besänftigen: Ein kleines Floß aus Bambus, 1 Meter mal 5 Meter groß, in dem Fall, den ich gesehen habe, wird gebaut. Darauf ist ein Opfer, beispielsweise ein Schwein, sicher angebunden. Zu ähnlichen Anlässen kann auch Geflügel geopfert werden und es können mehr oder weniger aufwändige Zeremonien durchgeführt werden, wie die Blutsalbung und der Ritus des Geflügelwinkens. In der Zeremonie, der ich beiwohnte, wurden die betreffenden Dämonen offiziell aufgefordert, das Schwein anzunehmen, die Siedlung nicht weiter zu belästigen und sich und ihr Schwein „den Fluss hinunter" zu bringen. Anschließend wurde die Krankheit behandelt und aufgefordert, sich auf den Körper des Schweins zu übertragen. Danach wurde das Floß befreit und schwamm auf seinem seewärts gerichteten Weg in die Hände von Personen, die weniger Angst vor Dämonen hatten als ihre Manóbo-Freunde. [11]

[11] Ich weiß, dass das betreffende Schwein von einem Bisáya-Händler auf weniger religiöse Weise gefangen und verzehrt wurde.

DIE „TAGBÁNUA" ODER LOKALEN WALDGEISTER

IHRE EIGENSCHAFTEN UND LEBENSWEISE

Die *Tagbánua* [12] oder Herren der Berge und Täler sind eine Klasse lokaler Gottheiten, von denen jede über einen bestimmten Bezirk herrscht. Ihnen wird der Besitz der Berge und des tiefen Waldes sowie aller einsamen Flecken und ungewöhnlichen Orte zugeschrieben, die einen Eindruck von Geheimnis und Einsamkeit vermitteln.

[12] Markieren *Sie* ein Präfix, das den Besitz angibt, und *bá-nua* , „unbewohnter Ort", das offene, unbewohnte Land im Unterschied zum Gebiet in unmittelbarer Nähe der Hauptflüsse oder besiedelter Regionen.

die *Tagbánua* weder freundliche noch unfreundliche Geister sind und keine Arglist zeigen, vorausgesetzt, dass ihnen die gebührende Ehrerbietung entgegengebracht wird, wenn wir in ihr Reich eindringen.

Ein *Tagbánua* wählt mit seiner Familie einen bestimmten Ort als Wohnsitz, manchmal einen einsamen Berg, manchmal eine einsame Lichtung oder eine hohe Klippe oder eine düstere Höhle. Auf einer meiner Reisen von Esperanza zum Quellgebiet des Flusses Tágo sah ich die Wohnstätte eines *Tagbánua* . Es handelte sich um einen riesigen Bowler namens Buhíisan, der am Zusammenfluss der beiden Wildbäche stand, die den Abagá-Fluss, einen Nebenfluss des Tágo, bilden.

Ein beliebter Aufenthaltsort der *Tagbánua* ist ein natürlicher offener Platz mitten im Wald. Hier baut er ein Haus, oder noch häufiger, richtet er sein Domizil in einem Balete-Baum ein. Ich habe gehört, dass er sich manchmal für den *Lauán* oder einen anderen hohen Baum entscheidet, aber dass seine Wahl normalerweise auf den *Baléte fällt* . Hier wohnt er mit seiner Familie und soll ein ruhiges, friedliches Leben führen. Tag für Tag wandert er durch sein Reich und versorgt sich mit dem Lebensnotwendigen. Ungewöhnliche Pflanzenarten wie Farne und reisartige Gewächse versorgen ihn mit dem pflanzlichen Teil seiner Mahlzeit, während Wild und Schweinefleisch aus dem Überfluss an Wildschweinen und Hirschen gewonnen werden. Er und seine Familie kehren gegen Sonnenuntergang nach Hause zurück und beginnen mit der Zubereitung des Abendessens, indem sie ihren Reis zerstampfen. Viele Manóbos hätten mit ihren eigenen Ohren gehört, versicherten sie mir, nicht nur das Geräusch des Reismörsers, sondern alle Geräusche, die üblicherweise in jedem Manóbo-Haus zu hören seien.

BESTIMMTE Örtlichkeiten, die von Waldgeistern gepachtet werden

In der Nähe von Talakógon gibt es zwei Orte, an denen *Tagbánua* regiert haben soll. Einer heißt Agibáwa und der andere Kasawáñgan. Bei beiden handelt es sich um abgelegene, baumlose Orte inmitten sumpfiger Regionen. Im ersteren hatte die regierende Gottheit ein Haus gebaut, wie mir jemand erzählte, der behauptete, die Pfosten gesehen zu haben, als das Haus noch im Bau war. Anderen Berichten zufolge besaß diese Gottheit eine Herde Carabaos, deren Fußabdrücke mehrere meiner Freunde und Bekannten gesehen hatten. [13]

[13] Diese Carabaos waren offensichtlich die Überreste oder Nachkommen einer kleinen Herde, die zur Zeit des philippinischen Aufstands in die Wälder flüchtete.

Der Kasawáñgan-Bezirk war fast ein Jahr lang mein Jagdrevier und ich hatte Gelegenheit, den Charakter und die Gewohnheiten seiner Gottheit zu beobachten, wie sie mir von Manóbo-Führern und Begleitern erklärt wurden.

Mit größter Angst und Widerwillen führte mich mein erster Führer in das Marschland ein. Kaum hatte ich den Fuß darauf gesetzt, begann es zu regnen und mein Führer bat um Erlaubnis zur Rückkehr. Auf die Frage, warum er mich verlassen wollte, antwortete er, dass er Angst vor dem *Tagbánua habe*, der offensichtlich unzufrieden sei, denn hatte diese Gottheit nicht bereits einen Regenschauer herabgesandt? Der Führer fuhr dann fort, dass, wenn wir im Sumpfland weiterhin Übertretungen begehen würden, mit Sicherheit noch größeres Übel folgen würde. Als ich ihm sagte, dass wir uns mit dem Priester anfreunden würden, erklärte er sich bereit, bei mir zu bleiben.

Nachdem alle Vorbereitungen zum Zelten abgeschlossen waren, stellte mein Begleiter auf einem unhöflichen Ständer ein Betelnußopfer dar und wandte sich an den unsichtbaren Besitzer des Marschlandes mit der Bitte, die Betelnüsse anzunehmen und nicht unzufrieden zu sein. Mein Führer verteidigte sich damit, dass er unfreiwillig in diese Region gekommen sei.

Nach ein paar Stunden vergeblicher Bemühungen, Wild zu beschaffen, machte mein Begleiter eine weitere Spende und bat den Herrn des Sumpfes, auf seinen bösen Willen zu verzichten und uns zu erlauben, ein Wildschwein zu bekommen. Seine Gebete waren vergeblich, da kein Spiel bevorstand. Als ich kurz darauf meinen Kompass verlor, versicherte mir mein Führer, dass das Unglück auf die anhaltende Feindseligkeit der *Tagbánua* mir gegenüber zurückzuführen sei.

Ich besuchte diese Region weiterhin Woche für Woche und hatte beachtliche Erfolge bei der Jagd auf Wild, aber das lag zum Teil daran, dass der Herr des Sumpfes Gefallen an mir gefunden hatte, und zum Teil an den angebotenen Betelnüssen und Eiern von meinen Manóbo-Jungs.

Ähnliche Beispiele für die Angst und Ehrerbietung gegenüber diesem unsichtbaren Herrscher einsamer Orte ließen sich ins Unendliche vervielfachen. Es genügt jedoch zu sagen, dass der Glaube an diese Geisterklasse in allen Stämmen im östlichen Mindanáo, einschließlich der Bisáyas [14], weit verbreitet ist.

[14] Bei den Bisáyas, die aus Bohol stammen, kommt der Respekt, der den *Tagbánua entgegengebracht wird*, fast einer Anbetung gleich.

ANBETUNG DER WALDGEISTER

Die Existenz eines *Tagbánua* an einem bestimmten Ort wird von einem Priester festgestellt, der durch seine Schutzgottheiten den Namen [15] des Geistes erfährt, den Grund für sein Missfallen bei einer bestimmten Gelegenheit ermittelt und die ihm darzubringenden Opfergaben vorschreibt aus Gründen der Versöhnung oder des Flehens.

[15] Nur die Priester dürfen den Namen aussprechen.

Tagbánua muss auf verschiedene Weise Respekt entgegengebracht werden . Sein Territorium darf nicht betreten werden, noch darf in sein Eigentum, wie z. B. Bäume, eingegriffen werden, es sei denn, es wird eine kleine Opfergabe geleistet. Sein Name, sofern er bekannt ist, sowie die Namen von Fischen, Krokodilen und anderen Dingen, die in der Region nicht heimisch sind, dürfen auf keinen Fall erwähnt werden. Ein Verstoß gegen dieses Tabu hätte einen Sturm oder ein anderes Übel zur Folge, das auf das Missfallen des *Tagbánua hindeutet* , es sei denn, es würden sofort Maßnahmen ergriffen, um seinen Zorn zu besänftigen. Wenn man wiederum mit dem Finger auf Orte wie einen Berg zeigt, wo ein *Tagbánua wohnt* , wird das Missfallen seines Besitzers geweckt und der Übertreter ist anfällig dafür, den Zorn des Geistes zu spüren. Mehrere Manóbos erklärten mir, dass das Zeigen auf den Wohnort dieser Geister zur Versteinerung des Arms führen könnte.

Die Besetzung eines neuen Standorts ist fast ausnahmslos Anlass für eine Anrufung des *Tagbánua* , insbesondere wenn der Standort in der Nähe eines von ihm gepachteten Balete-Baums liegt, denn die Besetzung des Standorts ohne seinen guten Willen und seine Erlaubnis würde den Willen entlarven - Seien Sie zahllosen Wechselfällen ausgesetzt. Bei Jagd- und Falleneinsätzen wird auf Flehen zurückgegriffen, insbesondere wenn der Jäger feststellt, dass das Wild knapp ist. [16]

[16] Im Kapitel über die Jagd wurden die verschiedenen Bräuche bei solchen Anlässen beschrieben.

Falls der Priester entscheidet oder auch nur der Verdacht einer Person besteht, dass ein Unglück, wie schlechtes Wetter oder plötzliche Überschwemmungen, auf die Feindseligkeit eines Tagbánua zurückzuführen ist *und* dass die gewöhnlichen einfachen Opfergaben nicht ausreichen, um ihn zu besänftigen, dann a Weiße Hühner müssen getötet werden und die regelmäßigen Rituale eines Blutopfers müssen durchgeführt werden.

Es kommt jedoch selten vor, dass ein Manóbo sich selbst so weit vergessen hat, dass er den Groll dieser gütigen Gottheit auf sich gezogen hat und eine Versöhnung notwendig gemacht hat. Ich war jedoch Zeuge eines Falles, bei dem es für angebracht gehalten wurde, seinen Zorn zu besänftigen; Ich wurde gebeten, die notwendigen Schritte zu unternehmen, da ich als

Gegenstand seines Zorns galt. Meine Manóbo-Ruderer wollten die Fahrt in den frühen Nachmittagsstunden abbrechen, aber aus mehreren Gründen wollte ich vor Einbruch der Dunkelheit einen bestimmten Punkt erreichen, also griff man zu einer kleinen List. Ich gab ihrer Bitte nach, mich auszuruhen, und sie schliefen sofort ein. Nicht lange danach versetzte ich mit einem Stück Eisen ein paar Schläge auf die Ausleger. Der Manóbo konnte es auf keine andere Weise erklären, als dass der örtliche *Tagbánua* mit meinem Verhalten unzufrieden gewesen sei, denn wäre ich nicht, wie sie sagten, in den Wald in der Nähe seiner Baumbehausung gegangen und hätte, ungeachtet ihres gegenteiligen Ratschlags, gegeben Machen Sie lauten und respektlosen Äußerungen Luft. Da wir uns in der Nähe des *Baléte*- Baums befanden, wurde einstimmig beschlossen, weiterzumachen. An den nächsten Haltestellen wiederholte sich die List, so dass kein Zweifel mehr an der angeblichen Ursache des Vorfalls, dem Zorn der *Tagbánua* , *bestand* . Mehrere kleine Vorkommnisse, wie etwa das Auftreffen auf einen versteckten Baumstumpf und die Zunahme der Überschwemmung, die beide ebenfalls auf den bösartigen Einfluss dieses Geistes zurückgeführt wurden, verstärkten ihre Angst. Schließlich flehten sie mich an, aufzuhören, um der beleidigten Gottheit eines meiner Hühner zu opfern. Endlich erreichten wir den gewünschten Ort und die vermeintlich übernatürlichen Geräusche waren nicht mehr zu hören.

KAPITEL XXIV

Priester, ihre Vorrechte und Funktionen

DIE BAILÁN ODER GEWÖHNLICHE MANÓBO-PRIESTER

IHR ALLGEMEINER CHARAKTER

Der *Bailán* [1] ist ein Mann oder eine Frau, die zum Objekt besonderer Vorliebe eines oder mehrerer dieser übernatürlichen freundlichen Wesen geworden ist, die bei den Manóbos als *Diuáta bekannt sind* . Dies erklärt, warum vor allem bei den Bergbewohnern häufig das Wort *diuatahán anstelle von bailán verwendet wird* . Mir wurde von Priestern oft gesagt, dass diese besondere Vorliebe der Gottheiten für sie darauf zurückzuführen sei, dass sie zufällig gleichzeitig mit ihren göttlichen Beschützern geboren wurden. Dieser Glaube ist jedoch nicht allgemeingültig.

[1] *Bai-lán* ist wahrscheinlich eine Abwandlung des malaiischen Wortes *be-li-an* , ein Medizinmann. (Mandáya, Bagóbo und Subánun, *ba-li-án* .)

Aufgrund der Gunst der übernatürlichen Wesen wird der Priester zum Liebling und Vertrauten der Geister, mit denen er kommunizieren und von denen er Gefälligkeiten und Schutz sowohl für sich selbst als auch für seine Freunde erbitten kann. Daher wird er von seinen Stammesgenossen als Vermittler angesehen, über den sie alle ihre Geschäfte mit der anderen Welt abwickeln. In der Stunde der Gefahr wird der *Bailán* konsultiert, und nach einer kurzen Kommunikation mit seinem Geist Mends erklärt er die Maßnahmen, die gemäß den Anweisungen seiner Schutzgottheiten zu ergreifen sind. Sollte ein *Baléte-* Baum aus dem neu ausgewählten Waldstück entfernt werden müssen, wer sonst könnte seine Geisterbewohner dazu bringen, den Ackerbau nicht zu belästigen, wenn nicht der *Bailán*? Sollte ein Stammesangehöriger einen monströsen Traum haben und es keinem Traumexperten gelingen, eine zufriedenstellende Interpretation zu geben, wird der *Bailán* hinzugezogen, um die oben genannten Mächte zu konsultieren, und stellt fest, dass der Traum möglicherweise eine drohende Krankheit ankündigt und dass eine Opfergabe von a Manáug, dem Beschützer der Kranken, muss weißes Geflügel geschenkt werden. Und sollte sich dieses Opfer als erfolglos erweisen, greift er erneut auf seine übernatürlichen Freunde zurück und entdeckt, dass eine größere Opfergabe geleistet werden muss, um den Patienten zu retten. Und wenn es einen sehr ungünstigen Zusammenhang mit Vorzeichen gibt, wer außer dem *Bailán* könnte dann durch seine göttlichen Freunde die Bedeutung davon erfahren und erfahren, ob das Haus verlassen oder das Projekt aufgegeben werden muss?

In jeder Lebenslage, ob die Gottheiten angerufen, versöhnt oder besänftigt werden müssen, ruft der Manóbo den Priester dazu auf, für sich selbst, seine Verwandten und seine Freunde Fürsprache einzulegen.

Man kann sagen, dass das Priesteramt erblich ist. Ich stellte fest, dass es bis auf wenige Ausnahmen im unmittelbaren Kreis der Verwandten des *Bailán geblieben war.* Gegen Abend des Lebens wählt der betagte Priester seinen Nachfolger und empfiehlt seine Wahl dem *Diuáta*. In einem mir bekannten Fall unterrichtete eine Mutter *ihre* Tochter in den Kräutersorten, die ihrer Meinung nach bei ihren Vertrauten akzeptabel waren, und mir wurde gesagt, dass dies die übliche Vorgehensweise sei, wenn der Priester selbst ein persönliches Anliegen habe in der Nachfolge.

Aber ganz gleich, wie gut der *Bailán*-Elect die heiligen Riten und legendären Lieder des Ordens beherrscht, er wird von seinen Stammesgenossen erst dann anerkannt, wenn er in den sogenannten Dundan-Zustand gerät, einen Zustand geistiger und *körperlicher* Erhebung Dies gilt als untrüglicher Beweis für die Anwesenheit und Wirkung einer übernatürlichen Kraft in ihm. Diese Hochstimmung äußert sich durch ein heftiges Zittern, begleitet von lautem Aufstoßen, starkem Schwitzen, Schaumbildung vor dem Mund, Vorstehen der Augäpfel und in einigen Fällen, die ich gesehen habe, scheinbarem vorübergehendem Verlust des Sehvermögens und Bewusstlosigkeit. Diese

Symptome gelten als unfehlbares Zeichen göttlichen Einflusses, und der Novize wird dementsprechend als vollwertiger Priester anerkannt, der bereit ist, seinen Dienst unter dem Schutz seiner spirituellen Freunde zu beginnen. Ich kenne einen Fall am unteren Lamlíñga-Fluss, einem Nebenfluss des Kasilaían, wo eine bestimmte Person [2] ohne vorherige Vorahnung und ohne irgendwelche Ambitionen ihrerseits *Bailán* wurde . Er war ein Mensch von wenig Arglist und einer, der zuvor noch nie eine Ausbildung in den Praktiken seines Ordens erhalten hatte.

[2] Báya (oder Bório) ist der junge Mann, auf den Bezug genommen wird.

Wenn er eine bekannte Gottheit empfängt, wird der neue Priester mit fünf weiteren Geistern oder Seelengefährten ausgestattet, zu seinem größeren Schutz und zur Verlängerung seines Lebens. Es ist offensichtlich, dass seine Pflichten als Vermittler bei den bösen Geistern einen tödlichen Hass gegen ihn hervorrufen; Daher besteht die Notwendigkeit eines größeren Schutzes, wie er angeblich durch die Zunahme der Zahl der Geistergefährten gewährleistet wird. Es wird allgemein angenommen, dass die Priester auch aufgrund dieses besonderen Schutzes langlebiger sind als gewöhnliche Männer. Einige teilten mir mit, dass mit der Zunahme jedes Vertrauten fünf weitere Seelen oder Geistgefährten hinzukamen, aber ich fand, dass dies nicht der allgemeine Glaube war.

IHRE VORTEILE

(1) Der Priester unterhält sich mit seinen göttlichen Freunden, deren Gestalt er sieht und beschreibt, deren Worte er hört und interpretiert und deren Anweisungen er verkündet, sei es direkt durch persönliche Offenbarung oder durch Weissagung oder durch Träume. Wenn er unter übernatürlichem Einfluss steht, ist er kein freiwilliger Handelnder, sondern ein inspiriertes Wesen, durch dessen Mund die Gottheit seinen Willen verkündet und vor dessen Augen er in sichtbarer Inkarnation erscheint.

(2) Durch seine Freundschaft mit diesen unsichtbaren Wesen ist er in der Lage, die Anwesenheit der eingefleischten Feinde der Menschheit, der *Búsau* , zu entdecken und sie sogar zu verletzen. Ich habe zwei Fälle der letztgenannten Art untersucht und festgestellt, dass diejenigen, die die Möglichkeit hatten, die Tat zu sehen und zu hören, nicht den geringsten Zweifel an der Wahrheit des Mordes und an der Realität dieser letztgenannten Macht hegten Fakten.

[3] San Luis und San Miguel.

(3) Aufgrund der Gunst der wohltätigen Gottheiten ist er in der Lage, die Anwesenheit verschiedener Geister an bestimmten Orten zu entdecken, und er kennt die richtigen Mittel, um mit ihnen umzugehen. Diese Aussage gilt

für die Geister der „Seelen" [4] der Verstorbenen, deren Wünsche und Bedürfnisse er interpretiert; an die Geister der Hügel und Täler, die *Tagbánua*, deren Gunst man umwerben muss und deren Missfallen nicht provoziert werden darf, und an die gesamte Ordnung übernatürlicher Wesen, die die Manóbo-Welt bevölkern, mit Ausnahme der Blutgeister, die verehrt werden davon fällt den Kriegspriestern zu.

[4] *Um-a-gád* .

AUFRICHTIGKEIT DER PRIESTER

Bailán -System vertraut wurde , hatte ich, gelinde gesagt, große Zweifel an der Aufrichtigkeit und Desinteresse dieser Günstlinge der Götter. Aber lange und sorgfältige Beobachtung und häufiger Umgang mit ihnen haben mich völlig von ihrer Aufrichtigkeit überzeugt. Sie betreffen keine strengen Praktiken, keine Keuschheit oder andere Bräuche, die der Priestertumsordnung in anderen Teilen der Welt eigen sind. Sie beanspruchen selbst keine hohen Vorrechte; Sie können weder aus der Ferne töten noch sich in Tiere mit wildem Aussehen verwandeln. Sie haben keine kabbalistischen Riten, keine magischen Formeln oder wundersame Methoden, um wundersame Wirkungen zu erzielen. Mit einem Wort, soweit meine persönliche Beobachtung geht, sind sie weder Betrüger noch Zauberer, die sparsamen Handel mit ihren Stammesgenossen betreiben, sondern lediglich Vermittler, die ihre Vertrautheit mit unsichtbaren Kräften nutzen, um Hilfe für sich selbst und ihre Mitmenschen zu erbitten die Stunde der Prüfung oder Trübsal. „Ich werde *Si Inimigus* anrufen " (der Kosename ihres *Diuátas* , sein richtiger Name ist Si Inámpo), sagte einmal eine Priesterin des Kasilaían-Flusses zu mir, als ich sie wegen der Krankheit eines Kindes befragte, „und ich werde dich lassen." kenne seine Antwort. Bei ihrer Rückkehr teilte sie mir mit, dass das Kind unter den Einfluss eines bösen Geistes geraten sei und dass Si Inimigus die Opferung eines Schweins als Zeichen meines guten Willens ihm gegenüber und auch als Befriedigung eines Wunsches verlangte, den er danach verspürte Nahrung. Sie ging, wie sie gekommen war, und verlangte nie eine Entschädigung für ihren Rat.

Ich könnte viele Fälle ähnlicher Art anführen, die ich persönlich beobachtet habe und in denen ich alle Anstrengungen unternommen habe, um Söldnermotive aufzudecken. Ich befragte häufig Männer von politischem und sozialem Rang hinsichtlich der Möglichkeit von Heuchelei und Betrug seitens der Priester. Die ausnahmslose Antwort war, dass dies nicht der Fall sein könne, da die Gottheiten selbst die ersten sein würden, die eine solche Täuschung verärgern und bestrafen würden. Ein kluger Manóbo aus dem oberen Agúsan versicherte mir, dass die Manóbos selbst klug genug seien, Betrugsversuche in solchen Angelegenheiten zu erkennen.

Darüber hinaus ist die Tatsache, dass der Priester vergleichsweise hohe Kosten trägt, ein weiterer Beweis für seine Aufrichtigkeit, denn um seine Schutzgeister mit den Köstlichkeiten zu versorgen, die sie sich wünschen, muss er ständig Schweine- und Geflügelopfer darbringen, da er glaubt, dass dies der Fall ist Wenn Geister hungrig sind, verlieren sie ihre gute Laune und können zulassen, dass ein böser Geist Böses auf ihn oder einige seiner Verwandten ausübt. Natürlich helfen seine Verwandten und Freunde, sie zu versorgen, aber gleichzeitig muss er wahrscheinlich selbst mehr Kosten tragen als jeder andere Mensch.

Schließlich kann als weiterer Beweis für das Fehlen von Söldnermotiven angeführt werden, dass der Priester keinen Anspruch auf irgendeinen Teil des Opferopfers hat, mit Ausnahme dessen, was er gemeinsam mit denen isst, die der Opferung beiwohnen, und auf den anschließenden Verzehr des Opfers.

IHR EINFLUSS

Der Priester hat in der Regel keinen politischen Einfluss. Ich kenne keinen und habe von sehr wenigen Priestern gehört, die die Anführerschaft einer Siedlung erlangt haben, selbst unter den *Conquistas* oder christianisierten Manóbos, die im Rahmen der etablierten Regierung leben. Aber in Angelegenheiten, die die religiöse Seite des Lebens betreffen , ist ihr Einfluss von größter Bedeutung, denn es ist hauptsächlich ihnen zu verdanken, dass die Stammesbräuche und -bedingungen unerschütterlich aufrechterhalten werden. Der folgende Vorfall ist ein Beispiel für diesen Einfluss:

Während eines Besuchs am Lamiñga-Fluss, einem westlichen Nebenfluss des Kasilaían-Flusses, traf ich Mandahanán, einen Kriegerhäuptling. Unter anderem verwies ich auf den lächerlich niedrigen Preis von 0,50 pro Sack, zu dem Manóbos Reis an die Bisáya-Händler zu verkaufen pflegte, die zu dieser Zeit im Bezirk wimmelten. Ich schlug vor, dass sie ihren Reis zum aktuellen Bisáya-Satz von 2,50 Pesos pro Sack entsorgen sollten. Er antwortete, dass er schon seit einiger Zeit dieser Meinung sei, dass aber die vier Priester seines Gefolges entschieden hätten, dass eine Erhöhung des üblichen Wertes von Reis eine mysteriöse Verringerung der gegenwärtigen Ernte und einen teilweisen oder sogar vollständigen Verlust derselben mit sich bringen würde Als Begründung gaben sie an, dass eine solche Aktion *Hakiádan* , der Göttin des Reises, und *Tagamáling* , dem Beschützer anderer Nutzpflanzen, missfallen würde. Diese Gottheiten, versicherte er mir, seien sehr launisch, und wenn sie sich über irgendetwas ärgerten, führten sie entweder dazu, dass der Reis in den Getreidespeichern auf mysteriöse Weise abnahm, oder dass die Ernte des folgenden Jahres ausfiel. [5]

5 Die Ermordung von Herrn Ickis vom Bureau of Science zeigt laut einem Bericht, den ich erhalten habe, auch den Einfluss, den die Priester ausgeübt haben.

Den Priestern kann das strikte Festhalten an Stammespraktiken und der Widerstand gegen moderne Neuerungen zugeschrieben werden, selbst wenn die Änderung zugegebenermaßen für sie von Vorteil wäre.

IHRE KLEIDUNG UND FUNKTIONEN

Der Priester trägt keine besondere Kleidung, sondern kleidet sich während seines Amtes mit all dem Reichtum an Perlen, Glöckchen und Schmuck, den er möglicherweise erworben hat. In der Regel besitzt er nicht nur davon eine Fülle, sondern auch eine Menge Amulette, Talismane und Amulette, die ihm alle um den Hals hängen oder um seine Taille gegürtet sind. Diese Zauber besitzen verschiedene mystische Kräfte zum Schutz seiner Person und einige davon sollen ihm von seinen Lieblingsgottheiten offenbart worden sein. Während er anlässlich eines größeren Opfers die Anrufung und den heiligen Tanz ausführt, trägt er in jeder Hand immer einen geteilten Palmwedel mit gelösten Stacheln.

Alle Riten des Manóbo-Rituals bestehen aus einem oder mehreren der folgenden Elemente: Anrufung, Bitte, Beratung, Versöhnung und Sühne. Tatsächlich ist der Priester entweder allein oder mit Hilfe anderer seinesgleichen der Amtsträger bei fast jeder religiösen Zeremonie; Laien sitzen lediglich herum und nehmen flüchtig Anteil an den zeremoniellen Vorgängen.

Diese Riten sind die folgenden:

(1) Das Betelnussopfer. [6]
(2) Das Verbrennen von Weihrauch. [7]
(3) Zeremonielle Omennahme. [8]
(4) Prophylaktisches Geflügelwinken. [9]
(5) Das Totenfest. [10]
(6) Das Opfern eines Geflügels oder eines Schweins [11] für seine eigenen Vormunde im Krankheitsfall oder in der Stunde drohender Gefahr.
(7) Die Opfergabe eines Geflügels oder eines Schweins an Taphágan, die Göttin des Getreides, während der Reisanbausaison. (8) Die Erntezeremonien zu Ehren von Hakiádan mit dem Ziel, eine reiche Ernte zu sichern und den Reis vor Feuchtigkeit zu schützen verschiedene heimtückische Feinde und Gefahren.(9) Die Geburtszeremonie zu Ehren von Mandáit zum Schutz des

neugeborenen Kindes.(10) Versöhnungsopfer für die
Dämonen bei Epidemien, aber auch in Fällen, in denen die
Macht der bösen Geister vermutet wird überwiegen die
der gütigen Gottheiten. Wahnsinn und übermäßige
sexuelle Leidenschaft sowie das Fortbestehen einer
Epidemie, nachdem unaufhörliche Bemühungen, sich die
Hilfe freundlicher Geister zu sichern, fehlgeschlagen sind,
sind Beispiele für die Macht der bösen Geister.(11)
Lustration 12 entweder durch Salbung mit Blut oder durch
Verunglimpfung Wasser.
(12) Das Betelnuss-Omen. [13]
(13) Die Anrufung des *Diuáta* mit dem heiligen Gesang. [14]

[6] *Pag-á-pug* .

[7] *Pag-pa-lí-na* .

[8] *Ti-maí-ya* .

[9] *Kú-yab zu má-nuk* .

[10] *Ka-ta-pú-san* .

[11] *Hín-añg to ka-hi-mó-nan* .

[12] *Paí-as* .

[13] *Ti-maí-a bis man-ó-on* .

[14] *Túd-um* .

DIE BAGÁNI ODER PRIESTER DES KRIEGES UND DES BLUTS

Die *Bagáni* oder Kriegerpriester stehen unter dem Schutz übernatürlicher Wesen namens Tagbúsau, deren blutrünstige Gelüste sie stillen müssen.

Dieses besondere Priestertum ist nicht erblich, sondern ein reines Geschenk kriegerischer Geister, die bestimmte Sterbliche zu Favoriten auswählen, sie ständig vor den Angriffen ihrer Feinde schützen und ihnen den Gebrauch verschiedener geheimer Kräuter beibringen, um sich unsichtbar und unverwundbar zu machen und zu verleihen Auf ihnen lastet eine zusätzliche Anzahl von Seelengefährten, die sie auf undefinierbare Weise vor dem Zorn der erzürnten Ermordeten schützen und ihnen im Allgemeinen Immunität vor allen Gefahren materieller und spiritueller Art verleihen.

Es wird angenommen, dass seine Seelengefährten, wenn der Kriegerpriester stirbt, zu den Kriegsgeistern zurückkehren, von denen sie abstammen, und mit denen sie ihren ewigen Wohnsitz auf den fernen Berghöhen beziehen. Bei ihrer Rückkehr in diese Höhen sollen sie, so heißt es, von einer monströsen Schar unerbittlicher Dämonen und verärgerter Geister verfolgt werden, die Opfer ihres Arms geworden sind, doch dank der Macht und Wachsamkeit der mächtigen Kriegsgötter konnten sie sich nicht retten erreichen unbeschadet ihr letztes Zuhause.

Wie der Priester wird ein Kriegshäuptling als Priester anerkannt, wenn er in einen Zustand des Anfalls gerät, der als übernatürlichen Ursprungs gilt. Dieser Zustand ist normalerweise das Ergebnis eines wilden Kampfes, bei dem er, nachdem er einen oder mehrere Feinde niedergestreckt hat, das Herz und die Leber eines der Erschlagenen frisst und in unbändiger Wut umhertanzt. Mir wurde häufig mitgeteilt, dass sich die Begleiter eines so besessenen Mannes vorsichtig zurückziehen, während er unter diesem Einfluss steht, da er sonst etwas Unüberlegtes tun könnte. Ich war Zeuge der Aktionen mehrerer *Bagáni* während zeremonieller Darbietungen zum *Tagbúsau* und hatte nicht geringe Angst davor, was das Ergebnis der Wut der Kriegerhäuptlinge sein könnte.

Was über die Aufrichtigkeit des einfachen Priesters und seine Uneigennützigkeit und Freiheit von Söldnermotiven gesagt wurde, gilt gleichermaßen für den Kriegshäuptling in seiner Stellung als Kriegspriester.

Als Gegenleistung für den Schutz, der seinen Auserwählten gewährt wird, verlangen die Kriegsgötter häufige Blutlieferungen und andere Köstlichkeiten, deren Verweigerung den Günstling ständigen Plagen durch seine Beschützer aussetzen würde, die ihn auf ihre Bedürfnisse aufmerksam machen wollen. In einem anderen Kapitel werden wir die Mittel sehen, mit denen der *Bagáni* die Gunst seiner unerbittlichen Gottheiten behält. [15]

[15] Für eine vollständige Beschreibung der Riten, die dem Kriegerhäuptling als Priester eigen sind, wird der Leser auf Kapitel XXVI verwiesen.

KAPITEL XXV

ZEREMONIALES ZUBEHÖR UND RELIGIÖSE RITEN

ALLGEMEINE BEMERKUNGEN

Die Unterschiede, die ich bei der Durchführung von Zeremonien an verschiedenen Orten beobachtete, scheinen auf die Launen und Eigenheiten der einzelnen Darsteller zurückzuführen zu sein und nicht auf ein etabliertes System. Aber im Wesentlichen sind diese Variationen nicht wesentlich. Beispielsweise wird an bestimmten Orten das aus der Stichwunde austretende Schweineblut aus der Wunde gesaugt, während es an anderen Orten in geeigneten Gefäßen aufgefangen und dann getrunken wird. Auf den folgenden Seiten werde ich versuchen, eine Beschreibung der Accessoires, Opfer und der damit verbundenen Zeremonien zu geben, die als allgemein für die Manóbos des mittleren und oberen Agúsan angesehen werden können.

Die Utensilien des Priesters

DER RELIGIÖSE SCHUPPEN [1] UND DAS HAUS DES BAILÁN

[1] *Ka-má-lig* .

Der Priester hat keinen besonderen Wohnsitz oder eine besondere religiöse Struktur außer einem kleinen Holzschuppen und einigen Zeremonientabletts, die später beschrieben werden. Sein Haus ist nicht geräumiger oder prätentiöser als das eines anderen, tatsächlich ist es oft weniger, aber man kann es immer an der Anwesenheit von Trommel und Gong, an der kleinen religiösen Hütte in der Nähe und an der Anwesenheit von erkennen einige Lanzen, Bolos, Dolche und verschiedene andere Gegenstände, die als Erbe gelten, [2] von seinen Vorgängern im Priesteramt weitergegeben. Es ist nicht ungewöhnlich, dass der Priester, insbesondere unter den christianisierten Manóbos, zwei Häuser hat, eines als Wohnsitz für seine Familie und ein anderes, das aufgrund seiner Abgeschiedenheit besser für die Feier religiöser Riten geeignet ist. Hierher kann er sich begeben, nachdem er vielleicht bei den katholischen Gottesdiensten in der Siedlung mitgeholfen hat, um die heidnischen Zeremonien durchzuführen, die für ihn wahrer und wirksamer sind als die christlichen Riten. Während er sich in der Siedlung aufhält und mit Christen in Kontakt steht, ist er allem Anschein nach ein Christ, aber im Moment der Prüfung oder Trübsal führt er ihn in die Abgeschiedenheit seines anderen Hauses und führt in Gegenwart seiner

Glaubensbrüder die primitiven Riten durch zu Ehren von Wesen, die seiner Meinung nach stärker helfen oder verletzen können als die Hierarchie des katholischen Glaubens.

[2] *Án-ka* .

entweder von ihm selbst oder von einer der Siedlungen den befreundeten Gottheiten geweiht wurden · An dieser Stelle sei angemerkt, dass diese geweihten Gegenstände nur durch ein Opfer oder einen Ersatz entsorgt werden können, üblicherweise in Form von Schweinen und Hühnern, die ipso facto geweiht werden und schließlich der richtigen Gottheit geopfert werden.

[3] *Sin-ug-bá-han* .

AUSRÜSTUNG FÜR ZEREMONIEN

Das Altarhaus ist eine grobe Bambuskonstruktion, die aus vier Pfosten mit einer durchschnittlichen Höhe von 1,8 Metern besteht und auf der ein Dach aus Palmenstroh ruht. Etwa 45 Zentimeter darunter sind ein oder zwei Regale zur Aufnahme der Opferschalen und -schalen angebracht. Der gesamte Stoff ist mit ein paar [4] Palmwedeln verziert und bedeckt eine Fläche von ca. 2,4 Quadratmetern.

[4] Die verwendeten Wedel sind eine oder mehrere der folgenden Palmen: Betelnuss, *Anibung* , *Kagyas* und Kokosnuss.

Das zeremonielle Tablett [5] ist ein rechteckiges Holztablett, im Allgemeinen aus *Iláñg-Iláñg-* Holz, das normalerweise mit eingeschnittenen, gezeichneten oder geschnitzten Mustern verziert ist und Anhänger aus Palmwedeln hat. Es ist das zeremonielle Tablett, auf dem die Opfergaben für die Gottheiten in Form von Schweinen, Geflügel, Reis, Betelnüssen und anderen Dingen dargeboten werden.

[5] *Ban-ká-so* .

Der Opferständer [6] ist ebenfalls aus *Iláñg-iláñg-* Holz gefertigt. Es besteht aus einer Holzscheibe, die auf einem Bein befestigt ist, und wird zur Darbringung von Opfergaben wie Betelnüssen und anderen Dingen verwendet.

[6] *Ta-lí-dung* .

Wenn beschlossen wird, ein Schwein zu opfern, wird ein Opfertisch [7] aus Bambus in der Nähe des Hauses aufgestellt, das als Opferort ausgewählt wurde. Darauf wird das auf der Seite liegende Opfer gefesselt. Darüber befinden sich gewölbte Wedel aus Betelnuss- und anderen Palmen. Dieser Ständer dient ausschließlich der Opferung eines Schweins. Es ist eine unhöfliche, unprätentiöse Struktur.

[7] *Áñg-ka* .

ZEREMONIALE DEKORATIONEN

Wedel von Kokosnüssen, Betelnüssen und anderen Palmen sind die einzigen Dekorationen, die bei Zeremonien verwendet werden. Eine besondere Vorliebe erfreuen sich jedoch die Betelnußwedel [8], die bei allen wichtigen Zeremonien verwendet werden, wenn sie erhältlich sind. Als Dekoration werden keine anderen Blätter und keine Blüten verwendet, es sei denn, es handelt sich um die Blüte der Betelnüsse.

[8] Bekannt als *ba-gaí-bai* .

Die geweihten Gegenstände, bestehend aus Lanzen, Bolos, Dolchen und Halsketten, werden häufig auf einer zeremoniellen Struktur aufgestellt oder in den Zeremonienschuppen gestellt, um dem Anlass mehr Feierlichkeit zu verleihen, und es ist nicht selten, dass sie gefunden werden Struktur drapiert mit Stoff, vorzugsweise rot.

HEILIGE BILDER [9]

[9] *Man-á-ug* .

Heilige Bilder sind weder vielfältig noch schön verarbeitet. Bestenfalls sind sie nur rudimentäre Andeutungen der menschlichen Gestalt, häufig ohne die unteren Extremitäten. Sie variieren in der Länge zwischen 15 und 45 Zentimetern und werden mit einem Bolo aus *Báyud-* Holzstücken oder aus weichem weißem Holz, wenn *Báyud* nicht erhältlich ist, geschnitzt. Aufwändigere Bilder sind mit Beeren eines bestimmten Baumes als Augen versehen und mit Spuren von Saft aus dem *Kayúti-* oder *Narra* -Baum geschmückt, aber das gewöhnliche Idol hat eine Schicht Holzkohle für Augen und Mund und einige Spuren derselben für den Körper Ornamentik.

[10] *Ma-gu-baí* .

Die Bilder werden in zwei Formen angefertigt: Eine stellt den Mann dar und zeichnet sich durch die Länge seines Kopfschmucks und gelegentlich durch die Darstellung des Genitalorgans aus, die andere stellt die Frau dar und zeichnet sich am häufigsten durch die Darstellung von Brüsten aus, allerdings in einem guten Bild Es gibt oft eine faire Darstellung eines Kamms.

Bilder sind für den gleichen Zweck bestimmt wie Statuen in anderen Religionen. Sie werden weder verehrt noch angebetet, im wahrsten Sinne des Wortes. Sie werden als unbelebte Darstellungen einer Gottheit betrachtet, und nicht ihnen, sondern den Geistern, die sie repräsentieren, wird Ehre und Respekt gezollt. Ich habe gesehen, wie diesen Bildern tatsächlich Reis an die

Lippen gelegt und Perlenketten um den Hals gehängt wurden; aber auf meine Nachfragen war die Antwort immer die gleiche, dass nicht die Bilder, sondern die Geister dadurch geehrt würden.

Diese Bilder entstehen hauptsächlich in Zeiten der Krankheit. Sie werden irgendwo in der Nähe des Patienten platziert, in der Regel direkt unter dem Dach.

Der Priester hat fast ausnahmslos eins oder mehrere besser angefertigte Exemplare, die er bei den wichtigeren rituellen Feierlichkeiten ausstellt und vor denen er Opfergaben für die dargestellten Geister niederlegt. Bei einem Opfer für die Genesung eines kranken Mannes am oberen Agúsan sah ich zwei Bilder, ein männliches und ein weibliches, die von den leitenden Priestern in der Hand getragen und zu Tanzen und anderen suggestiven Bewegungen gezwungen wurden.

Gelegentlich findet man sehr grobe Darstellungen von Gottheiten, die in eine Stange geschnitzt und auf dem Weg stehen gelassen oder in der Nähe des Hauses aufgestellt wurden. Diese sollen als Ruhestätte für die Gottheiten dienen, die die Siedlung oder das Haus beschützen sollen. Diese Praxis ist sehr verbreitet, wenn Angst vor einem Angriff besteht und auch während einer Epidemie.

Zeremonielle Opfergaben

Die Opfergaben bestehen im Wesentlichen aus Blut [11] und Fleisch von Schweinen und Geflügel, Betelnussquid, Reis, gekocht oder ungekocht, und einem berauschenden Getränk. Gelegentlich wird jedoch eine komplette Mahlzeit mit allen erhältlichen Gewürzen serviert, und den besuchenden Gottheiten wird sogar eine Portion Wasser zum Reinigen der Hände bereitgestellt · Solche Opfergaben werden auf geweihten Tellern [13] dargelegt , die für keinen anderen Zweck verwendet werden und nicht entsorgt werden können.

[11] Auf menschliches Blut wird hier nicht Bezug genommen, ein Thema, das in Kapitel XXVI behandelt wird.

[12] *Pañg-hú-gas* .

[13] *A-pú-gan* .

Die Beigaben müssen in der Regel sauber und von guter Qualität sein. Der Priester wählt den Reis sehr sorgfältig aus und pflückt alle schmutzigen Körner heraus. Gekochter Reis, der als Opfer dargebracht wird, wird geglättet, und nachdem die Gottheit fertig ist, wird seine mystische Zusammenstellung auf Spuren seiner Fingerbewegung untersucht.

Auch die Farbe der Opfer ist wichtig, denn die Gottheiten haben ihren besonderen Geschmack. So bevorzugt *Sugúdan* , der Gott der Jäger, ein rotes Geflügel, während die *Tagbánua* ein weißes Opfer bevorzugen.

RELIGIÖSE RITEN

EINSTUFUNG

(1) Das Betelnussopfer. [14]
(2) Das Verbrennen von Weihrauch. [15]
(3) Die Ansprache oder Anrufung. [16]
(4) Die zeremonielle Omennahme. [17]
(5) Das vorbeugende Geflügelwinken. [18]
(6) Die Blutsalbung. [19]
(7) Die Kinderzeremonie. [20]
(8) Das Totenfest. [21]
(9) Das Opfern von Geflügel oder Schweinen. [22]
(10) Der Reisanbau. [23]
(11) Der Jagdritus. [24]
(12) Das Erntefest. (13) Die Versöhnung der bösen Geister. (14) Die Wahrsagungsriten. (15) Die Rituale des Kriegspriesters. (16) Menschenopfer. [25]

[14] *Pag-á-pug* .

[15] *Pag-pa-lí-na* .

[16] *Tawág-táwag* .

[17] *Pag-ti-ná-ya* .

[18] *Kú-yab zu mán-uk* .

[19] *Pag-lím-pas* .

[20] *Tag-un-ún bis bá-ta'* .

[21] *Ka-ta-pú-san* .

[22] *Ka-hi-mó-nan* .

[23] *Täp-hag* .

[24] *Pañg-o-múd-an* .

[25] *Hu-á-ga* .

Eine Beschreibung der wichtigeren dieser Zeremonien findet sich in dieser Monographie unter den verschiedenen Überschriften, zu denen solche Zeremonien gehören. So wird die Kinderzeremonie unter die Überschrift

„Geburt" gestellt, das Sterbefest im Kapitel über den Tod und das Opfer der Krieger in dem Teil dieser Skizze, in dem es um den Krieger geht. Vorerst werden nur die kleineren und allgemeineren Zeremonien beschrieben, die separat durchgeführt werden können oder als Unterriten in die großen Zeremonien eingehen können.

DURCHFÜHRUNGSMETHODE

Der Betelnuss-Tribut . – Bei allen Geschäften mit der unsichtbaren Welt ist das Opfern der Betelnüsse der erste und wesentlichste Akt, so wie es in den gewöhnlichen Angelegenheiten des Manóbo-Lebens die wesentliche Voraussetzung für alle Annäherungsversuche eines Mannes darstellt zum anderen. Die Zeremonie kann von jedem durchgeführt werden, hat jedoch nur halbreligiösen Charakter, wenn sie nicht von einem *Bailán durchgeführt wird*

.

[26] oder stattdessen auf einem geeigneten Gefäß den gewöhnlichen Betelnuss-Quid anzulegen, der aus einer Scheibe Betelnüsse besteht, die auf ein Stück Buyo-Blatt gelegt und *mit* etwas Limette bestreut wird . Der Priester, der mehr als einen göttlichen Beschützer hat, muss jedem von ihnen Tribut zollen. Bei bestimmten Zeremonien werden von ihm ausnahmslos sieben Pfund dargelegt, immer begleitet von einer Anrufung, deren Ton meist sehr eintönig ist und immer in langen periphrastischen Einleitungen formuliert ist. Es ist in Wirklichkeit eine Einladung an den Geist, dessen Hilfe erfleht werden soll, an der Opfergabe teilzunehmen.

[26] *A-pú-gan* .

Draußen im einsamen Wald legt der Jäger seine Opfergabe vielleicht auf einen Baumstamm für den geistigen Besitzer des Wildes, oder wenn er sich in der Nähe eines Balete-Baums befindet, hält er es möglicherweise für ratsam, seinen unsichtbaren Bewohnern seine Ehrerbietung zu zeigen, indem er ihnen diesen bescheidenen Baum darbringt Tribut. Sollte ihn wiederum ein Sturm auf seinem Weg überholen und ihn der „steinerne Zahn" des Donners fürchten, legt er sein kleines Opfer dar, oft mit dem Gedanken, dass er Anítan, den Träger des Donners, auf unbekannte Weise verärgert hat Blitz und muss auf diese Weise die beleidigte Gottheit besänftigen.

Das Darbringen von Weihrauch . – Diese Zeremonie scheint auf Priesterinnen beschränkt zu sein. Ich habe noch nie einen Manóbo-Priester gesehen, der Weihrauch darbrachte. Zu diesem Zweck wird das Harz [27] eines bestimmten Baumes verwendet, da dessen Duft als besonders angenehm für die Gottheiten gilt. Die Priesterin selbst oder jemand anderes auf ihren Befehl entnimmt aus der Kapsel [28] an ihrer Seite, wo sie immer von der Taille her getragen wird, etwas Harz und zündet es an. Anschließend wird es auf den Altar oder an einen anderen geeigneten Ort gestellt. Es wird angenommen, dass die Richtung seines Rauches die Annäherung und Position der angerufenen Gottheit anzeigt. Da der Rauch oft schräg aufsteigt, richtet er sich häufig auf die aufgehängten Opferschalen. Dies wird als Hinweis darauf gewertet, dass die Gottheit auf dem *Bankáso-Tablett* ruht oder sitzt. In diesem Fall wird sie *Bankasúhan* oder auf dem *Talíduñg genannt*, wenn man sagt, dass sie *Talidúñgan ist*. Diese Zeremonie geht der Anrufung voraus.

[27] *Tú-gak bis ma-gu-bái*.

[28] Dies ist die Schote eines Baumes namens *ta-bí-ki*.

Die Gottheiten haben eine große Vorliebe für süße Düfte wie den Wedel der Betelnüsse und des Weihrauchs und scheinen seltsamen oder bösen Gerüchen abgeneigt zu sein. Daher wird, wie bereits erwähnt, bei der Feier regelmäßiger Opfer üblicherweise auf Feuer und Rauch verzichtet. Einmal wollte ich einen Gefallen tun, indem ich während einer feierlichen Feier meine Acetylenlampe auslieh, aber sie wurde mir mit der Information zurückgegeben, dass der Geruch für die vorherrschenden Gottheiten nicht akzeptabel sei.

Anrufung – Die Anrufung ist eine formelle Ansprache an die Gottheiten und bei besonderen Anlässen sogar an die Dämonen, wenn man mit ihnen einen Waffenstillstand schließen möchte. Bei fast allen Zeremonien ist dies das Vorrecht des Priesters. In der Regel beginnt es mit einem langen, umständlichen Diskurs, der sich über die gesamte Aufführung erstreckt und bei wichtigen Zeremonien in Abständen eine ganze Nacht oder länger andauert. Daran kann ein Priester nach dem anderen teilnehmen, wobei sich jeder an seine besondere Gruppe von Gottheiten wendet und sie mit jeder Form von Bitte um Gnade bittet.

Die Anrufung der guten Geister erfolgt nach Ermessen des amtierenden Priesters entweder im Haus oder draußen und mit mäßiger Stimme, die Anrufung der bösen Geister wird jedoch mit lauter Stimme, normalerweise aus der Öffnung um die Wände, gerufen des Hauses, da es als klüger gilt, die Dämonen auf respektvoller Distanz zu halten.

Bei der Ansprache seiner Götter verfährt der Manóbo in etwa auf die gleiche Weise wie im Umgang mit seinen Mitmenschen. Er beginnt weit hinter dem Thema und kommt durch eine Reihe von Umschweifen langsam auf den Punkt. Der Beginn der Anrufung ist normalerweise ein lobender Tonfall; Er erinnert seine Gottheiten an seine früheren Opfergaben, gibt Auskunft über die Größe der bei früheren Gelegenheiten dargebrachten Opfer und die allgemeinen Kosten vergangener Opfergaben. Dann erinnern sie sich wahrscheinlich an Fälle, in denen diese Opfer von den Gottheiten nicht erwidert wurden. Nachdem er den unsichtbaren Besuchern, von denen angenommen wird, dass sie bei diesen Anrufungen anwesend sind, mitgeteilt hat, dass er und sein Volk etwas unzufrieden sind, äußert er anschließend die Hoffnung, dass sie sich in Zukunft und besonders bei dieser Gelegenheit häufiger zeigen werden dankbar. Als nächstes zählt er die Ausgaben auf, die zu ihren Ehren anfallen werden. Der Fettgehalt und der Preis des Schweins werden dargelegt und alle erdenklichen Gründe angeführt, warum sie mit den

Opfergaben zufrieden sein und großzügig guten Willen und Freundschaft erwidern sollten. Die Geister können sogar mit dem Versprechen eines zukünftigen Opfers bestochen werden, oder es wird ihnen mit Desertion und der Einstellung jeglicher Verehrung für sie gedroht.

Nach einem langen Prolog bringt der Priester eine Opfergabe dar, sei es ein Glas Bier oder ein Teller Reis, und teilt seinen Geistern vertraulich den Gegenstand der Zeremonie mit. Auf diese Weise wird die Anrufung fortgesetzt und von Zeit zu Zeit durch den heiligen Tanz oder durch Phasen ekstatischer Besessenheit des Priesters selbst unterbrochen.

Vorbeugendes Geflügelweben : Die Geflügelwebzeremonie kann von jemandem durchgeführt werden, der nicht dem Priesterstand angehört. Die Leistung ist sehr einfach. Ein Vogel ohne besondere Farbe wird in eine Hand genommen und mit gesicherten Beinen und Flügeln, um ein Flattern zu verhindern, über der Person oder den Personen geschwenkt, in denen der böse Einfluss vermutet wird, und gleichzeitig wird eine kurze Ansprache gehalten in einem Unterton zu diesem gleichen Einfluss, [29] der ihn auffordert, sich auf andere Teile zu begeben. Das Huhn kann dann feierlich getötet und gegessen werden, aber wenn es nicht getötet wird, wird es geweiht und dem Priester übergeben, bis es bei einer späteren Gelegenheit auf zeremonielle Weise entsorgt werden kann.

[29] *Ka-dú-ut* .

Diese Zeremonie findet sehr häufig statt, insbesondere nach dem Eintreten eines sehr bösen Traums oder einer schlechten Omenverbindung, bei schwerer Krankheit oder beim Bau eines neuen Hauses oder Getreidespeichers. Bei einer Gelegenheit wurde es bei mir durchgeführt , vermutlich unter dem Eindruck, ich sei Träger eines bösartigen Einflusses.

Ich wurde nie genau über den Grund für die Wirksamkeit dieses Ritus oder seinen Ursprung informiert. Von alten Menschen überlieferte Traditionen und Alltagserfahrungen sind ausreichende Grundlage für den weitverbreiteten Glauben an seine Wirksamkeit.

Blutlustration : Wenn ein Geflügel oder ein Schwein als Opfer getötet wurde, ist es üblich, das Blut auf die Person oder den Gegenstand zu schmieren, von dem die Krankheit vertrieben werden soll, oder um eine drohende oder vermutete Gefahr abzuwenden. oder wenn es darum geht, einen bösen Einfluss zu beseitigen. Die Zeremonie wird nur von einem Priester auf folgende Weise durchgeführt: Der Priester bringt das Blut in einem Gefäß zu der Person, für die es bestimmt ist, taucht seine Hand hinein und fährt mit seinem blutigen Finger über die betroffene Stelle oder den Rücken B. an der Hand und an den Fingern bei Erkrankten oder am Hauspfosten, wodurch blutige Streifen entstehen. Während der Operation spricht er das innewohnende Böse an und befiehlt ihm, es zu beenden. Diese Zeremonie folgt in der Regel der vorherigen und wird in allen Fällen durchgeführt, in denen die vorherige Zeremonie anwendbar ist, wenn die Umstände als dringend genug erachtet werden, um ihre Durchführung zu erfordern.

Ich habe einmal eine Variation dieser Zeremonie gesehen. Anstatt das Geflügel zu töten, schnitt der Priester eine kleine Wunde in ein Bein und spritzte das austretende Blut auf einen kranken Mann. Das Geflügel wurde dann Eigentum des Priesters und durfte niemals gegessen werden, denn der böse Einfluss, der die Krankheit bei dem Mann hervorgerufen hatte, soll auf das Geflügel übergegangen sein.

Lustration durch Wasser – Die Lustration durch Wasser ähnelt in ihrem Zweck in gewisser Weise der vorangehenden Zeremonie. Es wird als Unterritus unter den christianisierten Manóbos der Seenregion durchgeführt. Ich neige zu der Annahme, dass es sich lediglich um eine Nachahmung einer Institution der katholischen Kirche handelt, da ich sie nie von einem nichtchristlichen Manóbos aufführen sah.

Duft der für sie bereitgestellten Speisen gegessen und ihre Hände in dem zu diesem Zweck bereitgestellten Wasser gereinigt haben, ergreift der Priester einen kleinen Zweig, taucht es in dieses Wasser und besprüht die Baugruppe. Bei den Gelegenheiten, bei denen ich diesem Ritus beiwohnte, schienen die Empfänger die Verleumdung nicht zu mögen, wie ihre Bemühungen, sie zu vermeiden, zeigten, doch glaubte man, dass sie eine große Wirksamkeit bei der Beseitigung von Unglück und bösartigen Einflüssen habe. [31]

[30] *Bá-ho* und *um-a-gád* .

[31] *Paí-ad* .

KAPITEL XXVI

OPFER UND KRIEGSRITEN

Das Opfer eines Schweins

Religion ist so stark mit dem Leben der Manóbo verwoben, wie in dieser Monographie immer wieder betont wurde, dass es unmöglich ist, alle verschiedenen Bräuche und Riten, die eigentlich dazu gehören, unter der Überschrift Religion zusammenzufassen. [1] Ich werde nun über das Opfer eines Schweins berichten, das am Fluss Kasilaían im Zentrum von Agúsan zur Genesung eines kranken Mannes stattfand. Dieses Opfer kann als typisch für die gewöhnliche Zeremonie angesehen werden, bei der ein Schwein geopfert wird, sei es zur Genesung eines kranken Mannes, zur Abwendung von Bösem oder um einen anderen Gefallen zu erbitten.

[1] Der Leser wird auf Kapitel XV für eine Beschreibung der wichtigen religiösen Zeremonien und Überzeugungen im Zusammenhang mit dem Thema Tod, auf Kapitel Beschreibungen verschiedener anderer Zeremonien finden sich verstreut in dieser Monographie, jeweils unter der entsprechenden Überschrift.

Ich kam gegen 16 Uhr am Haus an. In der Nähe der Stange, die zum Haus hinaufführte, stand der neu errichtete rechteckige Bambusstand. [2] Darauf war, mit ein paar Palmwedeln darüber gewölbt, das vorgesehene Opfer, ein dickes kastriertes Schwein, festgebunden. Wenige Meter davon entfernt war das bereits beschriebene kleine hausähnliche Gebäude [3] errichtet worden. Es enthielt mehrere Teller voller Opfergaben aus ungekochtem Reis und Eiern, die zuvor dort abgestellt worden waren. Die Zeremonien begannen kurz nach meiner Ankunft. Drei Frauen des Priesterordens setzten sich in die Nähe des Zeremonienhauses und bereiteten eine große Anzahl Betelnüsse für ihre jeweiligen Gottheiten zu, doch die Zuschauer hörten nicht auf, um einen Anteil davon zu bitten. Schließlich wurden jedoch die Pfunde zubereitet und auf die heiligen Teller gelegt, sieben auf jeden Teller. Dann legte eine der Priesterinnen etwas Harz auf ein Stück Bambus und legte es auf das Harz, indem sie nach einem Feuerbrand rief. Die anderen beiden Priesterinnen ergriffen in jeder Hand ein Stück Palmzweig und tanzten zum Klang von Trommeln und Gong. Bald gesellte sich der dritte Amtsträger zu ihnen. Alle drei tanzten etwa fünf Minuten lang, bis Gong und Trommel verstummten und eine der Priesterinnen mit der Anrufung begann. Dies bestand aus einer Reihe von Wiederholungen und Umschreibungen, in denen ihre Lieblingsgottheiten an die verschiedenen Opfer erinnert wurden, die seit undenklichen Zeiten zu ihren Ehren durchgeführt wurden; von der Zahl der geschlachteten Schweine; von der Größe dieser Opfer; der Menge des konsumierten Getränks; der Anzahl der anwesenden Gäste; und von einer Unzahl anderer Dinge, deren Aufzählung langweilig wäre. Während sich die Zuschauer beim Kauen von Betelnüssen vergnügten und die Unterhaltung in gewohnter Heftigkeit geführt wurde, wurde dies vorgetragen . Dann erklangen erneut Trommel und Gong, und die drei Priesterinnen kreisten etwa fünf Minuten lang vor dem Zeremonienschuppen. Danach herrschte verhältnismäßige Stille und eine andere Priesterin nahm die Anrufung auf. Während ihrer weitschweifigen Ansprache an die Geister beschäftigten sich die beiden anderen damit, die Opfergaben in dem kleinen Schuppen neu zu ordnen, der andere damit, noch mehr Weihrauch anzuzünden, während die Zuschauer ungeachtet der Gottesdienste ihr Geschwätz fortsetzten. Nach einer Pause von etwa 10 Minuten wurde der heilige Tanz fortgesetzt, wobei die Priesterinnen mit ihren auf und ab wedelnden Palmzweigen Kreise und Bewegungen machten und ihre Arme in anmutigen Bewegungen durch die Luft schwangen. Dies dauerte mehrere Minuten, bis einer von ihnen plötzlich innehielt und deutlich spürbar zu zittern begann. Die anderen beiden setzten ihren Tanz um sie herum fort und wedelten mit ihren Palmwedeln über ihr. Das Zittern steigerte sich immer heftiger, bis ihr ganzer Körper zu zucken schien. Ihre Augen starrten gespenstisch, ihre Augäpfel traten hervor und die Augenlider zitterten schnell. Die Trommel und der Gong verstärkten ihr Dröhnen in Lautstärke und Schnelligkeit, während die Tänzer in schnellen Kreisen um den Besessenen kreisten, der zu diesem Zeitpunkt offenbar von allem nichts wusste. Ihre Augen wurden mit einer Hand beschattet und reichlich Schweiß bedeckte ihren ganzen Körper. Als die Musik und das Tanzen endlich aufhörten, zitterte sie immer noch, aber jetzt war das laute Aufstoßen zu hören. Keine Worte können die Heftigkeit dieses anhaltenden Aufstoßens beschreiben, begleitet von heftigem Zittern und schmerzhaftem Keuchen. Die Zuschauer setzten ihre lauten Gespräche fort, ohne sich um die Szene zu kümmern, die sich gerade abspielte, außer als jemand einen schrillen Schrei der Belebung ausstieß, möglicherweise als Bedrohung für lauernde Feinde, spiritueller oder anderer Art.

2 *Añg-kan* .

3 *Ka-má-lig* .

Es dauerte etwa 10 Minuten, bis der Anfall aufhörte, und dann begann die nun bei Bewusstsein befindliche Priesterin eine lange Ansprache, in der sie beschrieb, was während ihrer Trance geschah, wobei sie die Heilung des kranken Mannes prophezeite, aber eine Wiederholung des Opfers zu einem späteren Zeitpunkt empfahl in der Nähe des Datums, und ein Durcheinander von anderen Dingen von sich zu geben, das eher nach den Schwärmereien eines Verrückten als nach den Eingebungen einer Gottheit klang. Während dieser ganzen Zeit wurden den Zuschauern häufig Tränke verabreicht, so dass sich alle in der frühen Nacht in bester Stimmung befanden.

Nachdem die erste Priesterin vollständig aus der Trance erwacht war, erklangen Trommel und Gong zur Fortsetzung des Tanzes. Die anderen Priesterinnen wiederum gerieten unter den Einfluss ihrer besonderen Gottheiten und gaben ausführliche Berichte darüber ab, was zwischen ihnen geschehen war. Es war spät in der Nacht , als sich die ganze Gesellschaft zum Haus zurückzog und das Opfer noch gefesselt auf seinem Opfertisch zurückließ.

Der religiöse Teil der Feier wurde dann aufgegeben, da die Priesterinnen nicht mehr daran teilnahmen. Zu Gunsten der begleitenden Gottheiten wurden gesellschaftliche Vergnügungen aufgeführt, die aus verschiedenen Tanzformen, mimetischen und anderen Formen bestanden, und schließlich beherrschten lange legendäre Gesänge [4] einiger Priester den Rest der Nacht.

[4] *Túd-um* .

Am nächsten Morgen gegen 7 Uhr wurden die Zeremonien mit der üblichen Darbringung von Betelnüssen und dem Verbrennen von Weihrauch wieder aufgenommen, doch anstatt vor dem kleinen Ordenshaus zu tanzen, begaben sich die drei Priesterinnen zusammen mit einem Priester in die Nähe des Opfers Tisch, auf dem das Opfer seit dem Vortag gelegen hatte. Die Anrufungen wurden nacheinander ausgesprochen, gefolgt von kurzen Tanzpausen. Während dieser Anrufungen wurde das Opfer fester gefesselt und etwas Limette auf die Seite direkt über dem Herzen gelegt. Dann legte der Priester sieben Betelnüsse auf den Körper des Schweins und sprach eine letzte Anrufung. Ein Reismörser wurde neben den Opfertisch gestellt, ein Verwandter des kranken Mannes trat darauf, nahm eine Lanze aus den Händen des männlichen Priesters entgegen, richtete sie senkrecht über die durch den Kalk markierte Stelle und stieß sie hindurch das Herz des Opfers.

Eine der Priesterinnen stellte sofort einen eisernen Kochtopf unter das Schwein und fing das Blut auf, das aus der unteren Wundöffnung strömte. Sie berührte die Pfanne mit dem Mund, trank etwas von dem Blut und gab die Pfanne einem Schwesterpriester. [5] Gleichzeitig wurde dem Kranken etwas davon gegeben, und dieser trank es mit so großer Eile, dass es ihm über die Wangen lief. Anschließend führte eine der Priesterinnen eine Blutlustration durch, indem sie die Stirn des Patienten mit dem restlichen Blut salbte. An einigen anderen, zu denen auch ich gehörte, wurden diese blutigen Behandlungen durchgeführt.

[5] Nicht selten wird das Blut aus der oberen Wunde abgesaugt. Dies ist ein Brauch, der bei den Mandáyas weiter verbreitet ist als bei den Manóbos.

Der Priester und die Priesterinnen boten zu dieser Zeit ein äußerst seltsames Schauspiel. Mit blutverschmierten Gesichtern und Händen standen sie da und zitterten vor unbeschreiblicher Heftigkeit. Ihre Glöckchen klingelten im Takt der Bewegung ihrer Körper. Die Priesterinnen erholten sich nach ein paar Minuten von ihrer wütenden Besessenheit, nicht jedoch der männliche Priester, denn um nicht völlig zusammenzubrechen, klammerte er sich an einen Baum in der Nähe und beschattete seine Augen mit seiner blutbefleckten Hand. Die Trommel und der Gong kamen wieder ins Spiel, und die Priesterinnen betraten den Schritt, umkreisten ihren verzauberten Begleiter und sprachen ihn mit Worten an, die wegen des Rasselns der Trommel und des Klirrens des Gongs nicht zu hören waren. Schließlich kam er jedoch völlig benommen und schweißüberströmt wieder heraus. Durch ihn verkündete ein *Diuáta* die Genesung des Patienten, woraufhin Beifallschreie erklangen, und dann begann eine gesellschaftliche Feier, bestehend aus Tanz und Trinken. Dies wurde bis zur Stunde des Abendessens fortgesetzt, in der das Opfer auf die übliche Weise verzehrt wurde.

In diesem Fall erholte sich der Kranke, wie auch in vielen anderen Fällen, in denen er Zeuge wurde, und zwar mit einer Plötzlichkeit, die außergewöhnlich schien. Dies muss dem tiefen und beständigen Vertrauen zugeschrieben werden, das der Manóbo in seine Gottheiten und seine Priester setzt. Die Umstände des Opfers geben ihm Zuversicht und, stark in seinem Glauben, erlangt er in fast jedem Fall seine Gesundheit und Kraft zurück.

BESONDERE RITEN DER KRIEGSPRIESTER

(1) Die Betelnuss-Hommage an die Kriegsgötter.
(2) Das Flehen und die Anrufung der Kriegsgötter. (3) Das Betelnussopfer für die Seelen der Feinde. (4) Die verschiedenen Formen der Wahrsagerei. (5) Die zeremonielle Anrufung des Omenvogels. (6) Das *Tagbúsau*- Fest.
(7) Menschenopfer.

Die ersten beiden Zeremonien unterscheiden sich von den entsprechenden Funktionen der gewöhnlichen Priester nur in zweierlei Hinsicht: Erstens werden sie zu Ehren der Kriegsgeister durchgeführt, und zweitens enthält die Anrufung eine endlose Liste der Namen der vom amtierenden Krieger getöteten Personen Häuptling und von seinen Vorfahren vor ein paar Generationen.

Der heilige Tanz zur Unterhaltung der anwesenden Gottheiten, mit dem diese Anrufung und Bitte immer wieder unterbrochen wird, wird später beschrieben.

Das Opfer der Betelnüsse an die Seelen der Feinde

Die Zeremonie wird nur vor einer Expedition durchgeführt, um das Wohlwollen der Seelen der Feinde zu sichern, die im beabsichtigten Kampf getötet werden könnten. Wie bereits erwähnt, scheinen Seelen oder verstorbene Geister einen Groll gegen die Lebenden zu hegen und neigen dazu, sie auf verschiedene Weise zu plagen. Um nun den bösen Willen zu vermeiden, der aus der Trennung dieser Geister von ihren körperlichen Begleitern resultieren könnte, führt der Kriegerpriester eine Zeremonie auf folgende Weise durch: Er befiehlt, am Flussufer eine Opfergabe aus Reis darzubringen. oder auf dem Weg, über den die Geister ihren Weg bahnen sollen, und beeilt sich, sie zu einer Konferenz einzuladen. Dann werden mehrere Betelblattstücke auf einem Schild ausgelegt, so dass jede Seele oder jeder Geist seine Portion Betelblatt, seine kleine Scheibe Betelnüsse und sein Stück Limette hat. Dann wendet sich der Kriegerhäuptling oder jemand anderes auf seine Anweisung an die Seelen, ohne ihnen mitzuteilen, dass bald ein Angriff ^{bevorsteht} . Dann wird diesen Geistern erklärt, dass sie eingeladen sind, in gutem Willen und in Frieden an der Opfergabe teilzunehmen, dass die Gruppe des Kriegerpriesters einen Groll gegen ihre Feinde hat und dass sie eines Tages möglicherweise gezwungen sein werden, die Angelegenheit auf blutige Weise wiedergutzumachen . Als nächstes werden die Seelen aufgefordert, auf ihren Unmut zu verzichten, falls es zu irgendeinem Zeitpunkt notwendig werden sollte, das Unrecht mit Gewalt wiedergutzumachen und möglicherweise die Urheber des Unrechts zu töten. Die unsichtbaren Seelen sollen dann an der Opfergabe teilnehmen und in Frieden gehen, als ob sie die ganze Situation verstanden hätten.

6 Mir wurde mitgeteilt, dass für diese Aufgabe im Allgemeinen ein früherer Freund oder entfernter Verwandter des Feindes ausgewählt wird.

Es gibt einen Vorfall, der sich während der oben genannten Zeremonie ereignet haben soll und der besondere Erwähnung verdient, da er den Geist, in dem die Zeremonie durchgeführt wird, sehr deutlich veranschaulicht. Alle Waffen sollen auf den Boden gelegt und sorgfältig mit Schilden bedeckt werden, so dass die Geistergäste ihre Anwesenheit bei ihrer Ankunft nicht bemerken können. Die Betelnußstücke werden auf einen der oberen Schilde gelegt.

VERSCHIEDENE FORMEN DER WAHRSAGUNG

Der Betelnussguss . 7 – Allen Berichten zufolge wird diese Form der Weissagung niemals ausgelassen. In dem Fall, den ich miterlebte, verlief der Vorgang wie folgt: Der Leiter der Expedition berief sich auf das *Tagbúsau* , teilte ihm mit, dass jeder der Quids einen der Feinde darstellte, und bat ihn (oder sie), dies durch die Position dieser Symbole später anzuzeigen die Zeremonie das Schicksal des Feindes. Der Kriegspriester oder sein Stellvertreter hob den Schild mit einer Hand darunter und einer Hand darüber an und drehte ihn mit einer schnellen Bewegung auf den Kopf, wodurch die Pfunde auf den Boden fielen. Nun stellten diejenigen, die senkrecht unter dem Schild fielen, die Anzahl der Feinde dar, die in ihre Fänge fallen würden, während diejenigen, die außerhalb des Schildes lagen, die Individuen darstellten, die entkommen würden und für deren Abschlachten sie dementsprechend alle Energie aufwenden mussten. Wie bei den meisten anderen Formen der Wahrsagerei gibt es auch hier zahlreiche kleine Details, von denen jedes eine eigene Interpretation hat, die, wie es scheint, den Launen jedes einzelnen Augurs unterliegt.

[7] *Ba-lís-kad zu ma-má-on* .

Weissagung aus der Báguñg-Rebe . – Bevor man den Punkt verlässt, von dem aus man den Marsch beginnen möchte, werden zwei Stücke grünes Rattan, so lang wie der Mittelfinger und etwa 1 Zentimeter dick, parallel zueinander auf den Boden gelegt etwa 2,5 Zentimeter voneinander entfernt. Eines davon steht für den Feind und das andere für die angreifende Partei. Dann wird ein Feuerholz über die beiden gehalten, bis die Hitze dazu führt, dass sich eines von ihnen verzieht und zur einen oder anderen Seite dreht. Wenn sich also der Streifen, der den Feind darstellt, beginnen würde, sich in Richtung des Streifens der Angreifer zu drehen, während sich der Streifen des letzteren vom ersteren wegdreht, wäre das Omen schlecht, denn es würde die Flucht der angreifenden Partei anzeigen. Sollte jedoch das Rattan der Angreifer umkippen und auf die andere Seite fallen, wäre das ein glückverheißendes Omen und der Marsch könnte begonnen werden.

Die verschiedenen Windungen und Locken dieser Rattanstreifen werden mit größter Aufmerksamkeit beobachtet und unterschiedlich interpretiert. Sollte sich das Omen als schlecht erweisen, muss das *Tagbúsau* angerufen und andere Formen der Wahrsagerei ausprobiert werden, bis die Gruppe sich des Erfolgs sicher ist.

Weissagung aus Báya-Quadraten . – Die *Báya* ist eine Art kleiner Ranken, deren Faden vom Anführer in Stücke geschnitten wird, die genau der Länge des Mittelfingers entsprechen. Diese Stücke werden dann in Quadraten auf den Boden gelegt. Sollte die Anzahl der Spielsteine ausreichen, um vollständige Quadrate ohne Rest zu bilden, ist das Omen im Extremfall schlecht, sollte jedoch eine bestimmte Anzahl an Spielsteinen übrig bleiben, ist das Omen gut. Wenn also ein Stück übrig bleibt, ist der Angriff erfolgreich und von kurzer Dauer. Wenn zwei übrig bleiben, ist das Ergebnis das gleiche, aber es wird eine gewisse Verzögerung geben; und wenn noch drei übrig bleiben, wird die Verzögerung beträchtlich sein, da Leitern gebaut werden müssen. [8]

[8] *Pa-ga-hag-da-nán* .

Wenn sich eines der Vorzeichen einer der oben genannten Formen der Wahrsagerei als ungünstig erweist, muss die Tagbúsau angerufen und andere Wahrsagungsmethoden ausprobiert werden, bis die Partei davon überzeugt ist, dass ein angemessener Erfolg gewährleistet ist. Sollten die Vorzeichen jedoch auf ein Scheitern oder eine Katastrophe hinweisen, muss die Expedition verschoben oder ein Wechsel in der Gruppe vorgenommen werden. So könnte beispielsweise das Unglück [9] auf die Anwesenheit einer oder mehrerer Personen zurückgeführt werden. In diesem Fall werden diese Personen eliminiert und die Vorzeichen wiederholen sich. Es versteht sich von selbst, dass die Beobachtung aller für eine Expedition notwendigen Vorzeichen zusammen mit den begleitenden Zeremonien bis zu drei Tage und Nächte in Anspruch nehmen kann.

[9] *Paí-ad* .

ANRUFUNG DES OMENVOGELS [10]

[10] *Pan-áu-ag-táu-ag zu li-mó-kon* .

Obwohl zu Beginn gewöhnlicher Reisen die Konsultation des Omenvogels von größter Bedeutung ist, erlangt sie vor einer Kriegsexpedition eine Feierlichkeit, die bei gewöhnlichen Anlässen nicht üblich ist. Diese Zeremonie ist die letzte aller Vorbereitungszeremonien für den Marsch.

Der Kriegerpriester wendet sich dem Weg zu, wendet sich an die unsichtbare Turteltaube und bittet sie, aus der richtigen Richtung zu singen und damit zu erklären, ob sie weitergehen dürfen oder nicht. In einem der Fälle, die ich persönlich beobachtet habe, wurde ein wenig ungeschälter Reis auf einen Baumstamm gelegt, um den Omen-Vogel zu bewirten, und ein zahmer Omen-Vogel als Haustier wurde in einem angrenzenden Haus gestreichelt und gefüttert und gebeten, seine wilden Artgenossen herbeizurufen den umliegenden Wald, um das Lied des Sieges zu singen. Viele Mitglieder der Band imitieren den Schrei des Schildkrötenvogels [11] als weiteren Anreiz, eine Antwort von den wilden Omenvögeln zu erhalten, die sich möglicherweise in der Nachbarschaft aufhalten.

[11] Dies geschieht, indem man die Hände über Kreuz legt, Handfläche über Handfläche und Daumen neben Daumen. Der Hohlraum zwischen den Handflächen muss fest verschlossen sein und zwischen den Daumen einen Spalt offen lassen. Der Mund wird an diesen Schlitz angelegt und durch das Ausblasen kann der Manóbo einen Klang erzeugen, der natürlich genug ist, um in vielen Fällen eine Reaktion einer Turteltaube hervorzurufen, die sich möglicherweise in Hörweite befindet. Tatsächlich habe ich erlebt, dass sich die Vögel in Schussweite der künstlichen Geräusche näherten.

DAS TAGBÚSAU-FEST

Bei den Zeremonien, die mit der Feier zu Ehren seines Kriegsherrn verbunden sind, ist der Kriegerpriester die Hauptperson, aber er wird normalerweise von mehreren Oberpriestern der gewöhnlichen Klasse unterstützt. Dies ist der allgemeine Bericht und der Ablauf der Zeremonie, der ich im Jahr 1907 beiwohnte. Die folgenden sind die wichtigsten Einzelheiten und dienen als allgemeine Beschreibung der Zeremonie:

Das Zubehör der Zeremonie war identisch mit dem, was zuvor unter „Zeremonielles Zubehör" beschrieben wurde, mit der Ausnahme, dass ein Stück Bambus, etwa 30 Zentimeter lang, geteilt und in die Form eines rohen Krokodils geschnitzt, an dem ein Betelnusswedel hing, aufgehängt wurde das winzige Opferhaus, auf das schon so oft Bezug genommen wurde. Objekte dieser Art, wie dieses Stück Bambus, haben eine mundartige Form und sind zwischen 30 und 60 Zentimeter lang. Es handelt sich sozusagen um zeremonielle Tabletts, auf denen die Opfergaben von Blut und Fleisch sowie *Gíbañg* [12] für die Kriegsgottheiten abgelegt werden.

[12] *Gí-bañg* ist der Nacken und bezieht sich hier auf den Nacken eines Schweins.

Bei der Zeremonie, die ich beschreibe, bemerkte ich einen Teller Reis, der auf einem aufrechten Stück Bambus stand, dessen oberer Teil zu einem umgekehrten Kegel ausgebreitet war, um den Teller zu halten. Das Schwein war bereits an seinen Opfertisch gebunden, schrie aber unablässig und bemühte sich, sich zu befreien. Mehrere Kriegs- und einfache Priester waren über die ganze Versammlung verstreut, mit all ihrem Reichtum an Amuletten und Schmuck bedeckt. Vor allem die Kriegspriester boten mit ihren blutroten Rangabzeichen einen imposanten Auftritt. Um ihren Hals wurden Halsbänder mit Zauberanhängern geworfen, mit Anhängern aus Muscheln, Krokodilzähnen und Kräutern.

Gegen 17 Uhr nachmittags des betreffenden Tages wurde die Zeremonie in üblicher Weise von mehreren Priestern und Priesterinnen eingeleitet. Die Kriegerpriester nahmen erst am nächsten Tag teil, sangen jedoch in der Nacht legendäre Geschichten über große Kämpfe und Kämpfer der Manóbo. Am nächsten Morgen leiteten sie jedoch die Zeremonien.

Während der gesamten Aufführung schien es kein festgelegtes System oder eine festgelegte Ordnung zu geben. Sowohl Kriegerpriester als auch andere nahmen die Anrufung und den Tanz auf, je nach Lust und Laune oder wie es ihnen die Gelegenheit erlaubte. Ein bemerkenswerter Punkt der Zeremonie war der rituelle Tanz der Kriegerpriester zu Ehren ihrer Kriegsgottheiten. In voller Kriegsrüstung, mit Hanfmantel und -schild, Lanze, Bolo und Dolch, tobten und drehten sie abwechselnd um das Opfer herum, begleitet vom wilden Kriegstanz der Trommel und dem Klang des Gongs. Der Tänzer stellte sich vor, das Opfer sei ein mutiger Feind von ihm, und schoss mit seiner Lanze hin und her, wobei er bald vorrückte, bald sich zurückzog, sich manchmal hinter seinem Schild versteckte und manchmal unbedeckt vorrückte, als wolle er den letzten großen Angriff ausführen. Unter der Inspiration des Anlasses leuchteten ihre Augen mit einem wilden Glanz und das ganze Gesicht war vom Feuer des Krieges entzündet. Die Zuschauer bewahrten bei diesem besonderen Anlass Stille und Aufmerksamkeit und zeigten erhebliche Angst. Es wird angenommen, dass der Kriegerpriester, der unter dem Einfluss seines Kriegsgottes steht, Gefahr läuft, eine Gewalttat zu begehen.

Damals verstand ich den Tenor der Anrufungen, die auf jeden Tanz folgten, nicht, wurde aber darüber informiert, dass es sich um das handelte, was man bei einem solchen Anlass erwarten würde, nämlich eine Einladung an die Kriegsgeister, an dem Fest teilzunehmen und ein Gebet zu sprechen ihnen, die Gruppe zu begleiten und ihnen bei der Gefangennahme ihrer Feinde zu helfen.

Als der Moment für das Opfer gekommen war, tanzte der Anführer der Gruppe, der Hauptkriegerpriester, den letzten Tanz, trat auf das Schwein zu, stach ihm seinen Speer ins Herz und trank das Blut, indem er seinen Mund auf die Wunde legte. Mehrere der anderen Priester fingen das Blut in Tellern und Pfannen auf und aßen es auf die gleiche Weise. Der Anführer stellte den Blutbehälter unter die Wunde und ließ etwas Blut hineinfließen. Anschließend brachte er es in das kleine Opferhaus zurück. Die einfachen Priester verfielen in die übliche Trance, aber der Kriegspriester empfing zusammen mit mehreren Zuschauern das Omen des Blutes. Dies war offenbar nicht günstig, denn sie ordneten die sofortige Entfernung der Eingeweide an und untersuchten die Gallenblase und die Leber.

Die Priester erwachten aus ihrer Trance und außer der Omenaufnahme wurden keine weiteren Zeremonien durchgeführt. Dies nahm mehrere Stunden in Anspruch und wurde von kleinen Gruppen aufgeführt, wobei sogar die kleinen Jungen ihr Glück versuchten.

Als das Schwein fertig war, wurde es auf den Boden gelegt und wie üblich gegessen. Es war wenig Gebräu vorhanden. Ich habe gelernt, dass es bei solchen Gelegenheiten nicht üblich ist, übermäßig viel zu trinken.

Die Gruppe erwartete, den Marsch an diesem Nachmittag zu beginnen; aber da die Kundschafter noch nicht zurückgekehrt waren, warteten sie bis zum nächsten Morgen.

Als der Marsch beginnen sollte und die Gruppe noch am Flussufer stand, riss der Anführer einem Huhn den Kopf ab und nahm Blut und Eingeweide auf. Diese waren nicht so zufriedenstellend wie gewünscht, wurden aber als günstig genug angesehen, um einen vorläufigen Beginn des Marsches zu rechtfertigen. Als die Gruppe den Wald betrat, wurde der Omenvogel angerufen; Sein Ruf erwies sich als günstig, und der Marsch begann.

MENSCHENOPFER [13]

[13] *Hu-á-ga* .

Ich war nie Zeuge eines Menschenopfers und war auch nie in der Lage, die Fakten an dem Ort, an dem es stattgefunden hat, zu überprüfen, aber ich habe keinen Zweifel daran, dass Manóbos in früheren Zeiten gelegentlich solche Opfer brachte.

Es ist nicht verwunderlich, dass ein Brauch dieser Art in einem Land existiert, in dem der Mensch nur eine bewegliche Sache ist, die manchmal weniger geschätzt wird als ein guter Hund. Wenn man bedenkt, dass Rache in Manóboland nicht nur eine Tugend, sondern ein Gebot und oft ein heiliges Erbe ist, liegt es auf der Hand, dass es eine Tat von höchstem Verdienst wäre, das Leben eines Feindes oder eines Freundes oder Verwandten eines Feindes zu opfern . Aus dem, was ich über Manóbo beobachtet habe, kann ich mir leicht die Befriedigung und Freude vorstellen, mit der ein Feind den Kriegsgottheiten einer Siedlung geopfert, langsam aufgestochen oder erstochen und dann feierlich Herz, Leber und Blut entnommen würde . Ein sehr häufiger Ausdruck des Zorns eines Manóbo gegenüber einem anderen ist „ *huagon ka* “, das heißt „Mögest du geopfert werden.“

Ich finde verbale Beweise für Menschenopfer nur in den Regionen, die in der Nähe des Territoriums der Bagóbos und Mandáyas liegen. Dies lässt mich vermuten, dass der Brauch entweder aus Bagóbo oder aus Mandáya stammt.

Der jesuitische Missionar Urios [14] erwähnt den Fall von Maliñgáan, der im oberen Simúlao lebte, angrenzend an das Mandáya-Land. Um sich von einer schweren Krankheit zu heilen, ließ er ein kleines Mädchen opfern. Urios beschreibt die gegen ihn ausgesandte Strafexpedition und den Tod Maliñgáans durch seine eigene Hand.

[14] Cartas de los PP. de la Compañía de Jesús, Cuaderno V, Brief von Pater Saturnine Urios, Patrocinio, 16. September 1881.

Ich habe von zahlreichen Fällen gehört, insbesondere in der Region an den Quellflüssen der Flüsse Báobo, Ihawán und Sábud. Ein besonderer Fall wird die Art und Weise veranschaulichen, wie die Zeremonie durchgeführt wird. Meine Autorität für den Bericht ist jemand, der behauptet, an der Opferung teilgenommen zu haben.

Es wurde ein Sklave ausgewählt, der dem Mann gehörte, der das Opfer arrangierte. Dem Sklaven wurde zu verstehen gegeben, dass das Ziel der Zeremonie darin bestand, ihn von einer abscheulichen Krankheit zu heilen, an der er litt. [15] Es wurde beschrieben, dass die vorbereitenden Zeremonien denselben Charakter hatten wie diejenigen, die beim gewöhnlichen Schweineopfer für den Kriegsgeist stattfinden, nämlich die Darbringung des Betel-Nub-Tributs, die feierliche Anrufung der Kriegsgeister und die Bitte um Genesung des Sohnes des Amtsträgers, der heilige Tanz, der von den Kriegerpriestern aufgeführt wird, und die Darbringung von Betelnüssen für die Seele des Sklaven, damit diese keinen bösen Willen gegen die Teilnehmer der Zeremonie hegt.

[15] *To-bu-káw* .

Der Sklave, so teilte mir der Erzähler mit, blieb unbelästigt und wurde von gleichaltrigen Gefährten unterhalten, bis der Moment des Opfers kam, als er ergriffen und schnell an einen Baum gebunden wurde. Der Kriegerpriester, der der Vater des Kranken war, schrie dann mit lauter Stimme seine Kriegsgeister an und forderte sie auf, das Blut dieses menschlichen Geschöpfes anzunehmen, und rammte ohne weiteres seinen Dolch in die Brust des Sklaven. Mehrere andere, darunter auch mein Informant, folgten diesem Beispiel. Das Opfer starb fast augenblicklich. Dann steckte jeder der Kriegerpriester einen Krokodilzahn aus seinem Halskragen [16] in eine der Wunden und sie wurden, wie der Erzähler es ausdrückte, *tagbusauán* ; das heißt, erfüllt vom Blutgeist. Dem Leser bleibt es überlassen, sich die Szene vorzustellen, die darauf folgte.

[16] *Ta-ti-hán* .

Einem allgemeinen Bericht zufolge finden Menschenopfer auch in anderen Formen statt. So hört man hin und wieder, dass ein Kriegerhäuptling seinen kleinen Sohn einen Sklaven oder Gefangenen töten ließ, um durch die Macht einer Kriegsgottheit den Geist der Tapferkeit zu empfangen, der ihm den Wunsch vermittelte, tapfere Heldentaten zu vollbringen. Drei Kriegerhäuptlinge teilten mir persönlich mit, dass sie dies getan hätten, um ihre kleinen Söhne an den Anblick von Blut zu gewöhnen und ihnen den Geist des Mutes zu vermitteln. Ich habe keinerlei Zweifel an der Wahrheit ihrer Aussagen, da sie auf eine sachliche und direkte Art und Weise gemacht wurden, als ob die Angelegenheit ein völlig natürlicher Vorgang wäre. Berichte über solche Aufführungen können mitgehört werden, wenn Manóbos untereinander sprechen.

Es gibt auch eine andere Möglichkeit, Menschenleben zu opfern, diese hat jedoch weniger zeremoniellen Charakter als die beiden vorherigen Methoden. Mir wurden die Namen mehrerer Kriegerhäuptlinge genannt, die es praktiziert hatten. Im Folgenden die Einzelheiten: Wenn die Krieger das

Glück hatten, während eines Kampfes einen Feind zu töten und sich gleichzeitig menschliche Beute in Form von Gefangenen zu sichern, sollen sie gelegentlich einen oder mehrere dieser Gefangenen ausliefern an ihre weniger erfolgreichen Freunde, damit diese ihren Blutdurst stillen und den vollen Jubel des Sieges spüren können. Mir wurde mitgeteilt, dass die Opfer in den nahegelegenen Wald gezerrt, erstochen oder erstochen und mit gebrochenen Knochen in ein schmales rundes Loch geworfen werden. Ich habe allen Grund zu der Annahme, dass dies wahr ist, denn ich habe diese Berichte unter überzeugenden Umständen gehört. Darüber hinaus wären solche Vorgänge sehr typisch für den Manóbo-Charakter und würden wahrscheinlich bei jedem Volk vorkommen, das das menschliche Leben so gering schätzte und Rache so sehr schätzte. Was könnte im Jubel des Sieges und in der Wildheit seiner Orgien natürlicher und angenehmer sein, als einen Gefangenen, wahrscheinlich einen Todfeind, einem erfolglosen Freund oder Verwandten auszuliefern, damit auch dieser seine Rache satt haben und sein Herz damit füllen könnte volle Siegesfreude?

KAPITEL XXVII

Weissagung und Omen

ALLGEMEIN

Der Manóbo konsultiert nicht nur seinen Priester, um den Willen der Gottheiten zu bestimmen, sondern er selbst hinterfragt in jedem Schritt seines Lebens die Natur und findet anhand dessen, was er für eindeutige und unfehlbare Hinweise hält, den Weg, den er mit persönlicher Sicherheit und Erfolg verfolgen kann.

Die vielfältige Vielfalt dieser Zeichen niederzuschreiben, käme einer äußerst weitläufigen Aufgabe gleich, die von unendlichen Unsicherheiten und scheinbaren Widersprüchen geprägt ist.

Als man die Manóbo nach dem Ursprung dieser vielfältigen Vorzeichen und Weissagungen befragte, konnten sie sich keine weiteren Informationen liefern, als dass sie über lange Generationen hinweg ausprobiert und für wahr befunden wurden. Zeigen Sie ihm, dass der Schrei des Omenvogels bei einer bestimmten Gelegenheit etwas Schlechtes verhieß, das Unterfangen aber ein Erfolg war, und er wird die offensichtliche Inkonsistenz erklären. Zeigen Sie ihm, dass die Vorzeichen günstig waren und dass das Unternehmen ein Misserfolg war, und er wird den Misserfolg auf einen unbemerkten Verstoß gegen ein Tabu oder auf den Verstoß gegen einen Stammesbrauch zurückführen, der das Missfallen einer Gottheit erregte.

Bei jedem Unterfangen muss er die göttliche Zustimmung haben, die ihm Gewissheit gibt. Wenn ein Omen unbefriedigend ist, muss er ein anderes zu Rate ziehen, und wenn auch dieses fehlschlägt, versucht er es mit einem dritten, und nach verschiedenen anderen Versuchen, wenn alle ungünstig ausfallen, unterbricht oder bricht er die Arbeit ab, bis er eine günstigere Antwort erhält. Nachdem er ein zufriedenstellendes Omen erhalten hat, geht er mit der vollen Gewissheit des Erfolgs weiter.

Von professionellen Auguren kann man im Manóboland kaum sprechen. Hier und da trifft man auf jemanden, der für sein Können bekannt ist, aber dieser Ruf ist nie so groß, dass er die Meinungsverschiedenheiten anderer, die sich ebenfalls als Experten bezeichnen, überwinden kann. Tatsächlich ist es bei einer Kombination aus guten und schlechten Vorzeichen üblich, eine lange Beratung abzuhalten, bis der Konsens der Meinungen in die eine oder andere Richtung tendiert.

VERSCHIEDENE LÄUFIGE OMENS

Im Folgenden sind einige der zufälligen Vorzeichen aufgeführt, die auf Unheil hinweisen:

(1) Das Niesen, wenn man es von jemandem hört, der das Haus verlassen will, kündigt Unglück für ihn an. Er muss ins Haus zurückkehren und ein paar Minuten warten, um den schlechten Einfluss zu neutralisieren. [1]

(2) Es ist ein böses Zeichen, eine Schlange auf dem Weg zu sehen. Der Reisende muss zurückkehren und bis zum nächsten Tag warten, oder wenn das nicht möglich ist, muss auf andere Omen zurückgegriffen werden, wie zum Beispiel das Ei-Omen oder das Suspendierungs-Omen, um zweifelsfrei zu bestimmen, welches Glück ihn erwartet.

(3) Sollte ein Frosch, eine große Eidechse oder ein anderes Lebewesen, das den menschlichen Behausungen fremd ist, ein Haus betreten, ist das Vorzeichen unglücklich und es müssen sofort Mittel ergriffen werden, um durch Wahrsagen die genaue Bedeutung des Hauses herauszufinden Auftreten. In solchen Fällen wird das Ei-Omen ausprobiert, dann das Suspendierungs-Omen und andere, bis kein Zweifel mehr an der Bedeutung des ungewöhnlichen Ereignisses besteht.

(4) Die Ansiedlung von Bienen auf den Giebelverzierungen eines Hauses oder sogar in der unmittelbaren Nähe des Hauses ist ein sicheres Zeichen für das Herannahen einer Kriegspartei oder sogar für den sicheren Tod, es sei denn, das Ereignis hat während des Krieges stattgefunden Reisanbausaison und auf der neuen Lichtung. Die Zeremonie des Geflügelschwenkens und die Blutlustration müssen sofort durchgeführt und andere Omen sofort erfasst werden, um festzustellen, ob diese Zeremonien ausreichten, um die drohende Gefahr zu neutralisieren. Kurz nach dem Eintreten dieses Vorzeichens kam ich in einem Haus am oberen Karága an und nahm an den Ausgleichszeremonien teil. Allen Berichten zufolge ist der Glaube an dieses Omen und dessen Neutralisierung durch die oben genannten Zeremonien den Manóbos und Mañgguáñgans gemeinsam.

(5) Das Heulen eines schlafenden Hundes bedeutet für den Besitzer Böses. Dieses Omen gilt als sehr ernst und das Böse, auf das es hinweist, muss umgehend abgewendet werden. Außerdem muss der Hund verkauft werden.

(6) Das Erscheinen von Sternschnuppen, Meteoren und Kometen kündigt Krankheiten an.

(7) Das Zerbrechen eines Tellers oder einer Kanne vor einer geplanten Reise ist so schlimm, dass die Reise auf den nächsten Tag verschoben wird.

(8) Die Entdeckung von Blut an einem Gegenstand, wenn keine zufriedenstellende Erklärung für dessen Vorhandensein gefunden werden kann, ist ein Omen von sehr böser Bedeutung.

(9) Das Knabbern von Kleidung durch Mäuse ist ein böses Zeichen, und obwohl die Kleidung nicht weggeworfen werden muss, muss auf neutralisierende Mittel zurückgegriffen werden.

(10) Der Fund eines toten Tieres auf dem Bauernhof ist von äußerst schlimmer Bedeutung und es sollten keine Mittel unversucht bleiben, um die drohende Krankheit auszugleichen.

(11) Das Geschrei der Vögel in der Nacht gilt als bedrohlich; Es wird angenommen, dass es sich bei dem Geräusch um die Stimme böser Geister handelt, die sich in der Absicht, Schaden anzurichten, in die Form von Vögeln verwandelt haben.

[1] *Pan-dú-ut* .

Weissagung durch Träume

Wie bereits erwähnt, werden Träume als Bilder der Taten der Seelengefährten des Manóbo angesehen und auf mystische Weise als Vorboten seines eigenen Schicksals angesehen. Wenn jemand im Schlaf schreit, ist das ein Beweis dafür, dass seine Seele oder sein Geist in Gefahr sind, und er muss sofort aufgeweckt werden, aber nicht grob. [2] Der Glaube an Träume ist stark und beständig und spielt im religiösen Leben der Manóbo eine nicht geringe Rolle.

[2] Wenn er nicht sofort erwacht, kann er in einen Zustand geraten, in dem er *pa-ga-tam-ái-un* genannt wird , ein Begriff, dessen Bedeutung ich nicht gelernt habe.

Ihre Interpretation ist jedoch so unterschiedlich und in scheinbare Widersprüche verwickelt, dass ich nur wenige eindeutige und verlässliche Informationen erhalten habe. In Fällen, in denen Manóbo-Experten unterschiedlicher Meinung sind und in denen andere Formen der Wahrsagerei eingesetzt werden müssen, um festzustellen, ob ein Traum als bedrohlich oder als unheilvoll einzustufen ist, ist es nicht verwunderlich, dass ein Fremder wenig Aufklärung über das Thema erhalten hat.

Den Träumen des Priesters kommt eine viel größere Bedeutung zu als denen gewöhnlicher Menschen, denn man geht davon aus, dass erstere eine allgemeinere Bedeutung haben und in ihrer Bedeutung eindeutiger sind. Aber die Schwierigkeit der Interpretation kann häufig dazu führen, dass der Traum wertlos wird, da es vorkommen kann, dass die Zukunft durch den Rückgriff auf andere Wahrsagungsmethoden bestimmt werden muss.

Es besteht die allgemeine Überzeugung, dass sowohl der gewöhnliche Priester als auch der Kriegerhäuptling in ihren Träumen Wissen über zukünftige Ereignisse erhalten und auch Medikamente erhalten könnten, aber ich kenne nur einen Fall, in dem die letztere Behauptung aufgestellt wurde. In diesem Fall behauptete ein Priester, er sei in einem Traum angewiesen worden, am nächsten Tag Aale zu fischen. Er gab an, dies getan zu haben und einen Bezoarstein gefunden zu haben, den er einem kranken Verwandten gegeben hatte.

Wenn der Traum jedoch zur Zufriedenheit der Traumexperten als unheilvoll interpretiert wird, müssen sofort Maßnahmen ergriffen werden, um das drohende Übel abzuwenden. Eine übliche Methode hierfür ist die Zeremonie des Geflügelschwenkens und in schweren Fällen der Blutlustrationsritus.

Weissagung durch geometrische Figuren

DIE REBE [3] OMEN

[3] *Bu-dá-kan* , eine Schlingpflanze.

Ich war Zeuge der Wahrnehmung dieses Omens sowohl im Jahr 1905, vor der auf den vorherigen Seiten erwähnten Kriegsexpedition, als auch bei der Auswahl eines neuen Stadtstandorts für die Stadt Monacayo[sic] am oberen Agúsan. In der Regel wird bei solchen Anlässen das Omen genommen. Der Ablauf im Ritus ist wie folgt:

Ein ein Faden langer Weinstock wird in mittelfingerlange Stücke zerschnitten; Diese Teile werden dann wie in der hier gezeigten Abbildung angeordnet, sofern die Anzahl der Teile dies zulässt. Zuerst werden die Seiten des Quadrats und die von den Ecken ausgehenden Teile in Position gebracht. Ein Teil wird dann in die Mitte gelegt und die verbleibenden werden im rechten Winkel zum Rechteck platziert. (Siehe Abb. 2 *c* , *e* .)

Die sechs Weinreben, die im rechten Winkel zum Rechteck stehen, wie in Abbildung 2 *a* , stellen die Leitern oder Stangen dar, über die man in das Haus gelangt, das in diesem Fall durch das Rechteck selbst dargestellt wird. Die von den vier Ecken ausgehenden Teile stellen die Pfosten dar, die das

Haus tragen. Wenn nun die Weinreben nicht ausreichen, um auch nur eine „Leiter" zu bilden, ist es offensichtlich, dass alle Hoffnungen, in das Haus einzudringen und den Feind zu erwischen, vergeblich sind. Das Prinzip des Omens besteht in der Beobachtung des Vorhandenseins und der Anzahl von Leitern sowie der Länge des Mittelstücks, das die Bewohner des anzugreifenden Hauses darstellt. Im Folgenden sind einige der wichtigsten und verständlicheren Zahlen aufgeführt.

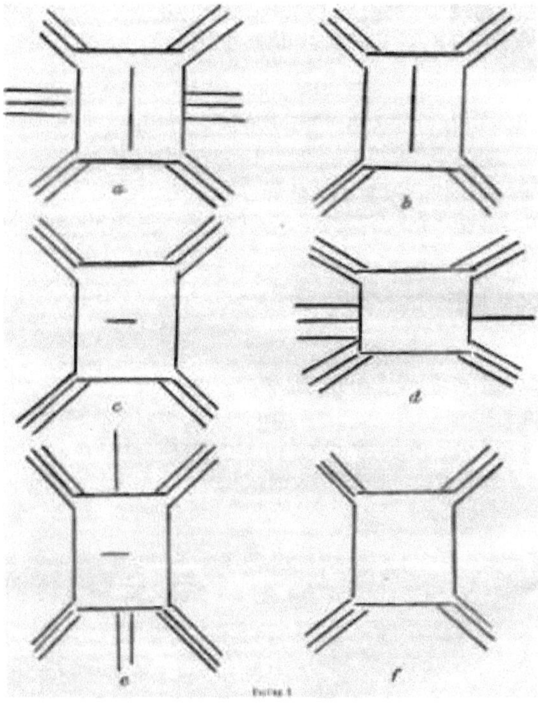

b , c kein Seitenteil bzw. keine „Leiter" vorhanden ist , ist dies ein Zeichen dafür, dass das Haus des Gegners nicht betreten werden kann. In Abbildung 2 c ist die Kürze des Mittelstücks ein Hinweis darauf, dass einer der angreifenden Parteien verwundet wird. Diese Konfiguration heißt *Lahúñgan* [4] und ist sehr ungünstig.

[4] Von *la-húñg* : Tragen auf einer Stange zwischen zwei oder mehr Personen.

In Abbildung 2 d sind die notwendigen Leitern vorhanden und die Bewohner des Hauses werden erreicht. Das Omen ist günstig und wird *Hagdanan genannt* [5]

[5] Von *hágdan* , einer Stangenleiter.

In Abbildung 2 e sind die notwendigen Mittel für den Zugang zum Haus dargestellt, wie an der Anwesenheit der drei „Leitern" im rechten Winkel zum Haus zu erkennen ist. Darüber hinaus ist das Stück, das die Insassen darstellt, kürzer, ein Hinweis auf ein großes Gemetzel. Dies ist ein äußerst günstiges Omen, und da es infolge der Tötung zu großem Weinen kommen wird, wird es Luha'an genannt. [6]

[6] Von *lú-ha* , einer Träne.

In Abbildung 2 *f* ist das Fehlen eines Teils innerhalb des Rechtecks ein Symbol für die Flucht der Bewohner des Hauses, sodass der geplante Angriff für einige Tage verschoben und einige Späher zur Erkundung nach vorne geschickt werden.

Es gibt mehrere andere Kombinationen, die unterschiedlich interpretiert werden können, je nachdem, ob das Omen für eine Kriegsexpedition oder für die Auswahl eines neuen Ortes verwendet wird. Die obigen Zahlen geben jedoch einen allgemeinen Überblick über diese Methode der Wahrsagerei. [7]

[7] Die Interpretation dieser Zahlen kann nicht detaillierter angegeben werden, da die Manóbos selbst nicht immer konsistente Erklärungen dazu geben können.

Sollte sich das obige Omen als ungünstig erweisen, sollte das Opfer eines Schweins [8] oder eines Huhns zu Ehren der Kriegsgötter des Anführers durchgeführt werden, und dann kann ein weiterer Versuch unternommen werden, durch den Einsatz des Weinstocks ein günstiges Omen zu sichern.

[8] *Dá-yo bis tag-bú-sau* .

DAS RATTAN-OMEN [9]

[9] *Tí-ko* .

Das Omen des Rattanwedels wird herangezogen, um entweder den Erfolg eines möglichen Angriffs oder die Eignung eines neuen Standorts für ein Haus oder einen Bauernhof zu bestimmen. Die Beobachtung wird auf folgende Weise durchgeführt: Man nimmt einen Rattanwedel mit einer Länge von einem Klafter und schneidet seine Mittelrippe in Stücke von jeweils der Länge des Mittelfingers, wie im vorhergehenden Omen, aber so, dass jedes Stück davon Die Mittelrippe trägt Stacheln, einen auf jeder Seite. Diese beiden Spitzen werden dann zusammengebunden und bilden so eine Art Ring oder Blattkreis. Alle diese Blattkreise werden in eine Hand genommen und in die Luft geworfen. Sollte einer dieser Ringe beim Erreichen des Bodens ineinander verschlungen oder zusammengeklebt sein, gilt dies als Unglückszeichen, denn es bedeutet, dass einer oder mehrere der Feinde einen Nahkampf mit der angreifenden Partei führen werden. [10] Sollten die verschiedenen Blattkreise jedoch den Boden erreichen, ohne sich zu verheddern, ist das Omen ausgezeichnet. Aus der Anzahl der Knäuel ergeben sich vielfältige Interpretationsmöglichkeiten, von denen jedes einen besonderen Namen und eine besondere Bedeutung hat, zu denen ich aber keine weiteren verlässlichen Angaben machen kann. Dieses Rattanwedel-Omen scheint sehr selten verwendet zu werden. Tatsächlich scheinen in einigen Bezirken viele, mit denen ich gesprochen habe, kein großes Vertrauen darauf zu haben. [11]

[10] Das Omen heißt dann *na-ba-ká-an* . Die genaue Bedeutung dieses Begriffs kann ich nicht sagen.

[11] Weitere Vorzeichen ähnlicher Art finden Sie in Kapitel XXVI.

Weissagung durch Aufhängung und andere Methoden

DAS SUSPENSION OMEN

Die übliche Art und Weise, mit dieser Methode zukünftige Ereignisse vorherzusagen, besteht darin, einen Bolo oder Dolch aufzuhängen, der einer Gottheit geweiht wurde, und aus seiner Bewegung oder aus der Abwesenheit von Bewegung die gewünschte Information zu gewinnen. Im Notfall kann ein so alltäglicher Gegenstand wie eine alte Pfeife verwendet werden.

Das Objekt wird aufgehängt, vorzugsweise vor einem Opfertablett oder Tisch, und dann befragt, als wäre es ein Ding des Lebens. Die Antworten sind etwas begrenzt, beschränken sich auf „Ja" und „Nein" und werden durch die schwache und stille Bewegung oder durch die völlige Stille des schwebenden Objekts ausgedrückt. Bewegung bedeutet eine positive Antwort auf die Frage, Stille oder Bewegungslosigkeit eine negative Antwort.

Ich war oft beeindruckt von der kindlichen Einfachheit, die der Orakelträger an den Tag legte. In dem besonderen Fall, in dem eine Pfeife verwendet wurde, wollte die Gruppe herausfinden, ob es für ihn sicher wäre, am nächsten Tag eine Reise fortzusetzen. Durch eine leichte Kreisbewegung verkündete die Pfeife sofort ihr Einverständnis. Dann beschwor er es, sich nicht zu täuschen, und nachdem er die Bewegung seines Orakels sorgfältig zum Stillstand gebracht hatte, wiederholte er die Frage zwei Mal und erhielt jedes Mal eine bejahende Antwort. Die Beratung fand in einem schweren Hanf-Moskitonetz aus *Abaká* -Fasern statt, und da das Rohr an einer Stelle aufgehängt war, an der die erhitzte Luft der Kerze auf es einwirken konnte, ist es nicht verwunderlich, dass es die Tendenz hatte, sich ständig zu bewegen
.

DAS OMEN AUS EIERN [12]

[12] *Ti-maí-ya bis a-tá-yug* .

Ein frisches Ei oder eines, von dem man weiß, dass es noch in gutem Zustand ist, wird in zwei Teile zerbrochen und der Inhalt vorsichtig in einen Teller oder eine Schüssel geleert. Wenn das Weiße und das Joch getrennt bleiben, ist das Omen günstig, aber wenn sie sich vermischen, ist das von bedrohlicher Bedeutung. Sollte sich herausstellen, dass das Ei faul ist, gilt das Omen als äußerst böse. Ich habe nie ein einziges Mal das Scheitern dieses Omens miterlebt. Mir wurde jedoch mitgeteilt, dass es sich gelegentlich als ungünstig erwiesen hat.

Weissagung durch Opfererscheinungen

Hieromantie ist eine Form der Wahrsagerei, die bei allen Gelegenheiten eingesetzt wird, bei denen der Gegenstand eines Opfers von sehr großer Bedeutung ist. Ich war Zeuge dieser Form der Wahrsagerei, die 1907 beim Abzug einer Kriegspartei im oberen Agúsan praktiziert wurde.

DAS BLUT-OMEN

Das Blut aus dem Hals eines geopferten Huhns oder aus der Seite eines Schweins wird normalerweise in einer Schüssel aufgefangen. Wenn sich herausstellt, dass es ein helles, fleckenloses Rot hat, ohne Schaum oder Blasen, ist das Omen ausgezeichnet, aber das Auftreten von Schaum oder dunklen Flecken oder Flecken wird gemäß dem Gesetz mehr oder weniger als Hinweis auf Böses angesehen Anzahl und Größe der Flecken. Das Erscheinen kreisförmiger Streifen im Blut ist äußerst günstig, da es als Hinweis darauf gewertet wird, dass der Feind vollständig eingekreist wird und so die Gefangennahme oder Vernichtung des gesamten Feindes gewährleistet ist. Wie bei allen anderen Omen liegt auch hier die Interpretation bei Experten. Über die Auslegungsregeln kann ich mir keine verlässlichen Angaben machen. Antworten auf Anfragen zeigen, dass die Interpretation dieses Omens mit einer Unzahl von Widersprüchen, Unsicherheiten und Feinheiten verbunden ist.

DAS HALS-OMEN

Vor der oben erwähnten Expedition beobachtete ich eine besondere Methode, um zu bestimmen, welcher der Krieger sich auszeichnen würde.

Der Anführer der Expedition ergriff ein Geflügel, sprach einen kurzen Anruf, riss den Kopf vom Körper und ließ das Blut des geköpften Vogels in eine Schüssel fließen. Als das ganze Blut in diesem Gefäß aufgefangen war, hielt der Anführer das immer noch sich windende Huhn hoch und ließ den Hals frei. Dann wandten sich mehrere der Anwesenden an das Geflügel und baten es, diejenigen zu zeigen, die während des Angriffs den größten Mut zeigen würden. Natürlich wurde der Hals durch die heftige Aktion der Muskeln vorübergehend in eine bestimmte Richtung gedreht. Dies bedeutete, dass die Person, in die es zeigte, während des Kampfes besonderen Mut beweisen würde. Das Huhn wurde ein zweites und ein drittes Mal befragt, mit dem Ergebnis, dass es immer mehr oder weniger auf jemanden aus der Gruppe zeigte, der für seine Tapferkeit berühmt war und der dann und dort als einer der Hektoren des bevorstehenden Kampfes gefeiert wurde .

Kriegsausflügen oder Kriegsüberfällen berücksichtigt wird . In der Seenregion des Agúsan-Tals wird das Omen unterschiedlich interpretiert, denn es soll gut sein, wenn sich der Hals schließlich nach Osten oder nach Norden dreht.

13 *Mañg-ái-yau* ist ein Wort, das von fast allen Stämmen in Mindanáo verwendet wird, um eine Gruppe von Kriegern auf einem Überfall oder den Überfall selbst zu bezeichnen. Herr HO Beyer vom Bureau of Science erzählt mir, dass das Wort auch von einigen nördlichen Luzon-Stämmen verwendet wird. Ich selbst fand es bei den Negritos der Flüsse Gumaín und Kauláman im Westen von Pampanga in Gebrauch.

DAS OMEN AUS DER GALLE

Die einzige Regel bezüglich der Gallenblase ist, dass sie normal groß sein sollte, um einen Erfolg anzuzeigen. Ein ungewöhnlich großes oder ein ungewöhnlich kleines prognostizieren jeweils Unglück oder Misserfolg. [14] Wenn die Gallenblase jedoch ungewöhnlich groß ist, gibt das Omen Anlass zu großer Besorgnis und erfordert eine sehr sorgfältige Beachtung des folgenden Omens, denn es kündigt nicht nur einen Misserfolg, sondern auch eine Katastrophe an.

[14] Im ersteren Fall heißt das Omen gu *-tús* und im letzteren Fall *gí-pus* .

DAS OMEN AUS DER LEBER

Dieses Omen wird ausschließlich aus der Leber von Schweinen gewonnen. Bei der Beobachtung sind dunkle Flecken und Flecken ein Hinweis auf das Böse und werden gezählt und auf Größe und Form untersucht. Für all dies gibt es eine entsprechende Interpretation, die wahrscheinlich je nach den Eigenheiten jedes einzelnen Auguren variiert.

Bei wichtigen Ereignissen wie Kriegsüberfällen oder Epidemien wird immer auf dieses Omen zurückgegriffen. In anderen Fällen wird es jedoch sehr häufig als Hilfsvorzeichen zur Überwindung des Einflusses früherer böser Ereignisse angesehen.

DAS OMEN AUS DEM DARM EINES GEHÜGELS
ANHANG [15]

[15] *Pos. ud* . Bei diesem Blinddarm handelt es sich um einen kleinen blinden Vorsprung, der im Darm von Geflügel zu finden ist.

Ich habe nie festgestellt, ob der Blinddarm eines Schweins ein Objekt für die Wahrsagerei ist oder nicht. Wenn ja, ist es meiner Beobachtung entgangen. Der Blinddarm eines Huhns wird jedoch ausnahmslos als Hilfsmittel zur Beobachtung der Leber und der Galle eines Schweins beobachtet. Liegt der Befund aufrecht, also im rechten Winkel zum Darm, gilt dies als günstiges Omen. Liegt er hingegen horizontal oder auf dem Rücken zum Darm, gilt er als höchst ungünstig. In jedem Fall, den ich sah, war das Omen günstig.

Ornithoskopie

ALLGEMEIN

Die Weissagung durch Vögel ist praktisch auf die Turteltaube beschränkt. [16] Dieses heimelige, träge Geschöpf gilt als Vorbote von Gut und Böse und wird zu Beginn jeder Reise und jedes Unternehmens konsultiert, wo seine prophetische Stimme gehört werden kann. Sollte sein Ruf Unheil verheißen, wird das Unternehmen eingestellt, egal wie dringend es auch sein mag. Aber sollte der Schrei Gutes verheißen, dann wird das Projekt mit neuer Zuversicht und frohem Herzen aufgenommen oder fortgesetzt, denn ist dieser Vogel nicht der Gesandte der Gottheiten und seine Stimme eine göttliche Botschaft?

[16] *Li-mó-kon* .

[treuen] Omenvogel erschüttern . Für ihn kann es nicht irren, es ist unfehlbar. Für jeden Fall, in dem Sie ihn auf seine Fehler hinweisen, führt er Ihnen zahllose Fälle an, in denen seine Prophezeiungen wahr geworden sind, und führt den Fall, den Sie zitieren, abschließend einer falschen Interpretation oder einem göttlichen Eingreifen zu, das Sie vor dem Bösen bewahrt hat, das der Vogel vorhergesagt hat.

[17] Mandáyas, Mañgguáñgans, Debabáons und Banuáons des Agúsan-Tals haben in Bezug auf diesen Omenvogel praktisch den gleichen Glauben wie die Manóbos.

RESPEKT GEGENÜBER DEM OMENVOGEL

Der Omenvogel wird niemals getötet, denn ihn zu töten würde ungemildertes Unglück nach sich ziehen. Im Gegenteil, es wird oft gefangen und sorgfältig gefüttert und gestreichelt, insbesondere wenn ein Hausbewohner gerade eine Reise antritt. Der zukünftige Reisende nimmt ein wenig *Camote* oder eine Banane, legt sie in den Käfig, wendet sich an den gefangenen Vogel und bittet ihn, seinen Waldgefährten zu singen, damit auch diese ihm das Lied des Erfolgs und der sicheren Rückkehr vorsingen mögen.

Und wenn sich nach der sicheren Rückkehr des Reisenden in seinem Haushalt ein gefangener Omenvogel befindet, ist es üblich, ihn zu füttern und zu trinken und ihn zärtlich anzusprechen, als ob er der Grund für den Erfolg des Vogels gewesen wäre Reise.

Wenn es sich um ein wichtiges Unterfangen handelt, beispielsweise die Auswahl eines Standorts für eine neue Lichtung, oder wenn es sich um ein Unterfangen handelt, das mit möglichen Gefahren behaftet ist, beispielsweise ein Ausflug in eine gefährliche Gegend, ist der freie Wildvogel des Waldes und nicht der gefangene Vogel feierlich aufgerufen. [18] Es wird gebeten, seine Warnung oder sein glückverheißendes Lied in klaren, unmissverständlichen Tönen zu singen. Vor einer Kriegsexpedition wird auf einem Baumstamm in der Nähe des Hauses eine Reisopfergabe dargelegt, um das Haus noch günstiger zu machen.

[18] *Táu-ag-táu-ag zu li-mó-kon* .

Interpretation des Omen-Vogelrufs

Oft ist es erforderlich, dass ein Experte die Bedeutung der verschiedenen Positionen, aus denen der Vogel gesungen hat, genau interpretiert, und in bestimmten Fällen können sich selbst mehrere Experten nicht auf eine einheitliche Meinung einigen. Daher ist die folgende Interpretation lediglich als allgemeiner Überblick gedacht, der einen Eindruck von den Feinheiten und manchmal offensichtlichen Widersprüchen der Manóbo-Ornithoskopie vermitteln soll.

Die Beobachtungen können in drei Arten eingeteilt werden, gute, schlechte und gleichgültige, und diese drei Arten in unendliche Kombinationen, denn die Interpretation der ersten ursprünglichen Beobachtung kann durch nachfolgende Schreie aus anderen Richtungen modifiziert und erneut modifiziert werden. So kann das, was ursprünglich ein gutes Omen war, in Verbindung mit späteren Omen höchst verhängnisvoll werden.
Die Richtungen der Rufe werden aus acht allgemeinen Positionen des Vogels in Bezug auf die beobachtende Person berechnet.

> (1) Direkt davor.
> (2) Direkt dahinter.
> (3) Direkt im rechten Winkel rechts.
> (4) Direkt im rechten Winkel links.
> (5) Vorne rechts und im 45°-Winkel.
> (6) Vorne nach links und im Winkel von 45°.
> (7) Hinten nach rechts und im Winkel von 45°.
> (8) Hinten nach links und im Winkel von 45°.

Die erste Richtung ist schlecht. Es bezeichnet das Auftreffen von Hindernissen, die nicht unbedingt sehr schwerwiegend sind, es sei denn, spätere Beobachtungen führen zu einer solchen Schlussfolgerung. Die Reise muss nicht abgebrochen werden, es ist jedoch Wachsamkeit geboten.
die zweite Richtung [19] ist schlecht. Es ist ein Zeichen dafür, dass hinter einem Menschen Hindernisse oder Hindernisse wie Krankheit in der Familie stecken. Die Reise darf erst am Folgetag angetreten bzw. fortgesetzt werden.
[19] Genannt *ga-biñg* .
Die dritte und vierte Richtung [20] sind unbestimmt. Das Schicksal eines Menschen ist unbekannt, bis nachfolgende Omenschreie die Zukunft offenbaren, daher sind alle Ohren wachsam.
[20] Auf dem oberen Agúsan heißt es *bá-us-bá-us* , auf dem zentralen *bí-tang* .
Die fünfte Richtung [21] ist gut und man kann mit voller Erfolgsgarantie vorgehen.
[21] Genannt *bág-to* .

Die sechste Position [22] gewährleistet lediglich die Sicherheit von Leib und Leben, man darf jedoch nicht zuversichtlich sein, das Ziel der Reise zu erreichen.

[22] Auch *bag-to genannt* .

Die siebte und achte Richtung sind wie die zweite Richtung; das ist schlecht.

Zwischen den oben genannten Richtungen gibt es andere, die eine Zwischeninterpretation erhalten. Es kann auch zu Kombinationen von Anrufen aus unterschiedlichen Richtungen kommen. Der Omen-Vogel, der in der fünften oder sechsten Richtung gehört wird, verheißt Erfolg bzw. Sicherheit, wie wir oben gesehen haben, aber wenn er gleichzeitig von diesen beiden Positionen aus gehört wird, gilt er als höchst verhängnisvolles Omen; die Reise oder Unternehmung muss sofort abgebrochen werden. Auch wenn der Vogel von der fünften Position aus ruft und dann nach einer kurzen Pause von der achten Position, ist der Erfolg sicher, aber am Ziel angekommen, muss man sich unverzüglich nach Hause beeilen.

Sollte jedoch der Schrei aus der sechsten Richtung kommen und dann unmittelbar ein Schrei aus der siebten Richtung folgen, ist große Wachsamkeit geboten, denn der Schrei ist ein Hinweis darauf, dass man seinen Schild und Speer zur Verteidigung einsetzen muss.

Die Deutung des Omen-Vogelrufs fand ich so vielfältig und schwierig, dass ich davon Abstand nehme, weiter auf die Sache einzugehen. Es genügt zu sagen, dass zu Beginn jeder Reise der Vogel befragt und sein Ruf so gut wie möglich interpretiert wird. Sollte sich herausstellen, dass der Anruf nichts Gutes verheißt, bricht er die Reise ausnahmslos ab, bis er am nächsten Tag einen weiteren Versuch unternimmt, sich günstige Vorzeichen zu sichern. Es kommt daher vor, dass sich seine Reise um mehrere Tage verzögern kann. Einmal hatte ich drei Tage Verspätung, weil der Schrei dieses geheimnisvollen Vogels ungünstig war.

VÖGEL DES BÖSEN OMEN

Außer der Turteltaube gibt es keinen anderen Vogel, der Glück verkündet. Es gibt jedoch einige, die durch ihren Schrei Böses ahnen. Daher ist der Schrei aller Vögel, die normalerweise nachts nicht schreien, ein böses Omen. Beispiele sind die verschiedenen Arten von Nashornvögeln, Krähen und Hühnern. Das Krächzen von Krähen und das Kreischen von Eulen in der Nacht haben eine besonders böse Bedeutung, denn diese Vögel gelten dann als Verkörperung von Dämonen, die mit bösen Absichten umherschweifen.

Auch ein ungewöhnliches nächtliches Gackern einer Henne ohne ersichtlichen Grund ist von schlechter Bedeutung. Einmal hielt man es für so bedrohlich, dass der Besitzer am nächsten Morgen die Henne zum Frühstück schlachtete, indem sie ihr Geflügel winkte. Er sagte mir, dass er es töten oder verkaufen müsse, weil es Pech haben könnte, wenn er es im Haus aufbewahrte.

Auch hier ist es ein Vorbote großen Unheils, wenn sich ein großer Vogel, zum Beispiel ein Nashornvogel, auf dem Haus niederlässt. Es müssen unverzüglich zeremonielle Maßnahmen ergriffen werden, um das durch einen solchen Vorfall angekündigte Übel abzuwenden. Einmal beobachtete ich die Zeremonie des Geflügelschwenkens, das Opfern eines Huhns und die Blutlustration, die durchgeführt wurde, um das böse Omen zu neutralisieren.

KAPITEL XXVIII

MYTHOLOGISCHE UND VERWANDTE GLAUBEN

DIE ERSCHÖPFUNG DER WELT

Die Geschichte der Erschaffung der Welt variiert im gesamten Agúsan-Tal. Im Bezirk um Talakógon wird die Schöpfung Makalídung zugeschrieben, dem ersten großen Manóbo. Die Details seiner Arbeit sind sehr dürftig. Er stellte die Welt auf Pfosten, manche sagen Eisenpfosten, mit einem in der Mitte. An diesem zentralen Pfosten hat er seinen Wohnsitz, in Begleitung einer Python, so die Version einiger, und wann immer er Unmut gegenüber Menschen empfindet, schüttelt er den Pfosten, wodurch er ein Erdbeben auslöst und gleichzeitig dem Menschen seinen Zorn kundtut. Es wird angenommen, dass die Welt zerstört würde, wenn das Zittern anhalten würde.

Im selben Bezirk wird angenommen, dass der Himmel rund ist und dass seine Enden an der Grenze zum Meer liegen. Irgendwo in der Nähe dieser Grenzen befindet sich ein riesiges Loch, das „Nabel des Meeres" [1] genannt wird und durch das das Wasser ab- und aufsteigt. Dies erklärt den Anstieg und Abfall der Flut.

[1] *Pó-sud zu dá-gat* .

Es wird gesagt, dass der Himmel in den frühen Tagen der Schöpfung niedrig war, aber eines Tages eine Frau, während sie Reis zerstampfte, mit ihrem Stößel darauf schlug, und er stieg in seine heutige Position auf.

Eine andere Version der Schöpfung, die bei den Manóbos der Flüsse Argáwan und Híbung vorherrscht, gibt *Dágau die Kontrolle über die Welt* , der in Begleitung einer Python an den vier Grundpfeilern lebt. Als Frau mag sie den Anblick von Menschenblut nicht, und wenn es auf die Erde vergossen wird, regt sie die riesige Schlange an, sich um die Säulen zu winden und die Welt in ihren Grundfesten zu erschüttern. Sollte sie übermäßig wütend werden, verringert sie den Reisvorrat, indem sie ihn entweder aus dem Kornspeicher entfernt oder den Boden unfruchtbar macht.

Einer anderen Variante der Geschichte zufolge, die am oberen Agúsan, am Simúlau und am Umaíam zu hören ist, gleicht die Welt einem riesigen Pilz und wird in der Mitte von einer Eisensäule getragen. Diese Säule wird von der höheren und mächtigeren Ordnung der Gottheiten kontrolliert, die, wenn sie über die Taten der Menschen wütend werden, ihre Gefühle zum Ausdruck bringen, indem sie die Säule schütteln und so die Sterblichen an ihre Pflichten erinnern.

DER REGENBOGEN

Der Regenbogen ist nach allgemeiner Darstellung eine unerklärliche Manifestation der Kriegsgötter. An einem Ende des Regenbogens soll sich eine riesige Schildkröte befinden, die einen Klafter breit ist. Das Erscheinen des Regenbogens ist ein Hinweis darauf, dass die Kriegsgötter mit ihren Kriegsführern und Kriegern aus dem Land des Todes auf der Suche nach Blut waren. Wenn unter den Farben des Regenbogens Rot vorherrscht, geht man davon aus, dass die mächtigeren Kriegsgeister in Nahkämpfe verwickelt sind; aber wenn die Farben dunkel sind, ist das ein Zeichen des Gemetzels. Sollte sich der Regenbogen zu nähern scheinen, werden Vorkehrungen getroffen, um das Haus gegen Angriffe zu verteidigen, da angenommen wird, dass sich eine echte Kriegspartei nähert.

Auf keinen Fall darf der Finger auf den Regenbogen zeigen, da er sich sonst verbiegen könnte.

DONNER UND BLITZ

„Donner" ist eine Demonstration von Anits Zorn auf Männer wegen ihrer Respektlosigkeit gegenüber brutalen Tieren. Der Blitz wird als ihre Zunge bezeichnet und als ein rötlicher zungenförmiger Stein beschrieben, den sie auf den Schuldigen wirft. Anit ist einer der mächtigen Geister, die in Inugtúhan, der Himmelswelt, wohnen, und zusammen mit Inaíyau ist er der Träger des Blitzes und des Sturms.

Sie ist ein sehr wachsamer Geist, und falls jemand sie beleidigt, muss er zu einem Haus eilen und einen Priester bitten, sie mit einem Blutopfer zu besänftigen. Der Glaube an diesen Zungenstein ist allgemein verbreitet, aber niemand behauptet, einen gesehen zu haben, und niemand kann sagen, wo er zu finden ist.

MONDFINSTERNIS

Der fast universelle Glaube an eine Mondfinsternis ist, dass eine riesige Vogelspinne [2] den Mond angegriffen hat und ihn langsam in ihre abscheulichen Umarmungen einschließt. Als die Männer die ersten Anzeichen von Dunkelheit auf dem Mond wahrnehmen, stürmen sie aus den Häusern, schreien, schießen Pfeile auf den Mond, schlagen mit ihren Bolos auf Bäume ein, spielen Trommel und Gong, schlagen auf Blechdosen und Strebepfeiler ein Bäume, blasen Bambuslautsprecher und tanzen wild umher, während sie gleichzeitig trotzige Schreie gegen das Monster ausstoßen und sagen: „Lass unseren Mond los", „Du wirst von einem Pfeil getroffen werden." Gleichzeitig stechen die Frauen immer wieder Nadeln oder spitze Stöcke in die Wand in Richtung des Feindes, der versucht, den Mond einzuhüllen.

2 *Tam-ban-a-káu-a* . (Bisáya, *ba-ka-náu-a* .) Manche sagen, dass ein riesiger Skorpion die Ursache für Sonnenfinsternisse sei.

Die Erklärung dieser seltsamen Vorgänge ist einfach. Wenn der Mond nicht aus den Fängen dieser gigantischen Kreatur befreit wird, glaubt man, dass es keine Morgendämmerung geben wird und dass in der ewigen Dunkelheit, die anschließend über die Welt hereinbrechen wird, die bösen Geister herrschen werden und alle menschlichen Gewänder regieren werden in Schlangen verwandelt.

Während der Sonnenfinsternis rufen die Priester immer wieder ihre Gottheiten um Hilfe gegen die mächtige Vogelspinne an, die den Mond bedroht.

Über Herkunft, Lebensraum und Charakter dieser Vogelspinne habe ich nie die geringsten Informationen erhalten. Das riesige Geschöpf ergreift den Mond, lässt ihn aber aufgrund der Rufe und drohenden Aktionen der menschlichen Zuschauer bald wieder los. Einwände, die man hinsichtlich der Unsichtbarkeit, der Größe und anderer offensichtlicher Anomalien erheben könnte, werden sofort durch die einfache und aufrichtige Erklärung widerlegt, dass dieser Glaube wahr ist, weil er aus früheren Zeiten überliefert wurde.

ENTSTEHUNG DER STERNE UND ERKLÄRUNG VON SONNENUNTERGANG UND SONNENAUFGANG

Es wird gesagt, dass in der Antike Sonne und Mond verheiratet waren. Sie führten ein friedliches, harmonisches Leben und aus ihrer Ehe gingen zwei Kinder hervor. Eines Tages musste sich der Mond um eine der Haushaltsaufgaben kümmern, die einer Frau obliegen – einige sagen, um Wasser zu holen, andere sagen, um den täglichen Nahrungsvorrat von der kleinen Farm zu besorgen. Bevor sie ging, sang sie die Kinder zum Schlafen und forderte ihren Mann auf, auf sie aufzupassen, sich ihnen aber nicht zu nähern, damit er ihnen nicht durch die Hitze, die sein Körper ausstrahlte, Schaden zufügen könnte. Dann begann sie mit ihrer Besorgung. Die Sonne, die noch nie zuvor ihre Jungen berühren durfte, stand auf und näherte sich ihrem Schlafplatz. Er blickte sie liebevoll an, beugte sich zu ihnen und küsste sie, doch die starke Hitze, die von seinem Gesicht ausging, ließ sie wie Wachs schmelzen. Als er dies bemerkte, weinte er und begab sich aus großer Angst vor seiner Frau leise in den angrenzenden Wald.

Der Mond kehrte rechtzeitig zurück und nachdem er seine Last im Haus niedergelegt hatte, wandte er sich dem Schlafplatz der Kinder zu, fand aber nur ihre leblosen Gestalten. Sie brach in lautes Weinen aus und rief in ihrer wilden Trauer ihren Mann an. Aber er gab keine Antwort. Schließlich besänftigt durch die langen, lauten Klagen, kehrte er in sein Haus zurück. Bei seinem Anblick verdoppelten sich die wilden Schreie der Trauer, der Verzweiflung und des Tadels, bis schließlich der Ehemann, der seine Frau nicht beruhigen konnte, wütend wurde und sie seine Habe nannte. [3] Zuerst fürchtete sie sich vor seinem Zorn und beruhigte ihr Schluchzen, doch schließlich brach sie in einen langen Schrei aus, ergriff die verbrannten Gestalten ihrer Kinder und warf sie in der Tiefe ihrer Angst und ihrer Wut in verschiedene Richtungen auf den Boden . Dann wurde der Ehemann erneut wütend und ergriff einige Taroblätter, die seine Frau von der Farm mitgebracht hatte, warf sie ihr ins Gesicht und ging seines Weges. Nach seiner Rückkehr konnte er seine Frau nicht finden und so folgt die Sonne dem Mond bis heute in einem ewigen Kreislauf von Tag und Nacht. Und so stehen auch die Sterne verstreut am schwarzen Firmament, denn es sind ihre verlassenen Kinder, die sie auf ihrem eiligen Flug begleiten. Hin und wieder kreuzt eine Sternschnuppe ihren Weg, aber das ist nur ein Bote ihres Mannes, der sie zurückruft. Sie beachtet es jedoch nicht, sondern rast in nie endendem Flug weiter, die Spuren der Taro-Blätter noch immer auf ihrem Gesicht, und mit ihrem sternenklaren Zug, der sie in einem ewigen Flug vom Morgengrauen bis zum Sonnenuntergang begleitet.

[3] *Máñg-gad* (Hausrat) und *bin-ó-tuñg* (Kaufsklave) sind die üblichen Vorwurfsbegriffe, die ein wütender Ehemann gegenüber seiner Frau verwendet, und beziehen sich auf ihren häuslichen Status, der auf die Heiratszahlung zurückzuführen ist.

[4] Einige sagen, dass Flecken auf dem Mond eine Gruppe von Bambusbüscheln seien; andere, dass es sich um *Baléte-* Bäume handelt, und wieder andere, dass es sich um die erwähnten Taro-Marken handelt.

DIE GESCHICHTE VOM IKÚGAN, [5] ODER SCHWANZIGEN MÄNNERN, UND DER UMBESiedLUNG DES AGÚSAN-TALS

[5] Von *i-kug* , Schwanz.

Es scheint, dass vor langer, langer Zeit eine wilde Horde von Schwanzmännern, Tíduñg, [6] das Agúsan-Tal bis nach Veruéla im Süden überrannte. Es handelte sich allen Berichten zufolge um Männer mit Schwänzen, wobei der Schwanz der Männer wie ein Dolch und der der Frauen wie eine Dechsel von der Art war, die Manóbos benutzte. 14 Jahre lang setzten sie ihre Plünderungen fort und verwüsteten das ganze Tal, bis alle Manóbos geflohen waren oder getötet wurden, mit Ausnahme einer Frau am Argáwan-Fluss oder, wie manche sagen, am Umaíam.

6 Es wäre interessant zu wissen, ob diese Tíduñg Mitglieder eines Stammes auf Borneo waren, der Piratenüberfälle auf den Súlu-Archipel unternahm.

Als die Manóbos zum ersten Mal im Agúsan-Tal ankamen, versuchten sie, den beschwänzten Männern standzuhalten. Die Manóbos des Kasilaían-Flusses sollen Schützengräben ausgehoben und tapferen Widerstand geleistet haben, mussten aber schließlich an die Pazifikküste fliehen. 7 Es heißt, dass diese Schwanzvölker, als sie in der Nähe des heutigen Ortes San Luis ihr Lager aufschlugen, auf einer Art Brennnessel schliefen 8 und als sie schwer gestochen wurden, hielten sie es für ein schlechtes Omen und kehrten zurück.

7 Es ist wahr, dass die Manóbos des Tágo-Flusses in der Provinz Surigao behaupten, mit denen der Kasilaían- und Argáwan-Flüsse verwandt zu sein, aber ihre Migration aus dem Agúsan-Tal scheint vergleichsweise neu gewesen zu sein, wenn ich ihren eigenen Aussagen Glauben schenken darf.

8 *Ság-ui* .

Über die Herkunft und den Abzug dieser Eindringlinge scheint nichts bekannt zu sein, aber sie verwüsteten das Tal von Butuán bis Veruéla und von Ost nach West.

Die einsame Frau, die sich im *Runo* -Schilf von Argáwan versteckt hatte, kämpfte weiterhin ums Überleben und verbrachte ihre Zeit mit dem Weben von *Abaká* -Stoffen. Eines Tages, als sie gerade essen wollte, fand sie in einem ihrer Flechtkörbe das Ei einer Turteltaube und war froh, denn Fleisch und Fisch waren knapp. Aber als die Zeit zum Essen gekommen war, vergaß sie das Ei. So geschah es Tag für Tag, bis das Ei schlüpfte, und siehe da! Anstelle einer kleinen Taube erschien ein hübsches kleines Mädchen, das unter der Fürsorge und Anleitung seiner Pflegemutter aufblühte und zum Besitz einer Frau heranwuchs.

Nun geschah es, dass nach Kriegsende Späher durch das Land reisten, um herauszufinden, ob die Ikúgan wirklich verschwunden waren, und eines Tages fand eine Gruppe von ihnen die Frau und die Pflegetochter. Der Häuptling war erstaunt über die wunderbare Schönheit des jungen Mädchens und hielt um ihre Hand an. Die Pflegemutter gab seiner Bitte statt, allerdings unter der Bedingung, dass er an jedem Fluss im Tal ein Ehepaar unterbringen würde. Zufrieden mit dieser einfachen Situation machte er sich auf die Suche und schaffte es schon bald, an jedem Fluss ein verheiratetes Paar unterzubringen. Auf diese Weise kam es zur Wiederbesiedlung des Agúsan-Tals. Der Häuptling heiratete dann die schöne Jungfrau und im ganzen Land herrschte Frieden.

RIESEN

Die großen mythischen Riesen von Manóboland sind *Táma* , *Mandayáñgan* und *Apíla* . Alle drei werden als von wunderbarer Höhe beschrieben, „so hoch wie die höchsten Bäume der Berge", und ihr Reich soll der tiefe und dunkle Wald sein.

Táma ist ein böser Geist, dessen besondere Bösartigkeit darin besteht, die Schritte unachtsamer Reisender zu verführen. Er führt sein Opfer durch listige Rufe und andere Tricks vom ausgetretenen Pfad ab und verschlingt es körperlich. Sein Aufenthaltsort soll manchmal der Balete-Baum sein, wie die riesigen Fußabdrücke, die man gelegentlich in seiner Nähe sieht, bezeugen. Ein Manóbo vom Fluss Kasilaían versicherte mir, dass er sie gesehen hatte und dass sie einen Klafter lang seien. Ich habe im gesamten östlichen Mindanáo verschiedene Berichte über dieses fabelhafte Wesen gehört.

Mandayáñgan hingegen ist ein gutmütiger, menschenähnlicher Riese, der gerne an den Kämpfen im Manóboland teilnimmt. Er soll einer der großen Krieger der damaligen Zeit gewesen sein. Sein Wohnsitz liegt in den großen Bergwäldern, wo die Kriegsgötter leben.

Apíla ist ein harmloser Riese, dessen einziges großes Vergnügen darin besteht, seine ferne Heimat im Wald zu verlassen und sich mit riesigen Schritten über das Holz zu stürzen und sich auf die Suche nach einem Ringkampf mit Mandayáñgan zu machen. Der Lärm ihres erbitterten Kampfes ist, so heißt es, kilometerweit zu hören, und es mangelt nicht an denen, die ihren mächtigen Kampf um die Vorherrschaft miterlebt haben.

Neben diesen drei größeren Riesen gibt es noch andere, kleinere, aber menschlichere, deren Anführer *Dábau ist* . *Dábau* lebte auf einem kleinen Berg in Sichtweite des heutigen Standorts Veruéla. Es heißt, dass er, bevor er seine Reise den Agúsan hinauf begann, den Bewohnern des Umaíam-Flusses mitteilen ließ, dass er an einem bestimmten Tag die Seenregion durchqueren würde und dass der gesamte Reis sorgfältig vor den Unruhen des Wassers geschützt werden sollte. [9]

[9] Die nächstgelegenen Siedlungen zum Kanal, durch *den Dábau* gegangen sein muss, waren mehrere Kilometer entfernt.

Palma-Brava- Palme ergriffen und ihn als Stange benutzt haben, um an einem Tag sein Bambusfloß von Butuán zur Mündung des Maásin-Baches in der Nähe von Veruéla zu lenken. [10] Bei ihm lebte seine Schwester, ebenfalls eine außerordentlich starke Person, denn es ist bekannt, dass sie zeitweise einen ganzen Strauß Bananen pflückte und sie ihrem Bruder auf einem benachbarten Hügel zuwarf.

[10] Diese Reise dauert 8 bis 12 Tage in einem großen einheimischen Kanu und unter normalen Bedingungen.

BESONDERE TIERÜBERZEICHNUNGEN

Neben den verschiedenen Omen, die Vögeln, Bienen, Hunden und Mäusen entnommen werden, gibt es bei den Stämmen im Osten Mindanáos eine ganz besondere Bräuche in Bezug auf Mitglieder des Tierreichs. Diese seltsame Bräuche besteht darin, ihnen eine gewisse Ehrerbietung zu erweisen, indem man sie nicht auslacht, nicht nachahmt oder in irgendeiner Weise respektlos zeigt. Diese Aussage gilt insbesondere für jene Lebewesen, die entgegen ihrer üblichen Gewohnheit einen menschlichen Aufenthaltsort betreten. Über sie zu lachen oder spöttische Bemerkungen über ihr Aussehen usw. zu machen, würde den Zorn von Anítan [11], der Donnergöttin, hervorrufen, die in Inugtúhan wohnt. Wenn sie das Haus betreten, müssen sie auf vornehme Weise vertrieben werden und sofort zu Wahrsagungsmitteln gegriffen werden, denn sie können Unglück bedeuten.

[11] Wird auch *Á-nit* und *In-a-ní-tan genannt* .

Ich selbst wurde manchmal wegen meiner Leichtfertigkeit gegenüber Fröschen und anderen Tieren gerügt. Ich erhielt auch zahlreiche Berichte über Respektlosigkeit gegenüber brutalen Besuchern eines Hauses und über die schlimmen Folgen, die hätte entstehen können, wenn Anítan nicht rechtzeitig und angemessen versöhnt worden wäre. Die beiden folgenden Vorfälle, an denen die Erzähler beteiligt waren, werden den Punkt hinreichend veranschaulichen.

Zwei Manóbos vom Fluss Kasilaían betraten ein Haus und als sie ein Huhn bemerkten, das an einer Erkältung litt, machten sie ihm gegenüber unziemliche Bemerkungen, indem sie ihm vorwarfen, nass geworden zu sein. Kurz nachdem es zu donnern begann und sie sich an die Straftat erinnerten, die sie begangen hatten, wandten sie sich an ihre Tante, eine Priesterin, die entschied, dass Anítan unzufrieden war und besänftigt werden musste. Da sie kein anderes Opfer als einen Jagdhund fand, da das Huhn von ihr als unrein angesehen wurde, befahl sie sofort, den Hund für Anítan zu töten. Der Donner und der Blitz vergingen sofort. An dieser Stelle sei darauf hingewiesen, dass der Hund möglicherweise einen beträchtlichen Wert hatte, denn ein wirklich guter Jagdhund hat einen ebenso hohen Wert wie ein Menschenleben.

In einem anderen Fall hatte der Erzähler am selben Fluss einen jungen Affen gefangen. Als er am Haus ankam, sorgte dessen unhöfliches Aussehen für ein wenig Heiterkeit und veranlasste den Besitzer, ihm einen kleinen irdenen Topf in Form eines Hutes auf den Kopf zu stellen. Fast sofort war das erste Donnergrollen zu hören, und der Besitzer erinnerte sich an seine Indiskretion, tötete den Affen und bot ihn Anítan als Versöhnung an. Wie er erwartet hatte, wandte er die Gefahr ab, die er durch die drohenden Blitze befürchtete.

In einigen Fällen werden diejenigen, die sich dieses besonderen Vergehens schuldig gemacht haben, in Stein verwandelt, es sei denn, sie ergreifen die richtigen Mittel, um den göttlichen Zorn zu besänftigen, wie die folgende Legende zeigt.

DAS VERSTEINERTE FAHRZEUG UND DIE BESATZUNG VON KAGBUBÁTAÑG

Früher fuhr ein Boot am felsigen Vorgebirge von Kagbubátañg vorbei. [12] Die Bewohner erspähten einen Affen und eine Katze, die auf dem Gipfel des Vorgebirges kämpften. Die Ungereimtheit der Sache beeindruckte sie und sie fingen an, spöttische Bemerkungen zu äußern, indem sie sich an die brutalen Kämpfer richteten. Und siehe da, sie und ihr Schiff wurden in Stein verwandelt, und bis zum heutigen Tag sind das versteinerte Schiff und die Besatzung zu sehen Auf dem Vorgebirge müssen alle, die vorbeikommen, ein Opfer darbringen, [13] und sei es noch so klein, für die betrübten Seelen dieses versteinerten Volkes. Wenn man den Punkt passierte, ohne eine Opfergabe darzubringen, könnte der Zorn der versteinerten Bewohner geweckt werden und der Reisende könnte schlechtes Wetter und raue See erleben. [14]

[12] *Kag-bu-bá-tañg* ist ein Punkt in Sichtweite der Stadt Placer im Osten von Mindanáo.

[13] Die Opfergabe kann aus einem kleinen Stück Holz, eigentlich aus allem, bestehen und muss beim Passieren der Landspitze über Bord geworfen werden.

[14] Es soll einen ähnlichen Ort in der Nähe von Taganíto zwischen Clavér und Carrascál geben.

Zur weiteren Erläuterung dieses einzigartigen Glaubens kann festgestellt werden, dass die Nachahmung der von Fröschen erzeugten Geräusche besonders verboten ist, da dies nicht nur, wie in manchen Fällen, zu Blitzschlägen, sondern auch zur Versteinerung des Täters führen könnte; Als Beweis dafür werde ich die Legende von Añgó, von Bináoi, anführen. [15]

[15] *Bin-á-oi* ist der Name eines seltsam geformten Gipfels an der Quelle des Flusses Añgadanán, einem Nebenfluss des Flusses Wá-wa. Vom oberen Tágo aus ist sein weißer Kamm zu sehen, der die Quelle des Baches Malitbug überragt, der sein Wasser über den Borubuán in den Fluss Tágo leitet.

AÑGÓ, DER VERSTEINERTE MANÓBO

Añgó lebte vor vielen Jahren mit seiner Frau und seinen Kindern auf einem hohen Gipfel in der östlichen Kordillere. Eines Tages ging er mit seinen

Hunden in den Wald, um Wild zu suchen. Das Glück bescherte ihm einen schönen großen Eber, aber er zerbrach seinen Speer, als er ihm den tödlichen Schlag versetzte. Als er an einem Bach ankam, setzte er sich auf einen Stein und machte sich daran, seinen Speer zu reparieren. Das Quaken der Frösche in der Nähe erregte seine Aufmerksamkeit, und indem er ihre schrillen Töne nachahmte, sagte er ihnen dreist, dass es besser sei, mit ihrem Schreien aufzuhören und ihm zu helfen, seinen Speer zu reparieren. Er setzte seinen Weg den felsigen Bach hinauf fort, bemerkte jedoch, dass eine Vielzahl kleiner Steine ihm auf dem Weg folgten. Überrascht über so etwas beschleunigte er seine Schritte. Als er zurückblickte, sah er, wie größere Steine sich der Verfolgung anschlossen. Dann ergriff er seinen Hund und rannte voller Angst los, aber die Steine verfolgten ihn weiter und immer größere schlossen sich der Gruppe an. Als er an seinem *Camote* -Feld ankam, war er erschöpft und musste sein Tempo verlangsamen, woraufhin die Steine ihn überholten und einer an seinem Finger hängen blieb. Er konnte nicht weitermachen. Er rief seine Frau an. Sie suchte mit den kleinen Kindern nach dem magischen Kalk [16] und legte ihn um ihren Mann herum, doch ohne Erfolg, denn seine Füße begannen zu Stein zu werden. Auch seine Frau und seine Kinder fielen dem Zorn Anítans zum Opfer. Am nächsten Morgen war die ganze Familie bis zu den Knien versteinert, und in den folgenden drei Tagen setzte sich der Prozess von den Knien über die Hüften, dann bis zur Brust und dann weiter bis zum Kopf fort. Und so kann man bis heute auf dem Bináoi-Gipfel die versteinerten Gestalten von Añgó und seiner Familie sehen.

[16] Man wird sich erinnern, dass Limetten und Zitronen den bösen Geistern Angst einjagen sollen.

KAPITEL XXIX

Die große religiöse Bewegung von 1908–1910

Das Ausmaß der Bewegung

Die religiöse Wiederbelebung von 1908 bis 1910 begann einem allgemeinen Bericht zufolge bei den Manóbos am Fluss Libagánon. [1] Von da an breitete es sich ostwärts aus, bis es sich über die gesamte Region erstreckte, die südlich des achten nördlichen Breitengrades und östlich der Flüsse Libagánon und Tágum liegt. Wenn die Gerüchte, dass sie sich unter den Manóbos des oberen Paláñgi, unter den Subánuns und unter den Atás verbreitete, wahr sind (und die Wahrscheinlichkeit ist groß, dass das so ist), dann betraf diese große Bewegung ausschließlich ein Drittel der Insel Mindanáo des von Moros [2] und Bisáyas besetzten Teils. Ich kenne einige Bisáyas, die, bewegt vom Ausmaß und der Intensität der Bewegung am oberen Agsúan[sic], Anhänger wurden.

[1] Der Fluss Libagánon ist der westliche Zufluss des Flusses Tágum, der in den nördlichen Teil des Golfs von Davao mündet.

[2] Kapitän LE Case, PO, stellvertretender Gouverneur von Davao, teilt mir mit, dass die Moros von Máti sich eifrig an der Bewegung beteiligten. Es ist daher nicht unwahrscheinlich, dass die Moros des Golfs von Davao ebenfalls daran beteiligt waren.

Unter den christianisierten und nicht-christianisierten Manóbos, Mandáyas, Mañgguáñgans und Debabáons kenne ich nur wenige Männer und keine einzige Frau oder kein einziges Kind, das alt genug ist, um zu gehen, das nicht daran teilgenommen hat.

Bei meiner Ankunft in Compostela wurde mir von dieser religiösen Wiederbelebung erzählt, aber um mich besser zu informieren, ging ich zur Siedlung desjenigen, der die Bewegung im Agúsan-Tal eingeführt hatte. Das Folgende ist seine Geschichte, die seitdem in jedem Detail durch unanfechtbare Beweise bestätigt wird.

BERICHTETER URSPRUNG UND CHARAKTER DER WIEDERBELEBUNG

Ein Meskínan, ein Manóbo vom Fluss Libagánon, erkrankte offenbar an Cholera. Er wurde von seinen Verwandten verlassen. Am dritten Tag erholte er sich jedoch und machte sich auf die Suche nach seinen geflüchteten Leuten. Natürlich löste sein Erscheinen Bestürzung aus, aber er zerstreute die Ängste seiner Stammesgenossen, indem er ihnen versicherte, dass seine Rückkehr nicht auf den Einfluss eines bösen Geistes zurückzuführen sei, sondern auf den Einfluss eines wohltätigen Geistes, der ihm, wie er behauptete, eine Medizin gegeben habe was er ihnen zeigte. Angesichts seiner wunderbaren Genesung und auch wegen des außergewöhnlichen Zustands des Zitterns und der scheinbaren göttlichen Besessenheit, in den er nach dem Erzählen seiner Geschichte geriet, glaubten sie seiner Geschichte bereitwillig Glauben. Berichte über dieses Ereignis verbreiteten sich weit und breit, bis es den Mawab-Fluss erreichte, [4] allerdings in einer so veränderten Form, dass Meskínan nicht nur ein gewöhnliches Priestertum zugeschrieben wurde, sondern auch erklärt wurde, dass er tatsächlich in eine Gottheit verwandelt worden sei, und dass er als solche konnte sich allen offenbaren, die er ehren wollte. Der Häuptling der Mansáka-Gruppe der Mandáyas am Mawab sandte eine dringende Nachricht an die Verwandten in seiner Nähe von Compostela. Mein Informant war einer von ihnen und er beschrieb mir den mitternächtlichen Exodus der gesamten Siedlung auf dem Weg nach Mawab. Das Folgende ist im Wesentlichen sein Bericht.

[3] Meskínan ist das religiöse Pseudonym von Mapákla, einem Manóbo des Flusses Libagánon.

[4] Ein Nebenfluss des Híjo-Flusses, der in den Golf von Davao mündet.

Bei ihrer Ankunft in Mawab legte ihnen der mächtigste Häuptling am Fluss die Botschaften vor, die er von Libagánon erhalten hatte; wie Meskínan in eine Gottheit verwandelt wurde und die natürlichen Funktionen des Essens und Trinkens nicht mehr erfüllte. Am folgenden Tag traf ein Bote in der Siedlung Mawab ein, der angeblich direkt aus Meskínan kam. Er erklärte, dass Meskínan nach einem Mond die Zerstörung der Welt angekündigt habe. Die alten Stammesgottheiten würden denjenigen, die sich in Schwarz gekleidet hatten, ihre Hilfe nicht mehr gewähren. [5] In der Zwischenzeit würde er (Meskínan) den Menschen zeigen, wie sie sich vor der Zerstörung retten können.

[5] Mein Informant interpretierte dies so, dass es sich um nicht-christianisierte Menschen handelte. Dieser Hinweis auf dunkle Kleidung ist nicht klar.

Mein Informant sagte, dass die folgenden Befehle von Meskínan erlassen wurden:

> (1) Alle Hühner und Schweine sollten auf einmal getötet werden; sonst würden sie ihre Besitzer verschlingen.

> (2) Es sollten keine weiteren Feldfrüchte angebaut werden.

> (3) In jeder Siedlung sollte ein gutes Gebäude für religiöse Zwecke errichtet werden.

> (4) In jeder Siedlung sollte es einen Priester [6 geben], der seine Macht von Meskínan selbst erhalten haben musste, und

mehrere Assistenten [7] , die bei der Verbreitung der Nachrichten und bei der Durchführung der vorgeschriebenen Dienste in entfernten „Kirchen" helfen sollten.

(5) Die Gottesdienste sollten darin bestehen, zu Meskínan zu beten, zu seinen Ehren heilige Tänze aufzuführen und *ihm Opfergaben zu überreichen* .

[6 Wird] *pun-ó-an* genannt .

[7] *Tai-tái-an* , das heißt „Brücken", was wahrscheinlich bedeutet, dass diese Abgesandten die Brücke sein sollten, über die sich die religiösen Lehren von Siedlung zu Siedlung verbreiten würden.

Mein Informant beschrieb mir, wie mehrere Leute aus der Máwab-Siedlung den Libagánon durchsuchten, um den Wahrheitsgehalt der zahlreichen Nachrichten und der unaufhörlichen Gerüchte festzustellen. Bei ihrer Rückkehr berichteten sie, dass Meskínan wirklich eine Gottheit sei; dass sein Körper ganz aus Gold war; dass er nur den Duft der ihm dargebrachten Opfergaben aß; und dass er denjenigen, die diese Opfer darbrachten, seinen besonderen Schutz gewährte. Die Besucher nach Libagánon brachten die Nachricht, dass der Sturz der Acht [der] Welt innerhalb eines Mondes stattfinden würde und dass die Befehle von Meskínan, der Magbabáya, sofort ausgeführt werden sollten, sonst wäre der Tag der Zerstörung gekommen, alle wäre unwiederbringlich verloren; Der Ehemann würde von der Ehefrau getrennt und die Mutter vom Kind. Schweine und Hühner machten Jagd auf jeden, den sie fangen konnten, und alle führten ein Leben in Dunkelheit und Verzweiflung. Aber diejenigen, die den Anweisungen Folge geleistet hatten, würden gerettet werden; Ihre Körper würden im Moment des Untergangs der Welt golden werden und sie würden in der Luft herumfliegen, ohne sich um materielle Bedürfnisse zu kümmern, *die Männer auf ihren Schilden und die Frauen auf ihren Kämmen* .

[8] *Kíliñg* .

Ein Hohepriester vom Fluss Tágum verlieh meinem Informanten und mehreren anderen, die als seine Assistenten und Abgesandten fungieren sollten, einen „ *Magbabáya* " [9 oder Geist.]

[9] Im weiteren Verlauf der Erzählung wird versucht, diesen Begriff zu erklären.

Die Menschen, die sich in der Máwab-Siedlung versammelt hatten, beschlossen daher, ein riesiges Haus für die Durchführung der von der Magbabáya von Libagánon vorgeschriebenen religiösen Handlungen zu errichten. In diesem Gebäude verbrachten sie einen Monat in Erwartung der bevorstehenden Katastrophe. Männer, Frauen und Kinder, halb verhungert, wie mein Informant mir versicherte, tanzten und sangen zu Trommel- und Gongklängen, während er und seine Gehilfen von Zeit zu Zeit in Flehen zum Magbabáya von Libagánon ausbrachen und in einen Zustand heftiger Begeisterung verfielen Das war die äußere Manifestation der Tatsache, dass ein Geist von ihnen Besitz ergriffen hatte.

VERBREITUNG DER BEWEGUNG

Gegen Ende des Monats erhielt man aus Meskínan die Nachricht, dass das Ende der Welt erst in drei weiteren Monden eintreten würde, damit jede Siedlung Gelegenheit hätte, ihr Ordenshaus zu errichten und sich so vor dem drohenden Untergang zu retten. Den Priestern und ihren Gehilfen wurde befohlen, die Nachricht weit und breit zu verbreiten, selbst in den unzugänglichsten Winkeln des Landes.

Mein Informant und seine Verwandten kehrten dann in ihre Siedlung am Fluss Báklug zurück, mussten jedoch feststellen, dass ihre Schweine und Hühner von christianisierten Menschen aus Compostela gestohlen worden waren. Sie bauten ein religiöses Haus von sehr schönem Aussehen und erfüllten treu alle anderen Gebote der Magbabáya.

Während dieser ganzen Zeit strömten aus Libagánon immer wieder Meldungen und Nachrichten über das nahende Ende der Welt nach Compostela, so dass es nicht lange dauerte, bis mein Informant eingeladen wurde, in Compostela ein Ordenshaus zu errichten. Da diese Stadt der wichtigste Handelspunkt zwischen den Stämmen ist, zu dem sich christianisierte Manóbos, Mañgguáñgans und Mandáyas zurückziehen, ist es offensichtlich, dass innerhalb kurzer Zeit die Nachricht von der bevorstehenden Katastrophe von allen umliegenden Völkern und meinem Informanten, dem Hohepriester, empfangen und geglaubt wurde , wurde eingeladen, in allen Siedlungen von Mandáyaland „Kirchen" zu errichten. Durch die Mithilfe anderer Priester und ihrer Assistenten verbreitete sich die Bewegung unter den Debabáons des Sálug-Landes, unter den Mañgguáñgans der Bezirke Mánat und Sálug und unter den Manóbos der oberen Flüsse Agúsan, Baóbo, Ihawán und Simúlau.

Diese große religiöse Bewegung war als „Túñgud" bekannt. [10]

[10] Ich bin nicht in der Lage, irgendeinen Hinweis auf die Bedeutung dieses Wortes zu geben, noch konnte ich irgendjemanden finden, vom Hohenpriester abwärts, der vorgab, seine Bedeutung zu kennen.

SEIN ÄUSSERER CHARAKTER UND ALLGEMEINE MERKMALE

Als ich am oberen Agúsan ankam, war die Bewegung in vollem Gange und ich hatte jede Gelegenheit, die Botschaften und Gerüchte aus Libagánon zu hören und die Handlungen der Hohepriester und ihrer Assistenten zu verfolgen. Ich war dadurch behindert, dass ich der Sprache der heiligen Gesänge und Gebete nicht folgen konnte, aber viele davon wurden mir gedolmetscht. Mit dieser Ausnahme stammen die folgenden Aussagen zum Charakter der Bewegung aus erster Hand.

Das erste und greifbarste Merkmal der Wiederbelebung war der Mangel an Nahrungsmitteln. Aufgrund der Anordnung der Magbabáya war weder Reis noch Taro gepflanzt worden, so dass die gesamte Bevölkerung des oberen Agúsan und des Mandáya-Landes in den Monaten vor meiner Ankunft gezwungen war, von der bereits gepflanzten Taro und dem Camote zu *leben* Ernte. Daher war der Reis bei meiner Ankunft so knapp, dass ich drei Tage wandern, nicht wenig betteln und eine gute Summe Geld kosten musste, um einen für meinen eigenen Bedarf ausreichenden Vorrat zu beschaffen. Die Knappheit oder der völlige Mangel an Nahrungsmitteln wurde auch dadurch deutlich, dass ich mehrmals Siedlungen verlassen musste, weil ich keine Nahrung bekommen konnte.

In ihren Häusern zeigten die Menschen rund um die Uhr Angst, besonders aber nachts. Der Fall eines Baumes im Wald, das Grollen des Donners, ein Erdbeben, ein unangenehmer Bericht aus Libagánon und ähnliche Dinge würden die Wiederholung des mystischen Wortes „túñgud" in leisen, ängstlichen Tönen hervorrufen und sie vertreiben in Eile zum Ordenshaus. In Compostela leugneten die Menschen dem besuchenden katholischen Missionar vehement ihre Zugehörigkeit zur neuen Bewegung, doch als er die Stadt verließ, ereignete sich ein Erdbeben und die Worte „ *túñgud, túñgud* " kamen aus den Lippen eines der einflussreichsten Männer der Stadt Stadt.

Ein weiteres und sehr auffälliges Merkmal der Bewegung, das ihren tiefgreifenden Einfluss auf dieses Volk bezeugt, war die Einstellung aller Fehden und Streitereien. Nach allem, was zum Thema Manóbos im Allgemeinen und ihrer sozialen Institution der Rache im Besonderen gesagt wurde, kann man den überragenden Einfluss, den die große Wiederbelebung dieser beiden Jahre ausübte, leicht erkennen und sehr staunen. Bisáyas und andere, die mehr oder weniger mit der Lebensweise und dem Charakter der Manóbo vertraut waren, waren erstaunt über die wunderbare Wirkung, die diese religiöse Bewegung auf alle diese Völker ausübte. Von Stamm zu Stamm, von Siedlung zu Siedlung, von Feind zu Feind reisten Priester, Assistenten, jeder. Mañgguáñgans, die Compostela selten oder nie besuchten, hielten dort möglicherweise ihre Gottesdienste ab. Einige von ihnen gingen sogar so weit, in die fast unzugänglichen Gebiete der oberen Manorígao Mandáyas einzudringen, der erblichen und aufsässigen Feinde von Compostela, die selbst die katholischen Missionare nie bekehren konnten. Debabáons aus der Region Sálug-Libagánon gingen furchtlos in die Bezirke Karága, Kasaúman und Manái und kehrten unversehrt zurück. In Compostela und an anderen Orten hörte ich oft die Bemerkung über eine bestimmte Person, dass er getötet werden würde, wenn der Magbabáya von Libagánon nicht den Befehl gegeben hätte, sich von Streitigkeiten fernzuhalten und auf Rache zu verzichten.

Damals war der Einfluss dieser religiösen Bewegung so groß, dass das Naturgesetz der Rache ihr nachgab und ihre Anhänger fast verhungerten.

DIE WICHTIGSTEN GRUNDLAGEN DER BEWEGUNG

NEUE ORDNUNG DER GOTTHEITEN

Erstens war der Geist, der ein bestimmtes Individuum unter seinen Schutz nahm, entweder eine neue Gottheit, die anderen mitgeteilt werden konnte, oder einer aus einer neuen Klasse von Gottheiten. Ich neige zur letzteren Interpretation, da sie eher mit den allgemeinen religiösen Vorstellungen der Manóbo übereinstimmt. In beiden Fällen wurde die alte Ordnung der Gottheiten auf eine untergeordnete Position verbannt und es wurde ihnen keine weitere Verehrung mehr erwiesen. Die Magbabáya, ob eine oder mehrere, waren nach allen Aussagen von Meskínan gekommen, um die Auflösung der Welt oder zumindest des Teils der Welt anzukündigen, der von schwarz gekleideten Menschen – also heidnischen Völkern – bewohnt wurde . -und den Menschen beizubringen, sich vor einem zukünftigen Leben in Dunkelheit und Trostlosigkeit zu retten.

Nach seiner Vergöttlichung erlangte Meskínan die Macht, sich denen zu offenbaren, die er für würdig hielt, wenn sie sich ihm präsentierten. Man sagte von ihnen, dass sie, nachdem sie auf diese Weise ausgestattet worden waren, einen *Magbabáya* hätten , ganz so, wie wir von einer Person sprechen, die den Geist erhalten hat. Mit der weiteren Entwicklung der Bewegung erlangten bestimmte Personen die Macht, ihren Geist an andere weiterzugeben, aber ein von Meskínan persönlich verliehener Geist galt als stärker als der von anderen verliehene.

VOM GRÜNDER VORGESCHRIEBENE BEACHTUNGEN

Die von Meskínan durch seine Priester und Gesandten vorgeschriebenen Mittel, um den Folgen der bevorstehenden Zerstörung zu entgehen, waren:

> (1) Der Bau gut gemachter und sauberer religiöser Gebäude
> [11] in jeder Siedlung.

(2) Die häufige Verehrung von ihm in diesen Gebäuden
durch Tanz und Gesang unter der Leitung örtlicher Priester
oder ihrer Assistenten.

(3) Die materiellen Opfergaben weltlicher Güter an
dieselben Amtsträger.

11 *Ka-má-lig* .

Dass diese Anordnungen treu und in den entlegensten Regionen befolgt
wurden, kann ich persönlich bezeugen. Überall im bergigen Mandáya-Land
(Kati'il, Manorígao, Karága und genau an den Quellen des Agúsan) fand ich
dieselben religiösen Strukturen, dieselben Priesterklassen und gläubigen
Gemeinden. Wie ich auf meiner letzten Reise 1911 den Karága hinauf erfuhr,
hatten sich die christianisierten Mandáyas der Küstenstädte in den
Gemeinden Karága, Bagáñga und Kati'il der Bewegung angeschlossen. Von
Bagáñga bis zu dem Punkt am Libagánon, der die Wiege der Bewegung war,
beträgt die Luftlinie etwa 120 Kilometer, und unter sehr günstigen
Bedingungen sind mindestens sieben Tage ununterbrochener Reise über
unaussprechliche Pfade erforderlich, um von einem Punkt zum anderen zu
kommunizieren. Doch die religiöse Bewegung breitete sich in unglaublich
kurzer Zeit von Libagánon nach Bagáñga und zu weiter entfernten Orten
aus.

Als weiteren Beweis für die Treue, mit der die Bräuche durchgeführt wurden,
möchte ich sagen, dass ich oft in Siedlungen vorbeikam und feststellte, dass
die Häuser praktisch leer waren und die Bewohner sich alle im Ordenshaus
versammelt hatten. Während ich die Pfade entlangging, hörte ich von allen
Seiten das Trommeln der entfernten, fast unzugänglichen Siedlungen,
während die Siedler zu Ehren ihrer unsichtbaren Götter tanzten. Bei meiner
Ankunft waren die ersten Worte, die mich wahrscheinlich begrüßten,
„Túñgud, túñgud." 12 An manchen Orten, wie am zentralen Kati'il, konnte
ich meinen Mund nicht öffnen, um zu sprechen, ohne zu hören, wie die
Frauen und Kinder diese seltsamen Worte gleichzeitig aussprachen.
Vielleicht war es ihre Idee, dass mein Gespräch die Vollendung herbeiführen
könnte, die sie so sehr fürchteten.

12 Daneben gab es ein weiteres mystisches Wort, das ebenso unverständlich
war: *ta-gá-an* .

An vielen Orten durfte ich die religiösen Gebäude nicht betreten, da mir
versichert wurde, dass die neue örtliche Gottheit unzufrieden sein könnte,
aber an Orten, an denen ich Zutritt hatte, fiel mir Folgendes auf:

(1) Eine kleine Nische 13 in einer Ecke, häufig mit einer Tür
versehen, manchmal mit einer Klapptür. Der Zweck dieser
Nische bestand darin, ausschließlich den Priestern und

ihren Assistenten als Zufluchtsort zu dienen. Im Inneren sollten sie eine engere Gemeinschaft mit ihren Gottheiten pflegen, während die Gläubigen draußen sangen und tanzten. Im weiteren Verlauf der Geschichte der Bewegung wird der wahre Zweck dieser Nische oder dieses Stalls erklärt.

(2) Ein Altar, bestehend aus einem auf zwei Beinen stehenden Regal, auf dem Opfergaben aus Bolos, Dolchen, Lanzen und Halsketten sowie ein Vorrat an Getränken liegen.

(3) Eine Trommel und ein Gong, eine oder zwei Matten zum Tanzen und ein Herd aus vier Holzscheiten auf dem Boden.

(4) Acht oder mehr grob geschnitzte Pfosten, die das Haus stützen. Entlang der Wände befinden sich kleine geschnitzte Holzstücke, die zur Verzierung dienen.

(5) Große Sauberkeit unter und in der unmittelbaren Umgebung des Gebäudes. In Compostela holten die gläubigen Gläubigen tatsächlich Sand aus dem Fluss und verteilten ihn auf dem Boden rund um das Gebäude. Um einige der Gebäude herum wurden Blumen gepflanzt, eine Art wilde Begonie, glaube ich. Solche Aktionen zeigten den Eifer, mit dem die Bewegung sie inspirierte, denn bei der Gestaltung ihrer Häuser ist eine solche Verzierung beispiellos.

(6) Ein Opferstand in der Nähe des Gebäudes. Darauf wurden Opfergaben aus Betelnüssen und Getränken gelegt, die für die Gottheiten als akzeptabel galten.

---

[13] *Sin-á-buñg* genannt .

RELIGIÖSE RITEN

Mehrere Riten, wie etwa die Verleihung eines Magbabáya, konnte ich nicht miterleben, da sie bis zu meiner Abreise aus dem oberen Agúsan normalerweise nicht dort, sondern fast immer am Libagánon, Tágum oder Mawab durchgeführt wurden Flüsse. Die Beweihräucherung von Priestern und Gesandten mit Magbabaya-Geistern fand in Compostela einige Male statt, aber ich durfte nicht teilnehmen, mit der Begründung, dass meine Anwesenheit diesen Gottheiten missfallen könnte. Die gewöhnliche religiöse Aufführung zu Ehren von Meskínan habe ich jedoch wiederholt miterlebt und werde nun eine typische davon beschreiben.

Die Zeremonie wurde in einer Siedlung im Zentrum von Kati'il durchgeführt. Der Hohepriester und seine Gehilfen waren meine Führer und Träger, die meine Reise genutzt hatten, um etwas zu verdienen und gleichzeitig die neue Religion zu verbreiten.

Als wir uns der Siedlung näherten, ging einer der Hilfspriester voran, um unsere Ankunft anzukündigen. Das erste Gebäude, das wir erreichten, war das Ordenshaus. Bevor der Hohepriester die mit einer Kerbe versehene Stange hinaufstieg, die als Treppe diente, machte er eine große Armbewegung und fragte mit lauter Stimme: „Bist du vielleicht schon hier?" Als Antwort hörte ich, wie ich dachte, ein deutliches Pfeifen aus dem Gebäude. Der Priester fuhr fort: „Wann bist du nicht hier angekommen?" Dies wurde mit mehreren leisen Pfeiftönen beantwortet, die der Priester als „früh heute Morgen" interpretierte. Der Dialog wurde in ähnlicher Form mehrere Minuten lang fortgesetzt, wobei die Reaktionen stets in Form von tiefem, lang anhaltendem Pfeifen oder tiefem, scharfem Zwitschern erfolgten und immer, wie es mir schien, vom Gebäude ausgingen, obwohl es für andere so aussah, als kämen die Geräusche aus der entgegengesetzten Richtung oder vom Himmel, sagten sie. Ich befragte den Priester und er zeigte mit seiner Hand in die diametral entgegengesetzte Richtung zu der, aus der die Geräusche meiner Meinung nach zu kommen schienen.

Als wir das Gebäude betraten, fanden wir fast die gesamte Siedlung versammelt vor. Der Hohepriester gab den letzten Bericht aus Libagánon bekannt, der besagte, dass Meskínan beschlossen habe, die Welt noch drei Monate lang nicht zu stürzen, um den Siedlungen, die sich der Bewegung noch nicht angeschlossen hatten, die Möglichkeit zu geben, dies zu tun und dadurch zu retten sich. Der Hohepriester erzählte den Zuhörern weiter, wie der Magbabáya von Libagánon in die Unterwelt aufgebrochen war und seinen Wohnsitz in der Nähe der Säulen der Erde bezogen hatte; wie er damit beschäftigt war, ein Stück Stoff zu weben und nur einen Meter fertigzustellen hatte, bei dessen Fertigstellung die Welt zerstört werden würde. Nachdem er das Publikum von der Notwendigkeit überzeugt hatte, diese Einzelheiten den benachbarten Clans mitzuteilen und den Befehlen von Meskínan nachzukommen, verkündete er die Bitte von Meskínan, von jeder Siedlung eine bestimmte Anzahl von Lanzen zu spenden. Als er seine Erzählung beendet hatte, die von seinen Assistenten untermauert wurde, wurde ihm von der versammelten Bevölkerung vorgeschlagen, den *Túñgud-*Gottesdienst zu verrichten, woraufhin er und seine Assistenten etwa eine Stunde lang tanzten und sangen, wobei der Tenor der Gesänge nach die mir gegebene Interpretation, die neuesten Taten und Befehle des großen Magbabáya von Libagánon.

Am nächsten Morgen wurde beschlossen, ein Opfer zu Ehren von Meskínan abzuhalten, und so besorgte sich der Siedlungsvorsteher mit großer Mühe ein Schwein. Nachdem alles bereit war und das Schwein mit den üblichen Wedeln auf dem Opfertisch platziert war, begann die Zeremonie. Sogar während er den Rock einer Frau anzog, wie es bei der Aufführung des religiösen Tanzes üblich ist, zeigte der Hohepriester Anzeichen des Einflusses seiner Magbabaya, denn er zitterte deutlich. Ein Merkmal des Tanzes unterschied sich von denen des gewöhnlichen religiösen Tanzes darin, dass der Priester in einer Hand einen kleinen Schild und in der anderen einen Dolch trug, obwohl er nicht vorgab, den Dolchtanz aufzuführen, wie im vorherigen Teil beschrieben dieser Monographie. [14] Die Verwendung dieses Schildes wurde als Teil des neuen Rituals vorgeschrieben und sollte die Gemeinde daran erinnern, dass treue männliche Anhänger durch ihre Schilde gerettet würden, wenn die Welt zusammenbrach.

[14] An dieser Stelle sei angemerkt, dass der Mandáya-Tanz weder so anmutig noch so eindrucksvoll ist wie der Manóbo-Tanz. Die Füße bewegen sich schneller und es gibt weniger Beugungen des Körpers und keine mimetischen Bewegungen, die so charakteristisch für den Manóbo-Tanz sind. Weder wird der Rock einer Frau getragen, noch werden Taschentücher in den Händen getragen.

Der Hohepriester tanzte nur etwa zwei Minuten, weil sein Geist über ihn kam und er auf ein Knie fiel und nicht mehr aufstehen konnte. Ich habe noch nie ein grausameres Spektakel gesehen. Ein helles, unnatürliches Licht glänzte in seinen Augen, sein Gesicht wurde bleich, die Augäpfel traten hervor, reichlich Schweiß strömte aus seinem Körper, seine Gesichtsmuskeln zuckten und sein ganzer Körper zitterte immer heftiger, je heftiger der Anfall zunahm. Aus Angst vor einem völligen Zusammenbruch half ich ihm beim Aufstehen und ließ ihn an der Wand liegen.

Sobald der Hohepriester in den Bann seines Geistes geriet, brach einer der Gehilfen in einen lauten Gesang aus, den er immer wieder mit einem lauten, hustenartigen Laut unterbrach, dem die Worte „túñgud, túñgud, tagáan" *folgten* . Dieser Gesang sowie die folgenden wurden von mehreren

Assistenten nacheinander aufgegriffen und handelten, entsprechend der mir gegebenen Interpretation, von den wundersamen Taten Meskínans in der Unterwelt und beschrieb detailliert das von ihm angekündigte Ende der Welt Meskinan. Nacheinander tanzten alle Priester, auch die örtlichen, und gerieten unter den Einfluss ihrer Gottheiten, jedoch nicht mit solcher Heftigkeit wie der Hohepriester, dessen Geist als „sehr groß" bezeichnet wurde.

Ein wichtiger Punkt, der bei dem Tanz beachtet werden sollte, war, dass der Tänzer an einem Teil des Tanzes seinen heiligen Kopfschmuck, [15] das Emblem seines neuen Priestertums, abnahm. Dabei handelte es sich um ein Kopftuch, das Meskínan persönlich jedem gegeben haben sollte, dem er eine *Magbabáya verliehen hatte* . Der Priester nahm sein Taschentuch ab und schwenkte es über die Köpfe der Gemeinde und schließlich über oder in die Nähe jedes gewünschten Gegenstands. Dies war ein Hinweis darauf, dass dieses Objekt geweiht und damit Eigentum des großen Magbabáya von Libagánon wurde. Die Weigerung, es aufzugeben, kam dem Untergang gleich, wenn das Ende kommen sollte. Dies war die Lehre, die allgemein gepredigt und einheitlich geglaubt und praktiziert wurde.

[15] *Mo-sá* .

Als Fortsetzung der Zeremonie unternahm der Hohepriester mehrere Versuche zu tanzen, aber immer mit dem gleichen Ergebnis. Er sang zwar häufig, bediente sich aber immer vieler Worte, die ihm sein Geist beigebracht hatte und die für meine Dolmetscher unverständlich waren.

Nach etwa zwei Stunden verließen wir alle das religiöse Gebäude und bezogen unsere Positionen um den Opfertisch, die Priester in der Mitte. Diejenigen, deren Speere, Dolche, Armbänder und andere Gegenstände durch das Schwenken des Kopfschmucks eines Priesters geweiht worden waren, legten sie nun unter oder in der Nähe des Tisches ab.

Der Hohepriester war der Hauptoffizier, wurde aber von seinen Mitpriestern aus dem Agúsan und den neuen örtlichen Priestern unterstützt. Keiner der Priester der alten Religion nahm daran teil, da die alten Götter angeblich dem neuen Magbabáya nachgegeben hatten.

Die einzigen Abweichungen von den üblichen zeremoniellen Abläufen anlässlich eines Opfers bestanden darin, dass dem Opfer der heilige Kopfschmuck übergestülpt wurde und auf Omen, Trankopfer und Bluttrinken verzichtet wurde. Das Schwein wurde getötet, indem ihm ein Dolch durch die linke Seite gerammt wurde, das Blut wurde in einer Pfanne aufgefangen und das Fleisch wurde bei einem anschließenden Fest verzehrt, an dem die Priester nicht teilnahmen, da ihre jeweiligen Gottheiten es ihnen, wie sie sagten, nicht erlaubten.

Die Szene, die auf das Töten des Schweins folgte, war unbeschreiblich. Die Priester bedeckten ihre Köpfe und Gesichter mit ihren heiligen Tüchern und zitterten vor heftiger Heftigkeit. Einige lehnten sich an die Pfosten des Opfertisches, der Hohepriester selbst kauerte auf allen Vieren auf dem Boden und konnte sich vor lauter Erschöpfung nicht erheben. Als dem Opfer der Todesstoß versetzt worden war, stimmten sie die mystischen Worte „ *túñgud, túñgud, tagáan* " an und husteten am Ende laut. Diese Worte wurden von den Umstehenden aufgegriffen und mit Heftigkeit geschrien. Viele von ihnen, vor allem die kleinen Mädchen, verfielen in einen Zitteranfall. Viele der Männer und erwachsenen Frauen entledigten sich ihrer Besitztümer wie Halsketten, Armbänder und Arme und legten sie in die Nähe des Opfertisches. Andere versprachen, ein Opfer darzubringen, sobald sie eines bekommen könnten.

Die wahre Natur der Bewegung und die Mittel, mit denen der Betrug fortgesetzt wird

Ich kann uneingeschränkt sagen, dass die gesamte Bewegung, die im Agúsan-Tal unter den Mandáyas, Debabáons und Mañgguáñgans der Region Sálug-Libagánon stattfand, von Anfang bis Ende ein Betrug war. Ich behaupte dies auf der Grundlage der Aussage des Hohepriesters, der es im Agúsan-Tal eingeführt hat, auf der Aussage der anderen Priester und auf meiner eigenen Entdeckung des Betrugs. Die Aufgabe der Bewegung und das offene Bekenntnis der Mandáyas der Flüsse Karága, Manorígao, Bagáñga, Mánai und Kasáuman, die immer noch den Verlust vieler Wertgegenstände beklagen, die sie als Opfer gegeben hatten, sind ein unanfechtbarer Beweis dafür, dass die gesamte Bewegung existierte eine große religiöse Täuschung.

Ich habe keinen Grund, an der wunderbaren Genesung von Meskínan, dessen richtiger Name Mapákla war, zu zweifeln, und ich sehe auch keine Unwahrscheinlichkeit in dem Bericht, dass er plötzlich unter den Einfluss eines Geistes fiel, denn ein solches Ereignis ist in Manóboland nicht ohne Präzedenzfall. Ich gebe sogar zu, dass der Glaube an die Wiederbelebung am Anfang aufrichtig war, aber als die Zeit verging und der Ruf der Macht des Geistes von Meskínan größer wurde, schlichen sich Missbräuche ein, so dass das ganze System kurz nach meiner Ankunft in Compostela zu einem Grauen wurde Täuschung mit dem Ziel, unschuldige Gläubige um ihre Wertsachen zu bringen.

Der Plan wurde höchstwahrscheinlich von einigen Mandáyas des Tágum-Flusses im Bunde mit einem der Männer des Mawab-Flusses und zwei der oberen Sálug-Männer ausgeheckt. Die Mandáyas des Tágum-Flusses haben seit jeher mit Moros zu tun und zweifellos haben sie von ihnen viel Handwerkskunst und Schikanen gelernt. Es ist keineswegs ausgeschlossen, dass sie im vorliegenden Fall von Moros veranlasst wurden oder dass Moros selbst die Bewegung in Gang gesetzt hat. Ich habe einen Grund, der letzteren Meinung zuzustimmen, nämlich, dass die Moros tatsächlich im 17. Jahrhundert eine Bewegung dieser Art ins Leben gerufen haben, wie Combes in seiner „Historia de Mindanáo" feststellt, und eine ähnliche Bewegung um das Jahr 1877 , wie es in einer der Cartas de los PP erwähnt wird. de la Compañía de Jesús.

Lassen Sie uns nun die verschiedenen Kunstgriffe untersuchen, mit denen der Betrug durchgeführt wurde.

DER HEILIGE VERKEHR

Meskínan lebte irgendwo oberhalb des Flusses Libagánon, weit weg vom Tágum, und hatte daher praktisch keine Verbindung zu den Agúsan. Daher bestand kaum eine Entdeckungsgefahr, wenn man berichtete, dass er vergöttlicht und sein Körper ganz aus Gold sei. Nach seiner Vergöttlichung war er immer abwesend, entweder „unten an den Säulen der Erde" oder auf einer „Insel im Meer" oder er segelte „auf einem Schild durch die Sternenregion". Es ist leicht zu verstehen, wie schwierig es unter diesen Umständen wäre, ein Interview mit ihm zu bekommen.

Sobald von den Flüssen Tágum und Mawab berichtet wurde, dass Meskínan jeden unter seinen besonderen Schutz nehmen könne – mit anderen Worten, dass er seinen Geist an andere weitergeben könne – gingen mehrere nach Tágum und Mawab und empfingen tatsächlich einen Geist , aber nur durch die Hände derjenigen, die vorgaben, der Vertreter von Meskínan zu sein. Nun wurde von denjenigen, die diesen spirituellen Einfluss empfingen, erwartet, dass sie für die Gabe, oder *Magbabáya* , wie sie genannt wurde, eine Gegenleistung erbringen . Im Laufe der Zeit entwickelte sich daraus der Brauch, für jeden *Magbabáya, den die Vertreter von Meskínan erhielten* , den Gegenwert eines Sklaven (P30) zu zahlen . Diese Zahlung musste nicht nur für die ursprüngliche Schenkung dieser Geister geleistet werden, sondern auch im Falle ihrer Flucht und Rückkehr, da sie flüchtiger Natur waren. Ich habe mehrere junge Burschen voller Angst und Zittern auf dem Weg nach Libagánon gesehen, um ihre außer Kontrolle geratenen Geister zu erlösen. An dieser Stelle sei angemerkt, dass die Flucht eines Geistes einer Handlung seines Besitzers zugeschrieben wurde, die seinen Unmut hervorrief. So versicherte mir ein junger Mann, dass sein *Magbabáya* geflohen sei, weil er es versäumt hatte, auf den Reiskonsum zu verzichten.

[6] Genannt *á-lo* . Möglicherweise handelt es sich dabei um eine Kurzform des spanischen Wortes *regalo* , das „Geschenk" bedeutet und ein häufig verwendetes Wort unter denjenigen ist, mit denen die katholischen Missionare in Kontakt kamen.

Ich habe gesehen, wie Mandáyas vom Kati'il-Fluss, einflussreiche und angesehene Männer, zum Mawab hinüberreisten – eine ermüdende Reise von etwa vier Tagen – beladen mit Lanzen, Bolos, Dolchen, Sklaven und anderen Habseligkeiten was man ein *Magbabáya kaufen kann* . Ich sah auch sie zurückkehren, glücklich im Besitz ihres neu erworbenen Geistes, aber weltlich schlechter gestellt.

Der religiöse Handel beschränkte sich jedoch nicht nur auf den Verkauf von *Magbabaya* . Holzbilder und heilige Taschentücher, die angeblich aus Meskínan stammten, wurden zu sehr lukrativen Preisen verkauft, ebenso wie religiöse Schilde und verschiedene andere Gegenstände. So schenkte ich einmal einem Hohepriester mehrere Meter Stoff. Man kann sich mein Erstaunen vorstellen, als ich entdeckte, dass er es in Taschentücher zerschnitten hatte, die er weit unten am Kati'il-Fluss für den Gegenwert von 5 Pesos pro Stück verkauft hatte, wobei er den Käufern versicherte, dass sie vom großen Magbabáya hergestellt und geweiht worden *seien* von Libagánon, und dass sie im Krankheitsfall und vor allem am Tag der Auflösung äußerst wirksam waren. Ich fragte meinen Freund, den Hohepriester, warum er es wagte, einen solchen Betrug an seinen Stammesgenossen zu begehen. Er sagte, dass die Mawab- und Tágum-Leute ihn um all seine Besitztümer gebracht hätten und dass er dieses Mittel nutzen würde, um den Gegenwert zurückzubekommen.

Ein Häuptling aus dem oberen Sálug verkaufte am Bahaían-Fluss ein religiöses Holzbild im Wert von 15 PHP. Er behauptete, dass es ihm von Meskínan als wunderbares Heilmittel für alle Krankheiten des Lebens präsentiert worden sei. Ich war im Haus dieses Häuptlings und Hohepriesters anwesend, während er ähnliche Werke ausarbeitete.

Während meiner letzten Reise zum Manorígao-Fluss wurden mir khakifarbene Tücher gezeigt, die etwa zwei Jahre zuvor von einem Hohepriester von Compostela verkauft worden waren. Die Empörung und Drohungen der Besitzer waren schrecklich, als ich ihnen erklärte, dass ich das Khaki gegen einen Mandáya-Rockstoff eingetauscht hatte. Ein schlaues Individuum täuschte vor, die Verantwortung auf mich abzuwälzen, aber glücklicherweise konnte ich mich der Verantwortung entziehen.

RELIGIÖSE TOUREN

Damit der fromme Betrug effektiver und mit weniger Risiko für die Missionare durchgeführt werden konnte, wurde zu Beginn verkündet, dass alle Fehden aufhören sollten und alle Streitigkeiten tabu seien. Dies ermöglichte den Verkehr zwischen ehemaligen Feinden und ermöglichte es den Priestern und ihren Gehilfen, unbehelligt von Siedlung zu Siedlung zu reisen. Zusammen mit einer einstweiligen Verfügung, die jede Kontroverse über die Wahrheit der Bewegung oder eines ihrer Grundsätze verbot, unter Androhung der Nichtteilnahme an ihren endgültigen Vorteilen, gewährleistete das Verbot von Fehden und Streitigkeiten die persönliche Sicherheit aller, die andere besuchen wollten Siedlungen.

Um der großen Zahl von Priestern und anderen, die vermutlich Siedlungen außerhalb ihrer eigenen Siedlungen besuchen würden, eine Unterkunft zu bieten, beschlossen und verkündeten die Urheber des Betrugs, dass in jeder Siedlung religiöse Strukturen errichtet werden sollten. Man dachte wahrscheinlich, dass die Errichtung dieser Einrichtungen der Angelegenheit mehr Aufsehen verleihen und dadurch dazu beitragen würde, dass sich die Bewegung allgemeiner und bereitwilliger anschließt.

Um sich vor der Aufdeckung des Betrugs zu schützen, war es tabu, irgendwelche Einzelheiten der Lehren, selbst die kleinsten, anzufechten oder Zweifel daran zu äußern. Als weitere Vorsichtsmaßnahme gegen den Verdacht zweifelnder Thomas wurde große Sorgfalt bei der Auswahl der Priester und ihrer Assistenten angewandt. In fast allen Fällen handelte es sich bei den ausgewählten Personen um aktive, beliebte und zumindest scheinbar arglose junge Männer. Ich selbst war schockiert, als ich herausfand, wie weit diese im Übrigen attraktiven und beliebten jungen Leute mit der Propagierung des Betrugs und der heimtückischen Ausnutzung seiner Vorteile gingen.

Sie reisten von Siedlung zu Siedlung und brachten die neuesten Berichte über Meskínan mit; wie er es nicht geschafft hatte, sich mit den alten Gottheiten zu einigen, wie er in den Sternenregionen umherirrte; wie er Gehilfen hatte, die Ketten aus Stahl schmiedeten, um das religiöse Gebäude in der Stunde des Weltuntergangs hochzuziehen. Nachdem sie ihre Zuhörer vom Ernst der Lage und von der Notwendigkeit neuer Anstrengungen überzeugt hatten, tanzten, sangen, zitterten, prophezeiten sie, schüttelten ihr heiliges Kopftuch an oder über einem gewünschten Gegenstand, erhielten eine Ernte an Spenden und machten sich auf den Weg Sie freuten sich über die heilige Beute, die sie besaßen.

Eine Vorstellung von der Größe der manchmal dargebrachten frommen Opfergaben kann aus der folgenden Liste von Artikeln gewonnen werden, die ein Hohepriester aus dem oberen Sálug während einer religiösen Reise vom Agúsan in die Bezirke Manorígao, Karága, Mánai und Kasaúman erhielt.

3 alte englische Vorderlader.

100 dekorative silberne Brustpanzer.

300 alte spanische und mexikanische Pesos.

60 Stück Mandáya-Rockstoff.

9 Schweine (ohne diejenigen, die im Laufe der Tour
geopfert wurden).

30 verschiedene andere Gegenstände, wie zum Beispiel
Anzüge.

Ich schätze den Barwert der oben genannten Gegenstände auf etwa 1.000
Pesos, ein Betrag, mit dem der Priester 33 Sklaven oder 5 der teuersten
Dienstmädchen seines Stammes hätte kaufen können.

Der Fall eines Hohepriesters, der alte finanzielle Verpflichtungen mir
gegenüber hatte, ist ein weiteres Beispiel für das Ausmaß des heiligen
Handels. Bei meiner Ankunft teilte ich ihm mein Vorhaben mit und forderte
ihn auf, sich auf die Begleichung seiner Schulden vorzubereiten. Obwohl er
zu diesem Zeitpunkt über keinerlei Eigentum verfügte, versicherte er mir,
dass er bis zu tausend Pesos bezahlen könne, und begab sich daher auf eine
Reise zu den Mandáyas von Manorígao. Innerhalb weniger Wochen erhielt
er genügend fromme Opfergaben, um seine Schulden zu begleichen .

Das Pfeifschema

Die größte Täuschung von allen war das Pfeifschema. Dies geschah
normalerweise nachts, da es eindeutig gegen den Geist der Bewegung
verstieß, die eigene *Magbabaya* um eine Antwort zu bitten, außer nachts und
in Abwesenheit eines hellen Lichts, es sei denn, die *Magbabaya* des
anwesenden Priesters oder der anwesenden Priester ließ sich zuerst darauf
hinweisen Lust zu sprechen.

Die Methode der hörbaren Kommunikation zwischen dem Priester und
seiner vertrauten Gottheit war sehr einfach. Der Priester rief mit seiner
gewöhnlichen Stimme: „ *Magbabaya* ." Wenn die Gottheit anwesend war und
nicht selbst einen Auftrag erledigt hatte oder nicht weggelaufen war,
antwortete sie mit einem langen, leisen Pfiff. Anschließend befragte der
befragende Priester die Gottheit zu der Angelegenheit, die er im Sinn hatte,
ob das Ende der Welt nahe sei, ob die bevorstehende Reise gefährlich sei
oder ob eine Wildschweinjagd erfolgreich sein würde. Die Gottheit
antwortete mit einer Reihe von Pfiffen, die nur für den Priester verständlich
waren und je nach der Menge der zu übermittelnden Informationen lang
oder kurz waren.

Dass dieses Verfahren Betrug war, muss ich nicht sagen. Ich habe die
Angelegenheit persönlich untersucht und festgestellt, dass das Pfeifen
entweder vom Priester selbst oder von einem Kollegen des Priesters
durchgeführt wurde. So schaute ich in Kati'il, wo ich es zum ersten Mal hörte,
schlau in die Nische, aus der das Geräusch kam, und erblickte einen meiner
Gefährten, einen Gehilfen des Priesters, der sich mit der Hand vor dem

Mund in eine Ecke gequetscht hatte Ziel ist es, die Richtung des Schalls zu verschleiern.

Bei der ersten günstigen Gelegenheit machte ich meinem Gefährten, dem Hohepriester, im Stillen Vorwürfe wegen seiner Mittäterschaft, aber er beschwor mich lediglich, es niemandem zu verraten, damit er und seine Gefährten nicht getötet würden.

Bei einer anderen Gelegenheit hörte ich, wie ein Hohepriester seine Gottheit nach der Höhe der zu verhängenden Geldstrafe fragte, und hörte als Antwort deutlich 15 leise Zwitschern aus dem angeblichen *Magbabaya* . Der Priester interpretierte dies als 15 Pesos. Während der Priester seinen Vertrauten weiterhin zu verschiedenen Themen befragte, ging ich der Sache nach und sah einen jungen Freund von mir in einer Hängematte sitzen, den Kopf gesenkt und die Hand an den Mund gelegt, um die Richtung des Geräusches abzulenken. Ich war nur noch wenige Meter von diesem jungen Kerl entfernt und konnte im Schein des Küchenfeuers deutlich die Haltung des Imitators erkennen und sein Pfeifen deutlich hören. Die Séance dauerte etwa zehn Minuten, während der Imitator dem fragenden Priester Antworten zwitscherte. Die Zuhörer waren völlig davon überzeugt, dass die Klänge göttlichen Ursprungs waren und brachten diese Überzeugung zum Ausdruck, indem sie einige Ausdrücke äußerten wie: „Oh, was für eine schöne Stimme der Magbabáya hat", „Túñgud, Túñgud", „Oh, er ist jetzt oben auf dem Dach." !" Da es oft schwierig ist, die Richtung zu bestimmen, aus der ein Geräusch kommt, stritten sich die Menschen manchmal darüber, wo sich der Gott befand. Einer behauptete beispielsweise, er befinde sich über dem Haus, während ein anderer behauptete, er befinde sich darunter. Natürlich wurden solche Angelegenheiten an den Priester weitergeleitet, der immer den genauen Aufenthaltsort des imaginären Gottes kannte.

Einige Priester nutzten kleine Bambusgeräte und andere nutzten ihre kleinen Falkenglocken, um die Stimme ihrer Geister zu erzeugen. In einem Fall rief die Verwendung einer kleinen Glöckchen große Bewunderung für die Sanftheit und Süße der Stimme der vermeintlichen Gottheit hervor. „Oh, was für eine melodiöse Stimme", sagte einer, während ein anderer antwortete: „Ja, es ist wie eine winzige Flöte."

Séancen dieser Art waren an der Tagesordnung und brachten dem Priester eine Menge Spenden ein. Wer sich konkrete Kenntnisse über ein wichtiges Thema aneignen wollte, musste einen Priester bitten, seine Gottheit zu konsultieren, und nach der Konsultation wurde von ihm erwartet, dass er ein entsprechendes Opfer darbrachte. Ich habe einmal einen Priester gebeten, für mich den Namen der Person herauszufinden, die meine Schere gestohlen hatte. Die Gottheit reagierte nicht auf den ersten Anruf, da der Priester, wie mir der Priester mitteilte, eine Reise nach Libagánon unternommen hatte.

Deshalb verschoben wir die Konsultation, um ihm Zeit zu geben, sich an die abwesende Gottheit zu erinnern. Ich kann nicht sagen, welche Mittel er hätte ergreifen sollen, um die Rückkehr des Geistes herbeizuführen, aber der zusätzliche Dienst hat mich etwas mehr gekostet. Nicht lange danach, als das Feuer nicht mehr so grell warf und das Licht erloschen war, ertönte, wie alle Anwesenden sagten, ein ziemlich hörbares Zirpen von der *Camote-* Lichtung. „Ah! Er ist hier", sagten sie alle. Der Priester sprach die Gottheit dann folgendermaßen an: „Warum hast du nicht gezögert, Magbabáya?" und fuhr dann fort, den Namen des Diebstahls meiner Schere herauszufinden. Die vermeintliche Gottheit verriet mir jedoch nicht den tatsächlichen Namen, damit ich nicht mit der Person streiten könnte – ein Vorgehen, das gegen ein geltendes Tabu verstoßen würde –, aber er gewährte mir die Information, dass es sich um eine Frau handelte, die schuldig war. Wie sich später herausstellte, irrte sich die angebliche Gottheit in diesem Punkt, und so forderte ich aus politischen Gründen die Rückerstattung dessen, was ich dem Priester für die Konsultation bezahlt hatte.

Vorgetäuschte Keuschheit und Strenge

Keuschheit und Sparmaßnahmen waren auch Mittel, die den Glauben an die Aufrichtigkeit des Priesters und damit an die Wahrheit seiner Behauptungen und göttlichen Interpretationen fördern sollten. Allen, die eine Magbabáya erhalten hatten , *war der Verzicht auf Geschlechtsverkehr strikt auferlegt* , und die Einhaltung dieser Beschränkung war offenbar strikt. Die Priester und ihre Frauen schliefen im religiösen Gebäude, lebten jedoch nicht zusammen, die Männer schliefen an einem Ort und die Frauen an einem anderen. Da mir jedoch vor meiner Abreise ein Hohepriester sagte, er habe die einstweilige Verfügung nur dem Anschein nach befolgt, neige ich zu der Annahme, dass das Gleiche auch für alle anderen Priester galt.

Der Verzicht auf Nahrung wurde auch durch die Dekrete des großen *Magbabáya* von Libagánon vorgeschrieben. Daher gaben die Priester vor, in ihren eigenen Siedlungen auf jegliche Nahrung zu verzichten, aßen und tranken aber während ihrer religiösen Reisen mit der Begründung, die Geister hätten ihnen die Enthaltsamkeit verboten, da eine solche Enthaltung aufgrund der Gastfreundschaftsgesetze, die einen Besucher vorschreiben, Anstoß erregen könnte die Gabe seines Gastgebers nicht abzulehnen. Die Abstinenzbräuche waren nicht einheitlich. Ein Priester behauptete, seine Gottheit verlange von ihm völlige Abstinenz, während er sich in seiner eigenen Siedlung aufhielt. Ein anderer behauptete, dass von ihm nur eine teilweise Abstinenz verlangt werde, beispielsweise von Reis, Hühnchen oder Getränken, und dass er sich strikt an die Regel hielt. Völlige Abstinenz war jedoch nur ein Vorwand. Ich hatte Gelegenheit, diese Tatsache im Fall eines Priesters zu überprüfen, der nachdrücklich behauptete, er habe drei Tage lang keinen Bissen gegessen. Ich ging zu ihm nach Hause und fand ihn beim Essen im Moskitonetz. Natürlich wurde ich für meine Neugier bestraft.

Die Lehre vom Rückzug der alten Stammesgottheiten und deren Ersetzung durch neumodische Gottheiten in einer Zeit solch allgemeiner Gefahr war gut geeignet, den inhärenten religiösen Fanatismus und die Angst dieser primitiven Völker zu wecken. Lassen Sie uns die Hauptpunkte des Glaubensbekenntnisses noch einmal Revue passieren lassen. Die alten Gottheiten hatten die Welt voller Abscheu verlassen und ihren Untergang beschlossen. Der große *Magbabáya* von Libagánon war zu den Säulen der Welt hinabgestiegen und war bereit, die Erde bis in ihre Grundfesten zu erschüttern, bis sie umstürzte. Er und die Geister, mit denen er kommunizierte, waren mächtige Gottheiten, die in der Lage und bereit waren, ihre Anbeter nicht nur in dem schrecklichen Moment der Auflösung zu retten, in dem die Erde zu einem riesigen Leichenhaus voller Dunkelheit und Trostlosigkeit werden würde, sondern auch in allen Belangen des Lebens bis zum Schluss.

Diese neumodischen Geister waren mit wunderbaren Kräften ausgestattet. Sie könnten die Toten wiederbeleben, die Kranken wieder gesund machen, die Zukunft erkennen, Unverwundbarkeit und andere wundersame Eigenschaften verleihen und im Moment der endgültigen Auflösung ihre treuen Anbeter vor der unwiderruflichen Rache der alten Stammesgottheiten retten. Viele und viele Manóbo sagten mir, als ich ihn auf die Möglichkeit eines Irrtums oder einer Täuschung im gesamten System hinwies, dass es besser sei, sicher zu sein als zu bereuen, und dass es den Verlust der weltlichen Güter durchaus wert sei, um sicher zu sein Immunität gegen die drohende Gefahr zu sichern. Wer hätte keine Angst, wenn selbst die mächtigen *Magbabáya* von Libagánon zeitweise von jeder Siedlung eine Lanze verlangten und sorgfältig Wache hielten? Als viele von ihnen begannen, den Betrug zu entdecken, schämten sie sich, ihre Leichtgläubigkeit und ihren Fanatismus zu bekennen, und da sie eine gute Gelegenheit sahen, ihre finanziellen Verluste auszugleichen, beteiligten sie sich an dem Betrug und betrogen andere absichtlich um ihre weltlichen Güter.

DAS ENDE DER BEWEGUNG

Der Anfang vom Ende kam etwa im Dezember 1910. Die verschiedenen Inkonsistenzen in den Berichten aus Libagánon, das ständige Aufschieben des Endes durch Meskínan aus dem einen oder anderen fadenscheinigen Grund, die Entdeckung von Lügen und betrügerischem Verhalten seitens der Priester durch Einzelpersonen , der Hunger und das Elend als Folge der Aufgabe der Ernte, die ständigen Ratschläge seitens Bisáyas und anderer und die immer größer werdende Knappheit an Wertgegenständen, die als Opfergaben an die Priester und ihre Assistenten gegeben werden konnten –

all dies trug dazu bei um die Beendigung eines religiösen Betrugs herbeizuführen, dem mindestens 50.000 Menschen zum Opfer fielen.

Es ist offensichtlich, dass, wenn der für die Auflösung angekündigte Zeitpunkt näher rückte, ein Grund für das Scheitern der Auflösung geflickt und propagiert werden musste. So sollte die Katastrophe zunächst nach einem Mond eintreten , aber Meskínan unternahm eine lange Reise, um bei den alten Stammesgöttern Fürsprache einzulegen, und es gelang ihm, eine Prorogation für drei Monde zu erreichen. Gegen Ende der drei Monde beschloss Meskínan, noch einen weiteren Mond abzuwarten, bevor er das tödliche Dekret in die Tat umsetzte. Und so ging es von Mond zu Mond weiter. Nun würde sich das Ende verschieben, da Meskínan auf einem Webstuhl in der Nähe der Säulen der Welt ein mystisches Stück Stoff fertigstellen musste. Dann würde es nicht stattfinden, weil er ihn auf eine „Insel im Meer" gebracht hatte. Und so ging es weiter, bis die Leute anfingen, der Spannung überdrüssig zu werden und den Betrug zu vermuten.

Als ich das obere Agúsan verließ, geriet das ganze Land in Aufruhr. Die Mandáyas waren erzürnt über den Verlust ihres Besitzes, den sie dem Priester sinnlos geschenkt hatten, und drohten mit einem Angriff auf das Volk der Agúsan. Die Manóbos kündigten ihre Absicht an, die Debabáons zu überfallen. Die Mañgguáñgans bedrohten die Tágum Mandáyas. Mit einem Wort, die Unruhen waren so drohend, dass es wahrscheinlich viel Blutvergießen gegeben hätte, wenn nicht am oberen Agúsan eine Regierung zum Schutz der bereits in den Städten ansässigen christianisierten Völker errichtet worden wäre.

ÄHNLICHE BEWEGUNGEN IN FRÜHEREN JAHREN

In den „Cartas de los PP. de la Compañía de Jesús" finde ich ähnliche Bewegungen berichtet. Das eine wird in einem Brief von Pater Pastells vom 2. Mai 1877 berichtet, das andere in einem anderen Brief, dessen Datum und Verfasser ich nicht nennen kann. Die allgemeinen Merkmale waren dieselben, nämlich das Aussehen einer Person, in einem Fall einer Frau, in einem anderen Fall eines Kindes, mit einem ganz goldenen Körper, der die Zerstörung der Welt ankündigte. Es durfte kein Getreide angebaut werden, Haustiere sollten getötet werden und alle sollten in Gebet und Fasten auf die Vollendung warten. Ziel dieser Betrügereien war es, die christliche Eroberung der oberen Agúsan-Völker unmöglich zu machen.

Auf meiner Reise zum oberen Karága teilte mir ein ehrwürdiger alter Mandáya mit, dass es in seiner Jugend einen ähnlichen Betrug gegeben habe, der von den Moros von Súmlug auf der Ostseite des Golfs von Davao inszeniert worden sei, und dass die Mandáyas von Karága dies entdeckt hätten Aufgrund des Betrugs machten sie einen Überfall auf die Autoren und töteten viele.

Ich finde auch Erwähnung einer ähnlichen Bewegung in einem Brief von Pater Urios, [17] datiert Jativa, 26. Juli 1899. Es scheint, dass einem Manáitai, einem Manóbo-Häuptling, der am Quellgebiet des Bahaían-Flusses wohnte, von seinem vertrauten Geist gesagt wurde: Sindatúan, um alle Manóbos von Patrocinio zurück in die Berge zu führen. Auf Befehl von Sindatúan sollte sich der gesamte Clan in einem Haus treffen und sich für die Dauer eines Mondes zu Gebeten und Rufen vereinen. Am Ende dieser Zeit würden alle mit Körper und Seele in den Himmel befördert werden.

[17] Cartas de los PP. de la Compañía de Jesús, 9; 533, 1891.

In dem Brief heißt es, dass Manáitai verpflichtet war, auf alles außer Wurzeln, Zuckerrohr und Fisch zu verzichten. Die Gläubigen von Sindatúan hielten sich in jeder Hinsicht an die Anweisungen, sogar beim Anzünden der Kerzen; Da jedoch keine unmittelbare Aussicht auf eine himmlische Zustimmung bestand, wurde der Glaube aufgegeben und die betroffenen Parteien kehrten zu ihrem ursprünglichen Glaubensbekenntnis und ihren Bräuchen zurück.

Anhand dieser Beispiele erscheint es nicht allzu gewagt zu sagen, dass in regelmäßigen Abständen, vielleicht alle 10 oder 15 Jahre, mit religiösen Erweckungen ähnlicher Art zu rechnen ist, insbesondere wenn öffentliche Gefahren wie ansteckende Krankheiten oder Angst vor einer Invasion auftreten.

ANHANG

HISTORISCHE HINWEISE AUF DIE MANÓBOS DES ÖSTLICHEN MINDANÁO

Frühgeschichte bis 1875

Von 1521 bis 1877 ist die Geschichte von Manóbo größtenteils im Dunkeln traditioneller Berichte über die Vergangenheit verborgen. Hin und wieder wird es durch das flüchtige Licht der Feder eines Missionars erhellt, nur um dann in die unergründliche Dunkelheit der Vergangenheit zurückzufallen. Die wenigen Traditionen, die uns in den legendären Liedern und mündlichen Überlieferungen von Manóbo überliefert sind, spenden nur wenig Licht in die Dunkelheit, und das Wenige ist wahrscheinlich nicht das reine und einfache Licht der Wahrheit, sondern die vielfarbigen Strahlen der populären Vorstellungskraft, die Krieger verwandelt haben Riesen und Feinde in abscheuliche Monster verwandeln. Somit war Dábao, von dem gleich die Rede sein wird, nach der allgemeinen Überlieferung ein Riese. Die Moros, die das Agúsan überfielen, werden als „Männer mit Schwänzen" bezeichnet. Es gibt jedoch eine hartnäckige und universelle Tradition, die besagt, dass es bis 1877 und sogar noch später, wenn auch in geringerem Ausmaß, Krieg gab – einen rücksichtslosen, unerbittlichen, nie endenden Krieg. Diese Tradition wird durch die Ereignisse bestätigt, die auf die Ankunft der Missionare und ihre Bemühungen folgten, einem Volk das Christentum aufzuzwingen, das seine Lehren weder verstand noch seine strengen Gebote schätzte.

1521

Der Agúsan-Fluss und Butuán werden in den Schriften verschiedener Historiker erwähnt, insbesondere von Pater Francisco Combes [1], der angibt, dass Magellan 1521 in Butuán gelandet sei. Verschiedene Historiker glauben, dass hier die erste Messe auf den Philippinen gefeiert wurde und dass die Aufstellung eines Kreuzes auf einem kleinen Vorgebirge an der Mündung des Flusses Agúsan von Magellan als formelle Besetzung der Philippinen im Namen Spaniens beabsichtigt war. [2] Ein späterer Gouverneur errichtete zum Gedenken an dieses Ereignis ein Denkmal, das bis heute in der Nähe der Mündung des Flusses Agúsan steht.

[1] Historia de Mindanáo y Jolo (Madrid, 1897), 76.

[2] Es ist seltsam, dass Pigafetta, die die Taten Magellans mit so wunderbarer Genauigkeit aufzeichnet, diese erste Messe nicht erwähnt.

1565-1574

In einem Brief von Andrés Mirandola an Philipp II. [3] einige Zeit nach der Ankunft von Legaspi im Jahr 1565 heißt es, dass Mirandola angewiesen wurde, die Inseln Magindanáo zu erkunden und einen Hafen namens Butuán zu suchen. Bei seiner Ankunft in dieser Stadt freundete er sich mit dem Häuptling an. Er fand Moros beim Handel im Hafen. Er beschreibt das Volk als kriegerischen Charakter. In einem anderen Brief von Mirandola, [4] aus dem Jahr 1574, wird Butuán als ein Bezirk mit viel Gold erwähnt.

[3] EH Blair und JA Robertson, The Philippine Islands, 34: 202, 1906.

[4] Ebd., 3: 233.

1591

Aus verschiedenen Briefen und anderen von Blair und Robertson aus Originalquellen übersetzten Dokumenten erfahren wir, dass der Bezirk Butuán eine *Encomienda* [5] war und bereits 1591 Tribute erhoben wurden.

[5] Eine *Encomienda* war eine königliche Zuteilung oder Gewährung von Land, einschließlich der darauf lebenden Eingeborenen, an einen Spanier zum Zweck der Regierung.

1596

In Chirinos [6] Beziehung wird dargelegt, dass die Jesuiten Valero de Ledesma und Manuel Martinez 1596 ihre Missionsarbeit im Agúsan-Tal begannen, wo sie feststellten, dass die Bewohner „aufgrund ihrer wilden und gewalttätigen Natur keineswegs gefügig" waren. Das Christentum machte jedoch überraschende Fortschritte, die so groß waren, dass der oberste Häuptling des Bezirks, Siloñgan, sich von fünf seiner Frauen scheiden ließ und die Missionare auf jede erdenkliche Weise beschützte. [7] Der religiöse Eifer soll einen solchen Höhepunkt erreicht haben, dass sich die Menschen öffentlich geißelten, bis das Blut floss.

[6] Ebd., 12: 315.

[7] Ebd., 13: 47, ff. Es ist hier interessant festzustellen, dass Ledesma in einem seiner Briefe die Tatsache erwähnt, dass die Ternataner es gewohnt waren, an der Küste von Mindanáo herabzustürzen und die Eingeborenen von Mindanáo auf der Hut zu halten. In von Blair und Robertson zitierten Zitaten anderer Autoren finden wir Hinweise auf den Umgang der Ternataner, sowohl freundlicher als auch unfreundlicher Art, sowie mit den Eingeborenen von Mindanáo.

Auf Ledesma und Martinez folgten andere jesuitische Missionare, die die Lehre den Hadgaguanern predigten, [8] „einem ungezähmten und wilden Volk – den Manóbos und anderen Nachbarvölkern". [9]

[8] Möglicherweise handelt es sich bei den hier erwähnten Hadgaguánes um die Higagáons oder Banuáons der Gegenwart.

[9] Ebd., 44: 60.

[10] eine Festung errichtet wurde. Der Häuptling der Region Línao lud jedoch einen Pater Francisco Vicente ein, sein Volk zu besuchen, und es scheint, dass „sogar". die Schwarzen [11] besuchten ihn und machten ihm Hoffnungen auf ihre Bekehrung." [12]

[10] Línao war eine Stadt, die einige Meilen südlich von Veruéla lag. Es und das umliegende Land sind in jüngster Zeit zurückgegangen. Sein früherer Standort liegt heute unter einem Labyrinth wilder Wildbäche, die das Wasser vom oberen zum mittleren Agúsan transportieren.

[11] Wir sollten bedenken, dass spanische Historiker die Bergbewohner häufig als *kleine Schwarze* (Negrillos) bezeichneten, sonst könnten wir zu der Annahme verleitet werden, dass die Vorfahren der heutigen Menschen, die in der Nähe der Altstadt von Línao lebten, Negritos waren.

[12] Ebenda, 44: 60, ff.

Morga spricht in seinen Sucesos [13] von Butuán als einem friedlichen Menschen. Er erwähnt die Industrie der Zibetgewinnung von Zibetkatzen.

[13] Ebd., 15.

1597

In der „Allgemeinen Geschichte der unbeschuhten Augustinerpatres" von Fray Andres de San Nicolas [14] erfahren wir, dass bereits 1597 Missionare in den Bezirk Butuán eingedrungen waren, dass sie jedoch der Feindseligkeit der Bergbevölkerung nicht standhalten konnten.

[14] Ebd., 21.

1622

Im Jahr 1622 traten die Recollects die Nachfolge der Jesuiten in der kirchlichen Verwaltung des Bezirks Butuán an. Pater Jacinto de Fulgencio scheint der energischste der achtköpfigen Gruppe gewesen zu sein, die die Eroberung unternahm, denn es wird berichtet, dass er 50 Meilen flussaufwärts reiste und den Dörfern den Glauben predigte. „Er hatte ernsthafte und häufige Schwierigkeiten, sich Gehör zu verschaffen", da Polygamie und

Sklaverei die beiden großen Hindernisse für die Annahme der christlichen Lehren darstellten. Die Ergebnisse waren jedoch erfolgreich, denn er soll 3.000 Seelen bekehrt und drei *Klöster* gegründet haben, von denen sich eines im Dorf Línao befand. [17] Zu dieser Zeit soll es in Butuán 1.500 Christen und in Línao oder Laylaía, wie es auch genannt wurde, 1.600 Seelen gegeben haben.

[15] Ebenda, 21: 221.

[16] Ein Convento ist ein Gebäude, das zur Unterbringung der geistlichen Verwalter einer Stadt und ihrer Mitarbeiter errichtet wurde.

[17] Ebd., 21: 221.

1629

Im Jahr 1629 [18] kam es zu einem allgemeinen Aufstand der Súlus und der Karágas. Ein Balíntos kam mit Briefen des berühmten Corralát in Butuán an, in denen er den Tod aller Missionare anordnete und die Bevölkerung von Butuán zur Rebellion aufrief, aber sie weigerten sich „mit einer Treue, die sie schon immer auszeichnete", den Befehlen zu folgen von Corralát, und anstatt die Missionare zu töten, beschützte sie sie mit allen Mitteln, die in ihrer Macht standen.

[18] Ebd., 35: 65.

1648

Die Ankunft der Holländer in Manila [19] im Jahr 1648 stachelte die Eingeborenen zum Aufruhr an. Ein vom Gouverneur von Manila, Don Diego Faxardo, erlassenes Dekret trug dazu bei, die Unruhe in eine Rebellion zu schüren. Santa Teresa [20] stellt einige der Ergebnisse des Aufstands unter den Manóbos dar.

[19] Ebenda, 36: 126.

[20] Historia de los religiosos descalzos, übersetzt von Blair und Robertson (36: 128, ff.).

Er sagt, dass es in den Bergen von Butuán in der Provinz Karága bestimmte wilde Indianer gab. [21] „Sie hatten krauses Haar, schräge Augen, ein verräterisches Wesen, brutale Bräuche und lebten von der Jagd. [22] Sie hatten keinen König, der sie regierte, noch Häuser, die ihnen Schutz boten. Ihre Kleidung reichte gerade aus, um die Schande ihres Körpers zu bedecken. und sie schliefen überall dort, wo die Nacht sie überkam. Sie waren Heiden und in ihrer Lebensweise fast unvernünftig. Sie waren kriegerisch und führten einen unaufhörlichen Krieg mit den Küstenbewohnern." Santa Teresa beschreibt, wie Dábao, ein Manóbo-Häuptling von großer Stärke und

Klugheit und zweifellos das Original des legendären Riesen, der noch immer in der Manóbo-Tradition lebt, eine Rebellion anzettelte und es ihm gelang, viele Spanier in Línao zu töten. [23]

[21] Die Provinz Karága erstreckte sich zu dieser Zeit von Dapítan im Nordwesten von Mindanáo bis Karága im Südosten.

[22] Der Hinweis auf den Besitz von krausem Haar könnte uns zu der Annahme verleiten, dass die Vorfahren der heutigen Manóbos Negritos waren. Die einzige Spur von lockigem Haar unter den Manóbos des Agúsan-Tals wird bei denen beobachtet, die die nordwestlichen Teile des Tals und die nordöstlichen angrenzenden Teile von Butuán bewohnen.

[23] Santa Teresa sagt, dass ein vergifteter Pfeil das Bein eines Soldaten durchbohrt habe. Dieser Hinweis auf die Verwendung vergifteter Pfeile scheint in Verbindung mit Santa Teresas Beschreibung der Manóbos dieser Region als struppighaarige und von der Jagd lebende Manóbos darauf hinzudeuten, dass die Manóbos jener Tage Negritos waren. Ein weiterer Beweis wird durch die Verwendung des Begriffs *Negrillos* (kleine Neger) auf Manóbos hinzugefügt. Die Verwendung vergifteter Pfeile ist bis heute ein ausgeprägter Brauch der Negrito. Gegenwärtig ist Manóbos der Einsatz vergifteter Pfeile unbekannt, und soweit ich erfahren habe, gibt es keine Überlieferung über deren frühere Verwendung.

Der Aufstand breitete sich über das ganze Tal aus und Fray Augustin und andere Kirchenmänner kamen dabei ums Leben. Es wurde schließlich durch die Gefangennahme unzähliger Sklaven unterdrückt. „Manila und seine Umgebung waren voller Sklaven." „Die Butuán-Häuptlinge, die der Spiegel der Treue waren, erlitten Prozesse, Verbannungen und Inhaftierungen; und obwohl sie ihre Ehre zurückgewinnen konnten, war ihr gesamtes Eigentum verloren." [24] Im Jahr 1651 wurde der Frieden durch die Rückkehr der unzähligen von den spanischen Streitkräften gefangenen Sklaven wiederhergestellt.

[24] Blair und Robertson, 36: 134.

1661-1672

Zwischen den Jahren 1661 und 1672 setzten die Recollects ihre evangelische Arbeit im Agúsan-Tal fort, ungeachtet des ständigen Widerstands der Manóbos. Pater Pedro de San Francisco de Asis beschreibt die Eingeborenen als „robust und sehr zahlreich". Er sagt, dass sie in Friedenszeiten fügsam, fügsam und vernünftig waren, regelmäßige Dörfer hatten, in menschlicher Gesellschaft lebten, den umliegenden Bergbewohnern überlegen waren und sich leicht bekehren ließen. Er behauptet, dass zwischen Butuán und Línao 4.000 Konvertiten lebten. Die Menschen, auf die er sich bezieht, sind höchstwahrscheinlich die Vorfahren der heutigen Bisáyas, denn wie wir später sehen werden, existierten die heutigen christianisierten Manóbo-Städte nicht vor 1877.

Pater Combes [25] ist die Autorität für die Aussage, dass Butuán der Ursprung „der Herrscher und Adligen aller Inseln Jolo und Basilan" war. Das Folgende ist der Auszug:

[25] Ebd., 40: 126.

Aber die Herrscher und Adligen aller Inseln Jolo und Basilan erkennen als ihren Ursprungsort das Dorf Butuán (das zwar auf dieser Insel liegt, aber im Bereich der Bisáyan-Nation liegt) auf der Nordseite an Sicht auf den Bóol und nur wenige Meilen von Leyte und Bóol entfernt, Inseln, die sich im gleichen Zivilisationsstadium befinden. Deshalb kann sich dieses Dorf rühmen, diesen Nationen Könige und Adel gegeben zu haben. [26]

[26] San Francisco sagt in seinen Cronicas (siehe Blair und Robertson, 40: 312): „Sie [die Butuáns] sind der Ursprung des besten Blutes und Adels der Basílans und Joloans, denn der König von Jolo gab sogar zu, dass er ein war Butuán. Es ist überraschend, die dialektische Ähnlichkeit zwischen Súlu und der im Agúsan-Tal gesprochenen Variante des Bisáya festzustellen. Wörter, die in keinem anderen Bisáya-Dialekt vorkommen, sind diesen beiden Dialekten gemeinsam. Es ist daher wahrscheinlich, dass es früher einen Verkehr zwischen den beiden Völkern gab.

Über die Ureinwohner und ihre Bräuche sagt San Antonio [27] im Jahr 1744: „Einige der Manóbos in den Bergen von Karága (die Heiden und zahllos sind, obwohl einige Christen sind, ein zivilisiertes und gut zur Arbeit geneigtes Volk, das sich niedergelassen [hat] Wohnungen und vorzügliche Häuser) zollen Tribut."

[27] Ebd., 40: 298,

Von derselben Autorität erfahren wir, dass einer der Missionare bei der Bekehrung von Manóbos in Línao wunderbare Ergebnisse erzielt hat. Er konnte die Zahl nicht benennen, sagt aber, dass sie stark zugenommen habe, denn bis zu diesem Zeitpunkt gab es im gesamten Bezirk Butuán nur 3.000 Konvertiten. Meine Autorität scheint zu glauben, dass es in der Umgebung von Línao zwei Klassen von Menschen gab, diejenige, die er deutlich Manóbos nennt – „fügsam, fügsam und ziemlich vernünftig", die in Dörfern in der menschlichen Gesellschaft in einer sehr wohlgeordneten Zivilisation lebten – und die der andere ein minderwertiges Volk, das ein brutales Leben führt. Es ist vernünftig anzunehmen, dass die Menschen, die San Antonio als Manóbos bezeichnet, die Vorfahren der heutigen Bisáyas von Veruéla, Bunáwan und Talakógon sind, die Überlieferungen über den heidnischen Zustand ihrer Vorfahren haben.

Concepcion [28] enthält eine detaillierte Aufzeichnung der Moro-Überfälle in Mindanáo. „Butuán wurde verwüstet und etwa 200 Gefangene beschlagnahmt; der kleine Militärposten in Línao, flussaufwärts, konnte allein entkommen." Die Tradition des Kampfes zwischen den Moros und dem Volk von Línao existiert noch immer unter den Bisáyas des Agúsan-Tals. In Veruéla ist noch eine Statue der Jungfrau erhalten, die angeblich von einer Kugel aus einer Moro- *Lantaka (kleine Kanone)* getroffen wurde . Es wird angenommen, dass dieser unziemliche Unfall den Zorn der Jungfrau selbst erregte, die im Kampf gegen die Moros umgehend das Blatt wendete. Die einzige Überlieferung, die ich bei den Manóbos über diese Invasion gefunden habe, ist die Legende von den beschwänzten Männern und ihrer eigenen Flucht.

[28] Ebd., 48: 163.

VON 1875 BIS 1910

1800-1877

Für das 19. Jahrhundert liegen uns nur wenige historische Aufzeichnungen über die Manóbos vor, bis die Jesuiten, die 1768 von den Philippinen vertrieben worden waren und 1859 zurückgekehrt waren, 1875 ihre Arbeit in Ost-Mindanáo wieder aufnahmen. Das Material über die Manóbos ist in einer Reihe ausgewählter Dokumente enthalten Briefe [29] der Missionare vor Ort an ihre Provinz- und höheren Vorgesetzten. Obwohl sie nur wenige ethnologische Daten detaillierter Art enthalten, bieten sie in ihrer Gesamtheit ein anschauliches Bild der Arbeit der Missionare bei der Reduzierung der heidnischen Stämme von Mindanáo auf Zivilisation und äußeres Christentum. Daten der Gründung der verschiedenen Städte und *Rancherias* [30] sind angegeben; mit den Namen der Häuptlinge, freundlich und in vielen Fällen unfreundlich, der Widerstand der Bergbevölkerung gegen die Annahme des Christentums und der bewaffnete Widerstand ihrerseits gegen die Einführung des Christentums sowie die Fehden zwischen den Clans, häufig mit Einzelheiten Es werden die Zahl der Erschlagenen und Gefangenen sowie die Zahl der Konvertiten in jedem Bezirk angegeben. Mit einem Wort, diese Briefe bilden einen äußerst wertvollen und genauen Bericht über die christliche Unterwerfung eines großen Teils der heidnischen Völker von Mindanáo.

[29] Diese Briefe werden Cartas de los PP genannt. de la Compañía de Jesús de la mission de Filipinas und wurden nacheinander von 1876 bis 1902 und wahrscheinlich später in Manila gedruckt.

[30] Eine Rancheria ist eine kleine abhängige Siedlung christianisierter Menschen.

1877

Im Agúsan-Tal richteten sich die ersten Bemühungen der Missionare auf die Bisáyas oder Altchristen, wie sie genannt werden, aus Butuán, Talakógon, Veruéla und Bunáwan. Pater Bove [31] schreibt 1877, dass er viele Bisáyas aus Híbung und Bunáwan in Talakógon wieder vereinte, was derzeit eine der wenigen Gemeinden in der Unterprovinz Butuán ist. Er bemerkt das Ausmaß des Sklavenhandels zwischen Manóbos und Bisáyas und dass er eine vorläufige Reise zum oberen Agúsan und zum oberen Sálug unternahm. Im selben Jahr besuchte Peruga Bunáwan und gründete die Kirche unter den Bisáyas von Bunáwan, die nicht Talakógon angegliedert worden waren. In der Zwischenzeit haben Urios und andere die Nachzügler aus Butuán, Tolosa (heute Kabarbarán) und Mainit zusammengetrieben.

[31] Cartas de los PP. de la Compañía de Jesús, 3.

1879

Im Jahr 1879 berichtet Urios über die Gründung von Las Nieves, Remedies, Esperanza, Guadalupe, Maásam (heute Santa Ines) und San Luis, allesamt Rancherias *der* Conquistas *32* [oder] christianisierten Manóbos.

[32] *Conquista* ist ein spanisches Wort und bedeutet Eroberung. Es ist im Agúsan-Tal allgemein verwendbar, um ein kürzlich christianisiertes Mitglied eines nichtchristlichen Stammes zu bezeichnen.

Im selben Jahr gelang es Luengo, der für die Bisáya-Siedlung Talakógon verantwortlich war, die Manóbos südlich von Talakógon in der Stadt Martines anzusiedeln. Diese Manóbos stammten größtenteils aus den Flüssen Pudlúsan, Lábnig und Aniláwan. Er kommentiert die Unwissenheit der Talakógon Bisáyas, die, wie er behauptet, aus den Flüssen Sulibáo und Híbung sowie aus dem Bezirk westlich des Berges Magdiuáta kamen.

Im selben Jahr konvertierte Pastells 771 Manóbos des Flusses Simúlao. Anschließend besuchte er das obere Agúsan und verhandelte mit den Heiden dieses Bezirks – einer Konglomeratgruppe aus Mandáyas, Mañgguáñgans, Manóbos und Debabáons – über die Gründung von Compostela und Gandia. Er gründete Moncayo und Jativa (ausgesprochen Hativa) mit Debabáon- bzw. Manóbo-Konvertiten.

Urios nahm die Arbeit von Pastells am Fluss Simúlao auf und taufte 1.000 Manóbos, die er dazu veranlasste, die Stadt Tudela zu gründen. Anschließend setzte er seine Arbeit bei den Manóbos südlich von Veruéla fort und gründete die Stadt Patrocinio. Er berichtet, dass die Stadt aus irgendeinem unbedeutenden Grund nicht lange danach verlegt wurde. Von 1905 bis 1909 weiß ich, dass der Standort der Stadt fünfmal verändert wurde.

La Concepcion, [33] in der Nähe von Nasipit, San Vicente, San Ignacio und Tortosa wurden im selben Jahr gegründet. Urios bemerkt, dass die Klasse der Menschen, die er dazu veranlasste, sich in der letztgenannten Stadt niederzulassen, zur Hälfte aus Negern bestand. Die heutigen Bewohner sind als Manóbos bekannt, aber ein flüchtiger Blick wird einen von ihrer Negrito-Abstammung überzeugen.

[33] Diese Rancheria existiert nicht.

Im selben Jahr gründete Urios Loreto am Fluss Umaíam und es gelang ihm, die Manóbos von San Rafael dazu zu bringen, sich in Túbai niederzulassen. Dies ist interessant, da die Einwohner von Túbai heute als Bisáyas gelten.

1881-1883

Von 1881 bis 1883 finden wir fortlaufend Berichte über den bewaffneten Widerstand aller nicht konvertierten Völker gegen die Annahme des Christentums, so dass Truppen in Esperanza und Talakógon stationiert werden mussten. Guadalupe und Amparo wurden verlassen, der angebliche Grund war die Angst vor Doktor Montano, der in den Städten, durch die er kam, anthropometrische Messungen von Manóbos durchführte, aber wie Urios bemerkt, war dies nur ein Vorwand, um sich von einer Lebensform zurückzuziehen, die ihm nicht passte ihnen. Guadalupe wurde kurz nach seiner Aufgabe von den Heiden niedergebrannt. Es waren mehrere neue Städte gegründet worden, nämlich Maásao, Bugábus, Óhut, Los Remedies und Hauilián, aber der Widerstand des noch nicht christianisierten Volkes nahm zu und infolgedessen alle neu gegründeten Städte am unteren und mittleren Agúsan Mit Ausnahme von La Paz, Loreto und den Städten Simúlao wurden sie aufgegeben. Als Grund dafür wurde die Angst der Einwohner genannt, dass Rache an ihnen für die Ermordung gewisser Butuán Bisáyas genommen werden könnte, die von den *Eroberern* von Esperanza getötet worden waren. Es besteht jedoch kaum ein Zweifel daran, dass der wahre Grund für die Aufgabe die Angst der neu christianisierten Menschen vor ihren Verwandten und Verwandten in den Bergen war, denn man muss bedenken, dass die neu christianisierten Menschen die von ihnen verwendeten Werkzeuge waren Missionare, um die Heiden zu erreichen. Diese *Eroberer* wurden dazu überredet, als Vermittler, Dolmetscher, Führer, Träger und Soldaten zu fungieren. Es ist offensichtlich, dass ihre Zusammenarbeit mit den Missionaren, insbesondere bei bewaffneten Expeditionen, ihnen die Feindschaft der heidnischen Völker einbrachte, die die Missionare bekehren wollten, manchmal *nolens volens* . Um die Unzufriedenheit der Heiden und die daraus resultierenden Konsequenzen zu vermeiden, zogen es die *Conquistas* vor, zu fliehen und sich den Heiden anzuschließen oder zumindest eine neutrale Haltung zu wahren.

1883

Die Desertion aller Städte am unteren Agúsan bedeutete die Rückkehr von etwa 5.000 *Konquistas* zu ihrer ursprünglichen Lebensweise, denn zu diesem Zeitpunkt betrug die Gesamtzahl der Konvertiten im Tal 11.000. [34] Das obere Agúsan hatte 1.500, La Paz 1.000 und der Bezirk Simúlao 2.000.

[34] Ebd., 5: 71.

Auf den oberen Agúsan-Angelegenheiten folgte der gleiche Trend. Die Mandáyas des Kati'il-Flusses töteten 180 Menschen am Húlip-Fluss. Jativa und Búal wurden von Mandáyas angegriffen, letzterer Ort wurde sofort aufgegeben. Baóbo, „der Fluss von *Bagáni* ", [35] hielt Patrocinio, Búai und Gracia weiterhin auf der Hut.

[35] Ein *Bagáni* ist ein Mandáya-, Mañgguáñgan-, Debabáon- oder Manóbo-Krieger, der eine bestimmte Anzahl an Toten auf seinem Konto hat und nachweist, dass er unter dem Einfluss von Kriegsgottheiten steht.

Trotz dieser Wechselfälle gelang es den Missionaren, Pilar, eine Mañgguáñgan-Stadt, am Mánat zu gründen. Es wird beschrieben, dass sie aus den unwissendsten und verdorbensten Menschen am oberen Agúsan besteht. Im selben Jahr (1883) wurde Gracia zwischen Patrocinio und Jativa gegründet. Diese Stadt existiert heute nicht mehr, und ich kann nicht genau sagen, wo sie sich befand, es sei denn, sie befand sich in der Nähe des heutigen Langkiláan. Am Unterlauf entstanden Agúsan, Gángub oder Nuevo Guadalupe und Tortosa am Fluss Kabarbarán. Keines von beiden existiert bis heute.

Da es den Missionaren noch nicht gelungen war, die Manóbos wieder zu vereinen, konzentrierten sie ihre Aktivitäten auf die Bekehrung von Mamánuas. Daher lesen wir, dass im Jahr 1883 die Mamánua-Siedlungen Santa Ana, San Roque, San Pablo, Santiago und Tortosa gegründet wurden, wobei die Gesamtzahl der Konvertiten etwa 800 betrug. Die meisten dieser Siedlungen existieren noch, obwohl es Zeiten gibt, in denen dies nicht der Fall ist In jedem von ihnen kann eine Seele gefunden werden.

1884

Im Jahr 1884 ist wenig überliefert. Schätzungen zufolge gab es zu diesem Zeitpunkt noch 6.000 unbekehrte Heiden im oberen Agúsan-Bezirk. Jativa, das Hauptquartier der Mission und eine Bevölkerung von 156 Familien, wurde von Mandáyas angegriffen. Im unteren Agúsan herrschte Stillstand; die Bekehrung von 134 Mamánuas war der einzige wichtige Punkt, der in den Briefen erwähnt wird.

1885

An der Pazifikküste war die Arbeit der Missionare bis 1885 auf die Bisáyas beschränkt. In diesem Jahr konvertierte Peruga die heidnischen Mandáyas von Marihátag und Kagwáit. Er stieg auch den Fluss Tágo hinauf, bekehrte die heidnischen Mandáyas von Alba und gründete gleichzeitig eine Stadt mit diesem Namen.

Guardiet arbeitete unter den Manóbos westlich von Hinatu'an und taufte 217 in Ginhalínan in der Nähe von Javier (ausgesprochen Havier). Er machte sich auf den Weg zum Híbung-Fluss und gründete Los Arcos mit 80 Konvertiten.

Es gibt keine Aufzeichnungen über die Arbeit im Jahr 1885 unter den Manóbos des unteren Agúsan, außer dass Urios die Stadt San Ignacio in der Nähe von Butuán gründete. Am oberen Agúsan verschlimmerte sich die Lage jedoch. Achtzig Familien oder etwas mehr als die Hälfte von Jativa verließen die Stadt. Alle Einwohner von Gandia zogen aus, konnten aber schließlich überredet werden, zurückzukehren und sich den Einwohnern von Compostela anzuschließen. Die Mañgguáñgans von Clavijo (ausgesprochen Claviho) [36] zogen nach Gandia. Nicht lange danach wurden Compostela, Gandia und Jativa aufgegeben, da die Stadt Compostela zweimal niedergebrannt wurde. Im selben Jahr wurden sie jedoch neu gegründet.

[36] Ich kann nicht genau sagen, wo sich die Stadt Clavijo am oberen Agúsan befand. Bis 1908 gab es am mittleren Agúsan, nahe der Mündung des Ihawán-Flusses, eine gleichnamige Stadt, die jedoch ausschließlich aus christianisierten Manóbos bestand und nicht aus Mañgguáñgans, wie sie meiner Autorität zufolge das Volk von Clavijo waren am oberen Agúsan.

1886

1886 wurden Moncayo und Pilar verlassen und Jativa angegriffen. Im unteren Agúsan blieben die Angelegenheiten im Status quo. Die Mamánua-Siedlungen wurden um eine Siedlung am Dáyag-Fluss in der Nähe von Mainit erweitert.

In der Mitte wurden Agúsan, Gracia und Concepcion am Fluss Ihawán gegründet.

Es ist interessant festzustellen, dass die Gesamtzahl der Konvertiten im Agúsan-Tal von 1877 bis 1886 auf 17.840 Seelen geschätzt wird, die in 42 Städten lebten. [37]

[37] Ebd., 11, Anhang.

1887

Im Jahr 1887 wurde es aufgrund der Flucht der Einwohner von Moncayo, Compostela und Gandia notwendig, die Truppenstärke in Jativa zu erhöhen. Als Folge dieses Umzugs formierten sich diese Städte neu. San Isidro wurde im selben Jahr aufgegeben.

1887-1888

Am unteren Agúsan setzten die Missionare, insbesondere Urios, ihre Arbeit fort und es gelang ihnen, viele der Banuáon-Leute am oberen Hut und am Libang-Fluss für das Christentum zu gewinnen. Das Jahr 1887–88 scheint vergleichsweise friedlich gewesen zu sein, außer im Bezirk westlich von La Paz, am Fluss Argáwan, wo der Einsatz bewaffneter Truppen notwendig wurde.

1889

Im Jahr 1889 gelangte die Cholera in das Agúsan-Tal. Die Einwohner von Tortosa verließen ihre Stadt. An der Pazifikküste drang Puntas unter die Manóbos des Flusses Tágo oberhalb der Stadt Alba ein, und Alaix besuchte die Mamánuas von Kantílan und Lanusa, unter denen er 84 Bekehrte machte. Im selben Jahr konvertierte Peruga in Alba am Fluss Tágo zu weiteren Mandáya.

1890

Im Jahr 1890 kam es zu einer Fehde zwischen Moncayo und Gandia, in deren Folge die Bewohner der ersteren ihre Stadt verließen. Am Argáwan entwickelten sich die Dinge so günstig, dass Sagunto befriedet wurde und Asuncion weiter oben am selben Fluss gegründet wurde. Diese Stadt existiert nicht mehr, aber eine kleine *Rancheria* namens Tilyérpan wurde 1906 in der Nähe von Sagunto gegründet. Bása am Kasilaían-Fluss und San Isidro am Bahaían-Fluss wurden im selben Jahr gegründet, aber andererseits führte ein Fieberausbruch zur Aufgabe von Gracia und Concepcion am Ihawán. Viele Mamánua- und Mandáya-Konvertiten wurden nach Los Arcos hinzugefügt. Die Umwandlung dieser Gebiete wird auf die Kämpfe zurückgeführt, die zuvor in Las Navas und Bourbon am selben Fluss stattgefunden hatten. Milagros auf der Óhut wurde im selben Jahr gegründet.

1891

Das Jahr 1891 weist außer der Gründung einer Banuáon-Siedlung namens Concordia am Fluss Líbang keine weitere besondere Entwicklung auf.

Im Jahr 1892 wurden Vigo und Borja (ausgesprochen Borha) am Fluss Baóbo gegründet. Manóbos des Sibágat-Flusses wurden umgewandelt und an der Verbindung mit dem Wá-wa wurde eine Siedlung gegründet. Diese Siedlung heißt jetzt Pait. San Miguel am Fluss Tágo wurde mit 25 Familien gegründet, von denen die meisten Manóbos waren. Diese Stadt existiert nicht mehr. Amparo hingegen wurde verlassen, und meine Autorität für diese Aussage stellt fest, dass dies das siebte Mal seit ihrer Gründung war, dass die Stadt verlassen wurde. Andere Städte hatten die gleiche Erfahrung gemacht, wenn auch nicht so oft.

1893

Im Jahr 1893 wurde Misericordia, das heute nicht mehr existiert, am Fluss Bugábus neu gegründet. San Estanislao, an der Mündung des Flusses Labáo, wurde in diesem Jahr gegründet. Unter diesem Namen existiert es nicht. Santa Fe ist der heutige Name und die Siedlung befindet sich an einem neuen Standort, der 1908 ausgewählt wurde, glaube ich.

Am Fluss Tágo wurde die Bekehrung der Mandáyas abgeschlossen und weitere Manóbos wurden der Liste der Christen hinzugefügt, wodurch sich die Zahl der christianisierten Manóbo-Familien auf 80 erhöhte.

Im Agúsan-Tal wurden Moncayo und Milagros aufgegeben.

1894

1894 wurde Castellon an der Mündung des Flusses Lángkilaan gegründet. Heutzutage existiert keine solche Stadt mehr, obwohl es in der Nähe der Altstadt von Castellon eine kleine Rancheria namens Lángkilaan gibt.

Im selben Jahr wurde Pilar, das bis zu diesem Zeitpunkt am Mánat gelegen hatte, an den Agúsan zwischen Gandia und Compostela verlegt. Am Fluss Mánat soll eine weitere Stadt gegründet worden sein. Gerona zwischen Moncayo und Gandia, Cuevas am Bahaían und Corinto am Agsábo, ein Zweig der Óhut, wurden in diesem Jahr gegründet und San Isidro neu gegründet.

1900-1905

Ich war nicht in der Lage, die Briefe der Missionare von 1894 bis zum heutigen Tag zu lesen, aber gut informierte Bisáyas aus Butuán teilten mir mit, dass die christianisierten Manóbos zur Zeit des philippinischen Aufstands im Jahr 1898 in einem Zustand des Vergleichs lebten Ruhe. Während der Revolution wurden nur wenige Ausbrüche registriert, ungeachtet der Tatsache, dass die Missionare ihre flussaufwärts gelegenen Pfarreien verlassen hatten und die spanischen Truppen abgezogen worden waren. Von 1900 bis 1905 verliefen die Angelegenheiten am unteren und mittleren Agúsan, mit Ausnahme des oberen Kasilaían, Argáwan und Umaíam, sehr friedlich, was auf die Begeisterung zurückzuführen war, mit der sich die christianisierten Manóbos der *Abaká -Kultur* und der Produktion widmeten seiner Faser. Auf den oberen Kasilaían, Argáwan und Umaíam, Ihawán und Baóbo kam es gelegentlich zu Morden und das Land war ständig in Alarmbereitschaft.

Am oberen Agúsan, insbesondere in der Region Compostela, brachen die alten Fehden aus und es wurde für die Regierung der Provinz Moro notwendig, Truppen in Compostela zu stationieren. [38]

[38] Bei meiner Ankunft im Agúsan-Tal im Jahr 1905 fand ich die folgenden *Rancherias* vor:

Am Hauptfluss: Butuán (eine Bisáya-Siedlung), San Vincente, Amparo, San Mateo, Las Nieves, Esperanza, Guadalupe, Santa Ines, San Luis, Martines, Clavijo, San Pedro, Veruéla (eine Bisáya-Siedlung), Patrocinio, Langkiláan , Hagimítan, Tagusáb, Búai, Moncayo, Gerona, Gandia, Pilar, Compostela und Taga-únud.

Am Fluss Óhut, Milagros und Heilmittel.

Am Fluss Wá-wa, Vérdu.

Am Fluss Líbang, Concordia.

Am Fluss Kasilaían, Basa.

Auf den Flüssen Híbung, Borbon, Ebro, Prosperidad, Azpeitia und Los Arcos.

Am Fluss Súlibao (Nebenfluss des Híbung), Novele und Rosario.

Am Fluss Argáwan, La Paz und Sagunto.

Am Fluss Umaíam, Loreto, Kandaugong.

Am Simúlao-Fluss liegen San Jose, Bunáwan (eine Bisáya-Siedlung), Libertad, Basa, Tudela und San Isidro.

Am Fluss Nábuk, Dugmánon.

Von 1905 bis 1910 entstanden folgende Städte:

Santa Fe, an der Mündung des Flusses Labáo.

Pait am Wá-wa, an der Mündung des Sibagat-Flusses.

Nuevo Trabajo (ausgesprochen Trabaho), ein paar Stunden flussaufwärts am Fluss Maásam.

Ba'ba', am Híbung-Fluss zwischen Prosperidad und Azpeitia. Tilierpan und Kamóta, oberhalb von Sagunto am Argáwan.

Violanta, Santo Tomas und Wálo am oberen Umaíam.

Maitum, am gleichnamigen Fluss, einem Nebenfluss des Híbung-Flusses.

Mambalíli, unterhalb von Bunáwan am Fluss Simúlao.

Vergleicht man die zu Beginn des Jahres 1910 bestehenden Städte mit denen, über deren Gründung in den Jesuitenbriefen berichtet wird, so stellt man fest, dass die folgenden Städte nicht mehr existieren:

Tolosa, einige Stunden den Fluss Kabarbarán hinauf.

Tortosa, an einem Fluss westlich des heutigen Máasao.

San Ignacio, etwas südlich von Butuán.

Concepcion, in der Nähe der Stadt Nasípit.

San Rafael (Ich kenne die Lage dieser Stadt nicht, aber ich habe den Eindruck, dass sie in der Nähe von Túbai lag).

Nuevo Guadalupe, in der Nähe des heutigen Guadalupe.

Misericordia, etwa 12 Meilen flussaufwärts des Flusses Bugábus.

Hauwilián, an der Mündung des Flusses Hauwilián.

San Estanislao, an der Mündung des Flusses Labáu.

Patai, zwischen Martires und Borbon.

Basa, am Fluss Kasiliágan.

Las Navas, am Híbung.

Asuncion, am Fluss Argáwan.

Clavijo, am Agúsan nahe der Mündung des Flusses Ihawán,

Gracia und Concepcion, am Fluss Ihawán.

Bigo und Borja, am Fluss Baóbo.

Castellon, Gracia, Clavijo und Jativa am oberen Agúsan

San Miguel, am Fluss Tágo (Pazifikküste).

Die Zahl der Konvertiten der heidnischen Völker im Agúsan-Tal muss bis 1898 25.000 erreicht haben, aufgeteilt wie folgt: Mamánuas, 1.000; Banuáons und der Zweig von Manóbos, der den nordöstlichen Teil des Tals einnimmt, 3.000; Mandayas, 2.000; Mañgguáñgans, 1.000; Debabáons, 1.000; Manóbos, 17.000. Diese lebten schließlich in rund 50 Städten, darunter auch in den instabilen Siedlungen von Mamánuas. Von 1898 bis heute war die Bekehrung von Heiden im Agúsan-Tal unbedeutend.

Von den Missionaren bei der Christianisierung der ManÓbos angewandte Methoden

Die von den Missionaren bei der Bekehrung der Heiden in Mindanáo angewandten Methoden werden in einem Bericht von Pater Juan Ricart, SJ, an den Generalgouverneur der Philippinen deutlich. [39] Folgende Auszüge sind relevant:

[39] Ebd., 11, Anhang.

> Das erste, was die Missionare erreichen wollen, bevor sie in das von diesen Heiden besetzte Gebiet eindringen, ist die Kenntnis der verschiedenen dort lebenden Rassen oder Stämme, ihrer Bräuche und Aberglauben, ihrer Fehden und Kriege, die ihre Feinde bzw. ihre Verbündeten sind , die Namen der wichtigsten Häuptlinge, ihre Charaktereigenschaften und schließlich ihren jeweiligen Dialekt, soweit dieser erlernt werden kann. Dann entsenden sie ausgewählte und vertrauenswürdige Abgesandte, vorzugsweise Bewohner christlicher Städte, die mit den Heiden Geschäfte machen, und bitten sie, den geplanten Besuch des Missionars anzukündigen. Am festgesetzten Tag erscheint der Missionar, bewaffnet mit Sanftmut und Herablassung, und spricht mit Würde und Autorität zu

ihnen. Er sagt ihnen, dass er ihr Freund ist, dass er ihnen alles Gute wünscht, dass er von dem und dem Unglück gewusst hat, das ihnen widerfahren ist, und dass er aus Mitleid kommt, um ihnen beizustehen. Er beruft sich auf den Namen des Königs und des Gouverneurs des Bezirks, dessen Macht sie durch ihren Umgang mit den Christen zu fürchten und zu respektieren gelernt hatten. Er erinnert sie an ein Unrecht, das entweder sie oder ihre Nachbarn den Christen angetan haben, denn es kommt selten vor, dass sie sich nicht der einen oder anderen Schuld schuldig gemacht haben, und macht ihnen klar, dass es die Absicht des Gouverneurs ist, Soldaten zur Bestrafung zu schicken sie für ihr Verhalten. Er (der Missionar) hat sich jedoch für sie beim Gouverneur eingesetzt und von ihm das Versprechen erhalten, dass er ihnen nicht nur ihre Schuld verzeihen, sondern sie auch unter seinen Schutz nehmen und sie gegen ihre Feinde verteidigen wird. Er (der Missionar) erklärt dann die Vorteile des zivilisierten Lebens und die Milde der spanischen Herrschaft, soweit ihr begrenztes Verständnis sie erfassen kann. Er macht ihren Verdacht zunichte, beugt ihren Bedenken vor und überwindet ihre Ängste; und durch Geschenke und freundliche Worte, besonders an die Kleinen, versucht er, ihre Herzen zu erweichen. Diese Interviews und langwierigen Diskussionen werden so oft wiederholt, wie es angebracht oder notwendig ist, wobei in der Zwischenzeit alle Anstrengungen unternommen werden, um die Häuptlinge und Ältesten zu überzeugen und für sich zu gewinnen, ein Ergebnis, das umso schneller erreicht wird, wenn es ihm gelingt, ihre Differenzen beizulegen , um Frieden mit einem gefürchteteren Feind herbeizuführen oder ihnen bei der Verwirklichung eines geeigneten Ziels zu helfen, das sie möglicherweise im Auge haben. All dies geschieht nicht ohne große Langmut und Bitterkeit seitens des Missionars. Nachdem sie sich für einen Standort entschieden haben, der ihnen gefällt und sogar ihrem Aberglauben entspricht, auch wenn dieser manchmal nicht optimal für diesen Zweck geeignet ist, wird ein Tag für die Räumung ausgewählt, ein Platz 40 und Straßen werden geplant, und dann erfolgt der Bau des Gerichts und der Privatwohnungen beginnt.

In dieser Zeit wird die Beständigkeit und Festigkeit des Missionars auf die Probe gestellt, denn er muss die unsägliche Trägheit des unzivilisierten Volkes überwinden und die sinnlosen und ständigen Vorwände besiegen, die sie erfinden, um von der Arbeit Abstand zu nehmen Rückkehr in die Dunkelheit des Waldes. Es ist hilfreich, sie zumindest für ein paar Tage ausreichend ernähren zu können, damit sie auf der Nahrungssuche nicht in die Berge zurückkehren müssen. Gleichzeitig ist es sinnvoll, ihnen kleine Belohnungen zu geben, um sie zu veranlassen, ihre Plantagen in der Nähe der neuen Stadt zu beginnen, indem sie *Camotes* und andere schnell ertragreiche Feldfrüchte anpflanzen.

Die Ernennung von Beamten für die Verwaltung der Siedlung ist der nächste Schritt und muss auf äußerst feierliche Weise erfolgen, wobei es manchmal notwendig ist, die Zahl der Stellen zu erhöhen, um den Ehrgeiz der Häuptlinge und der Ältesten zu befriedigen. Den Auserwählten wird der offizielle Kommandostab im Namen des Gouverneurs und die traditionelle Jacke überreicht. So entsteht die neue Stadt. Es wird unter die Herrschaft und Vormundschaft des Gobernadorcillo [41] der nächstgelegenen christlichen Stadt gestellt, um die Befolgung der vom Oberhaupt der Provinz erlassenen Befehle sicherzustellen.

Der Missionar behält seine Macht und seinen Einfluss durch einen Inspektor, der unter den älteren Christen normalerweise eine vertrauenswürdige und wertvolle Person ist, und durch zwei Lehrer, vorzugsweise ein Ehepaar, das aus den besten Familien ausgewählt wird. Diese beziehen dann ihren Wohnsitz in der neuen Stadt und beginnen mit der Lehrtätigkeit.

Sobald die neue Siedlung Stabilität und Beharrlichkeit zeigt, wird versucht, sie vom Gouverneur des Distrikts besuchen zu lassen, damit die neu konvertierten Christen ihre Angst ablegen, neuen Mut fassen und lernen können, sich dem Glauben zu widmen Regierung.

Auch die Anwesenheit einer Streitmacht bei geeigneten Gelegenheiten dürfte in dieser frühen Phase eine gewisse Wirkung haben, da sie dazu dient, die Unzufriedenen und Murrenden, von denen es immer einige gibt, zum Schweigen zu bringen und ihnen ein Gefühl der Angst einzuflößen Feinde von außen, die möglicherweise geneigt sind, die Siedlung in Schwierigkeiten zu bringen, entweder

weil sie sie nicht in einem günstigen Licht sehen oder weil
sie einen Rachegelüste befriedigen wollen, den sie schon seit
langem hegen. Bis zu diesem Zeitpunkt hatten diese
unglücklichen Menschen (die Heiden) kein anderes Gesetz
als die Willkür ihrer Häuptlinge, keine andere Gerechtigkeit
als die Unterdrückung durch die Mächtigen, noch andere
Bräuche als eine amorphe Masse von Praktiken, die
gleichzeitig abstoßend und gegensätzlich sind Naturgesetz.
Ihre Führer und Lehrer waren Auguren oder visionäre
Frauen, die sie im Einverständnis mit dem Häuptling
manchmal dazu brachten, das Gebiet, in dem sie lebten, aus
Angst vor einer unsichtbaren Gottheit zu verlassen,
manchmal zwangen sie sie, sich auf benachbarte Menschen
zu stürzen, um dies zu erreichen um einen vermeintlichen
Groll zu rächen oder sie manchmal dazu zu bringen, einen
Sklaven zu opfern, um den Zorn ihrer Götter zu
besänftigen. Während solche Einflüsse von größter
Bedeutung sind, kann es weder Festigkeit noch mögliche
Sicherheit für die neue Regelung geben; An dem am
wenigsten erwarteten Tag wird es verlassen und sogar
verbrannt vorgefunden werden. Andererseits wird es
notwendig, diesen Menschen, die seit kurzem Bewohner
des Waldes sind, einen einfachen Kodex zu geben, der die
Hauptpflichten des Menschen enthält, der das Verhältnis
zueinander festlegt und die Untertanen lehrt, ihren
Vorgesetzten, den Starken, zu gehorchen die Schwachen zu
schützen, und die Eltern, ihre Kinder zu lehren, und das
gebietet jeder Arbeit und gegenseitigem Respekt.

Es ist auch notwendig, den angeborenen Wunsch nach
einem Kult zu befriedigen, das natürliche Gefühl für eine
Religion, das diese Menschen wie alle anderen haben. Es ist
notwendig, ihre barbarischen und unmenschlichen
Praktiken durch andere zu ersetzen, die sie aufrichten und
ihren trägen und kleinmütigen Geist wiederbeleben
können. Es ist notwendig, dass es in der Stadt etwas gibt,
das sie anzieht und mit unwiderstehlichem Charme fesselt.
Mit einem Wort, ihnen muss der Glaube gepredigt werden
und sie müssen getauft werden; Eine Religion und eine
Kirche sind notwendig. Bis ein großer Teil der Einwohner
einer neuen Siedlung getauft ist, bis das Fest des
Schutzpatrons und andere religiöse Zeremonien feierlich
gefeiert wurden, ist es nutzlos, auf die Stabilität der neuen
Stadt zu hoffen. Die katholische Religion ist ein einfaches

und wirksames Mittel, um diese Wilden in gute spanische Untertanen zu verwandeln; Es ist die Form, in der sie ihre barbarischen Praktiken verlassen und sich perfekt an unsere anpassen.

Die Missionare sprechen weder von der Taufe noch von der Religion, bis sie das Wohlwollen der Heiden gewonnen haben, bis sie erkennen, dass ihnen bereitwillig zugehört wird und dass sie (die Heiden) auf ihre Worte vertrauen. Wenn sie anfangen, die Spanier zu mögen und ihre Bräuche und Ideen zu schätzen, dann schleichen sich die Missionare sanft ein und beginnen, sie die Wahrheiten unseres heiligen Glaubens zu lehren und ihnen die Bräuche und Riten unserer Religion zu zeigen. Zu Beginn wird der eine oder andere Kranke getauft, danach, wenn Aussicht auf Stabilität besteht, die Kinder und schließlich die Erwachsenen, sofern sie im Rahmen ihrer Fähigkeiten und Umstände unterrichtet wurden. Bei diesem umsichtigen Vorgehen stößt der Missionar auf keine ernsthaften Hindernisse. Seine evangelische Beredsamkeit überzeugt diese einfachen Menschen leicht von Wahrheiten, die so sehr mit der menschlichen Natur im Einklang stehen, und von Praktiken, die so sehr mit den guten Neigungen der Menschheit übereinstimmen. Die Tendenz, die sie immer noch haben, ihren alten Aberglauben aufrechtzuerhalten, verschwindet vor der Macht dieses überlegenen Mannes, von dem sie so viele Gunstbezeugungen erhalten haben. Die größte Schwierigkeit für sie besteht darin, das freie Leben im Wald zu verlassen und sich in einer Siedlung mit den damit verbundenen Einschränkungen niederzulassen; Dies gilt insbesondere für die Häuptlinge und andere Personen, die zuvor Autorität ausgeübt hatten. Aber nachdem sie einmal das Christentum angenommen haben, kostet sie die Taufe nichts. Hier und da trifft man auf einen Häuptling, der sich anfangs gegen die Taufe ausspricht, weil er mehrere Frauen hat, aber diese Bedingung wird zwar nicht gebilligt, aber toleriert, vorausgesetzt, dass er die anderen nicht stört und die Siedlung nicht stört. Aber in der Regel schämen sich alle und bereuen und geben am Ende nach und folgen dem Beispiel der anderen. Die Gnade Gottes ist bei diesen Transformationen von transzendenter Macht. Der Wilde wird, solange er heidnisch bleibt, in all seinen Handlungen von alten Bräuchen geleitet, die von Aberglauben und Fanatismus inspiriert sind. Erst wenn er getauft ist, versteht er die Notwendigkeit einer Änderung seines Lebens und seiner Sitten. Dann hört er auf, Manóbo oder Mandáya zu sein, um ein Christ zu sein; er legt seinen heidnischen Namen ab und ist im Laufe der Zeit kaum noch von den Bewohnern der alten christlichen Städte zu unterscheiden. Sogar die Mamánuas, eine Gruppe von Negritos, die normalerweise als widerspenstig gelten, leben heute unterwürfig und fröhlich in ihren Siedlungen.

[40] Ein öffentlicher Platz.

[41] Dies bedeutet auf Spanisch „kleiner Gouverneur" und war in spanischen Zeiten der Name, der dem Hauptverwalter einer Gemeinde gegeben wurde. Es entspricht derzeit „Bürgermeister".

Das Geheimnis des missionarischen Erfolgs

Während meiner Touren im Inneren von Ost-Mindanáo bemühte ich mich, das Erfolgsgeheimnis der spanischen Missionare eindeutig herauszufinden, indem sie waldliebende Menschen dazu brachten, ihre alten Häuser und Gewohnheiten zu verlassen und ein Leben in politischer, wirtschaftlicher und religiöser Abhängigkeit anzunehmen. und ich bin zu den folgenden Schlussfolgerungen gelangt, basierend auf den Informationen, die mir von den *Conquistas geliefert wurden* , sowohl von denen, die immer noch unter der effektiven Kontrolle der Regierung leben, als auch von denen, die in ihre ursprünglichen Aufenthaltsorte zurückgekehrt sind.

(1) In vielen Regionen ist der erste Erfolgsfaktor die persönliche Gleichung. Einige der Missionare, vor allem Urios und Pastells, müssen, wenn ich meinen Informanten glauben darf, Männer von wunderbar gewinnender Art und von tiefem Taktgefühl gewesen sein. In Bezirken wie dem oberen Sálug, wo sich viele der christianisierten Debabáons seit vielen Jahren zurückgezogen hatten, erzählte man mir Geschichten über die wunderbare Herablassung von Urios und sein Verständnis für die Sitten und Bräuche der Debabáon. Die anwesenden Heiden versicherten mir einmal, dass sie alle getauft würden, wenn Urios sie besuchen würde. In anderen Bezirken hörte ich von anderen Missionaren sprechen, deren Namen so verstümmelt waren, dass ich sie nicht identifizieren konnte. In den meisten Bezirken gab es freundliche Anfragen für den einen oder anderen Missionar und Bedauern darüber, dass man ihn nicht wiedersehen konnte.

(2) In anderen Regionen (oberes Umaíam, oberes Argáwan und andere) wurden vor allem Vernichtungsdrohungen eingesetzt, und in einigen Fällen wurden sogar bewaffnete Expeditionen ausgesandt, um den Widerstand gegen die Annahme des Christentums zu überwinden. Ich stütze diese Aussage auf die Aussagen von *Konquistas* , die behaupteten, mit den Fakten vertraut zu sein, und die auf so kleine Details eingingen, dass sie mich glauben ließen, dass sie die Wahrheit sagten. Inwieweit dieses Vorgehen auf unverantwortliche und übereifrige Offiziere zurückzuführen ist, die diese Expeditionen anführten, kann ich nicht sagen, aber meine Informanten vermittelten stets den Eindruck, dass solche Expeditionen von den Missionaren mit dem Ziel geplant wurden, den Heiden das Christentum aufzuzwingen. Bisáyas hatten häufig das Kommando über einheimische Soldaten und waren aus kommerziellen Gründen an der Bekehrung der Bergbevölkerung zum Christentum interessiert, so dass es nicht verwundern würde, wenn sie unerlaubte Maßnahmen ergreifen würden, um die Christianisierung der Heiden herbeizuführen.

(3) Der dritte Erfolgsfaktor war die Verteilung von Geschenken und Almosen durch die Missionare. Dies wird in den Jesuitenbriefen häufig erwähnt. Es hat zweifellos viel dazu beigetragen, das heidnische Volk anzuziehen und es von der Freundschaft zu überzeugen, die die Missionare ihnen aus ihrer Sicht entgegenbrachten. Ich habe die Erfahrung gemacht, dass bei einem Volk dieser Art ein einziges Geschenk mehr Überzeugungskraft hat als zehntausend Argumente. Es öffnet den Weg zur Überzeugung leichter als freundliche Worte und herablassendes Benehmen, da es den Stammesangehörigen ein Gefühl der Verpflichtung vermittelt.

(4) Der vierte Faktor war die allgemeine Politik der Missionare, sich als Vermittler zwischen der Regierung und den Heiden auszugeben. Dies, gepaart mit einem allgemeinen Vorwissen über die Verhältnisse des Landes sowie über die Bräuche und die Sprache des Volkes und begleitet von einer würdevollen, aber herablassenden und freundlichen Art, ermöglichte es den Missionaren, sich sofort in die Gunst des Volkes zu schmeicheln sie waren zu Besuch.

(5) Der nächste und letzte Faktor bei der Bekehrung der heidnischen Völker war der religiöse Charakter der Männer, die sie unternahmen. Religion übt große Anziehungskraft auf alle Naturvölker aus, insbesondere auf die Völker des östlichen Mindanáo, wo, wie im vierten Teil dieser Monographie zu sehen sein wird, in regelmäßigen Abständen eine religiöse Bewegung aufzutreten scheint, die vorerst die alten religiösen Überzeugungen untergräbt. Es ist daher nur natürlich, dass der Prunk und Glanz der katholischen Zeremonien die Manóbo stark ansprach. Ich kann aufgrund meiner Beobachtung nicht sagen, dass er ein sehr gläubiger Anhänger seines neuen Glaubens wurde. Tatsächlich weiß ich, dass der durchschnittliche christianisierte Manóbo wenig von den katholischen Lehren versteht und weniger praktiziert. Insofern jedoch die Durchsetzung der Doktrin ein Mittel zum Zweck war, nämlich ihn in ausgewählten Zentren auszurotten, in denen er unter gesellschaftliche und staatliche Kontrolle geriet, kann dies nicht kritisiert werden. Andererseits war die Auswirkung der Veränderung, und ich bin fest davon überzeugt, dass sie sich verschlechterte, denn er verlor den Geist der Männlichkeit und Unabhängigkeit, der ein charakteristisches Merkmal des Heiden ist, und er wurde zur Beute der stärker christianisierten Menschen in seinem Innern in dessen Einfluss- und Ausbeutungsbereich er geriet. Ich war schon immer beeindruckt von den moralischen, wirtschaftlichen und sogar physischen Unterschieden zwischen dem verschuldeten, kriechenden *Konquista* und seinem männlichen, freien, unabhängigen, energischen heidnischen Konkurrenten. Die Hälfte der Zeit *des Conquista* wird damit verbracht, Schulden gegenüber dem Bisáya-Händler aufzunehmen, und die andere Hälfte mit deren Begleichung. Sein Reis wird vor der Ernte verkauft. Sein *Abaká* -Beet wird oft mit einer Hypothek belastet, bevor die Bepflanzung abgeschlossen ist. Er ist ein wirtschaftlicher Leibeigener eines rücksichtslosen Zuchtmeisters. [42]

[40] Ein öffentlicher Platz.

[41] Dies bedeutet auf Spanisch „kleiner Gouverneur" und war in spanischen Zeiten der Name, der dem Hauptverwalter einer Gemeinde gegeben wurde. Es entspricht derzeit „Bürgermeister".

[42] Die in der Unterprovinz Butuán eingerichtete Sonderregierung unternahm sofort Schritte zur Verbesserung der Lage der *Conquistas* , indem sie Handelsposten am unteren und mittleren Agúsan eröffnete, sodass sich die obigen Beobachtungen auf die Zeit vor der Bildung der Sonderregierung beziehen.

ERKLÄRUNG DER PLATTEN

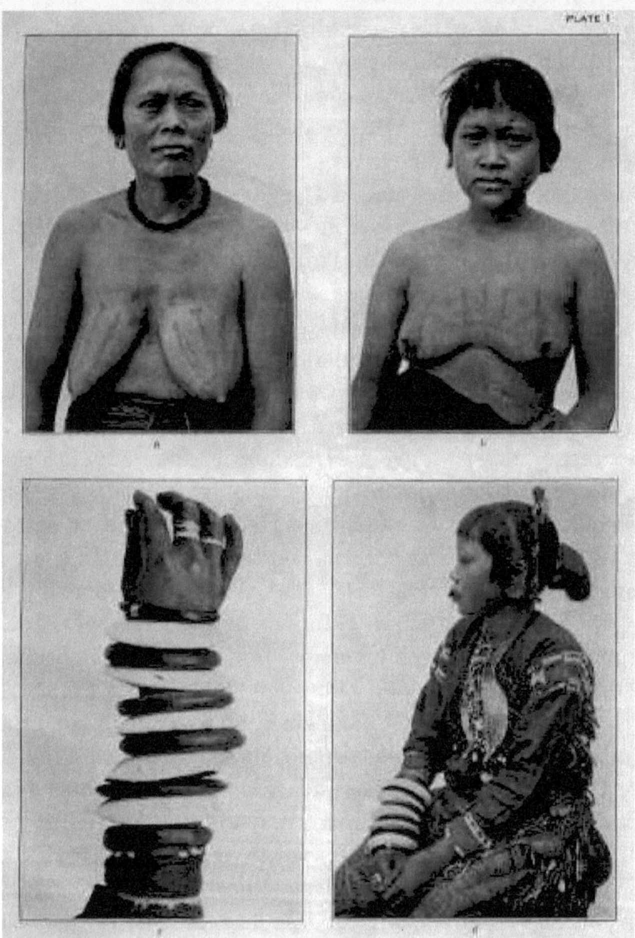

TELLER 1. *a* , *b* , Manóbo-Frauen. Lankilaan, oberes Agúsan. Beachten Sie das Tätowieren. *c* , Unterarm einer Frau in *d* . *d* , Mandáya-Frau. Compostela. Beachten Sie rasierte Augenbrauen und persönlichen Schmuck.

TELLER 2. *a*, Mañgguáñgan-Mann und Manóbo-Frau. Jatíva, oberes Agúsan. *b*, Debabáon-Mann und Manóbo-Frau. Oberes Agúsan. *c*, Manóbo-Frau. Tagusáb, oberes Agúsan. *d*, Mandáya-Mann. Compostela, oberes Agúsan.

TELLER 3. *a* , Manóbo-Mann. Tagusáb, oberes Agúsan. *b* , Manóbos. Fluss Ihawán, Agúsan-Tal.

TELLER 4. *a* , Manóbo-Frauen. Umaían-Fluss, Agúsan-Tal. *b* , Manóbo-Haus. Moncayo, oberes Agúsan. Beachten Sie das Strohdach, die eingekerbte Stange und die Öffnung an den Seiten über den Wänden.

TAFEL 5. *a* : Manóbo-Haus, zur Verteidigung gebaut. In der Nähe von Veruéla, oberes Agúsan. *b*, Manóbo-Haus, Gandia, oberes Agúsan. Beachten Sie die eingekerbte Stange, die zahlreichen Pfosten, den Rauchabzug, die Giebelstücke, das Strohdach und die Bambusschindeln.

TAFEL 6. *a* , Typisches Manóbo-Haus. In der Nähe von Compostela. *b* , Manóbo-Haus. Zentral-Agúsan. Zur Verteidigung auf einem Baumstumpf errichtet. Solche Häuser sind heute sehr selten.

TAFEL 7. *a* , Rüstungsmantel aus *Abaká* , mit der roten Jacke des Kriegshäuptlings darin. Oberes Agúsan Manóbos. *b* , Manóbo *Abaká*- Rock, gewebt in Rot, Weiß und Schwarz. Dies ist das einzige untere Kleidungsstück, das von Frauen getragen wird. Es dient nachts als Decke. *c* , Weiße Hose aus *Abaká* . Zentral-Agúsan. *d* , Hose aus blauem Baumwollstoff. Oberes Agúsan. *e* , Mandáya *Abaká*- Rock. Wird von Manóbos getragen, sofern verfügbar. Das Design wird im Tie-and-Dye-Verfahren hergestellt.

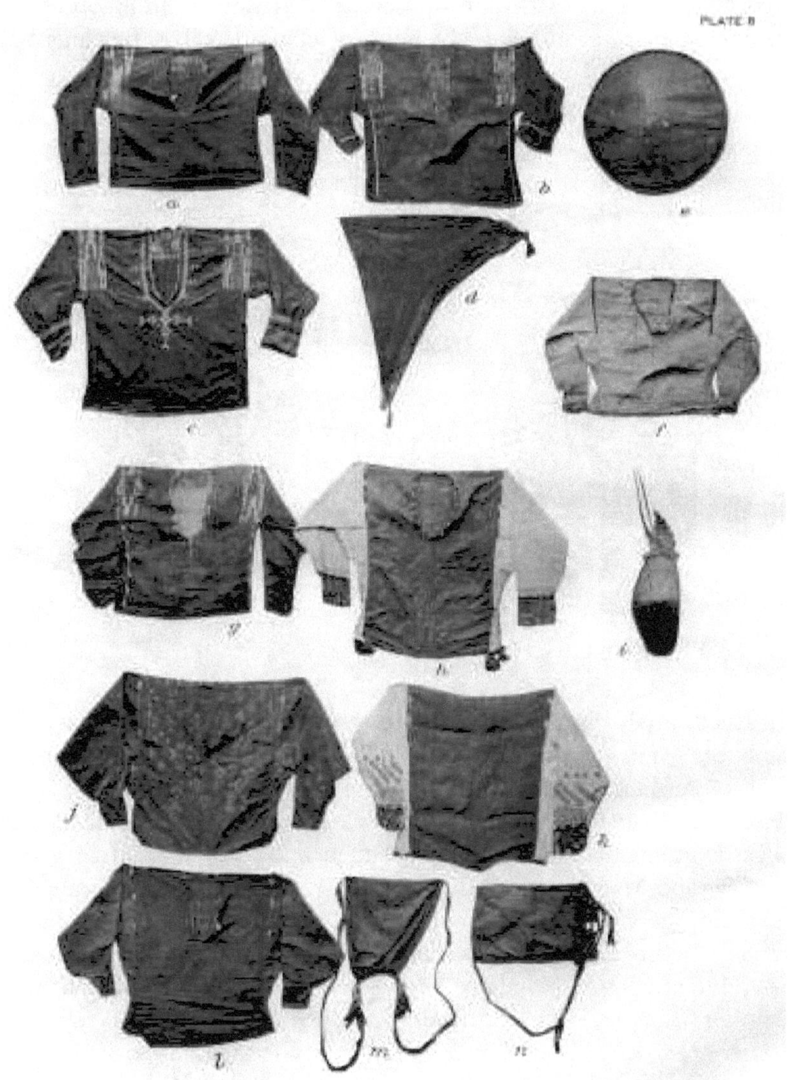

TAFEL 8. *a* , *b* , Damenjacken aus Baumwolle und *Abaká* , bestickt mit rotem, gelbem, weißem und schwarzem Baumwollgarn. Oberes Agúsan. *c* : Rote Jacke des Kriegshäuptlings. Abzeichen des *Bagáni* -Schiffes, das von Manóbos aus dem oberen Agúsan verwendet wurde. *d* , rotes Kopftuch des Kriegshäuptlings. Dies weist darauf hin, dass der Träger mindestens drei Menschen getötet hat. *e* , Hut aus Sagopalmenrinde. Mittlerer Agúsan. *f* , Männerjacke, die von wilden Manóbos der östlichen und zentralen Kordilleren getragen wird. *g* , Herrenjacke. Oberer Agúsan-Stil. *h* , zentraler Agúsan-Stil. *i* , Hut, der im Agúsan-Tal südlich des 8. Breitengrads getragen

wird. *j* , Damenjacke. Zentral-Agúsan. *k-* , Ihawán- und Baóbo-Stil. *l* , Manóbo-Mañgguáñgan-Stil. *m* , Manóbo Betelnussbeutel. *n* , Betelnussbeutel aus Mandáya *Abaká* und Baumwollstoff.

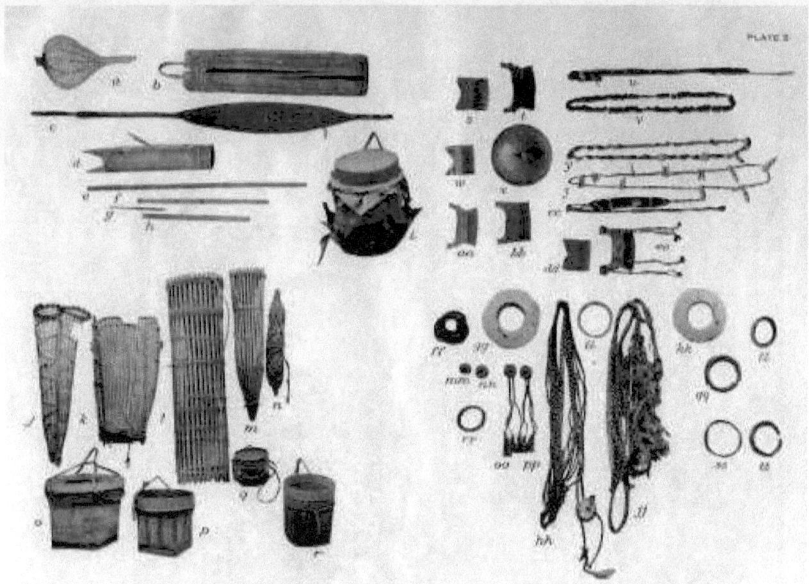

TAFEL 9. *a* , Käfig zur Aufbewahrung des heiligen Omenvogels. *b* , *d* , Bambusgitarren. *c* , zweisaitige Holzgitarre. *e* , *f* , *h* , Bambusflöten. *g* , Maultrommel aus Bambus. *i* , Trommel mit Kopf aus Hirschleder. *j* , *l* , *m* , *n* , Fischreusen und Angelschnur. *k* , *o* , *p* , *q* , *r* , Rattankörbe. *s* , *t* , Eingeschnittene Bambuskämme für Damen. *u* , *z* , *cc* , Perlenketten, getragen von Manóbo-Männern und -Frauen. *v* , *y* , Halsketten aus Samen und Muscheln, die von Manóbo-Frauen getragen werden. *w* , *aa* , *bb* , *dd* , *ee* , Bambuskämme mit Einschnitten für Damen. *x* , Silberner Brustpanzer der Frau. Hergestellt von Mandáyas aus Münzen; getragen vom oberen Agúsan Manóbos. *ff* , *ll* , *rr* , *Nito-* Armbänder, getragen von Manóbo-Männern und - Frauen. *gg* , *ii* , *kk* , Muschelarmbänder, getragen von Manóbo-Frauen. *hh* , *jj* , Perlengürtel aus *Nito* und Menschenhaar, getragen von Manóbo-Frauen. *mm* , *nn* , *oo* , *pp* , Ohrscheiben und Anhänger aus Holz. *qq* , Schwarzes Korallenarmband, durch Erhitzen gebogen. Getragen von Manóbo-Männern und -Frauen. *SS* , *Nito-* Armreif, getragen von Manóbo-Männern. *tt* , Bärenarmband, getragen von Manóbo-Männern und -Frauen.

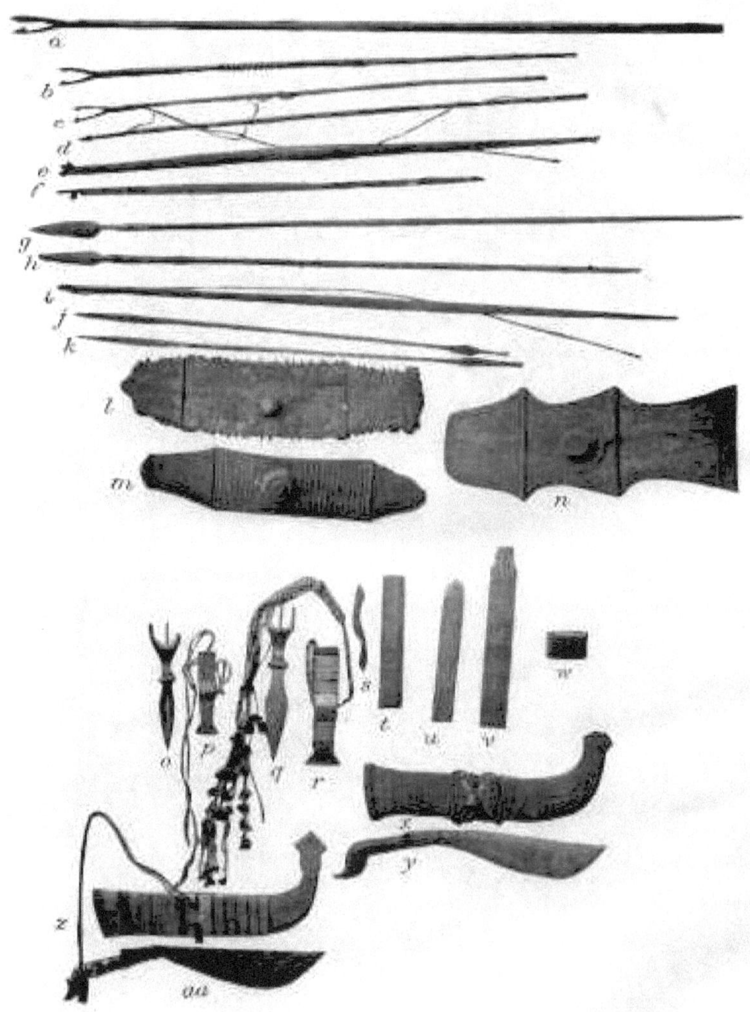

TELLER 10. *a* , Fischspeer. Zentral-Agúsan. *bf* , Pfeil und Bogen zum Angeln. Die Pfeile haben abnehmbare Spitzen. *g* , Mandáya-Speer, der von Manóbos aus dem oberen Agúsan verwendet wird. *h* , zentraler Agúsan-Speer. *ik* , Manóbo-Bogen und Pfeile. *l* , Manóbo-Schild. Oberes Agúsan. *m* , Mandáya-Schild. *n* , Schild. Zentral-Manóbo. *oder* Mandáya-Dolche und -Scheiden, die von Manóbos verwendet werden. Oberes Agúsan. *s* , Mandáya-Betelnussmesser, verwendet von Manóbos. *Fernseher* , Manóbo-Bambus-Kalkröhren. *w* , Moro-Messingkasten, verwendet von Manóbos. *x* , *y* , Manóbo-Arbeitsbolo und -scheide. *z*, *aa* , Mandáya-Kriegsbolo und Scheide. Von Manóbos sehr geschätzt.

TAFEL 11. *Eine* Mandáya-Frau in einer für Manóbos typischen Tanzhaltung. Compostela, oberes Agúsan. *b*, Männer der gemischten Compostela-Gruppe in einer Tanzhaltung, die für den Manóbo-Kriegstanz charakteristisch ist.

TAFEL 12. *a* , Altarhaus, das bei den größeren Opfern verwendet wurde. Oberes Agúsan. *b* , Religiöses Haus. Lankilaan oberes Agúsan. Beachten Sie die Überlegenheit dieses Hauses gegenüber dem gewöhnlichen Wohnhaus. Diese Art von Haus wurde von den Manóbos während der großen religiösen Bewegung gebaut.

TELLER 13. *a* , Heiliges Bild und Opferstand. Beachten Sie das Ei auf dem Ständer. Gerona, oberes Agúsan. *b* , c, Heilige Pfosten mit Opfertabletts für die *Magbabáya* , die während der großen religiösen Bewegung am oberen Agúsan verwendet wurden.

PLATTE 14. *a* , *d* , Zeremonielle Geburtskanus. *b* , *c* , Blutopfertabletts, die von Kriegerpriestern und zur Beschwörung der Blutgeister verwendet werden. *e* , Zeremonienständer, Opferteller und Reispaddel. *fi* , heilige Bilder, die verwendet werden, um Manóbo-Gottheiten anzulocken. *j* , Heiliger Schild. *k* , *l* , Heilige Krüge. *m* , *o* , Holzständer, die auf dem oberen Agúsan bei religiösen Zeremonien verwendet werden. *n* , *p* , Amulette des Kriegshäuptlings, die bei Kriegsüberfällen getragen werden. Sie enthalten magische Kräuter. *q* , Zeremonieller Geburtsopferständer. Mittlerer Agúsan. *r* , Zeremonienleiter für ein religiöses Haus, Zeremonienstuhl und heiliges Bild. Bambusgitarren wie die abgebildete wurden während der großen

religiösen Bewegung ständig verwendet. Oberes Agúsan. *s*, Bukídnon-Mann. Silay, Unterprovinz Bukídnon.